U0805199

《当代中国人物传记》丛书

书名手迹：周恩来

左權傳

《左权传》编写组　编

当代中国出版社
Contemporary China Publishing House

图书在版编目(CIP)数据

左权传 /《左权传》编写组编 .—北京：当代中国出版社，2005.2（2025.6 重印）
ISBN 978-7-80170-357-6

Ⅰ. 左…　Ⅱ. 左…　Ⅲ. 左权（1905~1942）—传记
Ⅳ. K825.2

中国版本图书馆 CIP 数据核字(2004)第 137894 号

出 版 人　蔡继辉
责任编辑　陈　莎　姜楷杰
责任校对　康　莹
印制监制　刘艳平
装帧设计　北京华子图文设计公司
出版发行　当代中国出版社
地　　址　北京市地安门西大街旌勇里 8 号
网　　址　http://www.ddzg.net
邮政编码　100009
编 辑 部　（010）66572180
市 场 部　（010）66572281　66572157
印　　刷　北京润田金辉印刷有限公司
开　　本　720 毫米 × 1060 毫米　1/16
印　　张　30.5 印张　6 插页　500 千字
版　　次　2015 年 8 月第 2 版
印　　次　2025 年 6 月第 3 次印刷
定　　价　128.00 元

版权所有，翻版必究；如有印装质量问题，请拨打（010）66572159 联系出版部调换。

《左权传》编审委员会

主　　任　葛东升
副 主 任　姚有志　齐德学
委　　员　王江琦　赵一平　温瑞茂　刘国语

《左权传》编写组

主　　编　刘国语
副 主 编　张从田
撰　　稿　周继强　张从田　潘泽庆　张婉英
特邀撰稿　陈　宇　朱根生

出版说明

1982年，中共中央书记处讨论通过、中共中央宣传部发文布置在全国范围内编写出版《当代中国》丛书。根据编写计划，《当代中国》丛书依内容共分为五类，人物传记是其中之一。由于人物传记涉及方方面面，情况繁杂，且编写时间长，1991年人物传记从《当代中国》丛书中分立出来，确定为《当代中国人物传记》丛书。

《当代中国人物传记》丛书编辑委员会在丛书第1版总序中说：

“二十世纪的中国，是一个风云际会、英杰辈出的时代。正是伟大的时代造就出灿若群星的历史伟人；也正是历史伟人们艰苦卓绝的奋斗历程和忘我建树的光辉业绩，才能充分地体现着潮流之所趋、人心之所向，才最深刻最生动地反映着奔腾前进的伟大时代。他们一生的业绩，恰恰构成了从旧中国到新中国这一旷古未有的历史性大变革的缩影。正因为这样，修撰作为中华人民共和国缔造者的一代杰出历史人物的传记，其意义自是远远超越记述个人身世的范围。这套传记丛书，无疑应当看作是，当代中国千百万爱国志士、革命先驱的杰出代表用毕生的血和汗谱写出的挽救祖国、振兴中华的可歌可泣的历史画卷，它将是永远矗立于世世代代人民心中的革命丰碑。《当代中国人物传记》丛书中的每一部传记，都可读作当代中国的救国史，中华人民共和国的开国史、建国史；每一部传记都可读作结束中国苦难危亡命运的革命史，披荆斩棘建设社会主义的奠基史、创业史。”

“《当代中国人物传记》丛书，首批编撰的是中华人民共和国建国时期的开国元勋和各方面的最杰出人士的传记。这批传记的主人公将包括：党和国家的主要领导人（其中毛泽东、周恩来、刘少奇、朱德、邓小平、陈云的传记，将由中共中央文献研究室编写、出版）、人民军队中功勋卓著的元帅、参与新中国创建大业的各民主党派的领导人和各方面的著名爱国人士、贡献突出的著名科学家、文学家和艺术家，以及为中国民主革命事业和社会主义事业做出重大贡献的国际主义战士，等等。毫无疑问，他们既是当代中国最卓越的代表，同时也是彪炳千秋青史的历史巨人。当然，如同一切历史人物一样，我们时代的杰出代表也不可能不受到历史条件的限制，也必然会具有这样那样的弱点、短处，一生中也不免会发生这样那样的某些过失。但是，所有这些，当如日月之蚀，堂堂正正公之于众亦无损于他们形象的光辉。他们为中华民族创建的功业，他们的革命精神、高尚情操，他们的鸿才睿智、嘉言懿行，无不震古铄今，垂范后世。这是中华民族一份永远值得倍加珍摄的宝贵精神财富。”

“愿人们从这部《当代中国人物传记》丛书中，以这些历史人物的光辉业绩为典范，学习他们的革命献身精神、爱国主义情操和坚定的社会主义信念，为中华民族的历史伟业做出更大的贡献。”

我社有幸承担了《当代中国人物传记》丛书的编辑出版工作，自 1991 年以来陆续出版了一批中华人民共和国开国元勋的传记，获得很好的社会影响。我们将继续按照丛书的编辑出版方针，把《当代中国人物传记》丛书编辑出版工作做好，以飨读者。

书中图片绝大部分为本书编写组提供，因时间仓促等，有的图片未能注明著作权，特致歉。请相应著作权人知晓后，与当代中国出版社总编室联系（电话：010-66572131），以便我们再版时准确署名及支付稿酬。

当代中国出版社

2021 年 11 月

左权

目　录

第一章　年少志高远

一、黄猫岭下的农家子弟

1905 年 3 月 15 日（清光绪三十一年二月初十），左权出生在湖南省醴陵县平桥乡黄猫岭村[①]（今属醴陵市新阳乡）一个贫苦农民家庭。

醴陵县位于湖南省东部，东、南、北三面多为罗霄山脉所盘绕，岗岭绵延，交通不便；西部地势较为开阔、平坦；湘江支流渌水自东向西流贯全境，可上通萍乡，下达衡阳。黄猫岭地处醴陵北乡，是境内千山万岭中的一座土岭。深秋时节，这高高的山岭层林尽染，万木飘金，远远望去，其形酷似一只欲腾、欲扑的巨大黄猫，此为“黄猫岭”名字的来历。

在绵延七八公里的黄猫岭下，散落着一些以种田为生的农户，岭脚下的小小村庄黄猫岭村，正位于那“猫肚子”下面。在村里，曾有十多间土砖瓦屋围成的一个屋场，坐西北，朝东南，前后两进，成“国”字形，即是左权出生的地方。这座屋场原是中等富裕农民陈春泉的家产，由于陈家经济每况愈下，家道衰败，将屋子的一半卖给了在黄猫岭一带有名的地主匡印澄。左权家因租了匡印澄的土地耕作，也就租借了这栋泥屋和房屋前的打谷场。年代久了，附近的乡亲们就把这个地方叫做左家屋场。

据《醴陵左氏族谱》记载，醴陵左氏的祖先，上可追溯到春秋时期鲁国兖州府泗水县人、史学家左丘明和西晋时期的文学家左思。左思的后代左富书（字一初），在明初时由今江苏省丹阳县迁移到今江西省永新县，为左氏丹阳堂祖祀之起源。醴陵左氏尊称其为始祖一世。至第十九世祖左显宗时，永新左氏最初有 11 人迁居到醴陵县安福乡。醴陵左氏第二十二世祖左孚冕，于明朝永乐年间由永新县迁到醴陵县。当时左氏族人约有 1200 人，建业于醴陵北邑上坊。到第二十八世祖左培元时，于醴陵北邑新阳桥山东北端修建左氏宗祠。[②]祠堂坐东朝西，前为钟、鼓厅，后厅立历代祖宗的牌位，中厅为一亭阁，连接前后厅。亭阁两边是天井，修建有鱼池、花台、盆景。亭阁柱子上有副石刻对联：“堂带春星

---

① 黄猫岭，有资料写为黄茅岭、黄毛岭或黄锚岭。根据当地县志，应为黄猫岭。

② 据 2003 年撰修第九届《醴陵左氏族谱》。

光分翼轸，庭飞秋露馨荐蘋繁”。祠堂大门上横写“左氏宗祠”，左、右侧门上书写“入孝”“出第”。大门上的对联是“道传东鲁，业建南华”。大门前两厢石柱刻家训：“千古素臣垂令绪，三都丽赋诵清芬”，说的是勉励左氏子弟要以春秋时的先祖左丘明为“素臣”典范，以晋代先祖左思的“丽赋”文风为榜样而学有所成。左氏宗祠是左姓子弟逢年过节祭祀的聚集地。这里所营造的祖宗至上的威严氛围，特别是这里的文化气氛，对少年时期的左权不无影响。

左权的祖父左凤衮有两个儿子，长子左兆新即左权的父亲，次子左铭三即左权的叔叔。左权有三个哥哥，一个姐姐。大哥毓麟；姐姐毓春居次，嫁李人干为妻；二哥纪棠，过继给叔叔左铭三为子；三哥应林；左权排行最小，乳名自林，号叔仁，字孳麟，在学校曾用名“左纪权”。

左权出生的20世纪初，正是中华民族积难深重的时代。1894年的甲午战争，中国一败涂地，帝国主义列强加紧了对中国的经济侵略，向腐败的中国政府勒索巨额赔款。地方官吏以各种名目榨取百姓钱财，税捐种类繁多，贪官污吏营私舞弊，地主、高利贷者和资本家残酷剥削。加上战乱频繁，天灾疫病肆虐，工农劳苦大众食不果腹，衣不蔽体，生活极端困苦，甚至有人家破人亡。

民众在逆境中不断反抗，在斗争中寻求出路，但总以失败告终。从1820年（清嘉庆二十五年）到左权出生时的1905年的八十余年间，醴陵县平民有四次较大的上诉案件，控告漕弊，但均因官官相护被反坐，原告甚至被处死。1906年12月4日（清光绪三十二年十月十九日），在距离左权家乡黄猫岭不远的醴陵县东北边境麻石爆发了“萍（乡）浏（阳）醴（陵）起义”，起义武装提出政治口号：破除专制政体，建立共和民国，平均地权，享受自由，平等权利。醴陵各路义军纷纷投入战斗，黄猫岭附近的乡民也有近百人加入了义军。清廷震惊，调集四省常备军、巡防队和地方团练五万多人进行“围剿”。在封建王朝和帝国主义列强的联合镇压下，起义武装在坚持一个多月后失败。

当时的醴陵，流传着这样一首民谣：

> 租种二亩田，要交十道捐；衣服不遮体，烟囱不冒烟；清鬼和洋鬼，要命又要钱；逼的穷人路三条，逃荒上吊去坐监。

《名胜志》曾记：“县北有陵，陵下有井，涌泉如醴，因以名县。”元丰《九域志》又记“醴陵有醴泉”。但是，在黑暗统治下的醴陵百姓们，并未感受到生活的甘甜。

清末民初，醴陵县有人口50余万，全县总面积2100多平方公里，但由于丘陵遍布，其中平原仅占16%。山谷中凡是有水的地方，几乎都开成了稻田，片片点点，一方面说明了这里的农民勤劳，另一方面也说明了这里人多地少，可耕种的土地严重不足。从土中刨食的农民，常年得不到温饱，一旦遇到天灾，更是饿殍遍地。左权的祖父左凤衮全家自1857年春起，长期佃种地主匡印澄的13亩多

左权的母亲张氏

田地。左家每年耕播打下的稻谷、杂粮除交租外，还要应付苛捐杂税、兵丁粮饷，一家人吃不上几顿饱饭。红薯是半年的“养命粮”，遇歉年或灾年那就只有挨饿逃荒了。

为了养家糊口，在种田的同时，左凤裘不得不将左兆新送到青泥湾的窑厂去烧土碗。那时，每窑 7 间，由低到高，垒级而上，可装大小碗 1000 对。烧窑时间较长，一般要 56 小时至 60 小时。窑工们泥一身，水一身，汗一身，一个个都像瓷泥捏成的。左权出生前后那几年，左兆新正在窑上没日没夜地苦干。

左权的母亲左张氏，乳名良，始终没有自己的大名，未出嫁时，大家都叫她良姑娘。那时，穷人很难找到媳妇，不得已采取“棉花换纱”的办法：娶一个过来，嫁一个过去，开“扁担亲”。良姑娘也是用这种棉花换纱的办法“换”到黄猫岭左家屋场来的。她是一位坚强的农村普通妇女，不识字，不善言辞，却有一颗善良的心，一双勤劳的手。[①]

1906 年，左权正在牙牙学语时，醴陵一带出现灾荒。许多人家已是无米下锅，野菜、草根、树叶、树皮几乎被吃光。为了活命，左权的母亲被迫抱着左权乞讨于乡里。

1907 年 10 月，左权的父亲因积劳成疾，在贫困交加中与世长辞，年仅 34 岁。祸不单行，左权的祖父也因丧子过于悲痛，相继病倒，不到一年，在 63 岁时去世。不久，左权的祖母也病逝，两老合葬于黄猫岭蛇形山之阳。

三位亲人相继去世，左家犹如塌了天。一连串的沉重打击，再加上过度操劳，使得左权的母亲在 30 多岁时，已经弯腰驼背，头发花白，过早地显出了老相。但是，中年丧夫的母亲并没有被一次次突如其来的大祸所击倒，而是以坚韧的毅力，强打起精神，含辛茹苦地抚育着五个孩子，顽强地支撑起了这个残破的家。

从此，本该在父母怀抱中撒娇的左权，也尽可能地用稚嫩的肩膀替母亲分担起生活的重担。从 6 岁那年开始，他就在黄猫岭、大王山、桃子坡一带拾柴、放牛、打猪草、干农活。过度的劳累和时常挨饿受冻的苦难生活，使得正处在发育中的左权身材又瘦又小，可他幼小的心灵却随之有些早熟起来。

生活是艰难了一些，但山野间的孩子们也有自己的乐趣。左权童年时期的最大乐趣是嬉戏于溪水之中捉鱼。

黄猫岭附近的大王山下地势较低，既有泉水汩汩、水质甘甜的猫公井，也有流水潺潺、纵横相连的无名小溪、河汊，各种鱼儿喜欢到这活水中来潜游寻食。

---

① 采访左江（左权侄子）谈话记录，2002 年 11 月 2 日于长沙市。

左权在打猪草和放牛时，跟着乡间的长辈和小伙伴们常来这里，很快便学会了不少捉鱼的窍门儿。由于左权每次下水，总有收获，渐渐地成了闻名乡间的捉鱼能手。他发现水浑的地方，就截断源流，再舀干水坑捉鱼。小丁点的鱼嫩子，留在家里大家吃，这是全家唯一的荤腥了；稍大一点的鱼，便拿到附近小镇集市上卖了得点钱。左权绝不花掉一分钱，全部带回家，交给妈妈做家用，或是换回一些油盐，提回家来。这小小的鱼篓子，成了家中油盐罐子的重要补充。左权捕鱼卖钱，不但贴补了家用，在他年龄大一点后，在母亲的嘱咐下，也买些纸张笔墨用来读书写字。

然而，命运之神并未就此大发慈悲。1916 年，在左权 11 岁时，家中又一次发生变故，不幸再次降临。这年，醴陵县闹春荒。为了艰难度日，左权家只好四处借粮。母亲让左权 13 岁的三哥应林到外婆家去借粮。从黄猫岭到外婆家，要走 35 里路。应林大清早起床，饿着肚子走了整整一上午，快到外婆家时已饿得眼冒金星，几近虚脱。他走到一口水塘边，在捧口塘水解渴时，由于头晕，不幸掉进塘中。当附近的农民跑来将应林救上岸时，他已气绝身亡。母亲得知后，痛不欲生。一家数口，悲伤异常。

应林的溺亡，对左权的刺激很大，使他一下子好像增长了几岁。他想起全家人在母亲的带领下累死累活地劳动，一年到头，除缴送重租高税外，却所剩无几，终年不得温饱。而富人囤积大量粮食，平时拒借拒卖，待到春荒之际再高价出售。因此，他小小年纪便开始感到世道的不公、人间的不平。同时，左权更加懂得体贴辛勤劳累的母亲，常常帮助母亲料理家务，分担家庭的一些劳动。

坚强的母亲再一次挺住了丧子的打击。为了一家人的衣食，她起五更，睡半夜，白天在租田里挥汗劳动，换工耕种；晚上，熬夜坐在木制手工织机旁辛勤织布。

左权的母亲在醴陵北乡是出了名的织布能手，这“能手”的美誉一方面是来自她的聪慧，另一方面也来自家庭生活所迫的熟能生巧。一般农家织布，每年可织粗布三匹。左权的母亲织成的布纱均匀而有光泽，每年织成的粗布总在四匹左右。商客们都知道，醴陵北乡出品的布匹质量好，所以都来这里采购，慢慢地，北乡市镇便发达起来。离黄猫岭很近的东冲铺、清安铺有了绸布、杂货、染房、织机房、药材、书纸文具、客栈、饭店等店铺。在闭塞的山岭乡村中，这些市镇点缀了繁荣，也开阔了左权的眼界。每当母亲从织布机上取下一匹布来，左权就跟着母亲到清安铺或是东冲铺去把它换成现钱，买回些食盐、灯油和火柴。每当夜幕降临，一粒如豆的油灯辉光下，母亲手摇的纺车声常伴左权进入儿时的梦乡。

左权的母亲又是一位很有德行的劳动妇女，其贤淑和善良在黄猫岭一带是有口皆碑的，邻里乡亲尊称她为四婆婆。她沉默寡言，多做少说，虽然家境困难，但仍然乐于帮助和周济穷人。村里有一个年轻人与家庭不和，被其祖父拿着棍子赶出门外，在走投无路的情况下跑到左权的家里。左权的母亲拿出了仅有的两斗大米送给他，并严肃地告诫那个青年：回家后好好劳动，立志做个好人。

母亲的言传身教和坚毅、勤奋、善良的品格，给了左权以潜移默化的影响，使得左权从小就具有同情劳苦人民的情感和助人为乐、敬老怜幼的品德。每到收获季节，他和大哥在田里收割稻谷，临近的贫苦老妇来讨谷穗，左权总是对哥哥说："他们比我们更贫苦，又携儿带女，给他们一些吧。"少时的左权在房前屋后喜爱栽种各种瓜豆蔬菜，待其成熟后，他常常送一些给邻里的孤寡老人，受到乡邻们的一致赞扬。

看到左权的懂事，母亲心里更多了一分对左权的疼爱。可母亲疼爱却不溺爱左权，特别当左权犯错误时更是严加管束。有一次，左权在村外山坡放牛时与邻村的小伙伴潘宝玺因口舌之争而在牛背上打了起来。几个回合下来，左权见对手已无还手之力，竟越战越勇，将赶牛的竹条子当成了长枪，把对面那牛和牛背上的宝玺追得团团乱转。潘宝玺吓得哇哇直哭，使劲拍着牛屁股奔回家去。当晚左权的母亲得知此事，非常生气，便把左权叫到面前，让他跪下，并严厉地教育道：打人是不对的，欺侮打不过你的人更是不对的。长大了不要当一个欺软怕硬、欺弱怕强的奴才！左权向母亲承认了错误，记住了母亲的话，并按当地的习俗，把一根麻绳扎在手指上，表示引以为戒，不再重犯。

在左权幼年成长的过程中，除了自己的母亲，还有一位对他帮助和影响很大的亲人，那就是叔父左铭三。左铭三为人正直，富有爱国思想，是醴陵学界名流所倚重的学者。他毕业于长沙师范学校，是平桥乡左家第一个知识分子。孙中山倡导革命时，左铭三是在黄猫岭一带第一个敢于剪去头上辫子、拥护共和的人，成为那个时代勇敢站出来支持孙中山的优秀知识分子。在共和的旗帜下，他出任县立模范小学校长、劝学所所长、渌江中学教员。《醴陵县志》说他任教"诱掖多方，门下多知名士"。左权对叔父非常敬仰，从小就爱听他讲故事，谈做人道理，论世界大事。左铭三见左权肯于思考，有志向，也对他寄予厚望。

当叔父左铭三知道左权手指上拴麻绳一事的缘由以后，也严肃地告诫左权说：为人处世，要以德服人。缺乏涵养，不以德服人，勇敢就是粗暴、粗野。在当今弱肉强食的世界里，强国需要虎狼，而弱国需要勇士。只有爱国如饥渴的人，才配做真正的勇士。从此，左权牢牢记下了叔父的教诲。

家庭是一所学校，父母和长辈的言行，往往给孩子们以莫大的影响。

在苦难的生活中，母亲原本没有想到要把左权教养成日后叱咤风云的民族英雄，而是要按照自己的模式将其塑造成黄猫岭周围土地上被乡亲们称道的种田好把式。而叔叔左铭三的一番道理，则使童年的左权睁大了眼睛，朦胧中看到了黄猫岭之外还有更大的世界。

二、读书明理爱国

醴陵较为封闭的地理环境，使生活在这片土地上的人们崇尚农耕，并不过多地关心外面的世界，因而这里自隋唐科举取士以来，靠进学、中举做官的人也就很少。清朝时，醴陵曾有“举人不满桌，进士不开科”的俚语。

1911年辛亥革命之后，革故鼎新，各乡党、氏族争相筹集祠庙祀产兴学，公立、私立学校陆续开办。就全国来说，湖南在文化教育上是比较发达的省份之一。但是，在交通落后、信息闭塞的乡村，农民由于经济条件上的拮据，特别是思想上的保守和局限，仍旧沿袭祖宗的思维方式，宁愿让自己的儿孙继续务农，也不愿让其冒险闯世界。普通农家一般每代只挑选一个聪敏悟性好一点的子弟进学堂，识点文字，能学会加减乘除，给家庭收支记个流水账也就足够了。在左权父亲那一代，爷爷选择的是送较为聪颖的次子左铭三进学堂。左铭三也不负众望，虽然在渌江书院就读时“贫儿辍学”，但总算学出了点名堂，在醴陵成为一个知名的文化人。到了左权这一代，由于父亲早丧，连年灾荒，一家人连肚子都填不饱，左家也就没有心思来考虑孩子们读书的事，左权的三个哥哥和一个姐姐到了读书的年龄，都没能入学。

然而，在黄猫岭下的小山村里，同一片天地中，人间贫富的对立却是明显的。财大逼邻居。居住在左家屋场左侧山湾里的匡印澄，是黄猫岭这一带的首富，他的儿女能上学的都进了学堂。孩子们扯开嗓门的嘹亮读书声，把山野里寻猪草、捡柴火的穷娃们的心境扯乱了。他们眼馋匡家的孩子，也盼望着能捧起书本，畅游于知识的海洋，探求未知世界。左权自然也不例外。

在正式上学之前，左权就受到文化启蒙，这与外公张兆申有着重要的关系。外公、外婆家住醴陵县城城郊丁家坊樟树塘茅屋里。外公本也是个种田人，小时候曾被人贩子拐卖了出去，买家让他读了一些书。家里后来探知音讯，用300两银子将他赎了回来，他就在家里开了个蒙馆，教几个村童。左权的母亲时常带左权到外婆家去做客，疼爱左权的外公就手把手地教他识字、写字。在外公的影响下，左权从小知道只有读书，长大才能有出息。他期待着有一天能够走进学堂。在左权7岁时，当看到有钱人家子弟上学，他非常羡慕，就向母亲提出读书的请求。母亲为难地说：读书是要钱的，我们家的财神菩萨还没睁开钱眼呢。家境这样贫寒，我们交不起学费啊！

交不起学费怎么办？左权是一个言路窄、心路宽的孩子。当时年关将至，他便想了一个借过年的机会以筹集学费的主意：扎一个纸狮子，挨门舞狮贺年，讨取米和钱。他把这个主意先告诉了大哥毓麟，商议后又告诉了本村里的好朋友左阳生、左纪璋、左纪重、左纪谷，以及财主匡印澄的四儿子匡泉美。大家觉得要讨米狮子又好玩、又热闹，便分头进行准备。

正月初一，家家放鞭炮，开“财门”，左权的讨米狮子也“出行”了。左权敲鼓，匡泉美打锣，左纪重领唱，左纪璋、左毓麟舞狮子，左纪谷背米袋子。后面还拖着一群看热闹的小孩子，成了狮子队的小尾巴。

来到一个屋场，“狮子”先蹦进堂屋里，在贴有“天地国亲师位”的神主牌子前行两跪六拜大礼。左权和小伙伴们一边敲锣打鼓，一边在左纪重的领唱下，以稚嫩的童音齐声唱道：

狮子进门六个揖，六个揖，口中含着羊毛笔。
上写天官来赐福，下写禄寿康宁和安逸。

听到歌声，这家的女主人便停下手中的活计，忙着量出一升糙米，倒进左纪谷背着的袋子……

“讨米狮子”一直要到正月十五元宵节这一天晚上，他们给黄猫岭周围的乡村带来了欢乐，也使左权懂得了一个人怎样靠自己的努力才能救得自己的道理。靠舞狮讨来的米，使左权有了再次要求入学读书的本钱。尤其是左权对上学的这种渴望和执着，也深深打动了乡亲邻居。乡亲们向母亲劝说道：自林这娃儿有志向，长大了肯定能有大出息。有大家帮衬着，四婆婆还是让他读书去吧。

其实，左权的母亲虽然自己未能读书，但深受其父的影响，不仅对读书人十分尊敬，更视子女的读书为大事，她又何尝不想让左权读书呢！有了学费，母亲自然很高兴，不仅爽快答应了左权的上学要求，还特别为左权做了一件家织布上衣。本来也该上学却没有这么幸运的哥哥姐姐们，在替左权高兴的同时，也为他忙着准备。没有钱买书包，大哥毓麟找来两块木板，用细绳系住两端，做成一个书夹。二哥、三哥找来竹筒锯出一段，里面放上棉花，姐姐磨了一盘墨淋进去，把它变成了墨盒。毛笔和纸是母亲从清安铺书纸文具店买来的。于是，文墨书香开始在左权这个农家孩子的身上散发开来。

元宵节刚过，即 1913 年初春，8 岁的左权进入黄猫岭下的东冲铺磐中私塾，开始发蒙读书。从那时起，母亲在劳动之余，也常向左权讲古人匡衡凿壁偷光、车胤以萤为灯和孙康雪地刻苦读书的故事。这些故事给幼年的左权留下了深刻影响，他时时以这些故事勉励自己刻苦读书，幻想着能做一个像外公张兆申那样有学问的人。

背书是中国旧式学校教育的突出特点。左权和小伙伴们常常合上书，闭上眼睛，摇晃着脑袋，用又响亮又高昂的声音背诵《发蒙易知妥本》上的话：“学与时进，功已深矣。盎非时习，犹浅于学也。时以习之，其功不已深乎……”教书先生要求学生“先乎诵经，终乎读礼”。因为在他看来，经学可以经世。不通经，便不能济世扶危，学成也不过是个不会变通的腐儒。左权当然懂不了这么多，酷爱读书的他只是除把先生教过的书背熟外，一有机会，还常常去黄猫岭附近的读书人家去借书。尽管这些书的天眉地脚朱墨纷呈，证明主人曾经用过苦功，但左权即使用功也读不明白，非得先生“串讲”不可。他有时不得不跑到离家几里外的睦华村去向叔叔左铭三先生求教。就这样，左权在一年多的私塾中不仅读完了《百家姓》《三字经》《千字文》《幼学琼林》《孟子》《论语》等“必修课程”，而且在课余时间还囫囵吞枣地阅读过《三国演义》《水浒》等自己喜欢的小说。

1914 年，在叔叔左铭三的关照下，左权考取了离家不远的设在陈家冲的私立成城小学。翌年，成城小学改称醴陵县第八国民小学，当时称为“文明学堂”。从此，左权开始了读新学的生活。这个学校所开设的课程，主要有国文、算术、新修身、常识，还有习画帖、习字帖、手工、唱歌、体操等。左权觉得这些课程比那些“之乎者也”之类有趣、新鲜、好懂，因而他把学习当作是一种快乐。

左权每天放学回家，在干完一些放牛或拾柴之类的活计之后，才有时间复习功课。每当夜深人静，他和母亲、大嫂罗和青等一起，共用一盏油灯，母亲纺纱织布，大嫂做针线活，他就在旁边读书、做功课，常常到半夜。

成城小学旧址。1914 年至 1919 年左权就读于该校

母亲担心左权小小年纪用脑过度，伤了身子，总催他早点上床睡觉。左权却晃着手里的书说：“古时匡衡凿壁偷光，还要读书，我有油灯还不用功吗？”母亲答应道：“那就再看几页吧。”母子俩几乎把心血汗水当灯油点，所以邻居们常说：“左家屋里的那盏灯熄了，黄猫岭的夜也就深得过半了。”

左权常常和那些没有读书的孩子们在一起讲故事、猜谜语。每天放学后，左权要帮家中干活，他牵着水牛走上山坡，找到一块肥沃的草地后，就把水牛拴在一棵小树上，让水牛在附近吃草，然后取出镰刀打猪草。有时，小伙伴请左权讲故事、猜谜语。左权这时就模仿着课堂上先生的语气问道：“你们知道什么是沙漠船吗？”孩子们答不出，左权就开始说谜语：

四脚长长，没有橹和桨，
背上高耸，没有桅和篷。
人力风力，汽力都不用，
驮着货物，靠自己行动。

小伙伴们一个个瞪大眼睛，瞧着左权，就是猜不出“沙漠船”是什么物件。左权提醒说：“是种动物，再猜猜看。”大家还是猜不出，这时，左权像个大学问家似的告诉伙伴们：“沙漠船就是骆驼，听老师说是比水牛还要大的动物。”湖南没有沙漠，乡村也没有骆驼。没有读过书的孩子们连听也没有听说过，怎么能猜得出。孩子们在左权的谜语中也看到了黄猫岭外面的世界，知道除牛、马等常见的驮运牲畜外，还有一种名叫骆驼的牲畜行走在沙漠中。他们认为这骆驼如果犁田肯定比水牛还要有劲。

左权喜欢动脑筋，遇到不明白的问题非要探出个究竟不可。有一次，先生在课堂上讲古代司马光砸缸的故事，他为抢救落水儿童，机智之下用石头把大缸砸了一个窟窿。左权听了后，来回摇晃着脑袋，当即表示有疑问，向先生问道："掉进水缸里的孩子有多大？""与你差不多大。"左权追问道："水缸有多大？""比那个小孩子大得多。"左权又追问："砸了多大一个窟窿？""小孩子力气小，搬不动大石头，也就敲出个鸡蛋大的窟窿。"左权立即辩论说："一满缸水，一个鸡蛋大的窟窿，缸中水何时才能流完，等水流完了，小孩子在水中也被淹死了。我以为司马光这样做还不够，他应该多砸几个窟窿，或者是把窟窿砸大，或者是把水缸彻底砸烂。"先生当即表扬了左权，说他敢于提出问题，做事就要多想几个套路，把问题解决彻底，并让同学们向左权学习。至今，黄猫岭还流传着"左权砸大缸"的故事。[①]

爱好读书的左权，凭着一股好学精神和较强的记忆力，读完了当时他所能找到的书，并且一有所得，还用笔抄录下来。乡下没有图书馆、藏书楼，寻得一本书不容易。因为书少，左权读得仔细，记得烂熟。他的悟性好，常常学着原来私塾中那位先生的样子，把《增订汉魏丛书》《国朝汉学师承记》里的文章读得抑扬顿挫，趣味盎然，引得家人也不由地侧耳细听。当然，这个小学生免不了对文中句子生吞活剥，不求甚解，即便如此，对于左权却是乐在其中。

由于聪慧好学，不到 10 岁的左权，这时已会写诗作对，被老师誉为"神童"。1915 年除夕，他看到有些人不勤奋，办事无计划，花钱不节俭，便有感而发地写了两副春联，贴在自家门口。一副是"处世须知艰难，居家莫想快活"，另一副是"须要勤俭谨慎，多栽杉茶棉麻"[②]。这是左权入学识字后第一次写春联，含义既中肯，又通俗。此后，每逢过大年，左权都要写些富有新意的春联，自己家里贴用，也帮邻居们写。邻居们读到这些对联，都竖起大拇指，称道左权是个有出息的孩子。叔叔左铭三发现这个侄子的天赋后更是从心里高兴，于是加强了对左权的培养。

就在左权第一次写春联的这年大年初三，即 1915 年 2 月 16 日，醴陵发生大地震，震中在离左权家乡不远的大障一带，水口山地陷两丈多的深坑，此后大半个年关都在余震中度过。左权在一阵担惊受怕之余，小脑袋瓜里也在不断地问着这样一个问题：大地为什么会哆嗦？尽管这时期他始终没弄明白答案，但地震的发生却无疑使他的求知欲变得更加强烈了。

不久，10 岁的左权按照当时湖南的习俗，与易家冲陈胜德（字谨吾）的女儿

---

① 采访李敦武（左权亲属）谈话记录，2002 年 10 月 31 日于湖南省醴陵市。

② 采访左芝仁（左权亲属）谈话记录，2002 年 11 月 1 日于湖南省醴陵市新阳乡黄猫村。

陈云青“结婚”，实际上是左家收了童养媳。比左权大不到一岁的陈云青，来到左家屋场后，平时也常和左权在一起砍柴、玩耍，更多的时间是帮助婆婆纺纱织麻，然后拿到市场上去卖，既能换点油盐钱，又能资助左权读书。[①] 易家冲距离左家屋场不远，大约三四里地，翻过一个小山坡即到。做私塾先生的陈胜德见小左权聪明伶俐，便决定给他“吃小灶”，让他每隔一日来家学习古文、珠算等功课。

在少年左权的学习生活中，有一位小学老师给他以重要影响，那就是匡宜民。匡宜民，是一个有识之士。他早年曾经追随孙中山、黄兴参加过辛亥革命，具有旧民主主义革命思想。1904 年 2 月，黄兴、陈天华、宋教仁、刘揆一等在长沙组织华兴会，匡宜民参加了这个组织。之后，他以教育救国为宗旨，隐身乡间，希望造就一批经邦治国的人才。他坚持新的教学方法，反对闭门读书，主张结合课本内容，密切联系社会现实，并常以辛亥革命为例，积极传播爱国思想。

1915 年 6 月的一天，匡宜民老师拖着沉重的脚步走上讲台。他用泪眼望着同学们，一句话也不说，只是木立在讲台上。左权和同学们都不知道发生了什么事，睁着一双双惊慌的眼睛……停了好一会儿，只见匡老师猛地背过身去，横了粉笔，在黑板上写下“勿忘五九国耻”几个大字，然后再也抑制不住，放声大哭起来。

原来，这年 5 月 9 日，日本以武力做后盾，以最后通牒的形式，逼迫袁世凯接受灭亡中国的“二十一条”。日本虽然是一个岛国，但是一个新兴的帝国主义国家。它在中日甲午战争中从中国攫取了台湾，在日俄战争中又从俄国接受了俄国原来侵占我国的领土辽东半岛的租借权，接着又吞并了朝鲜。日本统治者的最高国策，就是把朝鲜和中国东北作为前进的基地，进一步向中国内地扩张势力。

匡宜民老师在课堂上向学生们讲述帝国主义列强侵略中国的事实，讲述卖国贼袁世凯策划当洪宪皇帝，为了取得日本帝国主义的“支持”，竟秘密接受日本帝国主义灭亡中国的“二十一条”卖国条约。他指着中国的版图，对学生们沉痛地说：“我国的国土好比一片桑叶，蚕子好比帝国主义，现在，蚕子们正从四面八方来吃桑叶。同学们，再不救中国，中国就要灭亡了！”匡老师说得声泪俱下，深深打动了孩子们的心。大家顿时沸腾起来，他们鼓着嘴巴，瞪大眼睛，握紧铁锤般的小拳头。

匡老师告诉大家：“袁世凯出卖国家主权的滔天罪行，已经激起了全中国同胞的愤怒。长沙日商工厂和商店里的中国人集会、罢工，对群众宣传不买日货；上海码头工人举行罢工，散发传单，反对日本侵略和袁世凯卖国；海外侨胞和中国留日学生向国内发来通电，呼吁全中国同胞团结一致，抵抗侵略；菲律宾的华侨踊跃捐款，组织敢死队，准备回国对日作战；北京以南十几个县的农民，成千上万地起来了，进行抗捐抗租斗争……”

左权被匡老师慷慨激昂的讲演感动了，他站立起来向同学们号召：我们也应

---

① 1924 年所撰修的第八届《醴陵左氏族谱》上有关于左权的结发之妻陈云青的记载：“娶陈氏，字湘芸，邑北易家冲谨吾子女，清光绪三十年甲辰十一月初六日子时生。子一，馥生。”

该组织敢死队！同学们呼应着，教室内充满了愤怒和呼喊，像密封的火药在燃烧。

匡老师见同学们积极响应，满怀激情地高声呐喊："同学们，要让乡亲们也知道这个消息，全中国人民一起讨伐袁世凯，中国就有力量了。我赞成你们的爱国行动，如果全国同胞们都有你们的这种骨气，中国就不会灭亡。现在，同学们力所能及的是到村子里去讲演，宣传抗日。"

左权已是热血沸腾，当即用毛笔在自己的书夹板上写上了"毋忘五九国耻"几个大字。放学了，仍激动不已的左权又用毛笔在白纸上写下这几个大字，然后要人将它贴在自己的背上，飞也似的奔向村里。人多时，他索性停下来，向乡亲们解释为何要反对袁世凯卖国的"二十一条"。后来，他又邀上同学左纪重等人在村里到处做宣传，并在墙上、树上、石坎上张贴反对日本帝国主义、反对卖国贼的标语。他还与同学们一起到黄猫岭、岩鹰底一带山村里去演讲，流着眼泪高唱《"五九"国耻歌》：

> 高丽国，琉球岛，
> 与台湾，地不小，
> 可怜都被日本并吞了！
> 民危急，国飘摇，
> 帝国列强又对我国提出灭亡条。
> 无公理，无人道。
> 好河山，将送掉。
> 同胞们呀，
> 快快起来把国保！

匡宜民老师和左权等学生们的宣传，在黄猫岭地区唤醒了群众的爱国热忱，推动了这一地区迅速开展抵制日货的爱国行动。

这一时期，反对日本帝国主义，推翻封建帝制的群众性爱国运动，在整个中国大地上掀起了高潮。素有反抗精神的醴陵人民，为改变中国半殖民地半封建社会的悲惨命运，进行了不屈不挠的英勇斗争。年少的左权，也加入到这汹涌澎湃的斗争洪流中。他虽然仅有 10 岁，但是，在他那幼小的心灵中已经奠基了热爱祖国、热爱人民、反对强权的爱憎分明的品格。

岁月如梭，左权渐渐长大了。他每天放学回家，还是与过去一样，拾柴、放牛、打猪草，抽空捕鱼，把捕来的鱼，让哥哥拿到镇上去卖。同时，还要分担家庭的田间劳动。过多的劳动，再加上当时小学的教学条件简陋，使得左权在这几年的学校学习生活多是时断时续的。尽管如此，至 1919 年夏天，14 岁的左权还是读完了初等小学。秋天，他又顺利考进了醴陵北第一、第二、第三、第四区联合高等小学（简称"北联高小"）。在这里他和后来也成为中国人民解放军高级将领的宋时轮相识，他俩都是第八班的学生。

当时，北联高小没有自己的校舍，便只好借用青安铺兰谊小学的部分房屋开办。1921 年秋，兰谊小学要收回校舍，北联高小只好一分为二。北一、北三、北四区仍联合继续开办北联高小，并在斯陶坪新建校舍。在斯陶坪新校舍未建成之前，北一、北三、北四区联合高小临时在第三区唐家冲文昌阁办学[①]。左权的家属于第三区，他在唐家冲文昌阁又读了一年，直到高小毕业。

青安铺和文昌阁，距左权家黄猫岭都有十多里路。左权每天早出晚归，中午吃自己带的饭，在寒冬季节只能吃冷饭。但他进入高小后更加勤奋，学习成绩在班上始终名列前茅，尤以语文和地理学得最好，常常得到老师的称赞。

左权很善于向别人学习。左权家对面的桃子坡上住着一位农民，名字叫李兆庆，精通珠算，左权虚心向他请教。在短时间内，就学会了加减乘除法，并运用自如。左权每天放学已经很晚，但他有时还要到八横田姑父李泊如家，请教一些作业上的难题。李泊如是老私塾先生，又是表兄李明灏的父亲，所以左权和表兄弟们常常在一起讨论问题，有时争论的面红耳赤，再让李泊如老先生论断是非，李老先生总能深入浅出地说明道理，使左权茅塞顿开。[②]左权有时在吃过晚饭后，又步行四五里路去睦华村叔叔左铭三家请教问题。假期中，左权也常去那里复习功课。左铭三不但讲书中的学问，讲革命故事，还讲他在醴陵县城和长沙省城的所见所闻。在左权眼里，叔叔左铭三和姑父李泊如不仅都是饱学之士，而且都是正直之人。他们循循善诱地教他如何思考问题，如何对待人生，因而成为他少年人生道路上的引路人。左权尊敬他们，更感激他们的谆谆教导。

三、尚武习拳浑身胆

湖南近代历史上出了曾国藩、左宗棠等领兵打仗的著名人物，他们的治军方法使得“湘军”名声显赫，也影响了此后的三湘子弟，乡间男子也多尚武习拳。当时的醴陵，民风强悍，远近闻名。辛亥革命中，这里的农民揭竿而起，从军和以军功发迹的人，在湖南列各县之冠。在这种谈兵尚武乡风浸染下，醴陵北乡的青壮年多数都会几路拳脚功夫，当时流行的有龙门拳、邬教拳、少林拳、猴拳等。

生长在这片土地上的左权刚刚能拿动棍棒，就在乡童们的打仗游戏中锻炼身手，并拜师学点拳棒之术。左权所在学校的老师也常在课余时间引导学生们玩游戏，练兵操。

少年左权，嘴唇厚厚的，脸晒得黑黑的，个子不高却很精干，浑身散发出一股刚毅的气息。他从小学开始，就喜欢上体育课，爱好体育活动。学校组织拔河、打仗等对抗性活动，左权不仅是积极参加者，还往往是一方的组织者和指挥

① 文昌阁现已被拆掉，在原址上办有八步桥乡擂鼓村小学。

② 采访李吟波（李明灏之女）谈话记录，2002 年 12 月 14 日于北京市万寿路。李明灏曾任广州陆军讲武学校教育长、国民党军第九十七军军长、重庆市警备司令，1948 年率部起义后又参与和平解放北平、策动程潜长沙起义等工作，后任湖北省副省长、国防委员会委员、全国政协委员等职。

者。他在拔河中表现顽强，又善于鼓励同学们齐心协力，别看他个头小，可一铆起劲来，一个能顶两个。同学们也常爱玩“打江山”的游戏，即在一个土堆上看谁能不被别人拉下。左权跳上土堆后，咬着嘴唇，奋力左拦右挡，同学们很难把他拉下来。

左权特别喜爱上兵操课。他对族弟左纪凡说：“要学好兵操，要有军事知识，将来好为国家出力打仗。”难能可贵的是，他还活学活用，常把兵操课上所学的知识运用到平时的“打仗”游戏中。玩“打仗”时，左权总是站在最前面，勇敢战斗，先顶住“敌人”最猛烈的“炮火”，在相持一段时间后，再指挥伙伴们突然发起反击。这种“打”法虽前期较为被动，但多数时候能取得最后的胜利。

有一天，匡宜民老师把一班同学分为两队，自己领一队，叫左权领一队，约好到附近的三沙塘坡去玩打仗的游戏。每个同学都带上装有沙子和石灰的小沙包。出发后，左权带的一队走前面。快到三沙塘坡时，他决定兵分两路，命令其中的大队跑步前进，抢先占领三沙塘坡制高点，自己则带少部分人隐蔽在路边的树林里。左权看着匡老师带领的同学一个个地从身边走过去后，才率小分队尾随而进。当匡老师那个队一股劲地与三沙塘坡的同学们“交战”时，左权带领的队伍突然从背后杀出，一声号令“打呀！”“万包齐发”。这时，左权又命令坚守三沙塘坡的队伍也一齐冲杀过来，形成前后夹击之势。匡老师带领的队伍腹背受敌，不战自乱，许多同学前后“中弹”，战斗以意想不到的速度很快结束。匡老师看着机智、沉毅的左权，十分欢喜，对同学们说：左权不但勇敢，还有谋略呢，将来肯定不是等闲之辈！

对于“打仗”这样的游戏，左权总是乐此不疲。有时，他在学校玩得不能尽兴，就在放学回家后，趁放牛、寻猪草、拾柴火的间隙与小伙伴们“一决雌雄”。左家屋场处于黄猫岭“胸腹”部，房屋的高处就是山腰。这山腰之所以离奇地成为塌陷一块的“腰”，是因为特殊的山石土质结构沙石化，亿万年的造山运动和气候影响，一堵巨大的岭崖渐渐沙化，经过雨水的冲刷，汇集成一股流沙，缓缓向山沟里挪动。真可谓是应了那句成语，“聚沙成塔”。就在左家屋场的东端房檐下，沙流在此因地势拐了个弯，形成一片面积有两三个打谷场大小的沙滩。这沙子经过反复淘筛洗漂，干净地像白砂糖，柔软地像丝绸布，引得左权和小伙伴们经常聚集到这里玩打沙仗。他们分成两组，拉开距离，各自抓起一把把沙子作武器，甩向对方。左权在反复“进攻”中摸索出了一条经验，他用背顶着对方投过来的湿沙团，倒退着进攻，以这种土“坦克”的有守有攻方式，总会把对方挤出沙滩。“战斗”结束后，小伙伴们又聚集到一起，玩堆“沙盘”。他们堆大山，堆险关，堆高塔，堆房屋。谁能想到，若干年后，就从这沙滩上走出了一个在战场上真正堆积作战“沙盘”的高手——身为八路军副总参谋长的左权常以准确翔实的“沙盘”模型，推演胜券在握的作战方案。

不过，少年时代的左权第一次真正感受到战争的气氛是在 1918 年。自从袁世凯在全国人民反对帝制的呼声中绝望死去后，外国列强失去了他们在中国的共同代言人，转而各自扶植不同派别的军阀，充当新的走狗。于是，长江南北大小军阀互相争夺地盘，形成军阀混战的局面。这年春夏之际，北方军阀安武军三次攻占醴陵县城，两次纵火烧城、烧桥，并在城乡抢掠财物、奸淫妇女，枪杀平民2万余人，毁坏房屋1.4万余栋，造成近30万人流离失所。军阀乱兵在县城骚扰后，又开始转向乡村。

为避兵乱，左权的外公带着全家由平川之地来到黄猫岭逃难。然而乱世中，乡民们也难得一处安全之地。没过几天，便有消息传来，乱兵已经到了黄猫岭下。这下可急坏了外公等人。左权想起了在桃子坡上他常和小伙伴们一起玩捉迷藏游戏的秘密土洞，向外公建议可到这个地方暂时藏身。就这样，在乱兵洗劫黄猫岭一带的乡村时，左权及附近的村民和亲朋好友60多人，躲进了桃子坡上的土洞，从而躲过了军阀乱兵的一次次搜索。由于乱兵们的烧杀抢掠，黄猫岭在兵荒马乱中变得更加悲凉。

这是左权第一次接触“兵事”，他对军阀的所作所为感到极大的愤慨，盼望着能有一支为老百姓撑腰、惩罚军阀的好军队。他握着拳头对外公说：“我要是带兵打仗，一定要杀败这些残害老百姓的军阀，救国救民。”外公听了后，称赞左权人小有志气，并勉励他好好学习。

俗话说：艺高人胆大。左权“艺”不高，却胆大过人。

左家屋场左边的溢村一带，大都是烂泥田，当地方言称为溢田。烂泥田中有的地方，表面上看似如同一般水田，但却危机四伏，泥深可没人顶。颤悠悠的泥面，一处晃动便会牵动周围几米内的泥面都颤抖起来。不过，这里却生长着很多肥美的青草，都是些养猪的好饲料。由于水深，烂泥深浅不易识别，当地的人皆视其为险境，不敢以身试险。曾有水牛误入这里，村民们虽全力抢救，也没能使水牛免遭没顶之灾。但是，左权却偏要试一下。他望着在这里长着的茂密水草，便找了根竹竿，让它在前面当“探子”，自己随着进入了这片“禁地”。他专选泥皮厚的地方下脚，像只长脚鹭鸶一样，从这儿跳到那儿，很快扯回了几大筐青饲料。

乡邻们担心地对左权的母亲说：“四婆婆呀，十来岁的嫩伢，玩命不得。玩大了胆子，天河里的水都可以挑下来喂猪了！”母亲也责备左权说：“哪里没有猪草寻？你偏要把娘的心挂在你身上。叫我跟着你担惊受怕。”左权为了不让母亲担心，心里“闷”出了一个主意，便对母亲说：“我坐船去好吗？”母亲不解地问：“哪来的船？”左权指着屋檐下的木梯子说：“那就是。把它横放在田里，让它浮在泥面上，我踩在上面，就像踩在船板上。水能把船浮起来，泥就不能把梯子浮起来吗？”母亲无可奈何，叹着气说：“都是娘的过错，把你这条吃奶的牛崽崽当马骑了。”

溢田水凉透骨，左权全然不顾，总是从烂泥田中把一担担青饲料挑回家喂猪。在这一过程中，他收获的不仅是比别的小伙伴们多得多的青草，更多的则是欢乐和自信。正是在这种艰苦的生活和劳动锻炼中，左权磨炼出坚毅勇敢、遇事沉着冷静的性格特点。

在左权刚拜师学武术时，师傅即给他讲习武的目的，为的是抑恶扬善，健身强体，并以民间流传的钟馗的故事作为开场白，讲落第的武举人钟馗会十八般武艺，生前没有做到元帅将校，死后却专门以鬼为食，安民济世。因而在中国民间，每年端午节，钟馗和屈原一样受到百姓的敬重，各家将他们的木刻拓印像和艾叶、菖蒲一起张挂在门楣上，用来驱魔鬼，除邪祟。而左权家的堂屋神牌上供奉的正是钟馗，尤其是母亲特别敬重这神牌，一日三拜，这对少年时代的左权影响甚大。因此，左权在习武的同时，又想学专职“驱除魔鬼”的钟馗。

暑假中的一天，左权到东冲铺螺头山下同学陈增洪、陈增鸣兄弟家里共同复习功课。在这里，他听到一个奇怪的传闻：螺头山上出了妖精。螺头山是一座荒山，山上有一个东京殿（即包公庙），传说是包大人领受香火的地方。庙的右侧，有一棵古老枫树，腰围八尺，被一根水桶粗的猪婆藤左缠右绕，宛如一个被五花大绑的罪犯。由于古树年代久远，加上周围香火缭绕，雾气重重，这颇能给人几分神秘色彩。附近老百姓惊恐地传言，这根孽藤是妖精的化身，已修行五百年，一旦作起恶来，浑身冒烟，血如泉涌，谁靠近谁遭殃。20 世纪初的旧中国农村，科学极不发达，人们对神话和封建迷信，多是宁愿信其有而不愿信其无的。

东冲铺螺头山出了妖精的传言很快传遍黄猫岭，并且越传越奇，说已化身成猪婆藤的妖精就要下山来了。这谣言闹得螺头山路断人稀，村里人在晚上都不敢出来走动。本来并没怎么当回事儿的左权，这时更觉得这个谣传太可笑了。为了证实世界上根本就没有什么精灵鬼怪，左权便独自一人接连几个晚上到螺头山上去敲梆打更，来回走动守夜，并告诉村民山上根本没有鬼怪。但是，即便如此，乡民们仍然迷信螺头山上有妖怪，而不愿相信少年左权的话。

为了彻底戳穿谣言，左权决定现身说法。一天中午，左权来到东冲铺，向同学陈增洪家里借了一把柴刀后，独自一人上了螺头山，来到东京殿右侧的大枫树下。按照当地的规矩来说，菩萨庙附近的东西，人们一般是绝对不敢动的，怕亵渎了神灵，而左权偏不信这个邪。他敏捷地爬上大枫树，骑在树杈上，挥动柴刀，连劈带砍。猪婆藤很快显现出一道“血”口子，断藤处流出红色的树汁，染红了老枫树，也染红了老枫树下的泥土。

听到动静后，村里的人们纷纷赶来，想看个究竟。一些迷信的人见到此景后大呼大叫，以为是精灵出血，大骂左权做了伤害神灵的事，一定会有灾祸降临给他。而左权并不理会，很快用柴刀砍断了这根猪婆藤，然后跳下大树，含笑而去，身后留下的是依然惊讶地张着嘴巴的人们……

这年，黄猫岭地区风调雨顺，五谷丰登，大枫树前的香火竟然奇迹般地旺盛起来。原先大骂左权得罪神灵的村民，在秋后反而以为左权能镇魔降妖，砍杀了猪婆藤，救了那棵大枫树。左权得知后，淡然一笑，他开始认识到，只有科学文化知识才能最终使百姓脱离愚昧，走向文明社会。

少年左权思考的问题越来越多，也越来越深刻。当左权于北联高小毕业之后要升入中学时，因为学费筹措非常困难，一度面临失学的处境。当时，他愤慨地说："中国的社会真奇怪，富人的孩子有钱读书反而不愿意读书，穷人的孩子想读书却没有书读。这样的社会非改革不可。"①

此后，左权向叔父左铭三表达了想继续升学、投考醴陵县立中学的心愿，当即得到左铭三的热情支持和全力赞助。左铭三生活清苦，积蓄也不多，但为了不使左权半途而废，他不仅自己倾囊相助，而且联合其他亲戚凑钱，终于使左权如愿以偿地考进了向往已久的醴陵最高学府——湖南省醴陵县立中学。

四、状元洲上论天下

1922 年初秋，已从北联高小毕业的左权带着亲戚们为其凑集的学费，来到了湖南省醴陵县立中学。

醴陵县城位于湘东渌水流域，为湖南省的"东大门"。发源于罗霄山脉北端浏阳境内的渌江由东向西穿城而过，流经本县境的渌口，注入湘江，与资水、沅水、澧水汇入洞庭湖。醴陵县的县立中学即由这条江水而得名，通常称为渌江中学。

1922 年夏，左权考入醴陵县立中学，图为醴陵县立中学旧址

醴陵县立中学的前身为渌江书院。渌江书院是湖南省屈指可数的几所著名学府之一，与岳麓书院、船山书院齐名，它始建于宋代，有"文星朗耀，名教乐地""醴陵文化之摇篮"的美誉。渌江中学的校址即为渌江书院旧址，开始时设在县城内朱子祠（古代著名理学家朱熹曾两次到醴陵讲学），1825 年迁到县城西郊的西山。直至 1904 年，即左权出生的前一年，诏罢科举，改省、府厅、州县书院为学堂，渌江书院于是改名为渌江学堂。1919 年，又改名为湖南省醴陵县立中学。这所中学在本地是一所有名的学校，即使在湖南全省，它也是名列前茅的中学之一。

醴陵中学依山傍水，所处的西山海拔高 2100 多米，山势像把太师椅，渌江中学就坐落在半山腰的"椅垫"上，与城关隔渌水相望。

① 采访杨志超谈话记录，2002 年 11 月 2 日于长沙市湖南师范学院。

校园环境优美，古木参天，蔚然深秀。尤其是在秋天，绿水红枫，渔舟白帆，更似在画中。清乾隆年间执掌渌江书院的余廷灿有诗云：“墙舍峥嵘压渌江，屏山隔水势难双。横秋有影凌书幌，近市无声到纸窗。风叶下阶衣綷縩，滩篙入夜玉铮鏦。吾侪坐对心源活，笔力何人鼎可扛。”写出了当年渌江书院的峥嵘气派和它周围的水光山色，也写出了师生们“鼎可扛”的奋发精神。

学校大门上，挂着前清湖南巡抚端方书写的“渌江中学”横匾。由头门往里走，第一进是讲堂，内有慈禧太后的题匾：万世师表。第二进是内厅。往东走，有三个书斋，名为“主敬”“正谊”“明道”。朝西去，也有三个书斋，名为“存诚”“进德”“居业”。书斋之外，还有旧考棚，是过去录取秀才的考场，后来成了学生宿舍。

“醴酒宴嘉宾，琴韵书声，遥知渌水源头远；凌云弘壮志，地灵人杰，独得西山爽气多”，是现今悬挂在讲堂两侧的对联。这副对联，既是对渌江中学优美的自然环境和人文环境的生动赞美，又是对该校莘莘学子精神风貌的形象描绘。

渌江书院（中学）作为醴陵的最高学府，校长都是由一代名流贤达硕师任职，教师多由名儒宿学担任，校风严谨。现可查考的 50 位山长（校长）中，有进士 12 人，举人 33 人，拔贡、副贡、副榜 3 人。道光十六年，左宗棠掌教渌江书院，自此后名人辈出。历届知县每当仲春开馆时，都要备办酒席，带领学生上学、拜会教师。开馆之后，学生要备立功课簿，将每天的课业记在上面，以备教师随时抽阅。左权进校后，“西山正学”的遗风尚在，校规齐全。每当上课的铁钟响过后，校工即关闭头门，杜绝出入，直至放学，才准开门。

左权入校时的渌江中学有学生 150 多人，分三个年级，每个年级一个班。学校的教师大多是喝过洋墨水、见过世面的留美留日学生。而教授历史、地理、国文的阳兆鹏先生算是一个例外，他是本县失鲤浦人，17 岁考中了清朝最末一届秀才，后毕业于明伦师范，旧学、新学兼通，是一位有秀才功名的新派人物。他性格刚直，不畏权贵，为人正派，治学严谨，深受学生喜爱。

县立中学的寄宿费用昂贵。为了节省费用，左权不能在学校住宿，而是寄居在离学校四里地的二圣桥锅炉里姨父童福章家中。童福章经营香火生意。那时的县城育婴街有一座规模宏大的城隍庙，香客云集。童福章从县内的桃花冲、水口、清水及江西的萍乡一带买来柏粉、杂木粉、猴樟树粉，做成降香、粗香、大香、线香、寿香，挑到城隍庙去赶庙会，再换回一些钱两。童福章六口之家也不富裕。左权住在这里，粮菜钱由家里供给，床铺、桌子是用扁担从黄猫岭挑来的。左权在放学回来后，放下书包，常常帮助姨父家挑水、浇菜、做香火、打猪草等。吃过晚饭后，他则在油灯下温习功课。

一天，左权放下手中正在做的线香，对姨父说：“做香火这碗饭吃不长，别看城隍庙现在香火旺，要不了多长时间，泥菩萨就会难保自身。”姨父是个憨直、老实的汉子，他觉得左权的话有道理，便租种了几垅田，外加十多棵橘子树，农商兼营，日子过得比以前好了一些。

左权在中学读书时每学期都要交40光洋的学费，对连吃饭都成问题的左家来说是个相当大的数目。为此，母亲倾其全部家庭收入供给左权读书，叔叔左铭三也拿出了全部积蓄，岳父陈胜德家也给予了大力帮助。对此，左权的结发妻子陈云青在1959年5月接受醴陵县民政科的人员采访时说："左权在渌江中学时期，学费很困难，连长期资助他上学的叔父也无力再援助了，婆母和我日夜做麻绩，赚几个钱勉强解决了。"

衣着十分简朴的左权，穿的衣服都是母亲亲手做的粗布衣服。铜钱厚的家织棉粗布很不好洗，夏天穿上又热，他便经常打赤脚。到了冬天，他穿上母亲用棉布做的长袜子，再套双自编的草鞋，或母亲做的布鞋。寒冬天冷，有的同学见到左权的脚趾头露在草鞋外面，便送了他一双已穿破了的皮鞋。左权补了再穿，这双破皮鞋跟随他度过了中学时代。因为衣着穿戴破烂寒酸，左权吃尽了被人讥笑的苦头。但是他为人忠厚老实，尽管自己经济非常困难，当他看到有的同学遇到困难时，仍竭力相助，使同学们很受感动。他还非常同情穷苦人。有一次，他和同学宋时轮在学校后山散步，在一条小路上，看到一个老婆婆上山摔倒了，左权立即跑上前，扶起老人，并与宋时轮一同送老人到附近的一个亭子下，找来水给她喝，救护这位老人。

当时，学校中有两种坏风气，一是高班生欺负低班生，一是给同学和老师起外号。左权对低班同学平等相待，遇到同学中强的欺侮弱的，他常举拳相助，助弱斗强，给弱者解困，替低班同学撑腰打气。左权虽然个头矮，但长得壮实，很有力气，高班同学一般不敢和他较量。有些高班同学当面对他规规矩矩，而在背后骂他。再加上左权一身乡下人打扮，又没有零钱用，两三个月才理一次发，有时头发长得盖过衣领，于是，富家子弟就给他起了个外号叫"左贼"。"贼"在醴陵县的俗语中是对绿林好汉的称呼。左权当时很爱看武侠小说，敬佩那些打富济贫的绿林好汉，他坚持正气，光明正大，并不以家贫为耻辱，因此对这个外号倒也乐于接受。

农民气质十分浓厚的左权在接受新的知识后，思想上反映出他渴望幸福生活、泽被乡里、报效国家的良好愿望。左权见到学校的石柱上镂刻着一副对联："西山正学要传人，渌水波流君子泽。"他便在一段时期里曾自我更名，将外号"左贼"按谐音改成"左泽"，立志要做一个德泽君子。①

左权读书注重积累，讲究实用。一些有钱人家的子弟，平时读书不用功，临到考试时作弊，左权很痛恨这种欺骗行为。他对同学们常说："知之为知之，不知为不知，何必在考试时舞弊呢？舞弊即使得了一百分，也是假的。"他读书强调平时用功积累，耐心地劝告在考试前开夜车的同学，说：学习靠平时用功，一点一滴地积累，不要做"平日不烧香，急时抱佛脚"的人。②他给别人常讲一个讽刺"读书不会活用"的故事：一个有钱人家的公子，读了不少书，但什么事也

---

① 朱令名、杨志超：《英名长与日争光——左权将军传略》，《湖南师院学报（哲社版）》1982年第2期。
② 方志铭：《左权将军的幼年及少年时代》，《株洲文史》1983年第2期。

不会做，只知饱食终日。一天，他看见邻居家的穷秀才在太阳光下晒书，就问："你这是干什么？"秀才指着一本已经发霉的书回答说："书多了，挤在一起，如果不晒太阳，就会发霉。"这位公子听了后，着急地摸着圆圆的肚皮，想了想，赶紧把衣服脱光，大腹便便、赤条条地躺卧在地上。秀才问："你躺在这里干什么？"这位公子说："我读了一肚子的书，如果不晒太阳，肚子中的书也会发霉呀！"这个故事在当时曾经传遍渌江中学，成为穷学生们反击那些不学无术的公子哥的有力武器。每当那些富家子弟嘲笑穷家子弟穿得破烂时，穷家子弟就会指着对方的肚皮说："赶快去那边脱光你们的绫罗绸缎，晒太阳玩去吧！"

左权知难而进，不甘落后。刚入校时，左权的毛笔字写得不好，受到校长和阳兆鹏先生的当众批评，令他除课读外，要多演习书法。阳兆鹏先生把左权领到书房，严肃地对他说："凡学业，没有学而不得的。字写得不好的原因，在于心力懈怠，不求专精。学字须得机趣，他好俱忘。"左权默默地听在了心中。阳兆鹏先生勉励左权，说:"王羲之临池学书，池水尽墨。你要日临名书，无吝纸笔。"阳先生要求左权"无吝纸笔"，是说要不断练习。但是，阳先生没有考虑到左权靠了叔叔左铭三和族中亲友的资助才筹得每学期的学费，还要分期缴纳，哪来的钱买纸笔墨砚？还是左权想出了个办法，就在学校旁的山泉边，以泉水为墨，苦练水字。经长期练习后，再待落笔纸上，左权发觉自己的书法的确有了很大进步。他还收集别人用过了的本子，再把它翻过来，努力练字。几个月后，他的小楷在全班已经升至优等水平。

在渌江中学，作文是传统强项，历代校长都非常重视。有这样一个故事，说的是道光十七年，两江总督陶澍考察民情去萍乡，途经醴陵，地方官绅设行馆于育婴堂内，请当时在醴陵的左宗棠写了一副门联："春殿语从容，廿载家山，印心石在；大江流日夜，八洲子弟，翘首公归。"陶澍见这副门联后十分欣赏，即前往渌江书院访见左宗棠。左宗棠回拜陶澍时，陶澍留其彻夜长谈，并订儿女婚姻。左宗棠也就是这样从渌江书院发迹的。由此开始，渌江书院的写诗问对蔚然成风，学子们的文学功底非常扎实。到了民国初年左权入校时，学校为了加强培养学生行文和思维能力，隔两天就要布置一篇作文。一般来说，在老师出作文题目后，同学们根据题目的要求去正面阐述，而左权有时却从反面去写。同学们问他为什么要这样作文？他说：我这样写，是希望从老师的批改中学到更多的东西，知道哪样写是对的，哪样写是不对的。

知识的日渐积累，使左权的文思有了飞速的长进。每当先生布置了作文题目，左权在提笔拂纸之时，多是先袖手思考片刻，不轻率下笔，一旦落字于纸，必是一气呵成。民国时期编撰的《醴陵县志》即评价左权"性聪敏……为文豪放，下笔辄千言"[①]。左铭三先生评价左权"为文如长江大河，滔滔不绝，予出以知其

---

①《醴陵县志·卷九·人物志》（民国版），第49页。

非凡材也"[①]。在左权后来戎马倥偬的十余年军旅生涯中，能写下数十万字的宝贵军事论著，这实与他在渌江中学打下的深厚文字功底有着不可分割的联系。

渌江中学严谨的校风，老师们认真负责的态度，再加上左权肯于钻研的精神，使这时期的左权在学业上打下了较牢固的基础，他不仅得到同学们的赞扬，也受到老师们的青睐。他与同学蔡申熙、刘裴等人，成了阳兆鹏先生的得意门生。

除了学业上的突飞猛进外，左权在渌江中学的另一大收获是政治思想上的进步。在这里，他与北联高小时的好友宋时轮仍是同班同学，都在第九班，并得到宋时轮的帮助。

宋时轮是进步青年，在中学里较早地成为中国共产党外围组织的成员，不久被秘密吸收加入中国共产党。早在 1921 年 7 月中国共产党在上海成立后不久，中共湘区委员会成立，醴陵县也建立了共产党的组织。从 1922 年起，陈章甫、李立三、毛泽东等先后来到醴陵传播马克思主义。醴陵进步师生组织马克思主义学习小组，创办《前进》周刊，宣传和研究马克思主义。醴陵县共产党组织的负责人孙筱山，曾任县立中学庶务主任，在学校发展了一批中共党员，有张际春、宋时轮、陈炳祥、孙筱蒲、宋毕焕等，其中张际春是学校党支部的负责人。在学校共产党组织的领导下，以党员为骨干，建立了社会问题研究社。这个组织开始时有十多人，后来发展到三十多人，表面上是一个学术研究社，实际上是党的一个外围组织，组织社员学习和探讨社会改革的问题，并从社员中培养和发展党员。

左权与宋时轮除在一起讨论功课外，还时常利用课余时间攀登西山，俯瞰县城，针砭时弊，展望人生。

在同窗好友宋时轮的介绍下，左权参加了研究社。在研究社里，左权阅读了《马克思主义浅说》、《社会发展史》、《向导》周报、《新青年》杂志，以及《孙中山文集》《帝国主义铁蹄下的中国》等一大批进步书籍报刊，开始接触马列主义和社会主义科学。左权如饥似渴地阅读进步书籍，经常和思想进步的同学讨论各种社会问题，相互激励，决心打倒帝国主义，打倒军阀，为变革中国而努力。左权常说："创造社会，农人也有责。改造社会，农人也有责。我是农人的子弟，其责任更大。"这正是左权青年时期思想的真实写照。从醴陵中学开始，他和共产党员张际春、宋时轮一起，积极参加了党组织所发起的每一次进步活动。正是从这时起，左权的思想有了很大的进步。

放学后，左权有时和同学陈觉、蔡申熙、陈恭、王亚文、萧石棚、廖祖友等"社会问题研究社"的成员，认真研究民国社会这部活书。他们探讨社会改造、思想革新、民族自决、妇女解放等现实问题，辩论民主主义、工团主义、无政府主义、马克思主义各种新思潮，并在他们创办的《前进》周刊上争鸣切磋。在马列主义的影响下，左权的思想进一步解放。张际春等人发起拆掉供奉有孔夫子像的文庙围墙、扩修体育场活动，左权一马当先，积极参加；共产党员组织反对教会

---

① 左铭三：《祭叔仁文》1942 年 10 月，见解放军档案馆：《为呈报烈士左权事迹以备补充史传资料》。

斗争活动，左权也走在前列；党组织发动抵制日、英货运动，左权带头用木盆洗脸，以实际行动抵制日、英货。经过他们的奔走宣传，很多群众也坚决不买洋货。

奔腾不息的渌江，浸润着两岸肥沃的土地，养育了无数先进人物和革命志士，孕育出这方天地间志士们敢当天下先的新思想。20 世纪 20 年代的醴陵，成为湖南农民运动的策源地。在左权就读于渌江中学仅数年后，毛泽东实地考察农民运动，从湘潭、湘乡、衡山、长沙辗转来到醴陵，住宿在县衙附近的先农坛，后撰写了《湖南农民运动考察报告》，提出了打倒土豪劣绅，一切权力归农会，推翻地主武装，建立农民武装，推动农民运动进入新的高潮的口号，成为发动湘赣边"秋收起义"的先声。

就在毛泽东为撰写农民问题报告住宿的先农坛正对面，有片竖卧江心的沙洲，名叫状元洲，这里在明代曾是武童的试马场，后来成了桑园。这片多年淤积而成的沙洲呈枣核形状，中间宽处约有 300 米，两头全长约有 800 米，如一艘待发的航船停泊在醴陵县衙门前悠悠岁月里，待有掌舵人启动航行于历史长河，扬名于天下。1922 年秋至 1924 年春，时在渌江中学读书的左权就常邀同学到渌江中畅游，然后登上状元洲，谈眼前的学业，论古今的兴衰。左权和同学们面东迎着滔滔江水站立一排，指点江山，激扬文字，评论时政，不胜感慨。江水奔腾而下，水雾朦胧中，远眺江左侧营盘岭、江右侧马背岭巍峨夹江而立，这些古人留下的地名都似乎预示着醴陵要走出一位"武状元"，更为现实的是，给了当年这群青年人以立志尚武的信念，扎"营盘"于天下，跃"马背"于四方。前人在醴陵渌江书院的优秀文化沉淀融入他们的血脉中，特别是左宗棠等一代宗师突破了以往读经者脱离实际的说教，立意培养修身、齐家、治国、平天下的有用人才，而代表时代先进文化的马克思主义思想在这时更深刻影响着这一代学子，他们的理想已经跃升于渌江水面之上，并驾着这艘航船模样的状元洲，驶出醴陵，驶向未来世界。

时代的新思想、新风气在湖南、在醴陵萌动。1923 年冬的一天，左权和同学们摇了一条小船登上状元洲，悄悄地传递着一个诱人的消息：广州孙中山大元帅府的军政部部长程潜派人来到醴陵，招收大本营陆军讲武学校的学生。

原来，这一年，孙中山由上海到广州组成新政府——大元帅府大本营。他决心"以俄为师"，"建立党军"，"使革命的武力成为民众的武力"。为适应革命形势的迅速发展，尽快地培养自己的军队干部，大元帅府大本营决定着手创建一所军事学校，由军政部部长程潜负责筹办。程潜，号颂云，湖南醴陵人，为晚清名儒岳麓书院山长王先谦的高足，曾考中秀才。后因愤于国事日蹇，弃文习武，入日本陆军士官学校、日本早稻田大学学习，并加入同盟会，先后出任湘军都督府参谋长、湖南军事厅厅长、非常大总统府陆军总长、广东大本营军政部部长兼陆军讲武学校校长。他素知三湘人历来重气节，尚诚朴，求仁义，不计功利，每当国难当头之际，屡见英雄豪杰披肝沥胆，前赴后继。因此，当大本营在广州酝酿开办陆军讲武学校时，程潜便决定从强悍勇猛的湖南人中招收部分学员，以期培养整军经武的人才。

当时，军阀赵恒惕统治湖南，残酷镇压工农运动，解散岳北工会，屠杀水口山工人，对全省人民严密控制防范。所以，广州陆军讲武学校在湖南招生是秘密进行的。左权和同学们热烈地讨论着：国家正值多事之秋，弃文就武也许是一条救国救民之路。一条从军报国的路，就这样出其不意地延伸到醴陵状元洲，也延伸到了左权的脚下。

程潜派到湖南招考学生的招考官是李明灏、柳炳元等人。其中，李明灏不仅也是醴陵人，而且还是左权的表兄。他毕业于日本陆军士官学校，具有爱国热忱，为革命招揽英才，他尽心尽职，还尤其注意招收农家子弟。左权与张际春首先报名，决心参加孙中山主持的革命大业，以实际行动报效国家。此后，二十多名同学也相继报名投考。经笔试和口试，左权和张际春、蔡申熙、宋时轮、李人干、邓文仪、苏文钦、李隆光、李才霞、叶彧龙、左纪棠、何元准等被录取。

临赴广州之前，左权由醴陵回到黄猫岭，向母亲和家人告别。左家屋场一次考走了三个青年，即左权及二哥左纪棠、姐夫李人干，对此，母亲还是有点恋恋不舍，她嘱咐说："真是舍不得你们走。猛然间一下子走三个，心里很是不好受。可你们的前程要紧啊！你们在外面学习要专心，做事要尽力，不要惦记这个家。"

左权和二哥、姐夫安慰着母亲，都已是热泪盈眶，说一定会经常回来看望母亲。左权对叔叔左铭三说："在家中，您对我的教诲最多，帮助最大，这些好处，我只有在外面努力干，将来以事业的成功来报答您。"

这时，左权与陈云青的儿子才出生三个月，取名馥生。左权临行前再三嘱咐妻子："家里生活很困难，你要多吃些苦，帮助母亲多干点活。"当他把脸转向床上正熟睡的儿子时，心中不免一阵酸楚，又对陈云青说："你要把咱们的孩子带好，我在外面赚了钱，就寄回来。"左权到广州后，时间无论多么紧张，总是每月给家中寄一封信，询问母亲和妻儿的情况。后来，左权需要赴莫斯科学习，他想到自己所献身的革命事业，不知何年是归期，因此在临行前给亲人们写下一封信，表示：我将东渡，恐十年不能回家。老母赡养，托与长兄毓麟，陈妻年幼恐不能久待，可劝其另择配偶，我将全力贡献革命。但陈云青当时并没有离开左家，直到 1928 年，左权 5 岁的儿子馥生不幸被疾病夺去生命后，陈云青在万般无奈中改嫁。

1923 年 12 月，左权告别母亲和家乡父老，再到醴陵县城与亲友们告别。大哥毓麟送左权很远的路程，仍依依不舍。左权一再要大哥回转，并把自己穿的棉衣脱下来，让大哥带回家去穿。左权来到县城郊姨父家，感谢姨父全家对他在渌江中学读书时的多方照顾。然后，左权在醴陵县城伍家巷维新旅社与一同考入广州讲武学校的同学奔赴广州，开始了他一生中的军人生涯。从此，左权把整个身心交给了他所决心为之奋斗的崇高事业。

第二章　军旅第一站

一、讲武学校开始军人生涯

左权和考入讲武学校的同学们到长沙后，分批动身赴广州。

当时的粤汉铁路，只有长沙到武汉与韶关到广州两段通车，韶关到株洲还没有火车。从湖南去广州，一条路线是向北走，坐火车到武汉，乘轮船顺长江而下到上海，再从上海坐海船到广州；另一条路线是步行，经衡阳、郴州，到广东的韶关，从韶关再乘火车到广州。

左权一行于 1924 年 2 月中旬从长沙出发，选择的路线是从北线走。这条路虽然绕道，却比较安全，可以避开当时湖南军阀赵恒惕对革命者的搜捕。为了确保安全，左权一行没有在长沙城里坐火车，而是步行到小西门外坐轮船，由水路经岳阳到武汉，再从武汉坐船到上海，经厦门、香港到广州。与左权一道走的，有张际春、蔡申熙、宋时轮、李隆光、李人干、苏文钦等。在武汉买票时，大家计算所带的钱，路费不够。宋时轮为了让左权等人能够先走，把自己的路费给了他们，独自返回了醴陵，不久后也去了广东。

左权一行经岳阳、武汉、上海、厦门、香港，历时 12 天，于 3 月中旬的一个夜晚到达当时的革命策源地广州。当他们乘坐的轮船驶进珠江口抵达广州城区时，见到珠江两岸灯火辉煌，矗立的高楼墙壁上写有“共产主义是三民主义的好朋友！”“打倒帝国主义列强！”“打倒封建主义！”等新鲜字样的大幅标语，左权等人非常兴奋，激动地相互拥抱，高声欢呼起来。

在到达广州后不久，左权即进入广州陆军讲武学校学习。他把学名“左纪权”中间的辈分“纪”字去掉，在入学表格姓名一栏中填为“左权”，决心做一个全新的革命军人。这时的左权，年龄刚满 19 岁。

在广州陆军讲武学校成立之前，孙中山大元帅府军政部还成立了一个教导堂。地址原在广州观音山下军械局旧址，后来迁到黄埔岛上的鱼雷学校旧址。应招的陆军讲武学校的学员们到广州后，学校尚未开学，就先集中在教导堂。左权先是在教导堂里度过了短时期的军事生活。

陆军讲武学校的校址在广州小北登峰路北较场西北边的广东陆军医院旧地，旁边还有一座古庙。原有房屋除作校本部办公外，其余课堂、饭堂、寝室、浴室都临时用棕叶、竹篾搭盖。

450 名学员生活在这座简陋的校舍里。这里虽然地处市郊，比较偏僻，但有数百名年轻人聚集一堂练兵习文，口号震天，却也显得十分热闹。

该校校长由军政部部长程潜兼任，周贯虹任学校监督。李明灏任教育长，实际担任教育责任。以后学校又设立了党代表，由大本营秘书长廖仲恺兼任。这所陆军讲武学校在当时是广州的高等军事学府，极受孙中山先生重视。学校里的专职教官和队级军官，基本上都是日本士官学校和保定军官学校毕业，教官和军官的军事学识和军事素质都有一定的基础。学校第一期共招新生四百多人，编为四个队。文化程度较高的大多数分配在第一、第二队，文化程度较低的分配在第三、第四队。除了从湖南、湖北、上海等地招来的学员外，还有从广州政府所属军队中调来的一些优秀班长，另有一部分是从湘军、滇军中招来的下级军官和军士。

1924 年 3 月底，广州陆军讲武学校正式开学。开学典礼由程潜主持。学员入场非常庄严，一律穿着新发的绿色卡其布军服，头戴无边军帽[①]，军容整齐，精神抖擞。程潜身着戎装，腰佩军刀，十分威严。他讲话时慷慨激昂，无比振奋，讲到沉重处，不时以刀顿地，铿锵有声，给左权和全体学员留下难忘的印象。

讲武学校以培养连、排职军官指挥能力为目标，主要教学内容是军事课程。第一、第二队学科、术科并重，以战术、筑城、兵器、地形、交通五大教程为主，学制一年；第三、第四队注重术科，以典范令小教程为主，学制半年。

左权被分在第一队第一区队。区队长林柏森，是广东梅县人，保定军官学校工科毕业的，对左权很赏识。第一队队长廖士翘对左权也十分器重。每当学员们全副武装跑步去黄花岗或瘦狗岭演习营、连、排动作时，左权常被指令做示范演习，担任排、连长。由于得到各级领导的器重，左权更加勤奋学习。在学习和操练中，他熟练掌握了步兵操典、射击教范、野外勤务以及战术、兵器、筑城、地形、军制、交通、实地测图等军事科目。

左权（右）与陈启科（中）在陆军讲武学校合影

① 当时广东军阀的官兵都戴宽边军帽，讲武学校戴无边的军帽以示区别。

这年夏天，左权这批新生入校刚两个月，大元帅孙中山先生偕军需总监廖仲恺先生亲临陆军讲武学校视察。那天，孙中山先生身穿白色卡其布中山装，头戴白帆布帽，脚穿白色皮鞋，在明媚的阳光下显得耀眼夺目，神采奕奕。左权和同学们整装列队，扛着广东石井兵工厂新造的七九步枪，在北较场接受检阅。烈日当头，酷暑难当，可学员们在战斗演习和操练中却一丝不苟，精神百倍。孙中山先生非常高兴，在即席讲话中特别予以嘉奖。他称赞讲武学校学员们的良好作风，鼓励全体师生要发扬以一当十、以十当百的革命军人精神，担负起打倒帝国主义列强、打倒军阀的神圣任务。

1924 年 4 月，左权在广州大本营陆军讲武学校时留影

在当时的广州，除左权所在的这所陆军讲武学校外，还有多个以各种名目办的军校。在有些学校里，饮酒骂座、打牌掷骰、寻花问柳的兵油子随处可见，吸食鸦片的双枪兵也竟然在林则徐虎门销烟的旧地堂而皇之地吞云吐雾。这些社会坏现象虽然在陆军讲武学校没有公开出现，但也时闻有越规的学员。左权常与同学张克侠谈论国家局势，痛感时局动荡，世风日下，道途不清。当兵吃粮的要匡救时艰，更必须洁身自好。7 月，左权与张克侠、蔡申熙、陈启科、陈明仁、左纪棠等二十余人，决定组织一个革命团体，相互约束。他们憎恨黑暗的社会，以“出淤泥而不染”相互鼓励，以求救国救民。当时正值夏季，讲武学校院内的水塘里，荷花盛开，于是左权等将这个团体定名为“莲社”。“莲社”的宗旨是实行“三民主义”“兵工政策”。成立“莲社”时，每个成员照了一张戎装单人照片，写了简历，刊登在“莲社”杂志上。由于学校中的各种限制，“莲社”成立后没有能够很好地坚持开展活动。而左权立志要做一支“众人皆浊我独清”的“君子莲”，他的决心越来越坚定。

在讲武学校中，左权常和张克侠等一同探讨人生理想和国家的前途。在一次课余时间，两人又谈论起国家时事政治。左权对张克侠说：我敬仰中山先生的革命主张。可能因为我是农家子弟，对土豪劣绅压迫农民颇有感触。所以，我把中山先生的民生、民权、民族的旧三民主义和联俄、联共、扶助农工的新三民主义相对照，觉得新三民主义更适合中国的国情，非武装不能拯救中国。对此，张克侠也深有感触地说：我也是农家子弟，和你有同感，我愤恨帝国主义列强欺压中国，军阀混战，民不聊生，于是我就投笔从戎，到广州来了。左权充满信心地说：国民革命要靠我们来奋斗牺牲，让我们共同努力吧！未来在我们的手中将会诞生一个强大的国家。

左权等一些湖南人初到这个“三冬无雪，四季常花”的城市里，由于水土不服，很快染上流行的疫病。首先是脚气病在学员中蔓延，这种病在广州又称“香港脚”，看似不是什么大病，但奇痒难忍，越搔越痒，对每天进行军事训练的军校学员来说，这种病真是令人头痛，当时没有有效的药品，只能用盐水泡脚消炎。为了尽量减轻学员们所患的脚气病，学校每餐都供应一些花生米煮蚕豆，让学员随意添食，但效果并不明显。左权也染上了脚气病，而且很厉害，痒痛处都抠出了血，脚和鞋子有时被血迹沾到了一块，但他仍顽强地坚持学习和训练。

讲武学校的训练十分艰苦，对此，左权和其他学员毫无怨言。但是，其训练方法和管理方式的陈旧，使大家都极为反感。军事教官仍采用旧军阀的那一套棍棒教育，训练学员的手段很粗暴，方法很野蛮。队长和区队长都挎有指挥刀，发现学员在操场上或野外训练中有违反纪律或不合自己意图的事，便不由分说，上来不是拳打脚踢，就是用刀背砍人。他们还常常根据自己的好恶，莫名其妙地处罚学员，罚跪、罚站、罚跑、打手板，如同家常便饭。平时不准学员同外界接触，连报纸也不准看。野外演习、战术展开、散兵教练等科目的进行，也没有一个统一的计划，随意性很大，因而不但无法引起学员们的兴趣，反而激起了学员们的不满和痛恨。左权为了了解阵中勤务及技术原则，培养自己指挥小分队的能力，有一次约了同学在北较场进行营连一级的战斗教练。对此，教官自然是不能容许的。作为惩罚，在教官的监督下，左权和同学们全副武装地围着北较场跑步，直到人人跑得口干舌燥，上气不接下气，当场躺倒不能动弹为止。左权无可奈何，气得抹着头上的无边军帽，小声地说了一句：“这真是朽得帽子没有边！”从此，这句话很快流行并成为学员们的口头禅。

左权（右）与二哥左纪棠在陆军讲武学校合影

1924 年 9 月，孙中山决定兴师北伐军阀曹锟、吴佩孚，将大本营移至韶关。10 月，孙中山任命程潜为攻鄂军总司令。陆军讲武学校第三、第四队学员奉命随程潜指挥的攻鄂军参加北伐，开往韶关。其间，第一、第二队学员仍留在广州学习。10 月 10 日，第三、第四队学员在韶关举行毕业典礼，孙中山亲临主持，并亲手给学员颁发毕业证书。

就在孙中山于韶关给陆军讲武学校第三、第四队学员颁发毕业证书的这一天，广州汇丰银行买办陈廉伯和佛山大地主陈恭受在英帝国主义支持下，策动了商团及其反革命武装商团军发动叛乱，配合广东军阀陈炯明向广州革命政府发动进攻。广州形势十分危急。在这千钧一发的时刻，中国共产党建议孙中山采取坚决进攻的方针。广东的工农大众也坚决要求镇压商团叛乱。于是，孙中山以大元帅名义，命令滇军杨希闵所部的廖品卓师剿灭广州西关的商团武装；命令驻佛山的滇军胡思舜所部胡思清师，剿灭佛山市的商团武装。10 月 13 日，孙中山率领一部分北伐军，从韶关回师广州，并动员黄埔军校学生军，在工农革命群众的支援下，平定商团叛乱。左权所在的陆军讲武学校第一、第二队学员参加了这次平叛斗争，担任观音山地区的警戒任务，以防商团突然窜扰。

盘踞广州西关繁华商业区一带的商团武装，有 1.2 万余人。西关是广州的“金库”。滇军师长廖品卓早已被大商贾的金钱所收买，他不但不遵令进剿，反而暗中掩护商团囤积粮弹。孙中山在不得已的情况下，只好另派李福林的福军和湘军攻占西关。福军多是土匪出身。他们很高兴到西关去“趁火打劫”。10 月 15 日，广州市公安局局长吴铁城的警卫军、黄埔军校的学员会同湘军、福军，对西关商团武装用铁栅、木栅构成的街道堡垒实行火攻。火势蔓延，当地 1000 多家商店和住宅陷入火海。西关很快被攻破，商团武装残兵退入租界。福军乘机抢先进入西关，士兵横行街区，有的把军装脱下来做成包袱皮，劫夺财物。湘军、滇军和街市上的游杂分子也趁火打劫，浑水摸鱼，把西关和小市街一带的金银、珠宝、首饰店抢掠殆尽。

这是左权第一次参加实战。他肩扛钢枪，全副武装，严阵以待，在广州观音山地区担任警戒任务。随着西关的火光四起，讲武学校中的有些同学远远看着发了洋财的官兵行色匆忙，便为之心动，也去“打起发”。左权丝毫不为所动，他叫上“莲社”的同学自动上街巡视，与黄埔军校的学员们一起整肃军人风纪，制止抢掠行为。

在工农革命群众的支援下，孙中山领导的北伐军与学生军平定了这次商团的叛乱。左权和同队的学员们一起，在这次斗争中得到了实战锻炼。左权也因勇敢机智和执行任务坚决，严守纪律，受到了指挥官的表扬。

对于左权在陆军讲武学校的这段生活及其表现，周恩来后来曾评价说：“左权同志，湘人，早岁习军事于广东湘军讲武堂。时湘军在谭组庵（延闿）、程颂云（潜）两先生领导下参加国民革命，故有讲武堂的训练组织，颂云先生实为之长。讲武堂中多三湘七泽间子弟，以湖南革命前辈训练湖南的革命青年于革命策源地广东，真所谓相得益彰。左权同志的革命信念，便由此起。”[①]

广州陆军讲武学校的学习生活锻炼了左权，但该校陈腐、专制的教规和教学方法也使左权等人感到极大的不满。他们多次提出自己的意见，但是校方并没有多大的改变。就在这时，一股新鲜的空气从近在身边的市郊黄埔长洲岛飘来，黄埔军校壮观的师资阵容、崭新的教学方法和光明前景，把陆军讲武学校学员们的

---

①《周恩来军事文集》第 2 卷，人民出版社 1997 年版，第 405 页。

目光聚焦点转移了。“人往高处走，水往低处流。”首先是同学陈赓毅然转入黄埔军校，接着，张际春、邓文仪、李汉藩、桂永清等同学也自动退出陆军讲武学校，投奔黄埔军校。自己该怎么办？左权陷入深深的思索中。

二、投奔黄埔军校

同其他陆军讲武学校的学员一样，左权从心里渴望转入黄埔军校。

那时的黄埔军校，是一所国共合作的学校。1924 年 1 月，孙中山先生在中国共产党和苏联的帮助下，召开中国国民党第一次全国代表大会，通过了以反帝反封建为主要内容的宣言，在事实上确立了联俄、联共、扶助农工的三大政策，并确认了中国共产党党员、中国社会主义青年团团员可以以个人身份加入国民党的原则，选举一批共产党人参加国民党中央的领导工作。这是中国共产党实践民主革命纲领和民主联合战线政策的重大胜利，也是孙中山晚年推进中国革命的一大历史功绩。国民党第一次全国代表大会的召开，标志着国共合作的革命统一战线的建立，轰轰烈烈的国民革命从此开始。

国民党一大后，孙中山接受共产国际代表的建议，由国共两党合作创办了“中国国民党陆军军官学校”，以培养革命军队骨干，建立和发展革命武装力量。这所军校因设在广州附近的黄埔长洲岛上，通常称为“黄埔军校”。中国共产党十分重视黄埔军校的工作，从各地选派大批党员、团员和革命青年到军校学习，还派共产党员担任军校的领导和教育工作。

黄埔军校第一期学生于 1924 年 5 月 5 日入伍，6 月 16 日举行开学典礼。孙中山亲临主持开学典礼并讲话。孙中山讲了辛亥革命后中国革命之所以遭受失败，在于没有革命军的教训，指出：“中国在这十三年之中，没有一种军队是革命军。”“今天在这地开这个军官学校，独一无二的希望，就是创造革命军，来挽救中国的危亡。”他重点说明了建校的目的，就是要成立革命军，并要求学员，“从今天起立一个志愿，一生一世，都不存升官发财的心理，只知道救国救民的事业”[①]。

黄埔军校建校初期开设的政治课程主要有：《三民主义》《国民革命概论》《帝国主义》《帝国主义侵略中国史》《中国政治经济状况》《世界政治经济状况》《苏联研究》《社会进化史》《各国革命史》《农民运动史》《青年运动》等，其中《三民主义》《帝国主义》和《社会进化史》等课程占教学时数最多。

黄埔军校第一期学员入伍教育为一个月，学习时间为半年。由于有中国共产党人贯彻新的政治方针，以革命精神办校，黄埔军校初期面貌生机勃勃，学员精神焕发。当时，全国的进步青年向往去黄埔军校学习，“到黄埔去！”一时成为在广大青年当中流行的口号。因此，黄埔军校创办不到两年，入校学员即达 7300 多人。

此时，左权所在的陆军讲武学校与黄埔军校相比，虽然名义上也属于革命政

---

① 孙中山：《在陆军军官学校开学典礼的演说》，《孙中山选集》，人民出版社 1981 年版，第 917—919 页。

府，但学校没有设立政治部，缺乏民主作风和政治思想教育工作，政治课程也只开设《三民主义》一门课程。一些官长和军事教官是从旧的军事学校培养出来的，封建思想比较严重。他们对学生不是以民主的方法说服教育，而是搬来旧军队的一套军阀主义的做法和作风进行管理。当时，特别是队长和区队长的棍棒教育，引起同学们的强烈不满。

1924 年 9 月 13 日，自程潜随孙中山率军北伐后，陆军讲武学校经费非常困窘，加上落后的棍棒式教育，学员们纷纷要求与黄埔军校合并。当时，教育长李明灏为此曾求见中共两广区委常委兼军事部部长周恩来。周恩来帮助他分析各个方面的情况，建议把第一、第二队学员并入黄埔军校。平定商团叛乱后不久，11 月，广州陆军讲武学校第一、第二队学员除一部分在广州有亲友关系投奔亲友，或有的找到工作离开军校外，大部分学员如左权、袁策夷、陈启科、李光韶、李隆光、陈明仁、李默庵、丁隆盛、萧赞育、李铁军、刘戡等 158 人，经与校监督周贯虹交涉，再经程潜批准，于当月 19 日带上枪支弹药，转入黄埔军校。

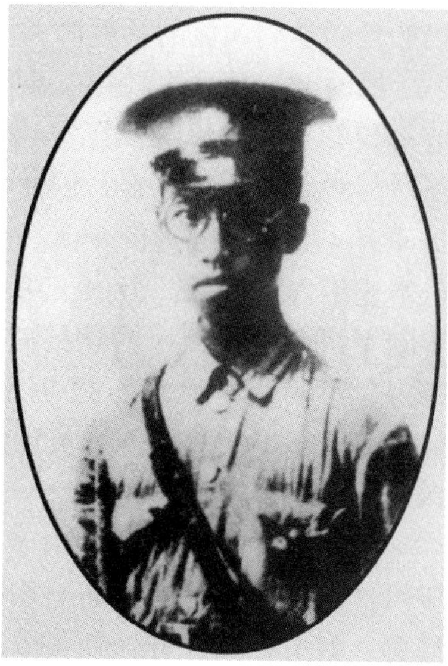

黄埔军校时的左权

左权一行人登上黄埔岛，走入军校，立刻感到一股清新的气息扑面而来。校门口十余棵茂密的大榕树遮天蔽日，葱郁青翠的林木丛里，一幢幢红色的洋房掩映其中。军校校门上挂着写有“陆军军官学校”六个大字的校牌，校牌下有一块横匾写着：“革命者”三个有力的大字，匾额的两侧门柱上有一副对联，上联是：升官发财请往他处；下联是：贪生怕死勿入斯门。门口两侧各有一个岗亭，内有一名威武的持枪军校学员在站岗。军校内，醒目的横幅标语写着：“实现三民主义！”“劳兵农联合起来！”“锤碎世界的锁链！”“革命的先锋队！”等。先入校的黄埔军校第一期学员和教职员工排着整齐的队伍，夹道欢迎来自陆军讲武学校的同学并入黄埔军校。

左权和陆军讲武学校的学员们转入黄埔军校的这一天，黄埔军校召开了隆重的欢迎大会。校长蒋介石讲话，对新来的学员勉励一番，并带领大家宣读孙中山所写的训词。先前入黄埔军校的学员对“训词”已经熟悉，在蒋介石的带领下，朗朗上口。左权也跟着大家读起来，其实这些新转来的学员们没有几个能当场明白这“训词”的意思。欢迎仪式后，当左权看到宿舍墙壁上张贴的《总理训词》，才知道刚才跟着蒋校长读的是：“三民主义，吾党所宗。以建民国，以进大同……”有先来的同学介绍说，几个月前的开学典礼上读“训词”那才叫热闹哩！那天的会场上，由总参议胡汉民操着一口广东客家官话宣读《总理训词》。当时，队列中的陕西籍的杜聿明竖直了耳朵也听不清楚“三民主义，吾党所宗”，总是问旁边的同学："哎，台上那老汉他说的是什么？让我们吃什么'三味煮鸡，萝卜大葱'。"引得大家哈哈大笑一场。其实，在这时，黄埔军校由于刚刚建立，经济来源很不稳定，孙中山、廖仲恺到处化缘，仍然不能满足办学的需要，黄埔军校的生活也就十分艰苦，学员们的伙食非常简单，能够吃上饱饭就已经很不容易了。在左权他们转学来时，黄埔军校的经济状况仍然十分拮据。因此，吃的问题仍然是同学们调侃的话题和关心的事。[①]

这时候，黄埔军校第二期学员已于三个月前入学，第一期已经临近毕业。黄埔军校领导人考虑到从陆军讲武学校转来的学员的学科、术科基础较好，同时，革命形势急需下级军官，因此，将他们编入黄埔军校第一期。黄埔军校第一期学员原有 470 人，编为四个队。依照第一期的编队序列，由陆军讲武学校转来的学员本应编为第五队。但由于第二期学员已于 8 月入校，先编为第五队，所以左权等陆军讲武学校转来的学员被编为第六队。黄埔军校 5 月份入校的第一、第二、第三、第四队学员，于 11 月底已经半年学习期满，很快就举行了毕业考试。刚转来的陆军讲武学校的学员还需要进行补课训练，学校决定第一期第六队学员于 1925 年 2 月毕业。

黄埔军校初创时期，由于器械的缺乏和条件的简陋，实行单纯的步科教育。所以，左权所在的第一期的军事教育内容主要是学科和术科。学科，教授以步兵操典、射击教范、野外勤务以及四大教程：《战术学》《兵器学》《筑城学》《地形学》，还有交通学、军制学、战术作业、实地测图等军事理论。术科，教授以制式教练、持枪教练、战斗教练、野外演习、夜间演习、实弹射击等军事技术。学科由军事教官在课堂上讲授，术科则由队长以上长官在课堂、操场或野外演习时讲解。左权在陆军讲武学校学习时即是优等生，在此基础上又在黄埔军校学习，因而军事理论知识和实际操作等各个方面都有很大的提高。

黄埔军校的学习生活和军事训练是相当紧张的。军校大操场上，即使在冬天，学员们仍练得汗流浃背。操场正前方的检阅台，是孙中山来军校检阅讲话时的主席台，平时，蒋介石等军校领导也常站在台上检查学员的训练情况。用树枝搭成的三角形台顶上悬挂的横幅上写着"亲爱精诚"的校训，主席台两侧挂着一副对联："养天地正气，法古今完人。"左权和由陆军讲武学校转来的同学们一来到黄埔军校，就先在这大操场上加紧补练本期先入学的学员已经考核过的军事训练科目。由于时间紧张，新学员的课程安排也就十分紧凑，整天是出了课堂进操场，下了操场进课堂，几乎没有休息的时间。有的同学实在受不了黄埔军校这种炼狱般的生活，刚来时的豪情壮志开始动摇，几天后，有人偷偷地离开了黄埔军校。但坚持下来的学员毕竟是绝大多数，一身汗水的左权和同学们斗志昂扬地唱起《黄埔军校校歌》：

---

① 采访蒋超雄（黄埔一期毕业生）谈话记录，1987 年 4 月 26 日于江苏省常州市。

莘莘学子，亲爱精诚，三民主义，是我革命先声。
革命英雄，国民先锋，再接再厉，继续先烈成功。
同学同道，以学以教，始终生死，毋忘今日本校。
以血洒花，以校作家，卧薪尝胆，努力建设中华。

学员们的队列训练多数时间是在大操场上。大操场位于军校正门的东面，这里原来都是冲积沙地和水田，后来军校将其改建成专门用于军事训练的场地。每天下午，无论严寒酷暑，刮风下雨，操场上都能见到学员们摸爬滚打的身影。他们或者按照制式教练的要求，进行队列练习和持枪动作，或者以班、排、连、营、团为单位练习组织各种战术动作。训练内容注重应用，着重培养学员的实战技能。“三操两讲”是当年黄埔军校学员中的流行语。“三操”指一天早、中、晚要出操三次，“两讲”指白天在课堂上听教员讲课和晚自习后睡觉前听军校各级领导讲话。

为了加强体能训练，教官要求学员在训练场上超负荷地奔跑。刚来军校的学员，在开始时真是有些吃不消，不少人经常掉队。但左权凭着顽强的毅力，总是咬着牙跟上队伍，并坚持跑下来。

黄埔军校的课堂纪律很严格，对学员上课时的身体姿势有严格的要求：军帽一定要放在课桌的左上方，不抄笔记时双手放置于膝盖上，坐姿挺直，不准有半点歪斜，双目注视教官，抄写笔记时身体不准扭动。左权和刚从讲武学校转来的学员们在开始时还有点不适应，但很快也就养成了良好的课堂坐姿。

黄埔军校有一个特殊的教官群体，这就是苏联顾问团。如加伦、切列潘诺夫、波利亚克、格尔曼、捷列沙托夫、舍瓦尔金等有名可查的苏联顾问四十余人，分布在政治、炮兵、步兵、工兵、军需、交通、通信、卫生、交际等各个教学岗位上。他们都是优秀的军事将领，具有深厚的理论根底和丰富的作战经验，许多人还获得过苏联政府颁发的勋章。这些杰出的教官提供建议和协助训练，所以，黄埔军校教授的是当时最新式、最先进的军事技能。在术科中，苏联顾问特别重视射击和战术演习。射击课完全按照苏联操典进行训练，每次射击时，军事总顾问加伦总要亲临靶场，教授示范。苏联顾问的教学，为左权不久之后出国学习打下了良好的基础，至少对这些高鼻子、蓝眼睛的面孔特别是他们的语言不感到陌生了。

训练场上，军校教官们站在一旁观摩，苏联步兵顾问舍瓦尔金，一身戎装，站在队列前。他讲道：单兵战术，是一门完全以复杂动作示范为主的课程，单兵战术水平的高低，可以明显地反映出单兵战斗力的水平。说完，他拿起一支苏式步枪，身姿矫健地在一百多米长的训练场上运动了几个来回。泥尘扬起，他做着各种姿势的隐蔽前进，火力封锁下敏捷地翻滚、跳跃，运动中的举枪、射击等高难度动作。

教练示范后，就是学员们的反复训练。左权由于有在陆军讲武学校打下的坚实基础，规定的战术动作在练了几遍后，就已经做得相当标准，通过了教官的考评。但左权仍然还要站在操场上，为那些练了许多遍仍不能让教官满意的同学们陪练。操场上艰苦的军事训练，课堂上紧张的学习生活，已经使学员们的体能达到了极限。左权入校时只发了一件灰布军服，不能替换，衣服常常是湿了干，干了湿。大约过了半个多月后，左权和新来的同学们基本适应了黄埔军校的校规和生活，需要补习的课程也很快通过了考核。

白天紧张的学习和训练下来，学员们也顾不上休息，常在晚饭后自习，有时还要加课。一天晚上，教室里依然灯光通明，军事教官严重正在上课，左权站起来提问，向严教官求教战术问题。严教官耐心地讲解着：民国以来，在新旧军队中，有不少结合典范令编写的，用于训练的军歌，用军歌来教士兵学习操典，可以说是别出心裁，我会陆续把一些有实用价值的介绍给大家，同时我希望以后也能看到你们带兵时编的新军歌。说完，严教官把《利用地物歌》写在黑板上：

战斗时，重射击，杀敌第一。
选择地物遮蔽身体最忌是蚊聚。
留心小排指挥，地域不可擅离。
攻击之时切莫占据难超之地，
碍邻兵发扬枪击，要注意。
战斗时，重射击，杀敌第一。
防御之时如无命令不可私觊觎。
如无地物亦须选择射击便利。
出前落后妨碍射击最为禁忌，
发扬我火器，力能歼敌。

写完后，严教官又继续讲道：这类军歌，非常实用，教练士兵时，既方便易记，又简单明了，要求我们不仅人人会唱会做，还要能讲出每句的意思来。随后，他有力地挥动着右臂，打着节拍，教同学们唱了起来。歌声驱走了困神和疲乏，左权和同学们在这歌声中又学习到了新的军事知识。

黄埔军校学员在学习的同时，还承担着繁重的作战任务。军校把战争视为学习的大课堂，在战争中边学边用、边用边学。每次战役，上自校长蒋介石、军事总顾问加伦，下至各科教官，都随队出征，利用战斗间隙教学，活学活用。术科的许多项目，如距离测量、地形识别、侦探勤务、行军警戒、行军宿营等，多是在实战中完成的。

黄埔军校实行新式军队的经济民主，伙食由军需部管理，每队学员每天派出采买两人、监厨两人，共同负责。左权进入黄埔军校时，由于军校经济窘迫，每人每月的伙食费只有六元毫洋，平均每天只有两角钱。六人一桌，对面而坐，每桌四菜一汤，每人面前放着一个小汤碗和小菜盒子，实行“共食制”。每天吃饭时，学员们列队到饭厅集合就位。当大家都坐下来举筷时，由团值星官吹哨和发出“开动”的口令，同时快吃。时间限定在十分钟之内，刚来的同学不习惯这种吃饭方式，常常是一碗饭还没有吃完，值星官已经发出了“起立”的口令。这时就必须立即放下碗筷，列队离开饭厅。

由于学员来自全国各地，大家的饮食习惯就有差异。如北方人喜欢吃馒头，吃米饭就吃不饱，便常在早餐时悄悄地把南方同学剩下的馒头藏在军服口袋中，等出操训练回来，再津津有味地吃下去。左权这些来自湖南等省的学员喜欢吃辣椒，广东籍的学员则多不能吃辣椒。为此，学员们为辣椒常互相争吵。后来，炊事人员采取将辣味的菜单独做，不能吃辣的可吃别的，“辣椒纠纷”终于得到解决，人们皆大欢喜。

三、站在镰刀锤头旗帜下

黄埔军校建立之初，这里的政治言论比较自由。军校训令中明确规定：社会主义、共产主义、马克思主义等书籍，本校学生皆可阅读。马克思的肖像整版地印在《中国军人》等校刊上。除了政治课所学习的《三民主义浅说》《帝国主义》《国民革命概论》这些教材之外，还能读到诸如《苏联研究》《社会进化史》《社会主义原理》《经济学大纲》《中国职工运动》《中国农民运动》等不久被列入禁书范围的书籍。

黄埔军校的最大特点是把政治教育提到和军事训练同等重要的地位，注重培养学生的爱国思想和革命精神，这是它同一切旧式军校根本不同的地方。就在左权进入黄埔军校的1924年11月，刚从欧洲归国不久、任中共广东区委委员长的周恩来出任军校政治部主任。他是应孙中山、廖仲恺的邀请，由中共中央派到黄埔军校主持政治工作的。前任政治部主任邵元冲，是一个典型的官僚，根本不懂政治工作的内容和方法，平时既不接近学生，也不接近教官。他平时住在广州，每隔一两天到军校政治部去一次，除了举办过两次政治讨论以外，没有做过什么重要的事。他所主持的政治部只有两位担任记录的书记，成为一个死气沉沉、毫无作用的空架子。26岁的周恩来到任之后，按照苏联创建红军的经验，健全政治工作制度和建立正常的工作秩序，扩大和健全了政治部的组织机构，增加部员，设置指导、编纂、秘书三股，选调共产党员到各股任职；并加强对军校学生的政治教育，制定了课程训练计划，聘请常任政治教官，开设政治训练班，组织政治讨论会，发行期刊、专刊、文集、丛书、画报，编办墙报，教唱歌曲，成立血花剧社。短时间内，在学员和教官中形成了研读政治书籍、注意社会潮流的极其活跃的校风。同时，周恩来还代表中共广东区委建立和直接领导了中共黄埔特别支部，发展党的组织，开展革命活动，扩大共产党的影响。

军校大操场上，左权和同学们席地而坐，听政治大课。这种大课是在室外，受条件限制，大多数同学是只听而不做记录，但左权仍把膝盖当作课桌，认真听讲和记录。一张方桌上，军校主任政治教官、共产党员恽代英站在桌子上给学员们讲课。他幽默地讲道：今天我就讲讲青年运动问题。在我们广州有三种青年类型：广东大学学生，文而雅又弱；岭南大学学生，香而艳又骄；黄埔军校学生，黑而臭又壮。但是，我说我们黄埔军校学生特别具有劳动人民的本色，都是受过锻炼的革命好汉，干革命，爱革命，拥护革命，并愿意为革命献身。听到这里，台下的学员们鼓起掌来。恽代英继续说：不过这三种类型是活的，可变的，不然要我们做革命工作干什么？黄埔军校初创时，许多广州少女，见黄埔学生都掩鼻而过，不屑一顾，听说现在都争着要嫁黄埔学生了；广东大学学生，越来越多地要投笔从戎考黄埔军校了；那么岭南大学学生也不可能是一块铁板，一定也在变化之中……恽代英的精彩演讲激起学员们心中的共鸣，使他们在欢笑中受到革命思想的教育。像恽代英这样以共产党员身份在黄埔军校中担任领导职务或教官的还有熊雄、叶剑英、聂荣臻、萧楚女等，他们的政治思想教育工作深深地影响着军校的每一位学员。

左权对这种气氛和环境很满意，觉得虽然生活在黄埔这个弹丸小岛上，自己的内心世界却充满了欢快的自由感。因而，他在军校中学习刻苦努力，成绩优良，常常得到教官和队干部的表扬。他学习的步兵操典、射击教范、战术学、兵器学，门门优秀。学校进行野外演习和夜间演习时，他都临场不乱，表现得很出色。他尤其注重政治学习，思想进步，作风正派，革命立场坚定，受到了中共黄埔军校特别支部的注意，并开始着重对他进行培养。在中共黄埔军校特别支部的着意培养下，左权的政治素质有了很大提高。

与此同时，左权在入校不久后结识了蒋先云、周逸群、许继慎等思想进步的同学，并与原陆军讲武学校的同学蔡申熙、陈赓、苏文钦有了更深的交往。后来，左权知道这些同学大多数已是中国共产党党员时，内心更是羡慕不已。

1925 年 1 月的一天，正值休息日，当左权坐在教室里看书时，同学陈赓走到他面前，相邀到教室外面走走。两人来到山坡上，左权刚坐定，陈赓便直截了当地问道："你相信共产党吗？"左权感到突然，但还是真诚地回答："相信。"陈赓又问："你了解共产党吗？"左权直率地回答："她为工农利益奋斗，是进步的党。"陈赓说："有一个人要见你。"左权急忙问："谁？"陈赓回答："政治部的周主任。"左权惊讶地说："周恩来主任！"陈赓说："正是他，时间是今天晚上 8 点。与你同去的还有苏文钦同学。"

左权兴奋极了。政治部主任周恩来在黄埔军校有极高的威望，他工作忙，军校的学员要见他，除了在操场上会操，或是在课堂里听报告，此外是很少有机会的。现在周恩来主任派人来约自己，真是出乎意料。左权此时内心的喜悦之情，是可以想见的。

傍晚，左权吃过晚饭后，着装整齐，与陈赓、苏文钦一起来到周恩来的住所。周恩来主任身穿军服，他见到陈赓与左权、苏文钦进来，连忙停住手中正在写字的毛笔，从坐着的椅子上起来，与他们一一握手，并招呼他们围着桌子坐下。

陈赓向周恩来分别介绍了左权和苏文钦。周恩来笑着说："你们两个都是湖南人。湖南多水，所谓三湘七泽，屈原大夫就到过这些地方。我也到过潇湘关，它离醴陵县十里，是潇水、湘水的合流处，也叫潇湘镇。"亲切的话语，平易近人的态度，一下子把左权和苏文钦的紧张情绪冲跑了。他们感到坐在面前的不是高高在上的军校领导，而是一位随和可亲的好友、知己。左权激动地回答："我家里穷。除了醴陵县城，来广州前，其他地方没有去过。"苏文钦回答："我也一样。"周恩来对他们说："你们两个是醴陵小同乡，程潜也是你们的同乡。"苏文钦回答："我和左权在醴陵中学时是同班同学，又是一同考入陆军讲武学校的。"周恩来点了点头，然后问左权："家里几口人？"左权回答："父亲在我出生后的第二年去世了，家里有母亲、哥哥、嫂子，都是种田的。一个姐姐出嫁了，姐夫李人干也在咱们军校，他现在在教导团当军官。"

周恩来又向左权和苏文钦问道："你们在讲武学校时为什么组织莲社？"左权回答："我们憎恨压迫人的社会，立志要奋斗，要报国，要像共产党员一样……"接着，周恩来亲切地问道："你们愿意像个中共党员？"左权、苏文钦这时都很激动地站了起来，说："愿意，一百个愿意！"周恩来向前一步，严肃地说："共产党员可是吃苦在前，冲锋在前。"左权回答："我是农家子弟，能吃苦。"周恩来又说："共产党员要严守秘密，甚至为党的利益牺牲自己的一切。"左权、苏文钦都郑重而又认真地点了点头。

这时站立在一边的陈赓走过来说："经过我的考察，左权、苏文钦同学符合共产党员的条件，我愿意作为他们的入党介绍人！"听到这里，左权和苏文钦激动地抓住陈赓的手，连声感谢。

当晚，周恩来这位有炽热爱国精神、卓越组织才能的年轻长官，以他渊博的学识和对革命的挚情，给左权和苏文钦上了第一堂党课。他在其中讲道，中国民众饱受列强压迫、昏官欺凌、军阀蹂躏，农工商各界的痛苦早已经不堪忍受。解除压迫与痛苦的途径就是要革命，建立革命军。革命军是实现革命主义的先锋。

第二天傍晚，左权和苏文钦又接队部领导的通知来到周恩来住处，陈赓、周逸群已经先到。左权和苏文钦各自从周恩来手里接过一份《中国共产党员申请书》，当即开始填写。左权端端正正地写着："左权，湖南省醴陵县平桥乡黄猫岭人，一九〇五年二月初十日，阳历三月十五日生，幼名自林，字孳麟……"

稍后，左权和苏文钦面对缝制有镰刀锤头图案的旗帜，在周恩来的带领下，举手庄严宣誓，为共产主义事业奋斗终生。①

这样，1925 年 1 月②，左权由陈赓和周逸群介绍、周恩来批准加入了中国共产党，时年 20 岁。此后，成为光荣的中国共产党员的左权，以坚定的信念，炽

---

① 采访苏文钦（黄埔军校一期毕业生）谈话记录，1986 年 12 月 19 日于武汉市汉口。

② 根据采访苏文钦谈话记录，1986 年 12 月 19 日于武汉市汉口。另据左权 1941 年 12 月 29 日向中共中央所写申诉信，他的入党时间是 1925 年 2 月。

烈的热情，为实现自己的信念而奋斗。只要是党布置的工作，他都积极去做，去完成。他学习更加努力，工作更加积极。周恩来后来说：“左权同志不仅是革命军人，而且是革命党员。他加入中国共产党在黄埔时代，这成为他以后近二十年政治生活中的准绳。”[①]

为了团结在黄埔军校学习、工作的广大学员和青年军官，1924 年底，以蒋先云、周逸群等共产党员、青年团员为核心，成立了秘密的革命组织火星社。左权与蒋先云、周逸群等常活跃在学员和青年军官中间。1925 年 2 月，即在左权入党一个月后，在周恩来领导下的中共特别支部决定，黄埔军校以火星社为基础，成立中国青年军人联合会。发起人和领导者主要有蒋先云、周逸群、李之龙、徐象谦[②]、陈赓、王一飞、左权、许继慎、傅维珏、袁策夷等，教职员中的金佛庄、鲁易、茅延桢、唐同德、郭俊、胡公冕等，也参加了青年军人联合会的组织和领导工作。

中国青年军人联合会，是黄埔军校内中国共产党对青年军人进行革命思想教育的组织，是共产党团结广大青年军人同国民党右派进行斗争的革命团体。这个团体，是以军校中的共产党员、共青团员为骨干，联合其他军校的进步军人而建立起来的左派组织。它一成立，即宣言凡是黄埔军校的同学，都是青年军人联合会的当然会员。该会成立不久，即由黄埔军校扩展到粤军讲武学校、桂军军官学校、滇军干部学校，以及铁甲车队，福安、舞风、飞鹰兵舰，军用飞机学校，到 4 月间，会员迅速发展到两千多人。青年军人联合会编辑出版会刊《中国军人》杂志，主笔是共产党员王一飞，左权和蒋先云、周逸群、李之龙等为之积极撰稿。该刊以鲜明的革命性赢得了读者，在团结全国各地革命军人，宣传民众，武装群众，打击敌人等方面发挥了重要作用。左权不但积极参加青年军人联合会的活动，而且被选为联合会的负责人。身为骨干和负责人之一的左权，坚决贯彻党的指示，在青年军人联合会中做了大量的组织宣传工作。

青年军人联合会一成立，就遭到蒋介石的反对和限制。他暗中支持贺衷寒、缪斌、胡宗南、蒋伏生等人组织国民党右派组织孙文主义学会，以牵制青年军人联合会。左权的队长童锡坤也成了孙文主义学会的主要成员。青年军人联合会成员与孙文主义学会成员经常进行辩论，开展针锋相对的斗争，有时还发展为大打出手。从此，黄埔军校的学生分成了两大阵营，共产党领导的左派学生与国民党右派控制下的学生，形成了尖锐的对立，进行着激烈的斗争。

关于中国青年军人联合会与孙文主义学会之间的斗争，周恩来在《关于一九二四年至二六年党对国民党的关系》一文中指出：“在黄埔军校内部，青年军人联合会的发展大大超过孙文主义学会。”到 1925 年 10 月第二次东征时，“军队中三个师的党代表，我们党占两个，九个团的党代表，我们党占七个，在连、

---

①《周恩来军事文集》第 2 卷，人民出版社 1997 年版，第 407 页。

② 徐象谦，即徐向前。

1925年，左权（二排右一）与黄埔军校第一次青年军人联合会代表合影

排、班以及士兵中有了我们党的组织；各军又成立了政治部。在革命力量的发展面前，蒋介石更加动摇起来，企图加以限制。”[①] 左权在政治斗争的漩涡中锻炼成长。他在军校中不仅学习到了军事知识，也开始懂得了一些政治斗争的策略。

历史已经证明，黄埔军校不仅是国民党军将帅的摇篮，在中共特别支部的领导和周恩来等共产党员的努力下，也成了培养后来中国工农红军将领的基地。

①《周恩来选集》上卷，人民出版社1980年版，第118页。

第三章　初战广东

一、战斗在军校教导第一团

1924 年底，黄埔军校效仿苏联红军建制成立了教导第一、第二团。两个团的中下级军官多数由黄埔军校的教官和刚毕业的学员担任，士兵是新招募来的。这是一支新型的革命武装力量。

此时，中国国内的政治形势发生了重要变化。

这年 10 月，北方的直系将领冯玉祥在第二次直奉战争中发动政变，推翻了直系军阀首领曹锟、吴佩孚控制的北京政府，一时控制了京津一带，并把所部改编为国民军，电请孙中山北上"共商国是"。冯玉祥发动政变后，内外处境仍很困难，又请北洋军阀元老段祺瑞出山主持大计。在压力之下，段祺瑞和准备从东北入关的奉系军阀首领张作霖也不得不分别致电孙中山，欢迎他北上。但段祺瑞主张"换汤不换药"，仍由军阀们控制政权，继续维持反动统治。中国共产党支持孙中山的和平统一主张，希望利用孙中山先生的影响，把南北进步势力团结起来，瓦解北洋军阀的封建统治，把革命影响扩大到全国。11 月，孙中山离开广州北上，于年底到达北京，沿途宣传召开国民会议和废除不平等条约的主张。各地民众团体纷纷通电拥护国民会议，形成广泛的政治宣传运动。

与此同时，盘踞在广东东江地区的军阀陈炯明，在英帝国主义和北洋军阀段祺瑞的支持下，趁孙中山北上商定国是之机，于 1925 年 1 月在汕头召集军事会议，自称"救粤军总司令"，准备进犯广州，妄图摧毁革命政权。

在中国共产党的倡议和支持下，广东革命政府决定组织东征军，讨伐陈炯明。黄埔军校学员和教导第一、第二团组织的"黄埔校军"奉命东征。左权被分派在教导第一团第二营第六连当排长，团长是战术总教官何应钦，营长为战术教官刘峙。

东征计划分为三路：担负东征军右翼作战任务的是许崇智所部粤军，约一万人，经海丰、陆丰直指潮汕，对手是陈炯明的嫡系洪兆麟部。由于蒋介石兼任粤军参谋长，黄埔军校校军三千人编入右翼军，由校长蒋介石亲自统率，周恩来、叶剑英和苏联顾问也随队出征；左路军为杨希闵所部滇军，约三万人，对手是驻防在河源、五华、兴宁一带的陈军林虎部；中路军为刘震寰所部桂军和一部分滇军，约六千人，进攻扼守惠州的陈军杨坤如部。

1925 年 2 月 1 日，东征军各路部队向东江开拔。

尽管在一开始年轻的黄埔校军曾被人轻视甚至讥笑，但校军的精神风貌还是给广大民众留下了极为深刻的印象。途中，黄埔军校官兵纪律严明，军容整齐，衣领上系着红领带，精神抖擞地向前行进。特别是士兵背包上印着的“爱国家，爱人民，不贪财，不怕死”的字样，更引起了百姓的注目。沿途两旁的百姓们，热情地送水，送煮鸡蛋、烤红薯。官兵们喝水后，就留下几块铜板，接受鸡蛋、红薯也一律付钱。路边的土墙上贴着东征军的安民告示，很多老百姓围着观看，只见上面写着：“我们既为救父老兄弟姊妹的痛苦，才来杀陈炯明；所以敢诚诚恳恳明明白白向我们父老兄弟姊妹们宣告几件重要的事：一、不蛮横无理强拉夫役……二、付价购物……三、不用军用票……四、切实保障人民……”并提出三件请求：一、检举犯纪者，以便严惩；二、公买公卖；三、帮助本军。《告示》号召：“父老兄弟姊妹们呀！我们因急着要追杀陈炯明，没得余时和你们周旋，实在有些抱歉，异日凯旋而归，定与你们携手言欢，慰问你们，并切实设法救济你们。天日在上，不敢自欺以欺我父老兄弟姊妹。”①

左权打着绑腿，穿着草鞋，走在本排的前面。他见附近老百姓围观的人多，便指挥官兵唱起了《爱民歌》：

扎营不要懒，
莫走人家取门板。
莫取百姓一粒粮，
莫踏禾苗坏田产。
莫打民间鸭和鸡，
莫拆民房搬石砖。
…………

2 月 2 日，何应钦率领教导第一团乘船向沙角前进，接着直下虎门、东莞、石龙、樟木头、塘头厦、平湖、龙岗，迫临淡水城。

淡水城虽是一个小城，却是东江地区的一个重镇，驻有陈炯明所属熊略、林烈、翁辉腾的部队，大约有 2000 人的兵力。该城城防设施十分坚固，四周筑有高 6 米、厚 1 米的石头城墙，可以抵挡枪弹的射击，城墙上设有枪眼、炮塔，三层火力配置，上层还设有照明装置。城外是 300 多米的空地，地势开阔，一览无余，有城壕隔绝对外交通。此外，淡水城距离洪兆麟所部驻防的惠州，只有 70 里路程，援军可朝发夕至。鉴于此情，革命军攻打淡水城必须速战速决，否则将腹背受敌、胜负难料。这对年轻的黄埔校军显然是一个重大的考验。

---

①《告百粤父老兄弟姊妹》,《青年军人》1925 年第 2 期。

2月14日夜晚，蒋介石命令教导第一团担任主攻，尽快由城墙的东南角处实施突破；教导第二团为预备队，阻击叛军后续部队增援。

当晚，团长何应钦来到阵前，亲自挑选奋勇队员，也就是组织敢死队。奋勇队由105名官兵组成，共分7组，每组15名，配云梯1架。经过战前动员，奋勇队员们个个摩拳擦掌，士气高涨。

面对着即将到来的一场厮杀，左权的心中自然充满了莫名的紧张与期待，因为他除了参加过军事演习和在广州市区平定商团叛乱的任务外，还从未真正领略过战场上的生死较量。

2月15日拂晓，在校军涧井高地射出的猛烈炮火掩护下，攻城战斗开始。守城叛军官兵一部分被榴霰弹击中，另一部分则在混乱中四处躲藏。城墙很快被炸开一个缺口，潜伏在城周围的革命军的步枪、机枪一齐怒吼，掩护奋勇队挟梯攻城。左权如离弦之箭，一跃而起，带领本排士兵冒着浓浓的硝烟，冲向城墙根。

奋勇队利用云梯爬城。但是仍有许多士兵涌在城墙下，因为没有足够的云梯而不知所措。登上城头的奋勇队员人数太少，形不成战斗力。叛军凭险顽抗，枪林弹雨中，不少奋勇队队员倒在血泊中再没有起来。情急之下，左权把排里的士兵集合在一起，分作三列，搭做人梯爬城。左权毫不犹豫地踏上士兵的肩膀，被一个又一个肩膀顶上了城头。他敏捷地翻上城头后，挥枪舞刀，奋力杀敌。他的身后，士兵们如潮水般涌了上来。

守城叛军见黄埔校军越攻越猛，难以抵挡，被迫退避街巷。这时，城门被打开，教导第二团也乘势攻入城里，与教导第一团汇合，聚歼残敌，淡水城终于午前攻克。

教导第一、第二团攻下淡水城后，尚在继续肃清残敌之际，忽然得报：洪兆麟援军2000余人已抵达淡水城东北，距淡水城仅两里多路。

果然，从城东北走马坡方向传来密集的枪声。同一时间，在大钯坳甚至校军炮兵刚刚撤出的涧井高地附近，也都发现洪兆麟援军正分成若干股，喊叫着向校军阵地扑来。洪兆麟的部队一向以“头三板斧”出名，即集中精锐，以连续三次的猛烈冲锋把对方冲垮。如若不知其底细，往往被他的这种汹汹来势所吓倒，或是一时抵挡不住而被他孤注一掷所冲垮。

面对危急的形势，教导第一团官兵与猖狂反扑的叛军拼死激战。而此时教导第二团团长王柏龄却不在阵地上，部队群龙无首，各营、连只好迅速自动展开，与叛军对射。叛军像一窝蜂一样，嗡嗡叫着冲上来抢夺山头。

关键时刻，何应钦命令本团第二营营长刘峙率全营反攻。喊杀声中，左权与士兵们挺着上了刺刀的步枪，与全营一道猛扑敌阵。疲劳的叛军猝不及防，待看清枪上白晃晃的刺刀指向他们时，为时已晚，顿时吓得魂飞魄散，阵形大乱，慌忙逃往惠州方向。黄埔校军和粤军第二师乘势进行反击。

淡水一役，城内外共歼灭叛军3000余人，俘敌2000人，其中师、团长5人，缴获各类长短枪2000余支，打破了陈炯明所谓淡水“固若磐石”的神话。

而黄埔校军也阵亡 100 余人。教导第一团的军事顾问切列潘诺夫目睹了左权等黄埔校军官兵的视死如归、英勇献身的精神，感佩不已。他在战后讲评时称赞道："黄埔军校第一期毕业的尉级军官绝大多数都表现很好，我为有你们这样的学生而高兴。"[①]

在战斗中，左权发现凡是叛军士兵所过的地方，附近居民逃避一空，老百姓们畏兵如虎狼。为此，左权严格要求自己的士兵坚决执行东征军不扰民、不拉夫、不筹饷的军令，沿途不损害乡民百姓的一草一木。行军宿营中，没有公房、空屋，就扎营露宿。广东雨多，大家都没有买雨衣、雨伞的钱，宁愿戴着草帽，或是顶着支帐篷用的橡皮粗布，也绝不去路边商店拿遮雨的东西。当地农民自此开始改变久已形成的"兵即匪"的旧观念，"革命军"三个字在东江老百姓心目中，比铜锣、军鼓还要响。民众自发组织起来，或搞运输，或筑战壕，或做向导侦探，或散布疑阵，或牵制扰乱叛军后方，使得叛军进退失据，四面楚歌。左权亲眼看见这种军民相助的情景，深感革命军只有和民众实现联合，才能取得一个接一个的新胜利。

黄埔校军得到了民众的广泛拥护，士气更加旺盛。为了不给叛军以喘息之机，在共产党人彭湃所领导的农民运动的积极配合下，东征军进克陈炯明的家乡海丰，接着又分别攻克陈炯明在东江的主要据点——潮州、汕头。右翼的战事很快告一段落。

在陈炯明所属各部中，最强悍善战的是盘踞粤东北的林虎部。林虎不是陈炯明的嫡系，同洪兆麟之间存在着派系矛盾，所以最初抱着袖手旁观的态度，但没想到洪兆麟部那么快就被击溃了。于是，林虎迅速集中主力从兴宁、五华南下，直抄右路军的后路，企图将其一举围而聚歼。然而，担任左路的滇军、中路的桂军为了保存实力，却与林虎部暗中勾结，订立密约，滇军竟由河源、老隆撤兵。

右翼军得讯后留下粤军第二师守潮汕，学生总队守揭阳，其余各部立刻回师予以迎击，并以教导第一团充当正面。

3 月 13 日，左权所在的教导第一团千余人与林虎部主力在棉湖地区遭遇。棉湖是潮州普宁县西侧的一个小镇。普宁以东，多属平砂地区，棉湖以西及以北，多为崇山峻岭。潮汕一带，前临大海，后背大山，进不能攻，退无可守，被当地人视为用兵绝地。

当时，叛军五六千人已抢先占领有利阵地，居高临下，倚仗优势兵力，在轻、重机枪的掩护下从三面包围过来。教导第一团以第一、第三营居于一线，左权所在的第二营为预备队。激战中，黄埔校军在曾塘村附近的防线出现了空隙，叛军一部乘机向教导第一团的指挥部扑来。何应钦命令第二营营长刘峙率领第六连官兵向叛军冲杀。左权率全排士兵随第六连冲锋陷阵，徒涉一条小河，接近叛军，迅速展开白刃肉搏。数名校军士兵被枪弹击中，倒在水田里。但校军官兵

① 采访廖运泽（黄埔军校一期毕业生）谈话记录，1987 年 7 月 3 日于南京市。

毫不畏惧，向前猛扑，几经反复，终将叛军赶出曾塘村一线。第六连占据曾塘村后，立即布防，准备迎击叛军的反扑。不多时，叛军增援反攻，数百名叛军从东南方向对第六连进行猛烈攻击。面对叛军的进攻，左权带领本排，凭借村中房屋，占据制高点，组织士兵用排枪射击，以发挥整体威力。叛军反复冲击，第六连阵地上的伤亡越来越大，情况非常紧急。正在这时，周恩来亲赴前线，激励士气。苏联军事顾问加伦将军也率领身边的工作人员增援过来，稳定了战局。经过艰难激烈的相持战斗后，黄埔校军发起全面反击，叛军不支而败退。

教导第一团官兵向前追击。这时，官兵疲劳至极，又饥又渴，但他们仍然鼓起勇气，坚持作战。左权所在的第二营前进到和顺村时，据守的叛军用机枪扫射。第一、第二营死伤严重。教导第一团官兵仍顽强奋战，前赴后继，杀声震天。叛军被这种气势吓倒了，加之教导第二团和粤军第七旅赶来增援，从叛军侧后方进行猛烈袭击，策应了教导第一团，残敌被迫于黄昏时分别向兴宁、五华逃去。精疲力竭的左权和战友们再次振奋起精神，乘夜向兴宁、五华方向追击。

棉湖战役，教导第一团与近十倍于己的叛军相遇，全体官兵英勇顽强，以一当十，终将号称劲旅的林虎部主力击溃，共打死、打伤叛军 900 多人，击毙旅长张化如，俘虏团长黄济中，俘虏营、连、排长数十人，缴枪 1600 余支。这是民国建立以来第一次以少胜多的大捷。此役关系到东征全局的胜败，奠定了东征胜利的基础。

这次战役的激烈，在东征史上是仅见的。激战中，教导第一团的 9 个连长阵亡 6 人，负伤 3 人，他们都是黄埔军校第一期毕业生。从此，黄埔校军英勇善战的威名震惊遐迩。

3 月 15 日，东征军进至河波，进行作战总结。蒋介石、廖仲恺和加伦将军都高度评价了棉湖战役。加伦将军说：昨天棉湖一战的成绩，不独在中国所少见，在世界上也是少有的。由此我可以告诉我们国内的同志，中国革命可以成功，一定可以胜利，因为教导第一团能如此奋斗。言毕，他当场解下佩剑，赠给教导第一团。

东征军取得棉湖大捷后，又连克五华、兴宁、梅县等地，控制了东江地区，林虎等仓皇逃出广东省境，陈炯明由汕尾逃往香港。4 月间，东征结束。它对巩固广东革命根据地起了重大的作用。

左权在东征中服从命令，身先士卒，作战勇敢。特别是在围歼洪兆麟部的战斗中，他率领士兵冲在最前面，缴获很多，受到周恩来的提名表扬，很快由排长提升为副连长，再升为连长。也就在东征的战场上，黄埔军校宣布，左权及第六队学员从本校毕业，并向他们颁发了毕业证书。

二、平定“杨、刘叛乱”受嘉奖

东征的胜利，在广州产生了两种截然不同的反映。一种是广州民众，对东征军取得的胜利欢欣鼓舞。市民奔走相告，燃放起喜庆的鞭炮。各机关、团体和学校分别召开庆祝会，以示庆贺。另一种是各派军阀，特别是滇军头目杨希闵、桂军头目刘震寰，他们对东征胜利的捷报惊恐不安，并开始蠢蠢欲动。

滇军和桂军是在1923年1月驱逐陈炯明时，应孙中山之邀进驻广州的。此后，他们割据防区，垄断税收，自行政令，独霸一方，并同广东革命政府发生了矛盾。当这次东征战事方酣之时，担任左路进攻的滇军杨希闵和中路桂军刘震寰却暗中与陈炯明和云南的唐继尧相勾结，不仅勒索军饷，迟不进兵，让右路军孤军作战，而且将滇、桂军从东江撤回，威迫广州。正在这时，孙中山由于北上沿途过度劳累，加之痛恨段祺瑞政府的卖国行径，致使本来就相当严重的肝病加重，于1925年3月12日不幸病逝于北京协和医院。孙中山的逝世，使杨希闵、刘震寰感到有机可乘。他们便与外国势力和北洋军阀段祺瑞暗中勾结，阴谋策划发动军事叛乱，图谋颠覆广东革命政府，吞并东征胜利果实。广州的局势日趋紧张。

4月13日，国民党中央执行委员会根据黄埔军校党代表廖仲恺的建议，决定由黄埔军校教导第一、第二团组成党军第一旅，仍由军校节制。5月13日，廖仲恺从广州赶到汕头同东征军共商讨伐杨、刘的计划，决定放弃潮梅，回师广州。

5月21日，东征军自潮梅回师。刚升为连长的左权随教导团行动，冒着酷暑，率部星夜兼程驰进广州。

6月11日，对广州总攻的战斗正式打响。浓雾中，只听广州市近郊的瘦狗岭至白云山一带枪炮声不断。

杨希闵、刘震寰的滇、桂军多是一些烟兵赌将，军官比士兵多，步枪比子弹多。无论官兵，每人都有两支枪，一支是步枪或手枪，另一支是鸦片烟枪。部队官兵虽然腐败，但在阵前猛抽一阵鸦片烟，精神倍增，打起仗来竟能抵挡一阵，他们最大的特点是战场经验多，火线上沉着。左权等初级指挥员不知道自己对手的这个特点，开始时带着部队猛冲，与兄弟部队一起在瘦狗岭和白云山之间激战，但收获总是不大，自身却有不少伤亡。作战双方来回拉锯，几易阵地，整整打了一天硬仗，战局仍然处于胶着状态。

第二天，在珠江南岸邓家寨附近，由黄埔军校学生队代总队长张治中率领的两千多名学员组成的突击总队正在待命，准备从这里强渡珠江，接着攻占东山，并向新本村方向展开，然后向北进攻新和火车站，袭击滇、桂军后部。此时，苏联顾问切列潘诺夫将军、基列夫将军和张治中等人正围在地图旁商量进攻线路。

在集合待命的队伍前面，切列潘诺夫风趣地鼓励官兵："黄埔军校的年轻勇士们，广州是把椅子，敌人就坐在上面，你们的任务就是把椅子从敌人的屁股下面抽出来。"说着转身问张治中："张将军！现在你准备让哪个连队冲在前面？"翻译人员还没有把这句话译完，只见左权从队伍中举起右手答道："是我们前卫连。"切列潘诺夫通过翻译问左权："左连长，你准备怎么个打法？"左权跨步走出队列，敬了个礼，回答：“潜渡上岸后，集中力量，形成拳头，抄叛军的后路，猛揍他们的屁股。”切列潘诺夫高兴地点头，说：“好！告诉你们连的士兵，不要怕敌人的炮火，要积极突进，在气势上首先要压倒叛军。”

左权这时又补充建议说：“将军同志，最好再有几门炮。如果有大炮压制叛军火力，那我们取得胜利的把握会更大！”切列潘诺夫从左权的建议中得到启发，说：“你的意见很好！”张治中问：“哪里有炮呢？”切列潘诺夫指着珠江里的旧飞鹰号军舰说：“炮在那里！”珠江里停泊的年久失修的“飞鹰”号军舰，虽然机器发动不起来，可舰上的炮还能使用。

于是，一套完整的作战方案形成了。这就是组成精悍的以共产党员为主体的突击队，从邓家寨水码头出发，直向珠江对岸滇军防守的猎德炮台，袭击滇、桂军的后路，然后在冲击的关键时刻，利用“飞鹰”号军舰上的大炮开炮助威。

张治中下达出发的命令后，左权带着突击连跳上舢舨，强渡珠江。江水中，叛军的炮弹不断地在舢舨附近爆炸，掀起的江水把左权和士兵们的军装都打湿了。大家拼命地用力划着舢舨。快到对岸时，叛军密集的子弹扫射过来。岸上，革命军吴铁城部的一群官兵从前面败退下来，一个军官边跑还边叫道：“敌军火力太猛，我们顶不住了！”跑在后面的十多个士兵被子弹击中倒下。左权见状，立即跳下舢舨，冲上前去用驳壳枪抵住那个军官，命令道：“让你的士兵转过身去实施反攻！”那个军官在无奈之下，只好逼着败兵们转身反击。溃退渐渐被止住了，革命军官兵们开始向前进攻。

左权命令跟进的士兵：“打手榴弹！”趁着手榴弹爆炸的硝烟，左权带着部队向前冲去。后面的革命军官兵不等舢舨靠岸，也跳进齐腰深的江水中，向岸上冲去。黄埔校军很快攻占了叛军的滩头阵地。

左权带领连队冲在前面，大批的黄埔校军官兵跟在后面。这是一支奇兵，叛军根本没有想到革命军会从侧面发起猛烈进攻，它的六个“双枪”团顿时乱了阵脚。不料左权的手臂负了轻伤，但他仍然高喊着，带领士兵们向前冲杀。

正在这时，“飞鹰”号军舰上的大炮发挥了重要作用。本来舰上的大炮已经陈旧，虽然能打响，但射程不远。切列潘诺夫接受左权的建议，无非是想在部队发起冲击时助助声威而已，谈不上命中率。然而，这“飞鹰”号军舰上的老爷炮打出的炮弹，却有一发不偏不倚地落到了设在广九路车站的叛军司令部里了。那个号称“滇桂联军总司令”的杨希闵，正在与他的前敌总指挥、师长赵成梁同桌用餐，赵成梁当场被炸死。杨希闵侥幸没有中弹，但是也吓破了胆。特别是前线接连告急，败局已定，杨希闵于是决定赶快组织撤退，以保存实力，自己遂带着几个亲信逃进了沙面租借地。至此，广东的滇军彻底覆灭。

桂军刘震寰原来也有四千多兵力，滇军溃败后，他率部退到西村，黄埔校军已经在这里等着他了。他们还未喘过气来，就遭到一阵猛打，结果大部缴械投降。刘震寰狡猾得像只狐狸，一看形势不对，早已做了准备，化装逃出广州。

6 月 12 日下午 2 时，革命军克复广州。在广州工人和各地农民的支援下，盘踞广州长达四年之久的滇、桂军阀势力全部覆灭，一场叛乱就这样迅速被削平。

战斗结束后，苏联军事顾问切列潘诺夫十分高兴，他特别欣赏左权的指挥才能，遂传令嘉奖左权连长。

1925年6月，左权参加东征作战回师广东时留影

就在这次作战后，左权通过翻译虚心向苏联军事顾问请教。左权问道："教官，苏军单兵战术与日军相比各有哪些优劣？"顾问回答："简单地说，日军战术过于呆板、陈旧，实际应用时，机械得像一个模具里倒出来的，一般是不会变化的。对整体而言，每一个单兵，都是冲锋集群的一部分，因此集群战斗力效率较高；而苏军单兵战术则比较新颖，在应用时机动灵活得多，集群战斗效率也不弱于日军。"当左权得知军事顾问多是从莫斯科伏龙芝陆军大学毕业的后，自信地说："等有机会时，我一定去莫斯科伏龙芝陆军大学看看。"军事顾问对左权说："会的，我相信，你会成为中国一位特别优秀的军官！"

为了迅速恢复广州市内的治安，稳定社会秩序，安定民心，在中国共产党的建议下，革命军从教导第一、第二团中抽调一部分精干且政治素质好的官兵，组成武装宣传队，上街巡行，执行以下任务：一是为市内各地下组织和人员办理接应；二是布告安民，宣传革命军的方针及纪律；三是驱逐叛军散兵游勇，防范匪盗，救济难民。这个武装宣传队，大部分是共产党员，少数是青年军官中的积极分子，由共产党员李之龙为队长，左权是这个队的成员。他们全副武装，身穿黄卡其布军服，头戴俄式军帽，系鲜红领带，打着绑腿，脚穿皮鞋，迈着整齐的步伐走上街头，立即受到广大市民的欢迎和围观。"黄埔的学生军来了！""这才是真正的革命军！"人们赞不绝口。武装宣传队在战乱后的广州市区起到了威慑敌人、安抚百姓的良好作用。左权深切地感受到自己作为革命军一员的荣光和自豪。

平定杨、刘叛乱，铲除了广东革命政府的心腹大患，使革命政权得到了一定的巩固。7月1日，国民党中央决定将广州大元帅府正式改组为中华民国国民政府。接着，国民政府决定将所属各军统一改称为国民革命军。8月1日，粤军、湘军、滇军及鄂军等各军总司令许崇智、谭延闿、朱培德、程潜通告遵照国民党中央执行委员会统一军政计划，即日解除总司令职务，将所有军队交由国民政府军事委员会统率。随后，以黄埔军校教导团为基础，成立了国民革命军第一军，周恩来任第一军的政治部主任。接着将湘、滇、粤、闽各军改编为国民革命军第二、第三、第四、第五军。之后，又成立第六军，程潜任军长。

左权在参加平定杨、刘叛乱后，从黄埔校军调到攻鄂军。攻鄂军总司令程潜直接点名左权在司令部卫队营担任连长。国民革命军第六军成立后，左权继续担任卫队营的连长。

三、第二次东征中的卫队营连长

当东征军主力回师广州讨伐杨、刘叛乱时，军阀陈炯明乘机再占梅县、潮汕、惠州等地，妄图重新占据整个东江地区。盘踞在广东南部的军阀邓本殷部也配合陈炯明的进攻，在英帝国主义和北方军阀的支持下，分左、中、右、侧后四路，形成对广州的夹击之势，企图推翻国民政府。

为了彻底消灭广东境内反动军阀势力，统一广东，巩固革命根据地，广东国民政府于 1925 年 9 月 28 日决定举行第二次东征，再次讨伐陈炯明部，并任命蒋介石为东征军总指挥，周恩来为东征军总政治部主任。

东征军共有三个纵队，三万余人。国民革命军第一军为第一纵队，担任右翼，纵队长何应钦；国民革命军第四军为第二纵队，担任中路，纵队长李济深；攻鄂军和豫、赣、潮梅各军（不久，合编为国民革命军第六军）为第三纵队，担任左翼，纵队长程潜。左权时任攻鄂军卫队营的连长，随纵队司令部行动。

出征前，周恩来亲自组织东征军政治部宣传队总队，宣传国民政府的政策以及此次东征的意义，发动民众支援东征。左权和东征军全体军官人手一册《重征东江训诫》，上面印有："军人最后目的，是在于死。古语所谓'好汉死在阵头上'，孔子所谓'杀身成仁'是也。"革命军此次出征的口号是："不要钱，不要命，爱国家，爱百姓。"并提出"十不怕"："不怕死，不怕穷，不怕冻，不怕痛，不怕热，不怕饥，不怕疲，不怕远，不怕重，不怕险。"①

10 月 5 日，东征军发表出兵布告，第二次东征开始。东征军初步以攻占惠州城为目标，然后分路进攻潮梅，肃清全部叛军，以绝北伐后患。

10 月 13 日，第三纵队到达惠州城郊飞鹅岭山脚下，集结待命。此前，先期到达的东征军已扫荡了外围守敌，正于本日展开攻城战。由于第三纵队不担负主攻任务，攻鄂军遂组织连长以上军官到飞鹅岭去观战。左权作为攻鄂军卫队营的连长，随纵队司令部前往，乘机观察城防部署。

惠州城是陈炯明的老巢，防守兵力雄厚，是东征战役中不可绕过的一座重要城镇。该城分东、西两城，高而坚固，号称东江天险。东城外有一条 8 米宽、4 米深的城壕，西城三面环水，一面壕沟。西门面临西湖，只有一条窄路通到城脚，窄路的两边都是很深的湖水。北门地形比西门好一点，但也要通过北门桥，由桥下徒涉，才能逼近城区。城墙外侧都以大石块砌成，城门上设有瞭望塔。这是一座易守难攻的战略要塞，传说自唐代以来，该城固若金汤，从未被攻破过。

---

① 广东革命历史博物馆编：《黄埔军校史料》，广东人民出版社 1982 年版，第 299 页。

第一次东征时，东征军绕过惠州城，直奔潮汕。当时驻守惠州的杨坤如部曾表示归顺革命政府，但当陈炯明重占东江后又反叛，并修筑防御工事，加紧备战，将城郊的民房和西湖的景物夷为平地，砍光城墙附近的树木，布满竹栅等障碍物，城墙上备足石灰包，架起机枪。晚上，则点燃火把，照亮城外。

为了攻城，担负主攻任务的第一军专门组织了一个650人的先锋队，其中，第三师的3个团各选士兵150人，第二师第四团挑选士兵200人。战斗发起后，蒋介石亲至飞鹅岭炮兵阵地指挥炮兵射击。东征军的野炮、山炮、机枪一齐向预定的目标射击，枪炮声密集，如同除夕夜的鞭炮，连成一片。随后，第一军先锋队强攻惠州城北门和西门。叛军以机关枪猛烈扫射，迫进城门的先锋队员死伤枕藉。第四团更是伤亡惨重，团长刘尧宸也不幸中弹身亡。第二天，东征军采纳周恩来的提议，改变战术：改四面围攻为三面围攻，网开一面，让叛军出逃后聚而歼之。经过一天的浴血奋战，叛军主力被歼，逃遁的叛军残部也被预伏的革命军歼灭。

望着漫天的炮火，听着震耳的杀声，左权紧紧握着手里的钢枪，真想冲向敌阵，痛快淋漓地搏杀一回。但他最终克服了自己的冲动，他知道，此时他肩上更重要的任务是，保护好威名远扬的纵队长程潜。至战役结束，左权尽管感到有些遗憾，不过他还是有个不小的收获，那便是从这次战役中，左权实实在在地感受到：打胜仗，除了要有不怕死的精神，还必须有灵活机动的战术。

惠州之战是国民革命军第二次东征中的一次关键战役，在整个东征战役中起着决定性的作用。但同时革命军也付出了沉重代价，“是役死同学58人，士兵178人”。在惠州追悼阵亡将士大会上，周恩来发表重要演说。他说：“我们上一次打开了淡水、五华、兴宁等城，造成了党军的名义，这一次打下了惠州，造成了国民革命军第一军的名义。我们的发展，真令敌人胆寒。但是，我们前途上的障碍还多，打下了惠州，还未达到孙总理遗嘱的百分之一。因为孙总理遗嘱里最少包含了广东的统一问题，打倒军阀统一中国的问题，和打倒帝国主义，使中国立于独立平等的地位。我们现在的广东问题还未解决。凡我同志，应继续向前努力，才是三民主义的信徒，才是真正救国救民的革命军人。”[①] 之后，持枪站立在操场上的东征军官兵鸣枪向牺牲的烈士志哀，左权挥动手中的手枪，将子弹射向天空。

东征军夺取惠州后，随即分路前进。由程潜任左翼军指挥，率第三纵队于10月下旬出河源、克老隆、攻五华。

10月27日，第三纵队在五华与叛军李易标、陈修爵等部3000余人交战，双方相持不下。关键时刻，程潜亲自赶到第一线指挥督战，乘叛军占领几个山头立足未稳之际，命令第三团向右侧山头进攻，第二团向左侧山头进攻，战斗更加激烈。程潜站在桥头上指挥作战，左权带领卫队警卫在程潜的身边。霎时，枪

① 铁血余生：《惠州战役日记》，《中国军人》第8期，1925年11月20日，第72—74页。

炮齐鸣，杀声震天，两军短兵相接，刀枪相对，呈胶着状态。突然，站立在程潜旁边的参谋唐逸被叛军子弹打穿左腿。左权焦急万分，急忙上前劝说程潜迅速隐蔽，退到后面指挥。不料程潜大手一挥，动也未动，仍然坚持在原地指挥。左权只好组织卫队在程潜周围加强警卫，决心以自己的生命保护程潜。程潜指挥部队反复冲杀，战至当日深夜12时，叛军全线崩溃。

11月初，东征军各路势如破竹，叛军节节溃退。第三纵队也先后攻占兴宁、梅县，并追敌至大埔一带。其间，左权带领卫队护送程潜来到梅县。程潜在梅县女子中学礼堂召集连长以上军官讲话，总结此次作战的经验。站在主席台一侧的左权聆听了程潜现地论说战法的讲演，很受教育，从中明白了不少打仗的道理。

11月6日，东征军总指挥部抵达汕头，第二次东征大功告成。至此，革命军行程300多公里，共消灭叛军1.2万余人，俘虏6000余人，缴获各种枪械8000多枝，收复了东江和潮汕全部地区。陈炯明被彻底打垮，从此蛰居香港，于1933年9月病死。东征的同时，国民革命军又南征盘踞于雷州、海南岛等地的军阀邓本殷部。这样，就使四分五裂的广东革命根据地迅速获得统一，从而为举行北伐战争准备了比较巩固的后方基地。

第二次东征胜利后，第三纵队奉命进驻惠州。纵队官兵扛着步枪、机枪，迈着整齐的步伐走来。左权精神抖擞地率卫队跟在程潜等将军的旁边进入城区。惠州城街头，学生和市民们高举彩色小旗，呼喊着“热烈欢迎劳苦功高的东征军将士！”“打倒军阀，国民革命万岁！”的口号，夹道欢迎。此后，左权由于东征中的忠于职守而受到奖励。他欢欣鼓舞，准备写信把这好消息告诉家中。就在这时，姐夫李人干在战斗中英勇牺牲的消息传来。左权一听顿时愣了半晌。

左权与李人干同在广州，而且同在黄埔军校。但是，他们很少有见面的机会。李人干从陆军讲武学校毕业后分到部队任职，比左权先加入中国共产党。左权从陆军讲武学校转入黄埔军校学习，以后又到黄埔教导团任职。所以，他们两个人因为各自学习、工作较忙，顾不上经常见面。李人干有时抽空来看左权，同他谈思想、谈学习、谈生活。只有一次是左权主动去找李人干的，那是左权加入中国共产党的第二天，他抑制不住内心的激动，一口气跑了几里路，找到了李人干。左权对李人干说的第一句话就是：“姐夫，从今天开始，我可以真正地称你为同志了！”李人干当然高兴，握住左权的手说：“自林，我们一起好好干！”因为急着归队，左权没有在姐夫那儿停留，两人很快又分开了。在第一次东征前夕，李人干办事路过左权所在连队看望他，不巧左权因为正忙于青年军人联合会的事，两人未能见面。憨厚老实的李人干托人给左权留下几句话：“要好好干，冲锋在先，吃苦在头里。”左权追忆着与姐夫相见时的一幕幕情景，也想起了远在家乡的苦命姐姐，心里非常难过，不由得把拳头捏得紧紧的。

左权在广东期间，常给家中写信，还寄回在黄埔军校毕业时的照片。他在信中讲述革命道理，鼓励亲属们积极支持和参加革命。后来，1926年国民革命军举行北伐，农民运动席卷湖南，早就受到左权影响的大哥毓麟、大嫂罗和青带头参加了农会，罗和青被选为黄猫岭女子联合会副会长。1927 年大革命失败后，国民党反动派疯狂进行报复，杀害共产党员和革命群众。国民党军队和地主武装进行清乡，搜查左权的家。左权的大哥、大嫂带着两个儿子左江、左山逃出，千里迢迢，历尽辛苦，投奔在湖北的亲属，躲避了一年后才回到家乡。左权的母亲带着两个孙女左树碑、左惠芬也躲藏起来。受儿子革命思想的影响，爱憎分明的母亲还冒着生命危险把共产党员彭寿桃夫妇隐藏在桃子坡的红薯洞里，每日送饭，达半月之久，使他们幸免于难。1967 年 12 月，彭寿桃见到左权的侄媳刘麦珍时，以无限敬佩的心情激动地叙述了当年左权的母亲救护他们的情景，非常感谢她老人家[①]。当然，这些都是后话。

左权从黄埔军校毕业前后的一年间，随军东征西战，得到很大锻炼，无论在政治素质还是在军事素质方面，都有了极大的提高。如果说 1924 年初刚到广州时，他还只是个热血沸腾、满腔热情的农家子弟和爱国青年的话，那么到 1925 年冬天，他已是一名坚强的共产党员，成为一名有着多次战斗经验、称职的初级指挥军官了。

① 采访左江、左树碑、左惠芬谈话记录，2002 年 11 月 2 日于长沙市。

第四章　留学苏联的岁月

一、肩负使命出国深造

左权从第二次东征前线返回广州后不久，国民革命军第六军军长程潜与党代表林伯渠就决定保送他与陈启科、萧赞育、李拔夫等人到莫斯科中山大学学习。

对于这突如其来的喜讯，左权一连高兴了好几天。关于莫斯科中山大学及其招生的情况，左权当时还不清楚。

1925 年 3 月孙中山去世后，为了纪念中国这位伟大的革命先行者，同时也是为帮助中国革命培养人才，苏联共产党和政府决定在莫斯科建立一所以孙中山的名字命名的学校，这就是著名的“中国孙逸仙劳动大学”，简称“孙逸仙大学”或“孙大”。但中国学生习惯上将之称为“中山大学”或“中大”，有时也称“孙文大学”。

在莫斯科中山大学成立之前，已有一些中国学生在莫斯科东方大学就读。不过这所学校并非只招中国学生，一些来自朝鲜、日本、印度、伊朗等国的进步青年也在该校学习。而中山大学则是唯一专门招收中国学生的学校，主要是培养从事革命工作的政治干部。

1925 年 10 月，担任广东国民政府首席政治顾问的苏联代表鲍罗廷在中国国民党一次中央政治会议上，宣布了莫斯科中山大学成立的消息，建议国民党选派学生到这所学校去学习。会议采纳了鲍罗廷的意见，并决定组成选拔委员会，负责学生的选拔工作。会后，选拔委员会开始在广州、上海、北京、天津、武汉等地通过考试选拔学生。但由于中国当时仍是军阀割据，公开招考录取的方法只能在广州进行，其余的省份由组织上秘密推荐选派，而这项工作主要是由共产党人来完成的。

莫斯科中山大学招生的消息传出后，对于渴望到人类历史上第一个社会主义国家去学习的中国有志青年来说，无疑是一个天大的喜讯。一时间，到苏联学习成了一种时尚。中山大学第一期计划招生 500 人，在广州招收 150 人，但当时广州的报考人数却超过了 1000 人，最后仅从中录取了 147 人。竞争的激烈程度由此可见一斑。

由于左权当时正在第二次东征的前线，因此，对莫斯科中山大学开始在广州招生的事就无法知道了。

事实上，不但广大青年踊跃报考，积极争取去苏联留学，一些国民党要人也纷纷把自己的子女送往苏联。如蒋介石的儿子蒋经国、冯玉祥的儿子冯国洪、邵力子的儿子邵志刚、叶楚伧的儿子叶南、于右任的女儿于楞等，都先后进入了中山大学学习。除了公开招考的学生外，黄埔军校和湘军、滇军的军官学校及其他部队和地方也都争取到了一定的名额，保送了一些学生。被保送的学生，大多是国民党党员，当然也有一些共产党员，左权便是其中的一位。

在出国之前，新学生社、中国国民党广东省党部及其他一些社会团体纷纷开会，欢送左权等这些即将从广州出发去苏联留学的学生。国民政府也出面，专门把这些学生召集起来开了个欢送会。当时的国民政府主席汪精卫也出席了欢送会，并在会上讲话，要学生们团结起来，“始终誓为孙文主义奋战”。随后，鲍罗廷在这次会上发表了长篇演说。他在谈到创办中山大学的目的时指出，科学掌握在帝国主义手里，就成为压迫弱小民族的工具，而若掌握在弱小民族的手里，就可成为解放自己的工具。中山大学就是“要使一般学生了解中山先生的主义，去继续中山先生的工作，以完成中国的国民革命”①。将来在此学校毕业之学生，用革命的方法，担负起改造中国社会的责任，以达到解放中国的目的。鲍罗廷的讲话意味深长，左权从他的话语中感到了自己肩负责任之重大，同时，也明确了自己出国深造的使命。

随后，左权参加了在广州酒店举行的欢送赴苏留学生的茶话会。时任国民党中央宣传部代理部长的毛泽东在会上讲了话。他鼓励青年们要坚定革命意志，到苏联后要勤奋学习，特别是要学好马克思主义的理论。

1925年11月，左权（左二）赴苏前在广州留影

① 子任：《中国国民党选派学生赴莫斯科孙文大学》，《共产国际与中国革命资料选辑》（1925—1927）中国现代革命史资料丛刊，人民出版社1985年版，第76页。

1925年12月9日，左权赴苏联前在广州留影

对于这两次集会，与左权一起被保送到莫斯科中山大学学习的李拔夫后来曾这样回忆道：“在出国前，国民政府主席汪精卫曾约集我们讲了一次话。鲍罗廷也参加了这次的集会，并作了长篇演说。此外，毛主席（当时任国民党中央宣传部副部长）在另一个茶话会式的欢送会（似是在广州酒店）上，对我们恳切地讲了话，大意是鼓励大家坚定革命意志；对于革命的基础应该怎样巩固和怎样学习马克思列宁主义，也作了重要指示。他还打了一个比喻说，革命事业犹如建筑房屋一样，如果墙基不够稳固，一经风雨，这个房子就会倒塌；把马克思列宁主义学好，即是为革命打好基础。”①

左权在听了毛泽东深入浅出的讲话后，更是深受启发。左权由此更加明确了自己出国留学的目的，并暗下决心，到苏联后一定要努力学习，打好“盖房子”的基础。

在出国之前的这段时间里，除了参加各种形式的欢送会外，左权还要筹措出国所需的经费，因为当时“由广州去苏联的学生，仅由国民党中央发给治装费每人一百元，其余旅费自备”②。在解决了经费问题后，左权又忙着准备随身携带的衣物及其他生活用品。一切准备就绪后，左权于12月9日，穿上新买的西装和皮鞋，系上新领结，专门上街照了一张相片。拿到相片后，左权郑重地在其背面写上了“赴俄留别羊城摄影，（民国）十四年十二月九日”一行小字，以作纪念。

1925年12月中旬，左权同陈启科、彭文畅、李拔夫、萧赞育等人告别广州，登上北去的轮船，踏上了赴苏的行程。“呜！呜！”随着几声笛鸣，轮船开始向着大海慢慢驶去。兴奋的左权跑到甲板上，和大家一道尽情欢呼，放声高唱《国际歌》。回到船舱后，左权心潮澎湃，久久不能平静。苏联是个什么样子？中山大学与黄埔军校有何不同？到中山大学要学哪些知识？一个又一个问题不时地闪现在左权的脑海中，他太想知道这一切了。轮船在茫茫无际的大海上航行了一个多星期后到达了符拉迪沃斯托克（海参崴）。

在符拉迪沃斯托克，苏联方面设有专门的接待站，派专人负责接转中国留学生。左权和他的同伴们每人在接待站领取了一张免费去莫斯科的火车票。于是，大家一起上了火车。由于苏联当时煤的供应奇缺，左权等人乘坐的火车烧的还是

① 李拔夫：《留学苏联的片断》，《湖南文史资料选辑》第3集第6辑，湖南人民出版社1982年版。
② 李拔夫：《留学苏联的片断》，《湖南文史资料选辑》第3集第6辑，湖南人民出版社1982年版。

木柴，蒸汽不足，速度比较慢，而且每隔两三个小站火车就得停下，工作人员从站上抱一些木柴到车上，然后火车再继续缓慢地向前爬行。当时正值苏联的隆冬时节，由于火车上没有暖气，车厢里的温度很低，水柜里的水都结成了冰。再加上车厢里没有餐车，大家既喝不上水，也吃不上饭，坐在车厢里冻得浑身发抖。车上所有的乘客都只能等火车到站停靠时，下车去打开水和买些吃的东西。从符拉迪沃斯托克到莫斯科，行程 7400 多公里。左权一行人在火车上又过了半个月，才最终到达红色首都——莫斯科。

二、体验全新的学习生活

在莫斯科市中心，清澈的莫斯科河缓缓流过。中山大学就坐落在莫斯科河西岸的沃尔洪卡大街 16 号。这是一幢四层的楼房，有一百多个房间。餐厅在一楼，图书馆、教室、学习室、办公室则分别设在二、三、四楼。大楼正面挂着用俄文书写的莫斯科中山大学的校牌：Университет Трудящихся Китая Имени Сунъ-Ят-Сена。楼前是一片宽敞的园地，栽种了许多树木和花草。楼左边是排球场，后边是篮球场。学校对面是莫斯科大教堂，建筑别致，金碧辉煌，尤以其六个金色的圆屋顶而著名。教堂前面有一个开阔的广场，两侧则是漂亮的公园。

苏联莫斯科中山大学旧址。1926 年 1 月左权进入该校学习

左权等人到达中山大学后，受到了校方及先期来到的中国学生的热情欢迎。[①]大家你一言，我一语，互相诉说着在异国他乡的见闻和感受。学校方面按照安排先期到达的中国学生的方法，先是将与左权一起到达的这批学生按个头大小排队编号，继而按顺序给每个学生发放生活日用品、分宿舍。然后学校的工作人员和教员找这些新来的学生一一谈话，询问他们各自的姓名、籍贯、家庭成分、文化

① 从国内去莫斯科中山大学的第一期学生是分批出发的。左权这批学生到达莫斯科时，中山大学已经有不少先期到达的中国学生。

程度、学历和经历，以及曾读过哪些书，参加过什么革命活动，等等。为教职员工作方便，同时也是出于保密的考虑，校方又为每个新来的学生取了俄文名字，再根据学历等情况将这批学生进行分班，并给每个学生发了学生证。左权的俄文名字叫拉戈金，被分在第一期第七班。

在左权来到中山大学前后的这段时间里，俞秀松、董亦湘、周达文、张闻天、王稼祥、吴亮平、乌兰夫、孙冶方、王明、伍修权、朱瑞等一些中共党员、团员受组织的派遣或通过考试录取的方式先后来到中山大学。另外，在法国等欧洲一些国家学习的中共党、团员，如邓小平、傅钟、李卓然等也受组织的派遣来到中山大学。

来到中山大学后，左权感到这里一切都是那么陌生，一切又都是那么亲切。尽管苏联当时的经济比较困难，人民生活还比较艰苦，但对远道而来的中国学生却是格外的照顾。就拿吃的方面来说，一开始，校方为学生们每日准备五餐。大家既感到这样有些不习惯，也觉得有些浪费，于是建议校方取消了下午的点心和夜餐，改成一日三餐。每餐的内容都比较丰富，如早餐有鸡蛋、面包、牛奶、香肠、红茶等。为了让中国学生吃得习惯，学校还特意雇来了中国厨师，让学生们自由选择吃中餐还是西餐。

在穿着上，每个学生一入学，学校就发给每人一套西装、一件外套、一双皮鞋，另外还有衬衫、浴衣、毛巾、梳子、鞋油、肥皂、牙刷、牙膏以及其他日常生活必需品。莫斯科的冬天格外冷，学校又为每个学生配发了厚厚的大衣、暖帽以及雪靴、雨鞋。夏天，学校又给学生们发凉鞋。此外，学校每月发给学生一定的津贴费，让他们自由支配。

在住宿方面，左权等第一期学生都住在三层的集体宿舍里，每间数人，房间有床铺、小柜和书架。床上用品如毯子、枕头、被单等都是统一配发的，每星期更换两次。房间里还有暖气和卫生设备。

苏联方面在生活上给予中国学生的优待，使左权深受感动。但是，他清楚地知道，自己到这里来的目的并不是为了享受，而是有重任在肩。客观条件越是优越，就越需要好好学习。唯有如此，才不会辜负党的期望和重托，才对得起苏联方面给予自己的种种优待。

由于中山大学第一期的学生是从国内外先后分批到达的，所以左权与同期到达的学生们在办完了报名、编号等手续以后就开始上课，但此时学校还没有正式开学。直到 1926 年 1 月最后一批学生到达后，中山大学才举行了开学典礼。

典礼仪式在莫斯科工会大厦举行，由联共（布）中央政治局委员托洛茨基主持。当天工会大厦的大厅焕然一新，厅内气氛肃穆庄重。主席台的上方挂着分别用中文和俄文写的“中苏人民友谊万岁！”“全世界无产者联合起来！”的大标语。中国国民党党旗和苏联国旗在富丽堂皇的墙壁上十分惹人注目。孙中山和列宁的遗像分别挂在这两面旗帜之下。当拉狄克、托洛茨基、季诺维也夫等苏联共产党中央委员会和共产国际执行委员会的代表们陆续出现在主席台上时，大厅房顶的无数盏吊灯一下子全亮了起来，大厅里随即爆发出雷鸣般的掌声和欢呼声。托洛茨基在典礼仪式上发表了热情洋溢的演说，指出了中国革命的重大意义，并要求苏联人民对中国学生表示友好和团结，他说："从现在起，任何一个俄国人，不论他是一个同志或者一位公民，他如果用轻蔑的态度来对待中国学生，见面时双肩一耸，那他就不配当俄国共产党人或者苏维埃公民。"①

开学典礼在学生们热烈的掌声中结束。

学校正式开学后，左权开始了正常的学习生活。每天早晨，当克里姆林宫的大钟响过七声之后，左权便和同学们来到大教堂前面的广场上做早操。"挺胸！两手叉腰！开始呼吸动作！"随着教员的口令，左权和同学们做起了早操。20分钟的早操结束后，左权和同学们回到宿舍，整理个人的内务卫生。8点钟，左权和同学们一起去吃早饭。吃过早饭后，有一小时的空闲时间，大家可以看报、自修或做些上课前的准备工作。

中山大学当时开设的课程主要有：语言学，包括必修的俄语和作为选修的英语、法语或德语；历史学，包括社会发展史、中国革命运动史、俄国革命史、东方革命运动史等；哲学，包括辩证唯物主义和历史唯物主义；政治经济学；经济地理等。学制为两年。学校在教学过程中，理论和实践并重。采取上大课、小组讨论和自学的教学方法，并经常组织学生们去参观工厂、农庄及革命历史遗址，如冬宫、克里姆林宫、革命战士坐过的监狱等。

俄语是每个学生的必修课，分俄文读报、俄语散文和俄语语法三门课程。教员在上课时用的多是俄语，通过翻译来授课。一般是讲一段，译一段，这对于绝大多数没有接触过俄语的中国学生来说，无疑有着相当的难度，左权和同学们都感到这样听课很吃力。为了攻克语言障碍关，左权抓紧一切时间拼命地学习俄语。上课时专心听讲，认真做笔记，把每节课的生词和语法都记在一个小本子上，有时间就拿出来看看。每天早晨，他总是提前起床到校园里，或者练习发音，或者朗读课文。有时为了读准一个音，左权会不厌其烦地练上几十次甚至上百次。晚上睡觉前，再把当天学到的单词、语法或课文默读一遍。有时，同学们已经熄灯就寝了，他就一个人在走廊里的灯下默默背诵着。每到星期天，左权总要把一周学习过的功课重新复习一次，以加深理解和记忆。

在基本通过了语音关，又有了一定的语法基础后，左权开始到图书馆借阅俄文书籍。碰到不懂的地方，他就记下来，回去再向教员或同学们请教。当时，邓小平与左权同在第七班，俩人平时又是好朋友，所以左权遇到问题时就经常向他讨教。邓小平为人非常热情，乐于助人。每当左权向他求教学习问题时，他总是热情而耐心地帮助解答。经过一年多的努力，左权终于攻克了俄语关，上课时能直接听懂教员的讲课内容，并能顺利地阅读俄文书籍了。此后，他阅读了不少俄文版的马克思、恩格斯、列宁、斯大林的著作，包括许多军事论著，从而打下

---

①［美］盛岳：《莫斯科中山大学和中国革命》，奚博铨等译，东方出版社2004年版，第33页。

了良好的马克思主义理论和军事理论基础。回到国内后，左权还借助其扎实的俄文功底，陆续翻译了一些苏军的战斗条令、条例等军事著作。

除了俄语之外，左权还刻苦钻研军事课程。一方面，他对军事课程非常感兴趣；另一方面，中山大学也十分重视对学员进行军事教育。学校专门请来一些部队的著名指挥官任教，并在校内设立了军事研究室，里面陈列着供学生实习用的各种武器，如步枪、机关枪、手榴弹、大炮、坦克等，此外还有各种供模拟作战指挥用的地形沙盘，作为课堂教学的补充。在学校的安排下，左权在中山大学学习期间还去参观过莫斯科附近的军事院校，到过莫斯科附近的兵营，在那里接受过野营训练。

对于左权来说，中山大学的学习生活是紧张的。左权热爱学习，但并不是一个只知死抱着书本不放的人，他和其他许多同学一样，有着青年人的爱好和追求，有着自己喜欢的业余生活。中山大学有一个群众性的学生组织——学生公社，由一名主席和一名书记负责。学生公社下设很多俱乐部，包括音乐、排球、篮球、骑马、游泳、摄影、滑冰、舞蹈等。学生们可以免费参加其中的任何一个项目。左权很喜欢体育运动，经常参加学校的各种球类比赛及其他一些活动。有时到了周末，左权就邀上几个同学到公园去看看，或者去看场电影，以放松一下因学习劳累而过度紧张的神经。有时学校组织学生去观看一些文艺演出，左权也从不放过这样的机会。

在学习不忙的时候，左权在饭后总爱和邓小平等同学到教堂旁边的广场、公园或莫斯科河畔去散步，因为他喜欢听邓小平讲些在法国勤工俭学的事情。当时，邓小平、傅钟等从法国转来的学生，每个人的脖子上都围着一条蓝白相间的大围巾。开始左权总觉得有些奇怪，不知道这是何意。有一次，左权和邓小平等人散步时正好碰到了蒋经国和徐君虎二人。他们对邓小平等人围的围巾也很感兴趣，于是便问道："你们为什么总是围着一条大围巾？"邓小平解释说，在法国留学的中国学生常去当清洁工，尤其是捡马粪，因为在法国做这个工作挣钱较多，干一天能挣足够一个星期的花销。法国的清洁工都围着那么一条围巾，因此他们每人也有那么一条。左权、蒋经国等人听后这才明白，原来，他们是以曾当过清洁工人而自豪啊！

时间过得很快，一转眼左权和同学们就在中山大学度过了半年时间。1926年7月中旬，中山大学开始放暑假了。根据苏联当时的宪法和劳动法规定，知识分子包括科学家、教授、学生等，每年有两个月的假期，假期中的全部旅费及吃饭、住宿等方面的费用都不收钱。中山大学的学生们也享受到了这种优待。

根据校方的安排，左权和同学们到莫斯科郊区的塔拉索夫卡疗养地去度假。当大家来到这座风景秀丽的"制造健康"的工厂时，疗养所大门口的巨幅标语——"欢迎我们的朋友——中国革命青年"立即把左权和同学们带入友谊的海洋。工作人员列队向这些新来的中国学生致意，一张张笑脸表达了对战斗中的中国人民真挚的友情与支持。

左权和同学们进入疗养所的当天，医护人员就为他们每个人检查了身体。体检结束后医生告诉左权，他的身体状况比较健康，不过从现在起应当少看书，多做运动，水、阳光、空气是我们人类最好的朋友，应该多接触它们。随后医生给左权开了一张无任何疾病的体检证明。左权根据医生的指示，拿着这张体检证明，去领取床位、饭票及衬衫、运动衣等日常生活用品。左权把一切物品都安置好后，便和同学们一起在工作人员的带领下参观了整个疗养所。在参观过程中，左权了解到，十月革命以前这里曾是莫斯科资本家、大商人的避暑处，现在却成了劳动者的乐园，左权也由此感到了社会主义制度的优越性。

接下来的暑假生活丰富多彩，这使左权觉得，生活在社会主义苏联是一件非常幸福的事情。当然，不仅仅是左权，其他的同学也有同感。就连当时的国民党右派学生邓文仪也在《游踪万里》这本书中写道：休假时，大家不用上课，不必看太多的书。相反，校方还动员学生们去游泳、划船、晒日光浴，或者去参加其他各种娱乐活动。经历了两个月愉快而美好的时光之后，每个人都增加了体重[①]。

两个月的假期很快就过去了，左权和同学们返回学校又开始了紧张的学习生活。

三、与国民党右派学生的斗争

莫斯科中山大学是第一次国共合作的产物。该校中，国共两党学生的关系，始终受到中国国内政治形势和国共两党关系的影响和牵动。中国国内国共两党关系的微妙变化，都会在中山大学的学生身上有所体现。因此，在中山大学中共党、团员反对国民党右派学生的斗争，就成了国共两党复杂关系在异国他乡的一个侧影。

中山大学的学生来自达官显贵、平民百姓、儒林学士、军旅行伍等不同阶级和阶层，在年龄结构、社会经历、政治态度等方面都有极大的差别。例如，有李锦蓉这样年仅 15 岁的翩翩少女，也有王经燕这样三个孩子的母亲；有左权等正值青春年华的优秀革命军人，也有俞秀松等参加过中国共产党创建的老共产党员；当然也有张镇、康泽、郑介民之流的国民党右派学生。这些国民党右派学生很有反动经验，也非常善于窥测动向。他们同国内的国民党右派势力遥相呼应，伺机在中山大学内进行一些分裂、破坏国共合作的反动活动。

1926 年 3 月，蒋介石一手策划了“中山舰事件”，紧接着国民党二届二中全会又通过了蒋介石提出的旨在排挤、打击共产党人的“整理党务案”。中山大学内的国民党右派学生对此起而响应，制造反共舆论，要求共产党员退出国民党。他们还在国民党员学生中进行蛊惑性宣传，说什么为了对党忠诚，就应当以国民党员身份来，仍以国民党员的身份回去；如果成了跨党分子，回国以后会影响个

---

① [美] 盛岳：《莫斯科中山大学和中国革命》，奚博铨等译，东方出版社 2004 年版，第 95 页。

人的前途[1]等。同时，这些国民党右派学生在其内部也积极活动。康泽就曾找过李拔夫说："你在国内加入过孙文主义学会，现在应和我们一道为拥护三民主义而斗争。"[2]他们还利用墙报及与其他同学私下接触的机会宣传各种反动观点，挑起争论，制造事端。在谈到新三民主义问题时，故意将其与联俄、联共、扶助农工的三大政策割裂开来，以旧三民主义来取代新三民主义。更为可笑的是，这些右派学生还倒打一耙，指责共产党"曲解"了新三民主义，背叛了孙中山三民主义革命的内容。

针对国民党右派学生的反动宣传，左权和其他中共党、团员与之进行了针锋相对的斗争。特别是左权所在的第七班，同国民党右派学生的斗争最为激烈。朱瑞回忆说："据当时看，这是政治上最强，斗争最剧烈，人材最集中的一个班（国共两方的主要学生均集于此班）。"[3]国民党方面，有康泽、谷正纲、谷正鼎、邓文仪、林柏生、陈春圃、李秉中等；共产党方面，有俞秀松、左权、邓小平、傅钟、沈泽民、潘自力、朱瑞等。由于第七班集中了国共两党的一批骨干力量，理论水平相对较高，被当时的同学们称为"理论班"。傅钟曾这样回忆道：第七班情况比较复杂，该班有几个国民党右派学生，他们在国民革命基本问题上与我们观点完全不同，所以经常发生激烈的争论。

当时国共双方学生争论的焦点主要包括：新三民主义与共产主义的异同、中国革命的道路和前途、中国无产阶级和资产阶级的作用等问题。

左权等共产党员认为，新三民主义的原则和纲领与中国共产党在民主革命阶段的纲领基本一致，因而能够成为国共两党合作的政治基础。但两者仍存在着原则上的差别。最根本的区别在于，共产主义在民主革命阶段之外，还有一个社会主义革命阶段，其最高纲领是实现共产主义制度。而三民主义以民主革命的完成为最高奋斗目标，没有社会主义革命这一阶段。国民党右派学生则故意把中国共产党的最低革命纲领与最高革命纲领混在一起，散布中国共产党在民主革命阶段就要完成社会主义革命的任务，以此进行挑拨和分裂，并诬称中国共产党破坏了革命统一战线。他们还以中国工业太落后为由，宣称共产主义不适合中国。左权等共产党员则认为，中国革命的最终目的就是为了实现共产主义制度，建立一个没有人剥削人、人压迫人的崭新社会。国民党右派学生宣称，在中国，资产阶级还是非常富有战斗性和革命性的，而中国的无产阶级很少，根本不能领导革命，中国的革命只有依靠资产阶级领导才能取得胜利。左权等共产党员坚定地认为，在中国只有无产阶级才是革命的主要依靠力量，中国革命要取得胜利必须由无产阶级来领导。虽然左权当时并没有、也不可能对所有的有关中国革命的理论问题都弄清楚，但其同国民党右派学生作斗争的态度是鲜明的，也是坚决的。

---

① 何汉文：《记留俄学生》，《湖南文史资料选辑》第3集第6辑，湖南人民出版社1982年版。
② 李拔夫：《留学苏联的片断》，《湖南文史资料选辑》第3集第6辑，湖南人民出版社1982年版。
③ 朱瑞：《我的历史与思想自传》，《中共党史资料》第9辑，中共党史资料出版社1984年版。

在第七班，有一个和左权是同乡、同时又是醴陵县中学及黄埔军校同学的人，他就是邓文仪。同一个地方的人、同一所中学毕业后，又都到了同一所军校。他们的“缘分”不可谓不深。可是，就是这样的两个人却分别走到了共产党和国民党的两个营垒中，并且在政治上处于一种尖锐的对立状态。在黄埔军校，左权参加了由进步青年组成的青年军人联合会，并成为其中的负责人之一；邓文仪则参加了由国民党右派学生组织的孙文主义学会，也成了其中的一个重要骨干。所以，左权在黄埔军校就曾和邓文仪进行过面对面的斗争。

说来也许有些巧合，在距中国万里之遥的异国他乡——莫斯科，两人居然又一次走到了一起。于是，两人的斗争便从国内转移到了国外。尽管是同乡、同学，但左权对作为国民党右派学生骨干的邓文仪的斗争是向来不讲情面的，也从不妥协。每当邓文仪在班里散布一些反动观点时，左权便挺身而出，对其政治立场进行深刻的揭露和批判，驳斥其荒谬的理论观点。1927 年 4 月，当蒋介石举起屠刀，挥向曾是自己同盟者的无数革命志士时，已被遣送回国的邓文仪此时竟在《黄埔日刊》上发表了一篇题为《清党运动的必要及其意义》的文章，大肆诬蔑苏联、辱骂共产党和中山大学。这份报纸居然还寄到了中山大学。左权和其他同学见了后非常气愤，决定把邓文仪的文章剪贴到墙报上，并且在其文章的前面加上了一个醒目的标题——《请看中大同学败类邓文仪的反动嘴脸》，下面还加上了一段按语：“邓文仪受了两年的社会主义教育，而刚刚离苏回国，便变成了另一副彻头彻尾的反动狰狞面貌，在校的同学中是不是还潜伏有这样的家伙？大家应该警惕！”①

左权和同学们之所以决定这样做，主要是为了警告校内其他的国民党右派学生，不要因为蒋介石大肆反共而得意忘形。墙报一出来，立即收到了预期的效果。一方面它激起了多数同学对邓文仪所代表的国民党右派势力的愤怒，引起了大家的警觉；另一方面对校内的国民党右派学生造成了一种很大的压力，使他们不敢再进行公开的反共活动，打击了其嚣张气焰。

在同国民党右派学生进行坚决斗争的同时，左权等中共党、团员也注意做好团结大多数同学的工作。这种讲究策略的斗争方式，使得国民党右派学生在莫斯科中山大学处于一种相对孤立的境地。对此，有人曾在书中不无感慨地写道：“国民党在共产党包围环境下，与在国内情形，恰恰相反，只能秘密，不能公开，只有理论之争，不能有行动表现。在组织方面，只有实行关门主义，只能转弯抹角地宣扬三民主义。换言之，国民党学生的斗争活动，只限于守，而不能攻；只能应战，而不能挑战。”②

这段话从一个侧面说明，左权等中共党、团员对国民党右派学生的斗争还是很有成效的。

事实上，国民党右派学生并不仅仅满足于散布一些反共的思想，挑起争论，

---

① 何汉文：《记留俄学生》，载《湖南文史资料选辑》第 3 集第 6 辑，湖南人民出版社 1982 年版。

② 曹仲彬、戴茂林：《莫斯科中山大学与王明》，黑龙江人民出版社 1988 年版，第 63 页。

他们还想在中山大学建立一个由其控制的反动组织。

1925年底，到中山大学学习的中共党、团员在中山大学成立了旅莫支部。半年多后，学校决定解散旅莫支部，成立中共党、团员统一领导机构——总支部，由一名苏联人任总支部书记。后来总支部改称支部局。

在中共旅莫支部成立后不久，苏联和共产国际方面批准国民党学生在中山大学建立一个特别支部，称“中国国民党中央直辖莫斯科中山大学特别支部”。由于当时国内实行第一次国共合作，中共党员和共青团员大都以个人身份加入国民党，同时，中共党组织又有意安排少数中共党员到国民党特别支部担任负责工作，如当时在中山大学担任总支部副书记的傅钟，就被组织派去兼任国民党支部监察委员会主任一职；1926年12月入校的李一凡受党组织的委派，曾先后在国民党特别支部中担任过宣传部副部长、监委主席等职务。这样一来，就使得国民党特别支部实际上被控制在中共党员和国民党左派手中，对此，国民党右派学生很不甘心，便暗中拉帮结派，拼凑右派地下组织。

有人曾这样描述当时的情况：“在组织上，国民党亦有‘旅莫支部’，实际上又分为两个组织：一为国共两党所共有的公开的国民党旅莫支部；一为纯国民党学生自动秘密所结合，只有实质而无形式的组织。前者，已被共党所把持，等于共党外围机关，后者在共党严密监视之下，几乎不能动弹。”[①] 这段话至少说明了两个问题：其一，国民党右派学生始终没有放弃反共的活动；其二，国民党右派学生在无法公开建立组织的情况下，就采用秘密的方式进行活动。经过密谋，他们决定在中山大学里建立一个孙文主义学会分会。计划定下来后，这些右派学生便开始暗中行动了。

俗话说，世上没有不透风的墙。尽管这些右派学生自认为行动诡秘，外人不会知道他们的计划，但他们要在中山大学成立孙文主义学会分会的消息还是慢慢传了开来。对于孙文主义学会，左权是再清楚不过了。它是在蒋介石的支持下、由贺衷寒、郑介民等国民党右派学生在黄埔军校建立起来的一个反动组织，名义上是为了研究孙中山先生的主义，实际上是为了对抗由共产党人领导的、由进步青年组成的青年军人联合会。孙文主义学会组成后，专门从事一些反共的活动。为此，青年军人联合会曾与其作过无数次斗争，双方的成员甚至动起手来，有过多次打斗。由于郑介民等右派学生的所作所为实在不得人心，从而使得孙文主义学会在黄埔军校成立后不久便已是声名狼藉。所以，当左权得知郑介民等国民党右派学生要在中山大学组织孙文主义学会分会的时候，立即将其反动本质向党组织及其他一些不了解情况的学生作了详细的介绍。慢慢地，中山大学的大部分青年学生都了解了孙文主义学会的本质，知道它是个国民党右派的团体，因而对其没有什么好印象。

不过，郑介民等人并没有因此而“气馁”，他们仍按照原计划进行活动，并开始在中山大学校内吸收其所谓的“会员”。这一举动立即招致了其他同学的强

① 曹仲彬、戴茂林：《莫斯科中山大学与王明》，黑龙江人民出版社1988年版，第60页。

烈反对和抵制，于是有人向学校方面作了检举揭发。然后由学生公社召集全体学生开会。在会上，左权和其他许多同学纷纷发言，揭露孙文主义学会的反动本质。朱瑞在大会发言中曾这样批评道：所谓孙文主义学会，不过是一部分为了自身利益的人，打着孙中山先生的招牌，挂着羊头卖狗肉而已。多数同学都认为他们在苏联留学还进行这种反动活动，是十分不应该的。有些同学主张责令他们检讨悔过，有些同学主张干脆把他们开除学籍。当然，也有少数人为这些右派学生进行辩护，认为这是“研究自由”，不应加以干涉。郑介民等右派骨干分子则态度强硬，拒不认错，并在会场上大闹起来，指责别人在“压迫”他们。最后大会做出决议，建议校方开除他们的学籍。学校方面根据大多数学生的意见，决定将邓文仪、萧赞育、谷正纲、谷正鼎等八人开除学籍，遣送回国。这对中山大学校内的国民党右派学生来说无疑是一个沉重的打击，但是双方的斗争并没有因此而结束。

留在校内的国民党右派学生的嚣张气焰虽暂时有所收敛，但他们的活动并没有完全销声匿迹，有些则变得更加隐蔽。他们还一直对校方开除右派学生之事“耿耿于怀”。一有机会，就将这种不满情绪发泄出来，甚至危言耸听地说：“这次事件是共产党无中生有，借题发挥，用以压迫国民党同志，想把中大造成清一色的党校，这是企图消灭国民党的阴谋的一个缩影。今后在校的每一个国民党同志如果不能伏伏贴贴地听他们的指挥，就随时都有戴上右派、反革命分子帽子的危险。”[①] 一些国民党学生听了后，再联系到被开除学籍、遣送回国的人，感觉似乎受到了不公平的待遇，于是开始疏远共产党学生，双方的关系有些紧张。

校长拉狄克为了缓和双方关系，特意邀请胡汉民到中山大学来讲话，希望他对国民党学生加以训诫，从而增强国共双方学生的团结，搞好学习。胡汉民原是广州国民政府右派中的重要一员，因涉嫌与国民党著名左派领袖廖仲恺的遇刺案有直接牵连而被迫“出国考察”，并于 1925 年 10 月来到莫斯科。胡汉民为谋取苏联对国民党的支持，到莫斯科后也唱些革命高调，赞扬十月革命胜利的伟大意义。然而，在另一些场合，特别是在与中山大学的国民党员学生的接触中，却极力兜售其右派的那套理论。他打着拥护孙中山三民主义的旗号，竭力宣扬国民党是“中国革命分子唯一的组合体”，是“国民革命的领导者”，并以“绝对不容有人割裂三民主义，按其阶级本身利益接受一部分而抛弃遗忘了其全部”[②] 为借口，指责共产党“歪曲”三民主义，企图把共产党排除在革命的领导之外。

胡汉民认为，给中山大学的全体学生讲话，是一个宣扬其“理论”的机会。他在对中山大学的同学们做了一番表示钦佩、赞扬的开场白后，就把话题转到了国共双方学生斗争的问题上，并倚老卖老地说道：“你们都不是东西，好像小孩子闹着抢饼子吃一样。列宁不是要你们参加世界革命的么？列宁对于世界革命的

① 何汉文：《记留俄学生》，载《湖南文史资料选辑》第 3 集第 6 辑，湖南人民出版社 1982 年版。
② 孙耀文：《风雨五载——莫斯科中山大学始末》，中央编译出版社 1996 年版，第 98 页。

参与者是同等看待的，并不是要你们像抢饼子一样和人家抢的。如果像抢饼子一样地闹，决不是列宁主义的信徒。一个革命的国民党员如果怀着惧怕共产党员来抢饼子的心理，也就根本不是革命者天下为公的心肠。”①

左权在听了胡汉民的讲话后，明显地感觉到胡汉民是在偏袒国民党右派学生，并有在学生内部挑拨离间、鼓动右派学生继续“斗争到底”的意图。于是，他便和其他中共党、团员商量对策，想办法消除胡汉民的讲话对国民党学生产生的影响。最后大家一致决定，在对极少数国民党右派顽固分子进行坚决斗争的同时，对大多数国民党学生进行团结、争取的工作。经过左权和其他中共党、团员的共同努力，国共双方学生间的紧张关系逐渐有了缓和，尽管大家在政治上观点不同，但在学习、生活上基本能够正常相处了。这样，中山大学校内由国民党右派学生掀起的风波到1927年初大致平息了下来。

四、在中国革命的转折关头

1926年到1927年夏，中国的革命形势可谓一波三折。

左权虽然身在莫斯科，不能直接参加国内的革命斗争，但他始终没有忘记自己的国家，没有忘记自己肩负的使命，始终关注着国内革命斗争的发展，关注着国内革命形势的变化。

1927年3月下旬，上海工人第三次武装起义胜利的消息传到了莫斯科。当中山大学的学生得知这一消息后，刹那间，整个中山大学沸腾了。左权抑制不住心中的喜悦之情，在人群中尽情地欢呼着，和大家热烈地拥抱着，眼睛里闪耀着晶莹的泪花。学校于当天中午发出通知，下午4时在俱乐部召开庆祝大会。可是，“未至四时全校同学已齐集俱乐部，一片欢呼声与鼓掌声直如山崩地裂，新落成的俱乐部几乎被震撼得崩颓下来！”②

庆祝大会结束后，左权又和同学们走出校门，进行了盛大的游行。成千上万的莫斯科工人、市民也纷纷加入了游行队伍，一时间，整个莫斯科的街道上人山人海。左权和中山大学的学生们走在游行队伍的最前面。当游行队伍聚集在共产国际大厦前时，左权与中山大学的同学们聆听了共产国际代表及中山大学校长拉狄克等人发表的盛赞中国革命取得胜利的热情洋溢的演说。然后左权与中山大学的同学们随着游行队伍继续前进，最后到达联共（布）中央大楼前的广场。在这里，左权等中山大学的学生们又受到了联共（布）中央委员安德烈耶夫的接见，并聆听了他的演说。

莫斯科《共产国际通讯》对当天的游行盛况进行了这样的报道：“起义工人

---

① 何汉文：《记留俄学生》，载《湖南文史资料选辑》第3集第6辑，湖南人民出版社1982年版。

② 中央档案馆党史资料研究室整理：《莫斯科中山大学〈国际评论〉》，中共中央党校出版社1981年版，第369页。

夺取上海的消息今天清晨传遍了莫斯科，全市居民莫不为之欢欣鼓舞。各工厂下班后都举行了集会，演说者在会上阐明了国民革命军这一新胜利的重大意义。下午四点，数千工人在共产国际大厦广场上举行群众大会。中山大学学生走在游行队伍的前列……游行一直持续到晚上。”①

一连十几天，左权和同学们都沉浸在欢乐的海洋中。可是，令左权意想不到的是，当大家还在议论着上海工人武装起义胜利的意义时，蒋介石——这个曾被当时有些人奉为中国“革命领袖”的人物，却撕下了他那虚伪的面具，将枪口对准了昔日的盟友。

“蒋介石叛变革命！”“蒋介石正在屠杀共产党人和革命志士！”噩耗一个接一个地飞到了莫斯科。当时，左权几乎难以相信这是事实。16个月前，他还跟随蒋介石东征讨伐军阀陈炯明，可是现在怎么连蒋介石也变成了杀人不眨眼的军阀了呢？左权真是想不通。然而，上海的革命群众正大批地遭到逮捕、屠杀，江苏、浙江、江西、福建、广东等省也跟着掀起了血雨腥风，许多共产党员和革命群众壮烈牺牲。这就是事实！一个血淋淋的、任何人都无法回避的事实！左权痛心疾首。

对于左权来说，蒋介石的叛变不啻于一个晴天霹雳，他从心理上无法接受这样一个事实。此时，中山大学里到处燃起了愤怒的火焰，学生们自发地举行全体集会，声讨蒋介石的反革命罪行。

在全校大会上抨击蒋介石最激烈的要数他的儿子蒋经国。当时已是共青团员的蒋经国在讲台上慷慨陈词：“今天，我在这里不是作为蒋介石的儿子，而是作为共青团的儿子来讲话的。”蒋经国不但痛斥了蒋介石背叛孙中山三民主义和三大政策的罪行，而且声明断绝与蒋介石的父子关系，“其情绪之愤慨，语言之尖锐，超过所有讲话的人”②。蒋经国的发言博得了左权和同学们最热烈的掌声。几天后，蒋经国又发表了谴责蒋介石背叛革命行径的公开声明。声明说：“蒋介石的叛变并不使人感到意外。当他滔滔不绝地谈论革命时，他已经逐渐开始背叛革命，切望与张作霖和孙传芳妥协。蒋介石已经结束了他的革命生涯。作为一个革命者，他死了。他已走向反革命并且是中国工人大众的敌人。蒋介石曾经是我的父亲和革命的朋友。他已经走向反革命阵营，现在他是我的敌人了。”③蒋经国的声明由苏联塔斯社全文发表，并被译成多种文字传到了世界各地。当时汉口的《人民论坛报》亦对其进行了转载。

左权和同学们在这次集会上除了对蒋介石进行谴责外，还通过了一项决议，致电武汉国民政府，要求严惩蒋介石等革命的叛徒。电报说：“当前中国革命的发展引起了帝国主义及其走狗的反击，假革命的蒋介石及其一伙违背了党的原则和纪律，他们背叛了我们的革命，屠杀上海的革命工人，从而成为帝国主义的走

① [美] 盛岳：《莫斯科中山大学和中国革命》，奚博铨等译，东方出版社2004年版，第122页。
②《乌兰夫回忆录》，中共党史资料出版社1989年版，第87页。
③ [美] 盛岳：《莫斯科中山大学和中国革命》，奚博铨等译，东方出版社2004年版，第125页。

狗。现在他们成了我们革命道路上的障碍。但是我们有信心，得到我们工人群众和革命军队支持的国民党中执委和国民政府一定会勇敢坚定地进行反对反革命的蒋介石及其一伙的斗争。我们确信我们会得到最后胜利。”①

此时的左权对中国革命形势的发展并没有灰心失望，烈士的鲜血反而更加激发了他革命到底的决心，他相信中国革命只是暂时遇到了挫折，将来一定能够取得成功。同时，左权又对许多问题感到一时无法理解。这个自称为孙中山“忠实信徒”的蒋介石，为什么敢冒天下之大不韪而背叛革命呢？上海工人纠察队为什么要自动解除武装？苏联共产党和中国共产党为什么没能发现蒋介石是个假革命呢？诸如此类的问题，在左权的脑海中都成了解不开的“疙瘩”。再加上托洛茨基、季诺维也夫、拉狄克等人不断指责联共（布）中央和共产国际在指导中国革命的理论原则问题上犯了错误，使左权对于中国革命的性质、策略、指导思想等许多问题感到迷惑。

在这种情况下，左权非常希望联共（布）中央能够对这些问题作出明确的答复。当时，中山大学的很多学生都有着与左权类似的疑惑。一时间，大家对有关中国革命的许多问题议论纷纷，莫衷一是。担任学校党支部局副书记的傅钟把同学们反映强烈的问题收集起来，向上汇报，请求联共（布）中央能够来人解答学生们的疑问。对此，傅钟回忆道：“当时，大家问题很多，意见又很不一致，我收集了三四十个问题，送至联共（布）中央，并亲自去交涉请斯大林同志来作报告，解答大家的问题。”②

1927 年 5 月 13 日上午，左权准备去图书馆借阅一些关于苏联指导中国革命理论方面的书籍，他想静下心来好好研究一下有关问题。当他走到图书馆大门口时，看到旁边贴着一张大布告，通知当天下午 2 时联共（布）中央将有一位重要人物来校向全体师生作重要报告。“太好了！终于有人来作报告了！”这个重要人物会是谁呢？他在报告中会讲哪些问题呢？左权边想边走进了图书馆。

吃过午饭后，左权早早地来到了学校大礼堂。此时，礼堂里已经来了不少学生。为了能够听好这次报告，左权好不容易才在靠前排的位置找了个座位坐下来。时间不长，礼堂里就已挤满了人，就连平时不愿参加会议的同学也都赶来了。很多来晚的人只能靠墙站着。大家都以一种激动而又兴奋的心情等待着那位重要人物的到来。

下午 2 点整，主席台上的帷幕徐徐拉开，斯大林面带微笑地走上讲台。左权和同学们对于斯大林的到来报以最热烈的掌声，同时，“乌拉！乌拉！”之声不绝于耳，环绕在整个礼堂的上空。

报告会由傅钟主持，翻译先是周达文，后换成卜士奇。令左权感到奇怪的是，他们的校长拉狄克竟然没有出现在报告会上。正当左权胡乱地猜测时，斯大

①《乌兰夫回忆录》，中共党史资料出版社 1989 年版，第 87—88 页。

② 孙耀文：《风雨五载——莫斯科中山大学始末》，中央编译出版社 1996 年版，第 123 页。

林开始了他的讲话。

斯大林在讲话中谈到的第一个问题，就是关于中国革命的性质问题。拉狄克曾认为，在中国农村并不存在封建残余，中国农民的革命斗争主要是反对商业资本主义。因此，斯大林在阐述这个问题时，直接对拉狄克的观点进行了批驳。

左权在听了斯大林讲完第一个问题后，心头不禁猛地一震。令左权感到吃惊的并不是斯大林所阐述的问题的本身，而是他在阐述问题时所使用的那种批判的语气。从斯大林的讲话中，左权似乎嗅到了一股浓烈的“火药味”。他怎么也没想到，令那么多学生崇拜的校长，此时此刻却成了斯大林的批判对象。

拉狄克原来是波兰人，曾先后参加过波兰、俄国、德国的革命活动，后来任共产国际执行委员会的委员。1925 年他接受了组建中山大学的任务，结果只用了三四个月的时间便将每件事情都安排得井井有条，以致中山大学的第一批学生到达时，都觉得像是到了自己的家里一样。拉狄克书生气十足，但热情奔放，有着较强的责任心，且平易近人。他每天按时上班，在校园里遇到中国学生时，总是主动同他们打招呼，询问他们的学习情况和兴趣爱好。在学生们的眼中，他是个非常出色的演说家。他讲课时总是座无虚席，就连东方大学的学生和教员以及研究中国问题的专家们都来听他的课。

对于拉狄克，左权尊敬他的工作，佩服他的学识。因此，当斯大林在讲话中点名对拉狄克进行批判时，左权的心里也受到了震动。

斯大林在讲完第一个问题后，接下来又讲了九个问题，全都围绕着国民党的性质，国共两党的关系及如何进一步推动中国革命的战略与策略等问题展开。例如：为什么国民党不是小资产阶级政党；为什么武汉政府不进攻蒋介石，而进攻张作霖；基马尔式的革命在中国是否能够行得通；在中国能否提出让农民立即夺取土地的口号；等等。斯大林的报告持续了大约 3 小时。报告结束时，礼堂里的掌声经久不息。

听完报告后，左权非常兴奋，不时地和同学们议论着报告的内容。

有的学生在事后曾这样评论斯大林的这次讲话：“总的来说斯大林在学生中留下了良好印象。然而这并不是说，他对我们的问题所作的解答使学生中的一切不同派别都满意，或者人人都同意他的解答。……在斯大林来过之后，中山大学的上空并不就是阳光普照了；斯大林驱散了许多疑云，但还有一些迷雾在蔽空。”[①]

为加深对斯大林讲话内容的了解和学习，中山大学的党支部局请了几个教员和俄语较好的学生，把斯大林的讲话全部翻译成中文，并装订成小册子，左权等中山大学的学生和教职员工人手一册。随后，中山大学的各个党小组又根据党支部局的指示，组织学生们进行讨论和学习。对于斯大林在讲话中所阐述的观点，左权有些是赞同的，有些则还没弄懂。

令左权一直感到迷惑的是，为什么同是苏联共产党的重要领导人，斯大林与

---

①［美］盛岳：《莫斯科中山大学和中国革命》，奚博铨等译，东方出版社 2004 年版，第 165 页。

托洛茨基会在关于中国革命的问题上出现两种“声音”呢？究竟孰是孰非？要在短时间内完全搞清楚这件事，对于年轻的左权来说，显然不是件容易的事。实际上当时不只是左权，其他好多学生也都无法弄清楚。

1927年7月15日，汪精卫发动反革命政变后，中国大革命遭到了彻底的失败。中山大学的学生们在一片茫然中迎来了暑假。左权等第一期学生至此已完成了在中山大学的全部学业。

当时，许多国民党学生鉴于国共已经彻底“分家”，纷纷要求回国。而共产党员学生中，一小部分对共产主义不坚定的人此时也发生了动摇，有的甚至宣布退党；另有少数人则因对党的路线的不满，接受了托洛茨基反对派的观点，有的则加入了苏联的托派组织。在这种情况下，左权既没有退缩，也没有走向另一个极端，而是始终坚定自己的革命信念，表现了一个共产党员应有的革命坚定性。

从1927年春到1927年夏，因国内革命形势吃紧，中山大学的一些中共党、团员曾奉中共中央的命令陆续地回国，参加国内的革命斗争。左权此时本来也整装待命，做好了回国的打算，但由于回国的道路已不通，这让左权和另外一些原准备回国的学生便被滞留在了莫斯科。暑假开始后，根据学校的安排，左权和中山大学学生一起去休假。

在休假期间，左权曾听过邓演达作的关于中国国内革命形势的报告。邓演达是在汪精卫发动“七一五”反革命政变后，从武汉北上，与苏联顾问鲍罗廷一同来到莫斯科的。当时正在休假的中山大学的学生们都急于了解国内的情况，学校当局便邀请邓演达到学生们的休假地作报告。在长达4小时的报告中，邓演达详尽论述了革命阵营内部存在的敌对派系，并严厉谴责了蒋介石和汪精卫的叛变行为。同时，他也指责了共产党。左权对邓演达渊博的知识留下了深刻的印象，对其报告中的许多精辟论述也极为赞赏，但其对中国共产党的指责，左权却有不同的意见。左权心里清楚，现在不仅是邓演达，恐怕每个人对中国革命问题都有自己的看法。所以，左权表现得比较冷静，没有像有些同学那样，用开闭电灯或用脚跺地板的方式来表示对邓演达讲话的不满。

中国革命形势的突变，使左权心中充满了忧郁。他根本无法享受休假的乐趣。轰轰烈烈的大革命为什么这么快就失败了？如何才能挽救中国的革命？自己下一步该做什么呢？左权一直默默地思考着这些问题。正当左权百思不得其解、异常苦恼的时候，接到了中山大学党组织的通知，要其收拾行李，准备启程回国。左权接到通知后，立即动手收拾了一下随身携带的衣物，并做好了出发的准备。

一天晚上，左权、朱瑞、乌兰夫等同学在莫斯科火车站上了车。大家都以为是真的要回国了，上车后便三三两两地聊了起来。有的在谈国内的革命形势，有的在谈回国后的打算，也有的谈在中山大学学习的收获和体会。可是火车一开动，左权就发现火车行驶的方向根本不是回国的方向。这是怎么回事？左权一时也想不明白。火车走了三四站后，在一个叫贝考瓦的车站停下了，大家按要求下了车。

原来，中共中央根据国内形势的急剧变化和大革命失败的教训，决定在国内开展武装斗争，同时，给共产国际东方部发去专电，要求在莫斯科学习的中共青年党员和共青团员都要学习军事。根据左权的同班同学朱瑞回忆：为了瞒过国民党学生，这件事进行得十分秘密，口头上说是让大家做回国的准备，但就“在我们表面上似是动身回国的一天，实际把我们送到步兵野营去了”[①]。就这样，左权等同学在中山大学党组织的秘密安排下，于 8 月中下旬来到了莫斯科郊外的一座兵营参加军事训练。

在军训中，学生们被编成四个连。左权等已经从中山大学毕业的学生被单独编为一个连。军训的时间大约为两周，主要课目是徒手操练、投弹射击、侦察、行军、宿营等。负责训练的教官是学校请来的。训练是按照实战的要求来进行的，每个连都有固定的住地，学员要自己搭棚子住。这些训练课目对于从黄埔军校毕业且参加过实战的左权来说是再容易不过的事了。然而即便如此，左权仍和其他同学们一样，认真地按照教官的要求去做每一个动作。时值仲夏，气候炎热，左权和同学们在烈日下进行各种训练，累得满身是汗，但大家都没有叫苦叫累。左权因为有过从军的经历，并练就了比较过硬的身体素质，因而在军训中很好地完成了训练任务，受到教员和同学们的一致好评。

这次军事训练结束后，根据党组织的通知，已经从中山大学毕业的学生可以结合本人的情况和爱好，自选科目，填报志愿，到苏联各军兵种学校学习。于是，左权决定到伏龙芝军事学院学习。

在离开中山大学之前，左权还有幸见到了宋庆龄，并聆听了她的演讲。

宋庆龄是在汪精卫公开叛变革命后离开武汉的。她于 9 月上旬来到了莫斯科。当左权等中山大学的学生获悉宋庆龄抵达莫斯科的消息后，都兴高采烈，怀着崇敬的心情，到车站去迎接她的到来。宋庆龄来莫斯科后，尽管很繁忙，但她还是应邀来到了中山大学，来看望这群为中国革命而不远千里来异国求学的热血青年们。学校为她的到来举行了热烈的欢迎大会。宋庆龄在欢迎会上发表了演讲。她说，她为看到有这么多虔诚的年轻人在为中国革命而勤奋学习感到由衷的钦佩。同时，她还告诫中山大学的学生们，要他们永远牢记自己是孙中山先生的信徒，自己曾在以孙中山名字命名的大学里受过训练；千万不要忘记孙中山最宝贵的遗训，就是三民主义和三大政策，并且只有在实行了三大政策以后，“实现三民主义的动力才得以增加，国民党才得以新生”[②]。宋庆龄还强烈谴责了那些背叛孙中山的人，仍在打着孙先生的招牌干着反革命勾当的卑劣行径。宋庆龄的讲话音调清脆悦耳，吐字清晰，不时被学生们的掌声所淹没。从宋庆龄的演讲中，左权深切地感受到，虽然中国革命暂时受到了挫折，但并不是所有的国民党人全都叛变了革命，仍有着像宋庆龄这样孙中山先生遗志的忠实继承者和勇敢的捍卫者。左权听了宋庆龄的演讲后，深为其坚定刚毅的革命态度和清晰文雅的谈吐所折服。

---

① 朱瑞：《我的历史与思想自传》，《中共党史资料》第 9 辑，中共党史资料出版社 1984 年版。
② [美] 盛岳：《莫斯科中山大学和中国革命》，奚博铨等译，东方出版社 2004 年版，第 156 页。

1926年夏到1927年夏，对左权来说是相当不平静的一年。这一年中，左权既经历过革命胜利时的喜悦，更经历过革命失败时的痛苦。从中左权深切地体会到，革命不会是一帆风顺、一蹴而就的事情，胜利不是可以轻易得到的，而是要经历一个艰难曲折的奋斗历程。而且他还意识到，作为一个革命者，就要不畏艰险，百折不挠，勇于献身，只有这样，中国革命才能获得成功。

五、一顿饭吃出的“卫士”

在离开中山大学之前，左权抽空去看望了一些即将转到其他院校学习或工作的好友，其中包括在东方大学工作的孙冶方。孙冶方原名薛萼果，是江苏无锡人，比左权小两岁。两人经常在一起讨论学习上的问题，久而久之，就成了好友。由于孙冶方的俄文学得比较好，他同乌兰夫等人于1927夏学期还没结束时，就被分配到了东方大学中国部办的暑期军事夏令营当俄语翻译。野营结束后，孙冶方就留在东方大学军事班的中国班当俄文教学翻译。当左权去看他时，孙冶方很高兴，两人在一起聊了很长时间，并谈了今后个人的想法和打算。闲谈中，孙冶方还开玩笑地说，几个江浙籍的同学想敲他的竹杠，要他在星期天请客吃饭。左权一听，马上接口道：“到时我也来凑个数！”“没问题，反正也不多你一个人！”孙冶方爽快地答道。

令左权万万没有想到的是，就是这一次几个好友间的平常聚餐，使其背上了一个莫须有的罪名——“江浙同乡会”的“卫士”。事情的经过是这样的：

中山大学第一期毕业的学生中，除了回国的以外，大部分都到别的学校学习，少数人参加了中山大学或其他院校的教学工作。继续学习的同学学校只发些津贴费，而像孙冶方这样做翻译工作的每月可拿近百卢布的工资，生活比较好。所以在暑假结束前，几个去其他军校学习的同学胡世桀、朱茂臻、蒋经国等人便提出要孙冶方出钱，请大家吃顿饭，时间定在开学后的第一个星期天。到了那天，除了发起敲竹杠的几个同学准时“赴约”外，董亦湘、左权、陈启科等人也来了。这样一下子就聚了一屋子的人，把与孙冶方住同一房间的其他三人都挤了出去。正当左权和大家热热闹闹地忙着做饭时，中山大学学生公社主席王长熙从窗外经过，听到里面有那么多人说话，又差不多都是江浙口音，因此，他回到学校后便跟人说，有好多人聚集在孙冶方的房间里，很热闹，像开“江浙同乡会”似的。这话传到中山大学支部局王明等人那里，便被添油加醋地说成是董亦湘等人在孙冶方房间里成立了一个“江浙同乡会”[①]。开始这一话题只是在很少人中间流传，但是，到了1928年初，情况就大不一样了。因为王明等人自认为是已掌握了存在“江浙同乡会”的另一重要证据——“物证”，这就是蒋经国的一封信。

① 孙冶方：《对中山大学一段历史的回顾》，中共江苏省党史资料征集委员会、江苏省档案局编：《江苏革命史料选辑》第8辑，1983年9月。

蒋经国本打算毕业后回国，可是苏联方面没有批准他的请求，而是安排他到列宁格勒托尔马乔夫军政学院继续学习。这所军校的待遇比较高，蒋经国虽然此时仍是学生，但每月的津贴比在中山大学时增加了不少。因此，有一次，俞秀松、董亦湘等人便写信给蒋经国，要他出钱会餐，戏称“缴会费”。蒋经国在中山大学时与俞秀松、董亦湘等人十分熟悉，也经常凑点钱和他们一起去饭馆吃饭。蒋经国看完来信后，就将其放在抽屉里，然后给俞秀松等人回了一封信。信的内容大致是说：你们现在学习和生活怎么样？很想知道你们的情况；这个月的钱都用完了，我现在的“会费”还没有着落，等有了再寄来[①]。蒋经国没料到，与其同宿舍的人竟是苏联克格勃的情报员，而且趁他不在宿舍的时候，偷偷地看了这两封信。结果他的信和他的回信全部被“缴获”，并被送到了有关部门，后来又被转到了莫斯科中山大学支部局王明等人那里。这一下，王明等人自以为抓到了“把柄”，便开始大造声势，到处散播谣言，说有一些人成立了一个秘密的反党小组织——“江浙同乡会”，不但莫斯科有，列宁格勒也有。周达文、俞秀松、董亦湘等是这个组织的骨干分子，左权、陈启科等人是重要成员，是这个组织的“卫士”。这样一传十、十传百，很快便传遍了整个中山大学，从而闹得人心惶惶。

那么，王明等人为什么要制造这样一个冤案呢？话题还得从王明“发迹”说起。

1927 年夏，拉狄克被撤销了校长职务，由教务长阿古尔代理校长。当时的党支部局书记是塞特尼可夫。两人为了争夺校内领导大权，明争暗斗，并各自拉拢一些中国学生充当自己的帮手，从而形成了所谓的“教务派”和“党务派”。双方在争权夺力的过程中，互相指责对方没有做好工作。到了 1927 年 6 月底的学期总结会上，双方的争论达到了高潮，甚至出现了给对方乱扣政治帽子的情况。

正当双方吵得不可开交的时候，王明随中山大学副校长米夫从中国返回了中山大学。米夫是 1927 年 2 月受命率领联共（布）中央派遣的一个宣传小组到中国进行考察的，王明则作为翻译随同前往。王明回到中山大学后，发现大多数同学厌烦这场争论，于是便向米夫献上一计，利用不愿参与争论的“第三势力”，暗中联合“党务派”，打击“教务派”。王明的计谋很快便收到了“一石二鸟”的功效，阿古尔被解除教务主任职务，塞特尼可夫也被撤职离开学校，教务处和支部局全都进行了改组。年底，米夫被正式任命为校长。王明因“献计有功”，便“成了米夫的座上客，在米夫的家里也挂起了王明的相片来”[②]。从此以后，米夫更是把王明当作心腹，言听计从。1928 年春，米夫被提拔为共产国际东方部副部长。王明则成了米夫在中山大学的“秘书”，“全权代表”。王明便凭借着这种身份，控制了中山大学的党支部局。米夫与王明两人都有一个共同的特点，就是志大才疏，傲慢、狂妄，喜欢搞小圈子。因此，虽然米夫得势，王明得意，但他们

① 师哲：《在历史巨人身边》，中央文献出版社 1991 年版，第 39 页。
② 庄东晓：《记忆中的瞿秋白同志》，《广东文史资料》第 29 辑，广东人民出版社 1980 年版。

在大多数的学生心中并没有什么好印象。当时在中山大学学习的江泽民[①]后来曾回忆说："他（指米夫）在中山大学是广大学生不欢迎的一位校长。这不仅由于他的学识水平不高，很少给学生讲课，而且由于他脱离学生群众，经常板着脸，态度傲慢，只同王明（陈绍禹）等少数学生接近。后来人们说他是王明教条宗派的'保姆'，王明是他的'走卒'。"

为了全面控制中山大学的党政权力，米夫与王明不惜使用各种手段，拉拢亲信，并逐渐形成了一个小宗派团体。当时在苏联学习并熟悉情况的师哲曾对这一小团体的成员进行过分析，指出这些人有三个共同的特点：一是俄文水平高；二是知识面广；三是书本上的马列主义学得好，是表现积极的活动分子。"由于这些因素，他们也很谈得来，愿意在一起。虽然他们没有宣言，没有纲领，但在人们的心目中，他们是一伙。他们表现很'左'，自称为真正的布尔什维克。"[②]

另外，王明等人对于自己"看不惯"的同学则是想方设法地进行打击。他们的这种做法当然只能激起更多同学的抵制和反对。当时，中山大学中江浙一带的中共党员学生较多，而且江浙籍学生中还有几个非常有影响的人物，他们就是俞秀松、董亦湘等人。俞、董都是建党初期的老党员，来中山大学前都从事过党的工作，有一定的实际工作经验。周达文虽是贵州人，但他同俞秀松、董亦湘等人的关系很好。他不仅参加过共产国际执委会扩大会议，而且还收到过斯大林给他的亲笔信，在学生中也很有威望。他们三人在中山大学毕业后，于同年 11 月考入了列宁学院继续深造。虽然他们已不在中山大学学习，但仍时常来中山大学。他们反对王明等人的宗派活动，在学生中亦有较大影响。王明等人对他们是既怕又恨，他们怀疑中山大学的许多学生对自己不满、反对党支部局和小宗派活动就是因为俞秀松等人在"幕后"支持的结果。

左权是一个刚正不阿的共产党员，对王明等人的所作所为也非常不满。他曾多次批评过王明等人，认为不应该在党组织里面搞这种小宗派、小团体。于是，王明等人将左权也视为"反对派"人物，利用各种时机来打击左权。和左权同期的吴亮平也反对王明等人的做法，结果他也未能逃过"劫难"。吴亮平回忆说：王明等人对那些不满他们的卑鄙行为的人，包括左权、陈启科等同志和他本人在内，曾不择手段地加以打击[③]。王明等人当然也明白，打击别人需要"理由"，否则难以服众。恰在这时，左权等人的聚餐和蒋经国的信为其提供了一个借口，于是关于"江浙同乡会"的谣言逐渐散播开来。

把谣言"添油加醋"当成证据，这是古今中外搞诬陷的惯用伎俩。当时，王明宗派团体骨干分子盛忠亮（即盛岳）在后来回忆此事时并不讳言："这个说得煞有介事的同乡会，为陈绍禹及其战友提供了用来反对俞秀松、董亦湘及其追随

① 本文中的江泽民，原名江克明，四川人，是中山大学第二期学生。他曾专门写过一篇文章：《回忆在莫斯科中山大学时期》，见《革命史资料》第 17 辑，文史资料出版社 1987 年版。

② 孙耀文：《风雨五载——莫斯科中山大学始末》，中央编译出版社 1996 年版，第 243 页。

③ 吴亮平：《为真理而斗争的一生》，《回忆张闻天》，湖南人民出版社 1985 年版。

者的有力武器。因为组织这种团体违背了党的组织原则，而无论如何这种据说是有的组织可以被扣上封建性团体的帽子……”④

可以想象得到，当王明等人终于找到了可以用来一下子打击那么多“反对派”人物的借口时，是何等的得意。“江浙同乡会”不仅可以将俞秀松、董亦湘等主要人物“一网打尽”，就连左权、陈启科等人也脱不了干系。但左权是湖南人，并非江浙人，作为“江浙同乡会”的骨干分子似乎有些不妥，于是，他就成了“江浙同乡会”的“卫士”。

“江浙同乡会”被炮制出笼后，应王明等人的要求，中山大学党支部局开始对此事进行调查。不仅如此，王明等人还请来了苏联的“格别乌”⑤人员参加调查工作。这些人来到中山大学后，并没有进行过认真的调查，只根据王明等人的一面之词，偏听偏信，在第一次调查后就认定“江浙同乡会”在中国学生中确实存在，并决定要严加惩办。

实际上，中山大学的大多数学生并不相信存在“江浙同乡会”这样的一个反党组织，尤其是作为贵州人的周达文被说成是这个组织的“首领”，就更加离奇得让人难以理解。那么事件调查的结果究竟是怎样的呢？原本就不存在所谓的“江浙同乡会”，当然查不出什么确凿的证据来。就连直接参与其事的盛忠亮也无可奈何地承认，“只发现了一些微不足道的证据，含糊其事地说明存在这一组织的可能性”，以致连他自己当时都“不相信它正式存在过”，“不过，在权力斗争中，夸大其词的手法可谓屡见不鲜”⑥。这段话不仅道出了王明等人的卑劣手段和险恶用心，也直接向人们揭示了所谓的“江浙同乡会”事件的真相。

王明等人对此并不满足，他们又找到当时在苏联参加中共六大筹备工作的中共临时中央政治局委员向忠发汇报说，有人在中山大学组织了“反革命”的“江浙同乡会”，应当引起中国共产党的高度注意。向忠发是 1927 年 10 月来苏联的，曾参加过苏联十月革命十周年庆祝活动，后又出席了共产国际执委会第九次会议及赤色职工国际第四次代表大会。此后，便留在赤色职工国际工作。

向忠发在听了王明等人的汇报后，不作调查，就来到中山大学，就所谓的“江浙同乡会”事件声色俱厉地指出：“江浙同乡会”是“反党小组织”，这一组织在党内秘密，有中央的组织，亦有各地支部的组织；且与蒋介石有勾结，受蒋介石的经济帮助，还听说与日本领事馆有勾结。他还妄自断言，该组织成员以后的出路不外乎三条：一是公开的反革命，投向蒋介石来屠杀工农；二是走到小资产阶级反动政党（如第三党）里去，反对共产党；三是留在党内捣乱破坏。因此，他认为必须采取坚决镇压措施，消灭这一组织，对组织中的领袖和核心人物予以严厉的制裁，对积极分子要开除党籍或留党察看⑦。他甚至还煞有介事地说，根据已经掌握的证据足

④［美］盛岳：《莫斯科中山大学和中国革命》，奚博铨等译，东方出版社 2004 年版，第 216 页。

⑤ 苏联肃反机关国家政治保卫局的简称。

⑥［美］盛岳：《莫斯科中山大学和中国革命》，奚博铨等译，东方出版社 2004 年版，第 216 页。

⑦ 向忠发：《中国工农代表团来苏联经过报告》1928 年 9 月 14 日。

以对“江浙同乡会”成员进行惩处，如不坦白，就要逮捕、枪毙。这“枪毙”二字说得特别重，近乎叫喊，以致当年的许多学生几十年后仍没有忘记。

自从“江浙同乡会”事件被炮制出笼后，很多同学心中已是不安。向忠发的讲话更是加剧了学生们的这种不安，从而在学生中引起了极大的混乱，人人自危。向忠发的讲话也促使了学校方面采取实际行动。在有“格别乌”人员参加的一次会议上，决定开除12名中国学生的党籍、团籍，逮捕4人，还有一批学生被说成是与此事有牵连。此事一经公布，整个中山大学都炸开了锅，许多同学都提心吊胆，生怕自己被说成与此事有什么瓜葛。特别是江浙籍同学，根本不敢待在一起，就连走路碰面也不敢打招呼。对此，孙冶方曾回忆说：“在捏造的‘江浙同乡会’案件发生以后，中国留学生中气氛十分紧张，甚至可以说是处在一种恐怖的气氛中，即使同住一间房间，互相也很少谈心。例如，当时我和乌兰夫同志等四个人住在一个房间里，除了日常生活上事务性的谈话外，就很少谈政治或学习的问题。那时俞（秀松）、董（亦湘）、周（达文）三人在列宁学院学习。原中大的同学几乎没有人去看他们。”[①]

在米夫的支持下，王明等人不仅借“江浙同乡会”事件在中山大学内到处煽风点火，而且王明还利用中共在莫斯科召开“六大”的机会，将反“江浙同乡会”作为自己的功绩到处宣扬，想以此来扩大在党内的影响。据参加“六大”的张国焘回忆：“中共六次大会开会的时候，向忠发、陈绍禹等，逢人便说：‘中山大学，问题大得很，里面有一个国民党的江浙同乡会的小组织，参加的达一百五十多人’。”[②]

张国焘还回忆说，王明等人认为清除这些“江浙同乡会”分子，是一件重要的事情。向忠发回国时，还郑重其事地要求中共驻共产国际代表团负责人瞿秋白重视这件事。

对此，周恩来也有过回忆。他说：米夫在中共六大期间极力地吹捧向忠发，“利用他放炮，要他反‘江浙同乡会’等。在‘六大’会后，有的代表没有走，还召集了几个报告会，王明还报告了反‘江浙同乡会’的斗争”[③]。

对王明等人炮制的“江浙同乡会”事件，左权和其他一些被诬告或被怀疑与此事有牵连的学生十分愤慨。他们不顾重重压力，理直气壮地向中共中央和刚成立不久的中共驻共产国际代表团提出申诉，要求调查事实真相，澄清是非。左权在申诉信中断然否认有什么所谓的“江浙同乡会”的反党组织。孙冶方、陈启科等其他一些受到诬告陷害的学生也各自写了申诉信。收到这些申诉信后，中共中央指示中共驻共产国际代表团调查解决此事。

于是，瞿秋白立即派邓中夏、余飞前往中山大学调查事实真相。可是，王明等人控制的支部局竟然不予合作，他们反对中共代表团过问中山大学内部的事

① 孙冶方：《对中山大学一段历史的回顾》，载中共江苏省党史资料征集委员会、江苏省档案局编：《江苏革命史料选辑》第8辑，1983年9月。

② 张国焘：《我的回忆》（下），东方出版社2004年版，第81页。

③ 周恩来：《关于党的“六大”的研究》，载《周恩来选集》（上），人民出版社1980年版，第184页。

情，为此，邓中夏和余飞还与他们发生了争执。后来，瞿秋白又亲自到中山大学去调查此事。他召见了十几个受到指控的学生了解情况，这些学生一致否定有所谓的“江浙同乡会”这样一个组织，并说这是王明等人一手策划的阴谋。他们还据实写成书面材料交给瞿秋白。瞿秋白又找了王明等人，要其提供有关“江浙同乡会”的证据材料。王明等人当然拿不出什么证据，也不予合作，但却一口咬定“江浙同乡会”的存在是无可置疑的事实，说不需要再提供证据。这样，王明等人同以瞿秋白为首的中共代表团展开了一场调查和抵制调查的斗争。

中共代表团经过详细调查和认真研究，于 1928 年 8 月中旬写信给联共（布）中央政治局，表达了中共代表团对苏联方面处理“江浙同乡会”的不同意见。同时还给中共中央寄去了关于“江浙同乡会”的调查报告及部分受到诬告的学生就此事所做的书面声明。瞿秋白在调查报告中指出，关于存在“江浙同乡会”的说法证据不足。被认为是“江浙同乡会”成员的人当中，并不都是江浙人，被说成是“会长”的周达文是贵州人。而未被说成是“江浙同乡会”成员的张闻天、沈泽民等江浙籍人也都否定有这样的组织。在一些江浙籍同学中，对某些问题意见一致并不是一种罪过，并不能因此就说是有组织的派别活动。中共代表团所做的结论无疑是客观而公正的。这一点，连王明等人都不得不承认：“事实上，我们无法否认，瞿秋白报告中是有一定道理。”①

在广大同学强烈要求查明事实真相和中共代表团据理力争之下，1928 年秋，由共产国际监察委员会、联共监察委员会和中共驻共产国际代表团三方，共同组成了联合审查委员会来审理“江浙同乡会”事件。

最后的审查结论认为：根本没有“江浙同乡会”组织的存在，“但在有些党员之间有私人感情的结合，这种感情结合发展下去对党内团结是不利的”②。这个结论虽然对俞秀松、董亦湘、孙冶方等人有一定的批评，但终究给他们摘去了“反党组织”的帽子，从而也使因受诬陷而蒙冤的学生们松了一口气。

为了平息这场轩然大波，周恩来曾专程来到中山大学，召开了一次全校师生大会，并正式宣布了审查结论。

既然不存在所谓的“江浙同乡会”，那么左权这个“江浙同乡会”的“卫士”的称号也就不攻自破了。当左权得知审查结论后，显得比较平静，因为他知道自己是清白的。

“江浙同乡会”事件从被炮制出笼到散播，加上苏联“格别乌”的参与和镇压，使其远远超出了中山大学内部中国学生的纠纷范围，不但是中山大学，就连在东方大学、列宁格勒托尔马乔夫军政学院以及伏龙芝军事学院学习的一些中国学生也被卷入了这场风波。虽然最后的审查做出了并不存在“江浙同乡会”的结

---

①［美］盛岳：《莫斯科中山大学和中国革命》，奚博铨等译，东方出版社 2004 年版，第 218 页。

② 孙冶方：《对中山大学一段历史的回顾》，中共江苏省党史资料征集委员会、江苏省档案局编：《江苏革命史料选辑》第 8 辑，1983 年 9 月。

论，但此事严重影响了中国学生的正常学习生活，破坏了同学之间的团结，使一部分同学因此遭受打击和迫害。左权则因这一事件的影响，被认为行为“失检”，以致在苏联的“清党”运动中受到了处分。

1929年底，按照苏联方面的要求，在中山大学及其他院校学习的中国学生，都要接受“清党”审查。几位清党委员并坐在一张桌子后面，被审查的人站在桌前，就像是在法庭受审一样。由清党委员向被审查者提出问题，旁听者也提出问题，然后由清党委员会做结论。“他们既不核对事实，也不进行调查，便根据揭发出的所谓问题，做出结论，开除党籍或予以别的处分。”[①]

当时担任中山大学党支部局委员的杨尚昆在后来回忆这次“清党”运动时说：“（我）担任支部局委员期间，中山大学进行了‘清党’，这是按联共（布）的办法进行的，……清党委员会的3名委员都是苏军参谋部派来的，在他们的主持下，以宗派的标准给每个党员做了政治鉴定。凡是同支部局靠拢的，就是好同志，不靠拢或半靠拢的，就是右倾机会主义分子或右倾调和分子。”[②]

这便是中山大学的“清党”。

显而易见，这种简单粗暴的“清党”方法，又为王明等人提供了再一次打击那些被他们认为是“反对派”人物的机会。他们借着“清党”之机随意给别人扣上“地主”“富农”“阶级异己分子”或“流氓无产阶级”等帽子。左权、俞秀松等人由于当时在别的学校学习，王明等人无法直接对其进行打击，便在莫斯科的中国留学生中间散布有关他们的谣言。不过，这一次他们给左权扣的帽子是“托派分子”，根据是左权曾与托派分子有过来往。

在那种特殊的政治环境下，再加上王明等人从中作梗，左权在“清党”运动中因“行为不检”被指控为“有托派嫌疑”，受到党内劝告的处分。左权后来曾对此事做过这样的说明：“在反江浙同乡会斗争中，把我目为保卫江浙同乡会的一员并加以反对，我是很不满意的。因此有些同志存在某些无原则的成见，更加误会起来，这是事实。也因为遭受反对与成见的存在，那时某些反党分子（后来有是托派，当时没有发现）有些接近来往也是事实。后来我逐渐感到这是不对的，并想过也作过避免与一切人员来往，图置身外事（特别在后一时期）。虽好一些，但也没有完全根绝。在一九二九年莫斯科清党中，我曾坦白地承认过这一切。国际清党委员会指出行为不检，而且给予劝告的处分，我是完全接受了。在这一斗争过程中，我存在某些无原则的成见是不对，我的行动是失检的。这是我的错误。”[③]

这就是左权，一个真正的、襟怀坦白的共产党员！

尽管左权在“清党”运动中承认了自己的错误，也接受了党内处分，但他与王明所结下的“仇怨”并没有到此为止。1930年左权回国后，王明仍旧总是寻

---

① 张崇文：《莫斯科中山大学与“十天大会”》，《中共党史资料》第37辑，中共党史出版社1991年版。

②《杨尚昆回忆录》，中央文献出版社2001年版，第212页。

③ 左权写给中共中央的申诉信，1941年12月29日。

找各种机会对左权进行排挤与打击。

六、伏龙芝军事学院的学生

1927 年 9 月，左权正式进入伏龙芝军事学院学习。按照苏联的规定，凡是进入这所学院学习的人，必须具有较高的军事素质，一般是团职以上的干部。对此，左权亦早有所闻，但他还是想能够直接进入伏龙芝军事学院学习。于是，左权向学校方面提出了申请。学院领导在了解到左权的这一迫切愿望后，根据其出众的才华和担任过基层指挥官的经历，作为特例，批准其进入该校学习。

伏龙芝军事学院，又称陆军大学，创建于 1918 年，原名为工农红军总参谋部军事学院，1921 年改名为工农红军军事学院，1925 年，又改名为伏龙芝军事学院，主要培养中高级军事干部。

为帮助中国革命培养高素质的军事人才，从 1925 年起，伏龙芝军事学院专门为中国留苏学习军事的学生预留了名额。当时程潜、林伯渠的国民革命军第六军争取到了四个名额。程潜、林伯渠便打算将左权、陈启科、李拔夫、萧赞育四人保送到该院学习。但该校有个规定，授课时不用翻译。因此，进伏龙芝军事学院前必须先学会俄文。这样，他们就临时决定将左权等人先保送到莫斯科中山大学学习。

1927 年 9 月，左权进入伏龙芝军事学院学习，图为该校旧址

1926 年秋，当左权与陈启科等人提出要转入伏龙芝军事学院学习时，原先的四个名额已被蒋介石派来的贺衷寒、杜从戎、王懋功、周明[①]占去了，当时这四人都是团职以上干部。在这种情况下，左权与陈启科、萧赞育三人便留在中山大学继续学习，而李拔夫则自愿进入基辅军官学校学习。萧赞育后因秘密从事反共活动，被遣送回国。到了 1927 年 9 月，与左权一起进入伏龙芝军事学院学习的还有陈启科、屈武、黄涤洪等人。

此时，该院的组织结构刚刚调整，分为基本系、东方系、供应系和工农红军高级指挥人员进修班。伏龙芝军事学院开设的课程主要有：战略思想、战术教程、第一次世界大战史、俄国内战史、军事地理、马列主义理论和俄语等。课程通常由工农红军参谋部和政治部、各特种兵司令部的司令员和部门首长负责讲授。伏龙芝军事学院非常注重培养学生的自学精神和单独解决问题的能力，在课程的安排上也体现出了由易到难、由浅入深的教学规律。学院规定的上课与自学的时间比例为：一年级是 1∶1；二年级是 1∶1.5；三年级是 1∶2。

按照伏龙芝军事学院教学大纲的规定，左权等人在一年级主要学习各种战术，完成团职军官所需要的军事知识；二年级学习合同战术，完成师职军官所需要的军事知识；三年级学习的是有关战略的各门课程，完成军职军官所需要的军事知识。学院教员的教学水平比较高，教学态度也是相当认真的。在这种严谨的治学环境的熏陶下，左权更加善于独立思考和解决问题，从而也逐渐培养出了其遇事沉着、刚毅果断的性格。

当时，伏龙芝军事学院正在进行教学方法上的改革，广泛推行实验讲授法。教员不但要给学生指明一个月内要学习的功课内容，还要为学生规定出每一科目需要学习的课目及每一课目的学习时数，指出哪些问题需要自己独立研究解决，哪些问题可以在课堂上与教员共同讨论，并明确了解决这些问题的方法及完成期限。在接受新的学习任务后，左权便利用大量的自学时间到图书馆翻阅书籍，查找资料，一边研究问题，一边做好读书笔记，并在规定的期限内将笔记交到教员那里，向教员汇报自己的学习情况。为全面了解学生们独立学习的能力，检查学生们功课进展情况，教员还经常举行课堂讨论、学术会议以及实践作业。每当这时候，左权总是积极参加，踊跃发言，大胆阐述自己的观点。左权认为，作为一名学生，在学习上不可能对什么问题的看法都是正确的，总有出错的时候。但错误并不可怕，关键在于自己要从错误中悟出点东西，汲取教训，以免再犯同样的错误，只有这样，学习才能不断取得进步。

左权学习非常认真、刻苦。无论是课堂学习、图上作业，还是野外演习，他都专心致志，一丝不苟。一次，左权和同学们到野外一个少数民族地区进行实地课目训练，由于不知道所在地区村庄的名字，一位学员便去向附近的村民打听。谁知村民没有听懂学员问得是什么意思，便耸了耸肩膀说："不懂得。"当大家来

① 1927 年中国大革命失败后，此四人于同年 10 月离开伏龙芝军事学院回国。

到另一个村庄的时候，那位学员又去打听村庄的名字，结果得到的回答仍是“不懂得”。那位学员也不仔细询问，便自作聪明地加上自己的理解，把大的村庄称为“大不懂得”，把小的村庄称为“小不懂得”。于是在他的作战文书上便出现了“××× 部队在‘大不懂得’与‘小不懂得’之间展开”的字样，同学们都传为笑谈。左权从这个笑话中体会到，在学习、训练中保持严谨作风的重要性，否则到了真刀真枪的战场上，粗枝大叶、马马虎虎终究是要出问题的。

由于学习军事是左权的兴趣与志向所在，加上其自身不断地刻苦努力，左权在伏龙芝军事学院的学习成绩颇为优异，尤其是野外战术作业，更加出色。左权的刻苦学习精神及其优异的学习成绩，经常得到学院教员和同学们的称赞。不论是在中山大学，还是在伏龙芝军事学院，左权在学习上的表现始终很出色。1942 年 7 月，在事隔十五六年之后，曾经与其一起学习过的邓小平和刘伯承仍然记忆犹新。他们在一篇纪念文章中这样写道：“左权同志，在苏联中山大学与小平同学，毕业后到陆军大学[①]与伯承同学。”“在中大、陆大时期，他就表现为始终是一个最进步、最诚朴、最本色的同学之一。记得他在学习中，凡教员指定的参考书籍，必一一阅读，并以红蓝铅笔标出要点。所以在军事、政治考试中，常能旁征博引，阐其旨趣。”[②]

在伏龙芝军事学院，左权系统地学习了许多近代和现代的军事家的著作，学习了苏联红军的各种条令、司令部的组织指挥、军区和野战部队的建设以及正规战、游击战的战略与战术。在学习中，左权相当注意学习方法，不是死记硬背书本上的那些条条框框，而是善于从研究战争的历史着手，从中来理解战争的本质，悟出有关战争的规律、作战的原理和原则。从战争史中学习战争，正是左权在伏龙芝军事学院学习的可贵之处。

在伏龙芝军事学院学习期间，左权对 19 世纪普鲁士王国的军事理论家克劳塞维茨所写的《战争论》一书，极为推崇。他在读这本书时，便是根据克劳塞维茨在书中所揭示的方法，从研究战争史入手，用历史的事实来证明理论的正确性，使理论观念与战争实际相结合，使自己从中获得了不少的经验和教训。左权不仅在伏龙芝军事学院喜欢研读《战争论》这本书，即便是回到国内，在戎马倥偬的军事生涯中，仍然把这本书带在身边，一有空就拿出来看看。耿飚还从左权的手中借过此书看。他在回忆左权时专门提到此事：“在江西中央革命根据地的时候，我从他手里借过克劳塞维茨、伏龙芝的军事著作，是他自己翻译的手抄本。”[③]

1928 年秋，伏龙芝军事学院来了一位赫赫有名的战将，但他是作为一名普通的中国学生来此学习的，此人便是刘伯承。刘伯承是于 1927 年南昌起义失利后，奉中共中央的指示前往苏联来学习的。他先是在莫斯科高级步兵学校学习。

---

① 即伏龙芝军事学院。

② 刘伯承、邓小平：《纪念我们的战友左权同志》，《怀念左权同志》，湖南人民出版社 1981 年版。

③ 耿飚：《光照日月　浩气长存》，《人民日报》1982 年 5 月 25 日。

一年之中，刘伯承通过个人的努力，以优异成绩完成了高级步兵学校的全部学业，于是，他也来到了这所院校学习。

刘伯承来到伏龙芝军事学院时，左权在这里学习已经有一年的时间了。此时，在伏龙芝军事学院学习的共有六名中国学员，他们是：左权、陈启科、屈武、黄涤洪、刘云、刘伯承。学校方面专门为他们六人编了一个班。这个班中，左权的年龄最小，23 岁刚出头，与其他人相比，还只不过是个“毛头小伙子”，所以大家都喜欢跟他开玩笑。班里年龄最大的是刘伯承，当时他已 36 岁了。然而这一小、一大却在以后共同的学习、生活中结下了深厚的同窗情谊，成了好伙伴；回国后，他们又一起在苏区、在华北的敌后战场上长期合作，成为亲密的战友。

左权虽然早就知道刘伯承是南昌起义时的参谋长，是我军一位著名的高级将领，但在此之前，却一直未见过面。当刘伯承来到伏龙芝军事学院时，左权见到的是一位身着苏联将军服的“同学”。与“将军”同在一个班学习，无论是从年龄还是从级别上说，左权似乎没有这样的心理准备，感觉两人之间的差距太大了，一开始他与刘伯承的交往总显得有些拘谨。但是时间一长，左权发现，刘伯承根本没有一点官架子。相反，左权觉得刘伯承就像和蔼可亲的老大哥一样，在生活中，他平易近人，总是关心着比他小的同学；在学习中，他也是以身作则，刻苦钻研，从来不搞特殊化。所以，左权非常钦佩、尊敬刘伯承。对于刘伯承而言，左权虽然比自己小十多岁，但他为人忠厚，待人诚恳、热情，因此，他也很快就喜欢上了这位年轻而富有朝气的小伙子。在志同道合的基础上，左权与刘伯承结成了一对挚友。他们经常一起学习俄文，学习军事，又一起利用早晨或傍晚的休息时间温习功课。在伏龙芝军事学院，同学们都说左权与刘伯承是互帮互学、取长补短的好榜样。

与刘伯承相比，左权来苏联的时间稍微长一些，特别是经过中山大学一年半的刻苦努力，已经打下了比较扎实的俄文功底，可以说在语言方面基本上没有什么障碍了。但是左权也清楚地知道，在军事方面，无论是军事理论还是军事实践，都没法同刘伯承相比。因此，左权经常向刘伯承请教有关军事方面的问题。刘伯承也非常愿意与左权探讨一些学习上的疑难问题，交流心得体会。特别是在俄语学习上，刘伯承一直把左权当成“老师”。左权和刘伯承这种互相学习、取长补短的做法，还一直带到了抗日战争的华北敌后战场上。两人利用作战的间隙，共同翻译了一些苏联的军事著作。其中《苏联工农红军的步兵战斗条令》（第一部战士、班、排的动作）作为部队教材，被一版再版。八路军朱德总司令、彭德怀副总司令还专门为此发布命令，要求全军上下加强学习和研究。

在伏龙芝军事学院学习期间，左权钻研过《战争哲学》《当代集团军战役特点》《现代战术》《战略》《各兵种战术和合同战术》《军事心理学》《军事学术》等军事学理论著作，阅读过一些著名军事家如拿破仑、苏沃洛夫等人的事迹和论著。通过在伏龙芝军事学院的学习，左权在政治上、军事上大大地开阔了眼界，其理论水平和军事素养也得到了明显地提高，为其以后回国参加革命斗争奠定了坚实的基础。

紧张的学习之余，左权有时也会和刘伯承、陈启科等同学在星期日休息时一起到莫斯科郊外的一家中国饭店里吃顿饭。一方面是为了放松一下，另一方面也是通过品尝久违了的祖国菜肴的特别风味，借以寄托怀念故土之情。说来也巧，当时已转入莫斯科步兵学校学习的伍修权等同学有时也来这里吃饭，左权、刘伯承等人还与他们碰过几次面。大家聚在一起，自然又别有一番热闹。

1929 年春，左权和同学们在战术教员的带领下，到高加索等地进行野外战术作业。在这次野外战术作业中，左权的军事素质得到了充分的体现。他出色的表现深为教员和其他同学所折服。战术教员对左权大加赞扬，并在以后的战术作业中时常让左权出来进行示范。对此，刘伯承曾有过这样的回忆："我们在高加索战术作业时，战术指导员很器重其谨厚，常称扬于同学中。"①

这次野外战术作业共进行了二十多天，左权将自己所学的知识，灵活地运用于实践当中，既检验了自己所学的知识，又进一步加深了对理论与实践相结合重要性的认识，收到了良好的效果。

在左权和同学们进行野外战术作业的这段时间里，驻共产国际的中共代表团向伏龙芝军事学院转来了不少中共中央的文件、简报，还有中央或红军中一些主要领导人所写的著作。根据斯大林的指示，凡是由中国转来的此类重要材料，在伏龙芝军事学院学习的中国学生都要组织学习、讨论，以此来激励这些中国学生勿忘祖国和献身中国革命斗争的坚强意志。所以，当左权等同学从外地回到莫斯科后，便开始学习、讨论这些材料。

一天上午，左权所在的中国班开会，讨论毛泽东所写的《中国的红色政权为什么能够存在？》和《井冈山的斗争》这两篇文章。会议由班长刘云主持。他是一位沉着而又干练的青年，首先向大家说明了讨论的主题，然后让大家先思考一下再作发言。过了一会儿，刘云点名让左权先发言，因为左权发言向来都是很积极的。于是，左权结合家乡的情况，谈了自己的看法。

左权说，他的家乡在湖南醴陵乡村，当地的地主对贫苦农民的压迫剥削十分残酷。其祖父和父亲都是佃农，生活极度贫困。在贫病交加中，年仅三十多岁的父亲就去世了。第二年，祖父也去世了。然而，地主阶级对贫苦的农民阶级压迫愈强，农民阶级的反抗就愈烈。在中国共产党的组织和发动下，家乡的农民协会很普遍，规模也很大，同地主阶级展开了针锋相对的斗争，要求减租减息、分粮分田，要求一切权力归农会。由于红色政权代表着贫苦农民的根本利益，因而得到了贫苦农民的真正拥护。中国的广大农村，便是红色政权能够存在的土壤。

接着屈武、刘伯承等人相继发言。他们也都结合各自家乡的实际情况，谈了中国红色政权能够扎根农村的原因。

---

① 刘伯承、邓小平：《纪念我们的战友左权同志》，《怀念左权同志》，湖南人民出版社 1981 年版。

在别人发言后，左权又接着说，中国的革命情形与苏联不同，一定要依靠农民、武装农民，抓住枪杆子。否则，中国革命是不会成功的。井冈山的红色政权之所以能够存在，除了其他原因外，就是有相当力量的正规红军的存在，这是一个必要的条件。为此，中国共产党还需要培养更多的军事人才。

最后，大家谈到了国内革命斗争的艰巨性：红军目前的处境十分困难，一面要打仗，一面又要筹款，每天除了粮食外，连五分钱的伙食费都很缺乏；伤病员很多，营养严重不足。议到此处，大家一致表示，想立即回国，上井冈山同毛泽东、朱德同志一起战斗。左权还特别指出，回国后，要实干，不怕死。

几位身在海外的有志青年，此时已经做好了回国参加革命斗争的准备，随时等待着祖国的召唤。

根据伏龙芝军事学院的安排，左权等中国班的六名学生将于 1930 年 6 月毕业。日日夜夜盼望回国参加革命斗争的那一天就要到了。与此同时，左权也更加感到了时间的宝贵。他抓紧时间开始着手整理自己在莫斯科学习期间所做的读书笔记以及收集的学习资料。因为左权心里很清楚，千里迢迢来莫斯科学习，一旦将来回到国内参加革命斗争，这些东西都可能用得上。

后来，左权等人终于接到了回国的命令。于是，左权便与刘伯承、陈启科、刘云等人坐上开往符拉迪沃斯托克的列车，踏上了回国之路。

学成归国，献身革命，左权的愿望终于要实现了。他格外的激动。

莫斯科四年多的学习生活，对左权的一生起着非常重要的作用。在这四年之中，左权通过刻苦学习，不仅攻克了俄文的语言关，而且掌握了丰富的军事理论知识，为其回国后在革命战争中充分展示自己的军事才华、逐步走上我军高级指挥员的领导岗位，奠定了良好的基础。

第五章　到中央苏区

一、奉命回国

1930 年 6 月，左权、刘伯承一行乘火车穿过西伯利亚，到达苏联远东边陲——符拉迪沃斯托克不远的乌苏里斯克（双城子），然后到达绥芬河中苏边界。那里有一个秘密交通站。左权等人在交通站稍事休息后，在一个苏联人的带领下进入中国东北地区。

一进入东北境内，是另一个世界。这里除张学良的东北军和警察外，到处可见日本人的宪兵、特务。早在清朝末年，日本通过 1904 年至 1905 年在中国东北进行的日俄战争等侵略扩张活动，把中国东北的南部地区强行划为自己的势力范围。俄国十月革命后，日本又加紧了对中国东北北部地区的渗透，企图占领全东北。1927 年 6 月 27 日到 7 月 7 日，日本政府召开东方会议，制定《对华政策纲要》。会后，日本首相田中义一根据会议精神起草了一份奏折呈送天皇（即“田中奏折”）。东方会议和“田中奏折”，确立了日本先独占中国东北、蒙古进而侵占全中国的扩张政策。此后，日本在中国东北设立殖民机构，如“关东都督府”、“南满洲铁道株式会社（简称满铁）”、“驻奉天总领事馆”等，成立关东军，对东北进行全面的政治、军事控制和经济掠夺。

左权等人进入国内时，都化了妆，并分散行动，分别乘上了由绥芬河西去的列车。一路上，不时可见日本的护路警察和暗探在游荡。看到日本人在中国领土上横行霸道，胡作非为，左权心中充满了怒火。

一天，左权按照约定的时间和地点，来到一个火车站，准备和刘伯承会合，突然发现刘伯承被一个日本密探跟踪。刘伯承为不连累左权，故意视左权为路人，不与之交谈。左权见此情景，心中暗暗着急，向刘伯承使了个眼色，径直向日本密探走去。来到日本密探面前，左权突然用肩膀猛地向这家伙撞去，差点将其撞倒在地，随后左权拔腿便跑。日本密探愣了一下，丢下刘伯承，向左权追去。左权在车站外的小巷里左拐右拐，很快不见了踪影。愚蠢的日本密探站在巷子口发了一阵呆，才回过神来，发现上了当，只好回过头再找刘伯承，但此时刘伯承也不知去向，日本密探只好怏怏离去。左权、刘伯承会合后，随即迅速一起登上南去的列车，离开了这个危险的地方。

后来，刘伯承回忆起这段经历时，对左权进行了热情的评价。他说："左权同志对同志也总是诚诚恳恳，更多关心同志，更少关心自己。如一九三〇年我们一道从苏联回国到了东北时，在特务警探的追寻下，他时时刻刻关心着别的同志的安危。"①

左权、刘伯承脱险后，在哈尔滨停留了数日，再转乘中东铁路和南满铁路的火车到了大连。刘云、陈启科、黄涤洪等随后也赶到。他们会合后，一起由大连坐船南下。经过几天的海上旅行生活，他们来到了当时的中共中央所在地——上海。

到达上海后，左权、刘伯承等人分头行动，寻找中共中央。左权按规定的联系方式很快与中共中央的联络员曹蕴玉接上了头，随后被安顿在一个名叫新民的小旅馆里。

1930 年，左权留苏回国后在上海留影

没过几天，在军委机关工作的傅钟和左权见了面。傅钟是左权在莫斯科中山大学第一期第七班的同学，于 1929 年回到国内，当时在上海担任中央军委委员，参与处理军委机关的日常工作，并具体负责军事干部的安排。老同学相见，格外高兴。傅钟向左权介绍了上海的情况，交代了外出时的安全注意事项。

左权等人回国前后，国内形势发生了有利于红军和革命战争的变化。国民党统治集团内部矛盾进一步激化，新军阀之间混战连续不断，规模越来越大，特别是当年 5 月蒋介石与阎锡山、冯玉祥、李宗仁等新军阀之间爆发了中原大战和湘粤桂边战争，引起了广大人民群众对国民党反动统治的强烈不满，同时也消耗和牵制了国民党军进攻红军的力量，客观上为共产党领导的土地革命战争和红军的发展提供了有利条件。经过近 3 年艰苦卓绝的游击战争，到 1930 年春，中国共产党领导的工农红军已经发展到 13 个军，创建了遍及南方 11 个省的 10 多块农村革命根据地。中国工农红军已经完成了创建时期的历史任务，实现了土地革命战争初期的战略展开，其发展进入一个新的阶段。

中共中央的一些领导人，看到形势发生一些有利于革命的变化，又受到共产国际的"左"倾指导思想的影响，头脑开始发热，他们无视国内国际革命力量仍然相对弱小的基本状况，片面夸大形势对革命有利的一面，逐渐形成以中共中央政治局常委、秘书长兼宣传部长李立三为代表的"左"倾冒险错误。

当时，李立三认为革命形势已在全国成熟。在李立三主持下，1930 年 6 月

① 刘伯承：《纪念左权同志》，《人民日报》1950 年 10 月 20 日。

11 日，中共中央政治局通过了《目前政治任务的决议》(即《新的革命高潮与一省或几省的首先胜利》)。决议认为统治阶级继续削弱崩溃，群众斗争日益逼近革命高潮，“有极大的可能转变成为全国革命的胜利与军阀统治的死亡”。“总的形势，都表明中国新的革命高潮已经逼近到我们面前了。”决议提出：“在新的革命高潮日益接近的形势下，准备一省或几省首先胜利，建立全国革命政权，成为党目前战略的总方针。”要求各地组织总暴动，要求红军“坚决进攻打击敌人的主力，向着主要城市与交通道路发展”，以便会师武汉，饮马长江，实现以武汉为中心的几省首先胜利。左权等人到达上海时，李立三推行的“左”倾冒险错误在党内正发展到顶峰。

左权与中央接上关系不久，李立三在秘密的中共中央机关接见了他。俩人会面后，因是醴陵同乡，乡音相同，显得分外亲切。左权向李立三汇报了自己在苏联的学习情况。李立三听取了左权的汇报后，向左权介绍了国内的革命形势，并大谈新的革命高潮的到来，以及在“各个中心城市举行总起义”和红军“会师武汉，饮马长江”的设想，要求左权等从苏联回国的同志，尽快熟悉国内情况，并嘱咐他安心等待组织分配工作。

李立三的一席话，很有鼓动性，听得左权热血澎湃，心中不由得升起了一股渴望战斗的激情，当即要求到苏区去，到红军中去，为人民杀敌立功。

在等待组织分配工作期间，左权偶尔上街买些生活必需品和报纸，大部分时间是待在住处读书、看报或休息。

一天，左权正在住处休息，突然来了一个戴着墨镜的人。那人摘下墨镜后，左权一眼认出是自己的老同学陈赓。

自从左权离开黄埔军校出国后，俩人已几年没有见面，现在在这种特殊的环境下相见，他们都十分高兴。左权上前紧紧地握着陈赓的手，正要与其叙旧。陈赓却说：“我不能在这里停留。我来是要告诉你一件紧急的事，黄涤洪叛变了，这里不能待了，你赶快换一个住处，一定要小心。”说完迅速离去。

黄涤洪是湖南平江人，与左权、陈赓是湖南讲武堂和黄埔军校的同期同学。在苏联伏龙芝军事学院留学时，又和左权编为一个班，这次又一起毕业回国。到上海不久，黄涤洪禁不住上海滩花花世界的诱惑，放弃了革命信念，投书蒋介石，背叛了组织。在上海期间，黄涤洪曾直接与中央领导联系过，也知道刘伯承、左权等人的行踪。他的叛变对中央和刘伯承、左权等人构成了极大的威胁。当时，陈赓在中央特科二科负责情报工作，他通过内线得知这一情况后，立即通知了中央和左权等回国的同志。

左权听到黄涤洪叛变的消息十分气愤，迅速收拾行李，转移到了另外一个地方。就在他刚刚离开后，来捉他的国民党特务就到了，结果扑了个空。其他同志得到通知后，也分别转移了住处。不久，中共中央和中央军委研究了左权、刘伯承、陈启科、刘云四位军事干部的工作分配问题。最后中央决定派左权到闽西苏区担任中国红军军官学校第一分校教育长，刘伯承留在上海担任军委委员和聂荣臻、傅钟、曾钟圣等参与军委机关的日常工作，陈启科被派往去重庆，刘云去武汉从事地下工作。然而，陈启科、刘云到目的地后，没有躲过国民党特务的追捕，不久先后被捕牺牲。

左权等回国时，赣南闽西和湘鄂赣苏区的红军已建立起红一、红三军团等正规兵团。由于红军的发展和战争规模不断扩大，对军事指挥和政治工作人才的需求不断增加，过去游击战争中简单的教导队和随营学校已不能满足新形势下干部培养、训练的需要，中央军委要求各战略区建立正规的红军学校。

早在1930年1月上旬，中共闽西特委决定在红四军随营学校的基础上筹办红军学校，校址就设在龙岩城内的莲台山下，原为龙岩省立第九中学校址，由朱德、毛泽东亲任校长和政治委员。不久，中共福建省委将闽西红军学校改名为福建红军学校。3月初，中共福建省委给中央写信，汇报了该校情况，建议改由中央负责办理，同时为扩大学校规模，请求中央派军事政治教育人员来学校工作。4月10日，中央在给福建省委军委的指示信中，肯定了创办红军学校是“非常有意义的”，要求对各地已开办的红军学校实行相对统一的管理，统一名称，统一教育计划和教育内容，扩大办学规模。同时，决定将闽西红军学校改为中国红军军官学校第一分校，直属中央军委领导。5月，闽西红军学校正式更名为中国红军军官学校第一分校，预定8月1日正式开学。

初创时期的红军学校，军政教官极为缺乏。左权的回国提供了恰当的人选。考虑到左权在黄埔军校和苏联受过系统的军校教育，中央希望左权的到来能够加强红军学校的领导和教学力量。

左权在苏联留学时，就渴望回国后能投身到国内革命战争的中心区域——中央革命根据地，驰骋疆场，杀敌立功。现在，愿望得以实现，左权抑制不住内心的兴奋，恨不得即刻奔赴前线。

临行前，李立三再次约见了左权，对其工作做了交代并提出了一些要求，最后问左权还有什么事需要办的。左权坦诚地告诉李立三，如果李立三有机会去长沙，请代为看望读书时曾在经济上支持过自己的堂兄左仲文。另外，左权这次从苏联带回来两箱书，多为俄文革命书籍，考虑到今后在苏区工作，流动性大，携带不便，便托李立三帮助寄到湖南老家。

李立三当即答应，让左权留下详细地址，并交代身边工作人员将书寄出。

离开上海前，左权给在湖南老家的大哥左毓麟写了封信，信中写道：“我虽回国，却恐十年不能还家，老母赡养，托于长兄，我将全力贡献革命。”

二、在闽西苏区

1930年夏，左权在中共中央特科交通局的安排下，先坐轮船到香港，再由中共闽西特委领导的大埔交通站同志护送，乘小汽船到汕头、潮州，后到大埔城。来到大埔城靠河边的埔北路口，在交通员开的一家小饭店吃了些饭，稍作休息，然后又坐上小船，走了 15 公里的水路，到达闽粤交界处的青溪。接着上岸走陆路，在六七位武装交通员护送下，越过国民党军队和民团的封锁线，在黑夜中沿着山间羊肠小道，又走了近 20 公里，终于进入向往已久的红色区域，来到了闽西苏维埃政府所在地龙岩。

左权进入闽西苏区的这条秘密路线是 1928 年建立起来的，1930 年后归中央特科交通局直接领导。中央负责人大部分是经过这条交通线，被护送到中央苏区的。中央苏区从上海、香港购买的药品、无线电器材等物资，也都是经过这条路线运送到苏区的。

早在大革命时期，中国共产党就在闽西地区建立了自己的组织，开展了一些工作，打下了较好的群众基础。大革命失败以后，共产党人邓子恢、张鼎丞、郭滴人等遵照党的八七会议精神，领导了著名的闽西暴动。1929 年 1 月，毛泽东、朱德率领红四军主力离开井冈山向赣南出击，建立了赣南根据地，随后红四军又挺进闽西地区，极大地推动了闽西土地革命战争的发展，创建了闽西革命根据地。在红色区域不断巩固和扩大的形势下，1930 年 3 月 18 日，在龙岩召开了第一次工农兵代表大会，成立了以邓子恢为主席的工农民主政府。到 1930 年 6 月，闽西苏区进入一个蓬勃发展时期。当时闽西苏区的范围“包括龙岩、永定、上杭、长汀及平和、武平、连城之一部分，龙岩、永定的县城都在苏维埃的统治之下”[①]建立有 5 个县苏维埃政府，57 个区苏维埃政府，5 个区革委会，557 个乡苏维埃政府（武平、漳平县未统计在内）；赤色区域人口约 85 万，占闽西各县总人口的一半以上。

闽西苏区党和政府在发展群众武装的基础上，积极建立主力红军，以上杭、长汀、武平、龙岩、永定等县的赤卫队为基础，成立中国工农红军第九军（不久，根据中央指示改称中国工农红军第十二军）。1930 年 6 月，朱德、毛泽东领导的红四军从江西的寻乌来到闽西，在汀州与闽西、赣南地区的红军主力会合，在汀州，以红四军为基础，闽西、赣南地区的红军主力整编为中国工农红军第一军团。红十二军划归红一军团建制。

正当闽西苏区蓬勃发展的时候，李立三“左”倾冒险错误在闽西开始推行。1930 年 6 月，《新的革命高潮与一省或几省的首先胜利》的决议案由交通员和中央巡视员传达到了福建。中共福建省委接到这一决议后，表示完全同意中央对形势的估计。

红一军团总指挥朱德、政治委员毛泽东虽然不同意中央对形势的分析，但不得不执行中共中央和中央军委“取南昌，攻九江，夺取整个江西”的指示，于 6 月 22 日，在汀州发出《由闽西出发向广昌集中的命令》，红一军团开始北进。8 月 1 日，红十二军在代军长罗炳辉率领下，进至南昌对岸的牛行车站，隔江向南昌鸣枪，以纪念南昌起义三周年，并没有进攻南昌和九江。红四军第四纵队留在闽西，与红十二军第一纵队合编为闽西红军第二十一军。不久，闽西地方党组织

①《中共闽西第二次苏维埃代表大会情况及各项文件》1930 年 7 月 8—20 日。

又将赤卫队、游击队编为五个纵队，组建了红军第二十军。

1930年7月，刚刚组建的红二十一军根据中共中央关于“以广州为中心，促成闽粤桂三省总暴动”的指示向广东出击。当时，广东军阀在潮州、梅州一带驻有两个师的兵力，东江一带还有较强的地主豪绅武装。而红二十一军既没有进行战前准备，也没有摸清敌情，盲目与优势敌军正面作战。结果红二十一军两次出击东江都遭到了失败。

总之，当时李立三“左”倾冒险错误在中共中央取得了统治地位，红军对敌人的大规模进攻即将开始。左权就是在这种形势下进入闽西苏区并赴中国红军军官学校第一分校就职的。

中国红军军官学校第一分校成立后，校长原定由中央派长江局军委书记蔡申熙担任，后蔡未到任，改由黄埔军校第一期第二队毕业的贺声洋（即贺沈洋）担任，政治委员最初由闽西特委委员刘瑞生兼任，不久由邓子恢接任。学员由东南各地选派，主要为红军中的连排级干部及地方赤卫队队长等，学习内容主要有政治、军事常识，基本战术和步伐操练。

左权到龙岩后，立即就任中国红军军官学校第一分校教育长职务，在学校负责教务工作，并担任了军事课程的教学任务。左权热情地为学员讲解军事知识，介绍苏联革命。左权讲的这些内容对学员们来说都十分新奇，受到了他们的热烈欢迎。

由于当时中国红军军官学校第一分校教官、教材都十分缺乏，学校开办之初十分困难，原定录取1000名学员，实际只有300名，与中央的设想相去甚远。在这种情况下，左权仍毫不灰心，想方设法解决教学中遇到的各种难题。他十分注意调动学校教官的工作积极性，还常与其他教官一起切磋教学经验，丝毫没有一个刚刚“留洋”归来的高才生所通常有的“架子”。他急中央所急，恨不得一下子把自己的所学传授给学员，以尽快培养出党所需要的大批军事人才。

不过，左权在红军军官学校第一分校工作了一个月左右，便离开龙岩，被组

红军军官学校第一分校旧址

织派到闽西根据地进行调查研究，并主持对地方红军的整编工作。

这一时期，由于闽西红军两次出击东江的失败，部队大量减员，力量严重削弱，士气不振，根据地群众情绪低落；四周国民党军加紧进攻，散存在各地的反动民团和地主豪绅趁机造谣破坏，富农与商业资产阶级开始动摇倒向反革命，加之 7 月间闽西地区遭受空前水灾，闽西苏区存在着较严重的危机。

通过调查研究，左权感到闽西苏区的情况和中央所了解的情况相差很大。10 月，左权在黄冈见到了红二十一军军委代表陈正。左权要求陈正将闽西苏区的情况如实向中央军事部南方办事处汇报，并向中央请示关于红二十、红二十一军整编问题。10 月 23 日，按照左权嘱咐，陈正将闽西红二十、红二十一军合编后的情况向中央军事部南方办事处作了报告。在报告中陈正说："我碰（到）了左同志，对他说了闽西的情形，他要我问你们实在情形是怎么编的，计划是否照原定的，如何编法请速告也。"不久，中央答复左权，要其将红二十、红二十一、红十一军三个军合编为红十一军第二师。

10 月 1 日，中央派往闽西苏区的特派员施简到达龙岩。在施简的指导下，11 月 7 日，召开闽西总行委、红二十一军军委和红军军官学校第一分校校委联席会议。在这次会议上，施简传达了中央的指示，提出要转变闽西的斗争策略，向闽南发展，夺取漳州，但总的路线仍是向东江发展。

联席会议决定以闽西红二十军 5 个纵队为基础，与红二十一军合并，番号为红军第十二军。全军辖 3 个团，第一、第二团共 2600 余人，枪 1100 枝；第三团在长汀集中，人枪 500 余。联席会议还决定，由左权任军长，因左权不在龙岩，在左权到任之前军长由贺声洋代理，施简任政治委员，宋铁英任参谋长，李力一任政治部主任。为区别已经并入红一军团序列的原闽西的第十二军，后来习惯将合编后的红十二军称"新红十二军"。会议同时命令新十二军迅速在岩城集中，进行训练，准备于 11 月 30 日出击漳州。

联席会议后，为使左权等人尽快上任，施简向中央请示："请中央督促左权同志速来并派一军参谋长，政治部主任及其他军事政治人才一批，十一月三十日以前赶到，望中央特别注意此事。"

新十二军成立之初，实力较弱。为充实红十二军，加强部队的骨干力量，红军学校 200 多名学员提前毕业，派到新十二军担任连排级于部。

经过短期的军事训练和政治动员，为执行 11 月 7 日闽西联席会议确定的"向闽南发展夺取漳州"的战略方针，改编后的新十二军主力经永定向漳州进发。部队在平和县大芦溪击败国民党驻漳州新编独立第一师张贞部杨育庭营，缴枪 80 余枝，子弹 2 万余发，俘虏 100 余人。张贞调集兵力增援，粤军第六十二师香翰屏部也增兵大埔。此时，闽西红军本应乘胜向漳州推进，但为执行向东江发展的战略方针，新十二军主力奉命在平和折回，改向龙潭、苦竹进攻，遭到敌人阻击，部队受挫，1000 多人的部队，有 800 多人离开了队伍，仅剩 600 多人，闽西红军第三次出击东江又遭到失败。

鉴于军事上的失利，新十二军首长及时总结教训，决定改变作战方针，率部返回闽西苏区，向敌人力量薄弱的长汀一带行动，会合留在长汀的新红十二军第三团及地方武装，进攻长汀。长汀守敌闻讯弃城而去。11 月 21 日，新十二军在长汀赤卫队配合下收复长汀。

新十二军在长汀休整一星期后，主动撤出该城，于 12 月 2 日转道攻占连城。

11 月下旬，中共中央派新增选的中央委员邓发到闽西，传达中共六届三中全会关于纠正李立三“左”倾冒险错误的决定。中共闽西特委在龙岩召开闽西党代表会议，讨论了当前的政治形势，决定撤销“闽西总行动委员会”，恢复各级党、团、工会的组织和日常活动。

12 月 14 日，在龙岩的列宁公园举行了闽西工农革命委员会成立大会。到会群众有两万余人。大会选举施简、张鼎丞、李中佛、贺声洋、高静山、左权、卢其中七人为闽西工农革命委员会常委，施简为主席。闽西工农革命委员会下设党务、军事、政务三部，在常委指导下工作。会议当场通过决定，动员全闽西一百万赤色群众，配合新红十二军巩固闽西苏区，同时“向外发展，帮助反动统治下的工农贫苦群众斗争，以争取全省、全国革命的胜利”[①]。大会结束后进行了隆重的阅兵式。

这期间，蒋介石调集七个师共十万兵力向中央苏区发动了第一次“围剿”。根据蒋介石的命令，12 月，蒋介石在南昌召集的党政军高级官员会议上，命令张贞师改为国民革命军陆军第四十九师，“出发闽西进攻红军及苏维埃区域”[②]。

此时的闽西苏区已成为中央苏区第一次反“围剿”作战的东线战场。“围剿”闽西苏区的国民党军主力张贞的第四十九师，以龙岩为主要攻击目标，在吉安、泰合、赣东以东，永丰、乐安、南丰以南，对中央苏区形成夹击之势。

12 月 15 日，张贞第四十九师四个团，以地主民团为先导，向龙岩发起攻击。这时，新十二军第一、第二团驻在永定、平和边境，第三团在长汀，离龙岩有两天以上的路程，闽西地方党组织和苏维埃政府率领驻龙岩的少量武装奋起抵抗，但因寡不敌众，被迫放弃龙岩，撤至大池、小池。第二天，张贞又以两个团尾追红军，遇到红军顽强抵抗后，于 12 月 18 日退据龙岩。同时，张贞驻马坑、东肖等地的部队也加紧向周围乡村进攻，占领了龙岩附近大部分苏维埃区域。不久，张贞第四十九师以三个团的兵力向永定坎市进攻，企图打通永定与广东香翰屏第六十二师及永定民团的联系，进而夺取永定。

新十二军在地方武装配合下，在坎市与敌展开激战数小时后，因兵力不济撤退。上杭、永定、武平、连城四县保安总队趁机向永定进攻，12 月 18 日，永定失陷。

由于前线军情紧急，12 月 20 日，左权奉命到新十二军正式就任军长之职。左权到任后，为提高部队的战斗力和军政素质，首先加强了对部队的整训，以克服部队存在的地方观念、保守主义、逃跑主义、失败情绪、消极观念、流氓意

---

① 中共龙岩地委党史征集研究委员会编：《闽西革命史文献资料》第 4 辑，第 443 页。

②《南京调遣白军进攻闽西苏维埃区域》，《红旗日报》1930 年 12 月 3 日。

识、轻视政治工作等错误倾向。同时，他还积极筹集地图、望远镜、指南针等军需品，以供作战之用。

同时，为制止敌人的进攻，振作红军士气，左权制定了先消灭敌附近的民团，然后再向平和等地进击的军事计划。为确保这一计划的顺利实施，左权请求中共福建省委派人在漳州、南靖等处建立交通站，以便及时侦察、掌握敌情。

左权在积极部署闽西苏区反“围剿”的同时，鉴于当时闽西的情形与中共中央及南方局原来的估计有较大出入，根据前一时期实地调查的情况，出于一个共产党人的强烈责任感，左权认为有必要如实向中央反映闽西的实际情况，于是，他和新红十二军政委施简一起于 12 月 29 日联名向中央和南方局作了一个书面报告。

左权、施简在报告中说，苏区“边境乡村大受摧残，六七个月来赤色（区域）比前远缩小了”。“群众经济，政府财政非常困难。”他们指出，闽西局势的逆转，主要是“闽西红军因机械地执行了东江发展的路线，而在策略上犯了军事观点的错误”，同时，他们认为“中央、南方局对闽西的情形非常隔膜，尤其是对红军数量上的估量过大，与这里实际情形相差很远，即省委也不甚明瞭”。“闽西几个月的红军屡次失败，闽西农民地方观念、保守主义又特别浓厚，数月来逃兵很多，因此红军不能很猛烈的扩大，反而比前缩小了。现在整个的闽西赤区内，除千多红军外，地方武装散布四周，接近白色区域的枪枝亦不过二千余枝（内快枪二百枝），且很难集中。”“南方局以为闽西红军数量均有一万，枪支有一万，总合闽西共有四万武装”，并据此指示闽西红军“再入东江，反对打漳州”，这种估计和指导方针是不切实际的，“实际上闽西红军和整个的闽西的地方武装与南方局所说只十分之一，无论在主观上客观上都不可能马上再入东江”。

左权和施简提出“建设和巩固闽西苏区根据地，肃清残匪，巩固内部是闽西党和新十二军的主要任务”，并建议，根据闽西的情况，红军应暂停进入东江，改向漳州进攻。对于不久前中央指示左权将红二十、红二十一、红十一军三个军改编为红十一军第二师一事，左权、施简在报告中说：“我们认为非常需要，完全同意，但十二军刚刚改编，成立才几天，不好马上又改编一次，同时因为十二军现只三个团，即是一师，我们决定尽力充（实）这一师，过一时期才改为十一军一师。”

左权、施简对闽西形势的分析是清醒和正确的，符合闽西的实际，但他们的意见并不为当时的中央所赏识。由于当时“城市中心论”在中共中央占据统治地位，中央正开展反倾向斗争，“集中火力打击主要的右倾危险”。左权、施简在报告中提出“建设和巩固闽西苏区根据地，肃清残匪，巩固内部是闽西党和新十二军的主要任务”，公开与中央关于“出兵东江，进军广州，促成闽粤桂三省总暴动”的战略计划唱反调，加之在苏联时左权被“江浙同乡会”的事情牵连，所以，尽管中共南方局军委承认左权到苏区后工作积极努力，但在政治上对左权并不放心，要闽西特委“严重注意左权同志的政治活动”①，同时，对左权、施简报告中

①《刘伯坚给南方局的报告》，中共龙岩地委党史资料征集领导小组编：《闽西革命史文献资料》，1980 年，第 403 页。

提出的正确建议也置之不理。

12 月下旬，驻守闽西北宁化、清流一带的国民党军进占汀州、连城，并向闽西苏区腹地水口、濯田进攻，企图打通与上杭地主民团的联系，上杭和长汀的地主民团也乘机四处活动。

国民党军占领龙岩以后，中共福建省委致信闽西党团特委，指出目前的主要危险，无疑仍然是敌人对苏区与红军的进攻，特别是对赣西南与闽粤赣的会剿。龙岩失守，永定与平和边界斗争受到打击，国民党军张贞、香翰屏、周志群等部联合向闽西进攻，都是很大的威胁。福建省委认为，虽然形势十分严重，但是苏区群众的斗争情绪已经开始转变。“已经由恐慌而愤怒的起来反攻，部分的袭击敌人”。为打破敌人的“围剿”，福建省委提出了红军反攻的两期作战计划：第一期，以龙岩、上杭、连城三县边界的蛟洋、大池、小池和龙岩、永定、上杭边界的太平里、湖雷作为与敌人作战的两个中心根据地；在这两个中心区域周围，依次建立若干次要的作战根据地，相互打通联结成巩固的防地，使其不致被各个击破。而且应以这些根据地为依托，向龙岩反攻，相机夺回永定。在兵力部署上，新十二军集中在蛟洋、大池、小池；东江的红四十八团及杭水游击队集结于太平里、湖雷，以形成两个坚固的作战核心。在战术方面，不和敌人打硬仗，“要找到敌人的弱点，先部分的打击敌人的部队，推动群众的斗争情绪，扩大和充实我们的力量，相机向敌人的中心部队反攻”。第二期，反攻“要在龙岩克复后开始，这期我们的战略是：巩固龙岩永定，一方面向南靖一带发展，一方面向平和发展，与漳属农民的斗争汇合起来，动摇张贞的统治，肃清内部团匪，与部分的打击张贞，以至消灭张贞”①。

中共福建省委提出的上述战略战术是正确的，与闽西特委的意见基本一致。1930 年 12 月底，新十二军结束整顿后，左权按照这一计划对新十二军的作战部署作了调整，指挥新十二军，在东江红十一军第四十八团的配合下，以长汀为支点，运用游击运动战的方式，集中优势兵力，在龙岩以北的永定、武平、连城、长汀地区袭扰敌人，阻止张贞的进攻，配合红一军团、红三军团的反“围剿”作战。

在毛泽东、朱德领导下，红一方面军主力在赣南地区，于 1930 年 12 月 28 日至次年 1 月 3 日，五天内接连打了龙冈、东韶两个胜仗，活捉敌第十八师师长张辉瓒，胜利地打破了国民党军对中央苏区的第一次“围剿”。

永定战斗后，闽西红军也基本遏制了敌人的进攻，国民党军第四十九师占领龙岩和永定边界的一些乡村后，已无力向苏区腹地进攻，红军与国民党“围剿”军形成相持局面。1931 年 1 月 1 日，东江红四十八团在永定赤卫队的配合下，向永定发起进攻。在红军优势兵力进攻下，国民党守军受到沉重打击，大部被歼，残部弃城逃遁。

2 月间，左权率新十二军由上杭古蛟地区主动出击，向龙岩大池、小池反

① 中共福建省委给闽西党团委及各县党团县委信，1931 年 1 月 3 日。

攻，消灭国民党军第四十九师第二九二团大部，迫使残敌退回龙岩。随后，坎市、船巷、白土等地方武装发挥熟悉地形条件的优势，利用夜间不断袭击敌军，使其难于应付，驻坎市一带的敌军被迫撤退，驻在白土的民团也投降了赤卫队。至此，国民党军对闽西苏区的第一次"围剿"悄然收场。

三、开始做参谋工作

中央苏区第一次反"围剿"作战结束后，1931 年 2 月，左权奉中央军委之命调离新十二军，到红一方面军司令部任作战参谋。从此，左权开始了一生极有建树的参谋工作生涯。

第一次反"围剿"斗争胜利不久，中共六届三中全会后的中央派项英到了中央苏区，于 1931 年 1 月 15 日成立以项英为代理书记的中共苏区中央局，并成立以项英、朱德、毛泽东等为委员的苏区中央革命军事委员会，项英任主席，朱德、毛泽东为副主席。苏区中央军委成立后，根据中共中央的指示和《中国工农红军编制草案》等条例规定，开始组建苏区军委总参谋部。

从 1931 年开始，为了适应大规模反"围剿"作战和部队的正规建设，红军加强了指挥机关建设，扩大了参谋业务，开始建立一些相应的制度。3 月，在红一方面军总司令部的基础上，苏区军委总参谋部成立。总参谋部下设秘书处、参谋处、副官处。左权在参谋处作战科任参谋。当时，军委总参谋部和红一方面军总司令部是两个名称一套班子，机关实体为红一方面军总司令部，所以，红一方面军司令部参谋处也承办军委总参谋部的作战业务。

左权在作战科的主要工作是负责起草作战文书，拟制作战计划，进行军事训练等。在担任作战参谋期间，左权认真履行自己的职责，工作细致，办事认真。据当时在中央军委工作的刘恋回忆说："我第一次见到左权是在第一次反'围剿'的结束时，在宁都小布。他当时任作战参谋，管作战计划。左权是参谋中最严肃的。你不对，就指出，不嘻嘻哈哈。特别是对军容风纪要求非常严格，从不马虎。"

当时，为提高总部干部战士的军政素质，总参谋部要求利用作战间隙，每天坚持"三操两课"。所谓三操，即早上、中午、晚上进行三次军事操练，练习一些基本的动作，学习操练手中的武器；两课为政治和军事课，学习革命理论和斗争形势，以及一些军事常识。毛泽东、朱德等总部首长都亲自给干部战士讲课，左权也担任了军事地理课程的教学工作。

在参谋工作岗位上，左权显示了出色的军事才华和工作能力，很快得到了毛泽东、朱德的好评和赏识，不久，左权被提升为参谋处作战科科长。当时，作战科科长是参谋处长的第一代理人，根据处长的指示，处理参谋处的一切事务，督促和指导各科工作。在这一岗位上，左权尽心尽责，日夜操劳。

国民党军对中央苏区的第一次"围剿"失败后，1931 年 2 月，蒋介石任命其军政部长何应钦为南昌行营主任，指挥湘、鄂、赣、闽四省国民党军队约二十万，在军事上采取“稳扎稳打、步步为营”的战略方针，在政治上，组成“善后委员会”和“守望队”，进行欺骗宣传和恐怖统治同时实行严密的经济封锁，开始组织对中央苏区的第二次“围剿”。

这时，红一方面军有3万余人，经过第一次反“围剿”战争的洗礼和胜利后的养精蓄锐、兵员补充，战斗力提高。为粉碎国民党第二次“围剿”，3月中旬，苏区军委总参谋部召开会议，决定建立东路、西路、南路、北路、中路五个指挥部，并把中央苏区划分为十个游击区。部队召开司政后各种会议，总结战时军事、政治、后勤工作经验，研讨部署作战指挥、备战训练、政治鼓动、后勤保障问题。左权和大家一起，为争取反“围剿”作战的胜利而紧张地工作着。

3月18日，在黄陂，项英主持召开苏区中央局第一次扩大会议。会议除传达贯彻中共中央六届四中全会精神外，还对第二次反“围剿”的战略方针进行了讨论。会上有人提出红军离开根据地，另谋出路的主张。毛泽东、朱德反对离开中央苏区，主张就地打破敌人的“围剿”，并阐明了自己的观点。会议经过多次讨论，最后同意毛泽东提出的诱敌深入，在苏区内部打破敌人“围剿”的主张。

左权完全拥护毛泽东在苏区中央局扩大会议上提出的反“围剿”主张。对于毛泽东、朱德军事上的雄才大略，左权在苏联留学时就有所耳闻。来到毛泽东、朱德身边工作后，左权耳濡目染，亲自聆听他们的教诲，从他们身上学到了许多在军事学校和教科书中学不到的东西，以后每次在前线带兵打仗，他都有意识地体会毛泽东、朱德灵活用兵克敌制胜的战略战术，为自己指挥红军作战，打下了一个坚实的基础。

4月1日，何应钦下达总攻击令，国民党军分四路向中央苏区大举进攻，“限各路于月内克服各县，会师广昌，于国民会议之前肃清朱毛”①。开始了第二次大规模“围剿”。

为了广泛开展人民的游击战争，苏区召开了地方武装和赤卫军工作会议，指导地方武装以灵活机动的游击战术，配合主力红军作战。

红军的反“围剿”战争是在敌强我弱的极其困难的条件下进行的。这一客观事实，迫使战争指导者必须十分慎重，不可轻战，不可浪战。毛泽东发展了中国古代关于“谋定后动”“慎以行师”“有备无败”的慎战思想，主张在充分准备的基础上打好第一仗。毛泽东总结提出的诱敌深入，集中优势兵力歼敌人；慎重初战，初战必胜，照顾全局，照顾下一战略阶段；“打得赢就打，打不赢就走”，在运动中发现敌人弱点，速战速决等战略战术思想，符合战争实际，解决了红军如何在劣势兵力和落后装备的条件下战胜强大敌人这一异常复杂而困难的问题。

第二次反“围剿”开始后，红一方面军主力秘密退却到龙冈、上固、东固地区。敌在富田坚守阵地，始终不出，红军持重待机25天，毛泽东、朱德坚持预定计划，不受干扰，终于引敌就范。

---

①《东方杂志》，1931年4月1日“时事日志”。

5 月 14 日下午 6 时，红一方面军总司令部无线电台截获国民党军第二十八师准备向东固进攻的情报，红一方面军参谋长朱云卿根据红一方面军首长集中优势兵力先打弱敌的意图，草拟了攻击富田的作战命令，经朱德、毛泽东审阅后，连夜派人送往各军。5 月 16 日，左权和总部参谋人员一起跟随毛泽东、朱德登上东固至中洞大道北侧的白云山。毛泽东、朱德将指挥所设在山上，指挥战斗。

两天后，国民党军第二十八师和第四十七师一个旅脱离富田阵地向东固方向攻击前进。红军以一部兵力阻击其他敌军，以主力兵分三路向该敌出击。经一天激战，红军歼敌第二十八师大部和第四十七师一部。5 月 19 日，红军主力追击向水南方向逃跑之敌，在白沙歼敌第四十七师、第四十三师各一部。23 日，在中村歼灭前来增援的国民党军第二十六路军一个旅。中村战斗后，红军在战场上已占据主动地位。为便于指挥作战，红一方面军组成了以毛泽东为书记的中共临时总前委。27 日，红军攻克广昌，歼敌第六路军第五师一部，敌师长胡祖玉受伤毙命。

第二次反“围剿”作战尚未结束，红一方面军临时总前委预料蒋介石不会甘心失败，必将很快发动第三次“围剿”，为未雨绸缪起见，决定领导苏区军民提前做好第三次反“围剿”的准备工作。

广昌战斗刚刚结束，5 月 30 日夜，红一方面军总司令部在驻地建宁县里心圩召开了临时总前委第四次会议，出席会议的有毛泽东、朱德、彭德怀、谭震林、郭化若、袁国平、罗炳辉等。左权也参加了这次会议。会议分析了国民党军的布防情况，做出了攻打建宁的决定。指出：“在我们要筹划第三期战费和整个作战形势之下，是很需要夺取建宁城，才能扩展到黎川、泰宁三县筹款。”会议对红军的行动进行了部署，讨论了机关直属党委增补问题。由于红一方面军参谋长朱云卿在红军后方医院病故，会议决定其遗职由郭化若代理，左权则代理参谋处长。同时，因总司令部机关直属党委委员刘伯坚、柳南奎、何金荣、李卓然调离总部，会议决定增补左权、杨立三、林德清三人为总司令部机关直属党委成员。

5 月 31 日，在总部和红三军团长彭德怀指挥下，红三军团和红十二军攻克建宁城，歼敌第五十六师 3 个多团，俘敌官兵 3000 余人，缴枪 2000 余枝，还有一台 100 瓦的大功率无线电台，以及可供红军用半年以上的药品，胜利完成了第二次反“围剿”的最后一仗。

第二次反“围剿”结束后，红一方面军乘胜占领了赣东、闽西的一些地区，中央苏区得到进一步扩大。

在反“围剿”作战期间，为总结红军的作战经验，提高红军指挥员的军事理论素养和指挥水平，4 月 17 日，中央革命军事委员会发布第九号通令，决定在军委参谋部成立红军战史编辑委员会。这是在红军中成立最早的一个军事学术机构。左权被指定为由 13 人组成的编辑委员会委员之一，并担任其中的编译部主任。左权领导的编译部，主要任务是负责收集整理苏联和其他国家的军事著作，并将这些著作翻译成中文。在紧张的工作和作战之余，左权在编译部主任的岗位上，指导并亲自翻译了苏军大量的军事书籍和文章。

建宁战斗胜利结束后，即5月31日夜和6月2日夜，在建宁城西门外红三军团总部驻地，在毛泽东主持下，红一方面军临时总前委先后召开第五、第六次会议，继续讨论第三次反“围剿”的准备工作和红军的行动问题。在总前委第五次会议上，为密切同中共中央以及红军各部队之间的联系，准确掌握敌军情报，决定成立方面军总司令部无线电队，下设四个分队，分别配属红三军团、红三军、红四军和红一方面军总部后方，另在红一方面军总部组成纠察台，负责纠察电台在通信中违反通信规定和纪律的现象。无线电队的成立，成为红军的重要耳目。其中，左权为无线电队的成立和训练做了大量工作。

其实，早在1931年初红一方面军曾利用缴获的电台，教育动员龙冈战斗中被俘的国民党军无线电台技术人员参加红军，建立了红军自己的无线电通信队。为了培养机要工作人员，红军在《红星报》上刊登广告，不拘一格吸收人材，并请求中央输送机要骨干人员。1931年1月20日，朱德、毛泽东联名发出《调学生学无线电的命令》，指出：“我们成立了无线电队半个月了，在这半个月的考查当中，无线电收音机所收的敌人的电报，确使我们对于敌人的位置和行动侦探得到了不少的帮助，我们现在更积极的准备扩充无线电队的组织。”为此，总部提出中央革命军事委员会秘书处和其他各军、各军团抽调1—3名14—23岁、高小以上文化程度的男女青年战士来总部学习无线电技术，学期四个月，结业后仍回原单位工作。

4月，红军在小布开办了第一期无线电训练班。后来红军总部移驻宁都青塘，训练班也随即迁到青塘。左权经常到训练班了解情况，帮助解决问题。据参加过训练班的老红军涂作潮回忆：“毛泽东同志和左权参谋长经常来我们训练班里。那时，我们还有个电话队，队长是李来定，广东人。但是，电话队里守总机的那个人很坏，无线电训练班学生实习时，他专门捣鬼，使电话接不响。后来，左权参谋长要我画一个电话线路图，学生懂得了线路图，理解了电话机的结构、原理以后，就能接响了。我们就这样对付了这个坏人。”①

红一方面军前委第五次会议后，为举办第二期无线电训练班，左权领导参谋处进行了筹备和组织落实工作，拟定了训练班参加人员，制定了教学计划，并准备了训练器材，保证了第二期训练班的顺利举行。

6月2日夜，在方面军总前委第六次会议上，决定以赣南为中心，进行第三次反“围剿”准备，分为向北、向南、向西三期发展计划，重点完成发动群众、扩大苏区和筹款等项工作。根据苏区中央局来电指示，会议决定正式任命左权为红一方面军总司令部参谋处长，并“以总部特派员的名义派到后方，其任务：（1）处置伤兵西药后方医院俘虏枪械等；（2）指导地方武装的组织训练与行动”。②

当时，红军医院医疗设备、器材十分简陋，药品尤其是西药严重缺乏。左

---

① 涂作潮：《无线电器材厂》，《回忆中央苏区》，江西人民出版社1981年版，第411页。另左权此时职务为代理参谋处长，不是参谋长。

② 中共江西党史资料征集委员会、中共江西省委党史研究室编：《中央苏区第二次反“围剿”》，《江西党史资料》第18辑，1991年，第123—124页。

权到后方后，将前线带回的西药尽数分给各个后方医院，并将伤病员作了妥善安置，解除了许多伤病员的后顾之忧。

左权在后方还积极部署动员战俘参军的工作。在第二次反“围剿”中，曾经发生了国民党第二十八师师长公秉藩混在俘虏中逃跑的事情。毛泽东得悉后下令后方不放俘虏，一定要争取他们参军，以补充红军。左权认真执行和落实毛泽东的命令和总前委会议决定。他主持召集俘虏大会，宣传党的主张，启发他们的阶级觉悟，教育和争取俘虏补充部队。同时，为提高地方武装战斗力，他还抽出时间，组织赤卫队进行军事训练，并亲任教官，培训赤卫队干部。

由于辛勤努力，左权在后方的工作做得非常出色，最终圆满地完成了前委交给的任务。

国民党军对中央苏区的第二次“围剿”失败后，蒋介石很快于 1931 年 6 月组织第三次更大规模的“围剿”。6 月 7 日，蒋介石在全国各大报刊发表所谓“告将士书”，宣称他即日将亲赴江西“剿共”，如若失败，他就“舍命疆场”或“解甲归田”，并决定设立“国民党陆海空军总司令南昌行营”。22 日，蒋介石亲抵南昌，担任“围剿”军总司令，任命何应钦为前线总司令，聘请英、日、德等国军事顾问随军参与策划，调集 23 个师又 3 个旅，共 30 万兵力，向中央苏区发动第三次“围剿”。这次，蒋介石依仗兵力上的绝对优势，决定采取“厚集兵力，分路围攻，长驱直入”的战术，企图把红一方面军主力压迫到赣江东岸加以击破，然后分路“围剿”，完全消灭中央红军并全部摧毁中央苏区。

这时，红一方面军主力正在建宁、泰宁、将乐、归化、清流、连城一带和闽赣边境的宁化、长汀、石城地区及雩都（今于都）、会昌地区开展群众工作。在此种情况下，左权奉命从后方回到前线，随红一方面军总部在建宁活动。

红一方面军总兵力有 3 万人左右，远离老根据地，也没有得到充分的休整。面对强敌压境，6 月 20 日，在红一方面军临时总前委扩大会议上，根据毛泽东提议决定继续采取“诱敌深入”的战略方针，把敌人引入苏区内部，利用苏区有利的地理条件和群众基础，避敌主力，选择较弱一路首先击破，然后各个消灭之。

7 月 10 日左右，左权随红一方面军总部从建宁出发回师苏区。当时，正值盛夏，暑热难当。红军一路挥汗急行，于 12 日抵广昌。14 日，红一方面军主力在石城集中后，退到瑞金以北的壬田寨一带。在壬田寨，毛泽东召集几个军首长开了一个简短的前委扩大会，讨论退却的终点。会议决定红军主力避开敌人锋芒，转移到苏区西北端的兴国县，向北进攻，打击敌人后方空虚之处。28 日，红一方面军各部到达苏区后部兴国西北的高兴圩地区，完成了回师赣南的战略任务。

红军回到根据地，群众像迎接久别的亲人那样，热忱地欢迎红军。部队一进村，一大群儿童团员组成的“打扇队”就把队伍包围起来，每人拿着一把扇子，一面唱歌，一面对着战士们扇起来。老人、妇女们带着鸡蛋、草鞋挨单位慰问。父母慰问儿子，老婆慰问老公，又是一番热闹景象。赤卫队也早已把哨兵一站站地放了出去。看到这些情景，左权和战士们一样显得非常兴奋，心中对群众充满了无限感激。红军战士们得到很好的休息，各个情绪高涨，将请战书不断地一级级地递上，坚决要求："坚决粉碎敌人的第三次'围剿'来回答根据地人民！"

国民党军进入中央苏区后，狼奔豕突二十余日，一直找不到红军主力。7月底，蒋介石发现红军主力集中在兴国地区，判断红军有西渡赣江之可能，立即调集九个师的兵力，从北、东、南三面向兴国扑过来，企图围歼红军于赣江东岸。红军三面受敌，一面临江，只剩下以高兴圩为中心的方圆几公里的活动范围。

红一方面军临时总前委在高兴圩召开会议，分析形势，决定主力采取"由西向东，中间突破，袭击后方"的战略方针，挥师向兴国东部的莲塘、良村转进，向敌人弧形包围圈的中间攻击，以少量兵力西向赣江佯动诱敌。

8月5日晚，红军主力从崇贤、兴国两地敌军之间20公里的空隙中，沿着崇山峻岭秘密东进，跳出了敌军的包围圈。8月6日午前，红一方面军总司令部进驻莲塘村。第二天，红军首战莲城，歼国民党第三路进击军两个旅。8月11日晨，红一方面军主力进抵黄陂附近。红一方面军首长决定以红四、红十二军（欠第三十五师）由黄陂南侧实施主攻，红三军团并指挥红七军经小布以南的钓峰、杨依迂回到黄陂东面，断敌后路。11日中午，红四军、红十二军集中全部兵力，对黄陂圩实施强攻。天遂人愿，突然倾盆大雨，躲在地堡里的敌人根本无法看清大雨滂沱中的目标。几十支军号齐鸣，在机关枪火力的掩护下，红军扑向敌人阵地。冲在前面的红军战士每人手抱一大捆稻草投入壕沟，很快将壕沟填平。后续部队越过壕沟，冒雨冲进圩内，与敌展开巷战。仅半小时，一举占领黄陂，敌军大部被俘。敌师部直属骑兵连，已备好马鞍，未来得及上马逃窜，悉数被擒。敌师长毛炳文上马狂奔，率残部向洛口、宁都溃逃。

在大雨中，根据红一方面军首长的命令，左权率领红三十四师、红十师向宁都方向追击毛炳文残部，一气追了十多公里，又乘机歼敌一部，缴获大量武器装备。

黄陂战斗，速战速决，歼国民党军毛炳文第八师共四个团。

从8月7日至11日，红一方面军主力在莲城、良村、黄陂三战三捷，歼敌万余人，缴枪逾万，红军由被动转为主动。黄陂战斗一结束，红一方面军主力便隐蔽在阳斋一带休整，救治伤病员和处理俘虏。

黄陂战斗结束后，红一方面军总前委在黄陂召开了军以上干部会议，决定避免与敌主力决战，以小部兵力牵制敌人，加深敌人的疲劳困顿，红军主力撤离黄陂，待机歼敌。此时，敌发现红军主力在黄陂，于是各路敌军皆转旗向东，包围黄陂。敌蔡廷锴军团从城岗、良村赶到南坑，陈诚纵队从富田方向追到君埠，卫立煌师和赵观涛师在距黄陂十公里的蔡江附近徘徊，已形成对黄陂、小布的包围之势。

根据毛泽东的指示，罗炳辉率红十二军伪装红军主力向东北方向佯动吸引敌人。15日夜，红一方面军主力从东进入敌军阵地结合部十公里间隙的大山中，再次跳出敌人的包围圈，向雩都方向撤退。

红军主力经过一天一夜急行军，行程近百公里，来到宁都、雩都、兴国交界的大山中。在一块大岩石下，毛泽东主持召开会议，讨论部队的行动方向。会上有人提出到会昌、闽西一带去，说这样可以避开敌人的大举围攻。毛泽东当即拒绝说：万万使不得！既然敌人统统离开了兴国，到了黄陂一带，我们就该到兴国去。兴国这个地方群众条件好，斗志昂扬，AB 团大致肃清，不易暴露消息，组织纯洁，是巩固的后方。由左权同志牵制敌人，从宁都经闽西再到兴国。这时，敌人知道我们主力在兴国时，须由东往西，这样需要半个月以上的时间，我们趁此机会休整半个月。毛泽东的这番话，使与会者恍然大悟。会议同意毛泽东的意见，并决定由左权率领红三十四师、红十师向宁都方向迎击敌人，目的是迟滞和牵制敌人，完成任务后从宁都经闽西再回兴国。

一切都按毛泽东设想的在进行。

左权奉命率红三十四师和红十师牵着敌人，从闽西经会昌、瑞金回到宁都赖村。

这期间，罗炳辉率领红十二军第三十六师经八都到达樟树镇附近，出色地完成了牵制敌人的任务。随后又通过永丰县的边境，宁都的西北，回到兴国的江背红十二军部所在地，稍作休息，率军直属队与红三十六师经兴国的银坑到达宁都的赖村，准备到闽西与红十二军主力会合。正巧的是，在宁都赖村，罗炳辉所部与左权率领的部队相遇，指战员们十分高兴，当天晚上会师部队开了一个联欢会。

联欢会由罗炳辉主持。他高兴地说：红三十四师、红十师在左权参谋处长的领导下，胜利地回到了老根据地。

左权也热情洋溢地讲了话。他说：红三十六师和军直属队要到闽西去，和闽西的新十二军合并在一起，开辟闽西的广大地区。到那里后，要服从闽西的党政领导，团结那里的广大群众，发扬老十二军英勇作战的精神。虽然你们这次离开毛委员，但你们仍然是一军团的一个组成部分，仍然在毛委员的领导之下。我们相信，你们在闽西一定能打出一个名堂来！左权的这番话，说到了广大指战员们的心坎上，及时地鼓舞了大家的勇气和斗志。

红军的佯动，紧紧拖住了敌人。蒋介石以为抓住了红军主力，紧追不放，在这一段时间里，国民党军被红军牵着鼻子东奔西突，在根据地打转转，吃尽了苦头。苏区群众则将一切吃用的物品“坚壁”起来，连锅碗瓢勺，舂米用的杵头、舂器，都彻底“坚壁”。担任迟滞敌军的地方红军和赤卫队、少先队神出鬼没，不断袭击敌人，弄得敌人风声鹤唳，草木皆兵，锐气大减。国民党军在战场上处于十分被动的地位。而红军主力已在兴国休整了半个月，养精蓄锐，兵强马壮。

正在此时，国民党军阀内部纷争又起，广东、广西军阀陈济棠、李宗仁通电反蒋。9 月 1 日，两广联军向湖南推进，粤军已在粤北的乐昌集结，桂军进至黄沙河，大战一触即发。蒋介石腹背受敌，“剿匪”军事又连战失败，一筹莫展。9 月 3 日，蒋介石电令何应钦，命令“围剿”军总退却，组成援湘大军，准备入湘与粤桂军作战。这样，蒋介石发动的对中央苏区的第三次“围剿”被迫结束。

红一方面军总部获悉敌人退却的情报后，命令部队追歼逃敌，红军主力向高兴圩方向移动。

不久，红一方面军总司令部进驻兴国。9 月 21 日，在这里，左权领导的参谋处发布了“第三期战争胜利捷报”。捷报称：“总计这期战争，由七月一号蒋介石亲自指挥的白军全部开动向赤区进攻到现在有八十天时间。在这时期中，我红军打了四次大仗，每仗皆胜，共打溃白军七个师，消灭白军十七个团，捉到白军一万五千多人，被我们打死打伤的约六千以上，缴到步枪一万三千多枝，水、旱机枪一百七十余杆，手、花机关枪一百二十多枝，无线电机六架，子弹二百五十万发，骡马约五百匹，其余军队用的东西无数。”参谋处发布的捷报，以铁的事实说明了第三次反“围剿”的伟大胜利。这一胜利，极大地鼓舞了苏区军民的战斗和生产积极性。

由于反“围剿”战斗的胜利，红军缴获了大量枪支弹药。对此，左权非常高兴。红一方面军总司令部决定，这些缴获所得除用于装备主力红军外，还要拨出一部分给地方部队，以提高他们的战斗力。当时曾任中共中央交通局闽西大站站长的李沛群回忆说：在第三次反“围剿”战争中，9 月，我负责从闽西到瑞金去领取中央拨发的一批枪支，战争环境中央军委经常转移，赶到兴国的古龙岗才找到军委。是左权同志亲切地接待了我，看了我的介绍信，问明我来中央的情况后，很细心地告诉我去找供给部见杨至诚部长，指明到哪间房间去找，使我顺利地领取了武器。

第三次反“围剿”作战结束后，红军占领会昌、寻乌、安远、石城等县城，使赣南和闽西苏区连成一片，形成以瑞金为中心包括 25 个县和几十万人口的大片革命根据地，中央苏区得到进一步巩固和扩大，出现了前所未有的兴盛局面。

9 月 28 日，红一方面军进抵瑞金，以瑞金为中心分散开展群众工作和筹款，准备第一次全国苏维埃代表大会的召开。

11 月 7 日至 20 日，在江西瑞金中央苏区召开了第一次全国苏维埃代表大会，宣告成立中华苏维埃共和国临时中央政府，毛泽东当选为临时中央政府主席，项英、张国焘为副主席。中华苏维埃共和国临时中央政府的成立，对于领导中国革命，反对国民党反动统治和军事“围剿”起了重要作用。

根据第一次全国苏维埃共和国代表大会和中央执行委员会命令，11 月 25 日，成立了中华苏维埃中央革命军事委员会（简称中革军委），朱德任主席，王稼祥、彭德怀为副主席，统一领导全国红军。中革军委属临时中央政府下设机构，由苏区中央局直接领导。

中革军委成立后，通令“取消第一方面军总司令总政委的名义及其组织，所有中华全国红色海陆空军，完全集中统一在中央革命军事委员会指挥统辖之下”。红一方面军所属部队由中革军委直接领导，称中央红军。中革军委下设总参谋部、总政治部、总经理部、军医处和中央军事政治学校。叶剑英任总参谋部部长。总参谋部下设作战、侦察、管理、教育、动员五个科。左权任作战科科长。

第六章　领导红十五军

一、联络宁都起义

中华苏维埃共和国成立不久，在红军反“围剿”胜利的影响和全国抗日反蒋浪潮推动下，国民党第二十六路军在江西宁都成功举行暴动，宣布参加红军，从此中国工农红军又增加了一支生力军。

第二十六路军原系冯玉祥第二方面军（又称西北军）第五路军。早在国共合作的大革命时期，刘伯坚、邓小平等一批共产党员就在该军工作，建立了共产党的组织，对其官兵产生了积极影响。大革命失败后，大部分共产党员被迫离开了冯部，但仍有中共地下党员留下来从事秘密活动。

1930 年 10 月，中原大战后，这支部队被蒋介石收编为第二十六路军。为达到消灭红军和排除异己的双重目的，1931 年 1 月，蒋介石将这支部队由山东调到江西“围剿”红军的前线；在第二次“围剿”中央苏区时，遭到红军沉重打击。9 月，国民党军第三次“围剿”失败后，蒋介石嫡系部队均撤出苏区休整补充，第二十六路军则被留在四面都被红军围困的宁都，休整补充得不到保证，引起了该部官兵的强烈不满。

第二十六路军官兵绝大部分是北方人，到南方后水土不服，加上霖雨绵绵，疟疾流行，许多士兵染病而死。每天都有几人甚至几十人死于疟疾，被抬到郊外埋了。第二十六路军士兵中流传着这样一首顺口溜：“出了北门望北坡，新坟更比旧坟多，新坟埋的都是北方老大哥。要想回到北方去，只有联合起来倒戈。”一时闹得人心惶惶，军心浮动，加之与红军作战屡屡失利，损失严重，部队对蒋介石的不满情绪日益增长。特别是“九一八”事变后，中日民族矛盾上升，全国抗日反蒋浪潮日益高涨，第二十六路军一些爱国将领联名致电蒋介石要求北上抗日，遭到拒绝。蒋介石电令该军“死守宁都”，并说：“侈谈抗日者杀无赦！通匪者杀！动摇军心者杀！临阵逃脱者杀！”第二十六路军官兵的正义爱国行动遭到遏制，更加激发了官兵中的仇蒋情绪。在这种情况下，第二十六路军参谋长赵博生、第二十六路军第二十五师第七十三旅旅长董振堂等一批爱国高级将领酝酿寻找抗日救国的新前途。

针对第二十六路军的情况，在上海中央军委工作的朱瑞、李富春派中共党员袁汉澄、王超、李肃三人到该部开展兵运工作。“九一八”事变后，第二十六路军中成立了秘密的中共特别支部。特别支部成立后，积极开展工作，发展了一批党员，特别是吸收了赵博生入党。根据中共中央的指示，特别支部积极进行起义的组织准备工作，通过赵博生争取了第二十六路军第七十三旅旅长董振堂、第七十四旅旅长季振同和该旅主力团第一团团长黄中岳。起义的条件逐渐成熟。

1931 年 12 月初，第二十六路军第七十九旅中共特别支部，截获蒋介石给第二十六路军指挥部要求逮捕第二十六路军中共产党员刘振亚、袁汉澄、王铭五的电令。情况万分紧急，特别支部与赵博生一起研究，决定提前发动起义，随即派袁汉澄到瑞金向中共中央局和红军总部请示。

12 月 6 日，在瑞金叶坪红军总司令部，朱德接见了袁汉澄，询问了第二十六路军及其准备起义的有关情况。

第二天，左权参加了由朱德主持召开的中革军委会议。到会的有中革军委副主席、总政治部主任王稼祥，红军总参谋长叶剑英以及刘伯坚、李富春等。与会者听取了袁汉澄关于组织、策动第二十六路军在宁都暴动的情况汇报。接着，大家进行了讨论，分析了暴动成功的主客观条件，以及应采取的应变措施，决定：（1）尽最大的努力，争取第二十六路军全部暴动。（2）如不能争取全部暴动，则以“进剿”为名，在适当的地点，解决反动军官，实行局部起义开到苏区。（3）如暴动万一不成功，暴露的同志，如赵博生等，离开宁都进入苏区；没有暴露的同志继续在第二十六路军中开展工作。（4）解决反动军官时要坚决，起义前要保密，起义时间定为 12 月 13 日拂晓。起义后部队改编为红军第十六军。（5）起义时如有可能，把地主武装头子严维绅、黄才梯等逮捕起来。会议还决定王稼祥和刘伯坚、左权作为中革军委代表，携带电台到宁都城东南的彭湃县（当时中央苏区的新建县）苏维埃政府所在地固村，负责联络和指导起义部队，同时派红四军在宁都东北十公里的会同地区，监督和牵制广昌方面蒋介石的嫡系部队，以策应第二十六路军起义。

左权和王稼祥、刘伯坚是莫斯科中山大学的校友，1930 年他们先后回到国内，并被中央派到中央苏区工作。

王稼祥到苏联留学时，先后在莫斯科中山大学和红色教授学院学习，1930 年 2 月回国，历任中共中央宣传部干事，中央党报委员会秘书长，《红旗日报》《实话》报总编辑。1931 年 4 月同任弼时、顾作霖一起，作为中央代表团成员被派往中央苏区，任苏区中央局委员、红军总政治部主任。在第一次中华苏维埃共和国工农兵代表大会上当选中央执行委员会委员、外交人民委员、中革军委副主席、总政治部主任。在王稼祥、刘伯坚、左权三人当中，当时，王稼祥职务最高。

刘伯坚时任中革军委秘书长，因与第二十六路军有历史渊源，也被调来参与第二十六路军起义的协调工作。

刘伯坚比左权大十岁，早年赴比利时和法国勤工俭学，参与筹建旅欧少年共产党，任中共旅比、旅欧支部书记，与赵世炎、周恩来、聂荣臻等一起开展工人运动。后入莫斯科中山大学学习。1926 年 8 月，冯玉祥考察莫斯科回国时，请求第三国际派刘伯坚与他一起回国，帮助他改造西北军。刘伯坚奉命回国后，辅助冯玉祥重整旧部，任国民联军政治部副部长，在联军中建立政治机构和政治工作制度，传播革命理论，为争取该部参加北伐起了重要作用，在国民联军有较高的威信。大革命失败后，刘伯坚和其他共产党人被冯玉祥“礼送”出西北军，刘伯坚再度赴苏，入伏龙芝军事学院学习，和左权再次成为校友。1930 年 8 月，继左权回国后不久，刘伯坚也奉命回到国内，被派到中央苏区，在红一方面军总政治部工作，1931 年秋担任了红军学校政治部主任。

这次为指导宁都起义，三个老同学重新聚集在一起，都分外高兴，决心尽最大努力使这次起义获得成功。

12 月 8 日早饭后，左权和王稼祥、刘伯坚带领袁汉澄去见毛泽东。

毛泽东亲切地和大家一一握手，满面笑容地望着大家，然后对袁汉澄说：“军委会昨天讨论了宁都暴动的方针，很好。袁同志你考虑一下有把握吗？”

听毛泽东这么一问，袁汉澄有些紧张，觉得脸上发烧，一下子没有回答上来。稍停片刻，满怀信心地说：“有把握！”

“有多大的把握哩？”毛泽东追问道。

袁汉澄说：“即使第七十四旅不干，第七十三旅和总指挥部也是有把握的。”随后他把第七十四旅的情况向毛泽东作了扼要汇报。

毛泽东听后点了点头说：“暴动是一件大事，将给蒋介石一个很大的打击。能争取全部暴动最好。全部暴动的条件是存在的，要力争实现。这全靠我们党做过细的组织工作，行动要坚决，要注意保密。万一不能全部暴动，局部暴动也是好的，也是给敌人一个很大的损失嘛！在敌人心脏上捅上一刀也是好的。”①

毛泽东又十分仔细地询问了起义的准备情况，随后与王稼祥、刘伯坚、左权就宁都起义的举行进行了深入的讨论。毛泽东做了详尽的指示。

当天深夜，袁汉澄回到宁都。他向第二十六路军中共特别支委汇报了到红军总司令部的情况，并向中共特支和赵博生传达了中革军委的指示。随后，赵博生向董振堂、季振同传达了中革军委指示。季振同认为第二十六路军起义后编为红军第十六军的番号小了，又说从南昌行营给第二十六路军的两万套冬衣和一批军饷已到广昌，为得到这批冬衣、军饷，提出把起义暴动时间推迟到 14 日举行，并想亲自去和刘伯坚直接面谈。赵博生深感此事关系重大，遂提议联名给刘伯坚写信，征询他的意见。季、董表示同意。中共特别支部得知这一动向，经过慎重研究，派袁汉澄连夜到固村向左权和王稼祥、刘伯坚做了汇报。

左权和王稼祥、刘伯坚经过研究，并经中革军委批准，决定同意把起义时间推迟一天，由 12 月 13 日拂晓改为 12 月 14 日晚 7 时整，并将原定的暴动后部队编为红军第十六军改为编为中国工农红军第五军团，并送来由毛泽东、朱德共同

① 袁血卒：《宁都暴动纪实》，《回忆中央苏区》，江西人民出版社 1981 年版，第 254 页。

签署的委任状。

12月11日，左权和王稼祥、刘伯坚来到石城县秋溪村，在“西贵堂”参加了由毛泽东主持的紧急会议，研究配合第二十六路军宁都起义问题。朱德、萧劲光等红军和地方政府主要领导人出席了会议。会议决定以红四军一个团和地方武装继续围困石城南面敌军据点，红四军主力在会同地区牵制广昌方向的敌第六路军，策应第二十六路军在宁都的起义；地方党政组织动员人民群众做好欢迎起义部队的准备工作；在秋溪、龙岗一带开设五个临时医院，准备接收起义部队的伤病员。

12日中午，袁汉澄带着中革军委的指示和叶剑英绘制的到苏区的行军地图、起义后部队的旗帜、委任状等返回宁都，向特支做了汇报。

14日14时，季振同在第七十四旅旅部召开营以上军官会议，宣布全旅准备参加起义，与会军官表示服从旅长指挥。季振同遂命令第二二三团于18时前切断通往城外的电话线，实行全城戒严；第二二二团第三营一部于16时前接替总指挥部特务营的警戒，18时前全团在县政府院内集合待命。当日下午，赵博生、董振堂以私人关系争取了第二十六路军第二十七师第八十旅参谋长边章五，以便掌握该旅；袁汉澄也以师生关系争取了第二十七师参谋长王鸿章，以掌握该师其他部队，为第二十七师起义做了重要准备。

当天18时，赵博生以召开紧急会议为由，在第二十六路军总指挥部宴请团以上军官（第二十五师师长、代总指挥李松昆推病未到）。

第二十六路军总指挥部设在宁都城东基督教一个牧师驻处，是一座二层楼的欧式建筑。宴会开始后不久，赵博生向军官们讲明了当时的形势、第二十六路军的处境和出路，宣布全军起义加入红军，得到大多数军官的响应，少数反动军官反对起义，被当场拘捕。赵博生掌握了全军的指挥权。

暴动按计划顺利进行。第七十四旅第二二二团第一营解除第二十五师师部的武装。李松昆潜逃到宁都城北的石上，带领驻守这里的一个团逃往广昌。

起义成功了！宁都城飘扬着鲜红的镰刀锤头旗帜，到处张贴着醒目的大标语：

到红军中去，红军与我们是兄弟！
拥护中华苏维埃共和国！
打倒不抗日的蒋介石！
打倒日本帝国主义，收复东三省！
参加红军，北上抗日！

士兵弟兄们大声唱起过去秘密流传的歌曲：

红军来了，缴枪吧！
每人三块大洋，回家吧！
红军来了都欢迎，

打倒卖国奸臣回北方。
红军来了齐欢唱，
打倒日本军阀，得解放。

第二天早晨，雾散日出，晨光洒在梅江河上。第二十六路军1.7万余人携带全部武器装备，集合在县城水口塔方向的梅江河滩，董振堂高声向大家说："把国民党的帽徽撕下来，我们部队起义参加红军了！""参加红军了！"这振奋人心的声音，回荡在梅江河畔，响彻整个宁都上空。随后，浩浩荡荡的起义队伍，跨过梅江河上的木桥，披着朝阳，开向固厚村。

接着，在宁都城东北塘角村附近支援第二十六路军起义的红四军第十二师奉命进入宁都城接防。

自14日晚起，左权和王稼祥、刘伯坚在固村一夜没有合眼，焦急地等候着宁都起义的消息。第二天早上，宁都起义成功的消息传来后，他们悬着的心放了下来，稍稍休息一会儿，吃完早饭，立即前往固厚村，准备迎接起义部队的到来。

15日傍晚，起义部队到达革命根据地固厚村。

村头灯笼、火把通明，人群涌动，一片欢呼声。

左权和王稼祥、刘伯坚三位中革军委代表早就带领红军和苏维埃政府干部以及当地群众在村口列队夹道迎接起义部队。队伍走过来后，他们上前与赵博生、董振堂、季振同、黄中岳、袁汉澄等一一握手，表示祝贺和欢迎他们。红军、赤卫队、儿童团和群众，举着红、绿、黄三色三角旗，欢呼声此起彼伏。群众将热茶、煮鸡蛋不断递到起义战士手中。

起义部队的病号被担架抬到宿营地，每副担架边几乎都有老表给病号喂水喂汤。这种情景，第二十六路军官兵从来没有遇到过，有人感动地掉下了眼泪。过去，第二十六路军走南闯北，替军阀卖命，老百姓见了他们就像见了瘟神一样，避之唯恐不及，如今受到苏区人民如此厚待，感到非常温暖。

随后，左权派人将第二十六路军中的伤病员送到秋溪、龙岗等地红军临时医院。在这里，医生们早已准备了大量的中草药，给患痢疾和疟疾的新战友精心治疗。

固厚村军民杀猪宰羊，慰劳起义部队。中革军委还指示给每一个起义战士发了军饷和冬衣。

苏区的一切对起义官兵都是新鲜的，他们看到这里山清水秀，空气新鲜，人民喜气洋洋，安居乐业，军民团结如一家人，与国民党统治区完全是两重天。

紧张忙碌了整整一天，到了晚上，左权和王稼祥、刘伯坚与季振同、董振堂、赵博生、黄中岳等起义将领欢聚一堂，庆祝起义的胜利。经大家讨论，通过电台向全国播发了由刘伯坚起草的《中国工农红军第五军团宣言》（以下简称《宣言》），宣布第二十六路军加入工农红军，"永远在中国共产党领导之下，实行土地革命，打倒国民党军阀，推翻帝国主义在华的统治，完成中国民族的解放和统一"。《宣言》号召国民党军"起来！不为地主资产阶级打仗，而为解放全中国几万万被压迫的工农兵打仗，不替军阀争地盘作帝国主义的走狗打仗，而为中国真正独立与和平统一打仗”。

12 月 16 日晨，一轮红日从东方冉冉升起，霞光染红了山坡、树林、村庄。天刚亮，起义部队就集合在固厚河边一块开阔场地上。在一个临时搭起的台子前，刘伯坚代表中华苏维埃政府和中央革命军事委员会，热烈欢迎第二十六路军广大官兵起义，参加红军。

刘伯坚宣布授予起义部队中国工农红军第五军团的番号，编入红一方面军序列。顿时全场掌声雷动。接着，刘伯坚还宣布了红五军团由季振同任总指挥，萧劲光任政治委员，董振堂任副总指挥，赵博生任参谋长。董振堂兼第十三军军长；赵博生兼第十四军军长；黄中岳任第十五军军长。

赵博生代表起义官兵讲话。他表示，红五军团的全体官兵，坚决听从共产党指挥，为工农的解放奋斗到底。

左权作为红军代表也讲了话。他鼓励起义官兵为工农而战，接受严峻的考验。

当天，奉中革军委命令，部队开往石城、龙冈等地开始整编。不久，红五军团总指挥部和第十五军进驻九堡地区。

12 月 22 日，在石城县秋溪背尾岭，红五军团和红四军以及来自大山、秋溪、龙岗、横江、屏山等地群众二万余人，隆重举行了庆祝整编胜利大会。毛泽东、周恩来、朱德、罗荣桓、刘伯坚、左权、季振同、赵博生、董振堂、黄中岳等出席了大会。毛泽东、朱德在会上发表了热情洋溢的讲话。

第二天，左权随军团首长一起陪同毛泽东、周恩来、朱德和中革军委代表团的同志前往医院看望了红五军团的伤病员，并到部队慰问了广大官兵。

二、改造起义部队

红五军团成立后，为了将这支刚刚起义的旧军队改造成为新型的人民军队，左权和其他政治工作者遵照中革军委的指示，按照红军的建军原则，在红五军团中大力加强共产党的领导及其组织建设，开展了强有力的思想政治工作。

政治委员制度是人民军队政治工作的一项重要制度。为确立和加强共产党的领导，中革军委从红一、红三军团等部选派了一批干部战士到红五军团工作，在团以上设政治委员和政治部，连队建立党的支部。

宁都暴动，上层军官起了重要作用。由于他们中大多为日本士官生、保定军校生、冯玉祥西北军官学校的毕业生，平时养成了一股傲气。为了做好对他们的团结工作，被选派到红五军团军以上的政治委员，除红十三军政委旷朱权一直在国内从事革命斗争外，基本上是既懂军事又懂政治的留学生。其中军团政委是两次留苏学习的萧劲光，军团政治部主任是在法国、比利时和苏联留过学的刘伯坚，红十四军政委是在苏联留过学的黄火青，左权则被派往红十五军，担任军政委兼政治部主任。

左权到红十五军后，政治工作面临重重困难。

红十五军是由国民党原第二十六路军第七十四旅为主，混编第七十五、第八十一旅各一部建立起来的，下辖第四十三、第四十四师，全军六千余人。这支部队过去是冯玉祥倚重的力量，装备好，老兵较多，跟随冯玉祥时间较长。冯玉祥信奉基督教，在士兵中宣传基督教义，做礼拜，读圣经，唱圣诗，奏圣乐，祷告忏悔。基督教义在这支部队官兵中有很深的影响。

士兵是军队的基础。左权认为要将这支部队改造成为无产阶级性质的队伍，首先要改变士兵的信仰，要把他们从崇拜上帝，盲目服从的雇佣观念中解放出来。为了提高官兵的政治觉悟，克服在旧军队养成的不良习气，左权日夜在部队中做思想工作，坚决贯彻古田会议决议精神。他多次到连队为起义官兵讲课，做报告，向广大官兵讲解红军的宗旨、性质、任务，使广大官兵明确红军是工农的子弟兵，是为工农大众服务的，帮助他们树立为工农翻身解放而打仗的思想。

部队按红军的建军原则建立了民主制度。连以下设立了士兵委员会，让士兵用民主的办法自己管理自己。左权特别强调要尊重士兵的人格，官兵在政治上一律平等，他在当时还提出了一个口号:“军阀主义是头号敌人，必须首先打倒它。”在经济上，部队实行经济公开，官兵待遇平等；连队建立经济委员会，协助管理伙食。还广泛开展了三大纪律六项注意教育。这些制度的建立，再加上深入细致的思想教育工作，使起义的广大士兵深深地感到：红军和白军是两重天。通过教育，他们获得了新生，逐步成长为革命的战士。

在整训的基础上，党组织发展了一大批积极分子入党。为了保证党对这支部队的绝对领导，按照人民军队的建军原则，在部队建立健全了党、团组织，其中班、排有小组，连有支部，团以上有党委。

为了增加起义官兵对根据地的了解，左权有计划地组织红十五军官兵到苏区党政机关、红军学校和部队驻地参观学习，让他们目睹红军是如何工作、学习和生活的。广大官兵看到红军官兵平等，团结友爱，根据地军民亲如一家，心情十分激动。同时，左权还让官兵们与驻地群众联系，帮助老百姓担水扫地，下田劳动，以密切军民关系。参观期间，苏维埃中央临时政府、中革军委的领导毛泽东、朱德、项英等都来到红十五军，给官兵们讲革命道理，鼓励他们进步。

一天，为了教育起义官兵，帮助其提高革命觉悟，中央派胡底、钱壮飞、李伯钊等带了一支工农剧社组成的宣传队到红五军团慰问演出。

在军团总指挥部和红十五军驻地九堡，刘伯坚、左权热情接待了他们。左权和宣传队的领导都很熟悉。一见面，左权就握住李伯钊的手说：“来得好，都是挑的精华。”“你们是有经验的老宣传队员，还需要创造什么条件，我们积极协助。”[①] 随后，左权指挥战士们在军部前面的空地上用竹子临时搭起了一个戏台，供宣传队演出使用。

① 李伯钊:《难忘的教诲》,《人民文学》1978 年第 5 期。

宣传队演出的第一幕剧是《为谁牺牲》。演出前，左权登上戏台讲了话，代表部队指战员对宣传队的到来表示欢迎。

戏的剧情表现一个国民党士兵的曲折经历。这个士兵原来是一个种菜的农民，一次上街卖菜，被国民党拉去当兵，随部队到江西“剿共”，被红军俘虏了。红军发给他路费，让他回家。在街上，他遇到了逃荒卖唱的老婆，俩人悲喜交加。就在这时，一队国民党兵又把他抓走了。当这个士兵第二次被红军俘虏后，下定决心参加红军。在革命根据地瑞金，他遇到了一路乞讨而来的老婆，终于幸福团聚。剧情曲折感人，看得起义士兵们热泪盈眶，使士兵内心受到很大触动，教育效果很好。

通过多种形式的教育，一些原来思想动摇的士兵决心安下心来当红军了。

强有力的思想政治工作使士兵的积极性高涨起来。而一些旧军官，其思想还不十分稳定。当时红五军团三个军中，十五军的问题最为突出。在整编期间，就有人提出要回家。红十五军一个姓刘的营长，原是黄中岳的部下。刘营长给军长黄中岳写了一张便条说：“本初（黄中岳字），我想回家。我把马送给你，请你给我一点路费！”像这样的情况，其他部队也有。为此，左权重点加强对这部分军官的思想工作，通过一段时间教育，仍不愿意留下的，左权指示发给他们路费，开欢送会，让他们高高兴兴地回家。

当时，由于党内严重的“左”倾错误，起义部队在整编中，“左”倾错误者提出了“要兵不要官”的口号。一些愿当红军的军官，被确定为遣散对象。另外，由于受王明“左”倾教条主义的影响，在党内，有部分人对起义部队问题的严重性估计过高，甚至有人主张武力解决。这些加剧了部队的思想混乱。在红十五军，一时谣言四起，如说对要走的官兵将以逃兵论处，实行武力解决；季振同、黄中岳已被中央扣留；中央已批准红四军来缴红十五军的枪；等等。一些连队宣布戒严，还有的无故放枪，气氛十分紧张。据萧劲光回忆，当时在红十五军甚至发生了殴打政治委员左权的事件。①

一天，一些军官来到红五军团总指挥部门前静坐，要求离开部队。为解决干部的思想问题，军团首长召开了有红十五军干部参加的会议，研究对策。出席会议的有萧劲光、左权、季振同、黄中岳、高自立、苏进等。会议讨论没有结果，最后决定由萧劲光请示中革军委和毛泽东。中革军委和毛泽东指示：“愿意革命的留下，一定要走的我们欢送。”

针对红十五军军官的思想情况，左权主动找他们谈话，耐心地教育帮助，消除他们的思想顾虑。为团结高级军官，军团政治部主任刘伯坚亲自到红十五军和左权一起开展工作，中革军委专门把黄中岳找去谈话，左权也多次找黄中岳谈心，启发其革命觉悟。通过艰苦细致的思想工作，一部分军官安下心来。

苏进是原第二十六路军第七十四旅第一团的中校副团长，宁都起义时他和团

---

① 萧劲光:《红五军团的初创时期》，载《红军反“围剿”回忆史料》，解放军出版社 1994 年版，第 89 页。

长黄中岳一起指挥部队占领总指挥部电台，包围第二十五师师部并缴获卫队的全部枪支，并诱捕了宁都县县长温肇祥。部队改编为红军后，苏进工作努力，积极要求进步。根据苏进的表现和要求，左权和刘伯坚、高自立一起作为苏进的入党介绍人，为其办了入党手续。苏进在后来回忆说："入党以后，军政委左权找我谈过一次话。他说：'从今以后，你就是无产阶级先锋队伍的一个党员了，你要始终牢牢记住：任何关系都不能超过党的关系！'他谈完后，又送给我《共产党宣言》《列宁主义概论》《国际路线》和《斯大林对苏联第一个五年计划第三年度执行情况的报告》四本书，要我很好学习，争取做一个名副其实的共产党员。他的谈话以及送给我的这些书，对我来说，简直是雪中送炭，使我如获至宝，激动不已。"①

经过一个时期艰苦的思想改造工作，起义部队稳定了下来，还进行了军事训练，学习红军的运动战、游击战战术。

1932 年 2 月中旬，根据中革军委的命令，红五军团进行了打破建制的混编。由于思想工作做得好，混编进行得很顺利，只用了不到一周的时间就完成了任务。为了教育改造红十五军，左权倾注了全部心血，做了大量的工作。经过三个多月的集中整编、改造和教育训练，起义部队面貌焕然一新，红十五军初步转变为一支新型的人民军队。在以后的作战中，包括红十五军在内的红五军团英勇善战，屡建战功，成为中央红军的主力之一，为中国革命和革命战争的胜利发展做出了重要贡献。

三、参加赣州战役

中央苏区第三次反"围剿"胜利后，中央红军发展到 7 万人，苏区版图扩大至 20 多个县，形成一个拥有二三百万人口、连成一片的红色区域。

1931 年 1 月，中共六届四中全会在上海召开，在共产国际代表米夫的支持下，王明等人取得了中央的领导权，从此开始了王明"左"倾教条主义在党中央长达四年的统治。第三次反"围剿"胜利后，苏区中央局多次提出，要夺取赣江流域的一二个中心城市，实现革命在江西的首先胜利，或者以"先发制人"的进攻，制止敌人可能发起的"围剿"。

1931 年 12 月 6 日，中共临时中央发出"首取赣州，迫吉安"的指令。为了落实这一指示，苏区中央局于 1932 年 1 月在瑞金召开会议讨论攻打赣州问题，会上毛泽东提出赣州是敌人必守之地，红军技术装备差，很可能久攻不下，于我不利，反对攻打赣州。他主张红军应向敌人力量比较薄弱、党和群众基础较好、地势有利的赣东北发展。但苏区中央局和中革军委的多数人认为，赣州处在苏区的包围中，攻下它可以使中央苏区和湘赣苏区连成一片。于是会议否定了毛泽东的正确意见，坚持发起赣州战役。

---

① 苏进：《忆宁都起义前后》，载《回忆中央苏区》，江西人民出版社 1981 年版，第 317—318 页。

赣州是赣南中心城市和连接赣粤两省的军事要地，地处赣江上游章、贡两水交汇点，三面环水，地势险要，又有坚固设防，素有“铁赣州”之称。驻守赣州的有国民党军第十二师第三十四旅马昆部2个团及1个独立连，共3000余人，另有赣南17个县地主武装17个大队5000余人。当时，在赣州以北的峡江、吉安、万安一带有蒋介石的嫡系部队5个师，赣州以南大庾、南雄、韶关一带有广东军阀的10多个团。赣州一旦遭到红军进攻，国民党军随时可得到增援。

1932年1月10日，中革军委下达了攻取赣州的军事训令，要求中央红军“坚决的取得苏区邻近较大城市——赣州”，“造成以赣州为中心，联系到湘赣、闽赣的广大版图，进而威胁吉安，向闽北发展，使革命发展更迫近争取一省或数省有首先胜利的前进（途）”。2月上旬，彭德怀指挥红三军团并红七军和红四军，进抵赣州城下。13日，红军开始攻城，但连续攻击数次，都没有取得成功。

当时，红五军团已整编完毕，于2月16日，奉命开始移至贡江东岸的梅林、七里、储潭一线，以控制章、贡二水汇合处及附近地区，负责牵制敌军，执行机动作战任务。

按照中革军委部署，左权召集红十五军干部开会，进行了攻打赣州的政治动员，介绍了粉碎国民党军第三次军事“围剿”后全国的革命形势，攻打赣州城的意义，传达了战斗部署和具体任务。经过动员，红十五军干部战士摩拳擦掌，跃跃欲试，战斗情绪十分高涨，纷纷要求上前线杀敌，决心打好参加红军后的第一仗。

2月27日，红三军团首长彭德怀、滕代远给红五军团首长来函，告知国民党军罗卓英、公秉藩师自吉安方向增援赣州。红五军团得到中革军委批准，在谭口、储潭、大湖一线部署阻击援敌。

3月1日，中革军委总部移驻赣州城下，直接指挥攻城作战，并发出了《关于坚决夺取赣州乘胜消灭来援敌人的训令》，对攻打赣州部署作了调整，决定增调红五军团参加赣州战役。随后，红五军团进抵茅店、江口一带，准备增援红三军团。

3月1日黄昏，黄中岳、左权率红十五军军部进驻大桥。当晚8时，他们二人联署就部队行动和打援问题直接向中革军委首长报告：

一、职部布置情形和构筑工事如左：

1. 四十三师一二七团驻车村，担任右自仓埠，左至黄金渡之线；一二八团驻三江口，担任右自苍蝇头，左至三江口之线，左与十三师取联络；一二九团驻丹塘，以一部担任黄金渡至苍蝇头之线；师直属部队驻丹塘。

2. 四十四师一三〇团即在大罢垅附近宿营，并派出一部与四十三师取得联络；师部及一三〇团即在大罢垅宿营。

3. 各部队到达指定地点后，连夜赶筑持久工事。

二、职等今早六时由三江口侦察沿河阵地，于午后二时四十分行抵水南附近对岸，发现敌人约一连，即向我阵地射击，刻下仍未退走。据此判断，似以威力侦察。

三、接第三师政委信（三师已开走），即令四十四师直属部队附步兵两连向沙石埠接防（明早五时出发）。

四、预备队位置于杨村、肖村一带。

五、军部现驻大桥，但为指挥便利起见，军部于明早移驻杨村后一里许天主堂附近。

六、请将敌方情况随函告之。

接到黄中岳、左权报告后，中革军委命令他们率红十五军作为赣州战役总预备队，进至储潭、大湖口一线，其他增援部队进至里镇、梅林（今赣县）一带。

此时，红三军团在赣州城下浴血奋战月余，进行了几次爆破攻城都没有成功，部队损失严重，疲惫不堪。

3 月 7 日凌晨 2 时，赣州守敌在援军配合下，突然出击，截断了红三军团正在西门河川与城墙挖地道的第一师的部队，第一师措手不及，红军伤亡很大，师长侯中英被捕（后被敌人杀害），攻城部队被迫后退。红三军团第二师立即驰援，亦被敌军死死咬住，情况十分危机。

当天，红十五军赶到赣州外围。下午 3 时，在左权和黄中岳指挥下，红十五军顾不上长途跋涉的疲劳立即投入战斗，在天竺山、白云山一线与敌人展开肉搏战。在左权、黄中岳带领下，红十五军斗志旺盛，奋勇当先，他们充分发挥有我无敌的拼搏精神，手持大刀，赤膊冲锋前进，一时间杀声震天，大刀飞舞，寒光闪闪，敌人血肉横飞。

攻城部队知道援军已到，备受鼓舞，立即组织反攻。一颗颗手榴弹在敌群中爆炸。敌人丢下累累尸体，仓皇后退。

据时任红三军团第二师第七团政委的李志民回忆："敌人依仗他们人多，武器好，紧紧咬住我们不放。幸好此时红五军团第十五军赶到，一阵猛烈反击，把敌人打垮；大刀队乘胜出击，配合部队奋勇冲杀。他们各个赤膊上阵，飞舞寒光闪闪的大刀，以有我无敌、所向披靡的英雄气概，高喊'杀'声，左劈右砍，杀得敌人呼爹叫娘，抱头鼠窜。我们回头看到这一大快人心战斗场景，都欢呼'大刀队杀得好！'

"红十五军追击逃敌，直追至赣州城南门外，歼敌一部，还捉了不少俘虏，使我们红五团、七团安全撤离，转移到赣县江口地区与军团会合，就地休整补充。"[①]

但由于敌人设防坚固，凭险顽抗，红军攻城不克，损失惨重，仅红三军团即伤亡 3000 人。在此种情况下，赣州战役被迫结束。

红军撤围赣州的第二天，奉中革军委命令，左权、黄中岳率领红十五军撤至赣县江口地区整训补充。赣州战役，是左权、黄中岳指挥的红十五军改编后第一次在战场上亮相，表现出勇猛顽强的大无畏精神，打出了军威，经受了战火的考验。

---

①《李志民回忆录》，解放军出版社 1993 年版，第 188 页。

红三、红五军团回到根据地后，为巩固部队，提高红军战斗力，中革军委决定对第一、第三、第五军团实行分编。

3 月 11 日，中革军委以总政治部主任王稼祥名义给第一、第三、第五军团各级政治委员和各级政治部发出指示信。指示信首先对红五军团的转变给予了充分肯定。信中指出：

“在五军团成立后，在共产党的领导之下，在革命士兵的拥护之下，洗刷了大批的反动官长，实行了本军团的混编，成立了政治委员制度，发展了共产党的组织，士兵的阶级觉悟与革命认识大大增加，军阀制度大大破坏，第五军团已经成为工农红军了。”

对于即将开始的分编的原因、目的和意义，指示信也作了详细的说明：

“红军第五军团的历史不久，红军制度还没有完全建立，在红军中的作战经验还没有，行军宿营也感受一些困难，所以，革命军事委员会决定混编是有伟大意义的。”“红军一、三军团是中国工农红军的主力军，他有长久的艰苦的斗争历史。五军团各军分［编入］一、三军团更能帮助五军团肃清军阀制度的残余，提高士兵对革命的认识，建立政治工作与党的工作，建立整个红军制度。”而“一、三、五军团分编对一、三军团也有很大帮助。一、三军团是土地革命中产生出来的，游击主义与农民散漫性还很浓厚的存在着。五军团有长久军队的历史，阵地战经验很多，一、三、五军团分编可以帮助一、三军团肃清游击主义和农民散漫性，帮助学习阵地战、白刃战、攻城战和一切军事知识。总之，一、三、五军团分编能够彼此帮助，使一、三、五军团能够更快的锻炼成工农红军铁军”。①

1932 年 3 月 12 日，中革军委发布《关于重编第一、三、五军团并委任总指挥、政委训令》(以下简称《训令》)，正式对红一、红三、红五军团分编。《训令》主要内容如下：

> 现为指挥作战便利起见，特将各军重新编成一、三、五军团。以四军、十五军编为红一军团，林彪为总指挥，聂荣臻为政治委员；王良为第四军军长，罗荣桓为政治委员；黄中岳为十五军军长，左权为政治委员。以五军、七军、十四军编为三军团，彭德怀为总指挥，滕代远为政治委员，陈宗实为总经理处长；邓萍为第五军军长，耽万敌为参谋长，刘益云为经理处长；龚楚为第七军军长，赵博生为第十四军军长，黄火青为政治委员。以三军、十三军编为五军团，季振同为总指挥，董振堂为副总指挥，萧劲光为政治委员，周子昆为参谋长；徐彦刚为第三军军长，葛耀山为政治委员；董振堂兼第十三军军长，何长工为政治委员。除分别委令外，特此令。着各军团、各军务于三月二十号以前编制完毕，具报本会存查，为要。②

① 军委总政治部关于一、三、五军团分编问题给各级政治委员的指示信，1932 年 3 月 11 日。

② 中革军委关于重编一、三、五军团问题的训令，1932 年 3 月 12 日。

重编后的红十五军辖第四十三、第四十四、第四十五师共三个师。

中央红军的重编，有利于打破小团体主义、地方观念，促进了各部队的相互学习和团结，推动了部队建设和协同作战能力。

3月中旬的一天，在南康县康江镇的一个祠堂里，左权和黄中岳参加了新组建的红一军团团以上干部会议。这次会议宣布了分编后红一军团干部的任命。毛泽东到会讲了话，号召大家执行新编制，迎接新任务。

会后，左权和黄中岳回到部队，召集红十五军干部开会传达了军团干部会议内容。会上，左权要求分编后的红十五军干部战士，努力向红四军学习，尊重红四军的干部和战士，加强团结，互相帮助。接着，左权和黄中岳率红十五军随红一军团总部进抵罗家渡。

四、东征漳州作前锋

中央红军重编后，1932年3月中旬，根据毛泽东的建议，苏区中央局在赣州东北的江口圩召开扩大会议，讨论中央红军以后的行动方向和作战任务。会上毛泽东提出“向赣东北以及闽北、浙江、皖南、苏南等敌人力量比较薄弱和空虚的地区发展”[①]，以求在赣江以东、闽浙沿海以西，长江以南，五岭山脉以北的广大地区建立苏区，发展革命战争。毛泽东提出的这一建议，在战略上是非常高明的一着。如果按毛泽东这一设想行动，红军不仅会合赣东北和闽北苏区的革命力量，取得人民群众的有力支援，依托武夷山、仙霞岭、天台山等有利地势条件，稳步向外发展，同时还可以促进上海和全国自“九一八”事变和“一·二八”事变以来蓬勃发展着的抗日反蒋运动。但这一正确意见也没有被苏区中央局采纳。与会的多数人认为：“在目前政治形势之下，工农红军应当发展革命，争取中心城市，争取一省和几省的首先胜利。在江西红军应当扩大苏区，贯通赣江两岸的苏区，以赣江流域为中心，向北发展，创造苏区。”会议根据多数人意见，决定中央红军主力夹赣江北上，向南昌、抚州方向发展，并相机夺取赣江流域的中心城市或较大城市，争取革命在江西的首先胜利。

32年后的1964年2月9日，朱德故地重游，并赋诗《经闽西感怀》一首，对这次会议未能接受毛泽东意见表示惋惜。

不听仙人指，寻求武夷巅。
越过仙霞岭，早登天台山。
赣闽成一片，直到杭州湾。
出击求巩固，灭敌在此间。

---

①《聂荣臻回忆录》(上)，战士出版社1983年版，第140页。

朱德在诗的注释中说明："这首诗第一句以下各句，都是毛泽东当时的指示精神"，"但这一正确主张未被采纳"。

为实现苏区中央局提出的战略意图，3 月 18 日，中革军委发布训令，决定以中央红军第三军团、第十六军和湘赣军区、湘鄂赣军区所属部队组成中国工农红军西路军，由彭德怀任总指挥，滕代远任总政委，沿赣江北上；第一军团、第五军团（欠第十四军）组成中国工农红军中路军，由林彪任总指挥，聂荣臻任总政委，沿赣江东岸北上。

苏区中央局的决定对红军的发展极为不利，因此，毛泽东向中革军委建议中路军应向福建行动，得到了林彪、聂荣臻的支持。3 月 21 日，林彪、聂荣臻向中革军委提出："行动问题，我们完全同意毛主席意见。"3 月 26 日，红一军团进抵长汀待命。3 月 27 日至 28 日，苏区中央局在瑞金召开会议，再次讨论红军的行动问题，会上，毛泽东详细陈述了中路军向东发展，攻打龙岩等地，消灭张贞等军阀，打开新局面的主张。会议采纳了毛泽东的这一正确建议，并将中路军改称东路军，准备东征。

4 月 1 日，红一军团总部移驻长汀。第二天，红四军、红十五军也分别由馆前、新桥、十里铺进驻长汀，准备向龙岩、漳州开进。

部队出发前，左权听取了毛泽东对部队团以上干部作的东征动员报告。毛泽东在报告中指出：当前日本帝国主义势力已到达厦门，我军进军闽南，以实际行动贯彻我党的抗日主张，将在国内外产生极大的影响。他还同时指出，红军向外发展，如沿赣江向北没有多少发展余地，国民党"剿匪"大本营就设在南昌；向南势必与广东部队顶牛；向西有赣江梗阻，大部队往返不便；只有向东发展最为有利。一来有闽西苏区作依托，二来闽南尚有广阔的发展余地。①

听了毛泽东的分析，左权对毛泽东的战略战术由衷地感到佩服。

次日，左权、黄中岳率红十五军由长汀出发，经过河田、河铺深坊、南阳、白沙，于 4 月 8 日进至大池。部队到达大池后，左权立即派出战士侦察龙岩周围敌情，并亲临前线观察地形。

4 月 10 日拂晓，左权、黄中岳率红十五军（欠四十三师）由大池隐蔽前进，进至龙岩以西小池附近，先以龙岩赤卫队向敌民团发起攻击，迷惑敌人。敌人以为进攻的是"土共"，并不在意。乘敌人麻痹之机，左权、黄中岳指挥红十五军向敌发起猛攻，击溃国民党第四十九师第二营（前哨补充营）和民团，击毙敌营长叶杨渝，斩掉了考塘守敌的触角。尔后，东路军兵分三路，向龙岩攻击前进，进至考塘一线。敌第四十九师一四五旅二九一团和一补充营，依靠坚固工事和炮楼顽强抵抗，迟滞红军前进，红十五军第四十五师进攻受挫，红一军团首长当即决定红四军一部投入战斗。左权亲率红四十五师，沿公路展开猛烈冲锋，红四军从侧翼进攻。这一仗，踞守考塘之敌第二九一团有一千余人被歼，敌防线全线崩

---

①《聂荣臻回忆录》（上），战士出版社 1983 年版，第 140—141 页。

溃，敌团长阮宝洪率残部三百余人突围，向龙岩方向逃窜，途中又遭到红十五军第四十五师第九十三团的猛烈阻击。阮宝洪不敢再回龙岩，率残部转向永福、漳平方向逃命去了。

红军消灭敌第二九一团后，当日下午红十五军和红四军兵分两路，一鼓作气，向龙岩城进攻。防守龙岩之敌为张贞的独立团，该团多系新兵，战斗力不强。左权和黄中岳指挥红四十四师、红四十五师首先抵达龙岩城下，分别向龙岩的西门、北门发起进攻。这时，驻守龙岩的敌第一四五旅指挥部急忙调驻坎市的第二八九团和驻白土的第二九〇团回援龙岩，并驰电向远在后方的旅长杨逢年告急。杨逢年率直属队立即驱车前往增援。而杨逢年进入龙岩城不到两小时，红军即突入城里。敌独立团一经红军冲击，即自行溃散。当天下午，红军攻占龙岩。敌独立团团长兼龙岩县县长张性白被击伤后，率残部100余人跟着杨逢年及其直属队从南门逃出龙岩城，向适中方向撤退，在距县城3.5公里处的三岔路口，与增援龙岩的第二九〇团相遇。杨逢年命令第二九〇团团副率两个连阻击红军，自己带着直属队和第二九〇团主力撤向适中、南靖。

龙岩之战，红军歼敌约2个团，俘685人，缴获无线电台1架，火炮2门，机枪10挺，步枪900多枝和子弹7万多发，以及大批军用品，为攻占漳州创造了条件。

占领龙岩的第二天，左权参加了由毛泽东主持召开的红一军团师长、政委以上干部会议。会上毛泽东总结了东路军前一阶段的作战经验，分析了考塘之战的教训，指出龙岩战斗胜利的原因有三条：甲、白沙休息一天，团结兵力；乙、不顾坎市，直取龙岩；丙、大池宿营，不去小池，击敌不备。同时，也总结了一条教训："然未获全胜，则四十五师解决敌人之前哨过缓，否则敌八团及其旅部可望全获。"会上，毛泽东对下一步战略部署作了说明，决定依照原定计划进攻漳州。具体部署是：以红一军团所属部队和第五军团第三军为攻漳主力；将闽西红十二军放在上杭、武平地区，警戒粤敌，保障入漳大军的后路和右翼。同时，命令谭震林率一个团并带电台去永定，向大埔、永和游击，侦察敌情；红五军团第十三军驻龙岩，保障龙岩公路的补给线。并要求苏区中央局将总政治部和总经理部东移龙岩工作。

占领龙岩以后，东路军在城里整顿休息了3天。4月14日，左权、黄中岳率红十五军向东南方向兼程疾进，锐不可当，连克和溪、芝田、水潮、龙山，于16日到达漳州外围的天宝大山。

漳州位于九龙江下游，濒临东海，水陆交通便利，贸易发达，是闽南重镇。漳州地势平坦，没有城墙，敌人防御比较薄弱，守军为国民党军张贞第四十九师2个旅共6个团及直属炮兵营、工兵营、辎重营、特务营、独立营以及地方保安队、靖卫团约1万人。

天宝大山是闽南的主要山脉之一，东南紧临水流湍急的九龙江，由榕仔岭、十字岭、风霜岭、大尖山、笔架山、五风山、玳瑁山组成，峰峰矗立，岭岭相连，构成了漳州城西北的一道天然屏障。

红军解放龙岩后，坐镇漳州的张贞察觉红军有东进福建、直指闽南的意图，为确保老巢漳州，阻挡红军前进，他将主力王祖清的第一四六旅扼守天宝大山的左翼十字岭和风霜岭及天宝地域，旅部设在天宝镇；以从龙岩溃退下来的杨逢年的第一四五旅防守右翼榕仔岭、笔架山及南靖地域，旅部设于南靖县城——靖城镇；同时张贞将师直属队一部和地方保安队等配置在漳州市区。

欲取漳州，必须先夺天宝山。毛泽东和东路军首长决心首先歼灭漳州外围之敌，尔后乘胜夺取漳州市区。

4 月 16 日，左权等前线指挥员陪同毛泽东到南靖前沿阵地视察地形，了解敌情。为搞清敌人的部署，毛泽东指示左权率红十五军第四十四师对宝林桥一带进行火力侦察。经过一番调查研究，毛泽东和东路军首长制定了攻打天宝山周密的作战计划，确定以红四军主攻敌之左翼十字岭、风霜岭一线；以红十五军助攻宝林桥至南靖的敌第一四五旅，红三军为预备队。

受领任务后，左权指挥红四十四师在宝林桥一带对敌实行佯攻佯动，强渡芗水，诱惑牵制榕仔岭一线守敌，掩护大部队从宝林桥上游强渡永丰溪，向龙山镇南坪村进发。

至 4 月 18 日，东路军主力全部进入前沿攻击位置，做好了向敌进攻的准备。

4 月 19 日拂晓，东路军主力向风霜岭和十字岭敌阵地发起攻击，上午 9 时许，红四军首先突破敌人十字岭、风霜岭主要防线，敌左翼主阵地落入红军之手，随后，红四军主力向天宝纵深方向扩张战果。在十字岭、风霜岭激战的同时，佯攻宝林桥的红十五军在红四军的配合下，迅速攻占榕仔岭、笔架山，并向南靖方向扩张战果。在红十五军的打击下，敌杨逢年第一四五旅急忙撤出阵地，固守靖城。

当天下午 3 时，左权、黄中岳率红十五军追至靖城城下，以炮火猛轰靖城，并向敌发起攻击，杨逢年见红军势不可挡，慌忙率部弃城向漳州方向逃跑，红十五军乘胜追击。在红十五军和占据天宝圩的红四军的前后夹攻下，杨旅官兵慌作一团，一触即溃，大部缴械投降。杨逢年见败局已定，剪掉胡须，化装泅渡九龙江逃跑。

张贞见天宝战局危急，便亲自带特务营赶到天宝茶铺炮兵阵地督战。保定陆军军官学校炮兵科出身的张贞，躲在香蕉地里，指挥炮兵攻击红军。无心恋战的炮兵毫无目标地乱放一通。在红军的猛烈攻击下，敌天宝山防御阵地全线崩溃，炮兵弃炮而逃。张贞见败局已定，率领残部从前线退到漳州城内。

当天下午，红军在漳州以西的茶铺地区击溃漳州市区增援之敌，并乘势向市区追歼逃敌。张贞于当晚引爆弹药库，并将三十多万银元倒入江中，连夜乘汽车向漳浦、诏安方向逃窜，途经九龙岭时，又遭到红军游击队的伏击，差点当了俘虏。

4 月 20 日清晨，左权、黄中岳指挥红十五军和红三军、红四军一起进占漳州城。上午 8 时，毛泽东和东路军总部首长进城，并举行了隆重的入城仪式。随后，东路军主力向漳州周边发展，相继占领石码（今龙海）、海澄、漳浦、平和、

1932 年 4 月，红军攻克漳州，左权与红一军团战友观看缴获的飞机

山城（今南靖县城）、长泰、角尾等城镇，并分兵发动群众，征集资财。

漳州战役，红军战果辉煌，共歼灭国民党军 4 个团，毙敌第二九三团团长陈启芳，俘敌第一四六旅副旅长魏振南、第二九二团团副谢玉成以下官兵 1674 人，缴获步枪 2331 枝、机关枪 9 挺、山炮 2 门、迫击炮 2 门、平射炮 2 门、步枪弹 133200 发、炮弹 4942 发、飞机 2 架、电话机 10 架[①]。国民党张贞残部大部分逃到了闽粤交界的海滨城市诏安，从此一蹶不振，很长一个时期未能恢复战斗力。

漳州战役的胜利，对巩固闽西苏区、发展闽南游击战争和援助东江地区红军有重要意义，在当时国内外也产生了很大影响。这次战役的胜利，从根本上说，是毛泽东反对"防御式的内线作战战略"、主张"进攻的外线作战战略"[②]的胜利，也是包括红十五军在内的红军东路军广大指战员英勇奋战的结果。

漳州战役，在毛泽东亲自指挥下，东路军取得了巨大胜利。

左权率领红十五军从千里之外的赣南出发，一路斩关夺隘，为漳州战役的胜利作出了重要贡献。据耿飚回忆说："1932 年 4 月，中央红军组成东路军，左权率红十五军担任前锋。在南靖天宝山决战中，他率领四十四师佯攻保林桥，强渡芗江，勇猛插入敌军右翼，把敌人打得溃不成军，使红军部队乘胜攻占漳州。"[③]

---

① 红一军团龙岩两役战斗经过报告，1932 年 4 月 30 日。

② 毛泽东：《对中央的政治估量、军事战略和东西分兵任务的意见》1932 年 5 月 3 日。

③ 耿飚：《光照日月 浩气长存》，《解放军报》1982 年 5 月 25 日。

红军攻打赣州，损兵折将，打漳州却以极小的代价取得了很大成功。为什么同样是攻打城市，结果却不一样呢？这引起了左权的深刻思考。通过对实际的比较，左权对“左”倾冒险主义错误有了进一步认识，临时中央的指示完全脱离实际，只能到处碰壁。参加了这两次战役的红一军团政委聂荣臻后来对此有过精辟的分析：打赣州，没有打下来，吃了个大苦头。打漳州，打下来了，吃了一个甜头。两者相距一个多月。两相比较，究其原因，赣州是敌人的强点，又有国民党大部队支援，再加上我们侦察警戒疏忽，所以吃了亏，毛泽东同志一开始就不主张打。漳州，是敌人的薄弱，毛泽东同志就赞成我们打，并且亲自指挥我们打，取得了胜利。所以，选择敌人的弱点打，应该是我们处于劣势的部队绝对要遵守的一个军事原则。此外，即使漳州打下了，也不能引申说凡城市都可以打。普遍地攻打城市，在当时条件下显然是错误的。“争取一省和数省首先胜利”“夺取中心城市”等口号显然更是战略性的错误。①

4 月 21 日，在漳州城内芝山脚下寻源中学校长楼（今称红楼），左权参加了由毛泽东主持召开的东路军师以上干部会议，讨论战后地方、战区总检查及第二次行动问题。会议决定：

第一，红十五军在南靖到天宝一线，红三、红四军在漳州附近，进行下列工作：收集战利品；搜查反革命分子，重点是搜查反动党团机关、旅馆和地主豪绅住宅；向群众宣传，分发谷物给群众，扩大红军政治影响；向地主豪绅筹款。

第二，严格执行入城纪律，不许拿非公用品，不许打破东西，维持革命秩序。

第三，军事上打击随时来闽的广东敌人。

会上，毛泽东还宣布，对民族资产阶级、小商人的政策为自愿捐助，商业要照常营业，可以通过商会向一般工商业者筹款。②

会议结束后，左权、黄中岳命令所属部队按划分的区域负责检查、搜集战利品，维持革命秩序等工作。

为了教育红十五军广大官兵，左权组织了排以上干部到漳州参观，教育部队严格遵守城市政策和群众纪律，强调要学习苏联红军。这一创举，得到了毛泽东的好评。由于红十五军模范执行纪律，买卖公平，对老百姓和气，给漳州人民留下了良好印象。

红军攻打漳州抓了许多俘虏，左权教育部队执行废除打骂制度，实行愿参加红军者留，不愿留者发给路费回家的俘虏政策。这对刚刚参加革命队伍的红十五军战士，又是一次生动的政策教育，使他们深刻认识到红军与雇佣军队的本质区别。

红军东征期间，左权给当时担任东路军总指挥的林彪留下深刻印象。后来，林彪回忆说：“我们第一次认识是在一个办公室内，你坐在办公桌旁正在孜孜地书写，你是那么谦虚，毫无一点骄气。你完全大别于当时某些留洋回来的人们，

---

①《聂荣臻回忆录》（上），战士出版社 1983 年版，第 150 页。

② 中共漳州市委党史研究室：《中共闽南地方史》，中央文献出版社 1995 年版，第 141 页。

神气十足、鄙视别人是狭隘经验论者的习气，然而你在国外学习的成绩都是很好的，你在黄埔一期学生中也是卓越的。”“三二年我们东征打下了漳州，这是我们共事的开始，在工作中你显出了良好的品质，你不谈空话，你忠于干实事……一个忠勤笃实的印象深深留在我的脑子里。”①

4 月 22 日，左权、黄中岳率红十五军重返南靖，军部设在靖城文庙里。

根据东路军总部关于分兵深入各地发动群众，以完成东征漳州的政治、军事、经济三大任务的行动计划，4 月 22 日下午，红三、红四军和总部连以上干部在漳州城内听毛泽东作报告。会上，毛泽东总结了前一阶段作战的经验，布置了下阶段的任务。毛泽东幽默地说：“有人说我们红军只会关门打狗，怀疑我们在白区不能打仗，可是你们看，我们在白区打得蛮好嘛！”

当天，左权在靖城红十五军军部，也主持了红十五军排长以上干部会议，传达了 4 月 21 日东路军师以上干部会议精神，并就下一步行动作了部署。红一军团政委聂荣臻出席了红十五军的会议，并作了目前政治形势报告。会议决定红十五军第四十三师、第四十四师、第四十五师分别进驻南靖的龙山、靖城、山城一带，由鲁守椿、高自立、苏进、宋任穷、杨得志等师、团首长负责开展工作。

红十五军在南靖期间，广泛发动群众，打土豪，分粮食，分财物，分田地。采取各种形式广泛进行革命宣传。左权指示部队将共产党的主张、红军性质、进攻漳州的目的，宣传到群众中。还针对当时国内社会的性质、主要矛盾和“九一八”事变后蒋介石“攘外必先安内”的错误政策，有针对性地制定宣传内容。

在左权领导下，红十五军各师、各团分别组织三人一组、五人一队的小分队走村串户，访贫问苦，与群众谈心；有的部队派出宣传队绘制漫画，编写歌谣，采取多种形式教育群众，或在人口集中的地方搭台演讲，宣读革命道理和党的抗日主张，揭露蒋介石对外投降卖国，对内镇压革命的罪行。他们书写标语，张贴安民告示，团结教育群众，劝告国民党士兵弃暗投明。至今在南靖县城内山城大庙口墙壁上还完整地保留着一首名为《告白军士兵书》，长达 384 字，它以亲切的口吻写出国民党士兵所遭受的欺凌痛苦，规劝他们“调转枪口当红军”。内容切合国民党军的心理，感人至深，曾在苏区广为流传，造成了广泛影响。

红十五军的宣传工作，达到了预期效果，赢得了广大人民群众的信任。人们对红军的谣传、猜疑、顾虑顿时烟消云散，从而认清了红军是工农的队伍，是专门打击国民党反动派和土豪劣绅的革命武装。不久，外逃他乡或躲进山里的商人和群众纷纷回到家乡，务农经商，安居乐业，南靖的各项秩序得到恢复和稳定。

经过广泛的宣传和细致的群众工作，红军活动区域广大群众的觉悟大大提高，有许多青年，特别是贫苦农家子弟要求参加革命，积极报名参加红军。为此，红十五军在靖城、山城、龙山、和溪等地设立了招兵站。在一个月的时间

---

① 林彪：《悼左权同志》，《解放日报》1942 年 6 月 19 日。

内，仅南靖县就有二百多名青年参加了红军。

筹款筹物是红军的主要任务之一。为了更好地开展这项工作，左权教育部队要严格执行党的政策，坚持区别对待的原则，对民愤极大的土豪劣绅，要实行镇压，没收其浮财，分发给贫苦农民；对一般的乡绅，主要向他们讲明共产党的抗日主张和红军筹款的意义，以达到向他们筹款的目的。在南靖各地筹款工作中，由于红十五军正确执行党的政策，加之秋毫无犯、纪律严明，筹款工作得以顺利进行，仅山城地区就筹集 8 万块银元，为红军反对蒋介石发动的第四次反革命“围剿”做了必要的物质准备。

正当红十五军在南靖开展群众工作期间，发生了所谓“季、黄谋叛事件”，红十五军军长黄中岳和红五军团总指挥季振同先后被捕。不久，季、黄二人被公审，判处死刑。但以毛泽东为主席的中华苏维埃共和国中央执行委员会没有批准当时临时最高法院对他们的死刑判决，认为“季、黄等均参加宁都暴动者，对革命不无相当功绩”，季、黄“曾为宁都暴动领导者之一，应减刑免死”，“由死刑减为监禁十年”。[①]1934 年中央红军长征前夕，二人被错误处决。1981 年中共中央组织部对季振同、黄中岳的问题重新做了调查，给他们平反昭雪。

黄中岳被捕后，左权被任命为红十五军军长兼政委。对季、黄二人的被捕，左权虽有疑虑，但为了稳定部队，还是极力按中央的口径去教育部队。

在南靖期间，杨得志率领的红一军团第三十一师第九十三团奉命拨归红十五军指挥。

杨得志，湖南醴陵人。1928 年加入中国共产党，参加过湘南起义。先后担任湘南工农革命军第七师师部通信员，红四军特务营连士兵委员会主席，第二纵队班长。参加了井冈山和赣南、闽西地区的游击战争。自 1930 年 10 月起，任红四军第十一师师部通信排排长，特务连连长兼党支部书记，炮兵连连长，红十五军第四十五师司令部管理科科长。参加了中央苏区第一至三次反“围剿”作战。1932 年攻打赣州时任新成立的第一军团三十一师第九十三团团长。

杨得志率部队到达南靖后，马上到军部向左权报到。

25 年后，杨得志回想起与左权第一次见面的情形时，仍记忆犹新。

那天，天气晴朗，杨得志兴兴冲冲地来到军部大院，左权在自己的办公室热情地接待了他。

左权的房间内陈设很简单，靠门口左边摆着一张破旧的方桌，桌上整齐地放着一叠书，有一本正摊开着，右边墙上挂着一张大地图。屋里还有一张小木床，床上除了一条薄薄的被子和一个枕头外，没有别的东西。

左权问了许多问题。如干部情况，战士情绪，部队的休整，连队的伙食，甚至极小的事，如战士们爱听什么戏，爱唱什么歌，爱说什么快板等，都问到了。

---

①《中央执行委员会关于批准临时最高法院法庭对季、黄反革命案件判决书的决议案》，《红色中华》1932 年 9 月 6 日。

他们谈了足有三个钟头，直到警卫员进来点上小油灯，谈话才结束。杨得志临走时，左权叮嘱他说："以后要常来，多谈谈。"

这次见面，给杨得志留下了深刻印象。他说："左权同志第一次给我的印象就是：诚恳，坦率，和蔼，俭朴。"①

杨得志由于和左权是同乡关系，加上左权平易近人，以后，杨得志经常利用到军部开会的时机，提前到左权那里聊天。他们谈战斗，谈学习，有时还会谈起家乡的土特产。杨得志评价说：左权同志知识很丰富，每说一样都有条有理，有根有底。他说历史，能说上几个朝代。说天文，他也能讲一套日月星辰。讲战术，自然他更内行。有时他们也谈建筑，什么体积，立方，看起来，左权又像个建筑师。由于左权说话风趣，有吸引力，他下部队检查工作，战士们就会围上来，问这问那。左权利用这些时机，对干部、战士进行形势和共产主义教育。杨得志回忆说，曾听过左权有关马克思列宁主义的报告和苏军战斗条令的报告。由于他讲课通俗易懂，许多晦涩的名词，经他一讲，大家都豁然明了。

左权受过系统的专业军事教育，但他十分注重利用一切时机学习，在战争的实践中不断充实自己，使自己的军事素养和指挥水平得到进一步提高。

5月28日，中革军委命令中央红军东征军撤离漳州，回师龙岩集中，准备西进粤赣边发起水口战役。这时，中革军委突然宣布撤销左权红十五军军长兼政委的职务，到后方接受审查。红十五军军长和政治委员职务分别由陈伯钧、朱良才担任。②

这是为什么？左权当时不明白，也不知发生了什么事情，但他坚决执行军委的命令，与陈伯钧、朱良才交接完工作，带着疑虑不安的心情骑马回到瑞金。

---

① 杨得志：《和左权同志相处的日子》，载晋冀鲁豫烈士陵园编：《怀念左权同志》，湖南人民出版社1981年版，第15页。

②《中国工农红军第一方面军史》附册，解放军出版社1992年版，第220页。

第七章　忍辱负重

一、“留党察看”

左权到瑞金后，立即接受了苏区中央局组织部和中央执行委员会国家政治保卫局的审查。原来，1932 年 5 月，在中央苏区的肃反运动中，有人向苏区中央局告发左权，称左权在任新十二军军长时，曾收藏过“托陈取消派”的文件。对这件事，时任中央执行委员会国家政治保卫局局长邓发后来是这样回忆的：1930 年 12 月，新十二军军部开会时，红一团政委刘梦槐无意中在军政委施简的衣袋里发现了托派的文件，当时即将此文件交给左权看。左权看后便将文件放到自己衣袋里。事后，左权没有将文件的事向中央汇报。[①] 有人将此事向苏区中央局告发后，苏区中央局极为重视，便决定立即解除左权红十五军军长兼政委的职务，调其回后方瑞金。

当时，苏区中央局委员兼组织部部长任弼时、中央局秘书长欧阳钦和邓发分别找左权谈了话。左权向中央派来的谈话者如实地承认了托派文件的事。他说那份文件是上海的托派组织通过邮局寄给施简的，原保存在施简的文件箱中，为不使文件扩散，自己将文件封存起来。后来，奉中央军委命令，左权从新十二军调离，到江西苏区红一方面军司令部任作战参谋，托派文件不知遗落何处。在接受中央审查时，左权承认在这件事情上自己有错误并写了声明书，但同时也坚决否认自己和托派组织有任何联系。

左权是一位忠诚正直、光明磊落的共产党员。因托派文件的事，他受到牵连。这与当时苏区的政治环境是分不开的。

大革命失败后，以陈独秀为代表的右倾机会主义和从苏联共产党内分裂出来一个以托洛茨基为代表的政治派别——托洛茨基反对派结合在一起，在中共党内形成了一个政治派别，称“托陈取消派”。1927 年底和 1928 年，少数直接受到托洛茨基和托洛茨基主义影响的中国留学生先后回到国内，从事托派活动，他们极力鼓吹托洛茨基的错误观点，认为在第一次大革命时期，中国的无产阶级不应与民族资产阶级合作，共产党不应加入国民党；在武汉汪精卫叛变之前，就应当立即建立苏维埃

① 邓发给时任中共中央组织部长陈云的信，1942 年 2 月 19 日。

政权。1929 年春，陈独秀等人从这些托派分子那里看到托洛茨基关于中国革命的文件，他们表示赞同，于是在中共内部形成“左派反对派”。1929 年 8 月到 10 月，陈独秀多次写信给中共中央，对中国的社会性质、革命性质、革命形势、革命任务和革命道路等一系列根本问题，提出了与党根本对立的观点。12 月 10 日，陈独秀公开发表《告全党同志书》。12 月 15 日，他又和 81 人联合发表《我们的政治意见书》。1931 年 5 月，几个托派小组织如“无产者社”“我们的话”“十月社”“战斗社”等在上海联合召开大会，成立了以陈独秀为书记的所谓“中国共产党左派反对派”，又称“中国共产主义同盟”或“中国共产党列宁主义左翼反对派”。

“托陈取消派”的出现，在中国共产党内部形成了一股反对势力。随之，中共中央领导全党与之进行了坚决的斗争。1929 年 8 月，中共中央发布《关于中国党内反对派问题》的通告，号召全党开展反对托派的斗争，并决定对一般分子主要采取教育方法加以挽救，将托派骨干分子一律清除出党。同年 10 月，中央政治局进一步做出《中央关于反对党内机会主义与托洛茨基主义反对派的决议》，对托陈取消主义进行了系统的批判，要求立即解散党内所有托派小组织，并给予参加者以组织上的制裁。

中共中央反对托陈取消派的斗争是正确的，反对托陈取消派的方针在中央苏区也得到了贯彻执行。然而，中共六届四中全会以后，王明“左”倾教条主义者把持了中央领导权。他们在组织上实行极端的宗派主义干部政策，从 1930 年下半年开始，在中央苏区大搞肃反扩大化。“左”倾教条主义者执行冒险主义和宗派主义方针，对持有不同意见者无情打击，并采取“逼供信”的手段，造成大量冤假错案，一些忠于革命的干部战士被当作托陈取消派、AB 团、社会民主党人而惨遭杀害。一个时期内，中央苏区人心惶惶，有的地方甚至弄到“人人自危，噤若寒蝉”的地步，政治空气变得极不正常。

1931 年夏，原闽西苏区新十二军政委施简因“托派”嫌疑被免职，后调至中央革命军事委员会、红三军、福建军区工作。1932 年 6 月，在中央苏区肃反运动中，施简因托派嫌疑被捕①，也向苏区中央局报告了左权与托派文件的事。

早在 1927 年在莫斯科学习时，左权因与所谓“江浙同乡会”的人有过接触，曾被怀疑是托派分子。尽管后来证明“江浙同乡会”纯粹子虚乌有，但在当时中央的一些人眼中，左权在政治上是不可靠的。左权回国后不久，在闽西苏区工作期间，中共南方局军委曾要闽西特委“严重注意左权同志的政治活动”。这次托派文件事件发生后，尽管左权一再向组织声明事实真相，但根本不能被当时的中央所相信，一些人坚持认为左权有参加托派组织的嫌疑。但是，他们却拿不出确凿的证据，加之左权到中央苏区后，出生入死，英勇作战，且几乎每战必胜，表现一直很好，苏区中央局和国家政治保卫局才没有将他当作反革命论处，最后给

---

① 施简被捕后，被“左”倾冒险主义者判刑 5 年。1934 年长征前夕在江西瑞金被杀害。1945 年被平反昭雪。

了他留党察看八个月的处分。

左权性格耿直，为人忠厚，平时言语不多，也不喜欢张扬。来到中央苏区不久，他想得最多的是如何在战场上杀敌立功，报效党和人民，对当时党内政治斗争的残酷性、复杂性了解不多，对托派文件的事情缺乏高度的政治敏感，当时没有引起足够的重视，结果给自己带来很大的麻烦。这件事情后来一直困扰着左权。

二、红军学校的军事教官

在留党察看期间，1932 年 6 月，左权被调到中国工农红军学校担任军事教官。

学校是培养干部的摇篮。随着红军的发展，为加强军校建设，1931 年 11 月 25 日，中华苏维埃共和国中央革命军事委员会成立的当天，中央决定以红军中央军事政治学校第一分校和红一、红三军团随营学校为基础，正式成立中央军事政治学校。校址设在瑞金城东的谢家祠堂。这是红军第一所培养军事、政治、特种技术指挥人才的综合性学校。1932 年春，中央军事政治学校开办第二期时，改称中国工农红军学校（以下简称“红校”）。

学校成立时，由留苏归国的萧劲光任校长，何长工代理政治委员。在红校有一支高素质的专职教员队伍。他们多是从部队抽调来的高、中级指挥员，其中不少人曾就读于黄埔军校、苏联军事院校、日本士官学校、保定军官学校和西北军干部学校等。如周子昆、伍修权、吴亮平、郭化若、孙毅、苏进等，他们有较好的理论基础和较高的军政素质。除专职教员外，还有一支力量雄厚的兼职教员队伍，这就是军团和各军的主要首长，他们常到学校做报告，介绍作战经验。另外，中共苏区中央局和中革军委十分关心红校的建设。毛泽东、周恩来等都亲自到校授课。朱德每次从前线回来，都会到红校看望学员，并听取学员工作、学习汇报。

红军学校的教学内容有军事、政治、文化等。政治课主要是党的纲领、形势和政策教育，培养学员为无产阶级奋斗到底的精神。文化课是在扫盲基础上进一步提高文化水平和写作能力。军事课是主要课目，占红军学校全部课程的 3/5。主要内容是从单兵动作、步枪、机关枪的训练，到班、排、连进攻、防御、遭遇战斗等的基本战术和技术训练。既有课堂讲解，又有操场、野外演练。

红军学校既是教育单位，以学为主；同时，又是中革军委和红一方面军的总预备队，随时准备参加反“围剿”作战，因而学校编组保持着战斗序列。

由于左权曾先后在国内外受过系统的高等军事教育，军事理论素质强，又有丰富的军事实践，派他到红军学校担任军事教官，也是用其所长。

左权到红军学校时，正值第三期开学。当时，萧劲光已调任红五军团第十三军政委，由刘伯承任校长兼政委。

由于遭受到“左”倾机会主义者的打击，在红军学校的一段时间里，左权的心情是沉重的，但他并没有因此消沉。能在为人宽厚的老同学刘伯承领导下工作，左权多少也感到一些宽慰。在新的岗位，他以一个共产党员的坦荡胸怀，对党忠心耿耿，兢兢业业地工作，根本看不出他是刚刚受到撤职处分的人。

第三期学员有 1500 人，编有 2 个步兵营、1 个政治营，还有上级干部班和团政治委员训练班。在红军学校期间，左权主要担负军事课程的教学任务。为讲好每一堂课，左权都十分认真准备。他重新研读了马列主义理论和一些中西方著名军事家的军事著作。在左权的案头，除摆放着党的文件、毛泽东和朱德的著作外，还有俄文版的《列宁全集》《苏联红军丛书》、伏龙芝、苏沃洛夫、克劳塞维茨等人的军事文集以及曾国藩、左宗棠的文集等。

左权讲课十分注重采用课堂讨论式教学方法，鼓励学员提出问题，自己很和蔼、耐心地解答。他在课堂上理论联系实际，善于以典型战例说明深奥的理论问题，深入浅出，达到了很好的课堂效果。他常拿着俄文课本用中文给学员们讲解苏联红军的各种战术，丰富了课堂知识，拓宽了学员的视野。左权认真的教学态度、实用的教学方法和丰富的教学内容，使学员的军事理论水平得到迅速提高，受到大家的一致好评。

当时与左权同住一室的是军事教员兼政治营第三连连长刘少卿。他对左权的遭遇十分同情，看到左权并没有因不公正对待而消沉，感到既同情又钦佩。在左权身上，刘少卿看到了一个共产党员无私的高尚情怀。为帮助刘少卿提高讲课效果，左权常常为刘少卿讲解军事理论，并将自己翻译的手稿让刘少卿抄阅。有时，还拿着俄文书直接翻译，给刘少卿讲解其中与教学有关的内容。在左权的帮助下，刘少卿的教学水平有了很大进步。

1932 年 10 月，中共临时中央电示苏区中央局，令总参谋长叶剑英与刘伯承对调，担任红军学校校长。此时，正是红军学校第三期学员毕业前夕，根据教学计划，叶剑英到任后组织了一次远距离的野战演习。左权和其他军事教员积极协助叶剑英，对演习进行了认真的准备。左权参与了演习方案的制订。演习的主要课目是行军、宿营、进攻、防御、遭遇战和政治宣传等。左权随演习部队从瑞金出发，经武阳围、谢坊、乐村、会昌，往返一百多公里，运用山地、丘陵、平川、江河等地形地物，进行了近似实战的演练。这次演习，是对红军学校教学工作和学员学业的一次检验，取得了圆满成功。

在红军学校期间，为了加强红军建设和配合教学，左权挤时间翻译了介绍苏联红军的《苏联国内战争中之红军》一文；撰写了《苏联红军中党的工作原则》等文章，发表在《革命与战争》刊物上。此外，左权还撰写了《军语解释》一书，该书主要内容有：基本队形、应用队形、行军队形、疏散队形、战斗队形等。这本书对加强红军的正规训练，提高军事素质起到了积极作用。

三、重返参谋工作岗位

1932 年 12 月 30 日，国民党“赣粤闽边区剿匪总司令部”下达进攻中央苏区的作战计划，组织左、中、右三路“进剿军”，采取分进合击的战术，准备对中央苏区进行“围剿”。

红一方面军第三次反“围剿”胜利后，中央苏区得到进一步巩固和扩大，红一方面军已经发展到7万人，武器装备也有较大改善。这些为粉碎国民党军新的“围剿”创造了条件。但这时以王明为代表的“左”倾教条主义在中央苏区得到进一步贯彻执行。在1932年10月召开的苏区中央局宁都会议上，毛泽东被排挤出了红军的领导岗位。

1933年初，第四次反“围剿”开始后，前线战事紧张，为发挥左权参谋工作的特长，中革军委决定重新起用左权，将他从红军学校调到总参谋部第一局任作战参谋。

总参谋部第一局也称作战局，是由原总参谋部作战科发展而来。1931年11月下旬，总参谋部成立以后，各机关的组织分工和参谋业务工作制度不甚完善，机关和部队的联系也不够畅通。随着战争规模的扩大，为适应战争需要，中革军委于1932年2月颁布《红军暂行编制表》，重新规定了各级司令部机关的编制，将原来分工不明确、体制不合理的一些机关予以精简合并，按照新编制，总参谋部作战科改称军委第一局，局长为张云逸，下设作战、机要、管理等科。机关业务人员基本上是红一方面军总司令部参谋处原班人马。比起红一方面军参谋处来，第一局的任务十分繁杂，其职责主要有：主管红军的作战指挥，负责作战计划的拟定，搜集整理敌人情报，翻译电报，收发文件，保障总部机关安全，掌管中革军委、总部首长的生活物资保障等，同时还要经常掌握其他苏区尤其是红四方面军的军事活动情况。

面对气势汹汹而来的敌人，中共临时中央和苏区中央局累电红一方面军总部，促其主动出击，攻占敌人重点驻防的南丰、南城，进而威逼和夺取中心城市抚州、南昌，以打破敌人的“围剿”，并争取江西一省的首先胜利。

红军总政委兼红一方面军政委周恩来根据前线敌我态势，不赞成攻打坚城和在不利条件下与敌决战，提出集中兵力以运动战消灭敌人。但临时中央坚持“左”倾冒险主义军事路线，不采纳周恩来、朱德等前线负责人的正确建议。1933年2月4日，苏区中央局转发临时中央给周恩来、朱德、王稼祥的命令，坚持攻占南丰城的主张，并强调此计划经苏区中央局全体通过，须立即讨论并报告执行的具体部署。南丰城池坚固，红一方面军攻打南丰受挫。而敌援军向南丰迅速推进，企图合围歼灭红军于南丰城下。2月12日，朱德、周恩来果断率红军撤围南丰，实行战略退却，留少数兵力继续佯攻南丰，将红军主力四五万人秘密撤至南丰西南的东韶、洛口、吴村地区隐蔽集结，待机歼敌，并派出红十一军伪装主力，由新丰街东渡抚河，向黎川方向前进，迷惑敌人。

国民党军遂以三路纵队紧跟红军佯动部队向黎川地区推进。国民党第十八军军长陈诚命其第五十二师、第五十九师从乐安东进，限2月28日到达宜黄集中，堵截红军归路，并袭击苏区后方。

红军决定采取各个击破的方针，集中兵力，在乐安固岸、登仙桥和宜黄黄陂、河口之间地区设伏，求歼国民党军第五十二、第五十九师。

左权参加了这次战役的组织指挥。据时任红一军团第九师参谋长的耿飚回忆说："左权召集师长、团长研究作战方案，并一起到登仙桥、大龙坪、蛟湖、霍源一带的崇山密林中现地勘察地形，确定伏击地点，部署兵力、火力，十分细致周密。"①

当时恰逢连日阴雨，道路泥泞。为尽快到达目的地，红军撇开大路，披荆斩棘，沿山间小道向作战区域黄陂圩、蛟湖、登仙桥进发。2月26日，红一方面军各部队进入预定地区，埋伏在山间密林中等待国民党军进入伏击圈内，并封锁消息。

2月27日，国民党军第五十二师沿登仙桥、大龙坪、蛟湖向黄坡前进，第五十九师沿固岗、西沅、霍源向黄陂前进。两师之间有摩罗嶂大山相隔，联络困难。当时细雨浓雾，能见度低，坡陡路滑。右路第五十二师大摇大摆，毫无戒备，行进缓慢。行至登仙桥、大龙坪、蛟湖安槎之间，红一军团和红三军团主力将其行军纵队拦腰切成数段，分割包围，经过两天激战，将第五十二师师部及其两个旅全部歼灭，其师长李明中弹落马被擒。

国民党军第五十九师由东坑岭出发，经圭峰、板岭向宜黄黄陂行进，先头部队通过霍源向黄陂前进时，遭到红军右翼部队的攻击。28日拂晓，红五军团第三十九师向霍源以北敌阵地发起攻击，敌遭猛烈打击，纷纷溃退。至上午11时许，第五十九师除两个团残部逃脱外，其余全部被围在摩罗嶂东麓山谷中被歼。当天下午，第五十九师师长陈时骥见大势已去，仓皇逃入山林中。3月1日，陈时骥在霍源与大龙坪之间的螺峰山中被红军无线电队捕获。

黄陂战斗结束后，红一方面军撤离战场，转移到宁都小布、东韶、洛口休整。

参加"围剿"的国民党军遭受沉重打击后，陈诚将作战方针由"分进合击"改为中间突破，六个师编成前、后两个纵队，交替掩护，由宜黄经东陂、甘竹向广昌前进，寻求红军主力决战。

3月20日，国民党军后纵队第十一师进至该地区，并占据草台岗一带的霹雳山（俗称望天堂）、雷公嵊、笔架山等险要山峰。红一方面军抓住战机，集中优势兵力，兵分三路向第十一师展开进攻。21日拂晓，红军向第十一师第六十三团猛烈攻击，前赴后继，反复冲锋，双方在崇山峻岭间进行白刃相接的肉搏战，致使第十一师的优势火力不能充分发挥作用。战至下午，红一军团占领雷公嵊一线西侧阵地。

下午1时，红军占领霹雳山。随后，乘胜前进，向国民党军第十一师师部所在地草台岗发起攻击。战斗中，红军战士士气如虹，与敌展开白刃格斗。第十一师伤亡惨重，师长萧乾中弹受伤，狼狈逃去。时近黄昏，红军占领草台岗。

草台岗战斗结束后，其他各路"围剿"军闻讯后，纷纷后撤，国民党军对中央苏区的第四次"围剿"宣告破产。

---

① 耿飚：《光照日月，浩气长存》，《解放军报》1982年5月25日。

草台岗战斗后，战场没有清理，部队未及休整，红一方面军即按照中共临时中央和苏区中央局向北发展，扩大苏区和夺取中心城市的战略方针，由草台岗地区北上，准备进攻乐安，并以此作为继续北进的突破口。

3 月 25 日，红一方面军一部向清流发起进攻。驻守清流的为国民党“围剿”军第十九路军指挥的新编第二师卢兴邦所部两个团。

清流战斗发起前，国民党军第十九路军为巩固其防线，为卢兴邦部充实了武器弹药并派遣军官指挥、监督其战斗。据战前红军抓获的俘虏称：“这次到清流，与以往不同。十九路军有命令，要固守清流，若红军来攻时，没有牺牲三分之二以上的兵力，是不许撤退的，否则官长都要杀头。”当红军进抵清流时，敌副师长卢兴荣提出退出清流，被一个陈姓团长反对。该团长说：“我们退出清流，也要被十九路军缴械，不若在此决一雌雄。”上述情况，没有引起红军参战部队的重视。

这天早上，雨雾弥漫，上午 9 时许，红军与敌开始接触并发起攻击，战至 10 时许，天才开始放晴。由于敌人占据有利地形，构筑了坚固的工事，凭险固守，红军虽给敌以较大杀伤，但终未能攻克清流，被迫撤出战斗。

为总结这次战斗的经验教训，帮助提高红军指挥员的指挥水平，4 月 28 日，左权以对革命战争高度负责的精神撰写了《清流战斗的教训》一文，发表在 1933 年 5 月出版的《革命与战争》第 7 期上。

在文章中，左权概略地介绍了清流战斗的情况，并具体分析了红军在指挥中存在的问题。左权认为，“这场战斗不能完全消灭敌人，轻敌正是主要原因之一”。他指出：“在目前阶级决死战面前，帝国主义国民党用尽一切力量与方法挽救其反动统治，卢兴邦的部队，亦是这一决死战中，反动武装力量之一。”在文章中，左权指出：“这些事实，在估量敌情中，虽是预计到了，然而终没有引起严重的注意，差不多一般的都是想要一网打尽，要活捉，然而怎样才能一网打尽，怎样才能活捉，确实考虑不够，以致影响到许多准备工作，影响到整个的战斗胜利，这一轻敌，确是表现对帝国主义国民党四次‘围剿’和大举进攻的严重性的忽视。”

左权指出：“指挥与指挥组织，在战斗中占了极重要的位置。没有好的指挥，便不能发扬自己部队的力量，不能战胜敌人。没有好的指挥组织或组织不完善，也不能按指挥者决心去实现。在这次清流战斗中，有些干部同志正是犯着这个错误。”

关于战斗协同方面存在的问题。左权指出，参加战斗的指挥员在“受领总的任务以后，并没有了解本身的任务，以致在开始进攻时，还发生进攻路线和攻击目标的争执。纵队指挥者也没有把受领的任务，定出本纵队的动作计划，把总的任务具体地分给所属部队，更没有召集所属主要干部来说明情况本身任务和完成任务的计划”。在战斗中，“应怎样组织战斗队形？怎样组织火力？怎样选择进攻路线攻击目标？各部队的任务怎样？和战斗阶段中各部队的协同怎样？战斗阶段怎样划分？指挥的组织怎样……。确是被当时的纵队指挥者所忘记了，或是不愿意注意的。不但如此，就是连自己的指挥所，应在什么地方也是没有‘主见’，以致战斗一经开始，各部队就不能相互协同和取得联系。下级找不到上级，指挥者成为‘孤人’，在整个一天的战斗中，在占全纵队 1/3 之兵力的某部，无人指挥，全未接到纵队指挥者任何的指示与命令。当退出战斗时，不但没有退出战斗的计划，甚至某部连一个简单的退出的命令，也没有接到。以致使某部受到敌人的小小威胁。”

左权最后指出：“马克思指教我们‘战争是艺术’，但是我们这次的战斗所表现出来的，无论哪一方面都不能符合这一伟大的指教。我们应该努力的学习这一次战斗的教训，在提高军事技术，学习军事技术口号之下，加紧我们军事技术的准备，造成战斗中之‘熟练工人’。”[①]

在第四次反“围剿”胜利之际，左权这篇文章发表，及时提醒人们不仅要看到反“围剿”的胜利，更要保持清醒的头脑，看到存在的问题。

第四次反“围剿”结束后，左权在瑞金叶坪中华苏维埃中央临时政府的大厅，参加了中央革命军事委员会组织召开的会议，讨论总结第四次反“围剿”的经验。

就在这时，左权的托派问题再次被提了出来，左权重新被组织审查。

原来，王明教条主义者推行“左”倾错误政策，使中共在国统区的组织遭到严重破坏，处境日益险恶，中共临时中央在上海无法立足，于 1933 年 1 月被迫迁入中央苏区。临时中央负责人博古等人到瑞金后，立即将党政军权集中到自己手里，继续推行“左”倾错误路线，并为此打击了一大批坚持正确意见的、有实际经验的领导干部。他们在瑞金出版的《斗争》杂志上发表了《为了党的布尔什维克路线》《罗明路线在江西》《向右倾机会主义开火》等一系列文章，在中央苏区掀起了推行“左”倾路线的高潮，左权的问题也就是在这种情况下再次被提了出来。博古派项英，继续对左权进行审查。在中革军委所在地乌石垅，由项英主持关于左权的专案会议，左权反复声明自己与托派组织没有任何关系，请求组织把问题调查清楚。

再次受到组织审查，给左权带来很大的不快。但左权是一位正直的共产党员，有着坚强的党性，他忍辱负重，仍努力工作。因缺乏证据，这次审查不了了之，左权仍在中革军委司令部第一局工作。

尽管当时的中央认为左权有托派的嫌疑，但由于左权显示出来的军事才华，以及在战斗中表现出对党的忠心耿耿，他仍然受到重用。1933 年 5 月 9 日，左权被提升为中革军委总参谋部第一局副局长，协助局长张云逸工作。

这时，中革军委由前方移至瑞金，并增补项英、博古为委员，直接指挥红一方面军和其他地区的红军；在前方另成立红军总部，总参谋部改称红军总司令部并兼红一方面军总司令部，朱德为红军总司令兼红一方面军总司令，周恩来为红军总政委兼红一方面军总政委，规定中革军委主席朱德在前线时，由项英代理中革军委主席职务。红一方面军军事行动完全由中共临时中央掌握。方面军以下各级参谋部（处）改为同级司令部，军需和军医部门从司令部隶属关系中脱离，司

① 中国工农红军学校政治部编印：《革命与战争》第 7 期，1933 年 5 月。

令部成为专司指挥的机关。至此，红军司令部体制基本形成。5月30日，中革军委任命张云逸为军委总司令部第一局局长，兼前方一局局长；左权为副局长，在后方工作。随后，左权率总司令部机关少数人员回到瑞金沙洲坝乌石垅村办公。

随着红军司令部机关体制的形成，红军参谋工作正规化建设有了进一步的发展。左权领导的总司令部后方一局，遵照军委首长指示，进一步完善了作战文书制度，并建立了报告制度。在领导总司令部后方一局期间，左权独自草拟或参与草拟了军委关于建立报告制度的训令、关于防空防毒的训令等大量文书。

中央苏区的巩固和扩大，成了蒋介石的心腹大患。他不甘心一次又一次的失败，积极准备第五次“围剿”中央苏区。在获悉国民党军即将进行新的“围剿”情报后，1933年8月28日，中革军委在瑞金发出准备粉碎国民党军第五次“围剿”的第一号密令。作为总参谋部第一局副局长的左权，参与了密令的讨论和起草工作。这一密令的主要内容包括对敌情的判断、红军作战纲领、作战区域划分、各部队任务区分、侦察与通信联络和后方工作等。[①]

在总参谋部第一局工作期间，左权在繁忙的工作之余，有时仍到红军学校讲课，同时笔耕不辍，不仅撰写军事论文，还翻译苏联军事著作。

1933年2月，左权撰写了《苏联红军斗争的经验与教训》[②]一文。文章回顾了苏联红军创建以后发展的历程，号召中国工农红军，“应当学习和运用苏联红军英勇艰苦斗争的经验与教训，继续苏联红军的胜利而斗争”。左权在文章中指出：加强与巩固红军中无产阶级的领导，是保障红军在国内战争中胜利的主要条件。苏联红军的经验启示我们，只有加强红军中无产阶级的骨干，保证共产党在红军中唯一的领导，扩大党的组织和工作，健全政治机关，施行严密的政治教育，启发红军战士的阶级觉悟，同时又要在红军中加紧提高军事技术，严密红军中的组织和纪律，才能克服一切艰难困苦，争取战争的胜利。

这时期，左权先后翻译了苏联军事家古色夫的《苏联国内战争的教训》、古西夫的《怎样以共产党员来保障红军》、莫洛作夫的《步兵战术》中之《步兵的组织》和非施热可夫、亚尔西勃夫合著的《常备军与民军》《现实苏联红军的建设》等重要著作，并为有的著作写了序言。其中，《苏联国内战争的教训》由中央革命军事委员会发行所印刷，红军学校发行，共发行了一万册；其他则分别发表在中国工农红军学校政治部编印的《革命与战争》第5期至第7期上。

1933年9月，左权的工作又有所变动。

国民党粤军乘红军主力北上作战，中央苏区南部兵力空虚之机，不断进犯中央苏区，至1933年7月，先后占领了中央苏区南部的寻乌、安远、信丰等县的大部分地区，严重威胁到中央苏区西南战线。9月，广东军阀陈济堂被委任为“剿匪”军南路军总指挥后，便调集兵力对中央苏区南线发动新的进攻。为保障

---

①《中国人民解放军总参谋部作战部史》，解放军出版社1992年版，第35页。

② 中国工农红军学校政治部编印：《革命与战争》第5期，1933年3月。

中央苏区南线的安全，加强这一地区的作战指挥，此时中革军委调左权出任粤赣军区司令员。

左权被任命粤赣军区司令员时，粤赣军区政治委员为中共粤赣省委书记刘晓兼任。左权到任后，和刘晓团结协作，遵照中革军委的指示，指挥军区主力红二十二师积极作战，并大力发展粤赣边界各县的地方武装。红二十二师在地方武装的配合下，打击和牵制国民党粤军，同时派出游击队、挺进队深入敌后开展游击战。

在左权的指挥下，粤赣军区广大军民英勇斗争，有力地阻击和牵制了粤敌的进攻，使中央苏区的南部战线稳定了下来。

1933 年 9 月 3 日，红军总司令部兼一方面军司令部第一局局长张云逸回瑞金治病。10 月 28 日，中革军委任命左权为红军总司令部兼一方面军司令部第一局局长。[①] 大约在 11 月，左权离开粤赣军区，军区司令员由周子昆接任。

---

①《中国人民解放军总参谋部作战部史》，解放军出版社 1992 年版，第 37 页。

第八章　在第五次反“围剿”前线

一、就任红一军团参谋长

蒋介石吸取接连失败的教训，采取“三分军事，七分政治”和持久战与堡垒主义相结合的新战略，自任总司令，集结50万兵力和100余架飞机，发动了对中央苏区的第五次“围剿”。

1933年9月下旬，国民党北路军第五、第六、第九十六师由南城出发，经硝石向闽赣省苏维埃政府所在地黎川发动进攻，拉开了大规模“围剿”的序幕。

中共临时中央直接领导了这次反“围剿”作战。面对优势敌人的进攻，他们推行军事冒险主义，提出“御敌于国门之外”“不丧失根据地一寸”的口号，要求红军在苏区外战胜敌人，并争取苏维埃在全中国的胜利。在蒋介石准备“围剿”的时候，6月13日，中共苏区中央局转发临时中央《对今后作战计划之指示》，提出了红一方面军分离作战的方针，“实行两个拳头打人”。即红五军团为主组成东方军入闽作战；红一方面军主力第一、第三军团等部组成中央军，在抚河、赣江之间作战，企图在两个战略方向上同时取胜，进而夺取抚州、南昌等中心城市。在国民党军队占绝对优势的情况下，这种用“两个拳头打人”的方针，分散了红军的兵力，使自己陷入了被动局面。结果是东方军入闽作战虽然取得了一些胜利，但连续作战使部队十分疲劳；中央军则没有什么仗可打，被置于无用之地。红军由此失去了进行反“围剿”准备的宝贵时间。

9月25日，共产国际派来的军事顾问李德从上海到达瑞金。他是左权在莫斯科伏龙芝军事学院的校友，曾任苏联红军一个骑兵师的参谋长。1932年春，被共产国际派到中国上海。据李德自己讲，他来中国的任务是“在中国共产党反对日本帝国主义的侵略和反对蒋介石反动政府的双重斗争中担任军事顾问”。

李德抵达瑞金的当晚，博古亲临其驻处以示欢迎，两人谈得十分投机。由于博古不懂军事，李德一来，博古当即赋予李德“主管军事战略、战役战术领导、训练以及部队和后勤的组织等问题”的大权。

9月28日，国民党军攻占黎川，尔后继续向南推进。中共临时中央大为震惊，急令东方军从福建将乐、顺昌地区回师江西就敌，收复黎川，要中央军进攻与牵制南城、南丰之敌，配合东方军行动。10月6日至7日，东方军在黎川东北的洵口与敌第六师第十八旅遭遇，全歼该敌，打了个胜仗。随后，中共临时中央命令红军到根据地以外去打黎川以北的硝石和黎川东北的资溪桥。这两地都是敌占区，又是敌重兵扼守的堡垒地带，结果红军连遭失败，不仅没能收复黎川，反而遭受重大伤亡，处于被动的不利地位。所以，毛泽东说：“开脚一步就丧失了主动权，真是最蠢最坏的打法。”①

在紧张的战争中，司令部的工作显得尤为重要。但第五次反“围剿”开始不久，原红一军团参谋长徐彦刚调任红一军团第二师师长，参谋长一职出现空缺。10月，中革军委曾决定由左权接任红一军团参谋长，但因左权当时尚在粤赣军区司令员任上，无法赴任。11月30日，红一军团军团长林彪、政委聂荣臻致电项英、朱德、周恩来：红一军团及第一、第二两师均无参谋长，缺乏很多干部，请求派干部来，不然红一军团司令部无法开展工作。同日，中革军委决定，准备于12月中旬调左权任红一军团参谋长。②

12月底，红一军团在永丰以南丁毛山作战期间，左权奉命奔赴前线上任。聂荣臻在后来的回忆录中谈道：“我至今印象还很深，在丁毛山地区，我们的斗争很艰苦，军务也很繁忙，可是军团却没有一个好参谋长。军团原先有一个好参谋长徐彦刚同志。……后来二师缺师长，军委就又命令他到二师任师长，……到了年底，军委派左权同志来当军团参谋长，以补徐彦刚的遗缺。”对左权的到来聂荣臻等军团首长十分高兴，“我们想对新任参谋长有所表示，趁过年准备了一顿淡薄的年饭，而这顿年饭也被国民党的飞机炸掉了，年饭也没有吃成。”③

1934年，左权任红一军团参谋长时与聂荣臻（左）、朱瑞（中）在江西永丰

左权到任后，立即参加指挥了红一军团在丁毛山地区的战斗。当时，在堡垒对堡垒的作战条件下，左权和林、聂首长指挥红军与敌激战近十天，部队遭受重大伤亡，被迫于1934年1月4日撤出战斗。

正当红军在前线鏖战之际，1933年12月20日，李德以统一前后方指挥为名，建议并经临时中央批准，取消中国工农红军总司令部和红一方面军司令部的名义和组织，将“前方总部”撤回后方，并入中革军委机关。根据这一决定，朱德、周恩来被调回后方。

①《毛泽东选集》第1卷，人民出版社1991年版，第221页。
② 周均伦主编：《聂荣臻年谱》（上），人民出版社1999年版，第109页。
③《聂荣臻回忆录》（上），战士出版社1983版，第193—194页。

1934年1月，中国共产党召开六届五中全会。这次会议错误地将中央苏区和红军第五次反“围剿”斗争说成是“争取苏维埃中国完全胜利的斗争”，“左”倾错误发展到顶点。会议选举了中央和中革军委的领导机关，中共中央继续由博古负总责，红一方面军总部与中革军委合并，红一方面军所属部队再次改称中央红军，由中革军委直接指挥。通过这些措施，李德进一步控制了军事指挥权。2月3日，中革军委进行了改组，尽管朱德仍任主席，副主席由周恩来、王稼祥担任，但实际指挥权仍操纵在博古、李德手中。

在蒋介石督促各路国民党“围剿”军加紧进攻红军期间，被调到福建“剿共”前线的国民党第十九路军将领陈铭枢、蒋光鼐、蔡廷锴，联合国民党内李济深等一部分势力，于1933年11月20日发动“福建事变”，公开宣布同蒋介石决裂，在福州成立了“中华共和国人民革命政府”，采取联共反蒋抗日的方针，同中国共产党草签了《反日反蒋的初步协定》。蒋介石获悉“福建事变”后，急忙抽调“围剿”中央苏区的北路军九个师和宁沪杭地区两个师的兵力，分别从江西、浙江入闽镇压十九路军，对中央苏区的“围剿”处于停顿状态。这就造成打破敌人“围剿”的有利时机。

当时，毛泽东向中央建议，红军主力应“突进到以浙江为中心的苏浙皖赣地区去，纵横驰骋于杭州、苏州、南京、芜湖、南昌、福州之间，将战略防御变为战略进攻，威胁敌人之根本重地，向广大无堡垒地带寻求作战。用这种方法，就能迫使进攻江西南部福建西部地区之敌回援其根本重地，粉碎其向江西根据地的进攻，并援助福建人民政府”①。1933年11月24日，周恩来致电博古、项英、李德，指出蒋介石目前正在推延进攻中央根据地，抽调兵力入闽，镇压福建人民政府，红三军团、红五军团应侧击蒋介石入闽部队。这时，张闻天也提出，红军应在军事上与第十九路军采取配合行动。但是，博古、李德则认为“中间派是最危险的敌人”，拒绝支援十九路军。

1934年1月下旬，蒋介石镇压了福建人民革命政府后，重新调整军事部署，命令东、西、北三路军作向心推进，主力从北、东两面采取“稳扎稳打”的“堡垒主义”政策，逐步向中央苏区腹地压缩，同时命令粤军在南面对红军实行防堵。

面对国民党军的进攻，“左”倾领导者从进攻中的冒险主义转为防御中的保守主义，不但要求红军在重要城镇，大居民点、交通要道、隘口等地构筑碉堡，处处设防，以阵地防御和阵前“短促突击”战术，抗击国民党军的进攻，而且经常轻率地要求红军以主力向敌军的堡垒阵地进攻。这种战术完全放弃了红军擅长的在运动中歼敌的打法，使红军陷入十分被动的局面。从1月下旬开始，红军在黎川以南、建宁以北，南丰西南、泰宁等地，展开阵地防御战和阵前“短促突击”，付出了重大牺牲，却没能阻止国民党军推进。

1934年2月1日，左权协助林彪、聂荣臻指挥红一军团以一部兵力钳制寨头

---

①《毛泽东选集》第1卷，人民出版社1991年版，第236页。

1934年，左权（后排右一）与林彪（前排右二）、朱瑞（前排右一）在江西永丰留影

隘之国民党军，主力由溪口、朱潭地区出发，向坪寮之敌发起猛攻。战至下午14时，红军攻入敌阵，消灭守敌第七十九师第四七〇团大部。但由于国民党军派出第六师一个旅，第七十九师一个团及第七十九师补充团分别至岩前、李岭，对红军形成钳击之势，红军遂主动撤出战斗。2日拂晓，雷雨交加，红一军团再次向坪寮发起进攻，攻占国民党军多处阵地。雨过天晴后，国民党军向红军实施猛烈反扑，红军遭受较大伤亡，被迫放弃所占阵地，撤至溪口、朱潭、大岭、上坪一线待机。

平寮战斗后，2月9日，左权和林彪、聂荣臻指挥红一军团在鸡公山西南的掌坊、芦坑坳一带以佯攻配合红九军团抗击向鸡公山阵地攻击之敌，因我防线太宽，遭敌猛烈炮火及飞机轰炸，部队损失很大，鸡公山、坪上圩等阵地先后被国民党军占领。

在鸡公山战斗的同时，红一军团首长为支援红九军团，命令第一师第一团向三甲嶂开进。红一团在团长杨得志、政委符竹庭率领下，不顾绵绵细雨，连夜踏着泥泞山路，向鸡公山地区疾进，先国民党军占领三甲嶂。

第二天拂晓，国民党军第九十四师开始向红军三甲嶂阵地猛攻。红一团指战员不怕牺牲，沉着应战，多次打退国民党军进攻，红军阵地岿然不动。战至傍晚，左权指挥红一军团主力赶到，投入战斗，第九十四师被击溃。

面对红军处处陷入被动，左权忧心忡忡，并对中央制定的作战方针产生了怀疑。

为从战术上找到出路，改变红军的被动局面，三甲嶂战斗的当天，即2月10日，在军团政委聂荣臻的倡议下，左权和林彪、聂荣臻一起研究，起草了《关于用运动战消灭敌人的建议》（以下简称《建议》）。这一建议以聂荣臻和林彪的名义上报中革军委。《建议》陈述了红一军团当时的防御阵地，自茶庵至杭山圩横数十里，自此至建宁亦数十里，守备部队均是奉命顽强防御，可是因防线太宽，守兵薄弱，弹药缺乏，结果处处薄弱，易被敌人攻破。他们建议今后不要处处修工事，应力求在运动中消灭敌人；如若修工事，也只是在预定的战线上，有重点地修。今后应采用运动战，寻求机会消灭敌人。但这些来自战斗一线的呼声，并没有被当时的中革军委所接受。虽然在中革军委的复电中，承认这一建议原则上是对的，但仍然要求红一军团坚决服从命令，根本不承认自己在战术指导上的错误，更不承认在战略方针上的错误。

2 月 13 日，林彪、聂荣臻、左权命令红一军团向乾昌桥附近的国民党军第六十七师发起突击，红军占领乾昌桥一带阵地。接着，左权指挥红一军团和红三军团第四师在凤翔峰附近顽强抗击并打退其多次进攻，后国民党军调第七十九、第六十七、第八师等部从三面向红军发起更加猛烈的进攻，红军指战员沉着抵抗，顽强防御，消灭第七十九师一个营。激战竟日，红军由于伤亡较大，弹药消耗殆尽，左权请示林、聂首长后，指挥部队撤离凤翔峰等阵地，转至沙洲、大和、丹阳圩地区。

2 月 25 日，林彪、聂荣臻、左权率红一军团向西转移，由杨林渡附近渡过盱江（赣江支流，流经江西省南城、南丰、广昌，汇入抚河、赣江）进至南丰、广昌之间的白舍圩地区。3 月 4 日，红一军团进至苦竹坪、中和坪之间隐蔽待机，协同红三、红九军团打击南进之国民党军。这时，国民党北路军完成了南城至乐安、宜黄，南丰至黎川的堡垒线的修筑作业，计划先取广昌，尔后协同东路军攻取建宁；东路军攻占泰宁，完成修筑泰宁至德胜关碉堡封锁线，与北路军在闽赣边界德胜关会合，并向中央苏区北部重镇建宁进逼。

4 月 10 日，国民党军集中了 11 个师的兵力，配属 1 个炮兵旅，在多架飞机掩护下，从甘竹向广昌推进，企图寻求红军主力决战。

广昌位于赣东南与闽西交界的盱江西岸，是中央苏区北部的门户，战略地位十分重要。当时，为保卫广昌城，中革军委不顾红军连续作战、十分疲劳、大量减员的情况，提出“为保卫广昌而战，就是为保卫中国革命而战”的拼命主义口号。为阻止敌人进攻，中革军委命令红一军团、红三军团和红五军团第十三师，从福建建宁回师广昌，协同从龙冈调来的第二十三师，原广昌地区的红九军团共 9 个师的兵力，准备在广昌及其以北地区同国民党军进行“决战”。

李德的军事理论和军事部署完全脱离了当时中国的实际，限制了红军的机动性，红军不能积极、主动地去打击和消灭敌人，这在客观上正好迎合了国民党军堡垒主义的需要。4 月 14 日，红一军团以林彪、聂荣臻名义致电中革军委，详细陈述了与敌对峙的不利，指出：“这种对峙距敌愈近愈能引起敌人的谨慎，而采取更短距离的堡垒推进，这就愈使我们失去无堡垒的较长距离的消灭敌人的机会，并反被敌人监视与钳制了，而失去秘密与迅速去消灭在其他方面采取跃进或急进的敌人的机会。这种对峙最疲劳兵力、消耗弹药和有生力量，有时却收不到什么好的结果。”建议红军主力应采取运动防御，机动地歼灭敌人。

博古、李德看完电报，不屑地说：“这是标准的战场机会主义。”

博古、李德根本听不进任何正确建议。为进行广昌战役，全力保卫广昌，4月中旬，博古、李德决定在前线组成野战司令部，任命朱德为司令员，博古为政治委员，博古、李德、朱德赴前线直接指挥，周恩来留守瑞金，被排斥于最高决策之外，只能担负一些技术性的组织工作。朱德虽然参与前线指挥，实际上李德、博古决定一切，很难有所作为。

李德等到前线后，命令第九军团和第二十三师固守白舍以南碱水岩、罗家堡一线的防御阵地，阻敌前进；集中第一军团、第三军团和第五军团第十三师在抚河以东大罗山、延福嶂地区，准备对敌人实行，“短促突击”。连筑什么样的工事，怎么筑，机枪阵地放在哪个山头的什么位置，等等，李德都在作战地图上标好了，各军团只能按照他的图纸行动，不得擅自改动。

在李德、博古的督战和指挥下，红军成团成营向敌人阵地进行突击。第一天，红军就有一千多人伤亡。初战严重失利，引起了广大红军指战员的愤慨和不满。他们纷纷说：“这到底打的是什么仗，对敌人的碉堡，难道我们只有用牙齿去咬吗？我们没有飞机、大炮，为什么硬要和敌人比堡垒？……”

在广昌保卫战的紧张时刻，4月17日，红三军团首长彭德怀、杨尚昆致电朱德和红一、红九军团，要求左权迅速督促工兵在长生桥以南完成第二道浮桥，以保障红军的集结。左权指挥工兵日夜奋战，按时完成了架桥任务，确保了部队的行动。

4月19日，国民党军在飞机大炮掩护下，攻占了红军大罗山、延福嶂阵地。22日，国民党军第九十六师占领红军云际寨主阵地后，继续向前推进，接连突破红军的防御，第十一师向长生桥阵地实施攻击。国民党军在飞机大炮的掩护下，连续突破红九军团等部的防御阵地，至23日，先后占领长生桥、伞盖尖等阵地，逼近广昌。红一、红三军团奉命转移至广昌城西北一线阵地，抗击敌人。27日，抚河东西两岸国民党军同时向广昌发起总攻。红军以红九军团第三师和红五军团第三师在抚河东岸牵制敌人，以第九军团第十四师扼守广昌，集中第一军团、第三军团和第二十三师向广昌之敌反击，予敌以较大杀伤，但未能阻止敌人的进攻，广昌处于敌人东、北、西三面包围之中，博古、李德被迫放弃坚守广昌的计划，命令红军撤离广昌，转移至头坡、白水镇地区集结待命。28日，国民党军进占广昌城区。

广昌保卫战，红军以所谓集中对集中、堡垒对堡垒、阵地对阵地的方式，血战18天，虽给国民党军以重大杀伤，但红军也伤亡5093人，占参战兵力的1/5。这是红军作战史上最典型的阵地战、消耗战。进行正规战，与国民党军拼消耗的结果，使红军主力部队受到很大削弱，给红军尔后的作战带来了极为有害的影响。正如毛泽东指出，广昌保卫战，对红军来说是个灾难，毫无战绩。通过这场战役，左权对“左”倾冒险主义有了进一步的认识。他不知道仗为什么要这样打，他能做到的就是同广大指战员一起，恪尽职守，英勇奋战，更多地消灭敌人。

由于战局不利，红一军团在作战中遭到很大消耗。这时，左权的心情很苦闷，只好找政治委员聂荣臻谈谈心，从中得到一些安慰。

放弃广昌城的当晚，左权参加了中革军委在头陂村冯家祠堂召开的各军团负责人会议，研究下一步行动。由于当时建宁形势紧张，会议决定：红一、红九军团组成东方集团即刻由尖锋、白水东进，参加保卫建宁的战斗；红三军团、红十三师、红二十三师及独立第四团组成中央集团，由彭德怀、杨尚昆指挥，部署于新安及其附近地区，阻止国民党军东进，并掩护东方集团的行动。这次会议开到半夜才结束，左权随林彪、聂荣臻回到军团总部，组织和部署队伍的行动。

建宁位于闽西北闽赣交界处，西面与广昌毗邻，境内山峦重叠，为中央苏区战略要地。国民党东路军乘红军主力在广昌以北地区与北路军第三路军激战之机，迅速筑起将乐、泰宁、樟村间堡垒封锁线，以第五路军由泰宁推进，并攻占了建宁东部的梅口和挽州岭。北路军占领广昌后，蒋介石即命令调其第八纵队三个师南出邱家隘协助进攻建宁。

红一、红九军团奉命先后东进，至5月4日陆续到达建宁地区。

鉴于建宁地区的实际情况和广昌保卫战的教训，林彪、聂荣臻、左权到建宁地区后，一起深入研究了作战问题，并以林彪、聂荣臻名义向中革军委提出了《关于作战问题的建议》(以下简称《建议》)。《建议》认为根据敌人的行动计划，“判断敌每次前进通常至少要走十五里至二十五里，甚至三十里，在这种距离内完全容许我们进行运动战”。“我们仍然有求得在运动战中消灭敌人的充分机会。”还提出：“地形条件对于作战有很大的决定意义，战胜敌人时的兵力对比并不成为重要因素，在山地战为尤然。如地形条件适宜和战术运用巧妙等，是能以少胜众的，至少能消灭敌之一部。”

在这一《建议》中，不仅是在谈作战的具体问题，而且对战略方针有所涉及，其中对广昌战役直截了当地提出了批评。这种批评在军团一级上报的建议中是十分罕见的。

红一军团首长的正确建议，又一次遭到博古、李德的断然拒绝，他们在复信中写道：“人们不能迷信地形，在任何战斗中，谁也无法事先确认一定能取得胜利。”他们仍命令东方集团继续采用堡垒对堡垒和“短促突击”的战法，同敌人拼消耗。

林彪、聂荣臻、左权无可奈何，只好执行中革军委的命令。

5月10日，由北路进攻的国民党军第十师向建宁北江家店攻击，红军防御阵地失守。林彪、聂荣臻、左权指挥红一军团第一、第二师虽然进行了猛烈反击，但未能夺回阵地。战至16日，为保存有生力量，红军撤出战斗，建宁城遂为国民党军占领。

国民党军占领广昌、建宁等地后，蒋介石为加紧对中央苏区中心地区的“围剿”，于1934年6月命令各部加紧筑垒、修路，巩固占领区，并重新调整了部署：以北路军六个师由泰和向兴国推进；第六路军四个师由龙冈向古龙冈推进；第三路军集中九个师，向宁都、石城、驿前推进；东路军六个师由朋口、连城向汀州方向推进，另以三个师集结于南丰、广昌地区为总预备队。

面对国民党军的多路进攻，博古、李德等人仍继续采取单纯防御战略，命令中央红军主力和地方武装，“六路分兵”，“全线防御”，企图以此阻止国民党军队向苏区中心区域推进。

二、加强对新战士的教育训练

由于军事战略指导上的错误，红军在战斗中不断失利，部队减员很大。为广泛动员群众，积极支持红军粉碎敌人第五次“围剿”，保卫胜利果实，1934 年 2 月，中央红军各军团成立了补训师。5 月，根据苏维埃临时中央政府的决定，开展了“红五月”运动，号召青壮年踊跃参加红军，地方党团员、干部带头参加红军，在中央苏区掀起了妻子送郎、父母送子的参军热潮。在很短时间内，红一军团在广昌、宁都、兴国间组织扩红突击队，扩大红军 1700 余人，其中一部分送补充师训练后直接补充各部，其余转送各县苏维埃政府训练。

补充来的红军新战士，大部分是刚刚放下铁锤和镰刀的工人、农民，他们缺乏基本的军事知识，直接影响了部队战斗力的发挥。为帮助新战士尽快提高军事技能，掌握基本战术动作，左权在紧张的作战间隙撰写了《怎样使新战士很快成为熟练的战士》一文，发表在 1934 年 7 月 10 日出版的《红星》报第 52 期上。

在文章中，左权首先提出了新战士需要训练的内容。他指出：“对新战士训练的军事课目，必须切实适合于使新战士很快成为熟练的战士的要求。”为此，对新战士的教育训练中心内容是：（1）首先应该使每个新战士清楚地知道作为一个战斗员的基本技术——使用自己身上背的武器，如何打枪，如何瞄准，如何刺杀，如何投手榴弹，以及善于保管与爱护自己所背的武器等。（2）要教会新战士们，善于利用地形地物，散开与冲锋动作，防空防毒，做工事，伪装，夜间动作以及守卫、放哨的初步知识。（3）使新战士们知道战斗员一般的职责，知道红军纪律，以及了解与习惯军队生活等。

关于训练方法，左权写道：“应用一切可能，利用一切的空隙时间，虽微短的时间也不放过，来进行教育。在待机的时机中；在行军的大小休息中；在到达宿营地以及驻军的休息中；在一切不妨害战士们消除疲劳的条件下，都应该进行不断的教育。”他认为，在紧张的战争环境中，企图在驻军休息的状态下作专门长期或较长期的新兵训练是不可能的。“相反的，利用战斗隐蔽待机的时间，及行军中大小休息的空隙时间，来进行教育，却是有效的办法，并能获得实际效果。”

在文章中，左权坚决反对“一切刻板式的教育，一切不顾群众心理，枯燥无味的冗长讲课，不顾新战士适合集体生活程度的硬干蛮干，以及不联系实际情形的教育等”。他指出，在训练中，必须以最活泼最有兴趣的方式去教新战士，启发新战士的学习情绪，使每个新战士都喜欢听自己连长指导员以及班排长的讲话与讲课。要注意讲课的内容要有预先的准备，不能空泛、照本宣科，内容要具体扼要，和与实际相联系。

他强调：有计划进行辅助教育，特别要发动老战士帮助新战士学习，是使新战士迅速成长的最有效办法之一。为此，当分配新战士到连队时，立即使新战士与老战士以班为单位的混编起来，把老战士与新战士分别编班的，是不适当的办法，应立即把新战士分编到老战士班上去，使之能够受到老战士更多的影响，帮助他们适应军队的生活，解决他们的困难。同时连队的党支部及连队首长，应发动每班的老战士帮助新战士的学习。

左权最后指出：要使新战士尽快成为熟练的战士，各连队中的党与团的组织，每个党团员都负有绝对责任，各级政治机关和司令部要实行正确的领导和严格监督检查。

左权这篇文章的发表，对指导红军训练，迅速提高新战士技术、战术水平起了重要作用。

新战士到部队后，为使他们在最短时间内掌握基本的军事技能，学会使用手中的武器，左权不仅发表文章指导新兵训练，还亲自部署新战士的训练工作。因此，在红一军团很快掀起了群众性的练兵热潮。左权一有时间，就来到训练场，亲自为新战士们做示范，指导部队操练，检查训练效果。当时正值盛夏，骄阳似火，左权和战士们一起摸爬滚打，汗水湿透了衣服。但他看到新战士一天天成长起来，脸上露出了满意的微笑。

一些新战士到部队后，由于不适应部队紧张艰苦的生活，出现了一些思想问题。尽管他们都是自愿报名参军的，但是来到部队后，炎热的天气和紧张严格的军事训练引起了思想波动，出现了想家与怕苦的现象，甚至晚上有哭鼻子和开小差的。

为了解决这些问题，林彪、聂荣臻、左权研究决定，加强部队的思想工作和教育管理。左权在繁忙工作之余，亲自到连队了解战士的思想情绪，给战士们讲当兵打仗的道理，说明粉碎敌人第五次“围剿”，保卫中央苏区革命胜利果实的重要意义。

当时，军团部有一个警卫连，负责保护军团首长和机关的安全。这是一支战斗力很强的连队，拥有当时红军最精良的武器，配备了在战场上从国民党军手里缴获来的最新的步兵装备，如德国头盔、防毒面具等。左权十分重视这个连队的建设，特别是对新战士的管理教育，一有空就到警卫连，把大家召集到一起拉家常讲革命故事。他还给战士们讲过列宁的《国家与革命》、克劳塞维茨的《战争论》等，尽管大家听得似懂非懂，但感到很新鲜。有时他还给新战士上文化课，帮助大家提高阅读和写作能力。

警卫连的新战士中，有一名叫杨家华的，年龄小个子也小，被分到连部当通信员。开始他想不通，找到连队首长，请求调到战斗班。这事不知怎么让左权知道了。一天，他看到杨家华，把他叫到跟前：“小鬼，听说你要求到战斗班去，说一说为什么呀？”杨家华回答说：“我参军就是来革命的，就是来打仗的，到战斗班有仗打。”左权笑着对他说：“你的个头那么小，连枪都扛不动，怎么打仗呀，再说在革命队伍里，干什么都是为了革命，当通信兵同样是革命需要呀。”然后给他讲了参加红军是为了什么，当红军要服从命令听指挥等革命道理。

许多年以后，杨家华回忆起了这样一件事。

有一天，左权把警卫连的新战士们召集到一起，讲了一个他自己在苏联红军亲身经历的一个故事。

那是左权在前线接受一项重要任务。当时，前线与后方指挥部的通信已完全破坏，上级派他把一份重要情况尽快送到后方指挥部。接受任务后，左权冒着大雪连夜出发了。

左权是湖南人，从未遇到过那么大的雪和那样寒冷的天气。在风雪弥漫的夜里左权迷了路。天亮的时候，他才赶到了目的地。指挥部里炉火正旺，一跨进指挥部大门，左权感到自己全身都已经失去了知觉，一股热浪差点把他熏倒了。他正想坐下来喝口热水，好好歇一歇。谁知指挥员竟对他“大发雷霆”，命令哨兵把他赶出大门，让他回到门外的冰天雪地里原地跑步。

左权疑惑不解，心里充满了委屈，心想他们怎么这样对待一个从战场上执行任务回来的士兵呢？但是，作为一名长期投身革命的军人，他懂得军人以服从命令为天职。于是他二话没说，按照口令在原地跑了起来。

几分钟后，那位指挥员走出门来，命令他脱掉帽子和手套。左权更困惑了，他还是按照命令脱下了帽子和手套。

然后，指挥员又下起了口令：搓手，他就搓手；拍脸，他就拍脸；搓耳朵，他就搓耳朵。如此反复，折腾了有半个小时，指挥员才让左权进屋烤火。

等左权坐下来后，指挥员给他端来一杯热水，笑着对他说：“知道为什么这样操练你吗？因为你在风雪中待得太久，面部、耳朵和鼻子的血液都不再循环了，只有在同样温度下慢慢恢复，让血液慢慢流动起来，才不会受伤。如果刚才你在屋子里的高温下多待一分钟，你的鼻子和耳朵现在可能就不在你的脸上了。你大概不是北方人吧，看看，这些普通的防冻知识都不懂。”

左权这才明白指挥员刚才的用意，冲着指挥员点点头，心里充满了感激，原来的怨气一扫而去①。

左权的故事深深教育了战士们，战士们懂得了首长的严格要求，正是对战士们的爱护，拉近了左权和战士们的距离。战士们在与左权接触中，真切地感受到这位参谋长平易近人，没有一点首长的架子。从左权那里，战士们懂得了遵守纪律的重要性，懂得了许多革命道理。所以，战士们不但愿意每天都能见到他，而且渴望着能与其进行交流，真正把他作为一个好朋友、好兄长。

主力红军的兵员得到补充后，经过短期的军政训练，广大指战员的军政素质和作战能力大大加强。但由于“左”倾教条主义占统治地位的临时中央完全排斥毛泽东对红军的领导，全面否定毛泽东为红军制定的并为红军的战争实践证明是

---

① 杨家华：《记忆》，中国戏剧出版社 2002 年版，第 40—41 页。

正确的战略战术，导致反“围剿”作战的失败，部队遭受重大伤亡。

三、组建军团侦察科

在第五次反“围剿”的艰苦阶段，部队行军作战频繁，参谋部门的工作紧张复杂。左权在全力协助林、聂首长指挥部队作战的同时，又以很大的精力抓军团司令部机关建设。

情报工作对红军作战至关重要，但当时侦察部队一般由军团首长直接指挥，军团司令部没有一个侦察部门统管此事。5月，左权向林彪、聂荣臻建议，在军团司令部成立侦察科。林、聂同意左权的建议，并决定选调红二师政治部组织科长刘忠任侦察科科长。

刘忠是福建省上杭县才溪乡人，1929年加入中国共产党，曾三次参加才溪暴动。他由一个年轻的泥瓦匠成长为红军指挥员，在红军中当过排长、红四军大队政委、团政委、组织科长等职，先后进入红四军随营学校和红军大学学习，并兼红军大学学员党支部书记，参加了中央苏区的历次反“围剿”斗争，军政素质过硬。

刘忠接到左权电话通知后，立即到军团司令部报到。

左权热情地接待了刘忠，并对他说道：“现在的战斗很紧张，侦察任务很重。我们的侦察部队很多，需要统一管理。我们要打胜敌人，首先必须了解敌人。你当过团长、政委，打仗很勇敢，我们要成立侦察科，把这个任务交给你……怎么样？”刘忠充满信心地回答：“我有决心搞好，但还要参谋长常指教。”接着，左权叫来管理科长，当面指示他给刘忠派一名警卫员和选一匹骡子；又叫教育科长陈士榘给刘忠介绍一些有关侦察工作的书籍，并嘱咐他帮助刘忠建立侦察科的工作；还叫作战科长聂鹤亭把原属作战科掌管的敌情材料交给刘忠。①

为充实和加强新组建的侦察科，左权指示军团司令部便衣侦察队归侦察科领导，还从作战科抽调了毛孝清、李廷赞、丁振秀和苏孝顺等几个侦察参谋到侦察科工作。

刘忠上任后，左权向他布置了侦察科的具体任务：一是侦察敌情，并根据侦察了解的情况，整理敌情综合材料报告军团首长，并通报全军；二是绘制作战要图；三是调查行军路线；四是捕捉俘虏，以掌握敌人作战意图；五是指挥军团侦察部队进行战役侦察、佯动，迷惑与钳制敌人。左权特别交代刘忠：根据侦察了解的情况，每半月应发出一次敌情综合通报。另外根据不同的情况，应有计划地不定期地发出专题的敌情通报。

左权非常注意在实践中培养和提高侦察参谋的军事素养、文化素质和工作能力。随着红军正规建设的加强，作战文书的写作要求更加规范。由于刘忠文化

---

① 刘忠：《回忆左权同志》，载晋冀鲁豫烈士陵园编：《怀念左权同志》，湖南人民出版社1981年版，第22—23页。

水平低，第一次起草敌情通报，不知如何写起，费了很大劲才写出个初稿交给左权审阅。看到刘忠交上来的稿子，左权并没有责备，而是在上面密密麻麻改了许多，退给了刘忠。刘忠拿到修改好的稿子，一方面感到左参谋长一丝不苟，工作认真细致，另一方面也觉得自己没有很好地完成本职工作，心里不好受。左权却鼓励他说：“第一次写成这个样子不错嘛，以后慢慢学，写得多了，就会好了。”

刘忠在左权的指导下，一次又一次地写，慢慢摸到了写作要领，写作水平得到了提高，左权改动的地方也渐渐减少了。看到刘忠的进步，左权很高兴。有一天，左权将刘忠交来的一篇稿子几乎没作任何改动就退给了刘忠，并和蔼地对他说：刘忠同志进步了，现在写的敌情通报不需要更多的修改了。第一次修改稿烧了吗？如果没烧，自己对比一下，看看是怎样进步的。说完，他高兴地笑了。

后来，已成为中国人民解放军高级将领的刘忠回忆这段经历时写道：“我看他为我的进步而表示出的满意心情，很受感动，觉得左参谋长不但处理大事果断、谨慎，处理小事也很认真、细致，特别是对于培养和教育干部，更是关怀备至！”①

侦察科成立后，在左权的领导下，积极开展工作，努力完成各项侦察任务，这对保证部队作战的胜利起了重要的作用。

四、参与指挥温坊战斗

国民党各路“围剿”军向中央苏区中心地区步步逼近，形势十分严峻。1934年6月至7月红军在古龙冈以北地区进行了反击战，未能阻止住敌人的进攻。

7月1日，左权亲率军团侦察科到头陂勘察地形，部署兵力，以阻止敌人的继续推进，随后向林、聂首长致电报告勘查结果和红军兵力在此的部署情况。报告称：

> 头陂南约十公里之仙朝山及其以东约一千五百米之无名山，是头陂到博生（即宁都）之制高点，能瞰视由黄陂、洛口至博生，由黄陂、安福至堪田驿前地区。该山是红军在头陂作战之主要阵地，现即在该高山地配置一个营，构筑九个支撑点。秀岭隘及以东之一带山地是头陂至仙朝山之间的突出山地，头陂到博生大道亦经期间，距仙朝山二十五公里，但两山相衔接，在头陂附近，该山亦有战术价值，但为避免支撑点过于分散，增加守备兵力，作业力亦弱，以及该山低于仙朝山，仙朝山又能瞰制头陂博生大道等原因，故拟放弃。

根据左权汇报的情况，林彪、聂荣臻及时向中央军委作了报告，并对部队部

① 刘忠：《回忆左权同志》，晋冀鲁豫烈士陵园：《怀念左权同志》，湖南人民出版社1981年版，第23页。

署进行了调整。

7月3日，国民党北路军第三路军采取五里一推、十里一进的办法，开始向中央苏区中心地区进攻。是日拂晓，其第十四、第九十四师先后向五陵山、头陂进行炮击，随后发动进攻。坚守该阵地的红五军团第十三师和第三十四师第一〇一团，按照中革军委的命令，稍事抵抗后，放弃五陵山、头陂等阵地，撤至五龙山和大寨脑地区，继续抗击敌人。

7月5日晚，左权派往广昌白水、韩前、山松一带侦察地形的人员回到军团司令部。左权连夜听取了汇报，将侦察情况整理成文，并电告中革军委主席朱德。朱德根据左权提供的情报，对红军的部署作了调整。

8月底，国民党军东路军李延年第四纵队，由连城出发，向长汀推进，企图先占领汀州，尔后会同北路军、南路军总攻瑞金。左权命令刘忠率军团侦察科便衣队和第二师侦察连携电台进抵长汀东南，朋口以西的温坊（今文坊）地区侦察敌情。

温坊，位于福建连城以南白衣洋岭山麓，是国民党军李延年部等由朋口进占汀州的必经之地。朋口距温坊20里，沿途系谷地，两侧高山连绵，温坊地处南北山地之间，可以隐藏大部队。侦察队侦知敌军第三师之第八旅两个团占领温坊及洋坊尾附近村落，一个团在曹坊至洋贝间地区，抢占要点，构筑工事，而后续部队仍在清流。刘忠立即将侦察情报电告左权。左权将来电转报林、聂首长。林彪、聂荣臻判断朋口之敌极有可能推进至温坊地区，决定抓住敌人远离堡垒孤军深入之际，以运动战歼灭该敌。中革军委主席朱德同意红一军团意见，并指示：红一军团主力、红九军团和红二十四师由林彪、聂荣臻统一指挥，形成兵力优势，战胜敌人。

8月30日，国民党军李延年等部四个师集结于朋口、莒溪、璧州、洋坊尾一带，准备向汀州筑垒推进。

为诱歼该敌，林彪、聂荣臻命令红二十四师以一部兵力继续构筑工事，诱敌深入，红一军团主力为突击队，隐藏集结于八前亭、上莒溪之间及桥下、中屋村地区；红一军团第一师为右翼截击队，隐蔽集结于上莒溪附近；红九军团为左翼截击队，隐蔽集结于连屋冈、邓坊一线；红一军团指挥部设于温坊以西之松毛岭。8月31日前，各部队集结到位，占领有利地形，构筑阵地。

8月31日13时许，侦察科侦知李延年部第三师第八旅自朋口进至温坊地区，以两个团占领温坊及洋坊尾附近村落，一个团抢占曹坊至洋贝地区要点，开始构筑堡垒。左权迅速将这一情报报告了林彪、聂荣臻。林、聂首长决定乘敌人孤军深入之机，予以歼灭。

左权协助林、聂首长对参战部队进行了具体作战部署：以第二十四师由集结地域，分经中隘嵊和王坑、中田，隐蔽迂回至洋坊尾、马古头之间，切断敌人的退路，由西北向东南攻击敌之右翼。红九军团“以轻装出发，迅速经大坪坝、白菴子、吴家坊，向曹坊攻击”前进，保障第二十四师左翼安全，并协助该师进行突击。红一军团第一师第二团由集结地域出发，向八前亭、王沙坊、洋贝攻击前进，切断曹坊、温坊之间敌人的联系，保障第二十四师右翼安全；军团主力由西、南两面向东、北方向突击歼敌，进占温坊。

8 月 31 日 21 时许，红军各参战部队按照左权电话传达的命令，以迅速、秘密的动作将国民党军包围，并向其发起突然攻击。激战至翌日拂晓，将敌歼灭，仅红一军团就俘敌 1600 人。

国民党军第三师第八旅被歼后，蒋鼎文立即派第九师并指挥第三师余部共 8 个团由朋口向温坊进行反扑。9 月 3 日 8 时，第九师先头部队第五〇团进至温坊，其余部队抢占温坊两侧有利地形，企图与红军决战。

根据国民党军深入的情况，林彪、聂荣臻决定乘敌立足未稳，集中兵力歼灭其第五〇团。左权遂迅速向部队传达林、聂首长的决心，命令红一师集结于上莒溪、洋坊尾间之适当地点，担任截断温坊、洋坊尾联络，并阻止敌人之增援部队任务；红二师集结于温坊大湾间山地，担任正面支点之守备；红二十四师集结于曹坊洋贝之间地域。

是日 9 时，红军各部队发起攻击，激战至 16 时，战斗胜利结束。

温坊战斗的胜利，左权直接领导的侦察部队功不可没。这次战斗给“围剿”中央苏区的国民党军东路军以沉重打击，红军以伤亡 700 余人的代价，歼敌 4000 余人，缴获各种枪支 1800 余枝（挺），迫击炮 6 门，取得第五次反“围剿”以来少有的胜利。蒋介石对此十分恼火，枪毙了第八旅旅长许永相，并将第三师师长李玉堂由中将降为上校。林彪、聂荣臻在给中央的报告中说：“苦战一年，此役颇可补充。”①

温坊战斗是在红军反“围剿”作战困难时期取得的一次重要胜利。这一胜利说明，只要指挥员对战役和战斗进行周密的计划，充分发挥红军灵活机动的特长，抓住有利时机，用运动战的方式，是能够取得作战胜利的。然而，由于红军最高决策者战略指导方针的错误，个别战斗的胜利不能像过去几次红军反“围剿”作战一样，很快发展为一个战役的胜利。所以，温坊战斗的局部胜利，只是延缓了敌东路军的推进，并没有从根本上改变红军的被动局面。

温坊战斗结束后，红一军团奉命西移高兴圩、狮子岭一线。刘忠率侦察部队回到军团司令部，左权表扬了他和侦察科的同志们。

9 月 14 日，林彪、聂荣臻率红一军团（缺第十五师）到达瑞金北云集圩、壬田地域，左权率第十五师继续向兴国前进。当日，在中革军委和红军总部，周恩来向林彪、聂荣臻传达了中共中央和中革军委关于红军准备战略转移的决定，并指示红一军团保卫兴国，迟滞北线敌人，以掩护中央红军各部集中转移。

受领任务后，林彪、聂荣臻于 9 月 18 日赶至江北洞地区，察看地形。林彪、聂荣臻判断国民党军第八纵队将攻击庙背，向兴国推进，19 日晚 20 时，林彪、聂

---

① 林彪、聂荣臻关于温坊战斗之战果与一军团守备布置的报告，1934 年 9 月 2 日。

荣臻致电朱德："我军决定利用庙背以北阵地及寨脑嵊阵地实行顽强防御，大量消耗敌人战斗力，并迫使敌人向我阵地翼侧包围，以求得消灭包围之部队。"并请示："第一军团缺十五师应于二十日二时出发，向兴国圩前进，限九时以前完全到达。一师应在高兴圩附近待机，二师在老圩东北森林待机，突击敌之左侧背。"

当日，朱德回电同意。

随着战争一天天地进行，根据地的军力、民力和物力消耗巨大。到了9月，整个中央苏区的形势已十分紧张。红一军团、红三军团、红五军团、红八军团和红九军团在东、西、南、北，节节抗击着占绝对优势的敌人。9月26日，国民党军队开始向中央苏区中心区全面进攻。其间，左权命令刘忠率军团侦察部队深入敌占区，迷惑、迟滞敌人的进攻。在高兴圩、老营盘、富田、水南等地，刘忠指挥侦察部队穿插于敌人的堡垒之间，不断袭击、骚扰敌人，搅得国民党军昼夜不安。

10月上旬，国民党军相继占领兴国、古龙冈、宁都、石城、长汀、会昌一线，红军各个防御点被敌人分割击破，红军遭到重大伤亡，完全陷入被动，在内线打破敌人的"围剿"已无可能。在这种情况下，有必要突破敌人的围攻，转到外线无堡垒地带寻求战机，歼灭敌人的有生力量，以争取粉碎敌人的"围剿"。但博古、李德已被国民党军的气势汹汹所吓倒，失去了打破敌人"围剿"的信心和勇气。

10月6日夜，红一军团将防御阵地移交给红五军团后向兴国地区移动。当日，国民党军占领石城，并拟于14日向瑞金、宁都发起总攻。这时，国民党军的行动十分谨慎，不敢贸然前进。而石城的失守却令"左"倾领导者惊慌失措。为保存力量，10月上旬，中共中央和中革军委领导决定突围，命令红二十四师和地方武装接替中央红军主力各线的防御任务，红一、红三、红八、红九军团和红五军团向瑞金、雩都、会昌地区集结，准备向湘西实行战略转移。

军团参谋长是军团首长第一助手。在左权担任红一军团参谋长九个多月的时间里，一直战斗在第五次反"围剿"的最前线。他按照林、聂首长的作战意图，积极谋划，亲自拟制作战方案和计划，组织和督促作战计划的落实。当时的斗争极为艰苦，工作纷繁多绪，诸如布置通讯，指挥侦察，补充兵员，组织转送伤员，筹划粮草、枪弹等，事无巨细，他都亲自过问、操办。他将全部身心都投入到战斗和工作中。

数年之后，曾与左权长期战斗、工作在一起的林彪，化名"凌霄"写了一首长诗，发表在延安的《解放日报》（1942年6月19日）上，回忆了左权在第五次反"围剿"最紧张时期的情景：

> 在五次"围剿"时你被调到同我们一起工作，
> 这恰是红军最艰苦时期的开始，
> 从此无限繁难的工作昼夜围在你的周围，
> …………

你所处理的事情是最繁忙的事情，
你真正尽了组织战斗的重任，
白天行军作战，
夜间又要计划周详，指导有方，
电话机子成了你枕旁经常的陈设，
电话的铃声一夜不知多少次催你醒来，
你倦极了，
清醒的神志到底抵不过过度的疲劳，
电话还未讲完你又昏睡过去，
不到几秒钟你又醒来，
电话，一次再次的电话，
你的梦话我常听到，
你所说的句句都是战斗的安排。
…………
多少次险恶的战斗，只差一点我们就要同归于尽。
好多次我们的司令部投入混战的漩涡，
不但在我们的前方是敌人，
在我们的左右后方也发现了敌人，
我们曾各自拔出手枪向敌人连放，
拦阻溃乱的队伍向敌人反扑。
子弹、炮弹、炸弹在我们前后左右纵横乱落，
杀声震彻着山谷和原野，
炮弹、炸弹的尘土时常在你我的身上，
我们屡次从尘土中浓烟里滚了出来。
…………

这就是左权，红一军团参谋长，一位忠勇果敢的红军指挥员。

第九章　长征到陕北

一、告别中央苏区

1934年秋，国民党各路“围剿”军加紧对中央苏区的疯狂进攻，苏区面积不断缩小，只剩下以瑞金为中心的雩都、兴国、宁都、石城、宁化、长汀、会昌等县之间的一小片地区。这时，博古、李德等“左”倾错误领导者不是进行必要的休整、充分的准备和作深入细致的思想政治工作以实行战略转移，而只是在上层，在极其秘密的状态下准备撤离中央苏区。

直到9月上旬，左权和红一军团首长仍在温坊附近地域指挥部队继续顽强抗击国民党军的轮番进攻，而对党中央准备撤离中央苏区的战略方针并不清楚。不过，左权对日益严峻的军事形势却深感焦虑不安。9月中旬，中革军委命令，红一军团迅速由闽西地区向江西兴国一带地域转移集中。左权接到命令后，认为在敌情越来越严重的情况下，大部队转移集结，必须要详细了解和周密侦察沿途地形和敌情。他立即召集司令部有关干部和侦察科开会，亲自部署交代任务，决定派刘忠带领侦察分队和一个测绘班前去执行任务。

刘忠根据左权的指示，对转移集结的沿途地段的敌情、地形、阵地、工事及路线进行了详细侦察，并绘制了行军路线图。左权对侦察部队圆满完成任务感到很高兴，表扬了侦察科和测绘班，并鼓励他们：现在军事形势急转直下，今后侦察任务将更加艰难和繁重，要求侦察部队凡是在转移作战前，必须要详细侦察敌情，周密勘察地形，深入了解民情，认真绘制行军路线图，找好向导带路等。

左权不仅要求司令部的人要这样做，而且自己总是身体力行。他严谨细致的工作作风，给红军指战员留下深刻的印象，深深教育和鼓舞着每个人。杨得志在回忆与左权相处的日子时曾讲：“左权同志的工作作风非常踏实、细致，每做一件事，事先都要反复研究，他对党的事业有着高度的负责精神。”[①]

红一军团在向兴国开进途中，经瑞金以北地区时，林彪、聂荣臻接到前往瑞金到中革军委和红军总部接受新任务的电令。在林彪、聂荣臻暂时离开军团时，

---

① 杨得志：《和左权同志相处的日子》，载晋冀鲁豫烈士陵园编：《怀念左权同志》，湖南人民出版社1981年版，第17—18页。

左权奉命指挥部队继续向兴国地区前进。左权为防止敌机侦察，避免暴露部队行动目标，要求部队注意防空利用夜暗行军转移，9 月 19 日部队到达兴国以东的江背洞（今江背墟）、小溪、水头等地区。

林彪、聂荣臻受领任务回到军团部后，心情显得特别沉重。左权在与军团首长交谈中得知："中央决定红军要作战略转移。"[①] 军团首长交代左权，根据军委命令，红一军团在战略转移前先到兴国抗击和迟滞周浑元纵队的进攻，以便掩护各路红军到达预定集结地域，进行战略转移准备。左权从军团首长的神情和交代的任务中更加领悟到形势的严峻，任务的艰巨。由于"当时保密纪律很严"，"又不能向下透露"，左权也没有多问，便根据林、聂首长的指示，开始进入转移前紧张繁忙的工作。

从 9 月中下旬开始，左权和军团首长指挥红一军团与红五军团一起在兴国以北高兴圩、庙背等地阻击周浑元纵队三个师的进攻。为阻止国民党军向兴国推进，红一、红五军团英勇顽强地抗击敌人，终因敌轮番轰炸进攻，加上红军许多地段的阵地纵横数公里无大的障碍物，工事也不坚固，部队伤亡不断增加，到 9 月底，高兴圩、庙背等地区的大部分阵地先后失守。国民党军向中央苏区腹地步步紧逼。

左权为此焦虑万分。正当红一军团顽强抗击国民党军向兴国推进时，张闻天于 9 月 29 日在《红色中华》第 239 期上发表署名社论《一切为了保卫苏维埃》的文章。社论指出："为了保卫苏区，粉碎五次'围剿'，我们在苏区内部求得同敌人的主动决战，然而为了同样的目的，我们分出我们主力的一部分深入敌人的远后方。在那里发动广大群众斗争，开展游击战争，解除敌人的武装，创造新的红军主力与新的苏区。""我们有时在敌人优势兵力的压迫之下，不能不暂时的放弃某些苏区与城市，缩短战线，集中力量，求得战术上的优势，以争取决战的胜利。"社论论述了红军实行机动作战的道理，隐约传达了红军准备实行战略转移的信息。左权从张闻天的文章和林彪、聂荣臻由总部受领的指示中，了解到红军要撤离中央苏区，而这时他的心情却越加不平静。如此大的军事行动，不向部队进行动员教育怎么行？不做好充分准备怎么行？左权思考了许多。

10 月 3 日，红一军团政治委员聂荣臻、政治部主任朱瑞联名致电总政治部主任王稼祥、副主任贺昌，建议将张闻天《一切为了保卫苏维埃》的文章，作为 10 月红一军团进行中心教育的教材，并进行必要的解释工作。10 月 9 日，总政治部根据中共中央、中革军委 10 月 8 日的"军事与政治命令"，发布了《关于准备长途行军与战斗的政治指令》，指令要求：对部队"进行整理补充与解释工作"，并明确提出"根据张闻天同志《一切为了保卫苏维埃》的论文"，"在部队中进行充分的宣传解释工作"，"提高部队的战斗情绪与巩固部队"，"加强部队的政治军事训练，发扬部队的攻击精神，准备突破敌人的封锁线，进行长途行军与战斗"。

左权非常赞同聂荣臻、朱瑞的建议，坚决执行总政治部的指示，他深切地感

---

①《聂荣臻回忆录》（上），解放军出版社 1986 年版，第 213 页。

受到这些建议和指示十分重要。同时他认为，红一军团应利用目前敌人占领高兴圩、庙背后，暂时停止向兴国猛烈攻击，忙于加紧构筑工事，加固堡垒的时机，应立即抓紧对部队进行休整和必要的军事准备。随后，左权积极配合林彪、聂荣臻开展对红一军团的整理、训练和教育及转移前的军事准备工作。10月上旬，红一军团根据中革军委指示，转移到兴国东南的江背洞、社富圩、溪源等地与红五军团交替轮换进行休整。随后又根据中革军委命令，秘密地向雩都以东的仙霞观、宽田、水头圩地域集中，继续进行整训，并开展了转移前的必要的宣传教育和军事准备工作。在这期间，中革军委决定将江西补充第二团和雩都补充第八团2个补充团，共约2600人和大批弹药、棉衣及其他物资分配给红一军团。补充团的战士都是在突击扩红中，刚刚参加红军的新战士。左权认为，要想迅速提高新战士的战斗力，必须尽快将新战士分配到各单位，将新、老战士混编成班的战斗单位，使新战士能很快地学到老战士的战斗技术和思想作风，更快地熟悉军队生活。与此同时，左权十分重视司令部机关的整训，他要求在这关键时刻，司令部建设更需加强，他千方百计协调抽调一些有经验的同志和有点文化的“小知识分子”充实到军团作战科、情报科、侦察科，进一步完善各种制度。红一军团经过整训、补充，总兵力达19880余人。

中共中央和中革军委为严保军事行动的秘密，对战略转移的最终目标和计划一直没有向下传达，只是下达了各阶段的具体任务，并要求“对于部属只告以每天的行进路和宿营地”①。10月9日，中革军委下达各野战军从10日到20日开始行动日程的命令。左权接到命令后认为，全军转移，长途行军，隐蔽企图、确保安全固然十分重要，但具体行动安排也要周到细致，做到万无一失。他来到司令部根据中革军委的命令与各科领导研究部署了具体任务，指示侦察科长刘忠率领军团侦察部队迅速渡过赣江，到信丰、南雄、大余、崇义、南康之间的地区侦察敌人的兵力配置，查明工事、堡垒的构筑情况，弄清这一带的地形、道路，绘制行动图，报送军团司令部。

转移前夕的一切准备工作，左权参谋长都是在紧张、忙碌、秘密的状态下进行着。10月12日左权连夜由军团指挥部宿营地潮渔湾渡过雩都河（即贡水）赶往信丰以东的新田村，这时沿途已经能看到有些部队正在转移。13日，左权参谋长赶到新田村，详细听取了刘忠关于信丰、南雄、南康等地侦察情况的汇报，认真审看了他们绘制的这一地带的草图后，对刘忠说：任务完成得很好。同时再次强调，部队转移作战，侦察工作一定要走在前头，指示刘忠和侦察部队要发扬不怕疲劳、连续作战的精神。并指示刘忠再继续前往韩坊、古陂、安西一带进行补充侦察，查明这一带敌人的工事、火力配系等情况。随后，左权立即赶回军团部，向林彪、聂荣臻汇报，并共同研究制定红一军团的具体行动计划安排。

① 朱德关于红一军团向集中地域秘密移动致林彪、聂荣臻电，1934年10月7日，《红军长征·文献》，解放军出版社1995年版，第51页。

10 月 17 日夜晚，左权和林彪、聂荣臻率领红一军团由龙古嘴到龙江口之间的渡口南渡雩都河踏上了长征路。红军为隐蔽企图，保守秘密，开始都是采取夜间行军，走山路，为了不惊扰群众，人山人海的一支支队伍背着行装，携带着大批武器、弹药和物资以及笨重的机器，不是肩挑、人扛，就是骡马驮着，小车推着，队伍中打着的无数支火把、灯笼宛如千万条火龙在蜿蜒崎岖的山路中蠕动。尽管是夜间秘密行动，红军尽量地减少声响，但根据地的群众还是知道了红军就要离开根据地了！许多老表走出家门，从四面八方涌来，为红军送行；有的送茶水，有的送草鞋、布鞋、斗笠、雨伞，有的抢着要帮助红军挑一程担子，有的老大娘硬是往战士们的怀里塞这塞那，有的拉着红军指战员的手深情地嘱咐说："你们一定要打回来呀！……"话没说完，抑制不住的泪水夺眶而出……左权见此情此景，不由得一阵阵心酸和不安，默默无语，思如涌泉：要离开这生活战斗的中央苏区啦！要告别为红军节衣缩食，倾注全部心血的苏区乡亲们啦！多么舍不得离开与红军有着鱼水深情的苏区人民群众呀！此时，左权更加惦念曾一起工作、学习和并肩拼杀的同志们，左权是多么想再去看望这些战友呀！他想起曾在莫斯科东方大学学习，同在红五军团一起工作战斗的总政治部副主任兼红五军团政治部主任、留下来担任中央军区政治部主任的刘伯坚；想起在闽西苏区时，同在红军军官学校第一分校任校务委员会主任、留下来担任赣南军区政治委员的阮啸仙……左权脑海里还浮现出许许多多他非常熟悉的战友们的面孔，现在近在咫尺，却因情况紧急，任务缠身，他只能自己默默地承受着这离别的痛苦。谁也不曾想到这一分别竟成了和战友们的永别。刘伯坚、阮啸仙等许多战友相继在斗争中英勇牺牲了。

二、冲破封锁线

左权怀着十分沉重的心情离开中央苏区，他和军团首长率领红一军团为左路前卫，红九军团为左路在其后跟进，红三、红八军团为右路，红五军团殿后，掩护着中共中央、中革军委及其各机关编成庞大的军委第一、第二纵队开始长征。为隐蔽行动，保守军事秘密，中革军委于 10 月 13 日又重新规定了军委及各兵团的代号：红一军团为"南昌"，第一师为"广昌"，第二师为"建昌"，第十五师为"都昌"。与此同时，红一军团也规定了各团的代号。

红一军团沿着周密侦察的行军路线，迅速、秘密地于 10 月 20 日进入信丰境内的新田、金鸡附近地域，接近敌人第一道封锁线。第一道封锁线，由国民党军陈济棠部防守，其第四师王赞斌部驻守南康，第二师叶肇部驻守信丰、王母渡，第一师李振球部驻守安西、古陂、新田、重石、版石，独立第二旅驻守安远，陈济棠坐镇南雄。凭借在赣州、南康、信丰、安远等地及桃江（即信丰河）沿岸的碉堡工事封锁中央红军西进道路，阻止红军进入广东。陈济棠是广东地方军阀，非蒋介石嫡系部队，与蒋介石之间的矛盾素来很深。长征前夕，中央红军为利用敌人相互之间的矛盾，分化敌人，周恩来、朱德等曾派何长工、潘汉年与陈济棠的代表粤军参谋长杨幼敏及两位师长黄质文、黄旭初等举行秘密谈判。陈济棠出于自身利害的考虑，不愿中蒋介石“一石二鸟”的圈套，便与红军达成“双方停止作战行动……”① 等五项秘密协议，同时还商定：“必要时可以互相借道，红军有行动事先告诉陈，陈部撤离四十华里。”②

10 月 21 日，左权和林彪、聂荣臻指挥红一军团向敌人第一道封锁线发起冲击，红一师袭占新田，红二师一举攻克金鸡，次日围攻版石圩之敌，击溃守敌，突破了敌人的堡垒线，残敌退守安西，红一军团乘胜追击，与右翼的红三军团同时追至安西城下。陈济棠由于有与红军的秘密协议，当红军向南突围时，陈济棠部边打边撤，没有对红军实行严密堵截，红军在短时间里通过陈济棠的管辖区域。10 月 25 日，红一军团渡过桃江，也没有遇到很大的阻力顺利地从南康、大庾岭边缘地区突过了第一道封锁线。

红军突破第一道封锁线后，左、右两路前卫，红一、红三军团像两把尖刀直插湖南、广东境内。蒋介石在湖南桂东、汝城至广东城口设置了第二道封锁线。城口守敌为粤军陈济棠部和民团防守。

为突破第二道封锁线，左权和军团首长决定派红二师第六团向仁化、城口长途奔袭，夺取城口，打开突破第二道封锁线的缺口。红六团在团长朱水秋、政治委员王集成的率领下向城口急奔，11 月 4 日，以奇袭手段歼灭守敌，俘虏一百余人，一举攻占城口。随即红一军团部移驻城口，左权在城口，一面部署侦察部队迅速前往乐昌、新桥、九峰山侦察前进道路上的敌情，一面指挥后续部队迅速跟进。

在红一军团袭占城口的同时，右路前卫红三军团向湖南汝城发起攻击，摧毁城头寨多处碉堡，攻占城南大耒圩寨子，密切监视和紧紧围困汝城守敌。11 月 5 日，左权和林彪、聂荣臻率红一军团（不含红十五师）由城口顺利通过封锁线，沿湘粤边境迅速西进，城口的防守掩护任务移交给红三军团，这样，到 11 月 8 日，中央红军主力顺利突过城口至汝城间敌第二道封锁线。

中央红军突破敌人第二道封锁线后，蒋介石这才从红军莫名其妙的“流窜”中如梦方醒，紧急调动湘粤地方部队二十余万人，在湖南的郴县、宜章之间和粤汉铁路两侧，设置第三道封锁线，湘军刘建绪之第十九师李觉部防守郴县，第十五师王东原部向郴县增援，第六十二师陶广部尾随红军向文明司追击，粤军独立第四师邓龙光部正向粤北乐昌开进。敌人在郴县、宜章之间构筑了几百座碉堡，企图阻拦红军前进。但是，这时敌人的兵力尚在调动之中，宜章、嘉禾、临武等地敌人的兵力较为薄弱。

正当红一军团向九峰山、宜章方向前进时，11 月 6 日，朱德再次致电红一军团指出：如九峰之敌不强，“一军团之基本任务为夺取并巩固九峰圩及乐昌以

① 朱德:《关于抗日反蒋问题给陈济棠的信》，载《朱德军事文选》，解放军出版社 1997 年版，第 159 页。
②《中国红军长征史》，中共中央党校出版社 1996 年版，第 30 页。

北之头子岭（乐昌以北之道路交叉点）以便野战军迅速西进”。红军如能控制九峰山，就控制了郴县至乐昌段的粤汉铁路东北部的制高点，就可以阻击粤敌北进。然而，军团长林彪和政治委员聂荣臻对是否走九峰山发生了分歧。林彪主张绕开九峰山，走山下平坦大道，经乐昌突过粤汉铁路，这样可迅速西进。聂荣臻认为走大道经乐昌如有敌人太危险，对林彪只顾本部队行动便利，不顾中央及其他部队的安全的做法表示反对，坚决主张执行中革军委命令。

在林彪和聂荣臻激烈争论时，左权建议说：派红二师师长陈光带一个连去乐昌侦察，看敌情如何，同时一部出击九峰山。左权认为，在敌强我弱的情况下，选择有利于我们的地形尤为重要，山地敌人防守薄弱，红军选择走九峰山，可以利用九峰山的重山叠嶂，居高临下的地形，构成一道坚不可摧的防线，保障红军在通过封锁线的行动中不被敌人迂回分割。在左权看来，部队退却转移摆脱险境是首要的，心存侥幸冒险行事是要吃亏的。

林彪和聂荣臻都赞成左权参谋长的建议，于是决定派陈光带领红二师一个连前去侦察乐昌敌情。与此同时，在聂荣臻的坚持下，红二师第四团继续向九峰山前进，抢占九峰山。为确保红军抢占九峰山的安全，左权指示刘忠带领军团侦察部队和保卫分局便衣班化装成国民党部队，向九峰山及其以南侦察前进，并控制这一地区，保障攻占九峰山部队的侧翼安全。刘忠带领侦察部队侦察了九峰山的地形、敌情，绘制了形势略图，并派侦察参谋急速送回军团部。红二师师长侦察乐昌大道敌情后，也赶回军团指挥部报告：乐昌大道上已发现敌人在运动。

左权与军团首长研究分析了敌情，深感情况紧急，于是林彪立即拿起电话，给正向九峰山攻击前进的红四团下达命令：“不惜一切代价抢占九峰山。”红四团团长耿飚、政治委员杨成武接到命令后，没敢歇息片刻，于深夜迅速率领部队迎着狂风暴雨，在泥泞的山路中奔袭，雨越下越大，由于缺少照明器材，又无法打火把，四周一片漆黑，九峰山山高路险，给红军带来极大困难。部队指战员只得手拉着手，或者拉着绑腿带，拄着树枝木棍，相互偎依着艰难地向山顶爬去，红军终于抢占了粤汉铁路东北侧的制高点——九峰山，并在九峰山激战一整天。与此同时，红二师主力攻占九峰山侧翼之茶岭、大源、小园、麻坑等地，监视九峰圩和乐昌敌人，掩护军委第一、第二纵队和红九军团顺利从九峰山以北地区西进。

军委纵队在红军左右两路军的掩护下，从湘粤边境崎岖蜿蜒的南岭山路中西进，人员拥挤，行动缓慢，从九峰山到宜章不足60公里的路程就走了三四天。

11月11日，左权和林彪、聂荣臻率领红一军团主力到达宜章的白石渡附近地域。红一师于12日攻占白石渡。与此同时，红三军团第五师于11月10日攻占郴县良田，第六师于11日攻占宜章县城。这样，红军就撕开了敌人设置在郴县至宜章之间封锁线上的一个口子。

郴县、宜章是具有革命传统的地方，湘南起义就是从这里发起的，并在这些地区创建了湘南革命根据地，红一军团有许多指战员就来自于这些地区，红军一来到湘南，就好像回到了久别的故乡，对这里的乡亲和山山水水都有着深厚的感情。白石渡是粤汉铁路郴县至宜章之间的一个站。白石渡及其附近居住着几千名修筑和维护粤汉铁路的工人，他们大多都是来自湖南的贫苦农民，由于家境贫寒无法生存才到铁路上做工，依然没有逃脱层层欺压和剥削，无论是晴雨霜雪，每天都要干十多个小时繁重的劳动，却只能得到三角钱，连自己都很难养活，更谈不上养家糊口。红军攻占白石渡，平时作恶多端的资本家、工头都跑了，只剩下这些工人们，他们对党和红军的政策、主张早有所闻，见红军来了，都非常欢喜。红一军团在白石渡停留期间，左权利用这个机会亲自率领部队指战员带着没收地主豪绅的粮食和财物，挑着粮油、干菜和衣被救济贫困工人和群众。红军的行动感动和教育了工人群众，更加密切了红军和工人们之间关系，加深了相互间的感情。在红军的宣传动员下，数百名筑路工人纷纷要求加入红军，红一军团得到了补充，士气大增。

11 月 13 日，左权和军团首长遵照中革军委指示，命令红十五师赶至宜章城及罗家观等地接替红三军团第六师的警戒任务，红一师、红二师留在白石渡、香花树下、塘村地域警戒，掩护红军主力通过第三道封锁线，同时派红二师为先头部队前出临武，侦察前进道路和敌情。红一军团经过顽强阻击和严密监视，掩护中央红军主力于 11 月 15 日全部通过郴县至宜章之间敌人第三道封锁线后，继续西进。

蒋介石在中央红军突破第三道封锁线后，已判明红军西进的战略企图。中共中央率红军主力突围西进，使他恼羞成怒，气急败坏，急急忙忙于 11 月 12 日赶到南昌，在南昌行营与他的幕僚们加紧策划“追剿”方案，为了驱使湖南军阀为他卖命，蒋介石用尽心机，委任何键为“追剿”军总司令，并将进入湖南的嫡系部队薛岳、周浑元部，共 16 个师 77 个团也统归何键指挥，命令何键统率“追剿”军各部歼灭红军于湘江以东地区。

何键受宠若惊，扬言要同红军决一死战。11 月 13 日，他发布“追剿”计划：将所属部队编为五路“追剿”军，任命刘建绪为第一路军司令，率四个师由郴县赶赴湘江边的黄沙河附近地区，与桂军协同堵击红军西进；任命薛岳为第二路军司令，率四个师由茶陵、衡阳赶至零陵（今永州市）地区，与第一、第三路军联系，堵截红军北进和西进；任命周浑元为第三路军司令，率四个师继续向道县追击，与第一、第二路军及桂军联络，截击红军；任命李云杰为第四路军司令，率两个师经嘉禾向宁远及其以南地区尾追红军；任命李抱冰为第五路军司令，率一个师，与第四路军联络，经临武、江华、永明（今江永）追击，并配合粤、桂军围堵红军。

蒋介石调集约 40 万兵力，在湘江及其附近地区设置了第四道封锁线，企图利用横亘在红军前进道路上的湘江作天然屏障，歼灭红军于湘江两岸地区。

左权和林彪、聂荣臻指挥红一军团与红三军团并肩担任全军前锋，在前面开路。红二师先头团于 11 月 16 日攻占临武县城。左权一进临武城，立即命令侦察科长刘忠带领侦察分队携带电台，化装为国民党部队前出蓝山、江华、永明、道州一线，侦察敌情，查明道路，查清潇水、湘江各个渡口情况，及时报告军团司令部。并勉励刘忠和侦察分队要发扬吃大苦和连续作战的精神，真正成为全军名副其实的“千里眼”“顺风耳”。

刘忠受领任命后，带领侦察分队每天急行军，顶风冒雨走夜路，化装为国民党部队在敌占区行动，深入敌营打探敌情。地方民团、保安队、守望队见大摇大摆的红军侦察员也畏惧三分，看作为“自家格”，毫无戒备。左权不断地收到刘忠和各方面的侦察情报。红一军团根据这些情报及时调整部署下达作战命令。

刘忠来电报告：“蓝山尚未见敌，部队可迅速前进。”左权和军团首长决定：红一师迅速进占蓝山，并派得力步兵掩护工兵在春陵水架桥，以保障野战军主力通过。刘忠又来电报告：“道县无大敌。”左权和军团首长命令红二师不顾一切困难，迅速抢占道县。红二师师长陈光、政治委员刘亚楼奉命率领红二师主力昼夜急行军近百公里，于 11 月 22 日拂晓赶至道县城下，潇水东岸。据当地群众介绍，在道县城原有一座用铁链子串起来的浮桥，平时出入城都从这浮桥通过，红军来到潇水边时，敌人抢先把浮桥的全部船只都拉到对岸，拆除了浮桥。为夺取船只，抢修浮桥，红四团组织了一批水性好的战士泅水到对岸，在火力的掩护下顺利地夺得船只。天放亮时，在当地船工和群众的帮助下，迅速地架好了三四米宽的浮桥，由红四团担任主攻，红五团迂回策应，一举击溃守敌第四十四师一个连及保安队，攻占道县城。红二师进入道县城，受到城里的群众热烈欢迎。乡亲们纷纷议论，红军真神了，昨天还远在百里之外，今天就来到道县城。有个老汉边捋着胡子边说：“可不，他们日走一千，夜行八百，刀枪不入。”刘亚楼听到这议论后，忍不住笑着说：“我们红军是‘刀枪不入’所向无敌，这是由于我们与人民休戚相关，有群众的支援。”①

11 月 23 日，左权率军团司令部进至道县城，为保证大部队通过潇水，他要求红二师寻找更多的船只，广泛地收集架桥材料，再架设些浮桥。同时他还指示军团直属队两个工兵连配合红二师架设浮桥。左权亲自指导并与工兵连一起架桥，他认真地检查了每一道浮桥，直到感到大部队可以安全顺利地通过时，他才放心地离去。24 日晚，林彪、聂荣臻命令红一师在道县城至青口市②之间地区掩护党中央和军委纵队及后续部队西渡潇水，左权奉命率领红一军团先头部队红二师迅速向全州方向急进，抢占湘江渡河点。

全州城是湘江西岸的一座县城。在红军渡过潇水后，“追剿”军第一路刘建绪率四个师已赶至全州、黄沙河一带地域设防，第二路薛岳的四个师也进驻零陵，已向黄沙河推进，第三、第五路尾随红军紧追不舍。这时湘军代表刘建绪和桂系军阀白崇禧在全州密谈，双方划定：以全州为界，湘军防守全州以北地区，桂军防守全州以南地区。各路“追剿”军向红军蜂拥而来，不断紧缩包围圈，妄图实现歼灭红军于湘江两岸的计划。形势非常危急。

---

①《开国上将刘亚楼》，福建教育出版社 1998 年版，第 50 页。

② 青口市，即青口镇，属湖南省道县。

左权率领红二师，为先敌抢占全州至界首之间湘江渡河点，昼夜急行军经广西灌阳以北之文市，于 11 月 27 日赶至湘江东岸，并立即派出部队选择渡河点。当晚，左权指挥红二师第四、第五团分别在界首至全州之间石塘圩、太平渡等处浅滩涉水渡湘江。命令红四团攻占界首，红五团攻占全州。红四团先敌抢占界首，随即桂系第十五军夏威部凭借着精良的武器装备向红军进行反扑，直向红军纵深插进，当进入设伏地域时，红四团突然向敌发起攻击，将敌全线击溃，残敌仓皇逃跑。随后，红四团奉命将界首防守警戒任务移交给红三军团第六师，向全州以南的脚山铺[①]转移，与红二师主力靠拢。

在红四团攻占界首的同时，红五团向全州攻击前进，赶至全州附近时，得知全州城已被敌刘建绪部占领，迅速向脚山铺挺进，占领并控制脚山铺一线阵地。红四团赶至脚山铺后，左权迅速组织红二师先头部队在脚山铺一带构筑工事，命令部队加强警戒，严密防守阵地，阻击敌人进攻，掩护中央红军主力通过湘江。

林彪、聂荣臻来到脚山铺，立即和左权一起勘察地形。脚山铺是一个只有二十多户的小村庄，东北面距全州只有十多公里，南面就是湘江，脚山铺处在沿湘江西岸连绵起伏的丘陵之中，与尖锋岭、美女梳头岭、黄帝岭等几座孤立的小山岭相连，形成一条宽广起伏的地带，站在脚山铺最高处可以看到与湘江平行走向的桂（林）黄（沙河）公路。脚山铺就位于这一带山岭与公路的交会处，是扼守湘江和桂黄公路的咽喉要地。

左权和林彪、聂荣臻研究决定：一定要不惜一切代价严防死守脚山铺一带阵地，命令红二师在穿过脚山铺的桂黄公路两侧的尖峰岭至黄帝岭一线设防，部署红一师在沿桂黄公路的米花山至怀中抱子岭一线与红二师一起共同阻击“追剿”军第一、第二路军共 4 个师 16 个团的进攻。红一师根据军团首长的命令，在道县与敌激战三昼夜，掩护军委纵队及后续部队过潇水后，于 11 月 28 日夜，星夜兼程，以一天半的时间，急行军近 100 公里，于 30 日凌晨赶到湘江西岸进入米花山至怀中抱子岭一线阵地，不顾一切疲劳，立即投入抗击敌进攻的战斗。

11 月 29 日，刘建绪指挥第一路“追剿”军由全州倾巢出动，一部向红二师鲁板桥至脚山铺的第一道阻击阵地发起轮番进攻。红二师从上午一直到晚上顽强抗击，打退敌多次进攻。30 日拂晓，敌人集中力量在强大的炮火和 10 余架飞机轰炸扫射的支援下，向脚山铺再一次发动猛烈进攻。红军凭借着尖峰岭、美女梳头岭一带高地临时修筑的掩体、堑沟等工事英勇抗击敌人攻击，不断给敌以杀伤，打退敌一次次进攻，阵地前的山坡上和山岭下敌人丢弃了大批尸体和武器。紧接着，敌人又调整兵力，以更强大的炮火，在飞机轮番轰炸扫射下，连续多次发动更加猛烈的进攻，阵地上硝烟滚滚，喊杀声惊天动地，敌人的进攻越来越凶猛，阵前敌人的尸体越积越多，红军的伤亡也逐渐增加。敌人见从正面进攻难以得逞，战至中午便改用两翼猛攻中央突破的方法加强对美女梳头岭以西的米花山

① 脚山铺，即觉山铺。

红一师的阵地进攻。敌人发疯似的向红军阵地狂轰滥炸，炮声震耳欲聋。经过激烈拼杀，战至下午，敌人突破了米花山阵地，红一师退向脚山铺西南的水头、夏壁田一线阵地继续抗击敌人的疯狂进攻。敌人占领米花山阵地后，集中兵力向红二师美女梳头岭、尖峰岭阵地发起更疯狂的进攻。敌人冲了上来，又被红军打了下去；打了下去的敌人，又冲了上来，红军前沿阵地失而复得，得而复失，战斗异常惨烈。许多前沿阵地工事都因全排或整连将士全部牺牲而丢失。傍晚时分，美女梳头岭阵地失守，敌人蜂拥而至从三个方向猛攻尖峰岭阵地。防守尖峰岭阵地的红五团在团长陈正湘、政治委员易荡平的率领下与敌人展开了一场短兵相接的厮杀，政治委员身负重伤，为了不当俘虏，他用警卫员的手枪结束了年仅 24 岁的生命，壮烈地牺牲在湘江阻击战中。

米花山、美女梳头岭、尖峰岭等阵地相继失守，红一军团被迫退守到第二道阻击阵地，与敌又展开了更加顽强拼杀搏斗。战斗越来越激烈，伤亡越来越惨重，形势越来越危急，左权面对红军从未经历过的残酷战斗和被动局面，心急如焚。他在脚山铺南面军团指挥所的一个小高地上，向东望去是波涛滚滚的湘江，几个方向都有敌人。红一军团又经历了一整天的激战，时间一分一秒地过去。红军指战员的鲜血一滴滴地流淌着，时间就是生命，能抢先一分钟过江，就能减少一些牺牲，左权急切地盼望着军委纵队及后续部队加快速度，争分夺秒抢时间渡过湘江呀！然而，这时博古、李德等指挥着军委纵队和后续部队依然是拖着长长的队伍，推着、拉着笨重的物资和各种机械，挑着、驮着成箱成捆的书报文件，缓慢地向湘江边移动，仅从灌阳文市向湘江沿岸不足 80 公里的路程，竟走了 4 天。

11 月 30 日夜，左权和军团首长冷静地分析了严峻的形势，经过认真商讨后，于深夜，以林彪、聂荣臻的名义给中革军委主席朱德发了一份电报。电报提出："……由脚山铺到白沙铺只有 20 公里，沿途为宽广之起伏树林，敌能展开大的兵力，颇易接近我们，我火力难发扬，正面又太宽，如敌人明日以优势猛进，我军在目前训练装备状况下，难有占领固守的绝对把握。军委须将湘水以东各军，星夜兼程过河。"①

为消灭由兴安、全州进攻之敌，钳制广西军阀和周浑元纵队的追击，12 月 1 日 1 时半，中革军委主席朱德致电红一、红三军团，下达作战命令：

> 一号各兵团之部署及任务应如下：
>
> 一军团全部在原地域，有消灭全州之敌由朱塘铺沿公路向西南前进部队的任务，无论如何要将由汽车路向西之前进诸道路保持在我们手中，在湘水东岸只留小的侦察部队。②

---

①《聂荣臻传》，当代中国出版社 1994 年版，第 110 页。

②《朱德关于消灭由兴安、全州进攻之敌与钳制桂军和周浑元部追击致红一、三军团电》，1934 年 12 月 1 日，《红军长征·文献》，解放军出版社 1995 年版，第 159 页。

3时半，中共中央局、中革军委、总政治部又联名致电红一、红三军团：

> 一日战斗，关系我野战军全部西进，胜利可开辟今后的发展前途，退则我野战军将被敌层层切断。我一、三军团首长及其政治部，应连夜派遣政工人员分入到各连队去进行战斗鼓动，要动员全体指战员认识今日作战的意义。我们不为胜利者，即为战败者，胜负关系全局。人人要奋起作战的最高勇气，不顾一切牺牲，克服疲惫现象，以坚决的突击执行进攻与消灭敌人的任务，保证军委一号一时半作战命令全部实现。打退敌人占领的地方，消灭敌人进攻的部队，开辟西进的道路，保证我野战军全部突过封锁线，就是今日作战的口号。望高举胜利的旗帜向着火线上去！①

左权自任红一军团参谋长以来，这还是第一次收到党中央和红军最高领导机关联名下达这么急迫的命令。左权深深地感到红一军团与并肩在湘江西岸界首、光华铺一带顽强抗击由兴安北上之桂军的红三军团肩负的责任有多么重大，能不能坚守住当前阵地，是关系着全军安危和胜败的大局。为确保党中央和后续部队全部渡过湘江，突破封锁线，脱离险境，左权和军团首长及全体指战员又度过了一个通宵未眠之夜。左权和林彪、聂荣臻连夜深入到基层传达中央和军委命令，号召和动员全军不惜一切代价一定要坚守阵地、死守阵地，完成掩护任务，保证党中央、中革军委及后续部队顺利通过湘江封锁线，明确提出“生死存亡在此一战”的战斗口号。

左权带领军团司令部的参谋人员来到前沿阵地，检查工事和火力配置，慰问伤病员，进一步进行宣传鼓动，指示部队注意隐蔽、加强侧翼暴露部分的警戒安全，加强和调整接合部的兵力部署。

12月1日晨，“追剿”军第一路刘建绪部向红一军团阵地发动更加猛烈的进攻。红一军团阵地顿时被敌军的飞机和大炮倾泻的炸弹炸成一片火海，炮声隆隆，火光冲天，成群的敌人从红军阵地的几个方向猛扑过来，黑压压的一片。

红一军团指战员已连续四天四夜没有睡上一个囫囵觉，没有吃上一顿安稳饭，当听到炮声，看见敌人冲了上来，人人忘却了疲劳和饥饿，不顾一切牺牲，各个奋起作战，杀声震天，又是一次又一次的冲锋、反冲锋。燃烧的阵地上，飞溅着泥尘、砂石，红军经过又一场血战，击退敌人一次次的冲锋。敌军迂回红军侧后，从红一师、红二师的接合部发动进攻，以一片浓密的树林为掩护，直插到红一师第三团的背后。红三团是从11月28日夜急行军，于30日凌晨赶到脚山铺一线阵地投入战斗的，连续行军作战已整整几天没有睡觉，但仍振作精神奋起抗击。终因敌人众多，地形开阔不便隐蔽防守，红三团阵地被敌人冲开了一个

①《中共中央局、中革军委、总政治部关于保证军委一号一时半作战命令全部实现致红一、三军团电》，1934年12月1日，《红军长征·文献》，解放军出版社1995年版，第161页。

缺口。敌军冲破红三团阵地后，向红二师迂回包围上来。红二师处境危殆，当即命令以一个团坚守白沙铺阵地，阻击敌人进攻。其他两个团转向西面较隐蔽的山中，继续抗击敌人。

敌军突破红一师、红二师接合部的防线时，已近中午，有一股敌人迂回到红一军团指挥部附近，左权和军团领导正准备吃饭，担任警戒的警卫员邱文熙发现敌人端枪向红军冲了上来，迅速向军团首长报告。左权和林彪、聂荣臻立即丢下碗筷，临危不乱，沉着冷静地处置这突如其来的险情。左权急奔到隐蔽的地方察看敌情，只见一团团敌人拥挤着向上爬，情况万分危机。左权参谋长果断地组织指挥警卫部队且战且退，并拔出手枪向冲上来的敌人一阵连射，掩护军团首长和机关、电台迅速从一座山的隘口转移，子弹、炮弹在转移部队的前后左右纵横飞落，杀声震彻山谷原野，炸弹掀起的尘土扑在左权和战友们的身上。左权见状，十分担心军团首长的安全，不时地观察军团首长是否有危险，经常提醒周围的同志注意隐蔽，他把个人的安危置之度外。在警卫部队的顽强阻击下，军团指挥部才摆脱了敌人，转移到一片丛林之中。

恰在这时，得知中央领导机关、军委纵队和大部分后续部队已通过封锁线。左权这才松了一口气，他和林彪、聂荣臻命令红一师、红二师交替掩护，边打边撤，退出阵地。红一师、红二师在左权和军团首长们率领下，分别经过木皮口、鹞子江、梅子岭、大湾等地，进入云雾缭绕、重峦叠嶂的越城岭[①]，通过高山隘口等险要地段，翻越三千界，于 12 月 2 日到达广西资源以南油榨坪一带地区，疲惫不堪的红一军团指战员这时才得到一刻的喘息机会。

左权和军团首长率领红一军团主力在油榨坪宿营时，见在湘江东岸小岭、五百岭一带地区担任阻击掩护任务的红十五师还没上来。左权很担心红十五师的情况，红十五师是由江西赤色少先队组成的少共国际师改编而成的新部队，师长彭绍辉、政治委员萧华带领着的这支队伍大多数都是十七八岁的孩子，缺乏战斗经验，更没有经历过这样惨烈的血战场面。左权和军团首长十分关心和爱护这支部队，生怕出什么意外，他们商量后，立即组织派遣了一支精干队伍前去接应。红十五师在接应部队的支援下，迅速渡过湘江，翻山越岭，走小路，昼夜急行军终于 12 月 4 日到达资源皮水隘，追赶上了主力部队。

红一军团在湘江两岸与敌人展开殊死搏斗，以血的代价掩护党中央、中革军委通过湘江封锁线的同时，在右翼的红三军团也同敌人血战了四天四夜；担任全军后卫阻击敌的红五军团第三十四师连续苦战数天，完成阻击掩护任务后，赶至湘江边时，两岸已被敌人严密封锁，最终在湘江东岸陷入数十倍于己的优势兵力的重重包围，与敌展开了英勇拼杀，终因孤军奋战，大部壮烈牺牲。其他部队也损失惨重。这时，中央红军由长征出发时的 8.6 万人锐减至 3 万余人。红军突围西征仅一个多月，就损失过半，这是多么惨重的损失啊！

---

① 越城岭，即老山界。

惨痛的损失，不由得使左权想起在毛泽东的领导下中央苏区和红军连续粉碎敌人第一、第二、第三次“围剿”的辉煌胜利，他深切地感受到还是毛泽东领导英明，战略战术正确。相比之下，他开始产生了对“左”倾错误领导者的不满和怀疑。早在1932年6月，左权在肃反中，被错误的诬陷为参加过托派组织，撤销了他的红十五军军长的职务，无端地受到留党察看的处分。左权对以王明为首的“左”倾教条主义者推行的“残酷斗争、无情打击”的错误政策早有怀疑，对从第五次反“围剿”以来党和红军屡屡遭到的惨痛失败也深感不满。然而，左权从来没有动摇过，更没有在艰难困苦面前低过头。他没有苟安，没有消极，更没有灰心与气馁，就是在血战湘江那样险恶的环境中依然对党和革命事业的忠贞不贰。

三、率部袭占施秉

突破敌人第四道封锁线后，左权和林彪、聂荣臻率领红一军团与红九军团为野战军右纵队，奉命继续西进，翻过山岭连绵、人迹罕至的越城岭，于12月5日进至湘桂边的车田以西地域。

蒋介石为防堵中央红军北出湘西，与红二、六军团会合，急忙重新调兵遣将，部署新的追堵计划。蒋介石将原五路“追剿”军编为两个兵团，任命刘建绪和薛岳为第一、第二兵团总指挥，分别由湘江沿岸黄沙河、全州一带向新宁、城步、绥宁、靖县、会同、芷江地区开进。并令桂军第十五军和第七军分别为第一、第二追击队，尾追中央红军。同时，命令黔军王家烈部在锦屏、黎平一线堵截红军西进，企图围歼红军于北进湘西的途中。

左权和军团首长率红一军团遵照预定计划，沿湘桂边西进，途中由红二师和红一师分别于12月11日和15日相继占领湖南通道县城和贵州黎平县城。

此时，在中共中央和红军的最高领导层对前进方向展开了激烈争论。博古、李德等人固执地坚持北出湘西的计划，李德认为：“转向北方，与二军团建立联系。我们依靠二军团的根据地，再加上贺龙和肖克的部队，就可以在广阔的区域向敌人进攻，并在湘黔川三省交界的三角地带建一大片苏区。”①

毛泽东在敌人重点防堵中央红军北上与红二、红六军团会合，并以五六倍于红军的兵力构筑碉堡线，张网以待，围歼红军的危急关头，竭力劝阻李德等人放弃原定计划。毛泽东认为中央红军决不能让敌人牵着鼻子走，决不能往敌人准备好的口袋里面钻，自取灭亡。毛泽东积极建议：“改向敌军力量薄弱的贵州西进。”② 毛泽东这一争取主动，挽救危局的正确主张在黎平举行的会议上经过激烈争论，最后得到大多数同志的支持和赞同。会议决定中央红军西进贵州，在以遵义为中心的川黔边创立根据地。12月19日，中革军委命令中央红军分为左、右

---

①［德］奥托·布劳恩：《中国纪事》，现代史料编刊社1980年，第124页。

②《毛泽东传（1893—1949）》，中央文献出版社1996年版，第337页。

两纵队，向以遵义为中心的黔北地区前进，红一、红九军团为右纵队，于 12 月底攻占施秉等地。

红一军团为完成攻占镇远、施秉等地，进而北渡乌江，占领遵义的作战任务。左权率领先头部队红二师向施秉方向急进，12 月 25 日晚进驻距施秉城约 20 公里的村庄宿营。左权一到宿营地立即把侦察科长刘忠叫来，首先了解对施秉城的侦察情况，当得知施秉城由黔军王家烈部一个营的兵力防守，但具体防御情况还没侦察清楚时，左权说："你们很辛苦，应该睡一觉。但现在还不能休息。因为施秉城的敌情还没弄清楚。你们应连夜出发，天亮前占领施秉城的东山，首先弄清情况，立即报告我，并相机占领施秉城。"①

当时，刘忠觉得部队连续几天侦察，经常是急行军，有时一天要走 70—80 公里的路程。而且贵州 12 月天气阴雨绵绵，山路崎岖，道路泥泞，夜间行军漆黑一片，不少战士因疲劳过度经常是稍不留意就会摔倒。天天走山路，许多战士的鞋全磨穿了，脚也磨起了一层层血泡。部队刚洗过脚，已经睡下。于是刘忠请示左权："报告参谋长，部队很疲劳，休息两个小时再走行吗？"左权严肃地回答说："不行，要马上出发！"其实左权参谋长非常理解刘忠的心情，更了解战士们的辛苦。他关切地对刘忠说："刘忠同志！养兵千日，用兵一时，这是有关全军行动的问题。"②只有周密的侦察，准确地掌握敌情，我们才能把握战机，完成袭占施秉的任务，为抢渡乌江进占遵义赢得时间。

左权参谋长的话音一落，刘忠的脸色刷的一下就红了起来。刘忠望着参谋长带着缕缕血丝困倦的双眼，湿漉漉的军装，就知道参谋长又是一夜没有合眼，他指挥部队行军作战同战士一样风餐露宿，比我们更加疲劳更加辛苦。于是，刘忠没有再犹豫，连夜带领一个侦察排和便衣班前往施秉城。雨还是不停地下着，刘忠和战士们全身上下的衣服都被雨水和汗水浸得透湿。部队顶着寒风，在黑夜中行军，伸手不见五指，他们凭借着早已练就的夜行军的本领在崎岖的山路上艰难跋涉，凌晨 2 点多钟赶到施秉城的东山。

刘忠趁天色还未亮，带领侦察部队摸到城内，详细侦察到城内王家烈部的一个营分散在几处防守的情况，并且了解到王家烈的兵个个都是拥有一支步枪、一杆鸦片烟枪的"双枪兵"，战斗力弱，不是正在烟馆吸大烟，就是吸足了烟正在昏睡。刘忠决定进攻该城。王家烈的"双枪兵"被红军突如其来的攻击吓得惊慌失措，顿时乱作一团，很快被击退。12 月 26 日晨，左权率领先头部队红二师一部赶至施秉城，击退向施秉城反扑的黔军，残敌纷纷逃窜。红军占领施秉城。左权赞扬了袭占施秉城的部队，他说：我们之所以袭占成功，得益于对敌人的缜密侦察和指挥员的灵活处置，果断指挥。

在袭占施秉的同时，红一军团第十五师和第二师也先后攻占镇远城和旧州老

① 刘忠:《回忆左权同志》，载晋冀鲁豫烈士陵园编:《怀念左权同志》，湖南人民出版社 1981 年版，第 24 页。
② 刘忠:《回忆左权同志》，载晋冀鲁豫烈士陵园编:《怀念左权同志》，湖南人民出版社 1981 年版，第 24 页。

城，左纵队红三军团于28日攻占黄平等地，为中央红军北渡乌江，进占遵义奠定了基础。

红军西入贵州，挺进乌江，大出蒋介石意料。蒋介石又急急忙忙调整部署，命令"追剿"军各部分别向镇远、施秉、黄平等方向追击。同时，蒋介石一再电令黔军王家烈部增派重兵防守乌江。

乌江又称黔江，是贵州最大的河流，江面宽阔，水深流急，暗礁四伏，两岸山峦重叠，峭壁危崖，素有"乌江天险"之称。沿江相隔数公里才有一个渡口，平时行人往来，非经渡口不能过江。

乌江沿岸由黔军第二十五军教导师侯之担部凭险防守。他一直盘踞在黔北赤水、习水、仁怀、遵义和川南的叙永、古蔺一带地区。侯之担惧怕红军北渡乌江，他为保住老巢，命令所部严密布防控制沿江所有渡口，在各渡口增派兵力加固、整修防御工事，妄图凭借乌江天险阻止红军北进。

左权和军团首长指挥红一军团主力在施秉、镇雄关等地，积极抗击敌"追剿"军吴奇伟、周浑元纵队向镇远、施秉的攻击。12月29日，中革军委命令红军向乌江挺进。军委总参谋长刘伯承、副总参谋长张云逸率领干部团、军委两个工兵连和红二师为先遣队向猴场急进，抢占江界河等渡口；林彪、聂荣臻率领红一师向余庆、龙溪急进，抢占龙场、袁家渡等渡口；左权率领军团部及红十五师随红一师后跟进，迟滞和阻击追敌，掩护先遣部队抢占乌江各渡口。

这时，正值1934年岁末，按红军惯例，元旦都要举行联欢会，组织游艺和会餐。然而为迅速摆脱敌人渡过乌江，左权深入部队和指战员共同讨论红一军团如何以"突破乌江，拿下遵义"的胜利来迎接新年。讨论气氛非常热烈，各个情绪激昂，决心在强渡乌江的战斗中再立新功。

1935年1月1日，先遣队红二师第四团赶到乌江南岸的江界河渡口。团长耿飚、政治委员杨成武立即组织干部到江边实地勘察，江面宽约250米，只见渡口两侧是悬崖绝壁，江水湍急，波涛汹涌，南岸许多房屋都被敌人烧毁，岸边本来就很少的茅屋和树木也被敌人毁掉和砍伐，并掠走了所有渡船。退守到北岸的敌人加紧构筑工事，封锁了各渡口。

红军先遣部队一到江边，便紧急赶制竹筏，收集架桥材料，准备强渡乌江。为了抢时间，红四团从各连挑选了二十几位水性好、能攻善战的勇士准备凫水或乘竹筏过江。1月2日上午，首先由八名战士组成突击队，跳入刺骨冰凉的江中，拉缆绳试渡，终因敌人密集的炮火打断了绳索，勇士们只得折回，其中有一名战士负伤，体力不支，英勇牺牲，试渡没有成功。当晚，夜色浓重，由红三连连长毛振华带领分乘三个竹筏进行偷渡。毛振华等五人所乘的第一个竹筏迅速隐蔽地登上对岸。隆冬腊月，为了不被敌人察觉，他们冒着刺骨寒风，潜伏在石崖脚下，等待时机，出其不意地攻击敌人。次日9时，红四团又组织了第二次强攻，十余名战士分乘三个竹筏，在南岸红军强大火力的掩护下，迅速强渡成功。隐蔽在北岸的五名战士，在毛振华的带领下为接应强渡战士登岸，运动到敌人阵地背后，向敌人发起突然袭击。顿时敌人魂飞魄散，狼奔豕突。强渡过江的部队迅速扩大战果，在对岸有力炮火的打击下，击退敌人反扑，占领北岸阵地，掩护主力红军一批批渡过乌江。

与此同时，红一师先头部队第一团也于1月2日赶至回龙场渡口，在团长杨得志、政治委员黎林的指挥下捆扎竹筏，当晚乘竹筏强渡成功。随后，左权率领红一军团部和红十五师在完成阻击任务后，随红一师主力在回龙场渡过乌江向遵义挺进。

四、受命指挥红一军团

左权和军团首长率领红一军团主力顶着瓢泼大雨向遵义疾进，1月6日进至湄潭虾子场等地。与此同时，总参谋长刘伯承率领的先遣队红二师第六团已赶到距遵义城15公里的小镇深溪水。雨还在不停地下着，红六团政治委员王集成带领侦察分队冒雨侦察，得知小镇只有一个营的兵力驻守。刘伯承当即决定："以迅雷不及掩耳之势，全歼这股敌人。"[①] 于是，红六团乘敌毫无防备之机袭击深溪水，一举歼灭敌一个营，无一漏网。

占领深溪水后，红六团从侦察的情报得知遵义的敌情和城防情况，决定化装成国民党军，利用俘虏诈城，智取遵义。刘伯承和王集成亲自给带领作战分队的第一营营长曾保堂交代任务，并认真检查各方面的准备情况。当天晚上，曾保堂带领一个连和侦察排乔装成敌人的溃兵，由经过教育的俘虏引路，冒雨来到遵义城的南门前，巧妙地叫开城门。红军迅速歼灭南门守敌，并切断电线，城内一片漆黑。红军乘势吹响冲锋号，后续部队风驰电掣般地向城里冲去，敌人顿时乱作一团，鬼哭狼嚎般地向北门仓皇逃窜，来不及逃跑的都做了俘虏。1月7日凌晨，刘伯承指挥红二师以极少的伤亡占领遵义城，随后乘胜攻占娄山关和桐梓。

左权对刘伯承的指挥艺术和才能十分钦佩，经常以刘伯承运用急袭、夜袭突然打击敌人，乔装打扮智取敌人的成功经验和战例教育部队，他要求部队凡有时机，应力求采用袭击战术，以小的代价打击和消灭敌人有生力量。

红一军团占领遵义后，1月9日下午，毛泽东、周恩来、朱德等随军委纵队进驻遵义城。随后，左权和军团首长率领红一军团主力移驻桐梓、石牛栏等地。这时，蒋介石的十多万追兵被红军甩在乌江以南、以东地区。敌情稍缓，于是，中共中央决定在遵义召开政治局扩大会议，部队也稍事进行休整。

军团长林彪、政治委员聂荣臻奉命离开部队前往遵义参加会议。1月14日，中革军委决定："一军团全部在林聂未回前统归左参谋长朱主任统一指挥。"左权和朱瑞收到电令后，深感在这关键时刻指挥红一军团责任重大。他们全身心地投入部队工作；指挥作战，组织休整，深入开展地方工作，紧紧依靠群众进行筹

---

①《刘伯承传》，当代中国出版社1992年版，第107页。

粮、筹款和扩大红军。

红军占领遵义及其以北的娄山关、桐梓等地后，左权认为当务之急就是要确保实现党中央以遵义为中心开辟黔北根据地，向川南发展的战略方针。迅速占领新站、松坎等地，这是实现这一方针的重要一环，同时可以在遵义以北筑起一道屏障，以保卫遵义的安全，保障遵义会议的顺利召开。

为占领新站、松坎等地，左权和朱瑞找来红二师师长陈光和政治委员刘亚楼，当面交代任务，要求红二师乘敌不备迅速拿下新站、松坎，担任遵义以北的警戒任务。15 日凌晨，红二师根据左权和朱瑞的指示，指挥红四团为前卫向新站攻击前进，并派一部由夜郎坝小路迂回敌后，切断新站之敌退路并堵截驻酒店垭之川敌的增援。

红四团披星戴月摸黑赶到新站南的一个村庄时与敌遭遇。红军干脆利落地歼灭了这股敌人，从俘虏中得知，新站之敌侯之玺旅有十个营兵力驻守，且大部分都是“双枪兵”，对红军毫无察觉和戒备。红四团迅速抢占有利地形，趁天还未亮，向敌发起突然攻击，战至中午，控制了新站大部乡镇。侯之玺急忙搜罗残兵，猬集在新站西北一角，妄图依仗众多兵力一面负隅顽抗，一面等待救兵。红四团调整兵力，集中火力向敌发动猛烈攻击，战斗异常激烈，战至黄昏，红二师迂回部队在敌人后方打响。侯敌见增援无望，后路已断，率残部向松坎和西面的山林逃去。红二师占领新站，歼敌两个多营。

红军占领新站后，左权和朱瑞电令红二师发扬连续作战的精神，乘胜攻占松坎。陈光、刘亚楼接到电令后立即来到红四团，见战场尚未清理，战士们还没有吃晚饭，但为迅速抢占松坎，不给逃敌以喘气的机会，遂指示红四团立即出发歼敌。红四团团长耿飚、政治委员杨成武率领部队边走边吃点干粮，连夜向松坎奔袭前进。

红四团指战员以不怕疲劳、不怕艰难困苦的战斗作风，奔袭近 50 公里，于 16 日凌晨逼近松坎镇。逃至松坎之侯之玺部惧怕再遭红军打击，于是便率残敌连早饭也没敢吃便闻风而逃。

当日晨，红四团进占松坎，俘敌百余名，缴获各种枪百余支、迫击炮三门。并收缴敌人在狼狈逃窜时丢弃下来的大批弹药和物资。

左权和朱瑞为使参加遵义会议的军委和军团首长能及时掌握敌情，了解部队作战行动、具体位置等情况，并得到他们的指示，每日都要向军委和军团首长致电请示报告，就在攻占新站、松坎战斗最紧张的 15 日和 16 日这两天中，连续发报近十次，几乎是相隔几个小时就要发一次电报。这在长征期间是极少见的，由此看出左权坚定的组织纪律观念和严谨的工作作风。

左权和朱瑞还要求各师及时通报情况，尤其要求执行攻占新站和松坎任务的红二师要详细侦察敌情，查明沿途道路等各方面情况，判明及切断敌人退路，要求红一师和红十五师分别在桐梓、石牛栏一带地区加强警戒，严密封锁消息，密切监视和吸引敌人。

红二师占领新站、松坎后，左权和朱瑞便立即指示进驻桐梓、新站、松坎等地的红一军团部队严密监视和警戒四川、重庆方向的敌人，保障遵义北面的安全。红三军团、红五军团、红九军团分别在懒板凳、老君庙、刀靶水、团溪、江界河、湄潭、绥阳等地驻守警戒，负责遵义南面和东面的安全。红军共同组成遵义几个方面的坚强防御，有力地保护着遵义，保卫着具有伟大历史意义的遵义会议胜利召开。

同时，总政治部为尽快打开创建以遵义为中心的黔北根据地的局面，于1月14日下达了《关于地方工作的指示信》。指示信明确提出：为“创造四川与贵州的新苏区，为了达到这一目的，我们必须极大的发动当地群众的斗争，来配合红军争取决战的胜利，造成迅速创立新苏区的顺利环境。”指示信明确要求：“发动群众总的方针是要迅速的广大的发动群众的斗争，武装当地的群众，依靠这些武装起来的群众来扩大红军，配合红军作战，消灭当地国民党的武装，来建立革命的政权”。

左权认为要唤起广大劳动群众同红军一道革命，拿起武器去杀尽国民党反动派、军阀官僚，首先要使他们明了共产党和红军的革命主张，知道红军是他们自己的武装，苏维埃政权是他们自己的政府，只有这样他们才会自觉自愿地起来跟着共产党走，拥护苏维埃政权，积极参加红军。

左权和朱瑞为贯彻总政治部的指示要求，首先在红一军团组成由军团政治部地方工作部部长吴亮平负责的宣讲团，积极宣传党和红军的方针、政策，宣讲总政治部指示信的政策主张以及任务要求，鼓励群众起来为自己的迫切要求而斗争，教育和领导群众武装起来，组织游击队，建立自己的红色政权——革命委员会。在红军的宣传教育下，广大群众深深感到红军与国民党军队不一样，开始明了红军真正是穷苦人的队伍，他们组织起来进行斗争，帮助、支援红军，当地的党组织、游击武装和各种群众组织纷纷建立起来。

在此期间，吴亮平见到在上海时曾一同被关押在狱中的林青并了解到，林青获释后，奉党组织指示来到贵州，1934年1月在毕节建立了一个秘密的地下党支部。随后，林青打入王家烈部第十三团，开展兵运工作。吴亮平得知这一情况后，便及时向左权和朱瑞介绍认识了林青并向他们汇报了有关情况。左权和朱瑞认为可以通过林青继续发展党在贵州的活动。指示吴亮平立即向时任中央组织部部长兼红军总政治部地方工作部部长的李维汉汇报。随后，林青根据中央的指示，组成以林青为书记的中共贵州省工作委员会。中共贵州工委成立后，积极活动，继续在敌军内部开展工作，传播革命道理，揭露反动欺骗宣传，还将获取的敌军情报和军用地图提供给红军，为红军在贵州其间的作战起到了重要的配合作用。

左权和朱瑞率领红一军团在桐梓城短短的半个月当中，群众工作很快开展起来。桐梓是贵州比较繁华的一座城镇，有不少军阀、官商的小洋楼，还有几个小工厂及一座小发电厂。当红军攻占桐梓，黔敌逃跑时，王家烈命令所部将桐梓电厂的汽车和煤炭洗劫一空。红军进驻桐梓后，当地居民和电厂工人请求红军帮助电厂解决燃煤等的问题。左权当即决定派军团担架队和机关人员一起，共同突击运煤，保证了电厂发电，满足了当地居民照明和生活需要，深得群众的拥护。红军来桐梓前，许多红军战士过去都没有见过电灯，也没有住过洋楼，来到桐梓城后，住进了小洋楼，在夜晚望着灯光通明的桐梓城心中充满了胜利的喜悦。

与此同时，在红一军团的深入宣传、教育和帮助下，桐梓城的西郊、南郊、东北郊等地都相继建立了革命委员会等地方政权。此外，在工厂组织了赤色工会，在农村组织了插田队，在妇女、儿童中也组织了妇女会、少年先锋队和儿童团等组织。当地革命斗争开展起来，打土豪、分粮财、镇压恶霸地主和反革命分子等各项工作和斗争搞得热火朝天。

在群众工作深入发展的基础上，广大工人、贫苦农民和学生纷纷踊跃报名参加红军，红一军团在桐梓等地扩大红军1000余人。

左权历来都十分重视瓦解敌军、教育俘虏的工作。红军进入贵州，攻占遵义、桐梓、新站、松坎等地后，俘虏了大批王家烈的黔军官兵。贵州，当时号称“大烟之乡”，这些官兵和当地许多人都沾上了抽大烟的嗜好。如何改造抽大烟的俘虏，教育已沾上烟瘾的新兵，是红军在贵州遇到一个新课题。左权认为教育好这些俘虏兵和新战士，帮助他们戒掉抽大烟的恶习是关系着巩固和扩大红军的重大问题，是保持和发扬红军光荣本色的原则问题，他要求各级领导一定要千方百计突破这一“难关”。

左权和朱瑞根据实际情况，决定将有抽大烟嗜好的俘虏兵集中编成新兵营、连，选派政治素质好的干部和老战士带领他戒烟。首先讲明红军的政策、纪律，宣传党和红军的光荣传统和优良作风，激发他们的阶级觉悟，然后晓之以理，动之以情逐步帮助他们戒烟。刚开始时，准许他们吞吞烟泡，逐步减少，最后达到把烟瘾戒掉的状态。同时展开竞赛，谁先戒掉烟瘾谁就先正式编入红军连队。这些战士当中有许多都成为红军队伍中坚定勇敢的革命者，有的为革命事业献出了宝贵生命。

由于红军的思想教育深入，政策方法得当，深受当地群众和俘虏士兵的拥护。同时对黔军也有极大影响和震动，这些都对巩固和扩大红军起到了积极作用。

在此期间，左权和朱瑞根据中革军委的命令和林、聂军团首长的指示积极领导了红一军团的整编工作。红一军团由于连续行军作战，尤其是在血战湘江一战之后，部队由江西出发时的19800余人锐减至8600余人。这时战斗连队严重缺编，有些连、营所剩无几。1935年1月初，中共中央政治局在猴场会议上就决定：在适当的时机部队准备休整，进行缩编，以充实作战部队。

红一军团占领新站、松坎以后，左权和朱瑞根据中革军委的指示，在担任警戒任务、开展群众工作的同时，利用战斗间隙开始对红一军团进行整编。这次整编的重点是缩小编制裁减机关，充实作战部队，加强连队战斗力。红十五师是一支年轻的战斗部队，在长征初期一直主要担任红一军团的后卫和阻击任务，部队伤亡很大，这时只有2000余人。中革军委决定撤销红十五师编制，将干部战士分别编入红一、红二两个主力师。

左权和朱瑞为搞好这次整编工作，首先对部队进行了深入的动员和教育，并与各师领导研究了撤编和分配方案。红十五师的师、团干部重新分配到其他各师、团或军团机关以充实和加强领导。红十五师师长彭绍辉调任军团司令部教育科科长；师政治委员萧华14岁参加红军，长期从事红军青年和政治工作，1933年后曾担任军团政治部和总政治部青年部部长，这次精简缩编，又回到军团政治部任青年部部长，他坚决服从了组织安排。

彭绍辉调任教育科长，作为自己的助手，左权非常高兴，他和彭绍辉进行了长时间的交谈。彭绍辉早年就参加农民运动，1928年7月，随彭德怀参加平江起义，后由红五军的排长一步一步地升任为红三军团主力师第一师师长。1933年3月在草台岗的战斗中，他指挥所部与敌人拼杀，在追歼残敌的战斗中，身先士卒，左臂连中两弹，最后忍痛锯掉左臂，从此成为红军中著名的独臂将军。1933年8月1日，中革军委授予彭绍辉二级红星奖章，后调任红一军团第十五师师长，他指挥作战机智果敢，出色地完成了历次战斗任务。这次缩编取消了红十五师，由师长调任科长，他愉快地服从了组织安排。彭绍辉担任师长时，有警卫员，有马匹，到机关后，由于精简非战斗人员，各科领导的警卫员也都撤销了，他原来的马匹也因行军作战累死没有再配，左权考虑到彭绍辉独臂工作和生活很不方便，准备保留他的警卫员。但彭绍辉坚持与其他领导一样，没有再要警卫员，他自己默默地克服着各种困难，总是以饱满的精力，千方百计地完成军团教育训练工作。

1月19日红十五师分编完毕。在这期间，左权和朱瑞连续多次致电军委主席朱德和军团首长林彪、聂荣臻，及时请示工作，通报部队整编进展等情况，及时得到指示。从而使军团整编工作得以顺利完成。红一军团通过这次整编，精简为红一、红二2个师和1个教导营，李聚奎任红一师师长，黄甦任政治委员，下辖第一、第二、第三3个团；陈光任红二师师长，刘亚楼任政治委员，下辖第四、第五、第六3个团；陈士榘任教导营营长，从而充实了作战部队，加强了各级机关的领导和建设，提高了红军的战斗力。

在遵义会议召开期间，刘伯承和聂荣臻认为四川条件要比贵州好得多，便于红军发展，因此提出：中央红军应打过长江，到川西北建立新根据地的建议，会议采纳了他们的意见。1月20日下达了《北渡长江的作战计划》。计划规定：红一军团为右纵队，经温水迅速夺取赤水。

左权根据新的作战任务，立即派遣侦察部队带电台前往温水、赤水地域进行侦察。在1月19日24时到20日21时的20多个小时里，左权和朱瑞又连续给军委主席朱德或总参谋长刘伯承及军团首长林彪和聂荣臻发电五六次。及时通报温水、习水、赤水等地敌情及沿途地形、道路等情况。

左权历来都非常重视侦察工作、及时掌握敌情。他常讲：“知己知彼，才能做到百战不殆。”正是由于左权和朱瑞经常不断地为军委提供敌军最新动态和各种情报，这些都为红军尔后的作战行动起到了重要的作用。

遵义会议结束后，左权和朱瑞接到中革军委主席朱德的电报，指示红一军团派部队接护参加会议的军团长林彪和李德。左权盼望着军团首长回来，期待着遵义会议精神的传达，便立即派出军团警卫连前往遵义。1 月 22 日下午，林彪赶至温水回到红一军团。

左权在与军团首长的交谈和会后发来的传达会议精神的电报中，得知会议开得很成功，毛泽东又回来领导、指挥红军了。

在毛泽东的指挥下，红军声东击西，机动作战，摆脱了被动挨打的局面。2 月 28 日，左权和军团首长指挥红一军团与红三军团配合再占遵义。是役，红军击溃和歼灭敌军两个师又八个团，共毙伤 2400 余人，俘敌 3000 余人，给蒋介石以沉重打击，取得中央红军长征以来最大的胜利。极大地鼓舞了红军的斗志，全军上下无不为之欢喜。就在全军欢庆胜利的日子里，遵义会议精神分别在红军中传达。

3 月初，中革军委在遵义天主教堂内召集团以上干部开会，由张闻天传达遵义会议精神。毛泽东、周恩来、朱德、王稼祥等都出席了会议。[①] 遵义会议精神传达后，大家自由发言，有的同志高兴得流出了眼泪。

左权从传达中了解到：遵义会议的主要目的是检查在第五次反“围剿”与西征中军事指挥的经验与教训。[②] 会议批评了王明“左”倾教条主义者从第五次反“围剿”斗争以来，在军事上所犯的严重错误。同时，还严厉批评了博古尤其是李德的飞扬跋扈、独断专行的领导作风及他们独揽军委大权，拒绝听取军事上的不同意见，压制民主，推行惩办主义等一系列的错误。

遵义会议的传达使左权终于找到了从第五次反“围剿”以来种种疑问的正确答案，第五次反“围剿”的失败，客观上的困难并不是主要的，而军事战略战术指导方面的错误才是根本原因。“左”倾教条主义者在第五次反“围剿”中，“以单纯防御路线（或专守防御）代替了决战防御，以阵地战堡垒战代替了运动战，并以所谓‘短促突击’的战术原则来支持这种单纯防御的战略路线”[③]，以“御敌于国门之外”，全线出击，分兵防御的作战方针代替了集中兵力，各个击破的作战方针，结果使红军遭受严重损失，被迫撤离中央苏区。

在中央红军被迫实行战略退却和突围转移中，“左”倾教条主义者“同样犯了原则上的错误。在决定退出苏区后，依然无目的地在苏区内同敌人拼命作战，大量消耗红军的有生力量。退出苏区变成了一种惊慌失措的逃跑的与搬家式的行动，在干部和群众中关于这种战略转变没有解释，组织庞大的后方机关使行军作战受到困难，使所有部队变成掩护队”[④]，“使得三个月的突围战役，差不多处处成

---

①《张闻天传》，当代中国出版社 1993 年版，第 215 页。

②《周恩来传》（上），中央文献出版社 1998 年版，第 349 页。

③《中共中央关于对敌人五次“围剿”的总结的决议》，载《红军长征·文献》，解放军出版社 1995 年版，第 215 页。

④ 中共中央书记处致二、六军团，四方面军及中央军区电，1935 年 2 月 28 日。

为掩护战”[①]。

左权和广大指战员最为关心的军事领导和指挥问题，在这次遵义会议上也得到了解决。会议撤销博古、李德的最高军事指挥权，增选毛泽东为政治局常委。遵义会后，中央政治局常委进行分工，由张闻天代替博古在党内“负总的责任”[②]，毛泽东为周恩来在军事上的帮助者[③]。

左权听了遵义会议精神的传达，备受鼓舞。他回想起自到达中央苏区的那一天起，亲身经历的历次反“围剿”斗争，都是在毛泽东的战略战术思想与军事指挥下取得胜利的，他十分敬佩毛泽东。左权认为由毛泽东出来领导红军，把握中国革命的航船，是广大干部和全军指战员的共同心愿。

传达之后，中共中央和军委领导同大家欢聚一堂，共进午餐。左权自长征以来还是首次同这么多的团以上领导干部相聚，欢快之情难以言表。席间，大家频频举杯庆贺遵义会议的胜利召开，祝愿红军取得更大的胜利。

五、“彝地作先锋”

遵义会议后，中央红军在以毛泽东为代表的中共中央和中革军委的领导下，四渡赤水，以三万余人的劣势兵力，同十倍于己的优势敌人巧妙周旋，忽南忽北，声东击西，大踏步地进退，大范围地迂回，穿插于敌人重兵之间，转战于川、滇、黔边广大地区。红军迷惑敌人，调动敌人，疲惫敌人，在运动中寻找有利时机，歼灭敌人的有生力量，由被动转为主动，终于摆脱了数十万敌军的围追堵截，由贵州进入云南。

红军大踏步地机动作战，正是左权参谋长最繁忙的日子。红一军团在这期间，先为中央红军左纵队前卫，攻克桐梓、再占遵义，再为右翼队，穿插于打鼓新场（即今金沙）、仁怀、茅台等地，又为左纵队，突然四渡赤水，威逼贵阳，乘虚进入云南，渡过金沙江。部队经常处在高度紧张的行军作战状态。这时左权付出了更多的艰辛，他要直接部署侦察、警戒、作战等任务，有时还要亲自带领侦察人员勘察地形、侦察敌情、了解民情。每到宿营地，别人可以休息，他却要拟定新的作战、行军计划，及时向军委首长发电汇报和请示工作，还要深入部队了解行军、战斗、宿营等情况。由于过分的繁忙和劳累，左权在行军中骑在骡子上也会打起盹来，几次差点摔下来。

毛泽东指挥红军大踏步地回旋转移，经常与敌人兜圈子，战斗频繁，因此部队非常疲劳。一些指战员甚至个别领导干部也不理解中央和毛泽东的战略意图，产生了埋怨情绪。[④]

---

①《红军长征·文献》，解放军出版社 1995 年版，第 224 页。

②《红军长征·文献》，解放军出版社 1995 年版，第 235 页。

③《毛泽东年谱》（上），人民出版社、中央文献出版社 1993 年版，第 443 页。

④《彭德怀传》，当代中国出版社 1993 年版，第 135 页。

这时，左权经常与聂荣臻在一起交谈，他们对毛泽东的指挥从来也没有产生过怀疑，而且都非常佩服毛泽东高超的军事指挥艺术，敬仰毛泽东摒弃死板教条的指挥，一切从实际出发的领导作风，赞赏毛泽东远见卓识的战略眼光，相信毛泽东，认为只有毛泽东领导才能挽救危局。5 月 12 日中央在会理召开政治局扩大会议，会议支持毛泽东在危急情况下，机动作战的方针。正是由于毛泽东的正确指挥最终才使得红军摆脱了敌军的围追堵截，把敌人甩在金沙江以南，扭转了红军被动挨打的局面。

会理会议后，5 月 20 日，中革军委根据中央在川西北建立根据地的决定，发布《关于野战军目前战略方针和任务的训令》。训令明确指出："渡过大渡河，进入川西北地区，遂成为目前战略上的实际要求。"同时，训令详细分析了敌情和该地区彝民等情况。最后，训令要求，"我野战军目前应以迅速北进，争取渡江先机，首先进到清溪、泸定桥、洪雅地区与川敌进行作战机动，争取赤化，为战略上基本方针"[①]。

左权和军团首长指挥红一军团，于 5 月 14 日已由会理以北地区开始北进，经德昌、西昌，20 日到达冕宁以南的泸沽地区。

由泸沽到大渡河，有两条路可走。一条是从泸沽，翻越小相岭，经越嶲（今越西），到大树堡，由此渡大渡河到东岸的富林，再由富林经雅安，可直抵成都，这是一条通往成都的大道；另一条是从泸沽，经冕宁，过拖乌，到安顺场，这是一条蜿蜒崎岖荒凉的羊肠小道。这条小道，沿途不仅山势险峭、地形复杂，而且要经历被人们视为"畏途"的彝族聚居地。由于历代反动统治阶级对彝族同胞的残酷迫害和蓄意制造的民族对立，使彝汉族之间存在着很深的民族隔阂。当年，太平天国翼王石达开统兵 4 万余人，由这条路到安顺场。这位"策马渡悬崖，弯弓射胡月"的旷世英雄，在这里被困 47 天，结果全军覆灭。

中央红军北上到达泸沽后，蒋介石判断红军将要北渡大渡河，与红四方面军会合。蒋介石便急忙调兵遣将，命令薛岳第二路军继续追击红军，又令川军第二十军杨森部火速赶到大渡河北岸增防，王泽浚旅驰驻富林，刘文辉部在大渡河北岸构筑碉堡封锁线堵截红军渡河，妄图与红军决战大渡河，还扬言要让红军成为第二个石达开。

中央红军为争取渡河先机，突破天险大渡河，决定由泸沽兵分两路向大渡河北进：红军主力为左路，并由总参谋长刘伯承、红一军团政治委员聂荣臻分别担任司令员和政治委员率领红一师第一团和工兵排等组成的先遣队（亦称先遣第一团）[②]，走小路，通过彝族聚居区，向石棉县安顺场前进，抢渡大渡河，为主力开路；以红二师第五团及侦察连、便衣队为右路，组成"第二先遣团"[③]，由左权参

---

①《红军长征·文献》，解放军出版社 1995 年版，第 347 页。

②《朱德关于我军主力向纳耳坝、安顺场渡口北进的部署》1935 年 5 月 21 日，载《红军长征·文献》，解放军出版社 1995 年版，第 350 页。

③《朱德关于各军团二十一日行动部署》1935 年 5 月 20 日。

谋长和红二师政治委员刘亚楼率领，走大道，向石棉县大树堡前进，佯攻富林，以迷惑和牵制敌人，掩护主力部队在安顺场渡河。

5 月 21 日下午，左权和刘亚楼率领第二先遣团佯作主力，大张旗鼓，大造声势，从泸沽出发，向大树堡前进。到大树堡首先就要翻越峰峦叠嶂、山高林密的小相岭。五六月份，川西的天气一日三变，早晨还是天高气爽，中午却闷热难熬，晚上则骤雨袭来。第二先遣团刚出发时，烈日当空，红军顶着骄阳攀越凌空峭崖，出入深邃峡谷，浑身烤得火辣辣的，热得如剥皮。傍晚，天气突变，刮起一阵风，紧接着就下一阵雨，一些指战员连累带凉直抽起筋来。

这时，部队稍事休息，以干粮充饥，这就算作是一顿晚餐。左权虽然是军事干部，但很善于做干部战士的思想工作。在休息时，左权来到战士们中间，和大家你说我笑地谈了起来。左权颇有兴趣地讲道：三国时，诸葛亮七擒孟获的故事就是发生在这个地区，只不过当时诸葛亮是南进，而我们是北上。诸葛亮当时七擒孟获，不畏酷暑炎热，不畏艰难险阻，不怕山高路险，更何况我们红军队伍呢！大家听得兴致勃勃，忘记了疲劳。左权接着对大家说，为了争取时间，尽早赶到大树堡，吸引、牵制敌军，我们必须要发扬连续作战的精神，不能休息，连夜行军。红军指战员各个抖擞精神，在崎岖的山路中加快步伐，摸黑前进，急行军走了近 80 公里，于次日上午就赶到了通往大渡河的一个重要隘口——登相营。

登相营是小相岭的出口，周围是悬崖峭壁，高坡陡坎。敌人在隘口的山顶处设置了哨所，由一个排的兵力扼守，并拆除和挖断了隘口上唯一的崖路，设了吊桥，放了哨兵。左权当即命令红五团派部队详细侦察，并寻找向导，迅速打开隘口。红五团选派了 10 多名干部和战士，在刘忠的带领下，由当地采药农民带路迅速隐蔽地向隘口摸去。红军沿小路，攀爬悬崖峭壁，悄悄地绕到敌人背后。这时有的敌人还在哨棚里打牌，有的还在烟灯旁过瘾。红军突然向隘口守敌发起攻击，干脆利落地全歼哨所守敌 30 余名，放下吊桥。左权趁势率领部队迅速通过隘口吊桥，占领登相营，直扑越嶲城。

越嶲城由川敌刘文辉部一个营部两个连和民团防守。守敌闻讯小相岭隘口被红军突破，登相营失守，惧怕被歼灭，国民党越嶲县县长和敌军营长携家眷、钱财率部队弃城仓皇向富林方向逃去。左权为了迷惑敌人，率领第二先遣团佯作主力，虚张声势，命令所有司号员吹起军号，战士们高唱军歌，整整齐齐、浩浩荡荡地于 5 月 22 日下午开进越嶲城。

越嶲城是川西山区一个非常贫瘠的小县城。红军一进城，收缴了国民党反动县政府的所有文书和地主恶霸的房契、地契等各种契约，并把这些文书、契约全部扔进火堆，当众烧成灰烬。红军这一举动，深受广大贫苦彝、汉族群众的欢迎，围观群众无不拍手称快。

左权在越嶲城里了解到，越嶲这一带是彝、汉族人民杂居的地区。国民党为了统治这一地区人民，在县政府特设了“彝务科”，彝族同胞备受苦难。在越嶲城监狱里关押的人当中，绝大多数都是彝族兄弟。他们被关进这阴暗的牢狱里，遭受着极端残酷的迫害。

左权找来还未跑的彝务科科长，弄清原委后对彝务科长说：将所有被关押的彝族同胞都释放出来！彝务科长惊恐地对左权说：“红军长官，放不得呀！放出来他们会杀汉人，他们是野蛮得不讲理的。”左权耐心地对彝务科长讲，历来统治者都将彝民视为野人而加以奴役和杀戮，因而他们被逼迫逃到深山老林，过着半游牧、半耕种的落后生活。又由于这些地区山多田少，地瘠民贫，各部落经常为田地、家财、牲畜争夺和厮杀，彝民便是这争夺、厮杀受害最深的群体。加上国民党反政府和四川军阀推行的大汉族主义，更加激化了汉、彝民族的矛盾，所以经常相互残杀。左权接着说，我们共产党和红军是反对大汉族主义的，是主张各民族平等和团结的，是真正解救各民族穷苦人民的队伍。我们是为了打倒国民党军阀消灭刘家军才来到这里的。

左权为了把释放被关押彝民的工作做得更稳妥，使广大群众都了解党和红军的政策主张，让彝务科长请来狱中的彝民代表进行座谈。左权向他们宣传说：我们红军不仅要放你们出来，而且还要废除国民党统治监禁彝人的制度，销毁“换班坐质”的档案，分发粮食、衣服和银钱，请代表向广大被关押的彝民解释和宣传。左权深入细致的工作，开始打消了彝务科长的顾虑，初步化解了彝族同胞同汉族兄弟的矛盾，于是命令红军开监放人。红军战士冲进黑暗、潮湿、污浊的牢房，砸开箍在囚人们身上的锁链，被关押的群众冲出了牢房，有些被折磨成枯瘦无力和致残的群众，红军战士逐个将他们背出来，这些获得自由重见光明的群众，各个无比激动，脸上挂满晶莹泪花，有的便嚎啕大哭起来，有的跪在红军指战员面前直叩头。围观群众见此情此景也深深被打动，获得自由的群众和围观的人群情不自禁地跳跃着、欢呼着，“红军瓦瓦苦！”（红军万岁！）“红军卡吵吵！”（谢谢红军！）的口号声回荡在越嶲城。

自第二先遣团进入越嶲城起，左权和刘亚楼就根据总政治部5月19日发布的《关于争取少数民族工作的训令》，在部队和群众中广泛深入地开展了学习和宣传活动。左权在给《训令》宣传队的指战员作动员讲话时，强调指出：红军每到一地必须严格遵守政治纪律，遵从少数民族群众的宗教风俗和习惯，坚决反对轻视、鄙视少数民族的大汉族主义。他要求宣传队员首先自己要学好《训令》精神，模范执行民族政策。同时，他还指示部队大量书写、刻印红军总司令朱德发布的《中国工农红军布告》，要求在越嶲城及其附近地区广泛张贴。

《布告》明示：

中国工农红军，解放弱小民族；
一切彝汉平民，都是兄弟骨肉。
可恨四川军阀，压迫彝人太毒；
苛捐杂税重重，又复妄加杀戮。
红军万里长征，所向势如破竹；

今已来到川西，尊重彝人风俗。
军纪十分严明，不动一丝一粟；
粮食公平购买，价钱交付十足。
凡我彝人群众，切莫怀疑畏缩；
赶快团结起来，共把军阀驱逐。
设立彝人政府，彝族管理彝族；
真正平等自由，再不受人欺辱。
希望努力宣传，将此广播西蜀。

左权非常赞赏这个《布告》，他认为这《布告》以简明扼要、易懂上口的六言句，把我们党和红军的民族政策和主张讲得非常生动、具体。

在第二先遣团深入宣传党和红军的民族政策的同时，左权带领红军和群众一起打土豪、斗恶霸、反污吏，抄了罪大恶极的地主和川军旅长的家，将没收的粮食、财物当众分配给了贫苦彝、汉族群众，广大群众感激地高呼："谷此撮，卡哕哕！"（恩人，谢谢！）"红军瓦瓦苦！"红军的行动深得广大彝、汉族人民的拥护。越嶲城群众祖祖辈辈从来也没有听到过，更没有见到过和彝族人民这么亲，对人民群众这么好的军队，这回他们不仅听到，而且亲眼看到和感受到红军给自己带来的好处，反动统治者和军阀散布的种种谣言也随之迅速破灭。"红军来到彝寨！""红军救了彝人！"的消息随着红军进入越嶲城迅速传遍彝族的村村寨寨。许多彝、汉族青年积极报名参加红军。红军第二先遣团在越嶲城扩大四百余名新战士。

这天晚上，越嶲城的彝族头人派代表来感谢红军，左权热情地接待了彝族代表并和他们进行了亲切交谈。彝族兄弟为了感谢红军，当得知红军要追歼从越嶲城逃窜的四川军阀部队和反动官吏时，纷纷表示愿为红军带路，共同追歼残敌。

5月23日清晨，蒙蒙细雨不停地下着，左权和刘亚楼率领第二先遣团离开越嶲城，继续北进，追歼残敌，城内男女老幼闻讯冒雨送别红军。红军在彝族向导的带领下，经新民、保安营、廖叶坪迅速追至海棠附近。这时彝族同胞向红军报告，从越嶲城逃跑的国民党县长、县党部的一批头头在川军两个连和民团保安队的护卫下，聚集在海棠镇。左权当即部署红五团紧紧包围海棠镇。左权和红五团团长张振山指挥第三营迅速向敌人发起冲击，与此同时，成群结队勇武强悍的彝、汉族青年手持土枪、棍棒，挥舞大刀、长矛从侧翼向镇子冲去。红军和彝、汉族群众密切配合，前后突击，一阵猛攻，全歼两个连的川军和大批反动民团武装，活捉了国民党越嶲县县长和川军营、连长。仇人被俘，顿时复仇的烈火涌上心头，彝族群众纷纷上前剥光了俘虏的衣服。时逢天还下着雨，一个个俘虏站在雨中，浑身上下都是雨水，活像个落汤鸡。这时，左权立即向群众宣传红军优待俘虏的政策，劝阻了他们的行动。俘虏惧怕群众，一个劲地往左权和红军队伍后面躲藏，请求红军收留他们。后来其中有些俘虏经过教育，参加了红军。

为争取时间，迅速抢占大树堡，左权命令部队迅速向大渡河渡口前进。部队从海棠镇出发，胜利通过了彝族区，于 5 月 24 日到达晒经关。

晒经关，山清水秀，风景迷人，它是通往大树堡的唯一道路。相传唐僧从西天取得佛祖真经，由老乌龟驮着师徒四人过通天河，因唐僧一心只想着经书，却忘记了老乌龟嘱托的事，惹怒了老乌龟，把唐僧师徒四人翻到河里，当他们游到对岸，可惜经书全部浸湿，师徒四人只得将经书摊在石头上晾晒，晒经关即由此得名。

左权经过晒经关时，一边行军，一边讲着这个故事，一边指着那路旁的晒经石给战士们看。战士们都非常敬佩参谋长知识渊博，通晓古今，全神贯注地听着故事，忘记了疲劳，都在等待参谋长往下接着讲。左权对大家说：等到革命胜利，我们可以饱览祖国的山山水水，现在时间紧迫，我们要赶路，从这里到大树堡只有二十余里路了，胜利就在前面了。部队听了参谋长的话，加快了行军步伐。

通过晒经关后，左权命令刘忠选派几名侦察队员并挑选几名刚俘虏参加红军的战士，化装成溃逃的川军，组成尖兵排，在队伍的前面开路。尖兵排逼近大树堡附近一个关口，有近一个排的敌人防守。哨所敌人反复盘问尖兵排后，竟相信这支队伍就是从越嶲溃退下来的友军，毫无戒备地放尖兵排大摇大摆通过关口哨卡。尖兵排没费一枪一弹迅速将关口敌人全部缴械，无一人漏网。随后，左权率领主力部队顺利通过关口，直逼大树堡，歼灭大树堡近一个营的敌人，部分残敌逃向大渡河北岸的富林。

左权和刘亚楼率领第二先遣团控制大树堡后，立即指示红五团和侦察部队密切监视和勘察沿河渡口情况，命令部队修筑工事，筹备物资，收集渡河器材，同时还广招民工砍伐树木，捆扎木排，大有红军要从大树堡北渡大渡河，进攻富林，攻打雅安，直取成都之势。

右路红军占领大树堡。富林敌人惊恐万状，成都敌军人心动荡，于是蒋介石电令杨森速调三个师，两万余人增防雅安、荥经、富林等地；急电刘湘的第二十一军开赴汉源、富林一带；命令刘文辉的第二十四军严防雅安、泸定、天全、芦山、宝兴各县。确保成都安全。这时，安顺场渡口敌人兵力相对薄弱，为左路红军主力从安顺场强渡大渡河创造了条件。

在左权率领右路红军占领大树堡的同时，刘伯承、聂荣臻率领左路红军先遣队经过深入宣传党的民族政策和红军宗旨，刘伯承并按照彝族的习俗，同沽基族首领小叶丹歃血为盟，于 5 月 23 日安全通过冕宁以北的彝族区，26 日从安顺场渡过大渡河。由于安顺场渡口两岸高山夹峙，河深流急，无法架桥，只靠找到的三只小船轮流摆渡，全军需要一个月时间才能全部渡完，于是中央红军左路又分两路纵队沿大渡两岸向泸定桥疾进。

两路纵队冒着暴风雨，沿大渡河两岸夹江北进，在崎岖泥泞的道路上昼夜兼程，急行军 160 余公里。29 日夺取泸定铁索桥，占领泸定城，打开了中央红军北上的道路。蒋介石妄图让红军成为第二个石达开的梦想彻底破灭。

根据中革军委命令，左权率领第二先遣团绕道经海棠、洗马姑向安顺场转移，随主力红军沿大渡河西岸北进，于6月1日由泸定桥渡过大渡河。

红军胜利渡过大渡河后，红一方面军的《红星报》和红一军团的《战士报》等报刊连续发表捷报和评论，表彰强渡大渡河的英雄集体和勇士们。《战士报》发表《冲部[①]永远是模范——渡河前的胜利》的评论，热情表彰了左权率领的红五团掩护主力红军占领安顺场，为红军胜利渡过大渡河所建立的卓越功绩。聂荣臻在后来回忆左权这段经历时深情地说："我记得，在历史空前的长征中"，你亲率所部"彝地作先锋，分道扫荡了大渡河的两岸"[②]。后来，聂荣臻在他的回忆录中，在总结经验时讲道：强渡大渡河的胜利"我认为我们的确走了几步关键性的险棋。我们都走胜了。单就一军团范围来说，这次胜利，是几个部队自觉地互相在战术上密切配合，执行统一战役计划取得的结果。如果没有五团远离主力吸引敌人对安顺场的注意力，一团在安顺场能否夺到那条小船渡河成功，还是一个疑问……""总之，当时棋势虽险，我们终于取得成功。确实来之不易，但也决非偶然。我们和国民党的斗争，常常是棋高一着，出敌意外。"[③]作为红一军团政治委员的聂荣臻，这番中肯而有见地的话，充分肯定了左权对红军通过彝族区北上作出的突出贡献和他卓越的指挥才能。

六、坚决拥护北上

左权和刘亚楼率领第二先遣团渡过大河后，继续担任佯动任务。奉中革军委命令，指挥红五团和军团教导营东进花滩，佯攻荥经，吸引和抑留荥经敌人，掩护中央红军主力北上，向天全、芦山方向前进。

到花滩，必须要穿越二郎山抱桐岗的一片原始森林。抱桐岗，古树参天，修篁蔽日。遍山仿佛披上了墨绿色的帷幔，光照不进，风吹不透。在这竹树丛生的林海里，由于终日不见阳光，一年四季阴暗潮湿，满地都是青苔、腐草、烂叶和稀泥，到处散发霉臭气味。林中杳无人烟，偶尔可以看见受惊的野禽飞腾，野兽东奔西窜。部队在这深山林海里行军没有任何道路可走，脚下很难找到一块干地，时而踏着腐臭泥泞的烂草地，时而攀爬陡峭的山坡，坡路光滑得根本无法站立，只得手脚并用近似爬行。

左权和刘亚楼率领红五团和教导营一路披荆斩棘，艰难跋涉，穿越人迹罕至的深山密林，于6月5日来到花滩附近的石果坡、竹子坝等地。左权根据侦察情报得知，花滩及其附近有川军杨森部两个多团的兵力防守，并抢先占领了有利地形，构筑了坚固的野战工事；荥经有杨森部三个旅分别驻守在荥经城及其附近重镇和交通要道，阻截红军北上。

---

① 冲部，即红一军团第二师第五团的代号。

② 晋冀鲁豫烈士陵园编：《怀念左权同志》，湖南人民出版社1981年版，第11页。

③《聂荣臻回忆录》（上），战士出版社1983年版，第271页。

左权为吸引花滩、荥经敌人，掩护主力红军迅速北上，一到石果坡，就立即召集红五团和教导营干部研究部署，指示红五团第二营向花滩王帽寺、陈家坝等佯动攻击，并控制花滩通向荥经的大道；第一营和教导营向荥经黄牛及通向荥经的大道攻击前进吸引敌人。在此期间，左权为使中革军委和红一军团领导及时了解和掌握第二先遣队在花滩、荥经一带打击和牵制敌人等情况，指挥主力红军迅速冲破敌人天全、芦山防线，于6月6日、7日连续致电朱德和林彪、聂荣臻等，通报敌情，报告作战、缴获和伤亡等情况。在左权率领的红五团和教导营的有力策应下，主力红军于6月7日顺利渡过了天全河，并一举攻占天全，继于8日占领芦山，突破了敌人的天全、芦山防线。

6月10日，左权和刘亚楼率领红五团和教导营进至芦山灵关庙，与军团主力汇合。左权与军团首长分别将近一个月，战友重逢格外高兴，军团首长赞赏左权的胆识和“一切运筹帷幄”[①]、沉着机智的指挥才能。

五六月份，川西的天气变化无常，不是烈日当空，就是狂风暴雨。在这种情况下，作为军团参谋长的左权要比其他人承受更多的困难，付出更大的艰辛，他总是毫不停息不知疲倦地工作和操劳。由于过度地紧张繁忙，本来体质健壮、黑黝黝面孔的左权这时眼圈深陷，面色发黄，显得非常虚弱无力。左权病倒了，连骡子也骑不了，他在警卫员的搀扶下拄着棍子艰难地走到大硗碛。

大硗碛，是一个有200多户人家的村庄，村四周高山环绕。村北面就是高耸入云的大雪山——夹金山，挡住了红军前进的道路。红军北上到懋功必须要翻越这座海拔4500多米、终年积雪不化、云雾缭绕的大雪山。

左权和军团首长来到雪山脚下大硗碛，一路上的炎热到这里全部散去，顿时感到气温骤降。只穿着一身单衣身染重病的左权浑身感觉更加不适，发起高烧。左权为保障部队顺利翻越雪山，不顾身体有病来到当地群众中间进行调查。当地群众听说红军要过雪山，十分惊愕，纷纷摇头说：“雪山是过不得的。常言说：大雪山！大雪山！只见人上山，不见人下山！”老百姓都把雪山称作“神山”，山上有“神仙”，上山的人不是被冰雪埋没，就是被风暴卷走，把雪山说得非常神奇可怕。还有群众说，夜晚更不能过山，不然“神仙”就会踩着黑夜的脚步跟着上来，黑夜是“神仙”大显神威的时候。只有上午9时到下午4时前，风停雪住，“神仙”累了，回去休息去了，你才可以偷偷地过山。左权听罢，风趣地对群众说：“那好，我们就在上午偷声偷气地过山吧！”在场的群众都哈哈地笑了起来。老百姓双手合十，向红军祝福说：“菩萨保佑！菩萨保佑！”

左权和军团首长根据群众的介绍以及先头部队来电报告的情况，立即指示部队做好过雪山的准备。为了减轻部队负担和伤亡，军团决定，凡不能行走的重伤员尽可能地寄养在当地老乡家。第二科参谋何廷一在强渡大渡河时左腿负伤，准备让他留下来时，左权得知后，考虑到司令部工作的需要和何廷一的伤情正在恢

---

① 晋冀鲁豫烈士陵园编：《怀念左权同志》，湖南人民出版社1981年版，第12页。

复，决定让何廷一随部队行动，并指示抽调一匹骡子给他骑。何廷一顽强地能跟着部队前进，到达了陕北，他对此终生难忘。每当他回忆这段经历时，都发自内心地感谢左权，感激党的关怀。①

部队在准备翻越雪山，收集御寒衣物时，因这一地区居民稀少，群众家境贫寒，先头部队把御寒衣物已经收集了，这时很难再收集到一些御寒衣物补充部队。左权便指示部队准备一些草袋、草绳，捆扎在身上御寒，采购辣椒待上山前多喝些辣椒水去寒。

6 月 14 日，部队指战员喝下大碗的辣椒水，把随身带的衣服全部都穿上，披着麻袋、草袋，捆扎着草绳，上午 9 时，左权和军团首长率领军团主力，沿着先头部队留下的标志，踏上翻越雪山的路程。

连绵起伏的山峰被一层层白雪严严实实地覆盖着，白雪皑皑的山峰直插云霄，山峰间浮动的白云和茫茫白雪连成一片，分不清是云还是雪。6 月的骄阳，在这里完全失去了它的炎热威力。只是将晶莹的白雪照得透亮，使人睁不开眼睛。越往上走，先头部队留下的路标也看不见了，找不到任何道路，指战员们只得深一脚浅一脚地踏着积雪前进。往山上爬，山越来越徒，路越来越窄，空气越来越稀薄。前面的战士小心地用铁锹开路，后面的部队踏着前面战士的足迹，上气不接下气地一步一步往上爬着。

左权把随身带的衣服全部都穿上，还是冷得浑身直打战，走到山腰时，病情越来越严重，虚弱的身体加上高山空气稀薄，呼吸相当困难，脸色变得更加苍白，嘴唇发黑，他大口大口地喘着粗气，不时雪花被风吹起，刮到嘴里呛得喘不过气来。左权连拉骡子尾巴的力气都没有，他在警卫员的搀扶下拼命往上爬着。

这时，由于脚部严重感染无法行走，坐在担架上的政治委员聂荣臻看见左权病得那样厉害，行走那样艰难，就赶紧让担架停下，对担架员说："我可以拄一根棍子慢慢地走，左权参谋长还在后边，你们去抬抬他，帮一帮他吧！"② 左权见抬聂政委的担架员来到跟前，硬要抬自己，他对担架员说："政委有病，不能走路，你们还是照顾政委吧！"左权还在说着，担架员就把他拉上了担架。左权心里热乎乎的，感激政委及战友们对自己的关心和真情厚谊。他在担架上望着缓慢移动的队伍，看到有的战士过分虚弱而躺倒在雪地永远爬不起来了……左权眼眶里的泪水直滚动。坐了一程担架，左权感到好像有了一点力气，硬是挣扎着从担架上下来，让担架员去抬晕倒在路旁的战士，拄着棍子在警卫员的搀扶下，气喘吁吁地走在长长的弯弯曲曲的队伍中间。左权走到一位面色苍白坐在雪地上的战士跟前，对战士说："小同志，在雪山上不能坐呀！坐久了就起不来了，要挺住，坚持就是胜利！"左权边说边把自己仅有的一块干粮饼子给那位战士，那位战士咬了一口饼子，抓起一把雪送到嘴里慢慢地咀嚼着，慢慢地抬起头一看是参谋

① 何廷一：《英名垂千古，业绩留天地——忆左权同志》，载《人民日报》1982 年 4 月 29 日。

②《聂荣臻回忆录》（上），战士出版社 1983 年版，第 276 页。

长，他不好意思地又把剩下的饼子递给左权，随后吃力地站了起来，跟着队伍继续前进了。

许多红军指战员被这无情的雪山吞没，不是冻死、病死，就是跌落到悬崖下，战友们含着泪水，用积雪掩埋好同伴的尸体，默默地向他们告别，继续顶风冒雪，奋勇地向上爬去。左权为牺牲的战友而痛心，为这些英勇的战士所表现出来的顽强意志和崇高的阶级友爱精神而无比自豪。他对身旁的警卫员说："我们有了这样的部队，还有什么艰难险阻不能克服，还有什么敌人不能战胜呢？"

越往上走，积雪越深，气压也越低，呼吸更加困难。快到山顶，风雪越来越大，风雪裹挟着冰雹，呼啸着迎面扑打上来，瞬间仿佛山崩地裂。左权的胸口感到好像压着块大石头，两条腿好像捆绑着沉重的铁砣，每往前迈出一步，都要付出全身的力气。就在这最艰难的时刻，左权双手拄着棍子，稍停顿一会儿，深深地吸了一口气，鼓励身边的战士们说："党中央、毛主席为我们指出的前进道路，是胜利的道路，我们一定能战胜困难。同志们！在人类历史上，哪个军队爬过了夹金山？一个没有。只有我们中国红军敢于走前人没有走过的路，创造人间奇迹。"他用力高声呼喊着："同志们！坚持住！山顶就在前面，坚持就是胜利！"[①]顿时，雪山上的这条长龙像天佑神助般地活跃起来，红军指战员向山顶拼命爬去。巍峨雄伟的大雪山，终于被英雄的红军征服了。

左权脸上流露出喜悦和自豪，他对战士们说："我们战胜了雪山，但山顶空气太稀薄，不能久停，同志们再加把劲，赶快下山！"这时，一个个顺着山坡，坐着或躺在厚厚的积雪上，一个劲地往下滑着、溜着，很快就来到夹金山北坡山脚下。一片片郁郁葱葱的杉树、松树、柏树、桦树、樟树和毛竹混杂生长着，绘制出一幅幅绚丽多彩的图画。

红军终于翻过人迹罕至的大雪山，左权为这里的生物和大自然所显现出来的旺盛顽强的生命力，为红军指战员"欲与天公试比高"的不怕艰难险阻的革命精神而赞叹；他感慨地对身边的萧锋及战士们说："红军是铁打的英雄！夹金山是一块宝地。革命胜利后，我一定要再来这块宝地挖宝。"

6 月 12 日，红一方面军先头部队红二师第四团与红四方面军先头部队红三十军第八十八师在达维胜利会师，两支部队的指战员们相互握手、雀跃，振奋不已。16 日，左权和军团首长率领军团直属队随先头部队由达维来到懋功，与前来接应的红四方面军第三十军政治委员李先念等亲切会面。左权终日盼望与红四方面军会师，今天终于见到这支英雄的部队，左权格外高兴。红四方面军部队把好房子腾出来，把院子、房子打扫得干干净净，到处贴满了欢迎的标语。两支部队纷纷捐钱捐物，相互慰问，编排歌曲节目举行联欢会。全军上下沉浸在一片喜庆欢乐的气氛之中。

中央红军来到懋功及其附近地区后，深深感受到以懋功为中心的这片广大

---

① 萧锋：《十年百战亲历记》，福建人民出版社 1983 年版，第 190 页。

地区多是深山穷谷，是以藏族为主的少数民族地区，人口稀少，人民生活相当贫困，给养十分困难，不便红军立足发展。中共中央和毛泽东等领导人来到懋功后，于6月16日建议："今后我一、四方面军总的方针应是占领川、陕、甘三省，建立三省苏维埃政权"，目前作战计划是"向着岷、嘉两江之间发展。至发展受限制时，则以陕、甘各一部为战略机动地区。因此，坚决的巩固茂县、北川、威川在我手中，并击破胡宗南之南进，是这一计划的枢纽"[①]。

左权赞同毛泽东等党和军委的意见，认为北上川、陕、甘是符合当时情况的正确方针。当时，尾追中央红军的薛岳部已被拖得疲惫不堪，士气沮丧，北面的胡宗南部尚未全部集结，力量分散；四川军阀部队屡遭红军打击，畏难怯战；蒋介石与各派地方军阀之间矛盾重重；而我一、四两大主力红军胜利会合，兵力集中，士气高昂，十分有利于红军打开创立川陕甘革命根据地的新局面。

6月17日，张国焘等复电毛泽东等中央领导人，认为："北川一带地形、给养均不利大部队行动。""沿岷江北打松潘，地形、粮食绝无。"[②] 主张应向川西北，集中主力向青海、新疆发展。为隐蔽作战企图，暂时可先向南进攻。

为消除分歧，统一思想，6月26日，中共中央在懋功以北的两河口召开政治局扩大会议，作出《关于红一、四方面军会合后战略方针》的决议。决议明确指出："在一、四方面军会合后，我们的战略方针是集中主力向北进攻，在运动战中大量消灭敌人，首先取得甘肃南部，以创造川陕甘苏区根据地，使中国苏维埃运动放在更巩固更广大的基础上，以争取中国西北各省以至全中国的胜利。"

在中共中央说服张国焘北上的同时，左权和红一军团首长率领部队一面在懋功以北地区等待张国焘北上，一面进行休整和筹粮。从懋功向北的道路更加艰难险要，周围高山环拱，皑皑雪山连绵不断，这一带河流错综复杂，时常暴雨过后，河水暴涨，无路可寻，同时还要穿过原始森林，为了保障部队再次翻越雪山时减少伤亡，左权要求部队在懋功及其附近地区休整期间，多收集些毛皮，筹足粮食，并指示部队充分做好思想动员工作。6月24日，左权和军团首长率领红一军团开始继续北进，先后翻越又高又险的梦笔山、长板山、打鼓山、拖罗冈等雪山，渡过河水暴涨、奔腾咆哮的梭磨河、黑水河，行程近千里，于7月9日来到松潘以西的毛儿盖附近地区。

毛儿盖，约有三四百户人家，是当地藏族地区的一个较大的镇子，毛儿盖及其附近地区是一片宽广的牧区，物产较为丰富。占领毛儿盖，对实现松潘战役计划，控制由四川北出甘南的交通要道，缓和红军极度缺粮等困难都有着重要意义。但这一地区是藏民集居区。四川的藏区和青海、西藏等地的藏民，都处在帝国主义、国民党军阀和土司头人的残酷统治之下。红军来到之前，藏民对共产党

---

①《中共中央、中革军委领导人关于一、四方面军会合后的战略方针致张国焘、徐向前、陈昌浩电》1936年6月16日，载《红军长征·文献》，解放军出版社1995年版，第511页。

②《张国焘、陈昌浩关于战略方针的部署的意见致中央领导人电》1935年6月17日，载《红军长征·文献》，解放军出版社1995年版，第517页。

和红军并不了解。国民党反动派一方面勾结土司头人欺骗一些藏民“番兵”阻拦和袭击红军；另一方面散布谣言恐吓群众，说什么“红军是红头发，来了要开红山、杀人”① 等，大肆挑拨民族关系，驱逼群众离寨上山，不准留下粮食和牲畜卖给红军，不准给红军带路，不准为红军当通司（翻译），妄图置红军于绝境。

在毛儿盖地区，红军不断遭到国民党部队和藏民“番兵”的袭扰。7 月 10 日傍晚，从山林中闯出一队身穿长皮袍，脚踏长皮靴的“番兵”，突然袭击红军，红二师参谋长李棠萼中暗枪从马上摔落下来。左权十分惊愕，一面指挥部队放枪，吓跑了“番兵”，一面指示军团卫生队立即进行抢救，由于伤势严重，这位从广州起义一直战斗到长征路上的红军优秀指挥员，没有牺牲在国民党的枪林弹雨中，却倒在“番兵”的冷枪下。

左权十分愤慨和悲痛，战士们纷纷要求为李参谋长报仇，将这股“番兵”消灭。左权沉思了一会儿，他耐心地对战士们说：“藏、汉民族是一家，这些藏民武装是受欺骗的，我们不能滥杀藏民。那样就上了国民党和反动土司头人的当。”左权让通司对藏民和被俘的藏民武装宣传党和红军的政策，宣传红军是主张汉、藏各民族平等，反对汉官和军阀部队欺压和迫害藏民的，解释红军与国民党、刘文辉等军阀队伍的区别，讲明红军来这里是借道北上，并不是来和藏族同胞争地盘、抢粮食、夺牛羊的。请藏民相互转告，希望跑到山林中的藏族百姓回到自己的家园。随后，左权指示部队将被俘的藏民“番兵”释放回家。“番兵”听红军放他们回家，都不敢相信是真的，打死了红军的“番兵”，红军不仅没有杀他们，却还放人，十分感激红军。红军释放藏民武装，视藏民亲如兄弟的感人事迹，很快传开，打破了国民党反动土司的谣言。

红军在四川藏区模范地执行党的民族宗教政策，深得广大藏民的拥护，许多穷苦藏民把红军看作自己的亲人，真正是为穷人办事的队伍，纷纷从山林中回家，自觉地为红军送粮，当向导，报告敌情，救护红军伤病员，协助红军作战，踊跃报名参加红军。首批参加红军的藏民就有后来任西藏自治区政府主席的天宝、青海省顾问委员会副主席的扎喜旺徐、国家民委副主任的杨东生等许多同志。

红一军团主力在围困毛儿盖的同时，左权和李先念率领红一军团第二师和红四方面军第三十军第二六五、第二六七、第二六八团在毛儿盖以北地区阻击由松潘、小姓沟方向增援毛儿盖之敌的攻击。这次红一、红四方面军部队携手并肩执行战斗任务，左权对完成这次任务十分重视，他对红一团军的干部战士说：红四方面军是支能征善战的英雄部队。他要求两支部队相互学习、紧密团结、共同完成阻击任务。两支队部在哈龙、拉子梁、小羊角塘等地顽强抗击国民党军胡宗南部第一师第一补充旅李铁军部 5 个团攻击，激战两个昼夜，打退了敌军的增援。红一军团主力并于 16 日攻占了毛儿盖，歼敌 1 个营，俘敌 300 余人，缴获各种枪 220 余支，电台 1 部，击落敌机 1 架，为夺取松潘创造了有利条件。

---

① 天宝：《红军长征过藏区》，载《红军长征·回忆史料》(2)，解放军出版社 1992 年版，第 90 页。

但是，这时张国焘借口所谓“统一指挥”和“组织问题”[①]没有解决，故意延宕红军主力北上行动，拖延执行中革军委于6月29日制定的《松潘战役计划》。中共中央为了实现《松潘战役计划》，团结张国焘共同北上，7月18日在芦花（今黑水县）召开政治局常委会议，决定张国焘任红军总政治委员，朱德仍任总司令，陈昌浩任中革军委常务委员。7月21日，中革军委决定组织前敌总指挥部，徐向前兼总指挥，陈昌浩兼政治委员，叶剑英任参谋长。同时决定红一方面军原各军团改称为军。红一军团改称为红一军，左权任军参谋长。然而，这些努力依然没有改变张国焘的政治野心，他依仗人多枪多，无理要求把他的人更多地补选进中央政治局和中央委员会。中共中央在对张国焘进行耐心教育的同时，并于8月初在毛儿盖附近的沙窝召开了政治局会议，通过了《关于一、四方面军会合后的政治形势和任务的决议》，重申了创建川陕甘根据地的战略方针。

7月中旬，红一军团在毛儿盖地区召开了军团干部工作会议，左权在会上说，部队自懋功出发以来，粮食奇缺。他指出，当前首要任务就是要想尽一切办法筹粮。红军所在的地区是四川较贫穷的地区，都是少数民族居住区，人烟稀少，生产落后，物产不丰。加上国民党反动派和反动土司规定：凡是帮助红军当向导、当通司、卖粮给红军的藏民，一律处死，或没收一切财产。这也增加了红军筹粮的困难。主力红军在川西北地区两个多月，严重缺粮，已威胁到红军的生存。因为缺粮，许多指战员吃野菜、野草，饮雪水，许多人都得了浮肿病，有的战士因误食了毒草而失去了宝贵生命。左权这时也得了浮肿病，脸肿得很厉害，浑身无力，为了完成筹粮任务，红一军团团以上单位都成立了筹粮委员会，左权具体领导军团筹粮和粮食分配等工作。这期间，左权为筹粮，解决红军的生存问题，日夜操劳，花费了极大心血。

毛儿盖及其附近地域，地处高寒地带，以种植生长期短、耐寒抗旱的青稞为主。时值青稞发黄成熟的收割季节，正是难得的筹粮时机。左权和军团首长动员部队一齐行动，全部参加收割青稞的筹粮活动，部队首先收割地多粮多的反动土司的青稞。为了筹集更多的粮食，红军严格遵照总政治部的规定和要求，在收割普通藏民的青稞时，必须如实把收割的原因、收割的数量，写在木牌上插到田头。藏民可以拿着木牌到红军部队领回相应的钱款。许多藏民从山林中回来拿着木牌领到钱款后，十分感动，称赞红军是天底下最好的军队。由于红军积极宣传和模范地执行党的民族宗教政策，严格遵守各项规定和纪律，真诚地对待藏民和保护藏民的利益，得到了藏民同胞的爱戴，从山里回来的藏民还主动把余粮卖给红军。

在筹粮过程中，左权要求部队一定要十分珍惜每粒粮食。他说：这每粒粮食都是部队的命根子，一斤粮食可以救活几个战士，并告诫部队指战员，谁也不准多吃多占一粒粮食，谁多吃多占，谁浪费丢掉一粒粮食，谁就是革命的罪人，谁

---

①《张国焘关于速决统一指挥的组织问题及作战部署意见致朱德等电》1935年7月10日，载《红军长征·文献》，解放军出版社1995年版，第565页。

就会受到严厉的处罚。经过红军艰难筹措，红一军团筹集了平均每人足够 15 斤的粮食。为了管好用好粮食，左权指示筹粮委员会把筹集到的粮食如实登记造册，统筹分配，首先保障一线作战部队的粮食供给，并上报军委和总政治部。

8 月 19 日，在毛儿盖的一个喇嘛寺里，左权与军政治部主任朱瑞主持召开了军团直属队干部会议，传达了中央政治局两河口、沙窝会议精神。左权坚决拥护中共中央在两河口和沙窝所作的红一、红四方面军北上，创造川陕甘苏区根据地的决定，坚决支持中央为争取张国焘共同北进的一系列的努力。左权认为川西北一带地区不利于红军大部队长期活动和发展，北上是唯一出路。

红一、红四方面军从懋功会师后，由于张国焘一再拖延和阻挠北上，红军两个多月时间一直滞留在大、小金川地区，致使战机被贻误，松潘战役计划落空。这时，敌军胡宗南部的主力已完成在松潘地区的集结，薛岳部也由雅安向胡宗南部靠拢，扼守松潘，红军原计划由松潘北出甘南的道路被截断，不得不改由自然条件极为恶劣的草地北上。

红军分左、右两路北上。8 月 21 日，林彪率领红一军第二师为右路军先头部队，开始从毛儿盖地区出发，向班佑开进。23 日拂晓，左权和聂荣臻率领红一军主力随后跟进。出发前，左权和聂荣臻主持了动员大会。左权在大会上说：为了贯彻党中央制定的北上战略方针，开创川陕甘苏维埃根据地，部队要发扬团结互助的阶级友爱精神，克服困难，战胜这亘古无人越过的草地。左权还指示部队提高警惕，注意胡宗南部、马鸿宾部的袭击。

左权和聂荣臻率领红一军主力来到一望无边的数百公里的茫茫草地。草地气候变化无常，时而风雨交加，时而骄阳似火。茫茫草地荒无人烟，没有树木、没有道路，遍野长满茸密的荒草，草丛下暗河纵横交错，泥泞不堪，气味恶臭难闻。草地到处是淤黑的水流，水深不一，有的没膝，有的齐腰，有的人陷不见头，马陷不见颌。这里的水质恶劣，又臭又脏又有毒，不能饮用，伤口如被这毒水浸泡就会红肿溃烂，不好医治。部队在草地上行军，上午还是烈日炎炎，夜晚就是寒风凛冽，漫天飞雪。草地做饭是个大问题，无法找到干柴，部队只能吃生青稞粉，到最后几天，青稞粉也吃完了，只得挖野菜、野草充饥，有的战士因误食了毒菜、毒草，饮用了毒水而牺牲在草地上。沿路有不少躺倒在草地上再也爬不起来的红军指战员。左权来到一位还未掩埋好的战士身旁，献上几束野花，覆盖上青草，默默地凝视着在草地上艰难行走的队伍，对身旁的供给部长赵尔陆说：我们要永远记住这些牺牲的同志，因为我们有了他们，有了这支英雄的队伍，才能创造人间奇迹，夺取革命胜利。

8 月 27 日，左权随部队胜利走出草地，到达若尔盖的班佑。月底，毛泽东等中共中央领导人与红军前敌总指挥部率领的右路军红三、红四、红三十军也走出了茫茫草地，来到班佑、巴西、阿西地区，接着，对包座之敌发动进攻，歼灭包座守敌及其援军第四十九师大部，取得红一、红四方面军会师以来的第一个大胜仗，打破了敌人阻止红军北上的企图。随后，左权和红一军首长坚决执行中共中央北上战略方针，于9月2日开始率领部队从阿西等地出发继续北进，8日到达甘肃迭部县的俄界、莫牙等地，一面进行休整、筹集粮食、征集资财，一面等待张国焘和红军左路军北上。

左权和右路军指战员，急切地盼望着张国焘率红军左路军尽快北进，会合右路军共图大业。然而，张国焘停止北上，一面致电原在马尔康地区正在北进的左路军部队仍回马尔康，并下达死命令："如其不听，则将其扣留"①；一面致电陈昌浩、徐向前转中央，再次表示反对北进，坚持南下。9月9日，又背着中共中央电令陈昌浩等率右路军南下，企图分裂和危害中共中央。中共中央在得知这一情况后，被迫决定于9月10日凌晨率右路军红三军和军委纵队向俄界疾进，11日与红一军会合。左权见到中央领导同志和红三军的战友们感到非常欣慰，同时对张国焘分裂红军的行为感到不解和气愤。

七、到达陕北

左权和林彪、聂荣臻率领红一军为前卫离开俄界继续北上，向岷县方向前进。这时，左权有机会与随红一军行动的毛泽东经常相见。他在与毛泽东和军首长交谈中，得知中央政治局在俄界召开了扩大会议。会议揭露和批判了张国焘分裂党、分裂红军的严重错误，通过了《关于张国焘同志的错误的决定》。左权从中更加清楚地认识到张国焘的错误，了解到红军迟迟不能北进的原因。他认为俄界会议是一次非常重要的会议，坚决拥护会议作出的关于张国焘错误的决定和会议确定的红军向甘东北或陕北发展，创建根据地的行动方针。

在向岷县前进的路上，林森茂密，地势险峻，敌军和藏族上层反动武装经常从山林里向红军放冷枪，滚石头，袭扰红军行动，不少红军指战员遭暗枪而牺牲。为了减少伤亡，左权指示部队在行军中要随时注意林中的动静，警惕遭暗枪袭击。部队经过艰难跋涉，来到嘉陵江上游的白龙江，敌军为阻止红军北上，拆去栈道和桥面上的木板，拔走峭壁上的木桩，破坏了道路。左权见状，便指示部队砍伐树木，要求工兵连迅速修好道路，铺上桥板，部队在临时搭好的索道上行走，晃晃悠悠，桥面离流水有四五十米，俯视桥下河水，急流飞逝，惊心动魄，因索道狭窄，木棍不稳，稍稍不慎人员和骡马就会跌落江中，被滚滚江水吞没。

红军渡过白龙江，来到莫牙寺。再往北，就是通往岷县的咽喉要道——腊子口。左权和林彪、聂荣臻认为，腊子口是我军北上途中最后一道险要关口，突破腊子口，敌人企图阻挡红军北上的阴谋就会彻底破产，中共中央的北上战略方针就能胜利实现。若攻不下腊子口，红军就会陷入敌军的重兵包围的不利境地，后果将不堪设想。左权根据毛泽东及军首长的指示，迅速作了周密部署，命令红四

---

①《张国焘关于扣留军委纵队致詹才芳的电令》1935年9月9日，载《红军长征·文献》，解放军出版社1995年版，第669页。

团为先头团向腊子口前进。

9月16日傍晚，左权同毛泽东、军首长随先头部队赶到腊子口，来到前沿指挥所。左权询问红四团战斗情况，又察看了腊子口的地形、敌情。

腊子口是甘南的天然屏障，隘口两边是悬崖绝壁，中间的深谷流淌着滚滚腊子河，河左岸有条蜿蜒崎岖的小路，通往岷县。到岷县必须经过腊子河上横架着的一座小木桥，除此别无他路。在桥东山脚下，国民党军第十四师鲁大昌部有一个营的兵力防守，筑有坚固的碉堡，在腊子口谷地还驻守有一个营，随时可以增援桥头。

随着夜幕降临，攻占腊子口的战斗越来越激烈，敌人凭险顽强抵抗，红军处在不利地形上，兵力无法展开，连续几次冲锋，都失利了。担任正面攻击的第二营第六连是原红四方面军的一个营，在红一、红四方面军会师后补充编入红四团的。红六连作战勇猛顽强，战斗打得十分艰苦，接连几次攻击都未奏效。第二班班长杨昌桂带领全班又一次猛烈冲击，在身负重伤的情况下仍然鼓励战友们说："我负伤没关系，我们今晚一班人牺牲在这里都是光荣的。"[①] 红四团政治委员杨成武见强攻不奏效，当即命令红六连停止强攻，牵制敌人，待迂回部队到达预定位置后，一齐向敌人发动总攻击。正当红六连焦急等待总攻命令时，由团长黄开湘率领的迂回部队到达右岸山顶。这时，发起总攻的红色信号弹升起。于是，红六连兵分两路，一路顺河岸崖壁前进，摸到桥下，手抓桥下横木，一手倒一手向河对岸攀去，另一路隐蔽运动到桥头，向敌人投去一排排手榴弹。桥上、桥下红军相互配合，冲入敌垒和工事，短兵相接厮杀拼搏，在其他部队的密切协同下，17日清晨，红军胜利占领腊子口，为红军最终胜利完成北上战略任务创造了重要条件。

9月18日，左权和军首长率领部队来到岷县哈达铺、占扎路一带地区。在哈达铺遵照俄界会议决定，红一方面军正式改编为中国工农红军陕甘支队，彭德怀为司令员，毛泽东为政治委员，林彪为副司令员，王稼祥为政治部主任。红一军改称为陕甘支队第一纵队，林彪兼任纵队司令员，聂荣臻任政治委员，左权任参谋长，朱瑞任政治部主任，罗荣桓任副主任。红一军原各团改为大队，第一纵队辖第一、第二、第四、第五、第十三大队。部队在休整期间，为了补充粮食，改善红军指战员的生活，陕甘支队下达了筹粮任务。左权和政治委员聂荣臻专门召集纵队直属队及各大队有关干部会议。在会上，左权指出：哈达铺一带是回、汉民族杂居的地区，部队在筹粮中一定要严格遵守支队政治部颁布的《回民地区守则》，尊重回民生活习惯，积极宣传和严格执行党的民族政策和各项纪律，说话和气，买卖公平，按价付钱。聂政委也为部队作了动员，提出了要求。红军的行动，深受回族同胞的称赞。一些上了年岁的老人都说："咱们活了几十年，从来还没有见过这样好的军队。"

在筹粮中，纵队直属队侦察连查获了一份国民党政府《山西日报》，报上刊登了徐海东率领的红军与陕北刘志丹的红军会合的消息，还有敌人诬为"匪区"

① 红一军团政治部办《战士》报，1935年9月20日。

的陕北根据地的形势图等，侦察连当即把报纸送给纵队首长。纵队首长看了报纸的这条消息后十分重视，聂荣臻立即派骑兵通信员把这份报纸送交给毛泽东。与此同时，毛泽东也得了一些国民党报纸。中共中央和毛泽东决定陕甘支队向陕北挺进。①

9 月 23 日，左权和纵队首长率领部队由哈达铺继续北上，27 日到达通渭县的榜罗镇。28 日，中共中央政治局在榜罗镇召开常委会，决定率陕甘支队同西北红军和红二十五军会合，"在陕北保卫和扩大苏区"②。29 日，左权和纵队首长遵照中央确定的新方针，率部向陕北前进。

10 月上旬，第一纵队翻越六盘山，向青石嘴前进。这时，左权和纵队首长得到前卫侦察部队报告：国民党军为阻挡红军进入陕北，西北"剿总"骑兵军第七师在青石嘴有两个骑兵连驻守。左权将这一情况向随纵队行动的毛泽东作了报告，并随毛泽东和纵队首长迅速登上了一个山坡，拿着望远镜详细侦察瞭望敌情，只见敌人在村子里的小树林中有的还在吃饭，有的歪歪斜斜依靠在树旁正在打盹，毫无戒备。毛泽东当即下达命令：坚决歼灭这股敌人。

左权根据毛泽东和纵队首长的指示，指挥第一、第五大队向青石嘴侧翼和后方迂回，占领有利地形，截断敌人退路；第四大队迅速隐蔽地向村子运动，从正面攻击敌人。红军像猛虎扑食似的向毫无戒备的敌人发起猛烈攻击，敌人顿时惊慌失措，一部仓皇上马，向青石嘴后山逃遁。迂回断路的第一、第五大队一阵猛烈冲杀，逃敌全部被歼。青石嘴一战，第一纵队歼敌骑兵两个连，缴获一百余匹战马和一批枪支弹药及物资。

战后，第一纵队组建了红军骑兵连，陕甘支队开始有了自己的骑兵部队。③这时，左权挑选了几匹骡马送给支队领导。纵队司令部的同志见左权长征以来骑的那匹灰黄色的骡子太老了，跑不动，怕影响今后的行军作战，就劝左权换一匹口轻的马，但左权与那匹老骡子已有了很深的感情，舍不得换。在同志们的再三劝说下，左权后来才换了一匹口轻体健的黑毛带白花的骡子。部队在这次战斗后物资弹药也得到了补充。

红军翻越六盘山，于 10 月 19 日到达保安县吴起镇（今吴旗镇），结束了历时一年，途经 11 省，行程二万五千里的艰苦卓绝的长征。

红军进到吴起镇及其附近地区后，国民党军马鸿宾部第三十五师和东北军何柱国部的骑兵部队紧紧尾追不放。为了阻止敌人进入根据地，左权和纵队首长率部在头道川、二道川击溃敌 2 个骑兵师各一部，俘敌近 700 人。敌人不敢贸然进入根据地。

红军在头道川、二道川的战斗中，缴获战马 1000 余匹，还俘虏了骑兵教官、

① 《毛泽东传》，中央文献出版社 1996 年版，第 365 页。
② 《中国工农红军第一方面军史》，解放军出版社 1992 年版，第 574 页。
③ 《聂荣臻回忆录》（上），战士出版社 1983 年版，第 284 页。

兽医及骑兵修械员。左权非常重视和关心这些人员，指示部队一定要加强对这些人员的教育和训练。一些愿意留下的人员补充到红军骑兵部队，提高了红军骑兵战斗力。左权看到自己的骑兵奔驰在陕北高原，高兴地对身旁的人说：蒋介石这个运输大队长当得真不错，不仅给我们送来了枪支弹药和物资，还为我们送来了战马，扩大了骑兵队。大家听了哈哈大笑起来。红军有了骑兵部队后，左权又十分注重研究骑兵的作战特点与战法，以提高新部队的战斗力。

10 月 30 日，左权和纵队首长奉命率部离开吴起镇。在陕甘支队到达陕北之前，先期到达陕北的红二十五军，于 9 月 17 日同红二十六、红二十七军合编，组成红十五军团，徐海东任军团长、程子华任政治委员、刘志丹任副军团长兼参谋长。11 月初，陕甘支队在甘泉下寺湾同红十五军团胜利会师。11 月 3 日，恢复红军第一方面军番号，红十五军团编入红一方面军，彭德怀任红一方面军司令员，毛泽东任政治委员、叶剑英任参谋长、王稼祥任政治部主任。同时恢复红一军团番号，重新进行整编，陕甘支队第一纵队和第二纵队合编为红一军团。林彪、聂荣臻分别担任军团长和政治委员。以第一纵队主力编为第二师，刘亚楼为师长、萧华为政治委员；第二纵队主力编为第四师，陈光为师长、彭雪枫为政治委员；第一纵队第一大队和第二纵队第十三大队分别编为第一团、第十三团，直属军团指挥。这样，红一军团经过长征仍保存下来了八一南昌起义、秋收起义、湘南起义、平江起义和左、右江起义等部队的一批革命种子。不久，军委任命左权为军团参谋长，朱瑞为政治部主任，罗荣桓为副主任，部队进一步加强了军团的全面建设。

中共中央率领红一方面军主力与红十五军团会师陕北，严重威胁国民党在西北的统治。蒋介石重新调整部署“围剿”红军，以西北“剿总”五个师的兵力，分别由鄜县（今富县）、合水东西对进，企图乘红军立足未稳，围歼红军于洛水以西、葫芦河以北地区，摧毁陕甘革命根据地。

中共中央和毛泽东为打破敌人“围剿”，在西北建立全国革命的大本营，决定集中主力，首先力求歼灭沿葫芦河东进之敌第五十七军一至两个师，然后视情况转移兵力，各个歼灭敌人，以巩固和发展陕甘革命根据地。红一方面军根据敌情变化，决定在直罗镇布下一个大口袋，诱敌入瓮歼灭之。

为保证顺利歼敌，红一方面军决定凡不便作战的伤病员一律动员不要参战。方面军决定由左权负责做好这项工作。他逐一调查核实了两个军团各师、团的战斗实力，了解每个伤病员的健康状况，当来到红十三团调查时，却遇到了一个大“难题”。红十三团团长陈赓与左权都是黄埔军校第一期同学，陈赓还是左权的入党介绍人，关系非常密切。虽然职务不同，左权对陈赓却素来十分尊重。陈赓参加南昌起义，在起义军南下会昌与钱大钧部作战时，左腿负伤；后在鄂豫皖苏区第四次反“围剿”作战中右腿膝盖又负伤，治疗后留下了后遗症，一遇阴天下雨，腿部关节就疼痛难忍，平时走路也很不便利，总是一瘸一拐的。大战在即，左权对陈赓的腿伤很不放心，又逢深秋，天气渐冷，怕陈赓行军作战吃不消。然而，左权又十分清楚陈赓的刚强直率的性格，便以征求意见的方式与陈赓交谈，是否不必到前线，在后方指挥。陈赓哪里肯在大战前离开部队。他风趣地对左权说，人家都是新官上任三把火，你怎么不烧火，却给我泼冷水呀！左权无法说服陈赓，更执拗不过陈赓，只好让步，对陈赓说，那就给你配匹马。陈赓很感谢左权对自己的关心，他拍了拍腿说：长征我不就是靠这双腿走过来了吗，现在更不需要骑马了。最后左权只得特意嘱咐在身边的欧致富说：你立刻落实一副担架，从现在起担架不能离开陈赓，当需要时，抬着陈赓到前线指挥作战。①

战前，左权与军团首长深入部队进行战斗动员和各方面的准备工作，陪同毛泽东、彭德怀和军团首长带领团以上干部到直罗镇西南面的高地亲自察看地形、研究作战部署。

直罗镇，是鄜县西面的一个只有100多户的小镇，位于葫芦河南岸，三面环山，中间有一条狭窄的河谷，宽不过200米，窄处只有20—30米。一条道路由西向东穿镇而过。道路狭窄，路面坎坷不平，车辆难以通行，部队通过时，也只能排成长长的蛇形队，缓慢而行。大家边看地形，边议论，都觉得这是伏击敌人最理想的阵地。

根据毛泽东和军委制定的作战部署，左权和军团首长指挥红一军团集结在直罗镇以北的石咀、凤凰头、毛家庄、龙家庄和上、下莫河等地区，准备由北向南，与红十五军团由南往北共同打击进入直罗镇之敌。

11月20日，敌先头部队第一〇九师，在飞机的掩护下，从黑水寺沿葫芦河向直罗镇闯来。敌军到达直罗镇一路未遇多大的抵抗，便误认为红军抵挡不住，更加趾高气扬，一到直罗镇，便大肆劫掠群众的粮食和牲畜，大吃大喝，疏于戒备。

11月份的陕北黄土高原寒风刺骨，许多指战员身上穿的依然是长征中的夹衣、破褂，部队在伏击地域俯卧在冰冷的阵地上急切地盼望："快下命令打，不然要冻死人啰！"21日拂晓，左权和军团首长奉命指挥红一军团主力自北、西北、东北三个方向，红十五军团由南向北，以迅雷不及掩耳之势，对进入伏击地域之敌发动猛烈攻击。敌军在红军的突然攻击下，仓促应战，顿陷被动，红军很快攻占了直罗镇南北两侧高地。激战至12时，歼敌大部，第一〇九师师长牛元峰仓皇率残部500余人，退守镇东南的土寨内，固守待援。

红军在围困直罗镇残敌期间，红一军团奉命在安家川和龙益湾、王家角阻击援敌。左权率部在安家川抗击敌第一一一师的战斗打得非常艰苦。21日在打退敌进攻后，22日敌军在飞机的掩护下向我阵地猛攻，战至中午，有一股敌人冲入红军阵地，接近军团指挥所。这时，军团指挥所只有一个警卫排和机关工作人员，情况十分危急。左权一面紧急命令通信员迅速将侦察连、工兵连调来，一面沉着果断地指挥直属队人员和警卫排顽强抗击敌人，战斗十分激烈，红军与敌人混战、扭打、厮杀在一起。待到侦察连、工兵连赶到，左权指挥部队向敌人发起勇猛的

---

① 穆欣：《陈赓大将》，新华出版社1985年版，第200页。

反击，经过一场恶战，终于打退敌人，阻止了由西北增援直罗镇之敌的推进。

与此同时，聂荣臻率领红一军团和红十五军团各一部在龙益湾、王家角地顽强阻击西援之敌第一〇六师的攻击，并在敌第一〇六师溃逃时，冒着风雪严寒分三路紧追不舍，追至张家湾附近地区，再歼该师后卫第六一七团大部。困守在直罗镇东南土寨内的第一〇九师残部见增援无望，于23日夜向西突围，在逃窜中被红十五军团全歼。至此，直罗镇战役胜利结束，红军共歼灭敌军一个师又一个团，毙敌师长牛元峰以下官兵约1000人，俘敌5367人，缴获各种枪3500余枝（挺）。

直罗镇大捷后，左权和军团首长率部队移至黑水寺以东，在套通、东村地域进行休整补充。红一军团和红十五军团互派参观访问团，相互祝贺、学习，表现了两个军团兄弟般的团结。直罗镇战役的胜利，彻底粉碎了国民党对陕甘革命根据地的第三次“围剿”，巩固和扩大了根据地，“给党中央把全国革命大本营放在西北的任务，举行了一个奠基礼”[①]。

11月30日，左权在东村出席由毛泽东主持召开的红一方面军营以上干部大会。左权聆听了毛泽东所作的《直罗战役同目前的形势与任务》的报告。毛泽东指出：“我们胜利的原因：1. 两个军团的会合与团结（这是基本的）；2. 战略与战役枢纽的抓住（葫芦河与直罗镇）；3. 战斗准备的充足；4. 群众与我们一致。这四个决定我们的胜利与敌人的失败。”同时，毛泽东还明确指出：中共中央和红军的任务“从现在起用极大努力争取与积蓄更加充足的力量，迎接敌人新的大举进攻而彻底粉碎之，开辟我们的苏区到晋陕甘绥宁五个省份去，完成与苏联及蒙古人民共和国打成一片的任务”[②]。

左权在会上也发了言。他十分敬佩毛泽东主席、周恩来副主席和彭德怀司令员的决策和果断的指挥，拥护毛泽东为扩大红军，扩大苏区到晋陕甘绥宁五省去的战略决策。会后，他要求红一军团指战员认真学习直罗镇战役的作战经验，在今后的作战中坚决贯彻打歼灭战的思想，以争取更大的胜利。

---

①《毛泽东选集》第1卷，人民出版社1991年版，第150页。

② 毛泽东：《直罗战役同目前的形势与任务》1935年11月30日，载《红军长征·文献》，解放军出版社1995年版，第776、780—781页。

第十章　从东征到西征

一、东征战山西

1935 年冬，中国时局发生巨大变动。日本帝国主义加快了独占中国的侵略步伐，激起全中国人民的愤怒，抗日救亡运动不断高涨。中国共产党汇合各种抗日和革命力量，组成抗日民族统一战线，已成为中心任务。为了适应形势的变化，发展革命力量，12 月，中共中央政治局在陕北瓦窑堡召开近十天的会议。会议通过了《关于目前政治形势与党的任务决议》《关于军事战略问题的决议》等决议。军事战略问题的决议明确指出，在以坚决的民族战争反对日本帝国主义进攻中国的总任务之下，“必须把国内战争同民族战争结合起来”，1936 年，应“准备直接对日作战的力量”，“猛烈扩大红军”。红一方面军的行动，应放在打通抗日路线和巩固扩大现有根据地的基础上。同时决定：第一步，在陕西南北两线打击进犯之敌，巩固和扩大陕北苏区，做好东征准备；第二步，东渡黄河到山西，击破阎锡山晋绥军主力，开辟山西新局面，扩大红军；第三步，依据日本帝国主义对绥远进攻之情况，适时转进绥远，接近抗日前线。

1936 年 1 月初，林彪奉命去瓦窑堡向中央汇报工作并筹办中国人民抗日红军大学。为贯彻落实中共中央的战略部署，左权同政治委员聂荣臻一起率领红一军团积极进行东征作战的准备。

左权和聂荣臻率领红一军团在宜川及其附近地区一面组织部队进行休整训练，一面深入发动群众筹措东征物资，扩大红军。这时，红一方面军总兵力只有 1.3 万余人，红一军团不足 6000 人。部队虽然人数不多，但大多数都是经过长征考验和经过艰苦斗争锻炼的革命精华。1 月中旬，左权和聂荣臻根据方面军决定，利用休整的机会在宜川临正镇重新组建红一师，陈赓任师长，杨成武任政治委员，杨得志任副师长。与此同时，红一军团开展了深入细致的政治和政策纪律教育，提高了部队的军政素质，全军上下更加团结，呈现出一片练兵、备战热潮。

为了做好东征准备工作，左权和聂荣臻号召部队紧急行动起来，配合地方党和苏维埃政府，宣传发动群众，开展筹粮、筹款、筹措物资等工作。当地群众踊跃报名参加红军，到 1 月底，红一军团又补充 700 余人，部队扩大到 6500 余人。部队士气空前高涨。

为确保顺利东渡黄河，左权带领军团侦察科长、红五团参谋长及侦察人员携电台于1月底前往黄河渡口侦察敌人工事、火力和地形情况，调查了解水势，为方面军和红一军团最后确定渡河点提供了详细情报。

2月18日，红一方面军下达东征渡河作战命令。左权和林彪、聂荣臻决定由红二师第五团为红一军团渡河先头部队，从绥德沟口东渡黄河，要求红二师隐蔽企图利用夜暗选择中阳三交镇坪上村为登岸突破点。

三交镇是一个人烟较稠密，水陆交通便利的重要集镇。山西军阀阎锡山为阻止红军东渡黄河，以重兵在晋西沿河300多公里的地段上严密防守。三交镇由第七十一师第四一四团的一个营守备。守敌凭借黄河天险，在河岸的山顶、山腰和山脚下都构筑了碉堡，并在坪上村修筑了层层工事，各火力点之间相距只有500米左右，相互可以支援，形成交叉火力网，严密封锁了渡口。

为统一渡河时间，毛泽东于2月19日命令："一律二十号二十时开始，以聂荣臻之表为准。"[①] 红二师为确保完成渡河任务，师长刘亚楼亲自来到红五团进行战前动员。20日晚8时，以曾国华为队长由24名勇士组成的渡河突击队分乘两只木船，向对岸偷渡。时值早春2月，冻冰开始融化，沟口到坪上间的汹涌澎湃的黄河水，夹着一座座小山似的冰凌一泻千里，稍不留心，木船就会被大块的冰凌撞翻。突击队员所乘的木船由熟练的船工撑篙，躲过了奔腾直下的冰凌，顶风击浪，向东岸划去。木船刚到河心，敌人突然猛烈扫射，红军的行动被敌军发觉了。偷渡不成便改强渡。于是木船疏开距离，一边组织还击，一边加快速度，冒着敌人的枪林弹雨向东岸疾驶而去。当木船接近岸边时，突击队员向敌人投出一排排手榴弹，乘势登上对岸。遭到打击的敌人向红军反扑，附近碉堡的敌人也向登岸的红军射击，密集的火力阻挡了突击队员继续登岸。上岸的突击队员一面迅速抢占有利地形以猛烈火力压制敌人反扑，一面扩大突破口，抢占敌碉堡，与敌人短兵相接，掩护第二梯队登岸。在红军勇士们的顽强打击下，敌军丢弃阵地向三交镇逃去。突击队员迅速控制了滩头阵地，掩护红军主力渡过黄河，并于21日攻占三交镇，全歼守敌一个营。

随后，左权和军团首长指挥红二、红四、红一师于23日攻占留誉镇，俘敌100余人，缴枪100余枝。这样，红一军团和红十五军团就控制了黄河东岸三交、留誉到义牒镇宽50余公里，纵深35公里的地区，粉碎了阎锡山经营多年的黄河封锁线。

红军突破黄河天险，进军山西，阎锡山大为震惊。他一面急电蒋介石请求援兵，一面电令第四纵队司令孙楚由陕北撤回晋西，同时集中晋绥军七个师的兵力从南北两个方向堵截红军。

为准备迎击敌人大举进攻，打击援敌，最广泛地争取和发动群众，取得在山西发展抗日根据地的有利条件，完成东征第二步任务，左权和军团首长率领部队

---

①《聂荣臻年谱》(上)，人民出版社1999年版，第168页。

于2月26日向中阳之敌发起攻击。中阳城防坚固，易守难攻，这时援敌正星夜兼程向中阳赶来。左权和军团首长当机立断，围城打援，消灭来援之敌。红一师一部继续围困中阳之敌，并佯攻柳林之敌，掩护主力部队侧翼安全；左权和聂荣臻指挥红四师和红一师一部迂回至中阳以南关上村，抢占关上村西面的山隘要塞设伏歼敌；林彪指挥红二师在关上村西南布下口袋阵，歼灭来援之敌。

当日黄昏，红军乘敌独立第二旅先头部队第四团及一个炮兵连在关上村立足未稳之机，向敌人发起猛烈攻击，红军居高临下给敌以沉重打击。号称晋绥军“满天飞”的独立第二旅仓促应战，顿时被打得溃不成军，其先头团团长李清华匆忙率残部退守关上村北面的寺庙拼死顽抗。左权命令红一师坚决消灭这股敌人。红一师师长陈赓指挥红一团以火力掩护工兵连对守敌围墙实施爆破，红一、红三团趁爆破炸开的一道豁口冲入敌阵，经激战全歼残敌。关上战斗，红军歼敌一个团及一个炮兵连大部，俘敌400余人，缴枪200余枝、火炮3门。敌独二旅旅长周原健见状急忙率旅部和第三团向汾阳逃窜，红一、红四师乘胜跟踪追击，于27日在距关上村25公里的郭家庄附近将逃敌大部歼灭。红军在关上村打了一个漂亮仗，取得东征首战胜利，给敌人以很大打击，阎锡山恼羞成怒，撤掉了周原健独二旅旅长的职务，“满天飞”再也飞不起来了。

关上战斗胜利后，阎锡山为阻止红军继续深入山西，急调四个纵队由北、东、南三个方面向红军进逼。红一方面军首长决定：“集中两个军团最大主力，以连续战斗，消灭其东面之两路或三路。”① 红一军团根据方面军命令，留下红二师一部控制关上村，阻击由中阳南进之敌。3月3日，左权和军团首长率领红一军团主力挥师东进，到达兑九峪、大麦郊一带地区，准备打击由孝义向兑九峪推进之敌。兑九峪战斗异常剧烈，因敌情变化，左权和军团首长根据方面军首长决定率部主动撤出战斗。敌军撤回到孝义、汾阳休整。

3月12日，红一方面军在大麦郊召开团以上干部会议。毛泽东在会上指出，抗日民族统一战线工作已初见成效，陕北根据地形势已经好转，下一阶段红一方面军的任务是怎样进一步发展胜利，扩大战果，创立河东根据地。② 左权出席了这次会议，聆听了毛泽东的报告。会议根据毛泽东意见，讨论了下一阶段的行动部署，决定兵分三路，进一步发展胜利、扩大战果、创立黄河以东根据地。以红一军团及红八十一师主力组成东征先锋军右路军；以红十五军团第七十八师和第七十五师主力组成左路军；以总部特务团和第七十五师、第八十一师各一部组成中路军。三路军分别向晋西南和晋西北发展。

会后，左权和军团首长率领右路军南渡汾河，向霍县南北出击，包围了霍县城。17日，攻占霍县城北之道美村、南关村。随后，挥师继续南进，先后围困

---

①《彭德怀毛泽东关于粉碎阎敌围攻的部署致红一、十五军团电》1936年3月5日，载《红军长征·文献》，解放军出版社1995年版，第916页。

②《毛泽东传（1893—1949）》，中央文献出版社1996年版，第381—382页。

同蒲铁路沿线上的赵城、洪洞、临汾、浮山等县城，拆除了沿线 100 多公里的铁轨，切断了同蒲铁路交通及各县之间的联系。

红军在对同蒲铁路沿线几座县城实施分割包围的同时，4 月 1 日，红二师集中优势兵力对襄陵县之敌发起总攻。红军侦察得知，城内只有民团防守，不堪一击，便将大量鞭炮分装在许多铁筒内，同时点燃，阵阵巨响吓得敌人惊慌失措，接着红军从南北两面迅速登上城垣，攻入城内，俘敌伪县长、民团头目以下 100 余人，缴枪 100 余枝。

继红二师攻占襄陵城后，围困浮山城的红四师第十一团向守敌发起强大的政治攻势，大造舆论，大量散发布告、标语、传单、口号，各连宣传组通过各种渠道发动群众，宣传抗日救国的主张，分化瓦解敌军。与此同时，围城部队修工事、扎云梯进行攻城准备。久困在浮山城内的敌人见增援无望，放下武器，打开城门，投降了红军。红二师第五团也乘势攻占曲沃、侯马。

这样，红一军团占领了由霍县至侯马之间的广大乡村地区。左权和军团首长率领右路军在这一地区打土豪、斗恶霸、除民团，深入发动群众，宣传停止内战，一致抗日的政治主张，发展和建立当地党的基层组织、区乡苏维埃政权和游击队，帮助组织抗日民众团体。红军每到一处，严格执行三大纪律八项注意，秋毫无犯，既不住民房，也不乱用老百姓的东西。红军不是住在破旧的庙宇就是露宿学校庭院。红军没收恶霸地主、反动豪绅、高利贷者的粮食和财物，分给穷苦百姓，深得群众拥护。红军在侯马时，有个贫苦农民老汉听说红军接济穷人，就找红军，红军果真发给他一袋粮食。他回村后逢人便说："红军真是咱穷苦人的大救星！"这样，一传十、十传百，传遍侯马及其附近地区。这位老汉还将孙子送到部队，要求红军留下。在侯马村，就有 10 余名青年参加红军。到 4 月中旬，红一军团扩红 5000 余人，组建了两个独立团，筹粮超过 10 万余斤，并为全军团解决每人两套夏装。[①] 指战员都高兴地说："这次东征山西，真是'人财两旺'呀！"

应阎锡山的请求，蒋介石的嫡系 10 个师纷纷进入山西，加上晋绥军 4 个纵队，总兵力有 51 个团，超过 20 万人。而红军加上新扩编的人数也不足 2 万人。阎锡山一改"堵""守"为主动出击，到处寻找红军主力以求决战，每日派出大量飞机侦察轰炸红军，企图把红军主力消灭在黄河以东。红军为保存抗日力量，促进抗日统一战线工作的开展，同时考虑到"方面军在山西已无作战的顺利条件"[②]，4 月 28 日，彭德怀、毛泽东下达命令：决定红一方面军主力"西渡黄河"，回师陕北。

4 月下旬，左权和军团首长率领军团主力相继向黄河岸边的永和关、清水关等渡口开进，准备回师西渡。为了掩护军团主力顺利渡河，左权根据方面军命

---

①《聂荣臻年谱》(上)，人民出版社 1999 年版，第 176 页。

②《彭德怀毛泽东关于红一方面军西渡黄河扩大陕甘苏区的决定致周恩来等电》1936 年 4 月 28 日，载《红军长征·文献》，解放军出版社 1995 年版，第 932 页。

令，部署红四师第十团与红八十一师一个团在永和关一带阻滞南北之敌，红一师第三团在阎山一带抢占有利地形，构筑防御工事，阻击尾追之敌。他亲临永和关检查设防情况，要求部队一定要坚决完成掩护任务，待主力西渡后，迅速摆脱敌人，随主力返回陕北。

5 月 3 日，左权和军团首长指挥部队趁夜暗分别由清水关、铁罗关、永和关、延水关等渡口西渡黄河。主力部队渡过黄河后，左权一直担心担任掩护任务的后卫部队的安全。红十团在永和关掩护主力渡过黄河后，最后三条渡船刚刚划到河中心时，敌人已经赶到岸边用机枪和迫击炮向红军猛烈射击。炮弹和子弹落在小船周围，激起股股水柱，翻起层层波浪，红军勇士们一面组织火力进行还击，一面拼力划着小船劈波斩浪向岸边驶去。红一军团全部胜利回到黄河西岸，直到这时左权才松了一口气。

红军西渡黄河后，左权和军团首长率领部队进至延川以西文安驿、马家坪、史家河一带地区，总结东征作战并进行政治、军事教育和整顿。红一方面军在各军团进行总结的基础上，于 5 月 13 日至 15 日在延川大相寺召开团以上干部大会。毛泽东在会上作了《目前政治形势及任务的报告》，报告总结了东征的经验教训，肯定了东征作战的胜利和意义，同时为即将开始的西征作了动员。左权参加了这次会议，并在会上发言。他说，这次东征在毛泽东总政委、彭德怀总指挥的直接领导和指挥下取得了伟大胜利。红军以勇往直前、压倒一切敌人的精神，打破了阎锡山吹嘘的任何军队进不了山西，进了山西也无法立足的神话。我们红军在晋西南、晋西北播下了抗日救亡的火种，推动了华北抗日反蒋运动的发展。部队得到了扩充，筹集了一批资财和粮食，对巩固和发展陕甘苏区十分有利。左权是一个襟怀坦白的人，他在发言中还检讨了军团存在的本位主义问题，对不愿调更多兵员给兄弟部队的问题作了自我批评。

二、代理军团长，西征战“二马”

大相寺会议后，中央决定调红一军团长林彪任中国人民抗日红军大学校长，遗缺由参谋长左权代理。当时，左权 31 岁。左权一切听从党的安排，党指向哪里，他就打到哪里，从不推辞，从不畏缩。他代理军团长整整一年，在这期间，他仍然兼任军团参谋长，工作更加紧张繁忙。他忠于职守，夜以继日，孜孜不倦地工作。

红军回师陕北后，蒋介石仍坚持“剿共”政策。他调集 16 个师另 3 个旅的兵力，准备对陕甘苏区发动新的“进剿”。宁夏军阀马鸿逵、马鸿宾部在西面防堵红军。“二马”① 虽然反共坚决，但防区广大，兵力分散。5 月 18 日，中央军委下达了西征作战命令。决定：以红一方面军主力 1.3 万余人组成西方野战军，向陕、甘、宁三省边界国民党军事力量薄弱的地区西进，打击马鸿逵、马鸿宾的嚣

---

① “二马”指马鸿逵、马鸿宾，当时分别担任国民党军新编第七师师长和第三十五师师长。

张气焰，巩固陕北根据地，促进抗日统一战线的形成。

5月19日，左权和政治委员聂荣臻，奉令率领红一军团为西征左路军由延川地区出发，经蟠龙、安塞等地向甘肃元城镇、曲子镇方向挺进。5月、6月间，黄土高原骄阳似火，部队行军，就像进了烤箱，干、热难忍，十分艰难。顽固坚持反共的西北地区国民党军马鸿逵和马鸿宾部队严密防阻红军前进道路。左权怀着坚决战胜“二马”的必胜信心，于5月30日率领红一军团及骑兵团进至元城镇及其附近地区。6月1日凌晨，前卫红二师抵近曲子镇。

正当红军向曲子镇开进时，马鸿宾第三十五师第一〇五旅旅长冶成章亲率特务连及骑兵团一部等三百余人抢先占领曲子镇。冶成章的绰号叫“野骡子”，性情暴躁，骄横霸道，打仗剽悍，对老百姓凶残野蛮，他的部队成员绝大多数都是回族，颇有点战斗力。冶成章依仗着镇子周围十多米高的城墙和数米深的壍壕及碉堡工事，凭坚固守。

曲子镇是红军西进宁夏的必经之路，也是红军西征的必占目标，红二师根据军团首长命令向曲子镇之敌发起攻击。红二师很快突破土围外的壕沟，接近城墙，战斗越来越激烈。师长杨得志、政治委员萧华亲临前沿指挥战斗，由于当时红二师没有重炮，机枪也很少，部队集中步枪火力向敌人发出一阵阵猛烈射击，投出一排排手榴弹，从城的东南角打开一个缺口，乘势攻入镇内。这时，冶成章抽足了大烟，匆忙组织部队拼死反击，与红军展开顽强厮杀。“野骡子”的部队杀红了眼，光着膀子，举着大刀、长枪，歇斯底里地狂叫着，双方混战在一起。由于红二师许多战士都是东征时入伍的新战士，没有打过仗，大多基层干部也是新提升上来的，缺乏打巷战的经验，攻入城内的红军被“野骡子”的部队挤到离城南门只有数十米的地方。疯狂的敌人万一封住了突破口，红军攻占曲子镇将更加困难。

就在这紧张关键时刻，左权和政治委员聂荣臻策马赶到阵地前沿，在距土城不到一百米的地方，一面仔细观察地形，一面与红二师领导了解作战情况。左权一见师长杨得志便说：“‘野骡子’还野得很嘛！要不要给你增加点部队？”

“不要！”杨得志说，“我们还有预备队。”①

聂荣臻紧接着说：“拿上去嘛！”聂荣臻又对担任主攻的红二团团长梁兴初说：“只要将兵力、火力组织好，派一个连打进城去就行了。进城的连队，也不必过于集中，几个排互相掩护，交替前进。进去的人太多了，反而展不开，招致无谓的伤亡。”② 左权说：“对！要改变一下打法，不要一下子都拥进城，要注意隐蔽和掩护。”左权和聂荣臻还对杨得志讲，边打的同时还要进行战场喊话，要开展政治攻势，要告诉大家，这是回族部队，要特别注意政策，不准胡来哟！③

左权和聂荣臻与师、团领导正在交代任务，敌人的子弹不时地越过头顶。杨

---

①《杨得志回忆录》，解放军出版社1993年版，第222页。

②《聂荣臻回忆录》（上），战士出版社1983年版，第317页。

③《聂荣臻传》，当代中国出版社1994年版，第152页。

得志见军团首长距敌人太近，很不安全，便劝说两位军团首长向隐蔽的地方转移。左权摆摆手，对杨得志说："没关系，子弹都长着眼睛哩！"左权和聂荣臻哪里肯向后撤。杨得志非常熟悉左权，每到战斗最紧张的时刻，左权总会来到阵地前沿，他常给部队指挥员讲："战斗越紧张，战士越需要自己的指挥员，指挥员在他们身边，会给他们带来无限的信心和力量。"①

红二师调整部署，重新组织进攻。红二、红四团担任主攻，红五团担任助攻。部队指战员见军团首长就在自己身旁，信心倍增，进攻的队伍喊着："军团首长看着我们！""不能丢脸！"等口号，奋勇冲向敌人。②红军相互配合，前后夹击歼敌大部，一部分敌人投降，冶成章率残部躲进几个石头窑洞内负隅顽抗。红军战士反复向冶成章喊话，宣传党的民族政策和优待俘虏的政策，这条"野骡子"根本听不进去。战至夜晚，红军改变打法，红二团组织一个连拆房、挖墙逼近敌人，用重机枪的猛烈火力压制窑洞里敌人，接着一串手榴弹打进去，炸伤"野骡子"。红军勇士们趁势冲进去，活捉了冶成章，残敌全部投降。至此，红军占领曲子镇，拔除了一个硬钉子，打开了西进大门。

曲子镇战斗，红军除毙伤部分敌军外，俘敌旅长以下官兵150余人，缴获各种枪200余枝（挺）、迫击炮2门、骡马数十匹、骆驼10余峰、汽车5辆，取得西征首战的胜利。

在清理战场中，在一个浅水井中捉到了冶成章的小老婆。左权和聂荣臻指示：要精心治疗冶成章的腿伤，做好俘虏的教育争取工作。遵照军团首长的指示，杨得志亲自与冶成章谈话，并向冶成章和他的老婆宣传党的民族政策和抗日主张，红军没有动他们一点私人的东西。冶成章被红军优待俘虏的政策所打动。当红军释放冶成章时，他又惊又喜，表示："真主在上，我冶成章今生今世决不同红军打仗，再不做伤天害理的事了。"③冶成章被释放后，没有回到马家军中去，确实再也没有干对不起老百姓的事。④其他俘虏除部分经过教育愿意留下来参加红军的外，其余也全部释放。释放时，当兵的每人发五元钱，当官的每人发十元钱，他们都深受感动。

曲子镇战斗第二天，左权和聂荣臻骑着刚缴获来的一对黑骡子离开曲子镇向庆阳方向急奔。当他们赶到阜城附近时，据红四师报告：由庆阳向曲子镇增援之敌马鸿宾部第一〇三旅三个营和第一〇五旅三个营及骑兵团也进至阜城附近。左权和聂荣臻研究决定，坚决消灭这股敌人。左权认为，虽然我们西征一路非常艰辛，部队还没得到及时休整，很疲劳，但这一仗一定要打，而且一定要打胜，只有取胜，我们才能实现在阜城、曲子镇等一带地区的行动自由，才能彻底打掉"两马"的嚣张气焰。于是，左权和聂荣臻急令在曲子镇和由木钵南进的军团主

---

①《红旗飘飘》第5集，解放军出版社1957年版，第134、135页。

②《红旗飘飘》第5集，解放军出版社1957年版，第135页。

③《杨得志回忆录》，解放军出版社1993年版，第225页。

④《杨得志回忆录》，解放军出版社1993年版，第227页。

力部队迅速赶至阜城，集中兵力歼灭敌人。

6月3日拂晓，敌军主力在向阜城推进时，左权和聂荣臻指挥红一军团主力向敌人发起猛烈攻击，经过三个小时激战，除敌骑兵团2个营逃脱外，其余大部被歼灭，俘其官兵1100余人，缴枪1000余枝（挺）。红军乘胜占领阜城。

曲子镇、阜城战斗的胜利，给马鸿宾部队沉重打击，据守环县、洪德城之敌惧怕被歼，纷纷撤离。左权和聂荣臻乘胜挥师北进，向环县、洪德城追击前进，先后占领两城，控制了陇东洪德城至阜城一线地区。

为巩固和扩大西征战果，在这期间，左权、聂荣臻与军团政治部主任朱瑞、副主任邓小平多次联名致电毛泽东、周恩来、彭德怀、杨尚昆：我西征左路军“连续胜利，使我控制区域广大”，“军事上占广大地区易，而后赤化这地区必须加强地方工作干部”[①]。电报还讲，我左路军“准备以环县以西适当地点为中心”组织党的工作委员会，发展和健全各方面的工作，在有回民居住的地区，“成立回汉人民革命联合政府”，“吸收回民加入红军与成立回民独立队伍”[②]。他们请求中共中央和军委多派一些地方干部加强这一地区党和政权的建设。

左权和聂荣臻要求红一军团部队深入乡村积极开展群众工作，宣传党的民族和宗教政策，并向部队发布三大禁令：（1）严禁驻清真寺；（2）在回民区不准吃猪肉、不准提“猪”字；（3）不在回民区筹款，不打回民的土豪。由于模范地执行了党的民族、宗教政策，在回民居住集中的地区建立了各级回民人民革命政府，争取和团结了广大回族群众，组织回民游击队，并在回民游击队的基础上组建红军回民武装。在回民部队中专门建立回民伙食单位，深受回民战士们的欢迎和拥护。在红一军团深入开展回民工作的同时，积极发动群众，扩大红军，征集资材。到6月下旬，红一军团筹款1万余元，筹粮近万斤，收集布700余匹，扩红400余人，并帮助组建地方独立团和当地革命委员会。

红一军团一部继续西进，占领固原的七营、上新堡一带地区，接近东北军骑兵军何柱国部的防地。左权十分重视与东北军的关系，为做好对东北军的团结争取工作，他与政治委员聂荣臻经常指示部队在与东北军接触时，要严格遵守党的统一战线政策和纪律，“对整个东北军应以努力政治争取为原则，特别在目前两广出兵抗日浪潮急剧发展下更为重要[③]。我前线与东北军接近部队，应耐心的恳切的向他们喊话，并多散发宣传品”[④]。红一军团部队遵照军团首长的指示，采取写信、寄送宣传品、张贴标语和火线喊话等多种方式，深入开展对东北军的宣传和争取工作，这时红军与东北军一直没有什么大的战事。

7月中下旬，张学良去南京参加国民党五届二中全会，东北军的骑兵军何柱

---

①《聂荣臻年谱》，人民出版社1999年版，第180页。

②《聂荣臻年谱》，人民出版社1999年版，第181页。

③ 两广出兵抗日，即“两广事变”。1936年国民党广东、广西将领陈济棠、李宗仁、白崇禧通电全国，组成抗日救国西南联军，要求国民党中央出兵抗日的事件。

④《聂荣臻年谱》，人民出版社1999年版，第181页。

国部迫于蒋介石的压力向红军所在的七营地区推进。左权和聂荣臻请示毛泽东、周恩来、彭德怀等，给敌以适当的还击。红军在一举击退东北军的骑兵第六师四个连的攻击后，又对被俘人员进行教育并全部释放，还如数交还了缴获的马匹、枪支。这种事在红一军团与东北军的交战中是常有的。一开始，有些人想不通，说什么从来还没有见过这样打仗的，这不跟小孩打架一样，打打停停，抓了又放，战利品还要如数归还。左权听到这些议论后，耐心地向大家解释说：这是特殊的战斗，目的是争取东北军共同反蒋抗日！大家要顾全大局，不能为一人一枪而妨碍抗日民族统一战线工作的开展。此后，为了避免与东北军再战，左权和聂荣臻率领军团主力由七营、曲子镇一带地区向豫旺堡等地转移，只留一部分部队和干部在原地开展地方工作。

红军在七营地区继续对东北军积极开展宣传争取工作。夜晚，红军宣传队深入到东北军营地附近，动情地唱起《松花江上》等抗日救亡歌曲，散发“不打抗日红军！”“联合红军打日本！”等传单。这样，红军与东北军渐渐地互相熟悉起来，相互举办联欢会，相互赠送物品，来往越来越多，关系越来越密切。在“九一八”五周年纪念日这一天，红一军团派军团政治部主任朱瑞、红一师第三团政治委员萧锋等为代表与东北军骑兵第六师白凤翔部的代表进行了秘密谈判。经过商谈，签订了“停战协定”①。与此同时，左权还十分注意对“两马”部队的争取教育工作，他亲笔给马鸿宾的骑兵团长马培清写信，宣传共产党和红军的抗日主张，劝其停止进攻红军。马培清也曾复信表示，只要红军不打他，他绝不会主动进攻红军。② 双方取得默契，白天各守阵地，互不交战，晚上握手言欢。这些都有力地推动了抗日民族统一战线的发展。

7 月 22 日，左权和聂荣臻率军团主力开始向豫旺堡一带地区转移。部队又要经历一段艰难的行程，沿途荒无人烟，到处是黄土沙漠，走几十里也很难看见几棵树木，盛夏的黄土高原，白天酷热难忍，黄土沙漠被巨大的“火球”烤得焦热滚烫，夜晚这里的气温很低，温度反差很大。这一带吃水更加困难，根本见不到水源：当地百姓全靠冬天窖下的一点雪水和雨季积存的一些雨水来维持生活，人们祖祖辈辈盼水想水，渴望能吃上水，不少人因无水而离乡而去。豫旺堡以北有个苦水沟，因为人们盼水而取名叫甜水堡。部队随身带的水到后来都所剩无几，都舍不得喝，留给体弱的战士和病号饮用，有的指战员渴得唇干舌燥，实在难忍，只得取点已掺杂有人畜粪便的水窖里的水来饮用，这水不仅脏而且又苦又涩。

部队于 7 月 27 日前到达豫旺堡及其附近地区。这时，西征战役胜利结束。红一军团根据军委指示，一到豫旺堡就开始动员进行整训，开展军事、政治和党的教育训练。左权经常深入部队了解基层情况。大家一见左权到来，都纷纷围在左权身边，请左权作报告。部队指战员都非常爱听左权讲话，更喜欢听他讲故

① 穆欣：《陈赓大将》，新华出版社 1985 年版，第 208 页。
②《西北根据地的历史地位》，湖南出版社 1991 年版，第 203 页。

事，左权讲话有条有理，风趣而有吸引力。只要有时间，左权都要给部队指战员讲形势、谈战术、说战例，为了使大家都能听懂，他竭力讲得通俗点，常常举些例子，不时地还拿起树枝在地上划来划去。部队指战员每听左权讲一次话，都会增添许多知识，明白不少道理。

7月底的一天，聂荣臻阔别五年的妻子张瑞华由上海辗转来到豫旺堡。这时，聂荣臻正在部队布置检查工作。于是，左权在军团部热情接待了这位远道而来的客人。他见张瑞华大姐历经艰险，风尘仆仆来到红军作战前线，非常敬佩。他一边格外高兴地与张大姐交谈，一边让警卫员将自己与聂荣臻同住一室的行李铺盖收卷起来，搬到隔壁的另一间小土坯屋里去，请张大姐和政委住在大一点的房子里。左权对张大姐说："这么多年，你真是太不容易啦！这次见面，你可多住些日子。"张瑞华见警卫员忙着收拾左权的东西，便急忙上前对警卫员说："军团长和政委的工作要紧，他们有许多大事要研究决定，那间大房间研究问题，商量工作方便些。"张瑞华硬是不肯住大屋子，于是警卫员把隔壁的那间小土坯屋打扫得干干净净迎接张大姐。张瑞华望着打扫得干干净净、整整齐齐的房间风趣地对左权说："我沿途还很难见到这样的屋子呢！老百姓真是款待我们啰！"

8月1日，是南昌起义九周年纪念日。这一天，红一军团以师为单位分别在豫旺堡及其附近驻地召开军事、政治教育训练誓师动员大会。左权来到黎花咀参加红一师动员大会。在会上，左权就开展军事、政治教育训练的目的、意义及计划作了动员报告，对加强党支部建设及各方面的工作提出了明确要求。8月2日，红一军团在豫旺堡又召开了团以上干部大会，会议总结了西征以来红一军团的工作。左权在会上总结指出，红一军团两个多月来胜利完成了毛泽东所提出的西征的三大任务：在陇东的曲子镇、环县及固原等地得到了发展，扩大了根据地；歼敌一千余人，沉重地打击了"两马"的反动势力和嚣张气焰；深入开展了回民工作和白军工作，为西北抗日统一战线的形成打下了良好基础。同时，对开展军事、政治教育训练提出了具体要求，为了确保整训取得良好成果，左权提出各部队之间开展革命大竞赛的口号，并计划在"九一八"纪念日在全军团范围内开展训练成果大检阅，以检查考核训练水平。

通过誓师动员及干部大会，军团上下群情激昂，一个生龙活虎的群众性的军事、政治教育训练运动深入地开展起来。为了更好地推动教育训练工作的开展，加强红一军团与红十五军团及各部队之间的团结，进一步提高教育训练工作的水平，左权和聂荣臻根据方面军的指示，组成了红一军团参观团，深入到红十五军团及各部队参观学习，召开座谈会，相互交流经验，从而使红一、红十五军团达到了空前的团结，为在西北地区开辟新局面奠定了基础。

三、迎接红二、红四方面军

进行战略转移的红二、红六军团于4月下旬由石鼓、巨甸渡过金沙江。接着分为左、右两个纵队，连续翻越几座大雪山，于7月2日到达甘孜，与先期到达甘孜的红四方面军胜利会师。7月5日，红二、红六军团和红三十二军奉中革军委的命令组成红军第二方面军。随后，红二、红四方面军分别从甘孜、炉霍、绥靖出发向甘南前进，与红一方面军会合。8月中旬，红军第二、第四方面军广大指战员以惊人的革命毅力，经过艰难跋涉，克服重重困难，终于走出了茫茫草地，分别到达阿西、巴西和哈达铺、西固等地。

红一方面军根据中共中央的指示，为迎接红二、红四这两支英雄部队，决定南下策应其北上。红一军团以第一师主力加强骑兵第二团一部组成特别支队，在军团政治委员聂荣臻的率领下从海原和郑旗堡之间南下，于9月中旬相继占领将台堡、界石堡，控制了静宁、会宁间的公路，打开了三大主力红军会师的大门。

在此期间，左权率领军团主力在海原七营一带地区深入开展群众工作，抗击敌人进攻。左权根据方面军的命令为消灭郑旗堡之敌，确保会师通道在自己手中，决定攻占郑旗堡，歼灭敌第三十五师马鸿宾部。

郑旗堡是海原和固原之间的一个重镇，三面环水，占领郑旗堡对阻敌西进和南下，保障红二、红四方面军北上和特别支队的安全至关重要。

左权命令红二师攻占郑旗堡，以一部渡过苋麻河，由南向北攻击，阻击隆德方向敌人的增援，并切断敌人向南溃退的道路，主力由东向西攻击。9月12日清晨，战斗打响，战至午后，歼敌第三十五师步兵团一部，击溃敌骑兵三个营，攻占郑旗堡。随后，左权率领红一军团主力在七营、郑旗堡之间继续深入发动群众，巩固和扩大苏区，相机抗击敌人进攻。

9月15日，左权获悉敌骑兵第六师向七营推进，其一部进入李旺堡。左权即命令在七营以北的部队阻敌前进。军团骑兵第二团一部与教导营迅速赶至李旺堡，将敌紧紧包围在土围子内，切断敌与主力的联络。16日，敌骑兵第六师企图解李旺堡之围，调集兵力向围困李旺堡的红一军团部队攻击前进。左权命令红二师协同骑兵第二团和教导营共同打击援敌，阻敌进攻。红军抢占了有利地形顽强抗击敌人进攻，经激战歼敌第六师两个团大部。

红一军团主力在七营、郑旗堡一带地区，牢牢控制着海原以南，固原以西，隆德、静宁以北的大片范围，逼近西（安）、兰（州）公路。

此时，红二方面军不顾部队刚刚走出草地，指战员体弱疲劳等困难，从9月11日到20日，长途奔袭，英勇作战连克甘肃成县、徽县、两当、康县四座县城，占领陕西略阳、凤县部分地区。红四方面军先后攻占甘肃漳县、洮州、渭源、通渭四座县城及岷州、陇西、临洮、武山等县广大地区。左权为红一方面军与红二、红四方面军夹西兰公路、随时都有可能实现大会师的有利态势而欢欣鼓舞。他期待着三大主力红军尽早胜利会师，推动革命和革命战争的更大发展。

这时，蒋介石为阻止红军三大主力会合，急忙调集胡宗南、王均、毛炳文三个军，企图抢占西兰公路上的静宁、会宁、定西地段，隔断红军会合通路。一向反复无常的张国焘借口敌情发生变化，命令红四方面军停止北上，撤离通渭地区，转头西进永靖、循化，准备渡过黄河。[1]

就在这紧急时刻，左权接到政治委员聂荣臻9月25日来电，首先通报了特别支队已派人与红四方面军取得了联络。接着又告知："大帅[2]此时全系逃避战斗之狡计，将有在临夏偷安可能。"[3]聂荣臻考虑到在这种情况下，特别支队兵力太单薄，难以保障红二、红四方红军北上安全，为不使3个方面军的联系被隔断，向军委建议，左权率军团主力迅速南下，威胁静宁之敌，巩固界石堡、单家集、将台堡一线地区，以打消张国焘北进的顾虑。

9月底，为有力配合红二、红四方面军北上，左权根据方面军命令，率红二师和第十三团等部向将台堡方向开进。10月4日，左权和邓小平在兴隆镇与聂荣臻会合。

左权和聂荣臻一会合，便紧张地进行三大主力红军会师的准备工作，动员和号召红一军团和各级苏维埃政府积极筹备粮、油、菜、毛衣、毛袜、毛手套、羊皮、布匹等物资和慰问品，捐赠银元和现金，作为献给兄弟部队的见面礼。

为迎接红四方面军，左权和聂荣臻决定派曾任过红四方面军第十二师师长、熟悉红四方面军情况的陈赓，率红一师为先头部队迎接红四方面军。为做好迎接工作，左权和聂荣臻向陈赓及红一师团以上干部传达了中共中央和毛泽东的指示：在与红四方面军接洽时，"绝对禁止任何一方面军人员自傲与不友爱举动"[4]。强调指出，注意全党全军的团结，向兄弟部队学习，取长补短。并要求红一师多准备些粮食、蔬菜和肉以及御寒的衣物送给兄弟部队，帮助他们解决困难。尤其要求各级领导要作遵守纪律、执行政策和维护团结的模范。

在三个方面军即将会师之际，国民党军新编第十、第十一旅向会宁推进，其先头部队已逼近会宁，企图夺回会宁城，阻止红军会师。左权和聂荣臻立即令红一师和骑兵第二团坚决阻止敌人的推进，消灭其先头部队。10月6日下午，左权和陈赓指挥红一师向敌先头部队两个团发起攻击，战至傍晚，歼敌一部，残敌向定西方向溃逃，敌军不敢再向会宁前进，从而确保了红军会师通道的安全。

10月7日，陈赓率领红一师与红四方面军先头部队第四军第十师在会宁的青江驿、界石堡胜利会师。两军指战员兴奋地握手拥抱，跳跃欢呼着："我们胜利了！"

8日，左权和聂荣臻在会宁与红四方面军第四军政治委员王宏坤亲切会面，热情地进行了交谈。红一军团为了保障红四方面军后续大部队的住宿和休息，左权和聂荣臻在与红四方面军交接了会宁地区的防守和警戒任务后率军团主力东返，留陈赓指挥红一师第一团在会宁迎接红四方面军主力部队。左权对陈赓说：

---

① 傅钟：《西北局的光荣使命》，载《红军长征·回忆史料》(2)，解放军出版社1992年版，第302页。

② 大帅，指张国焘，时任中国工农红军总政委、中共西北局书记。

③《聂荣臻年谱》，人民出版社1999年版，第187、188页。

④《聂荣臻年谱》，人民出版社1999年版，第187页。

红四方面军一路非常艰辛，你们一定要将好房子全部腾出来，让兄弟部队休息好。陈赓受领任务后，立即组织动员部队腾房子、打扫卫生。红一军团把腾出来的房子和院子打扫得干干净净，在会宁城门前扎起了一座高大的彩门，在道路两旁插上了无数面红旗，欢迎英雄的红二、红四方面军。

9日上午，会宁城上空晴空万里，阳光和煦。红四方面军主力部队到达会宁城。会宁城顿时欢腾起来，人潮如涌，红旗招展。陈赓率领红一师部队及群众夹道欢迎，锣鼓声、欢呼声交织在一起，使这座偏僻的小县城热闹非凡。陈赓见到老战友，快步冲了上去，紧紧拥抱着战友激动地说："辛苦了，欢迎你们！"①红一师指战员把红四方面军同志接到早已准备好的干净整洁的房子里，送来可口的饭菜，崭新的冬装、毡子和亲手精心制作的毛衣、羊皮背心、毛袜、手套、鞋子等各种慰问品。有些毛衣、背心上还绣着"欢迎阶级兄弟""会师留念"②等字样。红四方面军的同志收到红一方面军的礼物，高兴地把礼物捧在手上，心里暖融融的。许多人都舍不得穿戴，把这些礼物珍藏起来留作纪念。

10日晚上，红一、红四方面军的代表和群众七百余人在会宁城文庙前举行庆祝会师联欢会。陈赓师长代表红一军团和红一方面军作了热情洋溢的讲话。大会宣读了中共中央、中华苏维埃政府、中央军委发来庆祝红一、红二、红四方面军会师的贺电。战士们还演出了精彩节目。整个晚会充满着团结、胜利、欢乐的气氛，笑声、掌声、欢呼声经久不息。

在红一、红四方面军欢庆会师的时候，红二方面军于10月10日冲破敌人的堵截，由甘谷乐善镇渡过渭水，向北挺进。为策应红二方面军北上，左权和聂荣臻率领红一军团主力在会宁、静宁、隆德、固原间的广大地区积极活动，监视敌人，做好迎接红二方面军的准备工作。11日，左权从敌人的电话中获悉，国民党军第一〇五、第一〇八师向单家集、硝河城推进，企图切断硝、单大道。左权和聂荣臻便立即向毛泽东、彭德怀报告了这一情况。为防范万一，左权和聂荣臻迅速命令在单家集、硝河城地区的红二师部队严密监视敌人动向，寻机打击敌人，确保三大主力红军胜利会师。在红军的严密监视和警戒下，敌军进至杨家堡、黑城堡一带后未敢贸然西进。

左权和聂荣臻趁此时机，要求在会宁至隆德间的红一军团各部一面继续密切监视敌人，阻滞敌人西进，一面与各级苏维埃政府一道积极筹粮，赶制冬装、军鞋，准备慰问品，迎接红二方面军。同时派出部队前往通渭地区积极与红二方面军取得联络。

10月中旬，红一师侦察部队在通渭和兴隆镇附近与红二方面军取得了联系。红二方面军参谋长李达和红六军团参谋长彭绍辉亲切会见了侦察部队的同志。陈赓很快将这一情况向红一军团作了报告。左权和聂荣臻得悉红二方面军即将到

① 杜义德：《欢庆会师》，载《红军长征·回忆史料》，解放军出版社1992年版，第331页。
② 杜义德：《欢庆会师》，载《红军长征·回忆史料》，解放军出版社1992年版，第331页。

1936年10月，红一、红二方面军会师，左权（二排右一）与任弼时（二排右二）、贺龙（二排右三）等合影

来，立即指示部队认真检查和落实迎接红二方面军的各方面准备情况。

10月18日，一大早，红二师政治委员萧华与到达青江驿的红六军团军团长陈伯钧通了电话。萧华代表红一军团首长和广大指挥员热烈欢迎和慰问红六军团的同志们，“交谈之下都欢欣不已！”[1]当天下午红二师第五团政治委员陈雄率领红一军团参观慰问团携带着大批慰问品来到老君坡，与红六军团首长热情会见。19日，红六军团召集红十六师、模范师及军团直属队热烈欢迎红一军团参观慰问团。陈雄在欢迎会上作了热情洋溢的讲话，并转达了红一军团首长的亲切问候。整个大会隆重而热烈。

21日中午，左权和聂荣臻在西吉县平峰镇与红二方面军领导人贺龙、任弼时、关向应及刘伯承亲切会面。左权见到了久别的任弼时、刘伯承等人无限欣

1936年10月，红一、红二、红四方面军会师，左权与部分同志合影

①《陈伯钧日记（1933—1937）》，上海人民出版社1987年版，第599页。

喜，尤其是初次与贺龙、关向应相见更是无比高兴。左权与红二方面军首长一直欢聚畅谈至晚上。

22日，红一军团部队在将台堡与红二方面军主力部队胜利会师。红一军团代表红一方面军赠送给红二方面军1000余套棉衣、1000余双布鞋、数万张羊皮、500匹土布、2000余只羊、30余头猪、20余头牛和3万银元。会师后，红一军团部队分别在将台堡、硝河城、兴隆镇等地与红二方面军部队聚餐。尽管条件十分艰苦，红一军团还是千方百计地每桌摆一盆红烧肉，弄几个菜，搞来老百姓自己酿制的甘肃小米黄酒，大家频频举杯共同庆祝胜利会师。23日晚上，分别在各部驻地召开会师联欢会，附近的群众也纷纷赶来，会场气氛异常热烈，人们在欢庆胜利的笑声中度过了这难忘的时刻。

四、战胜老乡、同学丁德隆

三大主力红军胜利会师后，蒋介石不顾中国共产党一再提出“停止内战，一致抗日”的主张，继续坚持反共内战政策，亲赴西安督战，调集第一、第三、第三十七军和东北军的第六十七军、骑兵军等五个军分别经由静宁、通谓、会宁、隆德等地从南向北分四路向红军进攻，新编第一军一部仍固守靖远城，企图以南攻北堵的战略消灭红军于黄河右岸的靖远、海原地区。为粉碎国民党军的进攻，争取抗日民族统一战线的形成，毛泽东等领导人决定集中红军主力给胡宗南第一军以歼灭性打击；以一部分兵力钳制第三、第三十七军，并相机予以打击；对东北军积极进行统一战线工作，迟滞其前进。

为集中红军主力打击敌人，左权和聂荣臻奉命率领在硝河城、将台堡、会宁地区的红一军团主力向打拉池方向转移。追敌以为红军是疲惫之师，向北溃败，一直紧追不舍。

在追敌中，有不少国民党军高、中级将领不是左权的黄埔军校的同学，就是湖南老乡。尤其是蒋介石的嫡系部队中居多，他们装备精良，训练有素，傲气十足。左权为劝阻他们停止追击，一致抗日，指示部队沿途书写标语、传单，向追敌进行各种宣传，还散发了左权与毛泽东、朱德等46人联名发出的《红军将领给蒋总司令及国民革命军西北各将领书》。要求国民党军“立即停止进攻红军并与红军携手共赴国防前线，努力杀贼，保卫国土，驱逐日寇，收复失地”①。与此同时，左权以黄埔军校同期同队的同学的名义给胡宗南的两位师长丁德隆、李铁军写信，晓以民族大义，奉劝他们洞察大局，因时制宜，不要再进逼红军了。讲明红军是信守中国人不打中国人的宣言的，中华民族的利益就是红军的利益，向着这个目标努力的任何国民党军队的官长，都是红军的朋友。作为中山先生的信徒，作为黄埔同学，应以大仁大忍的风度求同存异，枪口一致对外。然而，做了

①《毛泽东年谱（1893—1949）》（上），中央文献出版社2002年版，第602页。

蒋介石第一军军长的胡宗南此时正春风得意，哪里肯让部下听红军的宣传和左权的劝告，他一心想乘三大主力红军在陕甘立足未稳之机，歼灭红军，抢个头功，便强令各部穷追不放。

左权和聂荣臻率领红一军团主力到达海原附近的上、下马营和红羊坊等地时，各路追敌也日夜兼程向海原、打拉池等地扑来。中革军委为统一指挥红一、红二、红四三个方面军协同作战，消灭进犯之敌，决定组成红军前敌总指挥部，任命彭德怀为前敌总指挥兼政治委员，刘伯承为参谋长。

10 月 30 日，红军前敌总指挥部下达《海打战役计划》，决心在海原、打拉池地区寻机歼灭胡宗南部先头一至两个师。正当左权率领红一军团主力继续北移进至海原以北麻春堡及其附近地区时，敌第三十五师和骑兵第六师也追至海原地区，攻击红一军团侧后，拦截着红二方面军由海原和固原间北进的道路。红二方面军为执行海打战役计划，到达预定地域改道由海原、古西安州之间向海原以北前进。红一军团奉命掩护红二方面军北进。左权为完成掩护任务命令红一师和红十五军团第七十三师（此时归红一军团指挥）及骑兵第二团佯作退却，诱敌前进，寻机歼敌。敌军一直误认为红军是在溃逃，便气势逼人疾驰而来。左权指挥红一师和红七十三师在何家堡一带占领有利地形，隐蔽待机。31 日傍晚，敌第三十五师和骑兵第六师进至何家堡，遭红军突如其来的打击，乱作一团。红军干净利落地歼灭敌前卫两个团，后续部队见势不妙夺路仓皇逃回海原。何家堡战斗俘获敌人员、枪支、马匹各千余，取得三大主力红军会师以来第一个胜仗。

马鸿宾等部在何家堡遭到打击后，放慢了追击行动，不敢再贸然紧追，只有胡宗南的第一军继续穷追不舍，其先头部队推进到古西安州附近，严重威胁着红军右翼安全。左权命令红一师第一团在古西安州以南地区截击胡宗南第一军的先头部队，迟滞敌推进。由于红一、红二方面军及红四方面军第四、第三十一军在麻春堡、关桥堡、脱场堡等地歼灭胡宗南先头部队第四十三、第九十七师的任务均未达到目的，部署在靖远的红四方面军第五军也奉命西渡黄河。这样，红军右翼红一军团等部就完全暴露在敌人面前。红军不得不放弃《海打战役计划》。随后，军委又决定，黄河以东的红军逐次转移，诱敌深入，求得在有利地区，集中优势兵力歼灭国民党军一至两个师，迫使敌人停止进攻。①

11 月 4 日，左权和聂荣臻奉命率领红一军团开始向同心城地区转移。国民党军又紧追而来，胡宗南先头部队进占脱场堡，其主力向同心城、中宁前进；东北军第六十七军军长王以哲在蒋介石的催促下率四个师分别向李旺堡、豫旺堡推进。左权为实现诱敌深入，寻机歼灭胡宗南主力的作战计划，12 日率部继续向东转移。为分化瓦解敌人沉重打击胡宗南部，左权和聂荣臻令军团教导营开往豫

①《毛泽东传（1893—1949）》，中央文献出版社 1996 年版，第 401 页。

1936年11月，红一方面军部分指挥员在宁夏豫旺堡。左起：左权、彭德怀、聂荣臻、陈赓、孙毅、聂鹤亭

旺堡，设法与王以哲取得联络，劝其缓向豫旺堡疾进。[①]进一步密切与东北军的关系，孤立胡宗南部的行动。这时，胡宗南部主力进占同心城后，左权和聂荣臻率红一军团向盐池方向转移。胡宗南认为红军不堪一击，是向盐池溃退，更加骄纵，急令其主力两个师向盐池、惠安堡方向，第七十八师经豫旺、古城向山城堡方向尾追红军。第七十八师丁德隆部进至豫旺地区后向山城堡方向孤军推进。丁德隆是湖南省攸县皇图岭人，1924年初，他与左权等同时进入在广州的大本营陆军讲武学校学习，同年11月，又与左权一起转入黄埔军校，编入第一期第六队。丁德隆既是左权的湖南老乡，又是同学。

11月18日，毛泽东与三个方面军的领导人联名发表《关于粉碎蒋介石进攻的决战动员令》。动员令号召：全体指战员“一定要不怕疲劳，要勇敢冲锋，多捉俘虏，多缴枪炮，粉碎这一进攻，开展新局面”[②]。19日，红军前敌总指挥彭德怀赶到山城堡，根据毛泽东的指示主持召开红军前敌总指挥部会议，拟定山城堡作战部署，命令红一军团隐蔽于山城堡以南之罗山沟至于家湾之间，在红十五军团和红二方面军及红四方面军第四、第三十一军的配合下待机出击，歼灭敌人。

20日，国民党军第七十八师第二三二旅及另一个团进占山城堡地区。敌人一进山城堡便加修工事，利用窑洞作堡垒进行防御。敌人的飞机不时在山城堡上空盘旋，进占山城堡的敌人骄横得不可一世。

左权感到与这位老乡老同学的这一仗非打不可了。他和聂荣臻率领红一军团

① 《聂荣臻年谱》，人民出版社1999年版，第193页。

② 《毛泽东年谱（1893—1949）》（上），中央文献出版社2002年版，第611页。

主力进至山城堡地区后，便立即组织师、团指挥员观察地形。山城堡一带是起伏连绵的黄土山地，川塬相交，沟壑纵横，城南有一条深沟，地形非常复杂。左权面对占领山城堡的国民党军第一军第七十八师师长丁德隆的部队，感到与老同学的作战一定是场恶仗。他洞晓这个湖南老乡投靠蒋介石、胡宗南后，便死心塌地追随主子反对共产党，与红军为敌。蒋介石念丁德隆在与红军作战中卖力，尤其是见他在阻止红四方面军为西渡嘉陵江进行的广（元）、昭（化）战役中有功，曾亲自传令嘉奖丁德隆。不久，蒋介石又将丁德隆由旅长提升为第一军第七十八师师长。丁德隆更加盛气凌人。

左权认为与这样的一位骄傲而又有些谋略的老同学作战，不但是军力和军队素质的较量，更是指挥员的战略战术和指挥能力的较量。要战胜这位老乡、老同学是不能有一点闪失的，必须要认真对付，周密准备。左权深知三大主力红军刚刚会师，部队相当疲劳，红二方面军和红四方面军第四、第三十一军还没得到及时休整和补充，红一军团的责任就更为艰巨。左权十分清楚自己的对手装备精良，拥有各种火炮和重火器，并有飞机的支援，善于打正规战和阵地战，与这样的敌人作战死打硬拼是徒劳的。左权在认真地分析了敌情后，又充分考虑到山城堡一带的复杂地形。城南面是一条深沟，对红军进攻山城堡来说，形成天然屏障，十分不利，但同时这天然屏障便于红军隐蔽行动。面对山城堡骄横的敌人，只有隐蔽作战企图秘密接近敌人，突然向敌发起攻击，才能战胜它。红军善于近战、夜战，为能达到作战的突然性，充分发挥红军特长，必须充分做好近战、夜战的准备。大战在即，左权更加了解红一军团在三大主力红军会师后部队都憋足了一股劲，为了甩掉追击的敌人，纷纷请战，歼灭孤军深入到山城堡的敌人，粉碎其进攻，为三大主力红军会师献上一份厚礼。左权和聂荣臻根据前总的作战部署，决定：红一、红四师隐蔽通过城南山沟，由山城堡以南向北担任主攻，红二师秘密绕道向山城堡的西北，截断敌人退路，坚决消灭敌人。

红二师迂回到山城堡西北，断敌后路的任务是关系到能否全歼该敌的关键，左权立即传红二师师长杨得志来军团部当面交代任务。左权见杨得志赶到军团部，便把杨得志拉到地图前，详细地介绍敌我态势，具体交代作战任务。左权说："现在胡宗南的第七十八师先头部队已进占山城堡，后续部队正在跟进。你们的任务是协同红十五军团向山城堡西北方向进攻，截断敌人退路！敌人跑了，我可要找你和萧华算账！"③ 接着，左权又对杨得志说，这次是三个方面军第一次协同作战，我们一军团一定要打好，一定要打胜这一仗。在旁边的军团政治委员聂荣臻强调说："打胜这一仗，关系到巩固陕甘宁边区，关系到逼着蒋介石抗日。我们面对的敌人是蒋介石的'王牌军'，跟他们作战既要藐视他，又要重视他，总之一句话，这仗一定要打胜才行！"④

---

③《杨得志回忆录》，解放军出版社 1993 年版，第 232 页。

④ 杨得志：《横戈马上》，解放军文艺出版社 1984 年版，第 193 页。

杨得志受领任务后，于21日率领红二师秘密迅速地向山城堡西北方向前进，一个半小时急行军跑了15公里，赶到哨马营，隐蔽地展开在哨马营南侧一线。当天下午，红二师和红十五军团一部从哨马营南、北两个方向同时向敌人发起突然攻击。

哨马营位于山城堡西部，敌人在哨马营的每个山包和山腰间都修筑了碉堡工事，控制着由山城堡向西通向豫旺的道路，利用轻、重机枪严密封锁红军进攻。红二师进攻受阻后，杨得志立即改集中兵力进攻，为一个个小分队穿插到敌人碉堡、炮楼之间逐个摧毁敌人的火力点。在红军向前推进中，主攻部队红五团的面前突然遭到敌地堡火力的猛烈射击，转眼间有十几名战士倒下，团政治委员陈雄迅速从身旁的一位战士手中抓起了一束手榴弹向敌人地堡投去，趁着爆炸的一瞬间冲向敌人，紧接着又向敌人地堡里塞进一束手榴弹，随着一声巨响，敌人的地堡连同里面的敌人腾空而起，敌人的地堡被摧毁了，然而红五团政治委员陈雄却躺在一片血泊中，光荣献出了年仅23岁的生命。战后，左权惊悉这位军政兼优的年轻团政治委员牺牲，十分惋惜和悲痛。

1936年，左权在陕北

左权和聂荣臻指挥红一军团第一、第四师隐蔽逼近山城堡。黄昏时分，红一军团和红十五军团主力与红四方面军第四、第三十一军等部乘敌第二三二旅转移后撤之机从山城堡南、东、北三个方向同时发起总攻。

每逢大战前，左权总想起红一师师长陈赓，因他多次负伤，腿不能打弯，行动不便，左权与红一师其他领导都劝陈赓留在师指挥所指挥。陈赓想这次是跟黄埔老同学较量，在这紧要关头，哪里肯留在后边。陈赓饶有风趣地说："我爬也要爬去。"

陈赓率领红一师从东向西攻击山城堡之敌。敌人凭借着堡垒工事拼死抵抗。担任主攻的红十三团指战员各个挥动着大刀，乘着当晚满地白雪映出的光亮向敌人冲杀。有的敌人吓得钻进壕沟工事里，跑向山谷中。这里到处都是漆黑一团，什么也看不见，红军战士像刚出山的夜老虎，摸着敌人头上帽子，凡是有个圆巴巴（国民党军的帽徽）的，就一刀砍下去。这时枪也不能打，就拿着手榴弹用力砸头。[①] 敌人被红军的马刀和手榴弹杀得漫山乱窜。

与此同时，红四师从南向山城堡发起猛烈攻击。红一军团在其他各部的有力协同下攻入山城堡。敌军除一部趁夜暗突围外，大部被红军紧紧包围压迫于山城

①《聂荣臻传》，当代中国出版社1994年版，第158页。

堡西北的山谷中。战至 22 日 9 时，红军全歼被围之敌。这次战斗，红军歼灭敌第七十八师丁德隆部一个多旅。后来，丁德隆在战斗详报中不得不承认彻底败在了红军和他的老乡、老同学的手下。他讲：此战，“损失极重，混乱不堪”，“以现计约损失三分之二以上”。[①] 山城堡战斗后，丁德隆被蒋介石撤了职。

山城堡战斗胜利后，左权在与丁玲交谈山城堡战斗时曾讲道：与胡宗南的丁德隆部作战，“实在是出于不得已。自从我们党发出中国人不打中国人的宣言以后，我们红军就履行了这个诺言，从来不向‘围剿’我们的军队瞄准，总是节节退让。当我们和二、四方面军会合的时候，国民党的胡宗南、关麟征等五个纵队直向西兰公路冲来，要破坏我们的联络。但他们的目的没有达到，于是，他们再向东北压来，企图进攻苏区，压迫三边，以封锁我们的经济线。这时我们是一面退让，一面殷勤地写了好多信去，告诉他们，希望他们不要前进了，不要再逼我们了。但他们置之不理，仍要节节前进。于是，我们为了自卫不得不给他一个教训。结果是完全胜利了……”[②]

1936 年 12 月，左权在西安会见童年伙伴匡泉美（时任国民党整编第一师第一六七旅旅长）

山城堡战斗的胜利，沉重地打击了蒋介石嫡系胡宗南部的气焰，迫使该敌全线退至萌城、水堡及其以西地区，停止了对红军的追击。这一仗，打破了蒋介石对陕北根据地的进攻计划，壮大了红军的声威，对促进逼蒋抗日方针的实现起了积极作用。

在中国共产党抗日民族统一战线政策的感召下，12 月 12 日晨，张学良、杨虎城在西安扣留蒋介石和陈诚等十多名军政要员，发动了震惊中外的“西安事变”。13 日，中革军委将“西安事变”一事通报各军团，命令各部队“加紧准备，待命行动”。[③]

12 月西北的天气非常寒冷，左权和聂荣臻住在老百姓的一间房子里，挤在一个炕上休息，老百姓总是把炕烧得热乎乎的。这天晚上，老百姓把炕烧得格外热，半夜里把堆在炕上的谷子和左权、聂荣臻的褥子都烤煳了。左权和聂

---

① 国民党军档案《陆军第 78 师甘宁剿匪战斗详报》（1936 年 9 月至 1937 年 3 月）。

② 丁玲：《记左权同志话山城堡之战》，载晋冀鲁豫烈士陵园编：《怀念左权同志》，湖南人民出版社 1981 年版，第 32 页。

③《任弼时年谱》，中央文献出版社 1993 年版，第 309 页。

左权在西安

荣臻商量后，决定连夜把西安事变的消息传达给部队。左权抓起电话，要通了红二师。正在熟睡的红二师师长杨得志、政治委员萧华被一阵急促的电话铃声惊醒。萧华从熟悉的声音中一下子就听出来是左权军团长。左权激动而又兴奋地告诉杨得志、萧华："西安出了大事，张学良、杨虎城联合发动兵谏，把蒋介石给抓起来了！"接着，左权用有力而又严肃的声音讲，"事变发生后，部队肯定要有各种各样的反映。高兴嘛，那自然的啦，但是绝不能放松警惕。情况是复杂的，变化也将是急速的。一定要使部队稳定。最主要的是一切听从党中央和毛主席的安排，这一条一定要向大家讲清楚！"[①]"西安事变"的消息传达到部队，指战员们沸腾起来了，思想也非常活跃，纷纷议论如何处理蒋介石。左权在这时深入部队，与指战员在一起座谈形势统一思想，宣传和解释党的政策，要求部队绝不能凭感情用事，一定要遵照军委命令做好应变准备，一切听从党中央的指挥。

"西安事变"后，中共中央应张学良的请求，派周恩来等人到西安"协商大计"。在此期间，张学良、杨虎城为防止国民党亲日派何应钦等向西安进攻，防守西安城，保障周恩来等人在西安的安全，命令陕西警备第二旅旅长兼西安城防司令孔从洲加强西安防务，确保万无一失。与此同时，杨虎城还邀请左权来西安视察城防部署和保卫工作。左权到西安后，孔从洲陪同左权巡视西安防务。孔从洲在回忆这段经历时说："左权同志来到西安，杨先生叫我到他的西客厅里会见了左权同志。左权同志中等身材，穿一身整洁、合体的灰布棉军装，十分精干。杨先生向我介绍之后说：'双十二事变后，南京政府方面何应钦积极布置军事进攻，我一方面要做好防守西安的准备，一方面更必须保障中共中央代表团的绝对安全，你身兼西安城防司令，这些都是你的责任。为防有失，我请左副参谋长[②]来视察城防部署和保卫工作，你要很好听他的指导。'这时，左权同志紧紧握住我的手，态度十分和蔼地说：'哪里哪里，谈不上指导。我们一起共同研究，互相学习。'"[③]

①《杨得志回忆录》，解放军出版社 1993 年版，第 238—239 页。

② 左权，时任红一方面军第一军团代理军团长兼参谋长。作者写左权副参谋长疑为习惯称左权在抗日战争时期任八路军副参谋长时的职务。

③《孔从洲回忆录》，解放军出版社 1989 年版，第 182—183 页。

随后，左权在孔从洲的陪同下巡视了西安城防情况。左权登上西安古城的城头，仔细观察了城内设施和环境，在郊外一个地段一个地段地详细勘察和了解了城外地形和布防。回到司令部左权又向孔从洲询问了西安城的兵力部署、武器装备和工事设施等情况，并与孔从洲一起共同研究修改了西安防卫计划。左权在西安的日子里，给孔从洲留下了深刻印象，他回忆说："左权同志军事经验丰富，讲话简短明了。""关于对中共中央代表团的保卫工作，经左权同志帮助，作了更加周密的部署。"周恩来等在西安的整个过程中没有发生任何事件，"这和左权同志的帮助是分不开的"。

五、红军前敌总指挥部参谋长

三大主力红军会师后，中革军委主席团重新建立红军总司令部，刘伯承被任命为总司令部参谋长，前敌总指挥部参谋长一职就无人担任。前敌总指挥彭德怀和政治委员任弼时向军委建议，由左权担任红军前敌总指挥部参谋长。左权代理红一军团军团长兼参谋长，红一军团也很需要左权留下工作。当时，西安事变爆发不久，形势复杂，瞬息万变。考虑到前方的需要，彭德怀、任弼时再次建议左权担任前敌参谋长一职。2月15日，中革军委主席团致电彭德怀、任弼时："同意左权为前敌参谋长"。彭德怀、任弼时希望左权能早日来前敌工作，又先后于2月16日、17日、18日多次致电左权，催促尽快到前总就职。[①]2月19日一大早，左权来到聂荣臻的房间向政治委员道别，聂荣臻见这位与自己朝夕相处的战友就要离开自己，真有些依依不舍。在左权担任红一军团参谋长和代理军团长的三年多的日子里，他和聂荣臻结下了深厚的友情，给聂荣臻留下了深刻难忘的印象。聂荣臻在追忆左权时曾讲：左权十分珍重自己的工作，同志们也无不尊重左权。左权对"军队的一切建设，部队的管理教育，战斗战役的组织，一切运筹帷幄，无不精细周详，大事不忘，小事不忽，在日常工作中的负责，尤其是敢于负责，绝非敷衍苟且之徒可比；他对于司令部工作计划，对部队工作的指示，能说能行，贯彻到底，亦非那些说的多做的少、滔滔不绝的战略战术的清谈家可比；他精于朴素，实事求是的精神，更非那虚设机构摆空架子的人可比；他没有疲倦，没有虚荣，没有个人打算，……他是我们军中模范的军人。"[②]左权告别聂荣臻等，离开红一军团部，经太峪镇于20日来到前敌总指挥驻地淳化县城。

左权一到前总，就立即与彭德怀、任弼时研究如何救援西路军的问题。自1936年10月下旬，红四方面军第三十、第九、第五军和方面军总指挥部总计2万余人先后西渡黄河，奉命组成西路军，与10余万国民党军英勇拼杀，浴血奋战，给敌以重大杀伤，然而自己也损失惨重。到1937年1月底，西路军大部退

---

①《任弼时年谱》，中央文献出版社1993年版，第325—326页。

② 聂荣臻：《祭左权同志》，《解放日报》1942年7月12日。

1937年初，左权（右四）同聂荣臻（右一）、邓小平（右六）与民主人士合影

守到张掖县的倪家营子。[①]这时西路军还剩1.3万余人。自2月1日起，敌先后以6个骑兵旅及大量反动民团，共7万多人大举围攻西路军。西路军处境危殆，数电党中央，请求火速派部队西进救援。[②]

左权和彭德怀、任弼时根据当时全国抗日民族统一战线正在建立，形势复杂多变的实际，反复研究后致电中革军委主席团并周恩来，认为：西路军目前处在一种严重关头，野战军现亦处在团结友军，保障和平，推动全国抗日运动之关键时刻，如以主力出援，于军事上、政治上均不利，如以三分之一兵力出援，不易完成任务。同时，由淳化地域至甘肃张掖，即使途中不加任何阻拦，部队每日行军70至80里，也需时40天。期间万一发生变化，增援无效，进退维谷，如时局不利之变化时，困难更多。因此建议最好采取政治交涉途径解决。“否则，以适当力量向兰州上游西宁威迫，以求达到接出西路军之目的。”[③]

2月27日，中革军委主席团正式决定组成以刘伯承为司令员、林育英为政治委员的援西军，并要求援西军各部积极做好出征准备。就在援西军准备期间，左权和前总首长考虑到西路军已近弹尽粮绝极其困难，就致电各部队，要求红一、红二方面军积极筹调弹药和粮食以补充支援西路军。

正当援西军待命出动时，左权和彭德怀、刘伯承考虑到不断变化的形势，从实际出发于3月1日再次致电中共中央、中革军委并周恩来：建议援助西路军最好用政治交涉方法解决，“实际出兵从各方面估计均不利”。他们认为，东北军已

①《刘伯承传》，当代中国出版社1992年版，第139页。

②《徐向前传》，当代中国出版社1991年版，第287—289页。

③《彭德怀年谱》，人民出版社1998年版，第172—173页；《任弼时年谱》，中央文献出版社1993年版，第327页。

决定东开，我增援军入凉州后，“可能被蒋军隔断，可能造成更不利”的局面。[①]这是左权和前总首长立足全局，洞察形势，为了中国革命的整体利益，不得不做出正确的选择。

左权和前总首长一面向军委建议努力争取用政治交涉的方法解决西路军的问题，一面要求援西军积极收集和修造船只，准备物资，充分做好渡河准备，救援西路军。3月中旬，左权得知西路军在倪家营子一带与优势的国民党军连续苦战，终因敌众我寡、弹尽粮绝而失败的消息，十分悲痛。

西路军失败后，援西军奉命停止西进，根据前总指示在镇原、青石嘴一线待命，进行军政训练，开展深入的思想教育，筹备召开党的活动分子会议和党代表会议，同时负责接应西路军突围失散人员。4月中下旬，左权和任弼时来到镇原参加援西军党的活动分子会议。会议传达了中共中央于3月下旬召开的政治局扩大会议精神及《关于张国焘同志的错误的决定》，活动分子会议还组织了从河西回来的红四方面军干部参加传达学习，讨论分析西路军失败的教训。左权非常关心回来的西路军干部，经常与他们亲切交谈至深夜。千里跋涉寻到镇原的西路军第九军参谋长李聚奎等在活动分子会上以自己亲身经历讲述了西路军失败的原因及血的历史教训。[②]经过传达学习，使广大与会者更加清楚地认识到张国焘错误所造成的恶果。[③]

西安事变的和平解决，国内形势发生重大变化。左权十分关注部队的军事和思想建设工作。他在来前总之前，于2月19日就曾和聂荣臻、陈光、邓小平等向红一军团发出《红军在新阶段中的问题和新工作》的意见书。意见书指出：在新形势下，在充分向指战员解释党的“对内和平”政策时，不应在部队中造成很浓的和平空气。军队是拿武器执行战斗任务的，我们虽已取得国内和平的初步胜利，但还没有完全脱离蒋介石围攻的危险，而且“对内和平”也是为着顺利进行另外一种战争——抗日战争。意见书还指出，新阶段中开始与过去的敌人，今日的朋友有了来往，与社会各阶层有了来往，外来影响不断增加。这些影响有许多是好的，也有许多是坏的。这就要求我们必须很细心地了解和运用党的策略路线，同时加强我们的工作，特别是加强部队的教育与锻炼，以抵抗外来不良影响的袭击。意见书还强调指出，在新任务、新环境下，必须保持和发扬红军的优良传统，在制度上和生活上保持红军本来面目，保持指战员的团结一致。[④]左权认为，自红军长征到达陕北以来，部队正发生着重大变化，老战士、老党员减少，新战士、新党员增多，摆在红军面前的任务是必须加强红军军政训练，提高指战员的阶级觉悟，组织广大指战员深入学习了解和运用党的政策策略，团结友军和抵御外来的不良影响。左权来到前总后，他与彭德怀、任弼时利用西安事变后初步的和平局面，指示部队进行有计划、有步骤的政治教育和军事训练。前总为切

---

①《任弼时年谱》，中央文献出版社1993年版，第328—329页。

②《李聚奎回忆录》，解放军出版社1986年版，第183页。

③《任弼时年谱》，中央文献出版社1993年版，第333页。

④ 陈浩良编著：《左权军事年谱和文摘》，军事科学出版社1988年版，第32—33页。

实促进各部队开展军政训练，提高教育训练水平，决定结合纪念“五一”劳动节和“八一”建军节，要求部队开展军、政、文、体等竞赛活动，检阅红军教育训练成绩。4月2日，左权和彭德怀、任弼时、杨尚昆为筹备召开全野战军纪念“八一”十周年大会专门下达训令。训令明确指出：“为着检阅全野战军教育训练的成绩，交换各兵团的实际经验，把整个部队的军事政治教育提高一步，推进文化娱乐与体育运动，特决定八月一日举行全野战军的运动大会。”训令要求“各级军政机关热烈动员积极准备以争取光荣的优绩”。训令还具体规定了进行军事、政治、文化、体育、娱乐竞赛项目和评判标准。

各部队根据前总的指示，结合各单位的实际开展了多种多样、生动活泼的军事训练和政治教育活动。左权为提高前总直属部队军事训练、政治教育水平，促进日常生活的养成，确保在这次竞赛中取得优异成绩，决定组织一个约七百人的参观团，前往红一军团进行参观学习。4月3日，左权致电红一军团陈光、聂荣臻、邓小平：“希即转告四师准备欢迎，并给予好的影响，转变总直工作”。出发前，左权亲自给参观团的干部讲话。他说：红一军团是一支具有光荣传统和优良作风的部队，参观团一定要虚心地向红一军团部队学习，以加强前总直属机关和部队的建设，改进工作作风，更好地适应新形势对部队发展和建设的要求。

参观团在特务团团长曾保堂的带领下，一来到栒邑红四师驻地，就受到红四师的热情欢迎，师政治委员杨勇主持召开欢迎会，并作了热情洋溢的讲话。参观团深入到师、团机关和基层部队，与干部、战士一起座谈交流，一起训练，详细调查、认真观摩，虚心向作战部队学习。

左权不仅关心前总机关和部队的军政教育，更是关心身边工作人员的政治觉悟和文化水平的提高。左权被任命为前总参谋长后，调来了一位年轻战士景伯承当警卫员。景伯承对左权关心他的成长、帮助他学习的情况记忆犹新，他在回忆这段经历时讲：1937年4月，我第一次见左权参谋长时，他亲切地问我，读过书没有？当他知道我只读过五个月的书，现在都忘了的时候，从那时起，左权参谋长只要一有空就抽时间教我学习认字，讲革命道理。第一次教我认字，就给我写了“无产阶级的战士”这七个字。以后他经常鼓励我，“好好学习，将来好多为革命做工作”。①

在此期间，左权还经常深入到机关和部队与干部、战士们一起座谈学习，他善于联系实际深入浅出地将党的方针、政策及革命理论对部队进行教育，一起研究学习战术技术。在左权参谋长的精心组织和关心下，前总机关和直属部队通过军政训练和各种形式的参观、学习，大大激发了前总机关干部、战士的革命热情，增强了团结，改进了工作作风，提高了部队军政素质，从而为投入抗日战争做了必要的准备。

---

① 景伯承：《在左权同志身边工作的日子》，载晋冀鲁豫烈士陵园编：《怀念左权同志》，湖南人民出版社1981年版，第71页。

1937年5月，左权（前排左二）与彭德怀（前排左三）、任弼时（二排左五）、徐向前（二排左六）、叶剑英（二排左一）合影

1937年6月，左权（后排右）与徐向前（前排右）、陈赓（后排左）、宣侠父合影

第十一章　投身华北敌后

一、受命出征

1937年7月7日，日本帝国主义蓄意挑起卢沟桥事变，发动了全面侵华战争。这是日本继占领中国东北后，将侵略魔掌伸入华北及全中国的一个重要步骤。以“七七”事变为起点，中国进入全国性的抗日战争。

“七七”事变第二天，中国共产党即向全国发出通电，表明驱逐日寇、捍卫中华民族的热忱与决心，唤醒民众共御外侮。通电指出：只有全民族实行抗战，才是我们的出路！全国上下应该立刻放弃任何与日寇和平苟安的希望与估计，为保卫国土流最后一滴血，驱逐日寇出中国。同一天，左权和彭德怀、任弼时电示贺龙、关向应，立即调查韩城、荣河、临晋三点渡河的船只、流速、河宽及两岸宿营房屋等情况，准备率部出动，东渡黄河抗日。

7月9日，左权和彭德怀、贺龙、刘伯承、林彪、徐向前、叶剑英、萧克、徐海东及全体红军将士致电国民政府，请缨杀敌。

大敌当前，身为红军前敌总指挥部参谋长的左权，一面与总指挥彭德怀、政治委员任弼时紧张筹划红军改编、出师的具体事宜，一面密切注视着前方局势的发展。

7月10日晚，日军复派重兵向中国驻卢沟桥部队猛攻；11日，兵进北平西郊，向驻五里店大丙村、龙王庙一带中国部队攻击。同时，日本关东军大举入关，进攻北平企图明显。日军新任中国驻屯军司令官香月清司也飞往天津督战。在南方，日军第三舰队11日开到上海，在沪日军亦做各种挑衅行为。

左权于7月12日向各军通报了上述敌情，指出：“以上种种迹象表明了日寇夺我平津，亡我华北之整个企图，战事正在扩大中。”并疾呼：“华北危矣！全中国亦危矣！各兵团应以此事件在部队中，在就近居民中、友军中进行广泛宣传，加紧抗日教育与准备。”

这时，国民政府尚未放弃对日妥协幻想，在与中共谈判中仍在红军改编问题上进行刁难，谈判未能完全达成协议。然而敌情危急，刻不容缓。中共中央一面派周恩来、叶剑英等继续与国民党交涉，一面命令红军着手改编。7月14日，中革军委通电各部：“日本大举向华北出兵，国家危急，廿九军正在抗战，国民政府正在调派援军，全国救亡运动正在奋起，我抗日红军，有开赴前线增援友军，并配合友军消灭野蛮日军之任务。”军委命令各部：限十日内以军为单位改组为国民革命军编制，同时做好出征前的军政训练。

遵照军委指示，在各部队进行改编的同时，左权迅速拟定了《7、8、9三个月部队军事教育训练计划》，并于7月15日以前总名义发布。为适应对日作战需要，计划中着重加强了部队山地战斗、防空技术、长途行军、无后方作战等能力的提高。计划规定部队和干部军事训练的重点课目有七项：（1）班排连进攻战斗、遭遇战斗之演习；（2）夜间袭击战斗、夜间作业；（3）土工作业，现土工器具缺乏可借农具代替；（4）机步枪对空射击和伪装隐蔽法；（5）对战车的防御与战斗；（6）防毒常识；（7）注意特等射手训练。18日，前总指示各部：争取红军出动抗日是目前斗争的中心工作，部队应加紧按上述军事教育计划训练及扩大抗日运动，求得红军出动抗日的实现。

左权还组织参谋人员迅速编写教材，讲授东北、华北地理及日军现状，并增加抗日政治课程。早在全国抗战爆发前夕，左权就在云阳总部编印了《情报》第一号，并指示以后将获得的关于日军侵华的材料汇编印发出来，以供研究。抗战开始后，举凡缴获的敌军文件、刊物，以及通过其他方法得来的敌伪材料，他都细心研究，及时总结对敌斗争的经验教训，从分析敌我双方情况中，探索规律，确定对策。

7月22日至25日，左权参加了前总组织召开的红军军团以上干部会议。会议的主要议题是讨论红军改编及开赴抗日前线等问题。彭德怀、任弼时、刘伯承、聂荣臻、邓小平等参加了会议。会议由任弼时主持。会上，彭德怀作了《红军改编的意义和今后工作的报告》。他回顾了红军十年艰苦斗争的历史，指出红军改编的意义，是改变目前庞大的不统一的编制和加强部队抗日的战斗力，是为了便利于结成抗日民族统一战线，发动大规模的抗日战争。改编后的中心问题是保证共产党的单一领导、绝对领导。没有党就没有红军，他要求大家保持红军的特长和优良传统，做友军的模范。会议要求与会将领回去继续抓好全面改编和军政训练，待命出征。

7月底，日军先后攻陷（北）平（天）津。战事日紧，红军改编工作基本就绪。可蒋介石一面令红军尽快出动，到大同集中改编，一面却仍然对红军改编后的指挥权问题锱铢必较，不肯让步。在此形势下，8月7日，毛泽东电令前总做好迅速改编、渡河的准备，并提出派左权代表总部，经西安到太原，与红军驻晋联络站负责人彭雪枫合作，同阎锡山交涉红军出师入晋抗日的一切事宜，并调查那里的情况。

由于前总工作繁忙无法脱身，左权未能赴太原。他要下部队调查研究改编情况，从各部队物色挑选人员充实总部，布置侦察红军渡河地点、准备渡河船只、联系部队入晋后的运输路线、给养补充。每件事情、每个环节都要精心筹划、周密部署。精力超人的他就像一台不知疲倦的机器，每天都在超负荷地运转着。

8 月 13 日，日军故伎重施，在上海虹桥机场挑起事端，借此向上海展开大规模进攻，直接威胁国民政府首都南京。

在此形势下，蒋介石为尽快让红军开赴抗日前线，被迫于 8 月 22 日发表红军改编命令，并同意红军充任战略游击支队，担负任务是：只作侧面战、不作正面战，协助友军，扰乱与钳制敌人大部并消灭敌人一部。

8 月 22 日至 25 日，中共中央政治局在陕北洛川冯家村召开扩大会议。这次会议在中国共产党历史上意义重大。会议在全国抗战刚刚爆发的历史转折关头，制定了领导全国人民进行全面抗战的《抗日救国十大纲领》，确定了党的全面的全民族的抗战路线和独立自主原则，提出了持久战的战略总方针和红军独立自主的进行山地游击战的作战方针，明确了红军的基本任务是创造根据地，牵制与消灭敌人，配合友军作战，保存与扩大红军，争取民族革命战争的领导权。这一系列重大方针政策，为红军顺利实现由国内革命战争向抗日游击战争的战略转变指明了道路，也为中国共产党动员一切抗日力量争取抗战胜利，奠定了政治基础。

在会议结束的 8 月 25 日，中央军委发布红军改编为国民革命军的命令，红军前敌总指挥部改为八路军总指挥部[①]，总指挥朱德，副总指挥彭德怀，参谋长叶剑英，政治部主任任弼时，副参谋长左权，政治部副主任邓小平，辖第一一五、第一二〇、第一二九师和后方留守处，全军约 4.6 万人。

洛川会议期间，左权一面指挥部队出征，一面与彭雪枫联络部队入晋后的路线、车辆、住宿等各项事宜，并随时向在洛川开会的毛泽东、朱德、彭德怀汇报进展情况。8 月 22 日，第一一五师师直及第三四三旅作为抗日先遣部队誓师出征，该师第三四四旅也于 25 日尾师主力东进，向渡河地点驰进。

红军改编过程中，很多指战员对于换装换帽表现出了强烈的抵触情绪，在思想上一时转不过弯来。8 月 25 日军委颁发红军改编命令后，左权立即下到随营学校各团，及时了解改编情况，做好广大指战员的思想工作。他晓以大义，耐心说服，疏通思想，稳定他们的情绪，使指战员们能心情顺畅地奔赴前线。

9 月 1 日，朱德、彭德怀、任弼时风尘仆仆赶到云阳。他们向左权详细传达了洛川会议的情况。在抗日战争到来的重大历史关头，中共中央及时做出了指导全党、全军乃至全中国人民同仇敌忾、共赴国难的方针和策略，表明党的英明和成熟，能够从容大度地应对转折与聚变。这令左权对即将投身的抗日战争的伟大事业充满了胜利信心。

9 月 6 日，八路军总部召开誓师大会。在云阳镇的大操场上，出征将士各个威武庄严、神情肃穆。八路军政治部副主任邓小平主持了大会。会上，左权与全体指战员一起，跟随朱德总司令员高声诵读《八路军出师抗日誓词》：

① 八路军总指挥部，简称八路军总部，1937 年 9 月 11 日改称第十八集团军总司令部。此后，仍沿用八路军总部名称。

日本帝国主义是中华民族的死敌，它要亡我国家，灭我种族，杀害我们父母兄弟，奸淫我们母妻姐妹，烧我们的庄稼房屋，毁我们的耕具牲口。为了民族，为了国家，为了同胞，为了子孙，我们只有抗战到底。

我们是工农出身，不侵犯群众一针一线，替民众谋福利，对友军要亲爱，对革命要忠实。如果违反民族利益，愿受革命纪律的制裁，同志的指责。谨此宣誓。①

万众一声，山鸣谷应。气壮山河的誓词，如催征战鼓，激荡着每位出征将士的心，久久地回响在辽阔的秦川大地上空。

誓师大会结束后，左权奉命率总部直属队先行出发，经蒲城、澄城、郃阳（今合阳），向韩城县芝川镇行进，为总部和直属部队渡河做接应与准备工作。

一路上，沿途百姓夹道迎送，箪食壶浆。那一篮篮鸡蛋、红枣和干粮，寄托了他们对八路军杀敌立功、将侵略者赶出中国的殷切盼望。左权被人民群众的热情以及他们对和平安宁的渴望深深地感染着，强烈的民族责任感使他顿觉肩上的担子异常沉重。

陕北的秋日，本应天高气爽，可自 9 月初以来，经常大雨滂沱。出征将士们首先接受了疾风暴雨的洗礼，然后再上战场经受血与火的考验。

1937 年 9 月，左权（右三）由陕西韩城芝川镇东渡黄河开赴抗日前线时，与朱德（右一）、任弼时（右二）、黄鹄显（右四）等合影

① 傅钟：《敌后抗战的开端》，载《八路军回忆史料》（1），解放军出版社 1988 年版，第 63 页。

1937 年 9 月，左权（坐者左一）、朱德（站者左一）、邓小平（坐者左三）等留影

左权一行人出发后，马不停蹄，风雨兼程。每到宿营地，他都催促大家赶快休息以解鞍马劳顿，可他自己仍要继续挑灯夜战，处理来往电报，了解各部进展情况，安排行动部署。

为使即将上战场的八路军指战员掌握敌情，尽快熟悉日军特点，左权综合各方情报，于 9 月 13 日向各师通报了日军在华北的兵力部署，指出敌人轻狂冒进的特点：敌因轻视我方，常以数百人或一个联队离开其主力二三天行程，甚至南口战斗以一个联队迂回怀来，离开其主力五天行程。这些特点无疑为我们提供了战机。

左权先期出发后，朱德、任弼时率领八路军总部机关及随营学校的三个团和特务团，从云阳镇出发，踏上了东进抗日的征程。9 月 6 日，到达富平县的瓦头村，9 月 9 日至蒲城县陶池。11 日，在行进途中接到国民政府军事委员会电令，将八路军改称第十八集团军，仍隶属第二战区战斗序列，左权仍为副参谋长。9 月 15 日，朱德率总部进抵芝川镇，与左权会合。

9 月 16 日，左权和朱德、任弼时、邓小平同乘一艘木船东渡黄河。激流滚滚的黄河水，拍打着破浪前进的船舷，也激荡着左权那颗赤子之心。黄河是中华民族的母亲河，每个炎黄儿女都与她有着割不断的血缘与情结。那咆哮的涛声，分明是黄河母亲对出征健儿发出的激励与叮咛。一种神圣的使命感在左权的胸中油然而生。

9 月 18 日晚，左权在山西稷山县给叔父左铭三写了一封信。在信中，抒发了他为抗日战争和人民解放事业而奋斗的壮志豪情：

> 我牺牲了我的一切幸福为我的事业来奋斗，请你相信这一道路是光明的、伟大的，愿以我的成功的事业报你与我母亲对我的恩爱……我今日即在上前线途中。我们将以游击运动战的姿势，出动于敌人之前后左右各个方面，配合友军粉碎日敌的进攻。我军已准备着以最大艰苦斗争来与日军周

旋……没有坚持的持久艰苦斗争的精神，抗日胜利是无保障的。[①]

此前，第一一五师和第一二○师已先后在这里渡河东进。八路军几路出征大军如蛟龙出海，从黄河奔向战火正烈的华北大地。

从此，左权开始在华北抗日前线的硝烟战火中谱写他人生最绚丽的篇章。

二、初战告捷

山西，属于华北，地处黄土高原东部，西邻陕北，东连冀鲁，北接大漠，南临中原，战略地位十分重要。其四围多山，中为盆地，同蒲路纵贯南北，正太路横亘东西，东北有恒山、五台，东及东南为太行山脉，南有太岳、王屋，西北有管涔山脉，西及西南为吕梁山脉，为八路军在敌后开展山地游击战，对敌构成"四面包围袭击"的战略态势，提供了得天独厚的战场。早在 1936 年红军东征时，毛泽东就曾指出："目前阶段战略基本方针，是在山西战胜敌人，造成抗日根据地，把山西与陕北联系起来，在山西作战与赤化，不但包括晋东南，还包括晋西南、晋西北与晋东北。""山西的经营是必不可少的，因为没有山西即不能设想同日帝进行大规模作战。"[②]

日军对山西是志在必得，其战略目的一是为割裂西北与华北联系，进而西出夺取西北；二是掠夺早已垂涎的煤、铁等战略资源。

就在八路军出征这几日，山西前线形势急转直下。在日军进入山西之前，阎锡山将晋绥军主力部署于大同一带，准备在此迎击日军。红军出师后也准备到大同集结。不料，日军华北方面军第五师团于 9 月上旬从晋东北突入，14 日占广灵，陈兵平型关外，直抄内长城防线工事重地雁门关后路。与此同时，日军察哈尔兵团沿平绥铁路西进，守卫大同东北天镇的晋绥军未待日军进攻即闻风而逃。在此情况下，阎锡山不得不弃守大同，将战线拉回雁门关至平型关一线。一时间战局混乱，避战而图苟安者甚众，而抗日的基本民众根本没有发动起来。八路军就是在这种形势下，开进山西抗日前线的。

左权对前方局势一直密切关注。日军占领大同、广灵后，下一步将采取什么步骤？日军的动向将对八路军实施战略展开产生什么影响？这些问题一直萦绕在他脑中。

过黄河后，朱德与任弼时、左权等立即开会，分析当前敌我情况。经讨论，大家判断日军占领大同后，沿平绥线西进之敌可能以一部向南，主力则继续向绥远进攻；平汉线上的保定将成为日军进攻重点，进至蔚县、涞源之敌可能转向涿州以南，配合平汉线正面日军夺取保定。在此情况下，第一一五师应以一部活

① 左太北主编：《左权将军家书》，解放军出版社 2002 年版，第 60—61 页。

②《毛泽东年谱（1893—1949）》（上），中央文献出版社 2002 年版，第 530 页。

动于蔚县、涞源之敌侧后，牵制该敌转向平汉线前进，配合平汉线友军作战，主力集结于灵丘、阜平、涞源地区待机活动。第一二〇师宜经五台向阜平集结。当晚，八路军总部将这一判断及部署报告了军委。

在对敌情的估计与第一二〇师的出击方向问题上，毛泽东提出了自己的看法。他在9月16日致朱德、任弼时电中认为，在大同、广灵失守的情况下，日寇将重点进击以五台为中心之晋东北，并继攻取太原。在此情况下，八路军三个师已无集中晋东北一处之可能，更无必要。因此，第一二〇师应向晋西北前进，以管涔山脉及吕梁山脉北部为活动地区。他将这一意见电告总部，请八路军总部酌情考虑。

接电后，朱德与左权等人又进行了讨论研究。根据前方掌握的情况，大家对敌情作了估计，认为日军占领大同后即刻攻取太原，会有诸多困难。首先，从大同南下须脱离铁路交通；其次，大同绥远间中国军队尚未肃清，其背侧将受威胁；最后，攻破国民党军队在雁门关各口所设工事，须费时日。据此估计，日军目前可能以进攻平汉、津浦线及肃清平绥线为重点，进入广灵、蔚州的日军，可能是掩护平绥线及迂回平汉线之敌。

但是，左权对晋军的防御能力仍然表示担心。连日来，前方不断传来晋军不战即溃的消息，大同、广灵等战略要地失守速度之快，不得不让人对雁门关防线产生担忧。雁门关一破，广灵及平汉线之敌再深入山西，太原势必难保。

9月17日，八路军总部在致军委电中提出两种方案：在尽可能保持太原、固守雁门关及长城各口隘的前提下，第一二〇师以使用于晋东北为妥；如军委所得情况估计雁门关线无法扼守，日军可能进入雁门关以南，则第一二〇师以使用于晋西北为宜。第一二〇师已全部抵榆次待机行动，请军委速决。

因形势紧急，毛泽东接电后当天即致电八路军总部，果断提出变更原战略部署。毛泽东首先对敌情作了分析判断，指出：华北日军总兵力15万至20万人，分津浦线、平汉线、平绥及同蒲线三路，以大迂回姿势，企图夺取太原，威胁平汉线中央军并最后击破之，夺取黄河以北。尔后，威胁并夺取山东，完成其夺取华北五省之企图。其中，平绥及同蒲线之敌为其主力，又分三路，均以追击姿势向山西腹地前进。恒山山脉必为敌军夺取冀、察、晋之战略中枢，此点已为蔚县、广灵之被占所证明。在此情况下，如八路军按原定部署全部集中在恒山山脉创造游击根据地，必将处于敌迂回包围之中，陷入被动。为此，必须变更战略部署，即：第一一五师进入恒山山脉南段，尔后逐步展开于晋东南之太行、太岳两山脉中；第一二〇师集结于太原以北之忻县待命，准备转至晋西北之管涔山地区；第一二九师在适当时机进至晋西南之吕梁山区；总部进至太原附近，依情况决定适当位置。

中央军委适时调整的这一战略部署，可使八路军展开于日军侧翼的机动地位。当日军进攻时，可以配合友军作战，从侧后牵制打击敌人；而当国民党军向南撤退时，又能依托有利地形，独立自主地进行山地游击战争，广泛发动群众，创造抗日根据地，发展人民武装，坚持长期抗战。左权完全赞成军委的这一战略部署。

9 月 21 日晨，左权与朱德、任弼时率总部到达太原，与先期抵太原的彭德怀会合。

彭德怀是 9 月初与周恩来应阎锡山之邀，商谈红军出师及配合友军作战事宜来到太原的。阎锡山经营山西多年，眼看日军直捣自己老巢，早已心急如焚。大同、广灵失守后，他在雁门关、繁峙、平型关一线布下口袋阵，并在繁峙、沙河之间集中 24 个团兵力，准备与日军决战。他向周恩来、彭德怀提出，希望八路军与其共同防守平型关。经请示中央军委，周恩来、彭德怀同意了阎的作战计划，并具体提出，八路军第一一五师将在灵丘、平型关、大营一线，协助友军袭击日军侧背。

总部到太原后，召开了中央军委前方分会会议。会议讨论了山西战局及如何贯彻实施军委关于八路军新的战略部署的问题，并一致同意彭德怀关于以第一一五师侧击进攻平型关之敌的意见。会后，总部立即电令各师首长，按新的战略部署行动：第一二〇师以灵活的游击战袭击向左云进攻之敌，并发动和组织晋西北及绥东群众；第一一五师向晋东南地区进军，准备扰乱、袭击由灵丘、涞源西犯之敌，并在可能条件下组织有力的挺进游击队，发动群众游击战争；第一二九师预计到达正太路以南，在辽县（今左权县）设后方机关，开展太行山脉的群众工作。

为便于前方指挥，左权与彭德怀、任弼时、邓小平等在抵太原当天，即乘汽车向山西五台县进发。朱德应邀赴雁门关下太和岭第二战区前线指挥部，与阎锡山商讨对敌之计。

9 月 23 日晚，总部进驻山西五台县南茹村，建立了八路军总部在抗日前线的第一个农村指挥所。从此，五台山这座中国佛教名山，与抗日战争紧密地联系在一起。

在总部调整部队战略部署的同时，从浑源、灵丘和涞源西进的日军正长驱直入，各路纵队相距较远，兵力较为分散，逼近平型关的日军只有一个旅团。23 日晨，左权接到阎锡山来电，称日军第二十一旅团一部，昨夜突袭平型关阵地，正在与守军激战，其后续部队亦有向平型关前进的迹象，要求第一一五师给予增援。

左权立即向彭德怀报告。终于要与日军交火了，一向能征善战的两位指挥员非常兴奋。此仗一定要打，关键是如何在第一次与日军交锋中打出八路军的威风，鼓舞全国的民心士气。平型关地带沟深坡陡，地势险要，简直是天赋的袭敌战场，应该抓住这个战机。左权立即起草电报，命令第一一五师速向平型关、灵丘间出动，相机击敌。

第一一五师接到命令后，紧急召开了营以上干部动员大会，并派出侦察分队勘察地形。

平型关雄踞山西东北部古长城上，自古便是晋察两省的重要隘口。关内关外峰峦叠嶂，沟谷深邃。关前一条公路蜿蜒其间，两边地势险要异常。这是灵丘、涞源通往平型关的必经之路。由平型关至灵丘县东河南镇之间，有一条长约五公里的狭窄沟道，公路两侧峭壁如削，上面是平缓的坡地，既易于隐蔽，又便于出击，是绝好的伏击地点。

24 日晚，第一一五师主力部队冒雨进入伏击地域，待机歼敌。

25 日晨，日军板垣师团第二十一旅团的辎重和后卫部队大摇大摆开进山谷。第一一五师突然发起攻击，第六八五团“拦头”、第六八六团“斩腰”、第六八七团“断尾”，经过激战，共歼敌 1000 余人，击毁汽车 100 余辆、马车 200 余辆及大量军用物资。其中，日军大衣足够第一一五师全师每人一件。

八路军首战告捷，打破了日军“不可战胜”的神话，极大地振奋了全国军民。人民群众纷纷庆祝这一鼓舞人心的胜利。连一些日军控制地区的百姓，也忘情地到街上放起了鞭炮，把敌机的空袭都抛到了脑后。八路军的英勇顽强和神奇战术，吸引了许多中外记者长途跋涉，来到五台山下的南茹村一探究竟。南茹村这个远踞五台山里的偏僻小村，一下子成了记者们心中的热点。

平型关战役给不可一世的日军一次痛击，迫使他们不得不改变了一些骄横的战术。过去，日军常在主力正面打击的同时以一部远道迂回，甚至一个大队一个中队亦敢远离主力数日行程。平型关战役后，日军大都使用集团正面攻击，不敢再以小部迂回、包围，以防被袭。

后来，左权对平型关战役给予了很高的评价。他指出，此役创造了自全国抗战开始以来第一次最大的胜利，也是八路军出师后胜利作战的序幕。它给予“亡国论”“唯武器论”“恐日病”者当头一棒，给予华北军民以至全国军民以最大振奋与胜利信心，稳定了雁门关战线，安定了社会的混乱状态，坚定了作战部队的信心。这次战役，又给予以后全国抗战，尤其是华北抗战以很大的影响。①

八路军总部一面指挥平型关作战，一面筹划部署八路军在山西的战略展开。就在平型关战役结束当天，八路军总部遵照中共中央新的战略部署，向各师发出《关于动员与组织群众开展游击战争的训令》。训令明确、具体地规定了动员组织群众的办法和要求，并划分了各师开展游击战争和群众工作的区域：第一一五师在晋东北五台山、恒山地区；第一二〇师主力活动于晋西北，以第三五九旅第七一七团进至冀西地区；第一二九师预定在正太路南北地区。训令发出后，八路军各部迅速派出工作团、工作队，向各自工作地域进发。

此时，晋北方向日军突破内长城防线，分左右两翼进攻太原；10 月初，国民党军队被迫南退至忻口东西一线组织防御。沿平汉铁路南下的日军华北方面军主力侵占石家庄后，分兵一部沿正太铁路西犯，由晋东方向策应晋北日军进攻太原。

忻口是太原的北大门，此点一失，太原即无险可守。平津失守以来，华北西线战场国民党军防线自张北而退大同，由大同而退忻口，东线河北保定也不战而

① 左权：《坚持华北抗战两年中之八路军》1939 年 7 月 2 日。

1937 年 10 月，左权在山西五台县南茹村八路军总部

陷，山西战场已成为支撑华北战局的关键。为保晋局不迅速恶化，蒋介石于 10 月 4 日急调嫡系卫立煌第十四集团军由平汉前线火速入晋，准备在忻口与日军决战。在此情况下，中央军委指示八路军总部在敌之翼侧和后方积极打击与牵制敌人，配合友军保卫忻口、太原。

10 月 1 日，华北战场上相持最久、规模最大的忻口战役打响。此役是八路军直接在战役及战斗上配合友军的又一次作战，也是国共两军抗战取得较大战果的一次作战。

战役开始后，左权协助朱德、彭德怀指挥正在实行战略展开的八路军各部，在日军侧后广泛出击，袭敌据点，断敌交通，配合友军。其中，第一一五师一部向察（哈尔）南、冀西地区出击，切断了从张家口经平型关至忻口的交通；第一二〇师在晋北雁门关伏击日军辎重部队，并收复雁门关，截断了由大同经雁门关到忻口的交通；第一二九师一部夜袭阳明堡机场，断敌空中运输线。

八路军在侧后的频频出击，使日军陷入苦战，有力配合了友军的正面防御。友军在忻口战役中顽强鏖战，互相配合，将日军阻滞于忻口一线达二十余天。无奈之下，日军只得采取大迂回战术，集中平汉路兵力，沿正太路西进，从东面包抄太原。10 月 26 日，晋东日军乘娘子关方向友军换防之机突破防线。11 月 2 日，忻口失守，11 月 8 日太原失守。

忻口、太原战役是国共合作抗战以来，国民党军在正面战场进行的著名战役，虽然此役未能挽救山西战局，但创造了抗战以来华北战场最大的战绩，共歼日军万余人。八路军对国民党军的这次作战进行了有力支持和配合。后来，左权在总结忻口战役时写道：

在整个忻口战役中，一方面八路军以主力分布于进攻敌之两翼及侧后，以最积极的动作袭击敌人的远近后方，破坏敌人的交通运输，遮断敌人的接济与增援，同时又以一部直接协同友军作战。在二十八天的战斗过程中，我们把代县、平型关、灵丘、庆灵、蔚县至张家口的交通要线完全破坏、打击、消灭，以至最后彻底肃清该交通线上的敌人，收复了繁峙、平型关、灵丘、庆灵、浑源、蔚县、西合营、阳高、涞源、紫荆关等处，完全截断了敌人的这一交通联络线。在平汉线方向活动的部队，又收复了曲阳、唐县、平山、完县、行唐、满城，进逼保定附近。在雁北活动的部队则又不断截击雁门关及其通大同大道，恢复宁武、杨方口、平鲁、井坪[①]，亦截断了敌人的联络，使忻口战场之敌，完全处于孤军深入，孤立无援与完全被包围的状态中。敌人的粮食弹药断绝了，机械化部队因缺乏汽油不能行动了，最后被迫不得不以飞机来输送给养，其困难亦可想而知。[②]

太原失守后，国民党军在华北的正规战争阶段基本结束，八路军的敌后游击战争开始挑起山西乃至华北抗战的大梁。

三、誓与华北人民共存亡

太原失守，使晋境友军士气遭受重挫，山西战场形势迅速恶化。国民党军向南溃退，战斗力锐减，已无力再支撑山西战局。一时间，失败情绪严重。但是，山西不能丢，华北不能丢，处于水火中的华北人民更不能任日军蹂躏。八路军总部指挥所部挺进敌后，誓与华北人民共存亡。左权在一封家信中对母亲表示：我们决心与华北人民共甘苦、共生死，不管敌人怎样进攻，我们准备不回到黄河南岸来。

在娘子关失守后的 10 月 28 日，左权与朱德、彭德怀率八路军总部及第一一五师师部、第三四三旅离开南茹村南移。11 月 7 日，左权和八路军总部南进到晋东南石顺县的石拐镇。也是在同一天，晋察冀军区在山西五台成立。八路军在山西一面配合友军作战，一面向广大敌后展开，并最先在晋察冀边地区扎下了根。

石拐镇坐落于邢（台）榆（次）公路旁，是太行山深处的一个小镇。虽然时值初冬，收获的季节刚过，可石拐人却因越来越近的战火而惶恐不宁。八路军总部的到来，给这个偏远的山村带来了一线生机，也使人们的心绪渐渐稳定下来。

为坚持山西抗战，坚持华北抗战，八路军总部于 11 月 11 日召开干部会议，确定八路军下一步行动方针与部署。

参加会议的有朱德、彭德怀、左权和八路军第一一五师师长林彪、第一二九师师长刘伯承、山西新军决死队负责人薄一波等。会议讨论了太原失守后的形势，具体部署了八路军三大主力分兵发动群众、开展游击战争和建立根据地的工作。会议重新调整了八路军的战略部署，即：第一二〇师以管涔山脉为支点，开创晋西北抗日根据地；第一二九师以太行山区为中心，开创晋冀豫抗日根据地；第一一五师除留一部在晋冀豫边区外，其主力转至吕梁山区，开创晋西南抗日根据地。

左权在会上就如何集中优势兵力打歼灭战，击败日本侵略军的问题，作了重

① 杨方口，即阳方口；平鲁，指今平鲁城；井坪，指今平鲁县城。

② 左权：《坚持华北抗战两年中之八路军》1939 年 7 月 2 日。

要发言。他指出："敌人一个联队相当于一个团，二千人，装备好。我们可以三个团打他们一个团。"①

为稳定华北民众的情绪，增强其抗日信心，八路军总部在会上提出了"坚持华北抗战""坚持山西抗战""八路军誓与山西人民共存亡"等口号，表达了与华北人民共同坚持敌后抗战的决心。

随后，八路军各师按既定部署，向山西四角实施战略展开。他们在冰天雪地中，一面作战，一面发动组织群众，建立各种抗日团体，扩大抗日武装。至1938年春，创建了晋察冀、晋西北和晋冀豫抗日根据地，为开展华北敌后抗日游击战争，建立了前进的战略基地。

左权在回顾这段战斗历程时讲道：

> 整整有三四个月时间，八路军在雁北与冀晋察边及晋东各地，风餐露宿，履坚踏冰的艰苦战斗，没有休息，没有整理，度过了一个寒冷的冬天，其代价是抓住了当时急欲南下的敌人，使友军获得了休息、整理、补充与训练，而重新备战和开始奠定了晋察冀及晋西北抗日根据地之创立，这对于山西及华北之能继续坚持抗战有很大意义。②

在这几个月中，左权随朱德、彭德怀（11月26日赴延安）率八路军总部转战于晋东南，几乎每天都在跋山涉水，行军、转移。11月13日总部抵榆社，14日至武乡，15日至沁县开村，16日至沁源官军村，17日移至沁源城中峪，20日至安泽白素，21日至洪洞县苏村，22日抵洪洞韩家庄，25日进驻洪洞县高公村，

1938年2月，左权（二排左一）同朱德（二排左三）、彭德怀（二排左五）、康克清（前排左一）等在山西洪洞县白石村接见国际慰问团一行

① 薄一波：《领袖元帅战友》，中共中央党校出版社1992年版，第80页。
② 左权：《坚持华北抗战两年中之八路军》1939年7月2日。

12 月 30 日移驻洪洞县马牧村。在艰苦的转战中，左权把马让给负伤的战士们骑，把大衣送给衣服单薄的挑夫御寒，帮着掉队的战士扛枪，休息时跟大家围坐一起讲笑话……将军与士兵之间，没有世俗的距离，只有血浓于水的真情。

在驻高公村期间，左权给母亲写了一封信，表达他不畏艰辛、抗战到底的决心：

> 我们改编为国民革命军后，当局对我们仍然是苛刻，但我军将士，都有一个决心，为了民族国家的利益，过去没有一个铜板，现在仍然是没有一个铜板，过去吃过草，准备还吃草。[①]

总部进驻马牧村后，环境相对比较安定。左权又能有较多的时间学习与写作。他常对人说："书本是知识的海洋，学习是进步的阶梯。一个人不愿学习是可怕的。"学习与写作已成为他日常的一种习惯。系统完整的军事理论学习及丰富的军事实践，使他对战略战术等军事问题的研究见解独到而深刻。

"善于从经验中抽取与总结出原则的理论，发现规律，指导新的实践。"[②] 刘伯承、邓小平曾这样评价左权。在驻马牧村的两个月当中，左权结合抗战几个月来的战争实践，有的放矢地撰写了两篇对部队作战和建设很具指导意义的文章：一篇是《论目前山西敌人的动态与我军应采用的战术》，一篇是《新战士的学习教育》。

在 1938 年 1 月 22 日撰写的《论目前山西敌人的动态与我军应采用的战术》一文中，左权首先详细分析了日军巩固后方交通线所采用的四种主要手段，及其暴露出的八条缺点及弱点。他指出，这些"无疑给了我军行动许多便利的条件，增加许多消灭打击敌人的机会，只要能积极的动作起来，能刻苦耐劳的、坚决勇敢的向敌人动作，能抓住敌人所暴露着的弱点，必能取得不断的大小的胜利，使敌人积极防御的动作不得不转变为专守据点，使敌人狭长线的占领，不得不变为点的占领。在继续开展中，更有逐渐消灭沿线各点之敌，逐渐的恢复沿线之被失城镇之可能。以此作法，来开展山西、开展中国北部的战局，特别是配合东线的作战，是有极大，而且也是必要的"。

接着，左权提出了我军应采取的 15 条战术原则：（1）在敌之联络线及其近旁，在一切我可能活动和打击威胁敌人的地域上，广泛开展民众抗日斗争，自卫斗争，发展游击运动；（2）一切游击队和基干部队，应利用一切优越条件，寻找自己的主动地位，最基本的是对敌积极进攻与灵活地机动；（3）游击队与基干部队应有密切的联系和相互的补充；（4）当敌脱离联络线进入山地向我进攻时，应抓住此灭敌良机，突击运动中的敌人，并将主要突击点选定在其后尾部队；

① 左太北主编：《左权将军家书》，解放军出版社 2002 年版，第 58 页。
② 刘伯承、邓小平：《纪念我们的战友左权同志》，《解放日报》1942 年 7 月 7 日。

（5）当敌人分途进扰时，应严格注意各支队间之距离间隔及其相互关系，基干部队主要应向敌暴露的外侧或策应不灵之支队，寻求机动；（6）一切战斗的发起，应带着高度的突然袭击的性质；（7）无论大小战斗，都应有周详的考虑与计划，以期必胜；（8）基干部队及游击，无论在任何情况下，都应有灵巧的动作，不要长久地驻扎一地，以免遭敌袭击合击；（9）当投入战斗时，第一线部队应保持有强大的兵力与优势的火力，以便能连续向敌冲锋；（10）对交通线上守备之敌，应施行不断的袭扰，增加其恐慌；（11）沿线各个部队在一切斗争过程中，应有很好的配合与协同；（12）加强对敌人技术兵种的防卫；（13）在敌交通线上、驻地近旁及一切可能来敌的方向，不断袭扰、消耗敌人；（14）加强我军的侦察；（15）严密抗日戒严。

这些战术原则，是左权在深入研究了日军的作战特点及我军的具体情况基础上提出的，它们对于八路军在敌后广泛开展游击战，有效打击与歼灭日军，具有很强的指导作用。这篇文章被刊载在八路军总司令部编印的《战术研究资料》第1—3期上，以供广大指战员学习与运用。

《新战士的军事教育》[①]一文是左权于1938年1月23日撰写的。随着八路军在华北敌后作战的胜利和敌后抗日根据地的开辟，新战士不断补充到八路军部队中。如何把这些新战士和新建部队迅速训练成为有战斗力的部队，以供抗战的紧迫需要，成为部队工作中最重要的任务之一。左权从教育原则、教育方法及对教育人员的要求等几个方面，详细论述了新战士的军事教育问题。

左权在军事论著中善于从政治分析入手，注重军事和政治、经济等因素的联系，把军事工作放在全局中考虑。在这篇文章中，他开宗明义地指出："要使大批的新战士在短期内训练成为熟练的战士，参加作战，单靠军事教育是不可能的。而必须有紧张的深入的政治教育的工作，恰当的军事政治工作之联系。"

左权在文中提出了四个教育原则，即：及时供给战争需要的原则；着重于技术战术训练的原则；对日作战的原则；适合抗日战略战术的原则。这四个原则的核心，就是切忌形式主义，一切教育训练紧紧围绕对日作战的紧迫需要。他提出，经过军事教育，"应该使每个战士，都能在上级首长的战斗意图下，很灵活、很机警的动作，有单独作战的能力与胆量，有单独支持危局的决心与毅力。"

在论述教育方法时，左权特别强调要着重注意其研究与改善。他提出了四个教育方法：第一，一切训练的课目，尽量求得讲与做相联系，课堂授课与实地演习相结合；第二，在课目的选择上，不应求多，要着眼于战术实战的需要；在教育时间的分配上，不应采取平均主义的办法，应着重于重要课目的深造；第三，为使新战士迅速进步，应在部队中造成紧张的学习氛围，建立完善的教育组织；第四，对新战士教育一经开始，必须建立严肃紧张的作风，以打下优良的基础。左权对上述四种方法进行了非常详细具体的阐述，因而具有很强的可操作性。

---

①《群众》第2卷第8、9期合刊，1938年8月。

为使新战士的军事教育取得更好的效果，左权又对教育人员提出了三点要求：第一，在实施教育之前，有充分的教育准备，如召开教育准备会议等；第二，不仅完成教育计划，更应设法提高战士们的学习积极性，使自己的教育深入到战士们脑海中去；第三，建立健全的教育检查工作。最后，左权明确而富远见地指出，我们应该精细地、认真地研究敌人的一切战略战术的原则及其运用，研究敌人的技术兵种与兵器，窥破其特长与弱点，根据我们的战略战术原则及技术条件，研究应付的方法，并以此方法在部队中进行深入教育。他还把接收和训练好新战士提到了战略任务的高度，认为这是长期坚持抗战，取得最后胜利的需要。

在开赴华北抗日前线的半年中，左权一面协助朱德、彭德怀指挥八路军出师作战、全面展开，一面对新形势下的军队作战、建设的特点和规律进行着理论思考与探索。这两篇很有针对性和实践价值的文章，就是他半年来军事实践与理论思考的结晶。

四、府城阻敌

1938 年 1 月 15 日，蒋介石召集第一、第二战区高级将领在洛阳举行会议。朱德、彭德怀、林彪、贺龙[1]、刘伯承应邀赴会。蒋介石在会上提出准备在津浦路南段徐州一带与日军会战，保卫武汉，并提出反攻太原、收复华北的计划。可是在晋且战且退、不断由北南撤的第二战区国民党军将领们，对此计划却难以鼓起信心。此间，蒋介石杀一儆百，将不战而弃山东的第五战区副司令长官兼第三集团军总司令韩复榘，以失地误国罪于 1 月 26 日撤职枪决。此举多少令一些准备南渡黄河的第二战区将领有些顾忌。

2 月 16 日，第二战区司令长官阎锡山、副司令长官兼第十四集团军军长卫立煌电约朱德到临汾面商就任“右翼兵团总司令”（即东路军总指挥）问题。翌日，朱德赶赴临汾附近的土门镇，同阎锡山、卫立煌等会商下一步的作战计划。会议决定组织左翼、中央和右翼集团，向平汉、正太、同蒲平绥各路线进击，并以主力军指向太原。国民党军第七集团军军长傅作义任左翼集团总司令，指挥集结在晋西的晋绥军，向同蒲铁路北段出击。卫立煌任中央集团总司令，指挥集结在晋南的中央军，准备在同蒲铁路南段阻击南下日军。朱德任右翼集团总指挥，指挥八路军第一二九师、第一一五师、国民党军第九十四师，后来还增加了山西青年抗敌决死队第一纵队、第三纵队，及国民党军第一六九师、第十七师五二九旅、第三军两个师、第四十七军两个师等部[2]，向平汉、正太两路进击，截断敌之后方。

就在晋省中国军队积极活动的同时，日军也在实施新的作战行动。从 1938

---

① 贺龙，时任八路军第一二〇师师长。

② 朱德、彭德怀致林彪、聂荣臻、贺龙等各部电，1938 年 2 月 17 日。

年初开始，日军华北方面军为使华北、华中连接起来，以图占领徐州、威胁武汉，即开始了向黄河北岸中国军队的进攻作战。2月初，日军从北面、东面分两路向晋南大举进攻，欲打通同蒲线，夺取风陵渡，聚歼中国军队于黄河北岸。

来势汹汹的日军采取分进合击、迂回包围的战术，一路由太原沿同蒲路南下，一路由平汉路沿邯（郸）长（治）路西进，晋南重镇临汾处于被围危险之中。此时，阎锡山的第二战区长官部、卫立煌的第十四集团军总部、山西省绥靖公署、中共中央北方局、八路军驻晋办事处等军政机关都驻在临汾。

由于日军的进攻，蒋介石的反攻太原计划只好作罢。为组织东线防御，抵御东线日军西进，稳定晋东南局势，2月19日，彭德怀以右翼集团副总指挥的身份，赴晋东沁水、高平等地，指挥八路军第一二九师、第一一五师第三四四旅及国民党友军阻击东线之敌。翌日，朱德、左权率总部离开洪洞县的马牧村，迎敌东进，准备开赴太行前线指挥右翼军作战。

这时，从平汉路西进的日军约三千人已于2月20日占领长治，并很快继续西占屯留、长子，逼近安泽。23日，敌先头部队已突进到良马镇，离总部越来越近了。

对于北路和东路日军的动向，毛泽东也非常关注。他和朱德达成共识，判断日军这次行动的目的，在夺取临汾、潼关，然后进攻西安、武汉。所以，毛泽东要求朱德建议阎锡山、卫立煌部“在好的情形下，力图在以北、以东两地区歼灭敌人，顿挫敌之进攻”。①

2月23日，朱德、左权率总部机关和警卫部队到达屯留公路上的古县镇宿营。这时，总部得到情报，西进日军先头部队将于第二天经过古县以东的府城镇西进。

朱德和左权立即分析了敌我态势。显然，这股敌人是奔洪洞、临汾方向去的，而且紧跟其后肯定是大部队。而此时总部特务团的大部分指战员都分散到太行山区的武乡、襄垣、潞城等地发动群众，总部身边只有特务团两个连约200人兵力，敌我力量悬殊。如想避而不战，总部还来得及转移到周围的山地中。但是如果不正面迎击顿挫该敌，临汾不守将有牵动大局之虞。

朱德像往常一样，首先征询左权的意见。在共同战斗的岁月中，朱德对左权这位年轻、持重、有勇有谋的副参谋长一直器重有加、爱护备至。在很多重要事情上都愿首先倾听左权的意见。而左权也常常是考虑、准备在先，尽量给朱德一个比较成熟的意见。

这次也一样，左权直截了当道出自己的想法：敌我力量悬殊，与敌交锋困难不小。但避而不战也不是办法，此仗必须要打！

左权的想法与朱德不谋而合。朱德认为一是打，二是拖，把敌人拖住，尽量争取时间掩护临汾各机关和周围群众转移。

---

① 毛泽东、任弼时致朱德电，1938年2月23日。

他们一同研究了作战部署，并向特务团部署了战斗任务：一部抢先占领府城南面郭店和下茨村一带山头，组成第一道阻击线；一部展开于府城东对口店、郭都岭一带山地，组成第二道阻击线；一部随总部首长行动，掩护总部机关转移。总部管民运工作的同志则全部下到府城及周围村里，组织群众转移。朱德还与左权商量决定，电令东面的友军李家钰和曾万钟[1]部向府城屯留大道运动，配合八路军西线作战。

左权深知，此次阻敌任务关系重大，不仅要迟滞日军西进，为临汾军民转移争取时间，还要保证朱德及总部各机关的安全。他主动挑起了到最前沿指挥作战的任务。在部署完战斗任务后，他又交代打头阵的部队，要分成左、中、右三路在前边引路先行，每路相距一里左右，这样既便于广泛捕捉信息，又有利于分散击敌。

2月24日凌晨，天色未明，左权率特务团悄悄离开了古县镇，向府城方向进发。

部队在一座座山坡间蜿蜒疾行。就在离府城几里远的地方，迎面三三两两走来二十多个国民党兵。经询问，才知他们发现日军正向这边开来，便脚底抹油——正在开溜。自八路军将士开赴山西前线以来，在战场上与溃退的友军不期而遇，已是司空见惯，一般是相碰不相问，双方擦肩而过。

这时，特务团的侦察员回来，证实确有大批日军正向府城方向移动。

下午1时左右，阻击部队在府城东十余里处与日军交火。日军摸不清我军兵力，总是先用炮远近轰击，然后再强攻。由于友军未能依令及时赶到，从下午一直到傍晚，只有总部特务团两个连及决死队一部的战士们顽强地抗击着敌人的优势兵力。

战斗打得异常激烈。从开始交火处到府城十几里路，战士们迟滞敌人四个多小时，直到傍晚总部队伍和府城周围群众安全转移之后，左权才下令部队撤至府城以西。左权自己则带着两个作战参谋和骑兵班一直坚守在府城一侧山上。

日军在离府城一二里远的地方不敢再贸然向前，而是先用迫击炮对府城街上进行一番火力搜索，然后又向周围的山头盲目轰击，见没有动静才敢进街。

敌人进街后便放火烧房子，一时间，烈焰翻滚，火光冲天。山头上，左权和战士们的脸被照得通红，怒火也在他们胸中剧烈燃烧着。

深夜11点多钟，左权把特务团两个连的指挥员叫来，在昏暗的灯光下，指着地图，详细交代了次日的战斗部署，并嘱咐他们，越是在这种时刻越应该沉着、冷静、大胆、细心。当晚，得知朱德与总部机关已安全转移后，左权才带上骑兵班离开山头，在天亮前赶到总部临时驻地。

朱德见左权安全归来，非常高兴。待左权他们吃过饭，稍作休息，朱德把一

---

① 李家钰，时任国民党军第四十七军军长。曾万钟，时任国民党军第三军军长。

封阎锡山的电报递给左权。电中称已派五个营前来增援，希望派人接应指挥。[1]朱德在一旁说，进入府城之敌必定会继续西犯，直逼临汾，我们一定要赶到敌人前面，指挥那里的决死队一部及友军，采取前后夹击，将其消灭在府城大道上。左权听后，立即请战。朱德深知左权已连续指挥作战一昼夜，心有不忍，但他身边实在找不出更合适的人选。他把一只大手重重地扶在左权的肩头，关切地说："一定要注意安全！"左权随即率两个作战参谋和骑兵班星夜出发。

左权一行人马不停蹄翻过几座山坡，直插到府城大道上。虽然冬日的早晨寒风凛冽，可每个人都赶得汗流浃背。在公路上又奔跑了一阵，碰到一位担柴的老乡从府城方向走来。左权下马向老乡询问府城的敌情。正谈着，突然传来几声枪响。原来，在路边坡上警戒的战士发现二三百名日军骑兵正向这边开来，便鸣枪示警，日军也跟着开起了枪。骑兵班的马都未经过战斗，一听枪声，立刻受惊跳起来四散跑开。骑兵们赶紧跑过去拉马。

日军不知对方究竟有多少部队，不敢轻易冒进，原地停下。不久，敌机即呼啸而来，在左权他们头顶盘旋侦察。日军地面部队获悉遇到的是八路军的小部队，就蜂拥向这边冲过来。左权立即命令骑兵班散开到路边的山坡上，选择有利地形阻击敌人。他拔出左轮手枪，几个箭步冲到一个小土坡后卧倒，瞄准敌人。

待日军走近，左权一声令下"打！"战士们一齐开火。一时间，枪声、手榴弹的爆炸声响彻山谷。向山坡上冲锋的日军人仰马翻，一批批倒下去，一时乱了阵脚。

这时，一个骑兵跑到左权身边，焦急地说："参谋长，您快撤退吧！"

左权笑着对他说："往哪里退啊？我们的任务还没有完成呢！"

这时，前来增援的总部警卫排赶到了。左权决定，用这几十人的兵力拖住日军，绝不能轻易让他们过去。

左权指挥骑兵班和警卫排的战士们，在公路边的山口上，利用有利地形打退了日军的一次次冲锋。气急败坏、急于脱身的日军又派飞机俯冲过来疯狂扫射、轰炸。大家非常担心左权的安全。一个参谋过来对左权喊："参谋长，卧倒隐蔽一下吧！"可是，左权依然从一个山头跑到另一个山头，从容指挥着战士们就近隐蔽、反击，呼啸的飞机似乎对他没有任何影响。作家刘白羽在记述这次战斗时写道：

> 在这两天战斗里，左权同志处处以沉着克服着危险，从危险的烟雾中突破来达到任务的完成。左权这种钢铁般坚强的英勇善战，简直是可以摇撼着每一个人的心，每一个人都为此而敬重他。[2]

这时，日军获悉在正面阻击他们西进的居然是威名赫赫的八路军总司令朱德和他的少数警卫部队，便出动十几架飞机，妄图一举炸平总部驻地古县镇。可日

① 朱德致毛泽东等电，1938 年 2 月 27 日。
② 刘白羽：《纪念左权同志》，《解放日报》1942 年 6 月 26 日。

军指挥官却误把沁县附近的故县当作古县了，结果故县被炸成一片火海，而古县却安然无事。

经过两个多小时激战，日军始终未能攻上阵地，便弃战沿公路继续西进。左权在山上看到日军队伍中有运输马车，行进缓慢，遂决定带领队伍在大路一侧的山地小路上与敌平行前进。经过一段翻山越岭的急行军，终于赶在日军前面到达了友军的驻地。

双方在接头时还发生了一点误会。由于我们的队伍中有人身穿缴获的日军军大衣，被友军误认为是日军或是伪军伪装的部队，不予信任。左权写张便条派骑兵上山去送，骑兵的枪托和马鞍都被子弹打中了，所幸人马都安然无恙。

误会解除了，左权向他们传达了朱德的作战部署，令他们赶到尧店附近设伏，与八路军特务团两个连前后夹击，歼灭此股日军。

随后，左权又指挥部队在府城与古县间抵御伏击日军，迫使日军用了一整天的时间才从府城进到古县镇。

2 月 25 日晚，朱德率总部转移到古县镇南二十余里的刘垣村。已赶到屯留的国民党军第三军军长曾万钟报告，屯留、襄垣、黎城均发现日军约千人，陆续沿邯长公路向西进犯。朱德令曾军阻击西进之敌，主力迅速向西靠近总部。

26 日晨，占领古县的日军两千余人继续西进。左权按预定部署，指挥总部特务团的两个连在古县至古罗间公路沿途布置了侧面阵地，准备与友军配合歼敌。左权在山坡上看到，经过昨天的袭击，日军的骄横气焰已有所收敛，开始变得有些畏首畏尾。他们的队伍拖了约二十里长，在蜿蜒的公路上缓慢蠕动。

当日军进入伏击地域后，特务团的战士们从侧面展开猛烈袭击，打得敌人措手不及，阵脚大乱，四散逃窜，死伤一百余人。战士们还夺取了两门钢炮和几挺机枪。但是，本应在正面阻击的友军却未能如期出击，反而被敌军冲破了防线。孤军奋战的特务团寡不敌众，在日军反攻时未能将战利品带回，通信营长刘鹏及副营长均负重伤。①

当晚，朱德在致彭德怀电中讲述了当天战斗情况：“本日临汾援军与我特营前后夹击于古县镇古罗镇之间，战至十七时，敌仍前进，大约在古罗镇宿营，前方已不闻炮声。”“我们仍驻古县南之刘垣，左权已去古罗指挥。”②

27 日，总部特务团第二营新扩建的两个新兵连赶来报到。每个新兵手中只有两颗手榴弹，但各个跃跃欲试，杀敌心切。正在这时，特务团侦知日军一个支前车队正向这边开来。左权决定派他们袭击日军的后续辎重部队。

当日军的十几辆卡车经过伏击地域时，战士们发起突然袭击，一颗颗手榴弹在日军的卡车上开了花。随后，战士们勇敢地冲下山坡，毙敌百余人，缴获 200 床军毡，还有枪弹、大衣、食品、文件等。新兵连的战士们首战就取得这样大的

---

① 朱德致毛泽东、彭德怀等电，1938 年 2 月 27 日。

② 朱德致彭德怀电，1938 年 2 月 26 日。

战果，每人脸上都绽放出自豪的笑容。

当晚，左权得到临汾军民已安全转移的消息，遂率部队返回总部驻地。2月28日，日军进占临汾。左权在总部电告毛泽东、滕代远[①]等："敌后续部队本日仍由古县向西跟进中，总部今日在原地未动，我昨晚回总部。"

从府城到临汾只有百余里距离，日军在这一地段陆续增兵至五六千人，朱德、左权仅以二百余人的兵力，与敌战斗了四昼夜，"杀伤敌人三四百人，缴获辎重不少"[②]。此役不仅为临汾军民的安全转移赢得了宝贵时间，而且打破了日军企图将中国军队逼到黄河边上加以歼灭的妄想。

五、在小东岭会议上

府城大道的硝烟刚刚散尽，左权与朱德、彭德怀就率领八路军总部向太行山进发了。

这时候，面对日军在华北的进攻，蒋介石恐山西战线濒临瓦解，华北日军大举南下，增加中原战场的压力，遂严令在华北各军一兵一卒不准过黄河，全部留在山区打游击，否则以军法从事。第二战区司令长官阎锡山、副司令长官兼第十四集团军总司令卫立煌不敢怠慢，于3月2日电令在山西的30万部队：拟将右翼军改为东路军，中央军改为南路军，左翼军改为北路军，在各自作战境地内迅速组织民众，积极展开游击。

蒋介石的严令挡不住山西战场国民党军的一溃再溃，阎锡山、卫立煌二人此时亦西退到黄河边上的吉县和河津。3月中旬，日军由临汾向蒲县、吉县、乡宁、永和等黄河沿线进攻，第六十一军军长陈长捷所部万余人大部溃逃，只剩千余人，第十九军军长王靖国部也所剩无几，黄河防线已朝不保夕。

在日军进抵黄河岸边，中国军队的后方联络线将被截断的形势下，山西境内抗日军队转入敌后游击作战已势在必行。可是，坚持敌后抗战需要一套新的作战方针与办法，八路军指战员习以为常的游击战、运动战，国民党军将领却感到神秘莫测、不得要领，不免有些惶惶然。曾万钟在3月13日致朱德电中称：目前游击战争方在逐渐开展，为发展游击战争并求确实掌握民众力量起见，必须有一套具体办法适应。希望能派左权参谋长或其他识验丰富者来部一行，商筹策划，当不胜感激。这也是当时国民党军将领的一种普遍想法和要求。

为鼓励和帮助友军坚持山西敌后作战，开展游击战争，3月24日，朱德、彭德怀在此时八路军总部驻地沁县小东岭村召开东路军将领会议。国民党军第四十七军军长李家钰、第三军军长曾万钟、第十四军军长李默庵、第九十四师师长朱怀冰、第十七师师长赵寿山、第一六九师师长武士敏，八路军将领左权、刘

---

① 滕代远，时任中共中央军委参谋长。

② 朱德致毛泽东、彭德怀等电，1938年2月27日。

伯承、徐海东、李达、王新亭[①]和决死队第一纵队政治委员薄一波，阎锡山的代表陈长捷、卫立煌和蒋介石派到东路军的联络参谋乔茂才等38人出席了会议。国共两军高级将领聚集一堂，共商御敌大计，这也是国共合作史上团结御敌，共赴国难的经典一幕。

会议在小东岭村关帝庙内举行。朱德向与会将领分析了华北抗战形势，阐明了粉碎敌人进攻、坚持敌后作战的条件和游击战争的战略战术，鼓励国民党军将领为抗日战争作出贡献。彭德怀作了《第二期抗战与我们的任务》的报告。他指出："我们在第二期抗战中，转入到敌人的后方作战是保卫武汉、保卫西北，藉以争取持久作战的重要方针之一。"我们必须"在敌人的前后左右开展广泛的游击战和运动作战"。他还详尽地规定了坚持华北作战的纲领、军队的政治工作、民众工作、敌军工作和建立根据地的要求等。

左权在会上作了长篇发言。他着重论述了华北抗战应采取的战术问题。

左权首先指出，一切战斗方法的决定都根据于经济条件，人员的数量、质量和武器装备的优劣，中国抗日战争的战斗方法问题也不例外。接着，他详陈了中国的国情特点：第一，中国是个半殖民地半封建国家，工业不甚发达，技术条件远落后于日本，但有丰富的资源可供战争必需品的生产。第二，中国有众多的人

1938年3月，左权（右一）和朱德（左四）、彭德怀（左一）、刘伯承（右二）等在山西沁县小东岭村与出席第二战区东路军将领会议人员合影

① 徐海东，时任八路军第一一五师第三四四旅旅长。李达，时任八路军第一二九师参谋处长。王新亭，时任八路军第一二九师第三八六旅政治委员。

口，中国人民的抗日战争，是抵抗侵略者的民族自卫战争，革命的民众与军队是具有最旺盛的坚强的英勇的不顾牺牲与困难的斗争精神的，在敌人方面则相反。第三，中国军队数量多，但装备不全，训练不够，敌人兵力不多，装备与训练却都优于我们。第四，中国有广大的领土，但交通不良，我军可以在广大的地域内回旋机动与敌人作战，敌人是深入我国领土内作战，又因兵力不敷，直至今日，所占地域仅限于交通要道和某些重要城镇的点与线的占领。左权指出，正确地认识这些条件，并以此出发来规定抗战中中国军队的战斗方法，至关重要，如此方能扬长避短，消耗消灭敌人。

什么是适合中国军队的战斗方法？左权总结了八个月来的抗战实践经验，特别是最近三个月来徐州及华北作战的经验教训，列举了以下几点“战术上的真理”：

第一，采用运动战以灵巧的机动寻找敌人的弱点突击，能以很少的损失消耗消灭敌人的有生力量。单纯防御阵地战的结果则相反。

第二，积极地自立地向敌人动作，集中优势兵力突然地攻击敌人，往往取得了胜利，被动地应付的战斗，多遭受失败。

第三，有灵敏的统一的指挥，恰当的协同动作，充分发挥部队的战斗力战胜敌人，呆板笨拙的指挥和各自为战互不相关的战斗，往往失败，并影响战局。

第四，凡是发展了游击战争的区域，就能不断消耗敌人，分散敌人，不易建立伪组织，使敌人困难与不安，游击队还能恢复已失领土，维持政权，团聚民众，扩大抗日力量，使正规军作战比较容易。

第五，有运动战与游击战配合的阵地战，能使某些战略支点守备持久，并能取得战斗或战役上的胜利。在敌我技术不相当的条件下，企图单凭阵地与城镇的坚固以求持久是不可能的。

第六，在敌人的翼侧或侧后实施机动，往往容易取得胜利。正面的堵击与突击，不仅劳而无功，反经常遭受大的损失。

接着，左权进一步分析了华北抗战的特点。首先，我们已经完全处在敌人的后方，跳在敌外翼作战，能求得许多作战的方便。从大的方面说来，我们是被敌人包围着，但实际上深入之敌是在我军及抗日民众的包围中。其次，华北地区的许多重要城镇、交通要道及战略重点，均已陷于敌人手中，但敌人亦仅限于重要点线的占领。再次，我们与全国抗战的友军部队和后方，被敌人与黄河隔绝了，直接配合友军作战和取得后方资材的供给均很困难。即便留在华北的部队之间，也被隔开，联络、协同和转移非常不易。最后，今后作战的战线是前后左右四方的，战线的固定性大大减少。基于以上特点，左权提出，华北抗战的基本作战方针应该是以民众性的游击战配合基干军队的机动战，消耗、消灭敌有生力量。

如何实现上述作战方针？左权作了明确回答，即“我军基干兵团的一切战斗，应以歼灭敌人为目的，击溃敌人一个联队，不如歼灭敌人一个中队、一个大队，歼灭敌人一个联队，胜于击溃一个师团。”歼灭战的实施靠什么？“是靠基干兵力的灵巧的机动得来的。”如何达成机动？“第一，寻找敌人的弱点，集结最优势的兵力突击敌人的弱点；第二，迅速和秘密的接近敌人，迅速发现敌人；第三，以包围迂回的手段压迫敌人于不利的战术地位；第四，坚决迅速地投入白刃扑搏。”左权还特别指出，如陷入不利地位，应主动退出战斗，迅速、秘密转移兵力至可能取得胜利的方向，这样的退出战斗，同样是机动，与争取战斗胜利的顽强性并不矛盾，而是互补的。

在论述了华北抗战胜利的条件与争取胜利的方法后，左权就今后的军事工作提出了以下几点意见：

其一，提高与发扬作战的积极性。“只有在不断的打击消灭敌人胜利的斗争中，才能把根据地建立起来，才能保证自己的存在与发展”，因而“必须有高度的作战的积极性，自主地不断寻求敌人作战，不放弃一切可能歼灭敌人的机会”。“绝不能以为我的活动地域内，尚无进攻的敌人，而推却作战的责任。相反的，不管敌人向我们进攻与否，我们总是自主的积极的不断的向敌人进攻，这是我们行动的基本原则。在这样的积极行动中，自然不免要多跑些路，多吃些苦，多操心，多疲劳，有时还不能打到敌人，或者自己还要吃些小的亏，都有可能，但为着争取胜利，忍耐劳苦，克服困难，发挥艰苦奋斗的精神，求得在艰苦斗争中取得胜利，是非常必要的。”

其二，统一指挥与机断专行。左权指出，“在过去的抗战中，在各个战线上，差不多都有欠缺服从统一指挥与协同动作的弱点，以至众多数量的军队不能同时发挥最大的威力，这是值得痛改的”。“运动战与游击战同样应该有严密的组织，统一指挥和协同动作，而不是各自为战。”但同时须顾及情况变更机动作战，如完全等待上级指挥机关的命令，又要丧失歼敌机会。因此，“充分发挥各级指挥员在上级整个作战意图之下之机断专行，这与统一指挥并不相矛盾，而恰是相互补助着的”。这一点极端重要。

其三，战术的重新训练。左权直言，“不可否认的事实，在多年的内战中，中国大多数军队的原有机动性一般的减弱了的”。因此，他认为在今日的抗战中，“运动战游击战的战术诸原则及艺术的组织与指挥，对于每个负担着进行运动战游击战的人，特别是指挥干部，都必须有清楚的了解。”他同意会上关于组织战术研究班的提案，并希望健全其工作以补助战术的训练。

其四，健全司令部的工作。左权强调，司令部的工作是复杂和负责的工作，是指挥员实行指挥军队的机关。它的主要使命是：拟定战斗（战役）的计划号令；组织关于保障首长人员下达适应情况之决心和顺利实现此决心之方案。他指出：“不应把司令部的工作束缚于‘等因奉此’，而应保障着在战斗（战役）前、战斗中和战斗后多方情况的收集与研究，保障对军队的不断指挥，组织顺畅的通讯连（联）络，统一各种专门性的勤务机关与战斗部队的协同，这都是保证顺利的实施灵巧机动的重要事项。”因此，健全司令部工作，使其适应今后日益复杂的战斗环境，是当前重要的工作。

左权的发言丝丝入扣，鞭辟入里，他对新形势下华北敌后抗战应采取的战术及实现这一战术的具体办法的透彻分析和讲解，令在座的友军将领们茅塞顿开，深感钦佩。会后，八路军总司令部将左权和彭德怀的发言整理刊登在《战术研究材料》第2期上，以供指战员们学习研究。

会前，从第一二九师缴获的日军文件及士兵日记中，均发现了日军“4月上旬有较大攻击”的企图，而且还发现了一张日军九路围攻晋东南的作战计划图。因此，会议专门讨论制订了国共两军携手粉碎日军围攻的作战方针，布置了作战计划。

经过讨论，会议通过了彭德怀所作的作战纲领报告，确定了今后华北抗战的作战方针，对创立华北抗日根据地的群众工作，军队战时的政治工作，瓦解敌军工作等作了规定，并划定了各军、师活动和建立根据地的地区。应友军的要求，会议决定为友军开办地方工作、军队战时政治工作、游击战争等训练班，每师选派10人至20人参加受训。

会议期间，八路军部队文工团还为与会人员及当地群众演出了戏剧《大战平型关》，会议气氛热烈和谐。

这次会议之所以开得圆满、成功，还与朱、彭、左在会下所做的大量工作分不开。会前，朱德就与彭德怀、左权商定，除作好会上报告外，一定要抓住时机，对这些友军将领多做点思想工作，争取他们和八路军共同抗战。会议期间，左权白天参加会议，晚上和朱德、彭德怀找友军将领谈话。在简陋的土窑里，在摇曳的烛光中，他们推心置腹，坦诚相见，竟夜交谈，每天只能睡三四个小时。通过耐心细致的思想工作，不仅稳住了友军将领的情绪，还使一些将领与八路军建立了密切的联系，有的还成为八路军的忠实朋友。

会议即将结束时，八路军第一二九师计划在涉县至黎城之间的响堂铺地区打一次伏击战。这一地区路窄沟深，草丛茂密，又有旧工事，便于隐蔽和突击。为加深友军将领对敌后游击战的直观感受，影响和推动友军抗战，朱德、彭德怀与左权商量决定，让他们参观此次战斗。

战前，友军将领人人胸前挂着望远镜，在八路军指挥员的引导下，登上了响堂铺战场附近的高地。

3月31日上午，日军第十四师团山田辎重部队所属两个汽车中队共180辆汽车及其掩护部队70余人，进入伏击阵地。徐向前一声令下，八路军的步枪、机枪、迫击炮一起开火。疏于戒备的日军突遭打击，惊慌失措，乱作一团。八路军指战员勇猛冲杀，仅用两个小时即解决战斗。随后，又击退敌增援部队。整个伏击战打得干脆利落，共歼日军少佐以下400余人，击毁汽车约180辆，缴获长短枪130余支、迫击炮4门。

站在高地上观战的友军将领，目睹此情此景，由衷赞佩，连连拍手叫好。

这一仗，使友军将领亲自领略了八路军指挥员的游击战指挥艺术，也更加增强了他们对坚持敌后抗战的信心。

小东岭会议是以中国共产党的战略思想为指导的一次国共高级军事会议，它稳定了晋东南各方面的抗战情绪，坚定了坚持敌后抗战的信心。与会将领一致表示："坚决扫灭倭寇，还我河山"。它对于以后粉碎日军对晋东南的九路围攻，坚持整个华北抗战，具有重要意义。

小东岭会议会后，左权在八路军总部主持举办了友军游击训练班，政治工作讲习班等。国民党军队纷纷派人前来学习游击战术、军队政治工作等。朱、彭、左都亲自给训练班讲授课程。这些都为日后反"九路围攻"作战中，友军与八路军积极配合、协同作战奠定了基础。

六、筹划晋东南反"九路围攻"

1938 年 3 月上旬，晋境北、东两路日军经长途奔袭，终于按计划会师于晋西南黄河湾里的三角地带，然而他们欲歼灭中国军队于黄河边上的企图却没有实现。英勇的八路军在八路军总部的指挥下已从容转到晋东南敌后，凭借太行天险，建立了新的抗战支点。正如朱德所说：等到日军"打到了黄河边上，朝四处望望，一个人也看不见。这个时候，他才知道已经失败了"[①]。

日军劳师远征，在晋西南扑了个空。一路上，令他们应接不暇的八路军游击战使其不堪其苦，心有余悸。士兵们在家信中提起山西就头痛："山西差不多都是山岳地带，道路也全是石头，相当受苦，并且当地抗日思想特别激烈，每日都受敌袭。""向水泄不通的敌阵冲锋前进，整天和饥渴苦斗，要碰到中国特有的游击战，那就是前进五里又倒退五里的战斗，真是说不尽的劳苦！""附近之敌是朱德所率的共产军，他们利用天险施行游击战，实在难战之极，同时又长于宣传，甚至村民也反抗我们，所以在这里非时刻留神不可。"日军士兵情绪非常低落，"他们早晨一起来就是说'凯旋的话和女人的话'，而晚上一睡觉就是做'樱花的梦'"。在这种情况下，只有不断打仗、疯狂地烧杀抢掠才能兴奋他们的神经了。

晋东南是日军的一个心腹大患。自从八路军第一二九师于 1937 年 10 月进入该区，这里的群众性游击战争被广泛地发动起来，并建立了同蒲路以东、黄河以北、正太路以南、平汉路以西的晋冀豫抗日根据地。从 1937 年底以来，第一二九师先后取得了凤凰山、长生口、神头岭、"反六路围攻"和响堂铺战斗等一系列的胜利，搅得日军坐卧不宁。现在，朱德又指挥东路军在晋东南敌后建立了新的抗战支点，它犹如一柄利刃，插在了日军的后心。

为此，日军准备孤注一掷，将八路军总部、第一二九师及部分国民党军队围歼于辽县、榆社、武乡、襄垣地区，一举摧毁晋冀豫抗日根据地。4 月 4 日，日军集中三万余人，由同蒲、正太、平汉铁路线及长治、屯留等地出动，分九路向晋东南地区大举围攻。其中，日军以第一〇八师团为主力，由长治、屯留及平定各出动一个联队，分三路向沁县、武乡和辽县进攻；以第二十师团一个联队由洪

---

① 朱德：《一年余以来的华北抗战》1938 年 8 月 29 日。

洞向沁源进攻；以第一〇九师团一个联队和另两个大队，由太谷、祁县和榆次出动，分两路向沁县和马坊进攻；以第十六师团一部由元氏、赞皇、邢台及涉县出动，分三路向九龙关、浆水镇和辽县方向进攻。

八路军总部早已指挥所部做好应敌准备。在小东岭会议上，左权就与朱德、彭德怀等一起研究制定了此次反围攻的作战方针，并向各部将领作了传达，即：采用运动战、游击战的作战原则，在日军未进入我“利害变换线”以前，采用内线作战，集中兵力歼敌一路，钳制余路，然后各个击破；当日军进入我“利害变换线”内时，则寻隙转到外线作战，袭击敌之侧背，亦求集中兵力，各个击破。

所谓“利害变换线”，就是选择和掌握好跳出敌军合击圈的时机和地点。如果日军几路兵马同时围过来，我们跳得太早，他就会掉过头，组织新的合围；如果跳得太迟，就会被日军围住。所以，指挥员在突围前，要计算日军合击圈直径的大小，侦察各路敌人前进的路线、速度。在“扫荡”之敌开始活动，即将形成但尚未形成合击圈之前，我主力在小部队佯动之下，跳出敌军预定的合击圈，转到外线，变被动为主动。左权在友军游击战术训练班上，多次讲解如何掌握好“利害变换线”的问题，因为这关系到双方在作战中是否能够很好地协同。

在日军出动前，左权即根据缴获的日军作战地图及各方情报，拟定作战预案，协助朱德、彭德怀将晋东南的中国军队作出了作战部署。参加这次反围攻作战的部队，有八路军第一二九师、第一一五师第三四四旅、决死队第一、第三纵队及属于东路序列的友军各部。八路军总部决定，以第一二九师为主力，转入外线，隐蔽集结，寻机歼敌。

总部还指示各部，动员群众，空舍清野。八路军的政治工作人员协同地方党组织、牺盟会、战地动员委员会等抗日团体，深入各村，组织群众把牲口赶进深山，粮食埋进地窖，水井也封了起来，不能封的就在里面扔上几条死猫死狗，叫鬼子不能喝水。地方游击队和自卫军担负起破坏道路，肃清汉奸，运送伤兵，筹集粮秣的任务。根据地军民严阵以待，准备粉碎敌人围攻。

当各路日军开始出动时，八路军总部令第一二九师主力和第三四四旅第六八九团，由辽县以南东进至敌合击圈外的涉县以北地区，隐蔽待机；令留在内线的各部，按预定部署，以游击战和运动战消耗与疲惫敌人，阻止日军深入，为外线的部队创造战机。同时，令晋察冀军区和第一二〇师各以部分兵力向平汉、正太、同蒲等铁路线出击，钳制日军，配合晋东南地区军民的反围攻作战。

洪洞离总部驻地很近，由此出发的日军对总部威胁最大。为确保总部安全，左权决定派特务团牵制该敌。

左权将特务团副团长欧致富叫来交代任务。他对着地图介绍了敌我态势，然后笑着问欧致富：“看出敌人弱点来没有？”欧致富知道左权问的是日军在战略、战役上的问题，不好意思地摇摇头。左权说：“敌人在平均使用兵力，而且，敌人想逼我们内线作战，他再深入一步，我们主力不用跳出外线，敌人就自己逼自己内线作战了。现在，各路进攻的敌人，都有地方部队、游击队在顶着、袭扰着，有的已经止步不前，就是对付洪洞这股敌人，我们抵抗力量嫌弱。你带两个营阻击一下，不要使总部有后顾之忧。让主力养精蓄锐，隐蔽待机破敌。”

左权指示欧致富，总部要向武乡方向转移，特务团一定要牵着敌人鼻子往别的方向走，不要让敌人盯在总部后面。[①]

随后几天，特务团按照左权的部署，牵牵打打，虚虚实实，迫使日军不得不“拔慢步”，转了几天也没走出几十里。4 月 7 日，日军突然加强火力，不顾代价直奔沁源城。由安泽出发的一股日军 800 余人，附火炮 10 门，也向沁源进犯，其先头骑兵 30 余人突进到离沁县不远处的一个村子。左权立即部署总部机关轻装，准备转移，并向朱德和彭德怀请战，亲往西线指挥作战，阻击该敌，以解总部之危。朱彭同意了左权的意见，决定由左权统一指挥西线的第三四四旅主力、决死第一纵队及友军高桂滋部配合作战。

左权启程后，朱彭率总部离开沁县小东岭，向武乡以北转移，并致电决死第一纵队：“本部参谋长左权同志，明日可至白孤窑，徐（海东）旅及贵纵队即由左参谋长统一指挥之，望派员到白孤窑与左取联络。”朱彭还电令徐海东率第三四四旅六八七团、六八八团向沁源急进配合作战，并电令友军高桂滋部设法迟滞该敌于沁源以西，以便夹击。[②]

左权和刘伯承在晋东南抗日前线

由于日军火力加强，加之总部已安全转移，左权电令特务团转到沁源以北再组织阻击。

4 月 8 日晨，日军 2000 余人占领沁源。当晚 20 时，左权接到朱德给他和刘伯承的电报。朱德命令各兵团要以机动坚决勇敢的动作，乘敌分进之际，集结优势兵力，从敌侧背给予各个打击与歼灭。电中指示第一二九师要适时打击由涉县向辽县前进之敌，并立即集结于西井镇附近机动位置；左权指挥第三四四旅及决死第一纵队或打击或消灭由沁源东进之敌，然后准备转至屯留以北配合友军曾万钟军及第一二九师作战。

日军进入沁源县城后，没有再继续大规模东犯，而是在县城附近村镇疯狂

① 欧致富：《戎马生涯》，广西人民出版社 1985 年版，第 140 页。
② 朱德致薄一波、徐海东电，1938 年 4 月 7 日。

洗劫财物，残害百姓。左权命令第三四四旅、决死第一纵队与友军高桂滋部协同作战，围攻该敌，在适当时机发起总攻。他自己率特务团两个营直奔沁县。

沁县城里死一般寂静。城里百姓撤退前，在八路军组织下搬走了用具，运走了粮食，掩盖了水井，连城墙都拆了。日军不敢驻扎在城里，退到城外七八里的娘娘沟扎营。左权指挥特务团悄悄摸上去，突然发动攻击。日军损失了百余兵马，不敢恋战，且战且退。左权也未追赶，率部奔向武乡寻找总部。

由于八路军及友军各部积极展开作战，消耗疲惫日军，并寻机在运动中击敌，因此，至10日前后，日军的各路围攻，大都受到了不同程度的抗击：

由临汾、洪洞出犯之日军第二十师团第七十七联队附特科部队，被第三四四旅、决死第一纵队和友军高桂滋部阻击于沁源地区；

由太谷、祁县出犯之酒井旅团一个步兵联队附骑兵、炮兵、工兵和辎重各一部，被友军武士敏第一六九师、朱怀冰第九十四师及八路军游击队，阻止于东、西团城地区；

由太谷、榆次出犯之第一〇九师团两个大队，未出多远即被第一二九师独立支队堵住；

由平定、昔阳出犯之第十六师团一个联队，在汪（乃贵）支队和第一一五师第五支队等部坚决阻击下，颇有伤亡，多次变更进攻路线；

由河北元氏、赞皇西攻浆水镇之第十六师团一个大队，被第一二九师游击支队和地方武装，阻滞于九龙关以东地区；

由涉县出犯之第十六师团两个大队，被友军骑兵第四师及第一二九师一部钳制于麻田地区；

至此，六路日军被八路军及友军阻止，只有由长治、屯留出犯的第一〇八师团两个联队及由平定、昔阳出犯的第十六师团一个联队，由于友军阻击不力，分三路侵入晋东南腹地。

这时，总部已转移到武乡西北的马牧村。四面八方的战报纷纷汇集总部，电报、电话不断，左权几乎昼夜守在作战科的地图前，从雪片似的电报中洞观战局、捕捉战机。

4月11日，日军第一〇八师团先头已进至下良镇。这是日军此次围攻的主力，由骄横的“反游击战专家”步兵第一〇四旅团旅团长苫米地少将指挥。苫米地曾经仔细地研究过八路军的游击战术，他根据八路军“敌退我追”的战术原则，发明了一种叫作“拖刀计”的战法。以往，日军每到一处，撤走前都要放火烧房子。游击队看到火起，一般就认为日军已走，或是追击，或是赶到村庄救火。苫米地的“拖刀计”，就是以烧民房伪装撤退，当游击队回来时，他突然掉头，围击或是于途中伏击正在追击的游击队，使一些游击队深受其害。苫米地因此博得日军大本营的赏识。加之他在会攻临汾时，抢先攻进了临汾城，大本营授予他一枚勋章。他在给女儿的信中说：“天皇因我先入临汾，赠了我一个勋章，我已挂在左胸前，我的右肩也高了起来。你看我像不像墨索里尼？”得意之情溢于言表。

这次围攻，苦米地部又成了其中最精锐、最骄纵的一路。

左权与朱德、彭德怀早已判断出苦米地有经武乡攻榆社的企图，遂于 11 日起草作战命令，要各部准备在武乡、榆社间伏击该敌。具体部署是：友军朱怀冰部于 12 日进至武乡、榆社间的云簇镇附近；武士敏部以一部向沁县游击；曾万钟部以一部退向武乡以北，主力隐蔽集结于附近山地，待敌通过武乡后猛力尾攻；第一二九师务于 12 日赶到蟠龙、石门村一线，13 日在武榆间与朱怀冰部及第三四四旅夹击该敌；第三四四旅限 12 日到达涌泉镇，准备于次日配合作战。总部要求各部在此次作战中，集中绝对优势兵力，分进合击，求得消灭敌之一部。

接到命令后，各部紧急向武榆间移动。正在这时，从北面榆次、太谷南犯的日军前进迅速，逼近榆社。如此路日军深入晋东南腹地，与南路日军会合，势必会打乱既定歼敌部署。为增援阻敌力量，左权亲率总部警卫连赴榆社以北堵击该路日军。

左权常常对别人说：“战斗越紧张，战士越需要自己的指挥员，指挥员在他们身边，会给他们带来无限的信心和力量。”① 他是这样说的，也是这样做的。在战场上，他经常穿越枪林弹雨，到前沿和战士们一起度过阵地上最紧张的时刻。

路上，一名小战士问左权：“首长，咱们的主力都集中回武乡，其他那几路敌人怎么对付呢？”左权拍着他的肩膀笑着说：“小鬼，这你就不用担心了，朱、彭总副司令早有安排啦！这叫‘伤其十指不如断其一指’。只要咱们歼灭了日军这股主力，鬼子的九路围攻，就会像癞皮狗打断脊梁一样，还怕它不垮！”

左权的到来，使阻击部队官兵大受鼓舞，很快便将疯狂的日军阻住。

苦米地部进抵武乡后，一通烧杀，这座依山傍水、历史悠久的古城顿时陷入一片刀光火影当中。之后，日军又窜往榆社，企图与太谷、榆次南犯之敌会合。由于有的友军未能按计划行动，总部部署的夹击计划未能实现。但是第三四四旅和总部特务团在武榆间给敌以有力截击，加之由太谷、榆次南犯的日军被左权他们阻击，苦米地部无法与之会师榆社，只好又退回武乡。

这时，奉命星夜兼程百余里赶到武乡附近的第一二九师主力，一路尾追日军从榆社转回武乡，未找到适当的歼敌时机。而自称以“猎共产军”为乐的苦米地，亲自督率此次围攻主力，一心欲寻晋东南八路军主力决战，却东碰西撞，到处扑空。第一二九师这几日一直在其左右迂回跟踪，苦米地竟毫无察觉。

压住榆次、太谷北来之敌后，左权奉令急返总部。

4 月 15 日晚 10 时，左权接到第一二九师第三八六旅报告，武乡日军正向襄垣方向撤退。左权当即电令第一二九师组织追击，歼敌于运动中。

第一二九师连夜组成追击队，以第七七二、第六八九团为左翼队，第七七一团为右翼队，沿浊漳河两岸山地实施平行追击；以第七六九团沿武乡至襄垣大道尾追敌人。

16 日晨，左、右两翼追击部队同时到达长乐村以西的两岸高地。这时敌大

---

① 杨得志：《和左权同志相处的日子》，载《红旗飘飘》第 5 集，1957 年 12 月 15 日。

部已过长乐村，但其辎重人马正好通过。两团遂相对突击，将敌拦腰折断，用火力压制在长乐村以西狭窄的河滩路上，展开激战。已过长乐村的千余日军回援，又遭顽强堵击。下午，日军第一〇五联队1000余人由辽县、蟠龙来援。驻在蟠龙附近的友军曾万钟部没有截击援敌，致第一二九师又与敌展开一场恶战。这时，又有日军千余人从辽县赶来增援。为避免过大牺牲，第一二九师留一部迷惑、钳制敌人，主力撤出战斗。

当晚，八路军第一二九师第三八六旅旅长陈赓在日记中写道："这次战斗若有曾3A（第三军）的配合，那么苫米地旅团无疑是可以歼灭殆尽的。未将该旅团全歼是最可惜与最不幸的一件事。"

长乐村战斗，共歼日军2200余人，曾经不可一世的苫米地因此战失利受到日军大本营的严厉处分，他写给爱女的那封信也成了八路军的战利品。八路军也为这次战斗付出了相当代价，伤亡800余人，左权的爱将、年仅25岁的第七七二团团长叶成焕在战斗中负重伤后牺牲。

长乐村战斗是粉碎日军"九路围攻"中具有决定意义的一战。其他各路敌军见主力惨遭重创，纷纷回窜。八路军乘胜追击，连克长治、沁县等18座县城，前后共歼敌4000余人，彻底粉碎了日军的"九路围攻"。

日军的"九路围攻"被粉碎后，八路军在晋东南敌后建立的抗日根据地更加稳固、扩大了。从此以后，左权与八路军总部一直转战于晋东南的太行山间。

七、主持八路军总部全盘工作

1938年7月、8月间，朱德和彭德怀先后离开八路军总部赴延安参加中共扩大的六届六中全会，临行前委托左权主持总部的全盘工作。面对两位首长的信任和嘱托，左权勇敢地担当起自全国抗战以来最重大的责任。

这时候，侵华日军为了实现其迅速灭亡中国的计划，正集中兵力于国民党正面战场，大举进攻长江南北武汉的外围地区，武汉会战方酣。

为配合正面战场作战，左权根据中共中央指示，认真部署八路军各部积极活动，袭击与破坏日军控制的同蒲、正太、平汉、平绥等交通动脉。同时，他也预见到，在华北敌后战场，日军虽在某些地区以积极的动作配合夺取武汉的作战，但基本上是采取防御态势，巩固已占领的城镇及交通要道，以待机扩张。然而，从长远来看，日军对华北敌后各抗日根据地的发展是绝不能容忍的，必然要进行不断的围攻，同时对华北政治、经济的破坏也将进一步加剧起来。基于这样的判断，怀着强烈的责任心，9月15日，左权向在延安的朱德、彭德怀并八路军总政治部主任王稼祥、中央军委参谋长滕代远提出对目前华北作战的意见，共有六条：（1）目前华北战争形式应是以游击战为主的游击战与运动战的配合，但在战争指导上应不放松一切有利机会，组织较大战役的正规作战，求得不断地消灭更多的敌人；（2）应抓住目前有利局面，加紧扩大游击战争的发展，把战线向外延伸扩大；（3）应加速晋、冀两省，特别是以恒山、太行山脉为中心的察晋冀豫地区根据地的深入与巩固的工作；（4）对敌人交通线上的游击战争必须更积极地开展起来；（5）发展与扩大游击队的组织仍是目前主要的任务之一，但某些区域游击队的数量已有不少，应即开始整理大批游击队为正规军的工作；（6）节省可能节省之干部，加强各基干兵团的各级指挥机关及勤务部门。

战争之神似乎有意要考验一下这位年仅33岁的高级指挥员。就在左权主持八路军总部工作不久，日军发动了对晋察冀抗日根据地的大围攻。

晋察冀抗日根据地地处恒山、五台山和燕山山脉的连接地带，是威胁平绥、同蒲、正太、平汉、津浦等交通大动脉及北平、天津等大城市和坚持华北抗战的重要战略支点。随着根据地的不断发展和强大，这里成为"华北根据地之一及沦陷区民众抗日斗争的导标"[①]。在纪念"七七"抗战一周年之际，为进一步牵制日军，配合友军保卫武汉，晋察冀军区部队和第一二〇师第三五九旅曾分别向平汉、平绥、正太等铁路沿线城镇出击，直至北平近郊，破坏石景山发电厂设备，袭击香山附近敌军，先后共歼敌1400余人，破坏铁路50余公里。

八路军的上述行动，使日军极为震惊。为消除后顾之忧，同时为配合夺取武汉、广州的战役，日军华北方面军根据大本营"中攻武汉，南取广州，北围五台"的作战计划，调集3个师团、3个旅团等共5万兵力，在数十架飞机的支援下，自9月20日起，兵分25路，从四面八方开始对以五台为中心的晋察冀抗日根据地发动大规模围攻。日军改变以前长驱直入的战法，采取分进合击、多路围攻、逐步推进、步步为营的方针，企图一举歼灭根据地党、政、军领导机关，摧毁抗日根据地。

针对日军企图，八路军总部决定以晋察冀军区部队和第一二〇师主力、第一二九师一部，在广大民兵游击队的配合下，采取内线与外线相结合、广泛的游击战与有利条件下的运动战相结合的方针，粉碎日军的围攻。之后，左权以焦急的心情，密切地关注着晋察冀军区反"扫荡"战局的每一点变化。他常常一面向延安报告着前线的形势，一面根据战况向曾与自己多年朝夕相处、并肩作战的老战友、晋察冀军区司令员兼政治委员聂荣臻电授机宜。

在对晋察冀抗日根据地的围攻开始不久，日军施放大量毒气炮弹，致使八路军战士中毒者甚众。联系到最近日军在长江两岸作战中亦经常使用毒气的无人道行径，左权意识到，"在抗日战争日益顽强的发展中，敌之毒攻政策将要日益加激"，如何应对日军的毒攻手段，对装备简陋的八路军是一个亟待解决的崭新课题。9月26日，左权致电朱德、彭德怀并报毛泽东、滕代远，提出："对于我军除拟定简单防毒办法，通令部队加紧防毒教育外"，提议：一、由延安设立防

① 毛泽东、朱德、彭德怀、王稼祥、刘少奇、彭真致聂荣臻转左权、刘伯承、周士第、甘泗淇电，1938年10月2日。

毒研究班，训练一批人员，指导部队防毒工作；二、立即大批制造简单防毒用具（如中央苏区之防毒口罩）分发部队备用。①

尽管晋察冀抗日根据地军民英勇抵抗，但强敌压境，根据地大部分重要城镇还是很快被日军侵占。在战斗中，军区参谋长唐延杰身负重伤。9 月 30 日，聂荣臻在一天之内连续向总部和中央发出两份电报，如实反映了当时面临的困难局面："我已无绝对把握击溃敌人一面，如勉强行之，将造成更不利之势，而以三万之众缚于大荒山地，无食无住，且不能周旋。"

此前，左权已命令第一二〇师第三五八旅（张宗逊旅）及第一二九师密切配合，积极出击，策应晋察冀军区反围攻作战。接到聂荣臻电报的当天，左权立即复电，除告之张（宗逊）旅及第一二九师已派出策应作战的部队外，还提出建议：为摆脱目前严重的局面，应组织多数小的精干游击队，不断袭扰敌人侧后，破坏其交通，截击其运输队；进行彻底的清野空舍，特别在敌之后方和前进路上埋藏粮食、耕具等。

值此紧急时刻，10 月 2 日，正在延安参加中共扩大的六届六中全会的毛泽东、朱德、彭德怀等电示聂荣臻转左权等：根据日军的进攻特点，应相当地集中主力于我有利的各种条件（敌人弱，地形有利）准备待机；以小部队与敌进行极不规则的小战，迟阻和疲惫敌人，以相当有力部队转入敌后打击其后方；如敌无弱可乘，不便我主力集中打击或消灭敌时，待敌进至利害循环变换线即将主力转至敌后方，以小部队分途逐渐引敌深入，使敌疲惫疏忽扑空，待敌转移方向或退却时，给敌以突然的袭击或追击；刘伯承应令正太兵团，周士第令雁门关、太原线各兵团积极配合作战。

根据毛泽东等的指示和聂荣臻反映的情况，左权进行了认真思考和分析，并于 10 月 3 日再次致电聂荣臻并报朱德、彭德怀和毛泽东、王稼祥、滕代远，详细提出自己的作战意见。他认为，日军进攻晋察冀抗日根据地的目的，是逐渐缩小分割边区，限制八路军的活动，企图摧毁与肃清八路军的有生力量，使我们不能继续向北发展，同时，推广其线的占领逐渐为面的占领，保障其铁路线的安全。据此，他指出，目前应以主力集结于五台以东地区，准备打击企图贯通五台、阜平路的日军，或反击五台日军，并迅速布置战场；凡企图消灭日军某一部分或某路之战斗组织，须集中最优势的兵力，力求迅速解决战斗；多组织派遣有力的游击队，积极开展敌人侧后的游击战，打击其运输及修路部队。

几天后，日军闯入晋察冀抗日根据地的腹地，侵占了阜平、五台等县城，并在根据地内加修道路，建立据点，妄图以先分割、后"清剿"的手段，达到各个消灭八路军主力和领导机关，彻底摧毁根据地的目的。

在这种复杂、严重的情况下，左权于 10 月 10 日向聂荣臻发了一封"万万火急"的电报，指出：日军的企图是，一方面继续完成交通线的修筑，增加据点与

① 左权致朱德、彭德怀并报毛泽东、滕代远电，1938 年 9 月 26 日。

守备，分割整个晋察冀边区为若干小块，并分区肃清或寻找和压迫八路军在不利条件下作战；另一方面，实行政治上的欺骗和经济上的破坏，镇压抗日民众等政策。因此，要加强边区军民的团结，揭破敌人一切阴谋欺骗，反对悲观失望情绪，树立坚持抗战的决心与胜利的信心；把握与巩固党的政权及群众组织，并继续发展力量，勿使因战争紧急而解体；大规模动员民众开展游击运动，主力部队实行机动作战，并以有力部队留边区内分区开展游击战。在这封电报中，左权还特别提示："应估计到敌对边区围攻达成某种程度时，可能抽调可能抽出之兵力，配合平津及平汉、津浦线之部队，转回向冀中进攻之可能。"因而，左权提议，除在兵力部署上考虑掩护和配合冀中作战之外，还应"在粉碎敌围攻边区口号下加紧冀中的动员工作，首先是坚固党的组织和迅速巩固部队，在短期使大量部队作到打不垮、拖不垮才好"[①]。

由于中共中央军委、八路军总部的正确指导和抗日根据地军民的英勇奋战，至10月下旬，整个战局起了很大变化。进入山地的日军十分疲惫，八路军却愈战愈勇。在第一二〇师和第一二九师部队的配合下，晋察冀军区部队在各地主动出击，不断重创日军。至11月7日，历时48天的反敌多路围攻的战役胜利结束，共进行大小战斗136次，毙伤日伪军5200余人。晋察冀抗日根据地军民在这场异常严峻的斗争中，以坚忍不拔的精神，经受住了血与火的考验。此次反围攻的胜利，进一步巩固了晋察冀抗日根据地，有力地策应了武汉地区正面战场的作战。

正如左权所料，作为"北围五台"计划的组成部分，自11月起，日伪军果然又先后以两万多兵力对冀中抗日根据地发动了五次围攻。由于当地军民在各方面提前做好了充分准备，再加上贺龙、关向应等率领的第一二〇师主力部队的强有力支持，冀中军民经过顽强奋战，歼灭了大量敌人，粉碎了日伪军的围攻计划，迫使日伪军转入以保守城镇据点为目的的防御状态。左权为此十分欣慰。

为了及时总结这次日军进攻的特点和晋察冀抗日根据地军民反对日军围攻的经验与教训，为其他地区反击日军新的围攻作战提供有益借鉴，还在这场斗争尚未结束的10月25日，左权即撰写了《论敌人大举围攻晋察冀边区及晋察冀边区反对敌人大举围攻斗争之经验教训》[②]一文。

左权在文章中指出：在敌人方面，由于边区的巩固和扩大，武装力量的强大，又由于敌人过去多次进攻根据地的一再失败，敌人此次对晋察冀边区大规模的围攻，在战略战术上较前更为周密、有计划与持久。而就八路军而言，则由于边区广大民众之坚强的民族意识和高度的抗战情绪，由于党、政权和军队的和衷共济，正确坚强的领导，才得以获取这样的成功。

接着，左权具体分析了晋察冀抗日根据地军民粉碎日军大举围攻的经验教训。他指出，晋察冀边区军队反对敌人围攻的作战，就是采用游击战、运动

---

① 左权致聂荣臻并报朱德、彭德怀、毛泽东、王稼祥、胡服（刘少奇）、滕代远电，1938年10月10日。
② 该文先刊载于《战术研究材料》第12期，后发表在1939年2月1日《前线》复刊第1期。

战，进行机动作战。边区的地形条件及民众条件，对于边区军队的作战都是非常优越的。当敌人开始大规模地由各方向向边区中心进击时，边区的基干部队，曾机动地分别突击向边区进攻之敌。当敌深入边区后，虽占领了某些城镇与交通要道，但敌人之分进合击，一举而歼灭我有生力量的企图，却完全没有成功。敌人的计划虽周密，手段虽毒辣，然在我边区部队灵巧的机动、全体民众反对敌人进攻的情况下，就是敌人深入边区，占领了某些城镇与要道，仍未能限制我之机动力。相反的，边区部队仍自如地继续不断地在各个地区打击深入之敌，并不断获得胜利。同时，在敌之后方联络上，在其纵深中，亦不断出现我有力兵团与游击队，马路破坏了，往返部队不断遭我袭击，而不敢运动，守据点之敌，被我不断袭扰围攻，亦不敢出来。平汉、正太、平绥、同蒲等铁路，又不断遭我破坏。结果敌我形势变动了，给围攻之敌以围攻，给分进合击之敌以合击夹击，使深入之敌不得不放弃其继续进攻。这是优良的机动，是抗日战争中战略战术的特色。

左权认为，除正确的战略战术外，坚决打击敌人，坚持持久的作战，深入的民众动员，彻底的政权改革，都是边区战胜敌人的重要条件。

其中，左权尤其强调："任何一个军队，如没有较好的组成分子，没有必要的团结，没有必要的训练，没有必要的自觉的纪律，没有必要的政治工作，没有必要的抗日救国教育，提高其民族意识，克服一切不良现象，不仅不能保证其忠实于抗日救国事业，坚持持久作战，不顾一切艰难困苦，不屈不挠、再接再厉地为独立自由幸福的新中国而奋斗，就不须经过敌人的严重猛烈进攻，也要解体或转变到或多或少地危害于民族解放事业。"

左权在文章的最后指出，敌人为配合争夺武汉的作战及巩固对华北的占领，在华北又复蠢动。这次以巨大兵力，向晋察冀边区大举围攻，正是敌人企图"扫荡"整个华北毒计的开始。因此，整个华北各个地区均应紧急地动员起来。研究这次晋察冀边区军民反围攻的经验教训，对于坚持持久作战，特别对于在敌人后方坚持持久作战，准备不断地反对敌人的围攻，战胜敌人的不断进攻与围攻，争取抗战的最后胜利，更有着实际的意义。

就在晋察冀抗日根据地军民为保卫根据地与围攻的日军进行浴血奋战的时候，朱德、彭德怀等致电八路军各部队，分析了当时形势发展的特点，指出：敌人进攻晋察冀边区，不过是敌人"扫荡"华北毒计的开始，华北将转向严重与艰苦的战斗环境。因而，电文要求各地做好迎击敌人进攻的准备。[①] 为落实这一指示，10 月 19 日至 20 日，在山西省潞城县故漳村的南大庙，左权主持召开了由八路军总部、第一二九师和中共晋冀豫区委[②] 负责人参加的主要干部会议（习惯

① 朱德、彭德怀、王稼祥、胡服（刘少奇）致各兵团电，1938 年 10 月 12 日。

② 中共晋冀豫区委，即中国共产党晋冀豫区委员会。1938 年 8 月 19 日，根据中共中央北方局通知，"中国共产党冀豫晋省委员会"改为"中国共产党晋冀豫区委员会"，简称晋冀豫区委，1939 年 3 月又改称晋冀豫区党委。

上称为“主干会议”)。左权致开会辞并传达朱德、彭德怀等的来电，八路军野战政治部主任傅钟作主报告，中共晋冀豫区委书记李雪峰作副报告。在自由发言中，左权主要就华北日军的情况、晋察冀抗日根据地反围攻的经验、设想日军进攻时的情形以及目前工作等问题谈了自己的看法。他说：“太行山在战略意义上比五台山更大，是全华北持久战的战略据点，但敌为何先攻冀察晋，主要因那里直接威胁它，但进攻太行山也不会远。”① 因此，他指出，目前的工作是：发动广大民众，并进行紧急动员，反对太平观念，政治动员是第一位工作；巩固在三、五区既得成绩，对同盟者应有正当的坚持和坚强态度；要加强和改善政权工作。另外，第一二九师师长刘伯承也就军区工作、动员工作及政权工作作了发言。会议结束的当天，以“十八集团军政治部、共产党晋冀豫区委”的名义发出《关于紧急动员准备粉碎敌人新的进攻的指示》，号召党、政、军、民紧急动员，全晋冀豫区八百万军民团结一致，坚持抗战，粉碎日寇新的进攻。

为进一步做好战备动员工作，“主干会议”结束后的第二天，左权又主持召开了晋冀豫区军队和地方高级干部联席会议，历时两天半，参加者有各军分区旅以上干部及地方特委以上干部。会议根据此次日军进攻晋察冀抗日根据地的特点和将来可能向晋冀豫区发动新进攻的情况，规定了“巩固华北抗日根据地，坚持持久战，准备克服一切困难，粉碎敌人新的进攻”的任务。会议提出，必须进行广泛宣传，打破太平观念，同时注意克服悲观失望情绪；动员一切力量协助政府实现“五一”减租和“分半”减息②，发动群众筹集粮食及资财；加强行政机构，建立抗日民主政权；大力组织民众，发展和健全农民救国会及工会；帮助主力部队补充兵员，动员群众参军参战；各种武装应加紧教育，进行整训；发动群众拆墙破路，并切实组织锄奸工作。10月26日，左权和傅钟向八路军各部队首长通报了此次会议的情况，要求各区根据具体情况并参照会议内容，布置动员工作。③

以后的斗争实践证明，在左权主持下召开的这两次会议，对于晋冀豫抗日根据地军民及时做好反对日军残酷“扫荡”的思想教育和备战动员工作，起到了非常重要的作用。

除此之外，左权还在《中国人报》④ 上发表谈话，介绍晋察冀抗日根据地军民艰苦奋斗的经验与教训，号召晋冀豫抗日根据地军民做好思想准备，迎接未来严峻考验。

11月上旬，左权在总部接待了一位特殊的客人，她就是侨居新加坡并被当

---

① 八路军总部、一二九师与中共晋冀豫区委主干会议记录草稿摘要，1938年10月19—20日。

②“五一”减租，即租率五成减一成；“分半”减息，即息率减一半。

③ 左权、傅钟致陈光、罗荣桓、聂荣臻等并报朱德、彭德怀、王稼祥、胡服（刘少奇）电，1938年10月26日。

④《中国人报》，中共冀豫晋省委对外机关报。1938年5月1日在山西省屯留县寺底村创刊，同年12月底终刊。

地《星洲日报》作为特派记者派回中国的黄薇。这位爱国的华侨女记者，于8月份随同陕甘宁边区各界慰问参观团从延安出发，到华北敌后抗日根据地连续进行采访报道，八路军总部是她此行的最后一站。左权热情地会见了她，并招待她和慰问参观团一行吃了午饭。在谈话中，左权询问了后方的情况，尤其详细地询问了远在海外的侨胞们的工作和生活情况，其关切之情就如同对待自己的亲人一样。同时，左权向黄薇介绍了华北敌后抗战的意义、目前的战局以及八路军的军事、政治等各方面状况。当谈到华北抗战的前途时，他结合国内外形势进行了深刻分析和科学阐述，使听者深受启迪，连连点头。参观慰问团在总部停留四天，直接返回延安。临别之际，左权赠送给黄薇一件缴获的日军军官黄呢大衣，并派遣部队加以护送，还亲自送了一程。在途中，他向参观慰问团成员们指出："华北安定的局面不会很长久，以后还会有一个更困难的阶段；但在极端困难之后随着而来的就是光明。"[①] 他那充满胜利信心的坚毅目光以及待人的诚恳亲切之情，令黄薇这位长居海外的游子久久难以忘怀！在这位女记者细腻的笔触下，八路军副参谋长左权是"中等身材、文质彬彬，热情亲切"，"他年龄三十二岁[②]，但看起来只有二十多岁的样子"。黄薇在发给新加坡《星洲日报》的通讯报道中，对左权还作了这样的记述：

> 左参谋长是八路军总部中最忙碌的人。他日理万机，还要关心机关的政治生活。他为了民族解放事业，夜以继日地工作。由于过度操劳，显得有些消瘦。他是黄埔军校第一期毕业生，被保送去苏联留学，是受过高等军事教育而又具有丰富作战经验的军事家。他指挥战斗机智而果敢，对同志和蔼、对部属关怀体贴，深受人民和同志们爱戴。[③]

11月中旬以后，彭德怀和朱德先后回到八路军总部。左权又全力协助他们投入到新的斗争中。

---

① 黄薇:《回到抗战中的祖国》，新华出版社1987年版，第216页。

② 左权此时年龄应为33岁。

③ 黄薇:《回到抗战中的祖国》，新华出版社1987年版，第212页。

第十二章　在巩固华北抗日根据地的日子里（上）

一、执行“巩固华北”的战略部署

1938 年 11 月 19 日，从延安返回八路军总部的彭德怀，向左权和其他有关人员传达了中共扩大的六届六中全会精神。

中共六届六中全会是中国共产党在抗战新阶段召开的一次具有重大历史意义的会议。全会正确地分析了抗日战争的形势，规定了中共在抗战新阶段的任务，为实现中共对抗日战争的领导进行了全面的战略规划。由于八路军已经在华北敌后广大地区开展了游击战争，并初步建立起抗日民主政权，而新四军在华中的游击战争尚未充分发展，为了准备对付日军的进攻，争取主动，全会确定了“巩固华北、发展华中”的战略方针。左权完全拥护中共六届六中全会确定的战略方针。

12 月，作为八路军在抗日前线指挥部队作战的统帅机关——八路军前方总部在晋东南组成，朱德任总指挥，彭德怀任副总指挥，左权任参谋长。① 左权深感自己肩上的分量，同时也意识到更艰巨复杂的斗争还在后面。

自武汉、广州陷落以后，中国的抗战形势发生了重大变化，抗日战争逐渐转入战略相持阶段。日本侵略者在继续坚持灭亡中国的总方针之下，对其侵华的战略和策略进行了一些调整。在政治上，把对国民党政府以军事进攻为主、政治诱降为辅的方针，转变为以政治诱降为主、军事打击为辅的方针。在军事上，日军基本上停止对正面战场的战略性进攻，而逐渐将其注意力集中于打击和消灭共产党领导的八路军和新四军，尤其是把进攻的重点转向敌后游击战争发展最迅速最广泛的华北各抗日根据地，以求把对点、线的占领，即对中心城市和主要交通线的占领，扩大为对面的占领，实现“肃正后方，掌握占领地”的目的。为此，从 11 月开始，日军陆续增兵华北，至翌年 4 月，华北日军总兵力达到 15 个师团、9 个独立混成旅团和 1 个骑兵旅团，占其关内侵华总兵力的半数以上。其华北方面军明确提出“今后华北治安的对象是共军”②，并制订了 1939 年度“治安肃正计

① 中共中央组织部、中共中央党史研究室、中央档案馆编：《中国共产党组织史资料》第 3 卷（上），中共党史出版社 2000 年版，第 151 页。

② 日本防卫厅战史室编：《华北治安战》（上），天津市政协编译组译，天津人民出版社 1982 年版，第 100 页。

划”。该计划分三期实施：第一期从 1 月至 5 月，首先集中兵力对冀中、冀南等平原地区，尔后对晋西、晋北、五台等山区进行大规模“扫荡”，为高度分散部署兵力打下基础；第二期从 6 月至 9 月，高度分散部署兵力，广泛建立据点，并依托据点反复进行“扫荡”；第三期从 10 月至 1940 年 3 月，主要是继续完成第二期的任务。此后，日军紧锣密鼓地不断发动对华北各抗日根据地的“扫荡”。这样，“扫荡”和反“扫荡”就成为敌后根据地敌我斗争的中心内容，反“扫荡”成为抗日游击战争的主要作战形式。

与此同时，中共中央军委根据党的六届六中全会确定的“巩固华北”的战略部署和华北敌后的新形势，并针对日军在华北先取平原、后取山区的企图，决定八路军以三个师的主力，分别进入山东、冀中、冀南和冀鲁豫等平原地区，协同各地方党领导的抗日武装，广泛开展游击战争，粉碎日军的残酷“扫荡”，并在斗争中壮大自己，巩固并扩大各抗日根据地。

为了全面实施中共中央和中央军委的这一重大决策，左权参与全盘戎机，竭力协助朱德、彭德怀精心策划，周密部署。特别是在落实第一一五师主力东进山东计划的过程中，左权做了许多准备、协调和指导性工作。

山东，背靠中原，面临渤海、黄海，南接江淮，北迫平津，是联结华北和华中的纽带，具有非常重要的战略地位。山东抗日根据地与其他大部分抗日根据地是由八路军和新四军主力开辟的特点不同，它是由当地的中共组织领导人民进行抗日武装起义开创的。还在 1937 年 12 月济南陷落后，中共山东省委即根据中共中央的指示，高举抗日民族统一战线的旗帜，抓住入侵日军立足未稳的时机，领导人民在各地开展武装起义，组建抗日武装部队，初步开创了大大小小许多块抗日根据地，奠定了山东抗日根据地的基础。1938 年 4 月，中共山东省委书记黎玉到延安汇报工作时，要求中央派一个主力团去山东。毛泽东说：“看来还要多去一些。”6 月，第一一五师第五支队奉八路军总部命令由冀南进入鲁西北；7 月，第一一五师政治部副主任兼第三四三旅政治委员萧华根据中央军委和八路军总部的决定，率第三四三旅一部分干部由山西出发，于 9 月 27 日进抵山东乐陵，随即成立了八路军东进抗日挺进纵队。这是第一一五师派兵山东的开始。

同年 8 月，中共中央陆续抽调张经武等干部和抗大学员共 160 余人，由张经武、黎玉带领从延安开赴山东，并于 9 月 12 日中途到达八路军总部。当时，主持总部工作的左权在接见张经武、黎玉时，不仅向他们分析了目前的抗战形势和应采取的斗争策略，而且还向他们详细交代了开展工作的经验，并鼓励他们在今后的斗争中取得更大的成绩。

随着斗争形势的发展，9 月 15 日，毛泽东、朱德、彭德怀致电左权和第一一五师代师长陈光，就第一一五师派一个主力团去山东事宜作出初步安排。第二天，左权致电此时尚在晋西南的陈光，向他提出：我想以六团（即第六八六团）去山东为宜，到底以哪团去，请你决定即告；去山东之团须带三个电台，其中应有一个十五瓦特的才好，并配足报务人员及译电人员，你们留下两个电台，万一不够将容易补充；派出之团发展前途极大，除该团原有组织外，请尽可能抽一批军事、政治、供给、卫生等干部随往，教导营之学生可多拨一些带去。

武汉、广州失守之际，山东形势日趋严峻：日军逐渐增兵山东，以山东省政府主席沈鸿烈为首的国民党顽固派也加紧对共产党、八路军制造摩擦。鉴于此情，10月中旬，赴山东途中的张经武、黎玉电报中央：迫切需要派一个主力团到山东。25日，毛泽东、王稼祥、滕代远致电八路军总部，决定以陈光、罗荣桓率第一一五师师直及第三四三旅主力全部去山东、淮北。12月2日，八路军总部电令陈光、罗荣桓率师直及第三四三旅东进山东地区。

12月7日，左权与朱德亲临晋东南长治县，看望已先期来到这里、此时正在休整的第一一五师先遣部队第六八五团，宣布中共中央派第一一五师去山东的命令，并作了东进动员，同时交代行军途中注意事项。此后，第六八五团根据总部指示，改用苏鲁豫支队的番号，从驻地出发，经长途跋涉，于27日到达苏鲁边的微山湖以西地区。

随后，第一一五师师直和第六八六团在陈光、罗荣桓率领下由晋西南出发，冒着纷纷大雪，越过敌人的封锁，于1939年元旦东进到达八路军总部驻地附近整训，后受到左权与朱德、彭德怀等的亲切接见。左权和总部首长检查了部队的东进准备工作，并明确指出第一一五师入鲁的任务是：开展敌后游击战争，巩固和扩大山东抗日根据地。

这一时期，国民党为了限制和排挤八路军，控制整个鲁苏敌后地区，增设了鲁苏战区司令部，并无理要求第一一五师归还第二战区建制，八路军在山东的地方部队统一由鲁苏战区总司令（兼第五十一军军长）于学忠指挥；同时极力挑拨八路军与东北军之间的关系。这就为第一一五师的东进计划设置了障碍。

在此种尖锐复杂的斗争情况下，第一一五师部队继续进入山东需要有一个合适的机会。为了应对山东目前的局面，1939年1月12日，左权与朱德、彭德怀致电八路军山东纵队指挥张经武、政治委员黎玉并报毛泽东、王稼祥、滕代远，指出：（1）目前各方摩擦增加，蒋介石及国民党虽有进步，但对我限制仍未放松，蒋不允我出山东、河南发展，因此目前不能派兵去山东；（2）你们应加速培养主力骨干，同时应经常派遣部队打击敌人，虽小的亦好，总应经常取得战果，以扩大我军在友军中之更好影响并锻炼队伍；（3）六八五团现在徐州西北地区活动，后可逐渐向津浦线及鲁南发展，你们应积极帮助该团之扩大。已到沛（县）丰（县）线之挺进支队[①]可即编入六八五团，作为苏鲁豫支队新团之基础；（4）望即将山东境内我军人枪数目、分布情况，友军、敌人分布情形，政权、民众情形，我军打仗情形作较有系统的较详细之电告。

同时，左权与朱德、彭德怀反复思考着如何选择第一一五师师直和第六八六

① 即中共山东省委领导的苏鲁人民抗日义勇队第二总队。1938年底山东纵队成立后，第二总队改编为山东纵队第十三支队，后又改称挺进支队。

团东进山东的时机。不久，恰好彭德怀要去冀南找国民党冀察战区总司令鹿钟麟商谈解决河北国共摩擦问题。这样，第一一五师师直和第六八六团便以“八路军东进支队”护送彭德怀的名义，翻越太行山，跨过平汉路，于3月初终于到达鲁西地区，进而开创了整个山东抗日的新局面。

在此期间，左权还协助朱德、彭德怀指挥第一二〇师主力挺进冀中，第一二九师主力挺进冀南等平原地区，并协同当地武装成功粉碎日军的“扫荡”。

八路军三大主力挺进冀鲁平原的战略性行动，不仅大大加强了平原地区的抗日游击战争，为长期坚持平原，进而巩固山区以至整个华北抗日根据地打下了坚实基础，而且也发展壮大了主力部队自身的力量。

正当左权协助朱德、彭德怀指挥八路军主力挺进冀鲁平原、反击日军对平原地区“扫荡”的时候，山区各抗日根据地首先是晋冀豫抗日根据地的形势又日益紧张起来。

晋冀豫抗日根据地，东至平汉路，西抵同蒲路，北至正太路，南迄黄河，包括晋东南、冀西和豫北部分地区。其中的晋东南地区，既是晋冀豫抗日根据地的中心，又是八路军总部和中共中央北方局等领率机关的所在地，成为华北敌后抗战的指挥中心和神经中枢。

为了摧毁晋冀豫抗日根据地，从1939年初开始，日军就在根据地周围陆续增兵至八万余人，加紧做着大举进攻的准备。1月至2月，正太线日军侵占和顺、辽县，同蒲线日军占领翼城、浮山、安泽，其他各线日军也逐渐向晋冀豫根据地延伸增设据点，以建立大规模“扫荡”的前哨阵地。

左权和朱德根据敌人的动向，很快洞悉日军的企图。2月23日，他们在与正前往冀南解决国共摩擦问题的彭德怀商议对策时指出：“敌‘扫荡’华北作战，除晋东南、晋西北外，均已进行‘扫荡’，虽未达成其目的，但可告一段落。目前将转向晋东南，但以晋东南地区庞大，地形复杂，交通不便，我军、民、政各种工作之进步，敌可能首先采取局部的逐渐分割、逐渐缩小围攻圈等方法。”“反对敌对晋东南地域之进攻，已成为今日的最具体的任务与工作。”“为确保山岳地带，为利用晋东南各种有利条件，求得适时的给进犯之敌人以打击，就必须立即有确实的准备。”[①] 为此，除请国民党在山西省的军队给予援助外，第一二九师应整理各部迅速西移，以便不失时机打击敌人；冀中、冀南继续坚持作战拖住敌人外，并拟各以有力部队向平汉线积极活动，以有力部队向正太路及其以南行动，同蒲路以西部队及时策应作战。

鉴于晋东南目前局势，3月初，总部发出紧急动员令，号召晋东南军、政、民众积极行动起来，为粉碎敌人的新进攻而奋斗。同时，颁发全区军队作战部署：除山西青年抗敌决死队第一纵队移集沁园地区，向安泽敌行动，决死队第三纵队移高平、长子以西并向浮山敌行动外，其余各兵团均暂驻原地；第六八八团

① 朱德、左权致彭德怀并报中央军委电，1939年2月23日。

集结屯留。[①]

社会各界也十分关心晋冀豫战局的发展。为此，4月16日，左权在八路军总部驻地潞城县北村接受了《新华日报》（华北版）记者陈克寒和张克的采访。左权在谈话中指出，华北抗战是全国抗战的一部分，华北抗战形势离不开全国抗战形势，全国抗战形势的变化可以影响华北，同时，华北形势也可以影响全国。中国是全世界的一部分，国际形势的变化，亦会反映到中日战争上来。左权在谈到晋冀豫战局时指出，晋冀豫抗日根据地是坚持华北抗战的重要枢纽，而且是保卫大西北的前卫。保卫晋冀豫根据地，对坚持整个华北抗战与保卫大西北，均有很大关系。在晋冀豫抗战中，我们如能充分运用与发挥晋冀豫区各种有利条件，给进攻之敌以更多打击与消灭，并配合华北各个区域的坚持，牵制敌人，这不仅给敌人进攻西北计划以严重打击，增加其困难，延长其进攻时间，而且有可能破坏敌人进攻西北的计划。因此，我们粉碎敌人对晋冀豫地区的进攻，在战略上有着非常重大的意义。左权的这次谈话，后来记者整理成《左参谋长纵谈晋冀豫战局》一文，发表在4月23日的《新华日报》（华北版）上，引起了各地抗战军民极大的关注，对于统一人们的思想，鼓舞人们的斗志，起到了非常积极的作用。

果然，日军在对冀中、冀南等平原地区进行“扫荡”并占领了主要点、线以后，于当年夏天把进攻重点移向山岳地区，因为日军认为“山地是‘扫荡’战的枢纽”[②]。据此，八路军总部决定，除将第一一五师主力继续留在山东之外，命令第一二〇师和第一二九师主力返回山区。

7月初，日军第一军司令官梅津美治郎指挥五万余重兵，先后从同蒲、正太、平汉、道清等铁路沿线各县出发，开始了对晋冀豫区的“第二次九路围攻”。日军企图依托前一阶段深入根据地的点线，打通白（圭）晋（城）、邯（郸）长（治）、平（定）辽（县）等路，控制主要城镇，以分割和缩小八路军的机动范围，尔后消灭这些地区的八路军，摧毁抗日根据地。此时，根据八路军总部的部署，晋冀豫根据地军民已提前做好了扎实的反“扫荡”准备，第一二九师主力和其他部队积极配合，分遣游击，避敌锋芒，待敌深入后，再打其侧背和分割围歼。

几天后，日军第二十师团一部直逼八路军总部所在的潞城县地区。为避开日军锋芒，7月6日，八路军总部由潞城县北村迅速出发，沿浊漳河流域向西北的崇山峻岭之中转移。这时正值太行山区的雨季，行军的第二天即遇上下雨。天空阴沉，淫雨连绵，给本来就紧张的行军更增添了不少困难。左权既协助朱德、彭德怀指挥根据地军民的反“扫荡”作战，又直接负责指挥总部机关及直属部队的转移行动。他骑着一匹大黑马，时而照顾一下年纪大些的朱、彭两位首长，时而往返奔波于整个队伍的前后，并不时大声鼓励着大家加快行军步伐。部队宿营后，指战员们进入甜蜜的梦乡，他还要仔细研究并确定第二天的行军方案。当总

① 朱德、左权致彭德怀并报毛泽东、王稼祥、滕代远电，1939年3月2日。

② 左权：《“扫荡”与反“扫荡”的一年》。

部转移队伍经过襄垣县普头村来到浊漳河畔的黎城县河南庄时，适逢一场暴雨，只见陡涨的河水汹涌奔腾，涛声震得山谷轰鸣。一连三天，水势仍不见稍落。派出的侦察员来报，尾追的日军已进至黎城西北的柏峪、上遥一带，不远处传来阵阵清晰的枪炮声，而此时襄垣又为敌人占领。在这种情况下，唯一的出路只有渡河向北转移。于是，朱德命令："前无去路，后有追兵，一定要想办法渡过浊漳河。"左权挽起裤腿在岸边几次察看并涉水探察，怎奈浊漳河水流湍急，竟险些被急流冲倒。怎么办？他灵机一动，果断地让大家解下裹腿结成绳子，然后组织全体人员拉着绳子徒涉过河。对于如此难忘的一幕，当时曾随同总部一起行军的作家刘白羽，后来对其中的一个片段作了这样的记述：

> 我记得涉渡那天，水势还相当大，从早到晚，一批一批涉渡，——当我过河时，看见左权同志，裤脚挽得高高的，骑着一匹黑马，一会在河这岸，一会在河那岸，指挥着，呼喊着。——那已是下午，太阳只在山头上留下最后一片红光。他却是从上午就是如此指挥着，而他毫不停息，毫不疲倦，——我们过河了继续前行了，他还在那里指挥、呼喊。①

在左权的组织下，全体人员顺利渡过浊漳河。经过辗转行军，冒着战火硝烟，7 月 15 日，左权指挥总部转移队伍终于摆脱日军重重包围，从上党盆地的潞城县北村，来到太行山巅的武乡县砖壁村。此时已是深夜，为了不惊动当地老乡，左权命令部队在村子北边的一座破庙旁露营。第二天，他带领战士们把庙宇整修一下，总部就搬了进去。而左权住在一个更小的破庙里，借一个旧方桌当作办公桌，在墙壁上挂起军用地图，又用一块门板支起来作为床铺，旁边放着一只铁皮文件箱。但艰苦的条件却丝毫不影响他对整个华北战场的清晰判断和自如运筹。

这时，围攻根据地的各路日军在八路军主力部队和地方武装的连续打击、围困下，不断伤亡，疲惫不堪。至 8 月下旬，日军除留置部分兵力守备已占点线外，其余纷纷撤回铁路沿线据点，日军对晋冀豫抗日根据地的"第二次九路围攻"终被粉碎。

在近两个月的反"扫荡"中，晋冀豫抗日根据地军民共作战 70 余次，歼灭日伪军 2000 余人，收复了半数失陷的县城。但日军不顾代价，打通了邯（郸）长（治）公路，并着手修筑白晋铁路②。这样，晋冀豫根据地的太行、太岳被分割为二，太行区也被分割为太南、太北两部分，晋东南的斗争环境更加艰苦复杂。

10 月 11 日，左权随八路军总部由砖壁移驻西南 10 公里处的武乡县王家峪村。王家峪是个上百户人家的村庄，位于武乡县城东 30 余公里处的丘陵地区，坐落在一个狭长的山沟里，周围有众多的沟岔分布。村前是一条季节性小河，雨

---

① 刘白羽：《纪念左权同志》，《解放日报》1942 年 6 月 26 日。

② 白晋铁路，由同蒲线上的白圭车站到长治之间的铁路。

季有清澈的河水缓缓流淌。村后的落凤坪是座小山，因为不高，远远看去就像是河流的堤岸。不走到村口，很难看到这里还有一个村庄。左权巡视一番后，对这里的地形条件非常满意，他高兴地说道：就是有三千日军合围王家峪，我们也能巧妙地游出去，不会损兵折将。

此后，左权和朱德、彭德怀指示第一二九师以主力部队结合地方武装组成游击兵团，在广大民兵配合下，主动向日军占领的点、线展开广泛的群众性的破袭战，用多种手段打击敌人。然而，日军在不断遭到沉重打击以后也更加狡猾起来，以致模仿八路军的埋伏战术，时常在自己驻地周围和道路两侧的庄稼地里设伏，待伏八路军的袭击部队或运动部队，再以猛烈火力进行突然袭击，竟然频频得手。特别是 10 月 24 日，第一二九师第三八六旅补充团由河南修武附近经黄水向林县行军途中，突遭四路日军包抄袭击，双方混战数小时，八路军伤亡 68 名，丢失步枪 38 支。对此，左权十分痛心，他先后两次致电各兵团首长，深刻总结这种血的教训，以教育全体指战员。他提醒道：应及时注意对敌战术研究；应加强侦察、警戒，多派便衣队分布在自己行进部队及先头部队两侧，以便及时发现敌情，并力求给以反击；应特别注意和协同侦察、警戒及通信联络；久驻一地的部队，应确保战斗动作不能疏忽，消息不能泄露；在敌据点间活动之部队，应尽量减少目标；反击敌人要适时秘密，并应选择适当地形转移主力于敌人侧背作战，不可转移至敌预知之地，以免遭受敌人合击。①

12 月初，左权得到情报：日军驻守白晋路南段的第二十师团调离，白晋路及邯长公路西段由原在同蒲路的第三十六师团接防。左权与朱德、彭德怀分析后认为，日军换防后，兵力减少，情况不熟，战斗力也必然大大削弱，正是发起袭击战的大好时机，遂果断命令第一二九师和第一一五师第三四四旅一部发起邯长战役。

1939 年冬，左权与朱德（中）、彭德怀（左）在山西武乡县砖壁村八路军总部

① 左权致各兵团电，1939 年 10 月 3 日；左权致陈光、贺龙、萧克、聂荣臻、杨得志、黄克诚、唐亮并报毛泽东、滕代远电，1939 年 11 月 2 日。

此次战役至年底胜利结束，共歼灭日伪军700余人，收复黎城、涉县，使太南、太北两区连成一片，巩固了晋冀豫抗日根据地。

在指挥晋冀豫区军民进行反击日军的同时，左权与总部首长一起，也高度关注和悉心指导着其他山区各抗日根据地军民的反“扫荡”作战。其中，晋察冀抗日根据地军民在粉碎日军“扫荡”中所取得的重大胜利，更让左权兴奋不已。

自同年10月中旬开始，日军集结2万余兵力，对晋察冀抗日根据地的北岳区进行重点大“扫荡”，企图在神堂堡、阜平城至王快镇一线建立据点，以打通曲（阳）阜（平）线交通，腰斩北岳根据地，压缩晋察冀军区部队的回旋区域。晋察冀军区第一军分区部队在第一二〇师部队密切配合下，集中全部兵力，于11月3日和7日在涞源县东南雁宿崖、黄土岭两地歼敌1500余人，击毙日军独立混成第二旅团旅团长阿部规秀中将。阿部规秀之死，引起日军一片哀鸣，日本朝野为之震惊。刚上任不久的日军华北方面军司令官多田骏写了“名将之花凋谢在太行山上”的悼词。日本《朝日新闻》调子低沉地说，“中将级指挥官阵亡，皇军成立以来，未曾有过”。而毙敌中将司令官，使国人为之雀跃，中共中央、八路军总部和全国各地的友军、抗日团体、著名人士纷纷来电致贺。蒋介石也向八路军总司令朱德发来嘉奖电：击毙阿部中将，“足见我官兵杀敌奋勇，殊堪嘉慰”。日军损兵折将，恼羞成怒，继而调集重兵兵分七路，采取分进合击战术向北岳区展开全面“扫荡”。晋察冀军区各主力部队在地方游击队和民兵的配合下，以机动灵活的战术打击敌人，策应北岳区军民反“扫荡”作战，终于迫使日军开始撤退，并于12月8日撤回原据点，北岳区更加巩固地屹立在华北敌后。

对北岳区这次反“扫荡”作战的经验，左权十分重视并及时加以总结推广。12月11日、13日，《新华日报》（华北版）连续发表了左权撰写的《从打死阿部中将说到敌寇在这一次围攻晋察冀边区》一文。他在文中详细说明了晋察冀军区部队取得涞源大捷，击毙日军中将旅团长阿部规秀的作战经过以及八路军获得胜利的基本原因。他说，涞源大捷，振奋了全国军民，鼓舞了前线抗战部队的士气，坚定了后方民众抗战胜利的信心。涞源大捷证明了晋察冀边区的巩固与坚强，其基本的军事原因在于：第一，是边区军民深刻认识巩固根据地、坚持基本阵地的重要，同时又确切了解广泛开展游击战争，力求在运动中不断歼灭敌人，是保卫根据地、粉碎敌人围攻的正确的军事方针。第二，在于边区善于运用游击战与运动战的相互配合，善于处理消耗战与歼灭战的正确关系。第三，在于边区军事指挥机关，不仅善于掌握部队，善于灵活使用兵力，而且善于吸引广大群众参加战争，加以艺术地领导。第四，在于广大民众热烈参军，使军源力量充实；在于边区军队由广大群众中产生，能够严格执行群众纪律，与群众有血肉不可分的密切关系。

在这次反“扫荡”作战中，伟大的国际主义战士、加拿大共产党员、著名的胸外科专家诺尔曼·白求恩在抢救八路军伤员时感染中毒，不幸于11月12日在河北唐县病逝，为中国人民的解放事业献出了宝贵的生命。噩耗传来，左权深感悲恸。11月23日，左权与朱德、彭德怀等人致电慰问白求恩大夫的亲属，并通令全军举行哀悼。左权还满怀深情地写了《悼白大夫同志》一文，以寄托自己的哀思。文章说：加拿大四大名医之一，优秀的共产党员白求恩博士死了。八路军失掉了一位最亲爱的国际友人，一个生命的救护士，全世界失掉了一个最忠实的革命者，杰出的科学家。他是在革命中死的，是在中国抗战、中国革命事业中死的。全体八路军将士为白大夫的死而同声恸哭。我们将以更艰苦卓绝的精神来继续白大夫未竟的革命事业，以答报白大夫对于我们的热望。

光阴在激烈残酷的斗争中流逝，华北敌后军民于隆隆炮火声中迎来新的一年。此刻，令左权感到欣慰的是，在八路军总部的统一部署下，平原和山区各抗日根据地军民紧密配合，互相策应，终于粉碎了日军先平原、后山区的“扫荡”计划，挫败了其由“点线”占领扩大为“面”的占领的企图。1940 年元旦，左权对华北战局作了如此的总结：“敌寇回师华北，在实施‘治安肃正’总方针之下，向华北各个抗日根据地进行大规模的‘扫荡’已整整的一年多了。华北的抗日军民，为巩固抗日根据地，粉碎敌人的‘扫荡’，艰苦卓绝地进行了一年余的反‘扫荡’。在‘扫荡’与反‘扫荡’一年余的过程中，敌虽亦有若干成就，但我已给敌寇极大损失，使敌寇在泥淖中愈陷愈深，使敌寇‘确实掌握华北’、‘夺取民心’的目的，‘治安肃正’的方针基本上未能完成。”①

然而，日军并未也绝不会就此罢休。1940 年 3 月 19 日，日军华北方面军召开参谋长会议，传达了《1940 年度肃正建设的有关实施方案》。其基本方针是：“要在去年的基础上，尽快建成特殊地区巩固的华北，用以示范并指导中国的治安建设”。为此，“应以‘治安第一’为各项施策的基础，将各项工作有机地统一于剿灭共军的前提之下，继续实行高度分散部署兵力，积极进行讨伐”②。随之，日军对华北各抗日根据地连续进行春季和夏季“扫荡”。左权和朱德、彭德怀伫马太行，沉着应对，指挥八路军开展广泛分散的游击战，以分散对敌之集中，以集中对敌之分散，使日军“神速机敏的讨伐”未果而终。

在血与火的考验中，八路军出色地完成了中共中央赋予的“巩固华北”的战略任务，华北各根据地在巩固中得到发展，在发展中日渐巩固。1940 年 6 月 12 日，左权向各兵团通报并向中央军委报告了八路军抗战三年的战绩：自 1937 年 9 月至 1940 年 5 月 30 日，八路军共进行大小战斗 9625 次，毙伤日军 129445 名，俘虏日军 1074 名；毙伤伪军 38905 名，俘虏伪军 24953 名；缴获各种枪 59833 枝、炮 244 门，以及飞机 3 架。③ 与此同时，八路军自身也得到迅猛壮大，至百团大战前夕总兵力已近 40 万，装备各种枪近 20 万枝（挺）、炮 240 门，并拥有晋察冀、晋绥、晋冀豫、冀鲁豫、山东五大块敌后抗日根据地，成为中国抗日战争的举足轻重的一支武装力量。在这场异常艰巨的考验中，左权交出了一份合格的答卷。

---

① 左权：《论目前华北战局》，载《新华日报》（华北版）1940 年 1 月 1 日。

② 日本防卫厅战史室编、天津市政协编译组译：《华北治安战》（上），天津人民出版社 1982 年版，第 224 页。

③ 左权致各兵团并报毛泽东、朱德、王稼祥电，1940 年 6 月 12 日。

1940 年春，在山西武乡王家峪八路军总部举行庆祝反顽斗争胜利阅兵大会上。右起：聂荣臻、刘伯承、左权、杨尚昆、彭德怀等

正如八路军总司令朱德所评价的："在他的策划之下，八路军发展成为数十万劲旅，全华北成为日寇所不能摧毁的堡垒，成为大后方安全的屏障。"①

二、站在反摩擦斗争的前沿

敌后抗日根据地的发展与巩固，不仅成了日本侵略军的心腹大患，也使国民党顽固派感到极度的忧虑和不安，其反共气焰日益猖狂。

国民党在联共抗日问题上，本来就具有两面性：既抗日又妥协，既联共又反共。全国抗战初期，国民党政府的对日作战是比较努力的，在国共关系上承认了共产党的合法地位，同意建立以国共合作为基础的抗日民族统一战线，全国抗战一时出现了生机勃勃的新局面。但在武汉、广州失陷以后，国民党内的失败情绪普遍地发生了，对共产党力量的疑惧和仇视心理也急剧滋长起来，再加上日本的诱降和英、美对日本的侵略采取绥靖主义政策，国民党统治集团内部的投降、分裂、倒退活动日益严重。1939 年 1 月国民党召开的五届五中全会，虽然仍声言要"坚持抗战到底"，却把对付共产党问题作为重要议题，制定了"溶共""防共""限共"的反动方针。会议的决议表明，国民党统治集团的主要注意力已逐步由对外转向对内，国内政治局势由此发生逆转。会后，国民党当局设立"防共委员会"，制定了一系列"反共"的具体办法，专门限制和迫害共产党，甚至明

① 朱德：《悼左权同志》，《解放日报》1942 年 6 月 15 日。

目张胆地规定可以用军事进攻的手段从共产党、八路军手里“收复失地”。这样，国民党顽固派与共产党领导的抗日武装之间的摩擦与反摩擦斗争，不可避免地发生了。

对此，左权气愤地指出：“在敌人进攻情况紧张的时候，他们惊慌失措的逃跑了，当抗战胜利打走了敌人时，他们便转来‘收复失地’，他们看不到坚持华北抗战之艰难困苦还在前面，坚持华北抗战尚待万分努力去争取，这确是坚持华北抗战中一万万华北人民进步的洪流中的一股逆流，是危害坚持华北抗战胜利的一股逆流。”①

为了更好地坚持华北抗战，维护抗日民族统一战线，面对日本侵略军和国民党顽固派两面夹击的严重局面，左权协助朱德、彭德怀除了以主要精力应对日军残酷的反复“扫荡”之外，还不得不以很大的精力来应付国民党顽军的不断挑衅和摩擦，尽管这是他们极不希望看到的。

国民党顽固派蓄意制造的反共摩擦事件遍及各地，而尤以河北突出。还在1938年6月的时候，蒋介石就打出早已不存在的“河北省政府”招牌，委任鹿钟麟为河北省政府主席和河北省保安司令，到河北来同共产党、八路军争夺领导权。1939年1月，蒋介石又任命鹿钟麟担任冀察战区总司令。

鹿钟麟原是西北军冯玉祥的部下，在大革命时期曾有一段同共产党合作的历史，大革命失败后投靠蒋介石。这时，他自知缺乏实力，难以在河北立足，便想凭借自己的老资格，纠集原西北军人马，组成一股与共产党及八路军相对抗的势力。蒋介石顺水推舟，下令原驻山东的第十军团石友三部、豫东游击司令孙殿英部和河北民军总指挥张荫梧部等悉归其指挥，又乘机调进驻豫北国民党军中力量最强的朱怀冰部。石友三原系西北军旧部，20世纪二三十年代在中国新旧军阀混战中数度倒戈，被称为“倒戈将军”，反复无常；全国抗战爆发后，长期与日军勾结，专事反共。朱怀冰自恃与蒋介石同属保定系出身，又握有装备精良的一个军，企图通过摩擦扩地增兵，自成局面。张荫梧在抗战前即为冀中一霸、河北博野一带地方反动势力的头子，是一个积极反共的“摩擦专家”。石友三、朱怀冰、张荫梧三人尽管心怀鬼胎，各有打算，但在反共这一点上却是一拍即合的。

果然，鹿钟麟等人一到河北，不仅不积极对日作战，反而支持、纵容部下向共产党及八路军和当地抗日政府挑衅，制造摩擦。八路军总部根据中共中央的指示，以抗战大局为重，曾几度派人前往交涉，并于一段时间内在行动上采取十分克制的态度。然而，国民党顽固派竟视为软弱可欺。张荫梧公开叫嚷：“八路军怕统一战线破裂，我们无论怎样做，进攻是没有问题的。”蒋介石更于1939年夏密示石友三：“华北平原不能让共产党八路军作根据地，遗患未来，石总司令必须与鹿主席同心协力将八路军消灭，或撵到北边去。这次给你们充分补充，你们赶快加紧准备，中央还要加派有力部队到前方，用钳形攻势一举消灭那里的八路

① 左权：《论坚持华北抗战》。

军。”[1]并随即拨给石友三步枪800枝、重机枪30挺、子弹100万发和半年薪饷，同时加委石友三为冀察战区副总司令兼察哈尔省主席。

由于蒋介石的指使，驻冀南、冀中等地的石友三、鹿钟麟、孙殿英、朱怀冰等人的反共气焰十分嚣张。这一时期，左权在为八路军总部起草的大量电文中，有相当数量的是他怀着愤懑的心情，向中共中央和各兵团首长通报有关国民党顽固派在华北各地尤其是在河北地区迫害抗日军民、制造反共摩擦的情况。

面对步步紧逼的横逆，中国共产党人已经无法继续退让，否则，敌后抗战的成果就会丧失，抗战大局就会遭到严重破坏。8月下旬，左权和朱德、彭德怀一起指挥第一二九师将勾结日军、从背后袭击八路军的张荫梧部歼灭。不久，在全国人民的压力下，蒋介石不得不将张荫梧撤职查办。这对国民党顽固派的反共活动是一个沉重打击。

为了使更多的人们认清国民党顽固派的反动面目，左权利用一切可能的机会宣传共产党及八路军团结抗战的主张，揭露国民党顽固派反共、妥协的罪行。1939年8月21日，左权在向各兵团首长通报国民党顽固派向华北敌后抗日根据地进行破坏活动的情况和八路军的对策时，专门强调指出：应公开揭露国民党反共顽固派进行反共摩擦的罪恶活动，向友军和群众进行广泛的宣传。他在《论坚持华北抗战》一文中警告那些“摩擦专家”们说：“希望那些有意无意阻挠进步的人们，站到国家民族利益的立场来，悬崖勒马，弃旧图新，一同进步。不应甘心宁愿地‘遗臭万年’，应向着‘流芳百世’的民族英雄的路上走去。”为向国人说明团结御侮的道理，他在《“扫荡”与反“扫荡”的一年》一文中指出：“我们主张坚持华北抗战，要依靠团结，没有华北所有军政民的一致的团结，坚持华北抗战的前途是不堪设想的。因为我们坚持了抗日民族统一战线，用一切努力去巩固团结，我们才取得今日的胜利。我们反对破坏团结，反对分裂的企图。但顽固分子反动派在敌寇诱降政策策动之下，大唱‘反共防共’、‘杀共灭共’，到处收缴八路军的武器，屠杀活埋共产党人、八路军人。……在事实上已证明着：破坏团结，企图分裂，制造摩擦的不是我们共产党人、八路军人，而

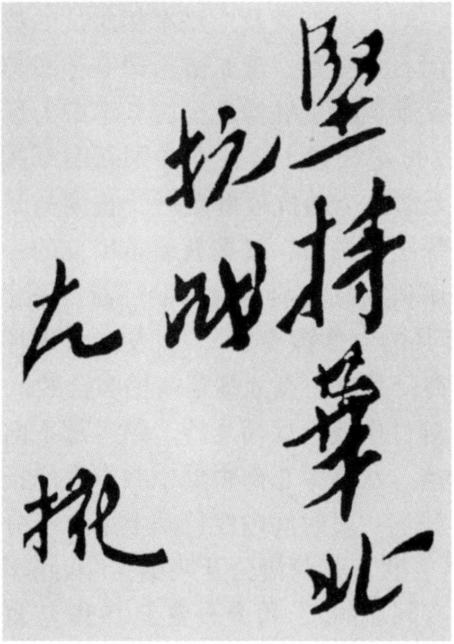

1939年，左权为抗日战士题词

① 张西铎：《石友三投敌反共及其下场》，中国人民政治协商会议全国委员会文史资料研究委员会编：《文史资料选辑》第64辑，中华书局1979年版，第177页。

是反对我们的准备投降的中华民族的败类。”同年 12 月，作家代表团从第一战区长官司令部驻地洛阳抵达山西省武乡县王家峪八路军总部，左权和朱德接受了代表团成员、作家杨朔的采访，并欣然应邀题词。左权的题词是：“坚持团结，坚持进步，为争取抗战胜利而奋斗”。这简短的 18 个字表达了广大敌后军民相忍为国、合作抗日的共同心声。

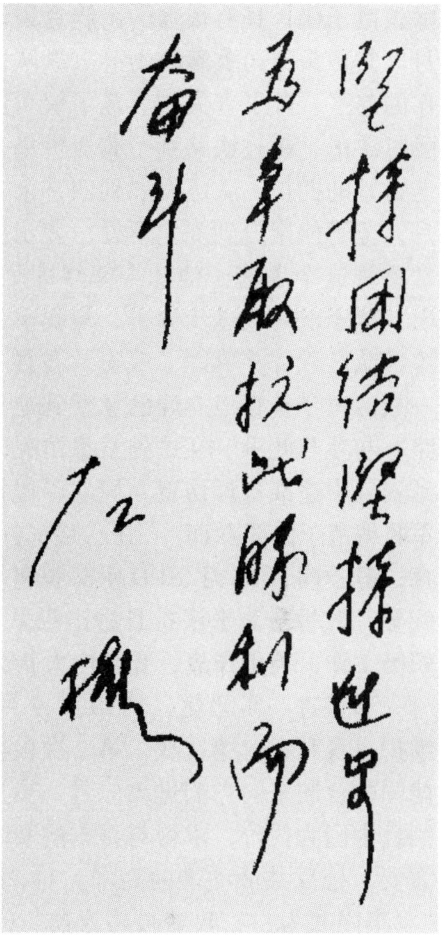

1939 年 12 月，左权在作家杨朔访问时的题词

同时，左权还十分注意做好抗日民族统一战线工作，积极团结各阶层爱国人士，争取中间势力，以孤立最顽固的反共分子，为中华民族的抗战奠定最广大、最坚实的基础。1939 年春，在日军“扫荡”冀南时，鹿钟麟从冀南逃到冀西邢台县路罗一带八路军开辟的根据地内，直接指挥托庇于八路军才能在冀西立足的张荫梧、侯如墉等部，制造逐步升级的摩擦事件。特别是驻元氏、赞皇一带的国民党军侯如墉部以建立农村“动委会”[①]为名，抢粮逼款，吊打甚至暗杀抗日干部，激起当地抗日军民的极大愤慨。3 月，元氏县四五万群众，举行声势浩大的打倒“动委会”、拥护抗日县政府的示威活动，在八路军第三八五旅第七六九团的援助下，最后取得胜利，取消了“动委会”，使财粮分配权归还抗日县政府掌握。得此情况后，3 月 27 日，左权和朱德等专门就统战工作致电第三八五旅旅长陈锡联，向他明确指示：应采取联欢、开座谈会、联席会等方式，加强团结一切可能争取的势力，如侯部及各部的中下层官兵；在必要时可供给鹿部一部分粮食，以争取其部队之同情，但对其为非作歹行为，应随时公布于众。这一指示的提出，对于孤立反共顽固派，争取一切可以团结的力量，维护抗日民族统一战线，及时稳定冀西抗日局面，起到了非常重要的作用。

另一个典型例子是左权对范子侠的关心。国民党军冀察游击第二路第二师

① 为团结驻在冀西元氏、赞皇一带的国民党军队乔明礼、侯如墉部一道抗日，减少摩擦，1938 年 5 月，八路军第一二九师政治委员邓小平、冀西游击队司令杨秀峰，八路军游击支队司令桂干生，与乔明礼、侯如墉曾经在元氏黑水河举行会谈（时称“五大司令”会议），达成由各县抗日动员委员会（简称“动委会”）负责统一筹划各部队钱粮征集和分配工作等协议，稳定了这一带的局势。但后来元氏县“动委会”主任由侯如墉部把持，成为他们制造摩擦的工具。

师长范子侠，具有很强的民族意识，常率部在德石路沿线袭击日伪军。1939 年 4 月，其顶头上司冀察游击第二纵队司令夏维礼活埋了中共冀西特委派去做统战工作的赵平、叶子青夫妇。范子侠对此十分气愤，设计脱离了夏维礼。他借口到井陉打游击，越过铁路到了冀西赞皇，辗转到达武安。由于他积极打击日军，受到老百姓的拥护，队伍发展到四千余人。刘伯承派人与其联络，进行动员工作。11 月，范子侠亲自到刘伯承处，表示愿意参加八路军，并要求加入共产党。左权非常重视这个事情，他和朱德立即复电刘伯承，对范的要求表示同意，还特别指出：范子侠是较进步分子，与我军关系一直较好，除争取这部武装组织外，由于该部队已开辟并巩固了武安、涉县一带，因而对其做好工作极为必要。当时，第一战区司令长官卫立煌已觉察到范子侠的亲共倾向，故准备解决范部，并要求八路军勿参与此事。在这种紧急情况下，为了保护范子侠，左权和朱德等致电前去延安且中途准备拜访卫立煌的彭德怀，请其在会见卫时，以适当方式提出由八路军收编范子侠部事宜。① 在八路军各级领导的关心下，经过不断的争取和事实的教育，范子侠于 11 月 20 日率部脱离与国民党军的关系，接受八路军第一二九师的领导，改番号为平汉抗日游击纵队，范子侠任司令员。此后，范子侠努力学习，积极工作，英勇作战，受到广大指战员的好评，很快就加入中国共产党。

形势进一步恶化。1939 年 9 月，法西斯德国大举进攻波兰，英、法两国为维护自身利益对德宣战，第二次世界大战在欧洲全面爆发。美、英为防止日本同德国联合起来向它们进攻，进一步加紧策划“远东慕尼黑”的阴谋活动，企图以牺牲中国为代价，求得与日本的暂时妥协。国民党内的反共顽固派适应美、英的需要，把反共活动推向高峰。11 月中旬，国民党召开五届六中全会，通过了以“军事限共为主、政治限共为辅”的新方针。在这个新方针指导下，国民党顽固派发布了《处置共党问题的新办法》和《剿办冒称抗日军的命令》，并调兵遣将，加紧对陕甘宁边区和八路军、山西新军的军事进攻，于 1939 年冬至 1940 年春掀起了第一次反共高潮。国民党顽固派发动这次反共高潮的根本目的，是企图削弱以致逐步消灭共产党及八路军在华北的力量，掌握对华北敌后的控制权。

在国民党顽固派掀起的第一次反共高潮中，充当反共急先锋的是山西军阀阎锡山。他在国民党顽固派的一派反共声浪中，悍然制造了“十二月事变”（也称“晋西事变”）。

阎锡山制造“十二月事变”不是偶然的。

全国抗战爆发后，中国共产党在山西实行与阎锡山合作抗战的政策，帮助阎锡山建立了新的武装力量——以山西青年抗敌决死队为骨干的山西新军。决死队共编为第一至第四纵队，其中第一、第三纵队活动于同蒲路东太岳南部地区，第二、第四纵队活动于同蒲路西晋西、晋西北地区，与八路军配合共同抗日，在山西抗战中起着生力军的作用。抗敌决死队的成长和发展，是中国共产党抗日民族

① 朱德、杨尚昆、左权致彭德怀并军委电，1939 年 11 月 14 日。

统一战线政策在山西的胜利。

左权和朱德、彭德怀对决死队的成长和建设十分重视。由于决死队的主要成分是青年学生，缺乏实战锻炼，1938 年 6 月初，八路军总部遂决定在晋东南沁县西林村专门举办干部训练班，决死队第一纵队排以上干部和大批优秀的政工人员轮流参加集训，学习游击战术、步兵战斗条令等军事课程，同时进行抗日民族统一战线和中国共产党的抗日根据地政策等方面的政治教育。左权和朱德、彭德怀等八路军总部首长亲自前往讲课。左权于每周的二、四、六讲授步兵战斗条令，朱德于每周的一、三、五讲授游击战术，彭德怀也来部队作报告，讲授党的政策。从总部驻地沁县南底水村到西林训练班有二十多里路，左权总是不辞劳苦，风雨无阻，每次都是骑马按时来给学员讲课。训练班每期三个月，共办三期，培训干部七百余名。这对提高部队的政治素质、军事素质起了重大作用，山西新军称之为“西林整军”。

其间，决死队第一纵队曾收编了一支地方武装——上党游击队马云卿（马景义）部。但马部身存匪性，不仅肆意抢掠，纪律败坏，而且不听调遣。鉴于对其多次争取无效，八路军总部遂决定将该部武力解决。1938 年 7 月末，朱德已离开总部赴延安开会，左权协助彭德怀制定了周密的行动计划：令第三四四旅第六八八团开赴长治西面的大关，总部特务团开至屯留城附近的东西贾村，决死队第一纵队开至襄垣以南十字道附近，以对驻屯留城以东河北村、故县村附近的马部武装实行三面包围。为了做到万无一失，并便于指挥作战，左权于 8 月 3 日亲赴长治，进行了具体部署。8 月 6 日拂晓，左权一声令下，各部按计划从预定位置发起攻击。经过三个小时的激烈战斗，马云卿本人被击毙，马部官兵千余人被俘。成功解决马云卿部，对于决死队第一纵队纯洁组织，加强部队建设具有重要的意义。

决死队的迅速进步和发展，使生性多疑、老奸巨猾的阎锡山渐渐对这支新军感到惧怕和仇视，他担心新军变为异己力量。于是，1938 年 6 月和 9 月，阎锡山两次在吉县吉贤村召开会议，制订重整旧军、压制新军的计划。国民党五届五中全会后，即 1939 年 3 月下旬至 4 月下旬，阎锡山又在陕西宜川县秋林镇召开山西高级军政干部会议（即秋林会议），公开宣称与日军和平妥协和反对共产党及八路军的言论；并企图取消新军的政治委员制度和新军中的共产党组织，让旧军来吞并新军。由于进步势力的坚决抵抗，阎锡山的阴谋未能得逞。但是在会后，他以抗日为名，专门成立了所谓“敌区工作团”“暗杀团”等特务团体，派往决死队和八路军活动地区，进行一系列反共破坏活动。他还向旧派势力放出准备发动反共事变的暗语：“天要下雨了，要赶快准备雨伞！”

鉴于险恶的风暴即将来临，彭德怀于 10 月中旬受命去延安向中共中央汇报情况，商讨对策；并沿途视察八路军各部的准备情况，访问国民政府军事委员会委员长天水行营主任程潜、第一战区司令长官卫立煌等。同时，左权和朱德指示山西各地决死队和八路军对旧派势力的破坏进行针锋相对的斗争。11 月 6 日，左权和朱德、杨尚昆曾共同指出：对阎锡山派来的敌区工作团，事实证明均系专业破坏的特务人员，应抓住其每一个破坏抗日政权，破坏牺盟会[①]、决死队及群众运动的具体事实，在群众中暴露其真面目，限制其活动，以孤立他们，直到驱逐出境；对其所谓暗杀团，则在发动群众、厉行锄奸的口号下，注意捕捉枪决，并公布其汉奸罪状；顽固分子近在太南各地组织土匪，企图树立其专门摩擦的武装，应抓紧机会彻底消灭，使其组织不起来。[②]这些有力的指导工作，有利于八路军、决死队在应付未来突然事变的发生时能沉着应对，处于主动的地位。

此后，阎锡山密令第六集团军总司令陈长捷为“讨叛军总司令”，统辖山西旧军，分左、中、右三路，准备进攻驻晋西南隰县、孝义地区的决死队第二纵队和八路军第一一五师独立第一支队（亦称独立支队）。部署完毕后，12 月 1 日，阎锡山便强令决死队第二纵队于 15 日击破日军占领的同蒲路霍县至灵石段。这时，日军数千人已集结在韩信岭附近待机，决死队第二纵队自然不能接受这包藏祸心的命令。阎锡山遂宣布决死队第二纵队“叛国”，是“叛军”，并喊出“打倒叛党企图的张文昂、韩钧”等公开口号，但其内部的秘密口号却是“抢编决死队，肃清吕梁山的八路军”。[③]3 日，陈长捷集中六个军的兵力分三路进攻晋西地区的决死第二纵队和独立支队。同时，阎锡山又命令在晋西北的两个军向决死队第四纵队进攻。这便是“十二月事变”。

山西的“十二月事变”，时称“旧军打新军”，表面上是新、旧两军之间的斗争，实质上同样是国民党顽固派反共、反八路军的罪恶行径。由此开始，国民党顽固派掀起了第一次反共高潮。

阎锡山在晋西进攻新军、八路军的同时，又命令所属第八集团军总司令孙楚所部配合蒋介石嫡系部队向晋东南地区的决死队第一、第三纵队和八路军发动进攻，武装夺取阳城、晋城、高平、陵川等县的抗日民主政权，屠杀共产党员和进步分子，解散群众武装，制造反共摩擦。

面对国民党顽军的进犯，左权协助朱德统一部署，果断地指挥八路军和决死队予以坚决反击，实行自卫抵抗。此前，新军中的共产党组织根据中共中央和八路军总部的指示精神，已提前做好了应付可能发生的突然事变的准备，因而新军在事变中虽然受到一些损失，但旧军并没有达到他们原定的消灭新军的目的。

由于山西摩擦同其他地区有所不同，是以新旧军冲突的形式出现的，阎锡山还没有公开反共，因而，中共中央从合作抗日的大局出发，在八路军基本上打退阎锡山的军事进攻后，主动与阎锡山谈判。阎锡山在反共失败、自身削弱，又深恐蒋介石势力乘隙而入的情况下，遂与共产党达成停止武装冲突、划区抗敌的协议。

当阎锡山在山西向新军和八路军挥舞屠刀的时候，蒋介石也部署三路反共

---

① 牺盟会，山西牺牲救国同盟会的简称，系 1936 年 9 月在山西太原建立的一个地方性的群众抗日团体。

② 朱德、杨尚昆、左权致彭德怀电，1939 年 11 月 6 日。

③ 左权致各兵团首长电，1939 年 12 月 19 日。张文昂时任决死队第二纵队政治委员，韩均任政治主任。

大军，向共产党领导的太行山抗日根据地进攻：一路以其在太行山南部和中条山区的军队，配合阎锡山反对新军的活动，从南、西两面进行压迫，企图消灭太行山南部和晋南的山西新军与八路军；一路以第九十七军军长朱怀冰所部入侵太行山北部，配合鹿钟麟等，企图控制冀西地区，割断太行区与冀南区的联系，从而进取冀南；一路以石友山部的两个军和冀察游击总指挥孙良诚等部，从东面向冀南、冀鲁豫等区的八路军进攻。

在这种情况下，晋冀鲁豫地区的形势迅速恶化。由于第一二九师部队需要同时应付来自几个方面的顽军和日伪军，兵力被迫分散开来，一时难以集中。左权和朱德商量后决定，从晋察冀军区抽调部分兵力南下，支援太行山抗日根据地的斗争。12月20日，左权和朱德致电聂荣臻和冀中的吕正操、程子华：国民党反共顽固分子日益加紧进行反共摩擦，投降妥协危机更加严重。因而，确保太行山抗日根据地，对坚持华北敌后抗战有重大意义。为此，“拟由吕、程抽派两或三个团兵力之一个支队，移驻正太路以南，元氏、赞皇、临城以西地区，以便换取第一二九师部队向南集结，同时保持冀中区与太行山之联络。”[①]

根据八路军总部命令，晋察冀军区的支援部队组成“南下支队”开赴晋东南，聂荣臻和冀中军区负责人吕正操一同随军前往八路军总部，同行的还有抗大总校负责人罗瑞卿，他带着抗大总校准备迁往晋东南。经过艰苦紧张的行军，1940年2月中旬，聂荣臻率领南下支队一部到达第一二九师师部所在地黎城，见到了朱德、彭德怀、刘伯承、邓小平等。这时候，左权已离开总部，在太行山南部地区正做着严惩朱怀冰的准备。

朱怀冰本有野心，自从1939年11月下旬取代了因通敌而被撤职的张荫梧的位置，兼任冀察战区政治部主任和河北省政府民政厅长之后，更是忘乎所以，自恃有一个正规军的武装，想乘机在河北扩张地盘，根本不把八路军放在眼里。就在他谋取新职的第三天，即11月26日，便率部由高平、陵川、辉县向北挺进，直逼太行山根据地。12月初，朱怀冰进入冀西赞皇地区，到处派兵抢占八路军的战略要点，包围青年抗日纵队、冀西游击队等部，疯狂地摧毁抗日民主政权，公开叫嚣“驱逐八路军”，反动气焰十分嚣张。

1939年12月上旬，朱怀冰奉承蒋介石旨意，提出要来八路军总部进行谈判。左权和朱德估计到朱怀冰“此次来系探听我们态度”，因而确定了根据具体情况，采取“软硬兼施态度”的谈判原则，尽力能说服他停止摩擦，团结抗战。[②]基于此，尽管朱怀冰近来反共气盛，左权和朱德仍以国家民族利益为重，从维护抗日民族统一战线的大局出发，亲往八路军野战政治部所在地武乡县下合村，举行欢迎朱怀冰大会。在欢迎会上，朱德致辞说：希望朱怀冰将军率领第九十七军

---

① 朱德、左权致聂荣臻、吕正操、程子华并报贺龙、关向应并彭德怀、刘伯承、邓小平报中央电，1939年12月20日。

② 朱德、左权致毛泽东、王稼祥并中央书记处并博古、叶剑英并彭德怀电，1939年12月9日。

和我八路军真诚团结、枪口对外、一致抗日。同时，朱德也发出忠告：到抗日根据地来和我们共同抗日，我们欢迎，如果是来抢地盘、搞摩擦，破坏团结，破坏抗战，这是坚决不允许的。我们的原则早已讲明了，就是“人不犯我、我不犯人，人若犯我、我必犯人”的自卫原则。[①]

与朱怀冰的谈判是在武乡县王家峪八路军总部进行的。一开始，这位在东路军时期曾受朱德指挥的国民党军军长便神气十足，打着“军令政令统一”的旗号，气势汹汹地声言要从共产党、八路军手里“收复失地”，要八路军把河北让给他。朱德和左权则力陈中国共产党对时局的主张：坚持抗战，反对投降；坚持团结，反对分裂；坚持进步，反对倒退。并对朱怀冰晓以大义，规劝他枪口要对准日本侵略者，不要站在反共反人民的立场上搞摩擦，做出使亲者痛、仇者快的事情。

但朱怀冰根本听不进这些善意的忠告，当他向八路军要地盘的无理要求遭到拒绝后，竟然以武力相威胁。

朱德当场予以驳斥。后来朱德在叙述当时情况时说：朱怀冰蛮横地问，究竟是让还是打？我就对他说，我们建立根据地是为了抗日，为什么要让？再说，大革命时期我们让过一回，让坏了。“大革命”一失败，国民党右派来了，要杀我们，我们那时候没有军队；领袖陈独秀又是一个机会主义者，只能让他杀。现在我们有八路军；我们的领袖是毛泽东，不是陈独秀，为什么还要让！朱怀冰威胁要打。我就对他说，你要晓得，我们改编为八路军以来，没有打过内战；但是，你要打，我们一点也不怕。[②]

一向性情温和、善于克制自己的左权也不由地怒火中烧，拍案而起。他以大量不可争辩的事实，严正揭露了国民党顽固派的反共阴谋，并理直气壮地指出：全国抗战以来，八路军以国家民族为重，为了顾全大局，不惜委曲求全，一再忍让，曾不断电请制止反共摩擦，可是你们对于这些劝阻，置若罔闻，而且认贼作父，与日寇勾勾搭搭。你们若一意孤行，继续制造摩擦，破坏团结，勾结日寇，趁火打劫，是绝没有好下场的。

彭德怀这时不在总部，他还在从延安返回太行山的途中。稍后两天，即12月10日，这位叱咤风云的“彭大将军”途经西安时，当着国民政府军事委员会委员长天水行营主任程潜的面怒斥了那些反共顽固分子，说他们“是秘密的汪精卫，比公开的汪精卫还坏”，并警告道：“今天谁要反共，他先放第一枪，我们立即放第二枪，这就叫做礼尚往来，还要放第三枪。”[③]

朱怀冰“来总部宿两晚”，“意见颇激，不易说服”。[④]尽管他碰了钉子离去，

---

① 周希汉、陈正湘、徐深吉：《粉碎国民党顽军朱怀冰部对我军的进攻》，载《八路军回忆史料》（2），解放军出版社1989年版，第224页。

② 朱德在延安党校的讲演：《三十年来中国的革命军队与反革命军队的历史》（记录稿），1943年8月。转引自《朱德传》，中央文献出版社2000年版，第604—605页。

③《彭德怀自述》，人民出版社1981年版，第231页。

④ 朱德、左权致毛泽东、王稼祥并中央书记处并博古、叶剑英并彭德怀电，1939年12月9日。

但执迷不悟、一意孤行，铁了心要同八路军一决雌雄。左权和朱德意识到，又一场激烈较量已是近在眼前。

为抢占战略要地，12月下旬，朱怀冰指使河北别动第四纵队侯如墉部和河北民军乔明礼部从平汉路东西夹击范子侠的平汉纵队，被八路军给以歼灭性打击。在自己的爪牙被剪除后，朱怀冰自觉孤军难保，不免胆怯，于是率部与鹿钟麟一起由冀西南撤至冀豫交界处的磁县、武安、涉县、林县地区。

朱怀冰、鹿钟麟的溃败使蒋介石非常恼火，但蒋介石是不会轻易罢手的。1940年1月中旬，他突然命令阎锡山晋绥军孙楚所部“讨伐”第三、第五专区的决死队，并以“以免发生误会”为由，命令八路军离开太南、太岳地区。朱德、彭德怀当即致电蒋介石提出抗议，表示八路军决不离开太南、太岳地区，坚持反对进攻决死队。根据面临的复杂情况，八路军总部决定采取集中兵力打击阎军，中立蒋军，巩固太岳，逐步恢复太南的方针。陈赓率第三八六旅主力及总部特务团移驻太岳区，同薄一波统一指挥这一地区的八路军和决死队，保卫了太岳根据地。在太南地区，八路军第三四四旅、晋豫边支队、独立游击支队、决死队第三纵队和河北抗日民军第四团，连续重创孙楚的独八旅及其他反动武装和特务组织，部分地恢复了在“十二月事变”中失去的原有活动地区。

2月，蒋介石指令朱怀冰、鹿钟麟、孙殿英等部据守磁（县）武（安）涉（县）林（县）地区，与平汉路东的石友三、沈鸿烈[①]等部相互策应，由南而北，向太行山根据地发动新的进攻，矛头直指八路军总部；并增调第四十一军、第七十一军作为后援，由黄河以南向太南开进。

太南即太行抗日根据地南部，系指临汾至长治大道以南地区。如若听任国民党顽军进据太南，联结冀南、鲁西，不仅直接危及八路军总部所在的晋东南地区，而且将会隔断华北八路军与华中之间的重要联系通道。为了统一太行山南部地区的作战指挥，有效地粉碎国民党顽军的猖狂进攻，进一步巩固和扩大太南根据地，在报经中央军委同意后，2月6日，八路军总部将第一一五师第三四四旅、晋豫边支队、独立游击支队、决死队第三纵队和河北民军第四团等部统一编为八路军第二纵队。15日，朱德、彭德怀电令左权兼任八路军第二纵队司令员，黄克诚为政治委员，杨得志为副司令员仍兼冀鲁豫支队司令员，韩振纪为参谋长。该纵队辖第三四四旅、新编第一旅[②]、决死队第三纵队、独立游击支队、民军第一旅。第二纵队直属八路军总部指挥。

在总部酝酿成立第二纵队时，起初考虑由时任第三四四旅政治委员的黄克诚为纵队司令员兼政治委员。对此，黄克诚后来在其自述中写道：

> 我考虑到自己的实际情况，体质弱，高度近视，这都是做为一个军事指

---

① 沈鸿烈，时任鲁苏战区副总司令兼山东游击总司令部总司令。

② 新编第一旅，由第三四四旅的第六八八团与晋豫边支队合编而成。

> 挥员的不利条件。而且，我这个人偏于谨慎，选择战机时，对可能造成较大牺牲的作战行动，有时果断不足，这也是做为一个高级军事指挥员在指挥大兵团作战中的不利条件。于是，我请求总部另行考虑纵队司令员人选，我只担任政治委员一职。不久，总部派左权来兼任第二纵队司令员。[1]

左权肩负重任，于2月初由总部起身来到太南地区的平顺县西沟村后，便立即同纵队其他领导一起整理部队，研究情况，做好反顽的作战准备。左权发现，由于太南地区摩擦严重，大批部队集中在平汉路以东，衣食十分困难，经济上无法维持。他将此情况向总部反映后，遂与朱德、彭德怀等联名致电八路军冀鲁豫支队司令员杨得志、政治委员崔田民等，向其提出了解决困难的五项办法，强调要用极大的力量有计划地运送大批食盐、棉花、布匹等到太南地区，以支援当地部队。[2]

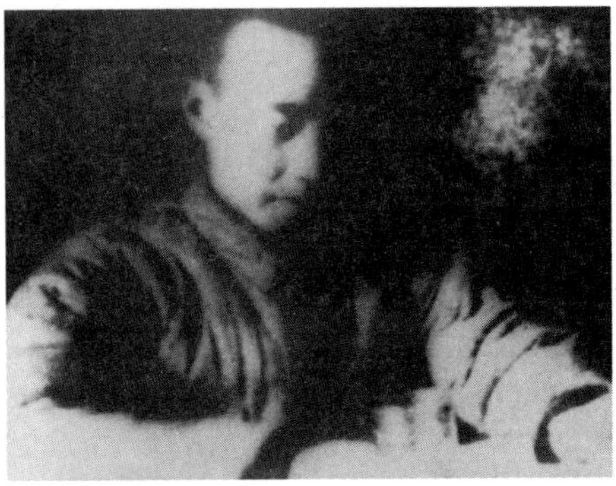

左权在伏案工作

根据当时形势，八路军总部确立了先打石友三，再打朱怀冰，中立孙殿英、鹿钟麟的策略。这是因为，国民党增调的后援兵力尚在黄河以南，庞炳勋的第四十军驻长治以南地区还未北进；鹿钟麟自上年11月辞去河北省政府主席后，对搞摩擦已不太积极；石友三刚败退到卫河以东，立足未稳；朱怀冰部远离太南顽军主力而突出于武安、涉县地区，比较孤单。所以，八路军集中兵力反击国民党顽军正值有利时机。

这时，朱怀冰执行蒋介石的旨意，率部连续向八路军进攻。2月18日，他以两个团的兵力突袭磁县西贾壁、大湾的八路军驻地，打死打伤八路军150余人，抢走价值2.7余万元的军用物资。为了严惩朱怀冰，2月21日，朱德、彭德怀就如何消灭朱怀冰部的准备工作电示左权、黄克诚、刘伯承等，并报告毛泽东、王稼祥。一场反击国民党顽固派猖狂进攻的激烈战斗即将打响。

3月4日至11日，冀鲁豫、冀南八路军首先发起打击石友三的卫东战役[3]，共毙、俘石友三顽军3600余人。继之，晋冀豫八路军于3月5日发起磁（县）武（安）涉（县）林（县）战役。左权按照八路军总部的部署，指挥第二纵队所属各部在陵川、壶关一带钳制驻长治以南的庞炳勋第四十军、驻阳城的陈铁第十四军及驻漳河以南、任村集以东山地的鹿钟麟部，监视驻林县西南地区及漳河以北的东西达城、林旺、固县一带的孙殿英新编第五军。同时，对策应顽军而进

---

①《黄克诚自述》，人民出版社1994年版，第163—164页。

② 朱德、彭德怀、杨尚昆、左权致杨得志、崔田民等电，1940年2月21日。

③ 卫东，指卫河以东地区。

行“扫荡”的日军第三十六师团一部，给予坚决反击。在第二纵队的有力配合下，第一二九师部队得以集中精力和兵力进行作战。经过四天激战，歼灭朱怀冰第九十七军及游杂武装共一万余人，其中，朱怀冰部第九十四师参谋长和鹿钟麟部的参谋长，连同他们的部分家眷包括朱怀冰的三姨太和女儿在内，都成了八路军的俘虏。朱怀冰残部两千余人向林县以南溃逃，朱怀冰本人在慌乱中摔伤了腿，化装后逃入沦陷区。不久，第九十七军番号被一度撤销。

卫东战役和磁武涉林战役，给了那些善于“吃摩擦饭”的“摩擦专家”们以致命打击，标志着八路军反击国民党顽固派第一次反共高潮取得了决定性胜利。所以，毛泽东说：打朱怀冰是华北根据地的一个决战。[①]

看到朱怀冰、石友三部的接连被歼，先前还趾高气扬的晋绥军孙楚部这时已成惊弓之鸟。左权乘势指挥第二纵队第三四四旅主动出击，3 月 18 日，全歼孙楚的独八旅第十三团，俘虏团长以下 200 余人，迫使孙楚灰溜溜地逃往晋西。

随后，蒋介石集中第二十七军、新编第五军、第四十军、第九十三军，从晋城、阳城、高平一线向八路军逼进。左权统一指挥第二纵队和第一二九师一部，准备相机歼灭顽军一路。国民党顽军这次进攻采取修筑堡垒的办法，小心翼翼地步步进逼，八路军与其对抗了十几天，始终未能捕捉到合适的战机吃掉其一路，但此后顽军也不敢轻举妄动。

这时候，左权还指派第二纵队一部在国民党顽军的眼皮底下成功地执行了一次护送任务。一天，有一批来自西安的军用物资及医疗器械和药品，要经八路军总部兵站第一办事处运往总部。为防止意外，办事处负责人在情急之下，来到第二纵队司令部所在地平顺县西沟村向左权求助。左权问明情况后考虑：这批物资运过黄河后要经过两个兵站办事处，如若出现意外，很可能就发生在第一办事处所辖的晋城、高平、陵川等县，因为这一地区正驻有大量国民党顽军。根据当时情况，他随即作出安排，对办事处负责人说：“由我通知阳城的唐天际支队（即晋豫抗日游击支队），派出部队护送到晋城的东沟兵站和高平马村兵站。由你们通知阳城兵站直接去找唐支队研究具体护送措施。高平、陵川，这段路由第三四四旅派部队护送，到壶关境内就安全了。局势日趋恶化，必须抓紧时间及早运送，以免遭受损失。”[②] 按照左权的周密部署，这批急需物资很快完好无损地运抵八路军总部，对伤病员的治疗起了不可低估的作用。所不幸的是，此后不久，沿途所经的两个兵站办事处因遭顽军袭击而受到破坏。

左权在太南地区率领八路军第二纵队坚决反击国民党顽军军事进攻的同时，还领导当地军民大力开展反对国民党顽固派的政治斗争。针对部分地区抗日民主政权被晋绥军孙楚部夺取的情况，左权指示第二纵队中的政治工作人员和搞民运工作的干部深入各县、区、村，进行反分裂、反倒退、反投降的宣传活动，发动

---

① 毛泽东在中共中央政治局会议上的插话记录，1943 年 9 月 9 日。

② 李锡周：《忆左权将军》，《湖南党史通讯》1984 年第 9 期。

群众举行反对撤换进步县长、反对取消抗日救亡团体的示威运动，向阎锡山请愿撤换“第二政府”。这对唤起当地民众实现民主、改善民生的意识，起了积极的作用。同时，左权派人在各县召开绅士名流座谈会，宣传中国共产党的抗日民族统一战线的方针政策，扩大八路军的影响，揭露国民党顽固派破坏团结抗战的罪行。

鉴于太南的战略地位十分重要，左权认为要实现对这一地区的有效控制，就必须加强该地区的战备工作。为此，他花费大量精力，认真考察了周围地形，在各个军事要地部署重兵，严密把守。同时，派人在平顺、林县、壶头、黎城、陵川等地架设电话线，以保持各地之间的联络畅通。为保证严重缺水、缺煤的平顺一带能支持大量驻军，左权亲率指战员们修筑堤坝，挖掘水塘，开采煤炭，从而解决了部队的生活需要。

即使是在反击国民党顽固派发动的反共高潮时，左权也没有忘记当前的主要敌人仍是日本侵略者，八路军活动的重点仍是抗击日军的入侵。1939 年 12 月 27 日，当八路军第一一五师独立第一支队刚刚摆脱阎锡山优势兵力的围攻，左权与朱德、杨尚昆即联名致电独立第一支队司令员陈士榘、政治委员林枫，及时指出：晋西南战况愈趋严重，为坚持晋西南阵地，必须把握正确的指导战争的原则，巩固内部团结，坚持反对叛军，争取战况好转。同时，电文提出具体要求：必须把握游击战、运动战的原则，要主动、灵活、适时地进攻敌人；不要进攻已占领阵地或立稳的敌人，寻求在运动中逐渐地消灭敌人；应乘隙转移兵力于敌人的侧背及改变我之不利之局势；准备立即分散游击，分袭敌之薄弱部分，分散部队要准备相当长时期的独立行动与作战；要以积极态度掩护行政与区委机关，但应设法避免暴露自己的面目；可以大胆提拔连级干部。这封电报对晋西独立支队坚持晋西南抗日阵地，积极主动地打击日军具有重要的指导作用。1940 年 3 月 17 日，左权还指挥第三八五旅及第二纵队一部，在苏店镇伏击由长治出犯的日军，毙敌 40 人，毁车 10 余辆，大灭了日军的威风。

由于形势的迅速发展，1940 年 4 月 7 日，中共中央军委电示八路军总部：左权、黄克诚率领八路军第二纵队，由太行出发，在冀鲁豫边界会合冀豫部队争取消灭石友三，然后准备随时调往陇海路南，配合彭雪枫部（新四军第六支队）行动。

遵照中央军委指示，八路军总部决定第二纵队重新编组，因总部工作需要，左权不能随部队一道离开太行山，也不再兼任第二纵队司令员，并电令左权于 12 日以前起程回总部。[①] 此时，第二纵队已发展到 2 万余人。望着这支在战火中迅速成长起来的年轻队伍，回首与它共度的短暂而又难忘的时光，左权心中充满无限的眷恋和期望。他特地写了一封信，委托纵队政治委员黄克诚带给新任司令员杨得志。

后来，杨得志在他的长篇回忆录《横戈马上》中，以深情的笔调这样写道：

① 朱德、彭德怀致左权、黄克诚、刘伯承、邓小平并毛泽东、王稼祥电，1940 年 4 月 8 日。

冀鲁豫军区成立后，黄克诚同志从太行山率领八路军二纵队来到冀鲁豫同我们会合。他给我捎来了八路军副参谋长左权同志的一封亲笔信。左权同志是我一向尊敬的老首长，已经有几年没有见面了。听说是他的来信，我就迫不及待地拆开来看。信是用毛笔写的。字体刚劲工整，内容简短亲切，大意是：

得志兄：

现在二纵队大部分已经回到平原地区。中央决定我不再兼二纵队司令了，由你担任这个职务。请你务必把部队带好。我很想念你和同志们。我们不久会见面的，到那时再畅谈吧！

我等待着与左权同志会面，等待着我们的畅谈，我有许多话要向他讲，也有许多问题要向他请教。……可惜的是，由于战乱，他给我的信没能保存下来。每当我记起这封信，总是深深地怀念他……[①]

左权从太南前线回到总部不久，不甘失败的石友三勾结日军，再以重兵向冀鲁豫根据地进犯。5月中旬，左权和朱德、彭德怀两次致电八路军第二纵队首长，就如何粉碎石友三部作了明确部署。[②] 在第二纵队的英勇反击下，石友三部主力几被全歼。后来，石友三因通敌有据被枪决，落得应有下场。其间，朱德在河南洛阳会晤第一战区司令长官卫立煌，表明共产党、八路军同友军长期合作抗日的愿望。卫立煌表示不主张进行反共的武装摩擦。双方商定，以临（汾）屯（留）公路和长治、平顺、磁县一线为界，该线以北为八路军防区，以南为国民党军队防区。八路军主动撤出太南地区，再次表示了共产党同国民党的合作是诚心诚意的。

经过一系列反摩擦斗争的洗礼，左权的思想认识更加深刻。对于反摩擦斗争，他是这样看待的："由于抗日民族统一战线中包含着各阶级，如资产阶级和无产阶级，就存在着阶级斗争。而摩擦就是在统一战线中阶级斗争的具体表现与方式。"这就是说，抗日民族统一战线中摩擦是不可避免的、必然存在着的。另一方面，由于抗日民族统一战线中阶级利益的不同，由于中国民族资产阶级具有的两重性——革命性与反革命性，在抗日过程中和抗日民族统一战线内部，必然会有两条不同的政治路线——一条是不彻底争取民族独立解放的路线，另一条则是彻底争取民族独立解放的路线，前者是国民党所代表，后者是以共产党为代表。"要使中华民族得到彻底的独立与解放的胜利，就必须以彻底争取民族独立与解放的路线，向不彻底争取民族独立与解放的路线进行斗争，因此统一战线是在对立的斗争中，是在摩擦中发展与巩固起来，不斗争、不摩擦，统一战线就不能进步与巩固。因此反摩擦也是不得已的。"而摩擦与反摩擦发展的最高形式，

---

① 杨得志：《横戈马上》，解放军文艺出版社 1984 年版，第 240 页。

② 朱德、彭德怀、左权致黄克诚电，1940 年 5 月 14 日；彭德怀、左权致杨得志、黄克诚、陈光、罗荣桓等电，1940 年 5 月 20 日。

就是武装冲突。

在一个阳光明媚的日子，八路军总部隆重举行庆祝反顽斗争胜利的阅兵大会，左权和彭德怀、刘伯承、聂荣臻、杨尚昆等一起参加。站在主席台上，望着威武雄壮的受阅部队，想到在反顽斗争中经历的风风雨雨，左权顿时心潮起伏，不由得升腾起一股强烈的感觉——那是一种彻底争取中华民族独立与解放的责任感！

三、“要创造中国的马列主义军事科学”

理论是行动的指南。军事科学理论是一切军事活动的先导。在进行武装斗争时，无产阶级及其政党不仅应当把军事问题提到极其重要的地位，而且还应当把运用马克思主义军事理论研究战争和军事问题并使人民群众了解战争和军事问题当作当前的任务。作为既有着丰富战争实践经验，又有着系统军事理论修养的八路军高级指挥员，左权比一般人更能深切地感受到军事科学理论指导的重要性和紧迫性。

然而，到底什么样的军事理论才能适合中国共产党领导的人民军队的实际情况，适合中国革命战争特别是目前抗日战争的迫切需要呢？

在紧张激烈的工作和战斗之余，左权一面思考着这个问题，一面对古今中外著名的军事理论著述进行深入的学习和研究。他仔细阅读了毛泽东的一系列重要著作，尤其是《中国革命战争的战略问题》《抗日游击战争的战略问题》《论持久战》等论文，深刻领会毛泽东军事思想的基本原理和观点。他向身边的朱德、彭德怀两位首长虚心请教，听取他们对中国军事理论现状的评价和分析。此外，左权还经常阅览与研究俄文版的《列宁全集》《苏联红军丛书》，德国的《战争论》《论新战术》，日军有关“‘扫荡’作战”、“强化治安”等内容的书刊，以及《孙子兵法》等中国古代军事名著和曾国藩、左宗棠的文集。从中，他吸取了精华，也摒弃了糟粕。

1939 年下半年，左权撰写了《论军事思想的原理》[①] 一文。这篇文章的篇幅虽然不算太长，不过 5500 字左右，但却集中反映了左权关于无产阶级军事科学的真知灼见，是他留给后人的一份重要的精神遗产。

文章从唯物主义的观点出发，首先阐明了军事科学的实践性。左权指出，我们都是马克思列宁主义者，我们的一切军事思想，当然也是马列主义的。我们把战争理解为社会生活的一种现象，虽然战争有它自己的特征，但是它却和其他的各种社会生活一样，是依存于社会矛盾的法则发展的。“因此，我们马克思列宁主义者认为，关于战争的军事问题也和别的事物一样，随着社会经济的发展而向前运动的。”一切军事思想都是随着各阶段经济的条件而变化，并受到当时社会上层建筑的影响。然而，一定的时间与一定的地点的经济条件，是起着主导作用

① 根据《论军事思想的原理》的内容判断，此文撰写于 1939 年下半年。该文在左权生前未及发表，后作为左权遗著发表于《解放日报》1942 年 6 月 30 日。

的。“这就是说，军事是一种科学，它的基础是不能脱离社会经济基础的。”

接着，左权在文章中指出，尽管中国的军事学术思想在抗日战争中已经取得了很多进步，但我们仍“不能不痛感到中国军事学的贫乏”。文章批判了长期以来妨碍和影响中国军事思想进步的唯心主义、形而上学的观点，指出：“单纯地认为精神重于物质，企图用精神来战胜一切”，或“机械地把外国关于近代武器的理论推到中国来，而且把它夸大，认为武器决定一切”等，都是错误的。“这些错误发生的基本原因，就在于这些理论家们是非马克思主义的，因而不能掌握今天中国的实际情况，不能根据敌我不同的社会经济条件，规定出正确的战略战术。”他十分严肃地指出，如果这种错误思想不能克服，就难免产生错误的战略战术，给抗日战争走向胜利以更大的困难，而且在将来的共和国军事思想建设上也会发生严重的危害。

正是基于这种认识，左权带着强烈的责任感在文章中大声呼吁：“在正义的革命战争中，我们必须创造新的军事组织和战斗方法，必须创造新的军事思想。我们需要建立新的马列主义的军事思想，以代替旧的思想，而把中国的军事向前推进。”“在用马列主义的方法来创造与发挥我们的军事思想这一问题上，我们还做得非常不够，以后我们还需要用更大的努力向这个方向前进，创造我们中国光辉的马列主义军事科学。”

那么，怎样创造中国的马列主义军事科学呢？文章明确指出，要创造中国的马列主义军事科学，就要既不能从外国照搬，也不能凭空创造，而是“必须有新的方法，新的观点”，即“在中国现在的客观环境内”，“运用马克思主义的方法”，同时吸收中国历代军事思想的进步的优点，借鉴先进国家成熟的军事思想，来发展我们的马列主义军事思想，规定我们在抗日战争中的战略战术，建立我们民主共和国的军事思想的基础。左权在这里，正确地回答了关于无产阶级军事科学的继承与创造、阶级性与时代性的科学统一问题，在当时是很有见地的。

文章在总结中国共产党领导下的中国革命战争，特别是抗日战争以来实际斗争经验的基础上，运用马克思主义的立场、观点和方法，把人民军队军事思想的基本特点归纳为四个方面：

第一，依照马列主义的看法，一切战争的本质，都是政治斗争的继续。中国的抗日战争，是全民族争取自由解放的战争，是正义的反侵略战争，是革命的战争，是进步的、多助的战争。因此，我们应当加强国内诸阶级的合作，以增强我们的力量，才能取得民族的自由解放，才能取得阶级的自由解放。同时，我们不但要动员中国广大民众，而且要争取作为敌人的牺牲品的敌伪军，甚至于要争取敌人压迫下的一切弱小民族和日本国内的劳苦大众。

第二，一切斗争的方法，一切战略战术，都是依存于各该社会的经济条件，依存于各阶段的生产力，而向前运动的。然而，在武器和人力的关系中，我们认为，没有进步的政治素质的军队，它的人员和武器的结合是不稳的；而有着优良的政治素质的军队则有最大的机动去掌握技术，去运用从最原始的到最近代的武器。而且它还有广大人民无穷潜力为其后盾，因此，决定战争最主要的是靠人，人是起主导作用的。“我们必须提高战斗员的政治素质，必须动员全国一切生动的力量”，“同时，我们还需要掌握技术，向技术发展。”

第三，提高战斗员和全体干部的质量，不但要加强其肉体的质，尤其着重于加强其政治的质。“这就是说，政治工作不能不是军队的生命线，我们不能不反对轻视政治工作的态度。”政治工作保证了部队的政治的质的优良，保证了共产党的领导，提高了部队的文化水平，保障了部队的团结和巩固，发扬了战斗员和干部的牺牲性和创意性，也就是发扬了部队的顽强性和机动性。

第四，马克思列宁主义者不但要用辩证的眼光来认识一切战略战术，而且要从实际的斗争中用辩证的方法来创造新的战略与战术。我们认为战争本身就是一个对立的统一的发展过程，而任何一个战术的原则都有它的两方面，都是对立的统一，互相影响，互相转化。

左权曾经说过：“中国社会是极复杂的，处理任何一个革命问题，没有马列主义理论知识是易犯错误的。”①《论军事思想的原理》这篇文章，即是左权运用马克思主义理论论述人民军队军事思想产生条件、发展规律及其特点的代表作之一。文章不仅明确提出了“军事科学”“军事思想”“军事学术”等概念，而且极富远见地提出了“要创造中国的马列主义军事科学”的重要思想，比较深刻地阐明了人民军队军事思想的特性，同时还努力回答了当时作战和军队建设所面临的一些重大问题。因而，它不仅在当时对于开展人民军队军事思想研究、发展无产阶级军事科学，具有重要的指导和推动作用，就是对于今天研究和繁荣军事科学，仍然具有一定的指导意义。

四、纵论华北抗战

抗日战争进入战略相持阶段以后，日军逐渐将其进攻的重点转向中国共产党领导的敌后抗日根据地，特别是对敌后游击战争发展最迅速最广泛的华北抗日根据地进行接连不断的残酷“扫荡”。国民党顽固派也实行消极抗日、积极反共的政策，不断制造反共摩擦，以致发动对共产党、八路军的大规模军事围攻，掀起第一次反共高潮，从而使华北敌后军民处于日、顽两面夹击的险恶境地，全国抗战出现了妥协、投降和分裂、倒退的严重危险。在此种严峻复杂的情况下，一切关心抗战的人们不禁提出一系列这样的问题：还要不要坚持华北抗战？怎样坚持华北抗战？华北抗战和全国抗战能否取得最后胜利？

与此同时，在华北敌后军民面临的形势和任务都有明显变化的情况下，如何贯彻执行中共中央、毛泽东的决策和指示，统一敌后军民对新的战略部署的认识；

① 左权给夫人刘志兰的信，1941 年 12 月 18 日，左太北主编：《左权将军家书》，解放军出版社 2002 年版，第 37 页。

如何更好地实行“基本的是游击战，但不放松有利条件下的运动战”的战略方针，独立自主地开展敌后武装斗争等等，都需要结合抗日根据地的实际加以解决。

左权在朱德、彭德怀的直接领导下，根据中共六届六中全会的精神和毛泽东关于中国抗日战争规律的论述，结合全国抗战特别是华北抗战的实际，在理论方面做了许多创造性的工作。这一时期，他连续撰写了《论坚持华北抗战》《坚持华北抗战两年中之八路军》《“扫荡”与反“扫荡”的一年》《论目前华北战局》《论华北战局形势的特点和坚持华北抗战中作战指导与组织上几个基本问题》以及《埋伏战术》《袭击战术》等重要论文。[①] 这些论文，以敏锐的目光、开阔的视野、严谨的思路和很强的现实针对性，系统地回答了广大敌后军民所关心的重大现实问题。

（一）对坚持华北抗战意义和前途的分析

为什么要坚持华北抗战呢？左权在《论坚持华北抗战》一文中，站在全局的高度，着眼未来的发展，向人们阐明了坚持华北抗战的伟大意义。他指出，坚持华北抗战，便能够彻底粉碎日军以华北为基地，进而进攻西北，进攻中原，以致灭亡全中国的战略企图；便能够使日军不能占领广大领土，不能安宁地占领一城一池，不能巩固其统治，不能“开发”华北丰富的资源，不能抢夺华北的物力财力；便能够保护华北人民不遭受敌之蹂躏，坚定华北人民的民族意识，振奋华北人民的抗日热情和民族自尊心；便能够广泛地开展游击战争，使华北民众学会抗日战争的方法与艺术，锻炼出大批的忠贞于民族解放事业的最可靠的抗日军队；便能够推动全国抗战，缩短转入反攻的时间，使华北成为通向全国抗战胜利之途的前进阵地。

同时，左权在文章中认为，坚持华北抗战，具有下列的有利条件：

第一，华北有着一万万人民，他们都是不愿做亡国奴的黄帝子孙，他们不能忍受在敌人铁蹄下的牛马生活，他们有着根深蒂固的民族意识和热烈的民族感情，他们有着坚定的抗战决心与胜利信心。这个广大的抗日的民众基础，是我们坚持华北抗战的一个基本条件。

第二，华北有占全国总面积九分之一的土地和三倍于日本本部的面积，而且人口众多，土地肥沃，因此坚持华北抗战有物质资材足够的保障，有广大地域可供大规模游击战运动战之回旋。而敌人恰恰兵力不足，更要分散，更不够支配。

第三，华北有着山脉连绵、岗峦起伏的优越的地形条件，这是大规模展开游

①《论坚持华北抗战》，《前线》第 3 期，1939 年 3 月 1 日；《坚持华北抗战两年中之八路军》，《八路军军政杂志》第 1 卷第 9—10 期，1939 年 11 月 25 日；《论目前华北战局》，《新华日报》（华北版）1940 年 1 月 1 日；《“扫荡”与反“扫荡”的一年》，《群众》第 4 卷第 1 期，1940 年 1 月 10 日；《论华北战局形势的特点和坚持华北抗战中作战指导与组织上几个基本问题》，《前线》月刊第 3 期，1940 年 9 月 1 日；《埋伏战术》，《八路军军政杂志》第 1 卷第 4 期，1939 年 4 月 15 日；《袭击战术》撰写于 1939 年 4 月，发表于《前线》月刊创刊号，1940 年 7 月。

击战、运动战的一个最有利的条件。而在这里，敌人的技术兵器则无计可施。

第四，有全国抗日战争的支持。华北抗战是全国抗战的一部分，它一贯地配合全国的抗战，同样全国各部战线战局演变，亦直接与华北抗战密切地相关联。

第五，有着长期以来坚持华北抗战的经验与成绩，这就是建立了巩固的抗日民族统一战线，创立了多数的抗日根据地和大批的抗日武装，建立了抗日政权，动员了广大民众，组织了普遍的救亡组织，兴奋了军民抗日情绪，稳定了在敌人后作战的心情，这一切都打下了坚持华北抗战的基础。

第六，有着过去许多革命战争的宝贵经验，有着先进的政党、先进的军队，作坚持华北抗战的支柱。运用这些经验教训，忠诚地接受这一先进政党与先进军队的领导，这是保证华北抗战，争取最后胜利最重要的条件。

当然，左权也毫不讳言，全国抗战进入战略相持阶段以后，日军的残酷“扫荡”给华北敌后抗战造成了愈益增加的困难。他把这种困难归纳为四个方面，即：华北各抗日根据地和各抗日根据地内部日益被分割，交通联络和指挥上的困难增加；敌人的阴谋破坏；物质经济的缺乏；武器装备的困难。

但是，左权明确表示，八路军虽有如此众多的困难，我们却决不至于在困难面前屈服，我们将尽量运用各种有利条件，以大无畏精神来努力克服困难，坚持华北抗战的胜利。那么，怎样才能克服遇到的困难并争取华北抗战的最后胜利呢？对此，左权有深思熟虑的方略，他指出，克服华北战局发展变化中的困难，争取华北抗战的胜利，“尚有待于我们万分的努力与进步”，而这一努力与进步的目标主要是：继续巩固与扩大抗日民族统一战线，这是争取坚持华北抗战胜利的关键；在“一切服从于战争”“一切为着战争”的原则下，全华北党政军工作应作更大的改进与配合；大力推进政权进步，切实实现民主，改善民生；继续加强民运工作，更广泛地动员民众；在军事工作上，一方面要继续广泛地开展游击战争，另一方面要迅速地加强主力军建设；努力加强自给经济的建设，保障军需供给；加强民族意识教育、持久战教育，提高人们的民族自尊心，坚定持久抗战的决心与胜利的信心。

左权坚信，华北抗战的前途是光明的，最后的胜利是属于中国人民的。他说，只要我们用更大的努力，就能够辅助着全国，更快地缩短战争的过程，更大更多地抓住敌人、削弱和消耗敌人，配合全国的形势，准备反攻，准备进攻到反攻的最前线，彻底扫除华北的敌寇，打到鸭绿江边。

（二）对日军“扫荡”华北特点的分析

俗话说，知己知彼，百战不殆。在敌我双方的激烈斗争中，左权不仅熟悉自己，而且深刻了解敌人。针对日军加紧“扫荡”华北的目的，左权曾一针见血地指出，日军不断地围攻华北、“扫荡”华北，一方面是企图在夺取武汉之后，为进行大规模的政治阴谋而暂时停止正面的进攻，实行诱降政策；另一方面是企图巩固占领地区，掠夺我华北广大的人力、物力、财力，以便进行其长期战争的准备。

左权在《“扫荡”与反“扫荡”的一年》一文中，以敏锐犀利的目光洞穿日军“扫荡”华北的基本方针。他指出：根据我们一年来反“扫荡”斗争的经验，根据最近在各地缴获敌寇的文件，我们有最充分的材料，可以证明敌寇“扫荡”华北的方针是“治安肃正”。那么，“什么是‘治安肃正’呢？这就是以‘肃正讨伐’，加上了‘治安工作’，两部分工作配合起来的总称。这就是说：首先要打，打过了立刻接着实行‘治安’工作。这就是说：这和以前进攻不同了，‘治安肃正’是以残杀与欺骗政策兼施并用的，紧接着惨酷的讨伐流血之后，马上来一套欺骗麻醉的工作。”

接着，左权深刻揭露了日军在“治安肃正”方针下侵略华北的具体办法，并将其概括为三个方面：

第一，“肃正讨伐”的军事进攻，即以巨大的军事力量向我积极进攻，竭力寻求我军作战，以图消灭我之有生力量，镇压与屠杀一切抗日分子。其具体手段是：“分区‘扫荡’”，“分进合击”；集中作战，分散配置；奇袭和急袭；巩固据点，节约兵力，使在的兵力能尽量集中；修筑交通线，巩固交通线；强调侦察机关；依据点线为基点，逐渐向外扩大；毒气政策；没收民间枪支，组织伪武装。

第二，“以华制华”的政治阴谋，即不仅利用中国少数上层分子以及地痞流氓等统治被占领区民众，而且还企图以种种方法把“以华制华”深入到民间去，以消灭我民众的民族意识。其具体办法是：大肆挑拨离间，威胁利诱，破坏、分裂抗战营垒，实行诱降政策；培植和强化汉奸伪组织，作为爪牙；组织“新民会”，训练“新民”少年、青年，以图在少年、青年中消灭我国之民族意识；反对三民主义，反对共产主义；进行奴化教育。

第三，“以战养战”的经济侵略，其具体手段是：破坏我国之财政，贬低法币的价格；封锁抗日根据地，企图在物质供给上限制我们，使我们不生存；抢劫与摧毁我之资源财富；倾销毒品。

（三）对影响和制约军事斗争的政治、经济、民族觉悟诸因素的洞察和分析

左权曾指出，坚持华北抗战，巩固华北抗日根据地，是以军事斗争为主，配合着其他各种的斗争形式。因为没有军事上的胜利，一切均无从说起，同样，没有其他各种斗争的配合，军事斗争也难以推进和不能巩固军事斗争获得的成果。因而，左权在考虑和分析军事问题时，十分注重军事与其他因素的联系。也正是如此，左权在他写的《坚持华北抗战两年中之八路军》一文中，总结八路军华北抗战取得很大成绩的五条原因中，有四条是讲政治方面的，包括：八路军具有高度的政治觉悟和民族觉悟；八路军能坚决把握抗日民族统一战线；八路军能团结民众，取得民众的爱戴、拥护和帮助；八路军有健全的政治制度。

同样，在《论坚持华北抗战》一文中，左权运用辩证唯物主义和历史唯物主义的观点，对能够影响今后华北战局走向的诸种因素，包括军事和政治、经济、民族觉悟等因素，作了敏锐洞察。他指出，在无特殊条件影响中日战争的情况下，华北战局的变化发展将是：

第一，敌人将调集更多的兵力于华北战场，不断地分区向我各个抗日根据地

以及各个正规军、游击军围攻与“扫荡”，以图改变华北敌我现况，企图肃清我抗日力量，变目前点线占领为面的占领。我则以一种新的形势，更广泛地开展大规模的游击战与运动战，特别是游击战，坚持华北作战，在不断反对与粉碎敌之进攻与围攻中，坚持保卫各个抗日根据地。

第二，随着军事进攻，敌人政治的进攻必将嚣张起来。敌特务机关及其忠实的走狗汉奸的活动，将更加剧烈，挑拨离间，制造谣言，欺骗宣传，在大肆屠杀奸淫、破坏抢夺之后，继以“宣抚”“怀柔”一套，必然全搬出来，或可能造出更多更毒的花样。应估计到，在敌人的软硬兼施，特别是政治挑拨离间下，在我某些工作比较薄弱的区域，部分落后民众可能一时受敌蒙蔽与欺骗，而降低抗日情绪，甚至少数人会违背民族利益而变为汉奸，而广大的民众将在民族觉悟基础上愈益前进，抗日情绪愈益提高，军政民关系将更加团结，抗日民族统一战线将更趋巩固与发展。

第三，应该估计到，在我人民与政府军队愈益团结，抗日军队不断反对与粉碎敌人军事、政治、经济的进攻中，军队必定日益壮大并且越战越强，大多数政权之抗日工作将愈益进步，政权将更适合于战争，抗日根据地亦将在不断粉碎敌人的围攻中更巩固起来。但同时应该估计到，那些组织成分复杂的少数部队及少数不肖之徒，将可能做出违背民族解放利益的事来，某些腐败的政治机构将要解体，伪组织要增加，我之抗日政权亦可能遭受若干破坏。

第四，要估计到，随着敌人对我进行的经济上的破坏和封锁，我可能遭受某些经济上的困难，但在我军政民一致团结，努力进步，开发富源，提高生产，廉洁节省之下，这样的困难是能够克服的。

在对影响和制约华北敌我军事斗争的诸种因素进行辩证分析的基础上，左权预言，今后华北战局将进入严重的紧张的环境，进入艰难困苦的阶段。我们将遇到更多的困难，所以我们也就有更多的进步。由于我之进步团结，我们能够克服所遇到的一切困难，渡过这个困难的阶段；而在敌人方面的困难，将愈益增多，且成为不可克服的困难。因此，我之长期坚持华北抗战，争取华北抗战的胜利，是完全可能的。

（四）对作战指导与组织原则的阐述

战争实践证明，战争胜负除了主要取决于作战双方的军事、政治、经济、自然诸条件外，还取决于作战双方主观指导的能力。左权在参与领导华北抗日根据地军民反对日军“扫荡”的过程中，善于分析敌我双方的实际情况，总结敌我军事斗争的经验教训，并提高到理论高度加以阐明，又反过来用以指导华北抗战，反映了他对毛泽东关于抗日游击战争战略战术思想的灵活运用。

在《论华北战局形势的特点和坚持华北抗战中作战指导与组织上几个基本问题》这篇长达近1.5万字的军事论文中，左权指出，在现阶段华北抗战的基本任务是保卫抗日根据地，粉碎敌人的军事“扫荡”，粉碎敌人“以华制华”的政治阴谋和“以战养战”的经济侵略，以坚持华北之持久抗战。为此，我们的战略基本方针是开展广泛的民众性的游击战，基本上采取民众性的游击战，来坚持这一阶段的华北作战。同时也不放松有利条件下的运动战，基本采取不断地消耗敌人，积小胜为大胜；同时也不放弃战役的、特别是战术的歼灭战，以达到战略上之消耗战。

左权在这篇文章中接着指出，要使这个战略基本方针得以实现，首先必须根据敌我情况、华北战局的特点以及过去的经验，实现正确的作战指导与组织原则。现阶段，正确的作战指导与组织原则应该是：

1. 反围攻与围攻的统一

这是在华北战场发现的新的作战指导与组织原则。这一原则是由于敌我相互包围、犬牙交错的情况，敌人兵力不足，敌人对华北各个抗日根据地采取分区“扫荡”的条件下产生的。我们组织各个区域的反“扫荡”作战，就必须应用这个办法。但是，要想做得好，首先必须依靠一个条件，就是华北各个区域的军队必须有团结的意志、全局的观念。在统一意志之下，统一地指挥之下行动起来。

2. 民众抗日运动与军队行动的统一

为了切实地实现这种统一，就必须：使党、政、军、民四位一体地密切配合；军队应给民众抗日组织更多帮助与培植，给民众更多的民族的与军事的教育；军队应处处爱护与保护民众的利益，积极打击敌伪的行动；应严密地方的民众抗日组织，特别是加强其战斗性。

3. 正确的内线的外线作战

这里最重要的是：要掌握住火色，及时地转移；必须转移时，这一转移必须是坚决、主动、有计划的；一切转移不是单纯的退却，更不是逃之夭夭，而是由内线作战转到外线作战，由不利地位转到有利地位，寻求有利条件下进行新的作战机动；转移时在兵力部署上，必须善于军队之分散与集合，善于乘敌之空隙，善于保持秘密与突然的迅速行动。

4. 争取战略上和战役战术上的主动

这就是说，我们要找敌人来打，不要让敌人来找我们打。我们要自主地调整与摆布战争，不要受敌人的拐骗。为此就必须：不断地了解敌情，了解一般情况，了解战争发展的一般规律和每个阶段的发展规律，了解主观的力量；要善于发现敌人的弱点，抓住敌人的弱点，扩大敌人的弱点，创造敌人的弱点；要坚定自己的方针，定下决心，主动地向敌威胁最大的方面集中力量打击之，或向我所欲之方面大规模机动起来，必须放弃者放弃之；要善于发扬我们自己的优点，善于消灭自己的弱点；要保持严格秘密，加强政治工作，并正确组织与运用民众的力量。

5. 运动战与游击战之配合

在今天以游击战为主的作战原则下，在每一次反对敌人“扫荡”的作战中，广泛地组织与开展游击战争，并把这一游击活动与正规军之正规作战灵活地有机地配合起来，正成为指导与组织反“扫荡”作战坚定不移的基本原则。同时，正规军亦应努力地加强与巩固，因为单是游击战争是不能解决战争任务的。

6. 开展交通战

为此，我们必须：动员全体民众，配合军队进行交通战；把交通战看作一个长期的艰巨的斗争；把交通战当成整个反“扫荡”战的一部分；破坏道路的方法必须适合战术上的要求；破坏道路必须与战斗有密切的配合；应全面地开展政治、经济、文化战线上的攻势。

7. 努力积蓄力量

积蓄力量的问题，是坚持抗战中一个严重的战略问题。积蓄力量的工作，必须建筑在自力更生的基础上，必须善于利用敌人对各个抗日根据地分区分期“扫荡”的间隙进行组织与建设。

8. 加紧敌伪军工作与锄奸工作

这成为我们战胜敌人总的战略中不可缺少的一部分。这一斗争的实施，增加了战争的复杂与困难，它是军事的，同时又是严重的政治斗争。

游击战是抗日战争时期敌后军民的主要作战形式，游击战术也就在华北抗战中占有举足轻重的地位，而大有用武之地。左权特别强调指出，在目前敌我技术条件不相称、敌后抗战环境复杂、我之无后方作战、一切物资补给困难的情况下，游击战术这一伟大的“法宝”，不仅是细小的游击队应奉如经典，即正规兵团的运动战，在其战术的运用上，亦应多采用游击战术的特种精神，而以游击性的运动战出现。因而，左权十分重视对游击战战术理论的研究，并于 1939 年上半年，先后撰写了《埋伏战术》《袭击战术》两篇文章，对游击战术的基本方法、基本内容作了独具匠心的研究和论述。他说：“游击战术的基本内容，是各种不同方式的袭击。对运动的敌人，主要地是应用埋伏；对驻止的敌人，主要地是应用袭击与急袭。”

关于埋伏战术，左权指出：“一般的说来，袭击、急袭、伏击三者，统属于袭击范围，而此三者之中，以埋伏最为容易取得胜利。”“这一‘法宝’不仅是小的游击队爱经常‘玩弄’它，在抗日战争中，在敌我技术兵器不相称的条件下，为消灭敌技术兵器的效力，为保持与发扬我军战斗中的迅速秘密和高度的突然性，坚决而强大的突击力，以战胜敌人，就是正规军在运动战中也力求采作这样的战术。”他强调：“优良的伏击，就在于有充分的准备，严格的秘密，和战斗发起时之高度突然性，动作之迅速勇猛坚决。这在有适当的地形和民众同情拥护的条件下，是不难求得的。这也是在目前敌我技术兵器不相称的情况下，取得战斗胜利最好的方法之一。”

关于袭击战术，左权指出：“袭击与袭扰的目的是不相同的。袭扰的目的，在于扰乱敌人，消耗敌人，或为创造敌人的弱点而便于歼灭敌人。袭击的目的，在于歼灭敌人。”以歼灭敌人为目的的作战，不能简单地凭主观的愿望，下达歼灭作战的决心，而主要的是正确分析当时主客观的具体条件，即必须做好敌情、地形、道路、居民等情况的侦察工作，其歼灭的目标，一般是工事不坚、兵力不强、警备不严之敌，特别是歼灭刚到、立足未稳、部署未周之敌。在战斗中，要切忌平均分配使用兵力，切忌迟缓与逐渐地使用兵力。他还告诉人们，袭击与袭扰是在一定条件下进行转换的。在战斗过程中，由于某种原因和关系，有时以扰乱消耗敌人的战斗而打成歼灭性战斗；也有歼灭敌人的战斗而打成消耗敌人的战斗，这完全是由于战斗进展出现的新情况决定的。但不管何种情况下的袭击战斗，都要做到冲锋要猛，连续不断，结束战斗要快。

值得注意的是，在这两篇文章中，左权从多方面论证了在敌我技术、兵器悬殊的条件下，为削弱日军技术、兵器的优势，为发扬八路军战斗中的秘密、迅速、干脆、坚决的特点，应十分注意运用埋伏战术和袭击战术。对此，连日军也不得不承认："这种游击战术，如我们认为于战局的大势上缺乏重要性而加以疏忽，就会受到意外的损失。"[①] 由此可见，左权研究战术问题，却又是不仅仅局限于战术层面，而是把战术问题提到加速实现战略目的的高度予以研究，这在当时是难能可贵的。

另外，为了使抗日根据地军民能及时了解斗争的全局，不断提高对敌斗争的艺术水平，1939 年 1 月至 6 月，左权在中共中央北方局的机关报《新华日报》（华北版）上，连续发表了八篇《半月来华北战况》或《一月来华北战局概况》，对华北各地的反"扫荡"动态进行跟踪研究和综合分析。

左权运用马克思主义理论原则，以缜密的逻辑、大量的事实和浅显易懂的道理，及时从理论上论述了对敌斗争中的一些重大问题，阐明了抗日战争进入战略相持阶段后华北抗战的发展规律。这对宣传中国共产党的全面抗战路线，扩大抗日民族统一战线；使华北军民更好地掌握或争取华北抗战的主动权，正确地贯彻执行中共中央和毛泽东的战略方针，增强抗日军民斗争的信心，巩固华北抗日根据地，起到了相当重要的作用。

① 转引自左权：《袭击战术》。

第十三章　在巩固华北抗日根据地的日子里（下）

一、加强司令部建设

作为八路军副参谋长和八路军前方总部参谋长，左权在辅佐朱德、彭德怀进行反击日、顽夹击斗争的同时，还加紧开展建军工作，尤其是在加强和健全司令部建设方面花费了极大的精力，作出了重要贡献。

八路军的司令部建设是在红军时期司令部建设成果的基础上进行的，并保持和发扬了红军时期的优良传统。当时，八路军总部的司令部职能是由参谋处履行的。最初，参谋处下设作战科、侦察科、通信科、机要科四个具体业务部门。尽管由于参谋人员紧缺，使得各科中的人员很少，有的只有二三人，且处于不断变动之中，但这种状况基本上还是能够适应战争初期的作战和建军需要。至于各部队的司令部机关，其情形亦大体如此。

随着敌后游击战争的广泛开展，八路军队伍迅猛壮大，作战地区不断扩大，作战对象除了拥有先进技术装备的日军，还有伪军、顽军，有时还需要同友军协同，敌后作战的环境也日益艰苦复杂；从发展的眼光看，游击战必然要向正规战转变，八路军将来在战略反攻中必须担负起正规战任务。所有这一切，都在客观上要求八路军必须建立起机构健全、设置合理、分工较细的司令部门，具有敏捷、及时、准确、周到、有计划而紧张的参谋工作。另外，由于八路军的技术装备较差，又处于分散游击状态，在部队不断扩大、干部“供不应求”的情况下，使得八路军各级司令部建设虽然比红军时期有了一定发展，但是工作制度还不够正规，组织机构不够健全，参谋人员严重缺编；再加上参谋人员大多是勤务员、特务员提拔培养起来的，尽管政治素质过硬，但文化水平较低，军事基础较差，所以造成不少参谋人员“既不能参又不能谋”的结果；兼之有的部队首长也没有把司令部工作提高到应有的地位，以致形成一般干部轻视参谋人员，不愿做参谋工作的现象。这些都严重影响了司令部工作在部队中的地位和作用。对于这种情况，早在1938年3月召开的东路军高级将领会议上，左权即很有远见地指出：“今后的战斗环境可能日益复杂，对司令部工作的紧张与确切，也就日益提高，使司令部的工作能适合这样的要求而健全起来，亦为当前重要的工作。”

此后，左权在朱德、彭德怀的热情关心和大力支持下，一方面积极健全司令部组织，在参谋处之下增设管理科、教育科，并多次向中共中央军委请求调派得力的业务干部和参谋人员来前方，以充实各业务部门，提高指挥作战能力；另一方面，左权认真研究八路军各级司令部的状况，积极筹备召开部队参谋长会议，以加强司令部的组织建设和制度建设。

经过认真准备，1938 年 12 月中旬，八路军晋东南部队参谋长会议在山西省潞城县北村召开。左权主持会议并就八路军参谋工作作了重要讲话，制定了工作规则，还亲自给参加会议的各部队参谋工作人员作示范。在这次会议上，他总结了八路军司令部工作的经验，并从当时部队的实际情况和需要出发，参照苏联军队的参谋业务，起草了《军队司令部（A、D、B、R）暂行工作条例》[①]，并于 1939 年 8 月 16 日以“第 18 集团军总司令部”名义印发八路军各部队。1940 年 3 月，该条例定名为《八路军各级司令部（军、师、旅、团）暂行工作条例（草案）》，由八路军总部上报中央军委，再由军委进行修改和补充后，成为正式条例，于 3 月 25 日在《八路军军政杂志》第 2 卷第 3 期上发表。

条例明确规定，司令部“是兵团首长实行指挥作战，及管理训练军队的机关”，担负着“组织战斗、管理部队、训练部队”三方面的职能；各级司令部实行五科制：第一科负责作战，第二科负责侦察，第三科负责通信联络，第四科负责管理、警备，第五科负责教育、训练。条例确定参谋长既“是司令部的首长，同时又是兵团军事指挥员的第一个代理人”，其主要工作：对司令部全盘工作的领导；指导作战科搜集并整理各种情况而加以正确的判断；对首长作报告及向首长发表作战的提议，但只应提议一次；拟制较重要的报告和号令；拟定战斗的和战役的计划；保障首长对部队顺畅的不断的指挥；审核各科关于行政管理教育诸计划；监督军队各种制度的建立；指导供给、卫生、运输各勤务部门的工作。条例指出：“现代战争是复杂的。军队的指挥是艺术的，没有健全的司令部组织，没有紧张的司令部工作，决不能使战争获得完满的胜利。因此一切忽视司令部工作的观点，都应摒弃。”因此，参谋人员“必须具有优美的政治品质，现代的科学智识，先进的军事理论和高度的技术技能”，“负责任、守秘密、细心地而深刻地研究问题，艰苦地而耐烦地进行工作。积极而虚心地努力学习。不骄矜、不颓丧、不好名、不贪利”。条例还对司令部平时和战时的工作内容、方法，司令部的值班制度、案卷，以及与其他各部门的关系，与部队的关系，都作了明确规定与严格要求。

《八路军各级司令部（军、师、旅、团）暂行工作条例（草案）》是八路军司令部工作建设中的巨大成绩，也是人民军队历史上第一个司令部工作条例，为八路军司令部工作的正规化打下了良好的基础。这其中，凝聚着左权大量的心血。

为了巩固部队大发展的成果，使八路军更好地担负起巩固华北的战略任务，

---

① A，即“集团军”，英语“army”一词的缩写；D，即“师”，英语“division”一词的缩写；B，即“旅”，英语“brigade”一词的缩写；R，即“团”，英语“regiment”一词的缩写。

根据中共中央的指示，1939 年 2 月、6 月，左权和朱德、彭德怀、傅钟一起连续发出整军训令，要求各部队利用作战间隙，分期分批地集中进行整训，以提高广大指战员的军事、政治素质。

司令部机关是军队组织的重要组成部分，平时主管军事日常工作，战时组织指挥作战。健全和加强司令部建设，提高参谋人员的素质，不仅是适应整军任务的需要，而且是整军工作的前提条件之一。因而，左权十分注意利用大规模整军的有利时机，来推动各级司令部组织与工作的加强和改进，做到以整军带动司令部建设，再以司令部建设的加强进一步促进整军。为此，左权在请示朱德、彭德怀后，决定召开一次八路军参谋工作会议，以便更好地总结战斗经验，检查整军工作及健全司令部工作的落实情况。鉴于当时各抗日根据地正处于紧张激烈的反"扫荡"之中，左权决定参谋工作会议仅限于晋东南八路军部队，其他地区可根据当地具体情况分别召开。6 月 4 日，左权将此事报告给中央军委参谋长滕代远，并请其"对健全司令部工作一项详为指示，各级司令部及司令部科、股之工作内容细则等，如军委已有拟定，请即寄来或用电发来"。

对于即将召开的晋东南八路军参谋工作会议，中央军委极为重视，除了很快给总部寄来机要规则和作战科机密规则之外，6 月 12 日，毛泽东、王稼祥、滕代远还专门联名致电左权，指出："抗战快届两周年，集总[①]召开参谋会议是有伟大的意义。"并强调会议的方针应是："总结两年来我军参谋工作方面的经验教训，确定参谋工作的总方向与目前急需进行的具体工作，提高参谋人员的政治素质与工作能力。望技术参谋达到战术、战略参谋的水平。健全指挥机关，不仅特别善于进行游击战争中的参谋工作，并能准备为转入现代正规战争中的参谋工作。"电报还对如何开好此次会议和今后加强司令机关建设问题提出了许多具体的指导意见。

6 月底，左权主持召开了晋东南八路军参谋工作会议。根据中央军委的指示，会议总结了过去近两年来的成绩和不足，讨论和审定了《军队司令部（A、D、B、R）暂行工作条例》，指出了司令部工作今后的努力发展方向，并号召切实转变对司令部工作不正确的认识。为适应目前整军的需要，会议还要求各部队健全参谋处教育科，以指导和检查教育工作的实施；并尽可能抽调人员参加总部即将开办的参谋人员训练班，提高参谋人员的水平。这次参谋工作会议的召开是适时的，推动了司令部的组织建设和工作进一步开展，扭转了参谋人员轻视本职工作的不正常状况。

为落实晋东南八路军参谋工作会议的精神，在反"扫荡"形势稍有好转的 8 月中旬，八路军总部开办的参谋人员训练班即在武乡县砖壁村开学，来自第一二九师、第一一五师第三四四旅、晋豫边游击支队、总部、抗大的 60 名学员济济一堂，聆听了左权等首长的讲课。左权根据毛泽东关于抗日战争战略战术的

① 集总，即国民革命军第十八集团军总司令部的简称，习惯上仍称八路军总部。

基本精神，立足华北抗战的实际特点，并结合自己的独特研究和思考，比较系统地向学员讲授了如下内容：（1）坚持华北抗战中几个战略战术问题：战略问题与作战指导、战术问题、我们的军事思想；（2）埋伏战术：待伏、诱伏，几种不同兵种的伏击，如何对付伏击；（3）袭击与对付袭击：袭击，对几种特殊情况的袭击，如何对付袭击；（4）如何对付“扫荡”和追击：如何对付“扫荡”（围剿、围攻），如何对付追击。在讲课中，左权从辩证唯物主义的观点出发，注重“理论与实践打成一片”，循循善诱，不仅使学员们的眼界大开，参谋业务素质得到很大的提高，而且增强了学员们做好本职工作的信心。耿飚后来回忆说：“左权同志学识丰富，给干部作报告、讲课谈笑风生，引人入胜；讲战斗有头有尾，绘声绘色；谈学习引经据典，深入浅出。他深受干部战士的敬重和爱戴。”[①] 经过2个月的培训，一批合格的参谋人员走上了各自工作岗位。

左权知道，提高参谋人员的质量，使之真正做到“能参能谋”，不只是要靠集中培训，更要靠参谋人员平时的积累，通过自身不断学习、修养，成为一名合格的参谋人员。因此，他要求参谋人员必须苦练基本功，熟悉自己的业务，成为“活地图”。他说，有的地方不能去作实地观察，而要熟悉战场地形，就必须熟知地图上的地名、地形、地貌，做到了如指掌、心细如发；敌、我、友的基本情况都要牢记在胸，战场上的瞬息万变都能及时掌握，在首长询问时做到有问必答，答必无误。左权特别注意用自己的言传身教来影响、带动总部机关参谋人员的学习，以培养和提高他们的军事素质和工作能力。对于参谋人员起草的一般性的电报稿，他都非常仔细地审看，发现哪怕一个极细小的错误，他也会耐心地指出，同时提醒道：这样的电报发出去，部队会受怎样的影响呢？他常说：“做参谋工作的人既要能武，又要能文。重要地是加强学习和实际锻炼，熟能生巧。”从1939年底开始，八路军总部驻地比较固定，为干部学习提供了条件。他就把总部机关干部战士组织起来，亲自帮助大家制定学习计划，按文化程度分别编组，并担任司令部学习组组长，经常给大家上课。他结合过去红军反“围剿”和现在八路军反“扫荡”的战例，讲解战略战术和作战、情报、通信、机要、队列等方面的业务知识，并十分注重现场操作示范。他号召作战科每个同志向《新华日报》（华北版）和内部刊物《华北战讯》投稿，报道战况和总结作战点滴经验，并且要求作战科科长王政柱以身作则。对于大家写好的文章，他总是不厌其烦地修改，有的甚至加以重写，却总是不忘鼓励一句：“这一次比上次有进步！”王政柱后来回忆说：

记得第一次报社给我送来稿费的时候，我很发愁。不收吧，不好，因为发稿费是报社的规矩；交给左副参谋长吧，他是决不会要的。但报道稿子明明是左副参谋长一字一句修改才写成的，我怎好意思享受这稿费呢？便把稿

① 耿飚：《光照日月，浩气长存——纪念左权同志殉国四十周年》，《人民日报》1982年5月25日。

费交给作战科，作为夜餐费用，后来这件事被彭副总司令知道了，还赞扬了我们一番，他说："这样很好嘛，学了文化，出了成果，既作了抗战宣传工作，又解决了一科（作战科）的夜餐费，一举几得。"①

不久，八路军各部队遵照总部的统一部署先后召开了参谋工作会议，研究加强司令部建设的具体措施。对此，左权根据已有的经验和各地具体情况，尽可能地给予帮助和指导。1940 年 1 月 18 日，左权和朱德、彭德怀电示在山东的第一纵队司令员徐向前、政治委员朱瑞并参谋处长罗舜初，对即将召开的山东参谋会议提出指导性意见。指出，你们召开参谋会议是有重大意义的，会议内容可考虑为六个方面：第一，应根据总部和中共北方局最近的扩军计划与巩固第一纵队的指示，使现有部队加速向正规军迈进，使扩大的民众武装转到正规军中来；第二，总结抗战的经验教训，制定军队教育计划与制度，进行军队战斗技术的教育，加强干部的培养，提高军队的战斗力；第三，发扬八路军的优良传统，建立军队各种制度与工作，尤其打下严肃的自觉的纪律基础；第四，建立与健全各级指挥机关，确立参谋工作之总方向与目前急需进行的具体工作，提高参谋人员的政治责任与工作能力，使技术参谋进到战术战略参谋，使各级指挥机关负担起组织战争、指导战争的职责，成为军队中的首脑部；第五，加强参谋人员的训练，建立参谋人员的学习制度，提高参谋人员的积极性、创造性，使参谋人员安心工作，尽忠业务，严肃参谋工作的纪律，发扬参谋工作的高尚道德，提高参谋工作人员在部队中的威信与地位；第六，反对对参谋工作的各种错误认识，反对轻视参谋工作的观点，纠正参谋人员中不愿做参谋工作的倾向。指示说，这是做好参谋工作的先决条件。

这时期，敌后抗战的形势愈益严重。日军对华北各个抗日根据地连续进行残酷"扫荡"，实行"以华制华""以战养战"等政策。同时，国民党掀起第一次反共高潮，国内妥协投降的危险严重存在。为了努力巩固与加强抗日力量，更好地坚持华北抗战，并巩固抗日民族统一战线，准备应付可能的突然事变，克服投降妥协的危险，1940 年 2 月 21 日，左权和朱德、彭德怀、傅钟等联署向各兵团发出八路军 1940 年整军训令。训令决定继 1939 年完成 61 个团之整训后，1940 年再整训 50 个团，分两期完成，每期 4 个月。训令在对整军要求中，特别强调了要"建立与健全各级支队参谋机关的工作"，并号召各级司令部与其他部门"为完成这一巨大任务而努力"。2 月 29 日，左权和朱德、彭德怀就军事教育问题发出关于 1940 年整军的补充指示，其中专门强调了司令部在军事教育中的重要责任："各级司令部应负指导和督促检查军事之责任，建立经常之教育会议与检查制度（特别是团一级）"，并"应按各期教育的需要，制定适当之教材，特别是

① 王政柱：《可亲可敬的首长和老师》，载晋冀鲁豫烈士陵园编：《怀念左权同志》，湖南人民出版社 1981 年版，第 56 页。

培养与收集教育人员，提高干部，尤其是下级干部之教育能力万分重要，只有好的教育干部才能够训练出好的部队来”。这就把司令部的自身建设与整军更好地统一起来，有利于对参谋人员工作能力的锻炼和提高。

8 月 20 日，震动全国的百团大战发起。这是全国抗战以来八路军总部直接指挥、发动的规模最大、持续时间最长的战略性进攻战役，是对 1939 年至 1940 年整军成果的检验，也是对这一时期司令部建设成果的检验。实践证明，由左权领导的八路军各级司令部在这次战役中的计划、准备和组织工作是出色的，对此，时任中央军委总参谋部第一局局长的郭化若曾称赞道：“这次我军发动百余团大兵向五千里路漫长战线之敌军进攻，如无周密之计划，充分之准备，是不易获得圆满胜利的。这样大规模的战役，复杂的动作，准备时间并不长久，而能完成各种必要的准备，又能严守秘密，不为敌人所窥探。及至战役开始，在数千里广野上，百余团大兵能在一个意旨下，协同动作，像一个人一样，以完成其任务，这种计划性与组织性，是游击战争中所难能的。”①

但是，百团大战尤其是后期日军进行的严重报复性“扫荡”，在实践上也要求八路军各级司令部在组织形式、工作方式上作进一步的改善和加强。同时，百团大战之后八路军进入整理和恢复阶段，给各级司令部组织、工作的改善和加强提供了时机。1940 年 12 月 8 日，左权和朱德、彭德怀、罗瑞卿②等向八路军各兵团首长及各级司令部、政治机关发出《关于加强与健全司令部的组织与工作的指示》，指出：八路军已成为数十万众的大军，今后战争环境必然愈益严重与复杂，这一切都要求军队技术战术的提高、军队制度的巩固、作战组织与指挥等，必须有大踏步的进步，这就要求加强与健全各司令部的组织与工作，能真正地适应上述需要，否则将造成严重损失。指示强调：“具体解决参谋工作干部，吸进新的参谋干部，健全各级司令部的组织，是目前健全参谋工作最中心的问题。”并要求各部队“目前必须以建设政治工作之精神，来健全各级司令部机关的组织与工作。”这是一份关于司令部工作的非常重要的文件，引起了各兵团首长及司令、政治机关的高度重视，对于促进各级司令部在组织上、工作上的巨大变化和进步起到不可低估的作用。

左权以百团大战为契机，对总部的司令部组织和工作进行了更为科学的调整。在他的精心指导和安排下，这时的参谋处下设作战、侦察、通信、机要、管理五科③，又增设新闻台，专门负责谍报工作。左权还通过多方协调，从延安和抗大调入一批知识青年担任参谋工作，使司令部建设不仅设置更合理，分工更明确，而且人员更充实，参谋素质更高。不但如此，左权在调查研究的基础上，将

① 郭化若：《论百团大战及其胜利》，《八路军军政杂志》第 2 卷第 10 期，1940 年 10 月 25 日。

② 罗瑞卿，时任八路军野战政治部主任。

③ 这时因抗大总校迁至晋东南，承担了部分教育任务，教育科与 1939 年成立的军政处均代表北方局、总部组成巡视团，下部队去检查部队军区工作。总部机关一般的教育工作由作战科和管理科承担。见王政柱：向叶参谋长之报告材料，1943 年 6 月 17 日。

各科内部实行合理分工，以有利于改善工作。例如，他将作战科分为三个股，并进行工作分工，即作战股兼管战况报道及总部机关的军事教育工作，情报股兼管本军部队的材料整理，统计股负责本军人员、武器统计；同时，建立了号令监察、业务检查、业务研究、会议汇报、会客请假等制度，还制定了值班工作条例、办公细则等。由于组织的健全和科学的分工，总司令部的工作效率大大提高了，参谋人员也迅速改变了原来轻视本职工作的态度，增强了钻研业务的热情。

左权非常重视机要工作。1939 年 2 月至 7 月，在左权的亲自过问下，总部举办了第一期译电训练班，大部分学员在结业后被分配在总部机要科。这就为总部机要工作的发展，培养了一批骨干。1941 年春节过后，总部开始举办第二期译电训练班。在开学典礼上，左权作了重要讲话。他说，机要工作是有关全党全军的咽喉命脉的工作，保持机要工作的严密与保持电码的绝对秘密性，是保障共产党和八路军一切秘密中最主要的部分，也是保障共产党和八路军争取每一个革命斗争胜利的核心之一。[①] 因此，译电员是党最信任的人。他主持研究和制定机要工作规则，以总部名义下发各部；亲自检查总部机要科每月进行的技术测验和考核；要求机要人员平时养成良好的工作习惯，以保证机要人员的安全和防止泄密。他常对机要人员说：密码比我们的生命更重要。一个人牺牲危害小，电报、密码失密就可能造成军队成百成千人的牺牲，以致危害党的机密，损失就更不可估量了。[②] 由于工作的特殊性，机要人员昼夜值班，夜里 11 点左右吃一顿夜餐。有一次，左权来到机要科，问大家吃夜餐好不好。大家告诉他，由于吃得晚，一吃完饭就睡觉，不仅睡不着，而且胃也不舒服。在左权的过问下，从此就采取两种办法：一是把夜餐费发给机要科各股，愿吃什么做点什么；二是改吃稀的，如面条，以利消化。并把夜餐时间由 11 点改为 10 点，吃完饭再工作一个小时然后睡觉。这种看似很小的事情，却体现出左权对机要参谋人员无微不至的关心。

左权曾说：了解敌情是作战指挥、战胜敌人的基本条件之一。司令部应把情报工作看成是同战略战术一样的重要，进行系统的收集。早在 1938 年 4 月 30 日，左权请了几位同志，把第一二九师在广阳战斗中缴获的日军华北方面军司令部编印的《华北战术之参考》一书译出，登在八路军总部的《战术研究材料》第 3 期上，并写了前言，以引起对日军战术研究的重视。从 1939 年下半年开始，总部参谋处与野战政治部合办了《敌军研究资料》，专门搜集和研究日军的情报资料。1941 年 5 月 2 日，左权向八路军各部队首长发出通知，要求搜集有关日军在华北地区的各种材料，并举出具体的数字和生动的事例，以供全面系统地了解抗战以来敌人在华北各地区的军事、政治、经济、文化等各方面情况。下半年，八路军总部以原中共中央社会部派出的工作组为基础建立情报科，直属

---

① 彭德怀、左权、罗瑞卿关于管理机要人员、重视机要工作给各兵团首长、各司令部、政治机关的指示，1941 年 8 月 10 日。

② 徐敬一、贾文艺、温志达、张晋儒、申抒：《左权参谋长与前总机要科》，载《光荣艰巨的历程》，中央文献出版社 1997 年版，第 284 页。

参谋处，由左权直接领导。为了加强情报工作和健全情报组织，10月17日，左权和彭德怀就总部组织情报处事宜致电康生、叶剑英、李克农[①]并报中央军委。该电说：由于所处环境及战争需要，决定正在组织中的总部情报处“以对敌伪之军政侦察调查研究为工作重心，对友放在次要地位”。又由于过去工作基础薄弱，组织不太健全，情报处近期的工作主要是：“第一，搜集与整理原有之敌伪材料，使之系统化，作为研究敌伪一部分的基础材料。第二，逐渐开辟新的工作局面，即训练谍报人员，扩张版报网的组织与使技术侦察逐渐转向对日本方面发展。”不久，情报科扩建为情报处，左权兼处长，下设派遣、情报、技侦、爆破四个科。[②]无论是情报科还是情报处的设立，都是八路军总司令部建设史上的重要一笔。为培训情报干部，当年总部连续举办三期训练班，左权和彭德怀等都亲自讲课。遵照总部的指示，是年底，太行军区各军分区及太岳军区先后建立情报处（站），业务上由总部情报处领导。1942年5月1日，左权亲自主持制定了《情报站的组织与工作条例》，对情报站的性质、任务、组织和工作作了明确的规定。此外，对于外派干部的挑选，左权都要逐个进行研究，制定计划，分别谈话。在左权的领导下，总部情报处迅速开展了卓有成效的工作，开辟了崭新的局面。

与了解敌情一样，抗战时期，了解“友情”也是十分重要的。全国抗战进入战略相持阶段后，国民党出于种种目的，在华北黄河两岸、西北以及华中、鲁苏地区驻有大量军队，其中有积极抗日的，有见风使舵的，当然也不乏顽固反共的。掌握这些国民党军队的情况，对于八路军各级首长制定对日作战计划具有重要意义。为此，左权指示各级司令部门，平时要有专门人员负责搜集、整理国民党军队各部的资料，并定期上报总部。然后，左权再亲自将这些资料筛选、汇总，发给各兵团首长并报中央军委，以便决策时所用。这一工作纷繁复杂，却又容不得半点马虎。1940年11月27日，左权就华北、西北及华中友军概况向八路军各兵团首长及新四军有关部队首长发了一封电报，并报中央军委。该电详细地介绍了驻华北、西北及鲁苏战区国民党军队的主要情况，包括各部（集团军、军、师、旅）的番号、主官姓名、驻地防区、编制人数、武器装备、战斗力状况以及政治态度等诸多方面，电文长达七千字。[③]仅此一电，即可想见左权所花费的精力是多么巨大。

左权特别注意发挥各级司令部教育和训练的职能。当时，由于抗日战争紧张激烈的发展，迫切需要大批生力军涌到前线去；而分散、复杂的敌后游击战环境，使得八路军的战斗教练遇到很多困难，如难于统一教练，缺乏教练人员，没有统一标准的教材，缺少教练的时间和设备等。为此，左权于1939年冬天撰写

---

① 康生，时任中共中央社会部部长。李克农，时任中共中央社会部副部长兼中共中央情报部副部长。

② 林一、席一：《对八路军前总情报处工作一些史实的回顾》，载中国人民解放军历史资料丛书编审委员会编：《总参谋部·回忆史料》，解放军出版社1995年版，第187页。

③ 左权致聂荣臻、朱良才、唐延杰、陈光、罗荣桓、贺龙、关向应、周士第、刘伯承、邓小平、李达并胡服、陈毅、黄克诚、彭雪枫并报军委电，1940年11月27日。

了《八路军的战斗教练工作》[①]一文，明确指出：八路军的战斗教练工作，应从敌后抗战的实际出发，“不能不顾到及时供给战争的需要，而特别着重于技术战术的训练。不能不反对专门进行制式教练以及放松实战需要的教育，而应当着重于使每个战士在短期中都能善于使用自己的武器，枪，刀，手榴弹以及在各种战斗情况下，有烂熟的战斗动作”。因而他提出应采取以下的原则：理论与实际密切结合；少而精；不间断的教练；对日作战的教练。此后，左权又与老同学刘伯承密切合作，着手翻译苏联新颁布的步兵战斗条令，以作为八路军各级司令部实施军事教育的教材。从1941年4月起，左权、刘伯承合译的《苏联新的步兵战斗条令》(第一部)连续在《前线》半月刊上发表。同时，八路军总部发布命令，将苏联步兵新的战斗条令作为八路军步兵战术教育的基本教材。在翻译过程中，左权一丝不苟，精益求精，并且经常与刘伯承通过书信切磋琢磨，商讨一些疑难问题。从当时他写给刘伯承的一封信中，就反映出他认真负责的态度。

伯承同志：

步兵战斗条令第四至第七章已译完请校正。内中画有红线感觉更无把握处，第二〇二条第一句，第二〇五条之B项均未能译出，请改正与补上。

分给我的任务算完了，第八、九两章如须我译我可以继续，不过麻烦你校对就是。如何请你规定。

Стрелковое отделение我想仍译为步枪班较妥，因为步兵的意义与内容都包括大如机关枪等均在内了，如何请定夺。

Миномет，我译为迫击炮，但在内容与我们的迫击炮又有些不同，研究如何？45-mm Орудие，实质就是步兵炮，我原亦以步兵枪译出，但恐失原意又照直了，应如何后请定夺。

第三续译前已送上想收到，代远同志之战术问题，请抽暇一复，因他在催多次了，一切麻烦你希谅。

此致

敬礼

左权

十一日

后来，刘伯承在这本书的译版序言中写道：“苏联1938年12月颁布的《步兵战斗条令》第一部，在1940年才由延安寄到太行山。当时我顺手译了第一章，左权同志接着译了第二章至第七章交我校正，并嘱我把下余的第八章、第九章和附录全部译完……左权同志细致核实，具见之于其译文，此尤为我们军事干部所

---

①《八路军的战斗教练工作》一文，根据内容判断，撰写时间应为1939年冬天。此文在左权生前未及发表，1942年8月9日，延安《解放日报》将此文作为左权遗著发表。

应学习与发扬的。”由于对敌斗争异常艰苦、紧张，译著直到 1943 年 4 月才正式出版发行，而此时，左权已长眠地下几近一年了。但是，这部译著的广泛传播，对加强八路军自身建设，使八路军在极端艰苦的环境中逐步朝着正规化的方向发展，迎接战略反攻、争取抗战的最后胜利，发挥了积极的作用。

随着对敌斗争的日趋激烈、敌后抗战的愈益艰难，左权更加注重对八路军各级司令部建设的加强，以更好地适应新的复杂斗争形势。1941 年冬，他在总司令部部务会议上严肃指出：“战争情况是不断发展与变化着的，要求了解每一新的情况与变化，吸收每一个新的经验。因此，认真地加强侦察工作，对周围敌情必须具体地了解，切实地研究，对战役战斗的组织、首长决心的实施，必须切实周密认真地进行，保证每个战役战斗顺利地进展，争取每一战役的胜利。”各级司令部应有计划地指导部队的军事教育，提供必要的教材，及时进行检查与总结。各级司令机关应发挥更多的创造性，及时总结和传播经验。要健全司令部工作制度，改进工作方法，克服粗枝大叶和一般化的现象，反对主观主义与形式主义。①

左权是这样说的，自己带头也是这样做的。那时，总司令部的日常工作，大都是由他主持的，每逢重要情况，他更是事必躬亲。时任晋察冀军区司令员的聂荣臻这样评价左权：

> 我更想起你在长期的参谋工作中，军队的一切建设，部队的管理教育，战斗战役的组织，一切运筹帷幄，无不精细周详，大事不忘，小事不忽，在日常工作中负责，尤其是敢于负责，绝非敷衍苟且之徒可比；你对于司令部的工作计划，你对部队工作的指示，能说能行，贯彻到底，亦非那些说的多做的少，滔滔不绝的战略战术的清谈家可比；你精干朴素，实事求是的精神，更非那虚设机构摆空架子的人可比；你没有疲倦，你没有虚荣，你没有个人打算，你更没有要求请假去休养，亦没有藉口要到哪里去学习。你是我们军中模范的军人，尤其是我们军中的参谋工作者永远的好榜样。②

曾任第一二九师参谋长的李达在后来的回忆文章中写道：

> 我曾翻阅过当年一二九师《阵中日记》，这里边记录了大量由左权起草或阅改的命令、指示和通报等，多者每日可达数千字。由此可见，他的工作效率是多么高！他的警卫员曾说：“每天晚上，别人都睡下很久了，我还见他在办公桌上写东西，要么就是看书。有时我一觉醒来，天快亮了，还见他端着灯在看地图。”

---

① 左权：《关于健全司令部工作与组织》1941 年冬。

② 聂荣臻：《祭左权同志》，载《晋察冀日报》1942 年 7 月 3 日。

李达还评价道："说左权是八路军司令部业务建设的奠基人之一，是毫不夸张的。"[①]

二、苦心经营军事工业

八路军在巩固华北抗日根据地、发展壮大自身的过程中，面临的一个亟待解决的重大问题，便是如何解决自己的武器装备。对此，左权遵照中共中央的指示精神，按照朱德、彭德怀的部署，知难而上，真抓实干，大力创建太行山军事工业，从而在中国军工发展史上谱写出一曲自力更生的凯歌。

全国抗战初期，由于国民党政府仅供应为数很少的武器弹药，八路军的装备不仅质量十分低劣，数量也严重不足，一些新组建连队的战士甚至只好手持大刀、长矛参战。这就使得八路军即使在平型关战役、神头岭战斗、响堂铺战斗等一些成功的伏击战例中，也不能不因为武器落后而同时付出相当的代价。当时，八路军枪炮弹药的主要来源是靠战场缴获。左权在《埋伏战术》一文中就列举了一个有趣的例子：河北任县游击队为了夺得日军的枪支，派队员化装成妇女，穿着红红绿绿的衣服，扛着农具，扭扭捏捏地去做农活。放哨的日军一见就跑来追赶，被诱至设伏地点乖乖缴枪。当然，并不是每次夺取日军武器的行动都能成功，有时却要付出很大的牺牲。更主要的是，随着部队的扩大和战争的发展，单靠战场缴获已远远不能满足作战的需要。

为了保证部队不断地得到军火接济，早在八路军开赴华北前线后不久，中央军委即电告前方："我们必须在一年内增加步枪一万支，主要方法自己制造。"[②]接着，1937 年 11 月，八路军总部作出"除了每个师外，各旅、各团，每个支队以及地方政府和自卫队都要招募技术工人，开办修械所和炸药厂（制造地雷和手榴弹）"的决定。1938 年 5 月 21 日，朱德、彭德怀又向各部队发出"要有计划创建军事工业"的号召。

此后，八路军各部在招募技术工人和缴获日军小型机具的基础上，先后建立了八个修械所。但是，这些修械所尽管数量不少，可由于规模较小，设备简陋，技术落后，有的只能修枪而不能造枪，仅是生产一定数量的红缨枪、大刀、手榴弹、地雷等；有的产量很少，质量不稳定。同时，由于驻地分散，随军流动，管理不便，产品规模不一，质量没有保证，显然不能适应抗战形势的发展。

在这种情况下，左权与朱德、彭德怀开始考虑，在条件允许的时候，组建一个规模较大一些的兵工厂。1938 年 7 月、8 月间，由于朱德、彭德怀要赴延安参加中共六届六中全会，临行前便将此事委托给左权具体筹办。

左权受命后，心里一直琢磨着如何组建新的兵工厂的事情。鉴于目前各修械

---

① 李达：《我党我军一英才》，《人民日报》1986 年 10 月 19 日。

② 毛泽东、张国焘、萧劲光致周恩来、朱德、彭德怀、任弼时并彭雪枫电，1937 年 10 月 21 日。

所的状况，他认为，为了能最大限度地利用现有基础，必须实行“统一领导，集中生产”的方针，即从三个方面着手：一是加强对军械修造的领导，二是集中技术工人和机器设备，三是扩大生产规模。他用电报在向朱德、彭德怀请示后，遂决定将第一一五师第三四四旅修械所、第一二九师高平修械所、第一二九师唐天际支队（此时又称晋豫边支队）阳城修械所集中起来，成立一个总部修械所，并委派时任总司令部直属供给处第四科（军实科）副科长的徐长勋具体负责筹办事宜。徐长勋曾担任过红军师政委，有很强的领导能力和责任心。

在工厂的选址问题上，左权认为，作为一个较大规模的兵工厂，除了要有相对安全的外部环境和较好的生产条件外，还有一个因素不可忽视，那就是必须具有方便和充足的燃料来源。为此，9月9日，他致电晋冀豫军区（对外称第一二九师后方司令部）司令员倪志亮，请其立即“调查辽县、武乡、榆社三角地区内，何地产煤及便于安设工厂”。很快，倪志亮将几个合适地点报告左权。左权又派徐长勋前往考察。经过反复比较衡量，左权最后将厂址选定在山西榆社县讲堂镇韩庄村。韩庄村是一个有四十余户人家的山村，地处榆社县和辽县的交界处，是当时抗日根据地的中心地带。村前有一荒芜的庙宇，占地一亩多，共有殿堂六间，三百多平方米，可利用作工厂的厂房。而且该村距一煤矿不远，运输也比较方便。

9月中下旬，“八路军总部修械所”正式开始组建。20日，左权向在延安的朱德、彭德怀报告了这一情况：“兵工厂拟设于武乡榆社间之讲堂镇附近，余吴镇之机器即向讲堂镇搬移。工兵机器共有三部，惟缺零件。造枪工人尚不够，仍须向各方寻找。管理工厂尚无适当人员，最好请从延安找一个来。”

在左权的热情关心下，徐长勋组织第一一五师第三四四旅修械所、第一二九师高平修械所、第一二九师唐天际支队阳城修械所的机器和工人，先后来到山西榆社县韩庄村。同时，第一一五师供给部山西抗日决死纵队等修械所的部分职工和从各地招入的技术工人，也陆续到来。至同年底，八路军总部修械所的职工已达380多人，并拥有金属切削机床7台，另有3节卧式锅炉和15马力蒸汽动力机各1台，各种小型机械设备10余台，初步具备了小批量制造步枪的能力。

八路军总部修械所的建立，是八路军军火生产从分散到集中，从修理到制造，从随军流动到建厂定产，从作坊生产到工业生产的重大转变。它标志着太行山军事工业的诞生。

就在左权于前方积极组建八路军总部修械所期间，日军于10月相继侵占武汉、广州，抗日战争逐渐进入战略相持阶段。从此，日军在对国民党政府实行以政治诱降为主、军事打击为辅的方针下，基本上停止了对正面战场的战略性进攻，转而将其主要兵力用于打击共产党领导的敌后抗日武装，特别是华北敌后战场上的八路军。

值此抗战形势发生重大变化的情况下，毛泽东在中共六届六中全会上明确指出：“游击战争的军火接济是一个极重要问题，一方面，大后方尽可能的接济他们；又一方面，每个游击战争根据地都必须尽量设法建立小的兵工厂，办到自制弹药、步枪、手榴弹等的程度；使游击战争无军火缺乏之虞。”[①]同时，在这次中央全会的政治决议案中，把“提高军事技术，建立必要的军火工厂，准备反攻实力”列为全中华民族当时的紧急任务之一。

遵照中共中央和毛泽东的指示，左权和已返回总部的朱德、彭德怀常常坐在一起，商量研究如何更好地加快发展军工生产的问题。仅从1939年2月中下旬有关军事工业的三封电报中，就可以看出他们工作的辛苦和当时军事工业的困难。11日，致电八路军各兵团首长：已有制弹机，急需大批子弹壳及铜，请严令各部并发动群众收集。17日，致电毛泽东等：前方军事工业发展颇快，唯工程师、工业管理人员及熟练工人缺少，请设法抽调几个来前方。请从叶季壮、杨立三两人中无论如何抽一人来前方管理后方勤务工作。20日，致电军委后方勤务部副部长杨立三：拟介绍来总部兵工厂的工人，必须是熟练工人，并须是大兵工厂的工人，不要手工业者及学徒。此外，左权还于当月数次致电八路军西安和渑池兵站负责人，请其广为招募技术熟练工人来总部修械所工作。

由于当时八路军总部尚没有专门管理军工生产的机构，只是暂由司令部直属供给处第四科（军实科）兼管，不利于更好地开展工作。3月，在左权的建议下，总部决定成立第六科，即军事工业科，简称军工科，统一领导和管理晋东南、冀南、豫北地区八路军各部及地方政府的修械所和炸弹厂（即手榴弹和地雷工厂）。刚从延安治伤后重返前线的原总部参谋处第三科（通信科）科长刘鹏，被任命为军事工业科科长。同时，任命曾留学日本学习电机的专家程明升为总部修械所所长。在本月，修械所不负众望，开始正式生产枪支。至4月，修械所职工发展到400余人，除完成修械任务外，月产步枪60余枝。

这时候，根据中央六届六中全会确定的“巩固华北”的战略方针，八路军三大主力已基本完成挺进冀鲁平原、巩固与扩大平原根据地的任务，部队本身也得到迅猛发展与壮大。与此同时，日军华北方面军根据其“治安肃正”计划，将“扫荡”的重点由平原转向山区，并加紧对各抗日根据地实行经济封锁与军事破坏。加之国民党顽固派实行反共投降政策，蓄意挑起反共摩擦事件。因而，敌后斗争的形势日益复杂和困难。5月7日，左权和朱德、彭德怀等电示八路军各兵团首长，强调指出：在部队日益发展，我军经费和弹药供给异常困难的情况下，各部队一切供给必须建立在自力更生的基础上，不依赖国民政府的接济，坚决与敌人经济封锁作斗争。该电还提出了在晋东南、五台山、山东有计划建设军事工业等项克服困难的措施。

八路军的迅猛发展和根据地的巩固与扩大，既给军事工业提出了许多新的要求，也为军事工业建设和发展创造了必要的条件。为加速军事工业建设，加强对军工生产的领导，6月，八路军总部以第六科为基础，扩建为军事工业部（简称军工部），对外称武昌部，隶属总部后勤部领导，刘鹏仍任部长，孙开楚任政治

---

① 中央档案馆编：《中共中央文件选集》第11册，中共中央党校出版社1991年版，第610页。

委员。军工部机关设于总部修械所驻地，并于修械所合建为一个共产党支部。[①]

以后，左权又对军工部门的职责和任务进行了明确规定。他指出："军工部门要收集资财，生产武器弹药，修理各种损坏的武器，生产各种生产工具，交流生产经验，指导各级生产，团结训练工友，培养干部，提高技术水平，研究敌人的各种武器，并拿出对付的办法。"[②]

对于军工部的组建，左权和朱德、彭德怀等领导极为重视，并给予全力支持。在他们的积极协调和中央军委的大力关怀下，先后从抗日军政大学、总部机关、各部队和地方政府抽调了一千多名技术干部和工人支援军工建设，仅当年 7 月初即从陕甘宁边区抽调了三百余名技术干部和工人组成"工兵营"，加强和充实军工部的领导和技术力量；还从延安、西安运来一批较好的机器和器材。这就为八路军军事工业的迅速发展创造了极为有利的条件。

然而，在当时整个华北敌后抗战日趋紧张激烈的形势下，太行山军事工业的发展也绝不会是一帆风顺的。7 月初，日军对晋东南根据地发动了第二次九路围攻。6 日，日军在侵占了沁县、武乡、辽县等县城后，分路向榆社地区合击，军工部和总部修械所面临被摧毁的危险。当天，八路军总部在从潞城县北村驻地转移的同时，命令军工部和修械所向黎城县黄崖洞搬迁。

那么，为什么选择向黎城县黄崖洞搬迁呢？

还在 3 月、4 月的时候，根据当时日军正逐步向太行根据地延伸力量、增设据点，晋东南形势日益紧张的状况，朱德就很有预见地指出，为避免敌人的破坏，兵工厂应搬迁到更为隐蔽安全的地方重新建设，使它成为八路军长久、稳固、可靠的军火生产基地。为尽快选定新的厂址，左权受朱、彭二位首长的委托，开始了艰辛的勘察行程。

左权叫上刘鹏和技术人员，一起深入到太行山区，遍寻榆社、和顺、辽县之地，尽管前后数次出行，却均未能找到理想的地点。一天，左权在久久地凝望地图之后，忽然查出在黎城县境内一个叫黄崖洞的地方，凭直觉他判断此处应该比较适合建立敌后兵工厂。于是，他带上随员，翻山越岭，长途跋涉，来到这里。

黄崖洞，又称黄烟洞、黄涯洞，是个镶嵌在海拔 1600 多米高的黄崖峰西面崖壁上的天然大石洞，洞高 25 米、宽 20 米、深 40 米。黄崖洞位居黎城县西北部，地处黎城、辽县、武乡之间，陡崖千仞，壁峰矗立，树林密布，四面环山，东与赤峪沟连接，北与左会山相倚，东南与水窑山[③]、桃花寨山相环。洞正面有一条通道，是山涧汇流的出口，蜿蜒曲折，两侧高峰耸峙，从涧底仰视，只见一线青天，俗称"瓮圪廊"。瓮圪廊的尽头，是迎面壁立的断崖，一帘飞瀑，淙淙直下。瀑下有个深潭，叫"无底瓮"。靠东的潭壁上，有一条石阶道，叫"百梯栈"，共 120

---

① 孙开楚：军工部自成立以来的党政工作报告，1940 年 1 月 12 日。

②《左权谈军工部门的任务》，载《黄崖风云》编辑组编:《黄崖风云》，解放军出版社 1991 年版，第 336 页。

③ 水窑山，当时又称水腰山。

山西黎城黄崖洞八路军兵工厂所在地

余级，是从谷底登上断崖进入黄崖洞区的唯一通道。石阶分上下两段，以吊桥相连，收回吊桥，路断崖阻，便有“一夫当关，万夫莫开”之势。

左权看到这些，激动不已。他席地而坐，以石当桌，铺开地图，就着晚霞的余晖，用铅笔勾勒出黄崖洞绝伦无比的地形。然后，连夜向潞城县北村八路军总部赶去……

6月，左权陪同朱德、彭德怀来到黄崖洞，视察这个初步选定的兵工厂新址。当看到这里群山环抱，峭壁林立，绿树掩映中竟有如此能打能藏、易守难攻的理想地形时，两位首长不禁啧啧称奇。左权拿出上次勘察时所做的记录和草图，胸有成竹地说着自己的打算：在黄崖洞中驻军，在水窑山山谷建设厂区。工厂打算造12栋房子，总建筑面积约6000平方米。最大的钳工房1000平方米，两层结构，楼下生产，楼上住人。建筑材料就地取材，有的是石块。两位首长听后很是满意，当场拍板定下厂址，并嘱咐尽早动工。

就是在新选定的这个黄崖洞兵工厂开始紧锣密鼓地筹建之际，日军发动了对晋东南根据地大规模围攻，直至逼进榆社地区，这样，受到严重威胁的军工部和总部修械所只好提前向黄崖洞新址搬迁。

接到八路军总部的搬迁命令后，军工部和修械所全体干部、职工立刻行动，迅速将机器工具全部拆卸，并冒着连日的大雨向黄崖洞方向转移运送。从榆社县韩庄到黎城县黄崖洞，相距100余里，既要走起伏不平的盘山小路，又要涉水流湍急的浊漳河道，而且大量笨重的设备器材，全靠肩扛人抬。在广大共产党员的带动和影响下，全所人员克服了千辛万苦，在很短的时间内将全部机器设备安全转运到黄崖洞。①

左权十分牵挂修械所的搬迁和黄崖洞新厂的兴建工作。7月下旬，当八路军总部移驻武乡县砖壁村后没几天，晋东南反“扫荡”战局稍有好转之时，他不顾连续多日的紧张和疲劳再次来到黄崖洞。这时兵工厂正开工兴建，随后从延安等地千里迢迢转运来的机器也已到达。左权不仅指挥工程建设，而且带领干部、战士、工人们一起劳动。搬运体积庞大的锅炉困难，他招呼大家想办法，将锅炉按

① 孙开楚：《军工部自成立以来的党政工作报告》1940年1月12日。

照部位拆成十余块，一块块地运进厂区。建设厂房没有砖瓦，他与大家商量，用石头垒墙，采石板盖房顶，伐树木做梁柱门窗。施工人员缺少食粮，他一面与大家同吃野菜充饥，一面从其他地方筹集调运。休息的时候，他常与工人们促膝长谈，耐心询问他们的要求和意见，并给工人、战士们讲述俄国十月社会主义革命成功后，苏俄工人在布尔什维克党的领导下，克服重重困难，利用废钢旧铁制造武器，送到前方支援红军，打败14个帝国主义国家联合封锁和进攻的事迹，鼓舞大家的干劲和斗志。在兵工厂兴建的过程中，左权多次抽暇于风尘仆仆中莅临指导，如实在太忙也要打电话询问工程进展情况。

由于左权和其他总部领导的关心，广大干部、战士、工人们日夜奋战，艰苦作业，还不到半年的时间，一栋栋容纳动力机工、钳工、木工、锻工、组建5个独立工部的石头厂房沿山谷建起，一台台包括车、铣、刨、钻和锅炉、发电等的机器设备顺利安装。1940年春天，第一批步枪在黄崖洞兵工厂诞生时，正值朱德总司令55岁诞辰，工厂便把步枪叫做“五五步枪”。此时，兵工厂拥有机器设备约40台件、职工近700人，成为八路军在敌后抗日根据地的一个比较大的武器装备生产厂，被朱德总司令誉为八路军的“掌上明珠”。一个初具规模的八路军兵工厂巍然屹立在太行山上。

黄崖洞兵工厂投产后，左权先后陪同朱德、彭德怀来工厂视察。朱德总司令与工人谈笑风生，与职工同吃一锅饭，还给作出突出贡献的工友题词。彭德怀副总司令指示：工厂不是部队，工人不是军人，要按照管理工业的办法管理兵工厂。左权在检查工作中发现工厂非生产人员较多，组织机构不够合理，材料运输有浪费现象等问题，便责成军工部负责对工厂进行整顿，实行科学化管理。此后，军工部按照左权的指示，逐步地建立起了计划、生产、记工、工具材料收发和财务等一系列管理制度，并精简了机构和人员，大大提高了生产效率。

左权非常爱护工厂的工人群众，尊重他们的艰苦劳动。他常说：工人阶级是革命的领导力量，要打败日本鬼子，没有工人是不行的。有一次，工人们发现来

1939年9月，左权与刘鹏（左）在兵工厂建设工地上

1939 年 9 月，左权在山西黎城黄崖洞兵工厂建设工地

厂视察的左权身体明显消瘦，脸色灰暗，便商量着让炊事员把他们自己喂养的鸡杀了一只，炖好后悄悄端给左权补补身子。左权感谢工人们的盛情，却对炊事员说：工人每天工作十多个小时，吃好一点，就能多造武器，多消灭敌人，这样就等于爱护我了。你们不是还有身体弱的同志吗？快端去送给这些人吃吧！他一面说着，一面走到大锅边，自己盛起一碗饭香甜地吃了起来。

为了进一步加强对军事工业的专业化领导，1940 年 5 月，左权和彭德怀决定将刘鼎从抗大调到总部，担任军工部部长，原部长刘鹏改任副部长。刘鼎曾留学德国与苏联，学习工业技术，大革命时期在方志敏部队担任闽浙赣兵工厂政治委员，具有军火生产的理论知识与实践经验。

对这位知识分子出身的新任部长，左权和总部其他领导寄予殷切厚望。当刘鼎来到总部后，左权和彭德怀、后勤部长杨立三不仅表示热烈欢迎，而且还亲自陪同他前往军工部机关所在地黎城县上赤峪村。一路上，几位领导勉励刘鼎说：要战胜敌人，必须具备两个条件，一是发动群众，二是要有武器。敌人之所以敢于发动侵略战争，主要是凭着他们有精良的武器装备，企图用武力来征服中国。我们共产党人从来认为战争胜负的决定因素不是武器而是人，但武器却是战争胜负的重要条件，如果我们每个为正义而战的抗日战士都有武器，有好武器，就可以用较小的损失，较短的时间，取得最后胜利。武器从哪里来？靠国民党政府发给，当时希望很小，靠缴获敌人的，代价太大，往往为夺取一支枪要付出重大牺牲。最好的办法是自己制造。并再三叮嘱他，一定要抓紧把军工生产搞起来。①

8 月 1 日，黄崖洞兵工厂制造出第一支自己设计的步枪。这种枪根据八路军敌后游击战的特点，吸取了“捷克式”“三八式”“无名式”以及“汉阳造”等步枪的优点，其长度比一般步枪略短，比马枪稍长，取名为“八一式”步马枪。枪的刺刀紧紧连在枪筒口部，平时折叠在枪杆上不会丢掉，肉搏时能自动弹出展开。枪重 3.6 公斤，口径 7.9 毫米，射击准确，刺刀锋利，枪体轻巧、坚固，外形美观。兵工厂领导背着新枪到总部汇报，正在总部开会的很多领导见到这支新

① 刘鼎：《太行山上的军事工业》，载《黄崖风云》编辑组编：《黄崖风云》，解放军出版社 1991 年版，第 164—165 页。

式步枪，都齐声称赞。左权十分高兴，一边拿着枪看，一边做刺杀动作。当时在场的徐向前背着枪不肯放下，笑着说：我当兵能背这种枪，不吃饭也高兴！彭德怀当即责成军工部迅速组织批量生产。

这年冬天，日军集中兵力发动了对黄崖洞兵工厂的进攻。在作战中，兵工厂自造的木柄手榴弹暴露出很大的弱点，有不少扔到半空就爆炸了，杀伤力大大降低。左权听说后很是着急。他骑马来到黄崖洞，找到兵工厂有名的土专家石玉成等人商量改进办法，并提出是否可以用麻绳代替木柄，这样扔得又远，而且落地才炸，正好适应山地作战的需要。左权走后，石玉成与其他技术人员进行多次试验，均因其中一个关键技术性问题而不能成功。半个月以后，左权再次来到工厂，见到石玉成就问："老石，麻尾弹造成了没有？"石玉成只好如实汇报了情况。当天下午，左权在全厂职工大会上提到麻尾弹的制造问题，动员大家集思广益，攻克这个难关。他说："一定要造出麻尾弹。战士们需要它，再困难也要完成。"① 经过反复研究，石玉成与工人们终于突破难关，在七天后成功制造出麻尾弹。左权得到消息，当即在电话中予以表扬，并命令在五天内赶造出 500 颗麻尾弹。就是这小小的麻尾弹，在以后保卫黄崖洞兵工厂的战斗中，发挥了巨大威力。石玉成也因此被评为生产模范，光荣在出席了八路军总部首届英模代表大会。

建立黄崖洞兵工厂，只是八路军兵工事业发展全局中的一个重要组成部分。之后，左权和朱德、彭德怀又花费大量心血，在进行充分调查研究的基础上作出决定，陆续将其他的八路军修械所和地方军火生产部门进一步集中，组建为设备和技术力量相对集中、安全条件较好和便于形成规模生产能力的兵工厂。在总部的统筹下，1939 年底，八路军总部军工部已拥有著名的"四所一厂"，即四个步枪制造所和一个铁厂。它们是军工部一所（即黎城县黄崖洞兵工厂）、二所（位于平顺县西安里村）、三所（位于辽县高峪村）、四所（位于武安县梁沟村）、柳沟铁厂（位于武乡县蟠龙镇）。1940 年又增设了复装子弹厂、烘炉厂、酒厂。至此，八路军太行山军事工业已形成相当规模。

据统计，在整个抗战期间，军工部所属各厂共修枪数万支，造枪 9758 万支，生产掷弹筒 2500 具，迫击炮改平射炮数十门，复装和新制子弹 223 万余发、手榴弹 58 万余枚、掷弹筒弹 19.8 万余发、各种口径的迫击炮弹 3.8 万发。八路军自己生产的武器装备已经成为与日军作战的基本火力。② 同时，在实际工作中，培养、锻炼了一支有高度政治觉悟、较高技术水平的技术队伍和管理干部。这不仅为抗日战争的胜利作出了重要贡献，而且为以后新中国国防工业的发展奠定了基础。

历史将永远铭记，对于太行山上的军事工业，左权从筹划、建设、生产以致后来的保卫工作都费尽了心血，倾注了最大的热情，可谓呕心沥血，功不可没。

---

① 石玉成：《为抗日造武器》，载《黄崖风云》编辑组编：《黄崖风云》，解放军出版社 1991 年版，第 244—245 页。

② 刘鼎：《太行兵工》，载中国人民解放军历史资料丛书编审委员会编：《八路军·回忆史料》（2），解放军出版社 1989 年版，第 322 页。

对此，刘伯承后来曾无限感慨地写道：抗日战争时期，“当时各军在敌后抗战，主要是靠夺取敌人的武器以武装自己，为了解决我军的武器装备问题，左权同志曾艰苦经营太行山制造兵器的设施，起了相当的作用”[①]。

三、儿女情长

1939年春天，当万物复苏的时候，左权心田的爱情种子也悄然萌发了。

长期以来，左权身负重任，一心扑在革命工作中，顾不得考虑个人婚姻问题，34岁时还孑然一身。对此，朱德总司令十分关心，以致在一段时间里反倒成了他心中念念不忘的大事。

机会终于来到了。2月，刘锡伍、荣高棠等率领中共中央巡视团一行12人，代表中央的各个单位来到晋东南巡视根据地的建设成果。其中，有一位年轻的姑娘吸引了人们的目光：她清秀的脸庞、白皙的皮肤、乌黑的头发，穿一套合体的灰军装，腰间的宽皮带束出了她苗条匀称的身段，浑身洋溢着动人的青春气息。在随后召开的晋东南妇女代表大会上，她代表中央妇委讲话，不仅思维敏捷、条理清晰，而且语调婉转悦耳，神态落落大方。

望着这位讨人喜欢的姑娘，此时正坐在台下的八路军总司令部直属政治处主任、朱德夫人康克清，不由得想起朱总司令多次说过的话：要帮助左权找个合适的对象。于是，康克清当即与时在中共中央北方局工作的彭德怀夫人浦安修商量，一定要把这个姑娘留在晋东南工作。

主席台上讲话的姑娘叫刘志兰，北平人，是浦安修在北平师范大学女附中时的同窗好友，参加过“一二·九”学生爱国运动，为该校的组织者之一。1936年，她参加中华民族解放先锋队，开始投身革命工作，并于1937年2月加入中国共产党，担任过北平西城区“民先”区队区队长。全国抗战爆发后，刘志兰响应中国共产党的号召，怀着抗日救国的满腔热忱，于同年10月带着14岁的弟弟刘志麟一起奔赴革命圣地延安。她先在延安学习，后任陕北公学分校教导员，这次参加中央巡视团来到山西抗日前线，此时还未满22岁。

经过一番说服动员，又做了巡视团领导人的工作，康克清和浦安修终于有“预谋”地把刘志兰留在了北方局，从事妇女工作。接着，康克清把自己的想法告诉了朱德，朱德完全同意，并立即去征求左权的意见。恰巧，这正合左权之意。原来，自从巡视团来到晋东南，左权见到刘志兰的那一刻起，眼前就有一亮的感觉。在此后几次因工作接触的场合，左权觉得刘志兰不仅长得很美，而且个性坚强，对党的事业充满着火一样的激情，便自然地从内心对她思慕不已。当时，由于康克清正忙于工作而一时脱不开身，朱德又急着想让自己的得力助手早

---

① 刘伯承：《纪念左权同志》，载晋冀鲁豫烈士陵园编：《怀念左权同志》，湖南人民出版社1981年版，第9页。

点成家，便决定亲自出马，找刘志兰谈谈。

一天，朱德放下手头的工作，专门找到刘志兰，当问明她还没有谈恋爱后，就径直向她介绍了左权的情况，并说，左权对她非常倾心，如“不快解决就要并已经有点影响工作了”。[①]

刘志兰听过一次左权在中共晋冀豫区党委会议上作的军事报告，留下深刻印象；平时也听周围的人时常怀着敬佩之情谈起这位威震华北的八路军副参谋长。但是，如果要同他确立恋爱关系，刘志兰一时还缺乏这个思想准备。因而，刘志兰向朱德表示，要考虑一下再说。

听到这里，朱德当即认真地对刘志兰说道：“这事用不着多考虑啦！我看你二人彼此都不会有意见。左副参谋长就等着你的回话。”[②]最后又笑着补充说：打仗，我是总司令，你听我的，找对象，你是总司令，我听你的。不要以为是总司令当介绍人，就委曲求“权”了。

在朱德总司令诚恳的说合下，不久，左权与刘志兰这两位年龄相差 12 岁，却志同道合的年轻革命者的手终于牵在了一起。

4 月 16 日，一个春风和煦、春意正浓的日子。白天，驻山西省潞城县北村的八路军总部与往日一样，平静而有序地忙碌着，左权兴致勃勃地接受了《新华日报》（华北版）两位记者关于晋冀豫战局的采访。可到了晚上，总部一下子变得热闹起来。原来，是左权在挤时间办自己的大事——同刘志兰举行婚礼。洞房是左权那间办公室兼卧室，正墙上悬挂着毛主席画像，两边贴上“今日花烛夜，感谢毛主席”的大红对联。没有婚纱，没有礼服，一对新人就穿上崭新的粗布军装，胸前戴着纸做的大红花。此时，左权和刘志兰的脸上绽放出甜蜜的笑容。除彭德怀去冀南商谈解决国共摩擦问题而未归之外，朱德、杨尚昆、傅钟、陆定一、杨立三等总部和北方局领导都前来祝贺。朱德等致辞后，喜宴开始，炊事员端上土豆、白菜、萝卜丝和热馒头，还有当地群众酿制的老白酒。人们吃着，说着，笑着，一直闹到很晚才散去。

1939 年 4 月，左权在山西潞城县北村

① 刘志兰给女儿左太北的信，1982 年 5 月 31 日，左太北主编：《左权将军家书》，解放军出版社 2002 年版，第 72 页。

②《康克清回忆录》，解放军出版社 1993 年版，第 314 页。

这里还有一段佳话。左权和刘志兰结婚的时候，由于总部作战科科长王政柱跟随彭德怀去冀南，没能赶上喝喜酒。左权为自己非常器重的助手错过这次难得的放松大脑、“改善”生活的机会而遗憾，等到一个月后王政柱外出归来，便专门给他补上一元钱的喜酒钱。握着这一元钱纸币，王政柱心里热乎乎的，他怎么也舍不得花掉。五十多年后，王政柱把珍藏的这张纸币捐赠给潞城县北村八路军总部纪念馆。

新婚燕尔的生活是幸福甜美的。可是，总部有大量的工作等着左权去处理。他依旧像过去一样地忙碌，有时连饭也顾不上吃。刘志兰也不愿耽误自己的工作。婚后的第四天，她就同浦安修等到沁县参加边区妇女组织工作，有一段时间还和邓小平的夫人卓琳等举办妇女训练班，只能在周末同左权团聚一次。刘志兰在回忆他们的共同生活时说：

> 我们的感情是浓厚的，体会到爱与被爱的幸福。我们是同志、朋友，又是夫妇，[你]不愿因私人生活而妨碍工作，也不愿自己亲爱的人仅作一个柔顺的妻子，而希望她做党的有力的战士，你从不阻止我远去工作的热诚，且给予鼓励，以好好工作和学习共勉。①

正因为左权与刘志兰在忙于各自的工作时难得见上一面，因而也就倍加珍惜团聚的短暂时光。他们相敬如宾，情深意浓。当刘志兰由于怀孕而感身体不适的时候，左权便抽出每天黄昏休息的时间去看望她，体贴安慰无微不至，一直持续两个月。刘志兰感到，左权的身上有一种潜移默化的力量，使自己这个积极热情、幻想很深的青年，变得踏实、深沉起来，真正懂得了革命的光荣和人生的意义。

12 月 16 日，是朱德总司令 54 岁寿诞纪念日。左权和刘志兰商量着，觉得任何实物的东西也不足以表达他们对总司令的无比崇敬之情，于是共同写作了一首《献给我们的朱总司令》的祝寿诗。当天傍晚，八路军总部在驻地武乡县王家峪的一个广场上举行隆重的庆祝大会。左权是大会主席团成员，刘志兰坐在观众席中。当杨尚昆代表中共中央和北方局致辞后，朱德在如潮般的掌声里站起讲话。他讲述着自己如何由封建社会走出来，如何找到了人类真正解放的道路，与最进步的党一起，运用世界人类最伟大最优秀的武器——马列主义的理想，为中华民族彻底解放而奋斗。朱德最后说：“同志们！我们的革命任务还没有完成，我愿意跟同志们一起继续奋斗下去！”② 多么朴实的语言，却又是多么伟大的品格啊！回到家中，左权和刘志兰依然被大会的气氛所感染着，不由得轻声朗诵起他们献给朱老总的那首诗：

---

① 刘志兰：《为了永恒的记忆》，《解放日报》1942 年 7 月 3 日。

②《新华日报》（华北版）1939 年 12 月 23 日。

1939年12月，在山西武乡县王家峪八路军总部，左起：左权、彭德怀、朱德、彭雪枫、萧克、邓小平

总司令，
你生于半殖民地半封建的社会里，
几十年来你为摧毁它而不倦的奋斗着，
在你的后面有千千万万的人群，
跟随着你开辟的道路迈进，
你是中华民族中国人民解放的旗帜！
…………
我们确信：
当再庆祝你的寿诞时，
也同时庆祝你伟大事业的胜利。

此后，由于国民党顽固派掀起了第一次反共高潮，形势更加紧张起来。1940年2月上旬，左权临危受命兼任八路军第二纵队司令员，亲赴太南指挥反顽作战。面对即将开始的对丈夫生死莫测的日夜担心和长长期待，已怀孕四五个月的刘志兰一时情绪伤感起来。她在左权临行前写了一封流露情绪的信并当面交给他。左权理解妻子的心理。他不责怪她，甚至对她还有点歉意。他想等有机会再向她解释。但当时，他只能以党的事业为重，必须完成自己的任务。在以后写给刘志兰的信中，左权提到这件事，对爱妻进行了善意的批评：那封信的缺点，“就是顾生活问题（不是物质生活）过多，有些冲动，有些问题考虑不周”①。左权还这样看待他们夫妻间的感情：“虽说你估计我可能愈走愈远，我也不能肯定的回答，如一旦有必要须要我走远或走近时我是毫不犹豫的担当的，但不管走到哪里

① 左权给夫人刘志兰的信，1941年5月20日，左太北主编：《左权将军家书》，解放军出版社2002年版，第20页。

去，离开你有多么远，只要我俩的心情紧紧的靠拢在一起，一切就没问题了。”①

5月27日，刘志兰在武乡县土和村的八路军总部和平卫生医院生下一个女孩，由德国医生汉斯·米勒为其接生。左权得讯欣喜万分，但当时军务繁忙，没有时间前去探望，几天以后才骑马去医院，将妻女接回到此时的八路军总部驻地——武乡县砖壁村。作为他与刘志兰爱情结晶的女儿，单眼皮厚嘴唇，很像爸爸；可圆圆的脸蛋、饱满的额头、白白的皮肤，又像妈妈。左权看了又看，亲了又亲，很是疼爱。

女儿的襁褓布是朱德总司令送的。那是4月下旬，朱德由总部动身前往洛阳与卫立煌商谈解决摩擦问题，临行前，与康克清将自己54岁寿诞时总部机关集体送的一块红色寿幛转送给左权、刘志兰夫妇，作为他们将生孩子的礼物，并送下美好的祝福。左权和刘志兰十分感动，后来用这块红布给女儿做了襁褓。

女儿的名字是彭德怀副总司令给起的。平时不苟言笑的彭德怀见小家伙非常可爱，便向左权建议：刘伯承师长的孩子叫刘太行，我看是很有点纪念意义啊！你的小女孩叫左太北吧！从此，北北的名字就叫开了。

小北北的出生，给左权带来了无尽的快乐。但刘志兰是学生出身，对结婚生子没有充分的思想准备，尤其是分娩后不能马上工作，总觉得影响了自己的进步；再加上当时抗日根据地生活条件艰苦，刘志兰产后奶水不足，小北北饿得白天黑夜哇哇直哭，便不免有些急躁。左权白天工作繁重，晚上回家后，一面安慰刘志兰，一面照看孩子。他学会了给小孩喂水、穿衣服、包尿片，夜里常常抱着小孩在房间里来回踱步，从没有因为这些事情影响了自己的休息而感到一点的不耐烦。

这时，由于左权和彭德怀的精心筹划和部署，震惊全国的百团大战已拉开序幕。左权考虑到，随着战役的发展，刘志兰和只有三个月大的女儿随总部指挥机关转战而多有不便，同时年轻的刘志兰也需要继续学习和进步，便与刘志兰商量，让她们母女随总部机关的一些同志返回延安。

临行前，细心的左权为减轻刘志兰路途中的负担，并让女儿睡得舒服一些，特意请当地木匠做了一个小木箱。他又请来摄影师，将幼女抱在胸前，与爱妻比肩而倚，在面对镜头的一刹那，脸上露出灿烂的笑容。左权性格内向，一向严肃，这是他留下的许多珍贵照片中笑得最开心的一张。

8月30日，秋风拂面，晴空万里。左权送刘志兰母女来到砖壁村口的山坡上，分别在即，俩人的眼睛不由得湿润起来。这时，同行的李公朴指指天空，诙谐地说道：“噢，天要下雨喽！”在一片笑声中，左权站在山坡上，目送着一行出发的人们渐渐远去。其中还有他专门雇的一位挑夫，挑夫担子的一头挑着睡在小木箱里的女儿，另一头挑着一筐女儿的日用品，扁担上还晒着女儿的尿片。当天，左权收到一拎苹果，那是刘志兰在出发后不远处一个果园里买下的，托人带

---

① 左权给夫人刘志兰的信，1941年5月20日，左太北主编：《左权将军家书》，解放军出版社2002年版，第18页。

1940 年春，聂荣臻与刘志兰（左四）、浦安修（左一）、卓琳（左二）等留影

左权与女儿左太北合影

1940 年 8 月，左权送夫人刘志兰和女儿左太北去延安前在武乡砖壁留影

给难得吃上一回的左权。

刘志兰母女俩走后，左权把全部身心放在协助彭德怀指挥百团大战上，接着是应付根据地面临的极端严重的困难。然而，在紧张的工作和战斗之余，他又总是不由得想起远在延安的爱妻娇女，于是就望一望挂在书桌上方的那张“全家福”，寂寞的心顿时得到些许的安慰。有时，总部有便人去延安，他就乘机给刘志兰捎上一封信，叙说一下自己的思念之情。在分别后他于当年 11 月捎给刘志兰的信中，曾这样写道：

> 当你们离开时，首先是担心着你们通过封锁线的困难，更怕意外的遭遇。你们到达洛阳、西安后，当时反共潮流恰趋严重，又担心着由西安到延安途中的反共分子的留难与可能的危险。今竟安然的到达了老家——延安。我对你及太北在征途中的一切悬念当然也就冰释了。……有不少的同志很惊奇我俩真能够分别，你真的去延安了。本来分别是感痛苦的，但为了工作，为了进步，为了于党有益，分别也就没有什么了。①

刘志兰初到延安时，因女儿太小一时脱不了手，不能马上投入学习。好强上进的她觉得自己“落后了，有点抬不起头似的”，便在心情郁闷时给左权写信，发发牢骚。左权从信中看出她情绪不佳，立即写信加以安慰和鼓励：

> 我很同情你，不厌你的牢骚……力求进步不愿后人这是好的，也是必须的。但以为有了太北就“毁灭了自己”，就加上了“重重的枷锁”，我不同意。因为这样的想法只是造成更多的不必要的烦恼与痛苦，造成“情绪很坏”，可能求得进步的机会也将抛弃。……部队生活有些枯燥，加上我素性沉默好静，不爱多言，也不长言说，文字拙劣，真诚热情不善表露，一切伪装做作更作不出来，也不是我所愿，对人只有一片直平坦白的真诚，你当能了解。②

在百团大战后期，八路军总部移驻辽县武军寺村，这时环境较为平静，生活也相对安定。战士们在驻地周围开辟了一个花园，种上了不少好看的花卉。本来不怎么爱花的左权，却睹物思人，也“有些爱花的心理了”。他后来在信中写道：

> 我们的驻地虽狭小一点，经修整后较砖壁还好，院子里种了许多花，周围种了许多菜，还有不少果子，洋菊花已开了三个月了，现还未完，大批菊花牵牛花等，开得甚为好看。可惜的就是缺兰，而兰花是我所最喜欢最所爱

---

① 左权给夫人刘志兰的信，1940 年 11 月 12 日，左太北主编：《左权将军家书》，解放军出版社 2002 年版，第 10 页。

② 左权给夫人刘志兰的信，1941 年 5 月 20 日，左太北主编：《左权将军家书》，解放军出版社 2002 年版，第 16—19 页。

1941 年夏，左权在辽县武军寺村八路军总部

的，兰恰离开我在千里之外，总感美中不足。每次打开门帘，见到各种花的时候就想着我的兰，我最亲爱的兰。[①]

虽然是远隔千里，却丝毫不能阻隔左权对女儿的无限亲情。每月 5 元的津贴费太少，他就会在收到稿费时，托人到集市上转一下，买些花布毛线，请人给女儿缝制几件衣裤，甚至还不厌其烦地教刘志兰如何为女儿搭配着穿。在一封信中，他这样写道：

买给北北的两件夏天衣服早就买就了，没有妥当（人）带故延至现在。衣服大了许多已改了一次，剪小一些，但还是大，大概明年还不能穿。做的夹大衣及棉大衣或许可用。帽子恐小了。那张绿色的绸子色不甚好，可作里衣裤穿或替北北做一二件小衣裤也可以随你处理。[②]

女儿是左权的“心肝宝贝”。他在每一封信中都问到女儿的情况，关心着女儿的抚育和成长。夏天，他给女儿捎去热天穿的小衣服；冬天，他记挂着小家伙很怕冷，是否冻坏了手脚；儿童节快到了，他想着女儿“忙碌的准备”“可能出席比赛”“还可能获得锦标”；女儿病了，他焦急地反复说“急性痢疾是极危险的”，“有了病必须找医生”，并急切地询问病后恢复情形如何？女儿调皮时，他叮嘱刘志兰“不要打她”，“打亦无济于事”。他盼着女儿快快长大、懂事，“懂得她的爸爸在遥远的华北与敌寇战斗着”。

① 左权给夫人刘志兰的信，1941 年 9 月 24 日，左太北主编：《左权将军家书》，解放军出版社 2002 年版，第 26—27 页。

② 左权给夫人刘志兰的信，1941 年 9 月 24 日，左太北主编：《左权将军家书》，解放军出版社 2002 年版，第 27 页。

当然，左权在信中同刘志兰也谈工作、谈学习、谈前方激烈的战斗生活。他还揭露和控诉日本侵略军的滔天罪行，表现出对民族敌人的无比憎恨，同时深感自己肩上所负的重任。

在那寇深祸亟的年代，战争让左权和刘志兰这对恩爱夫妇没有机会去进行更多的交谈。他们之间唯一的联系、沟通方式就是书信。自与刘志兰母女分别后，在此后 21 个月的时间里，左权共写了 12 封家信（其中 1 封遗失），字里行间无不充满着他内心深处丰富而真挚的情感，真实地反映了这个不苟言辞、果敢刚毅之人战争以外的情怀，同时，也留给人们对幸福生活更多的思考……

第十四章　百团大战前后

一、酝酿筹划交通破击战

1940年春，中国的全国抗战已进入到第四个年头。4月、5月间，世界形势风云突变。纳粹德国在很短的时间内便席卷了半个欧洲，气焰甚是嚣张。欧洲战局的急剧变化，大大刺激了日本帝国主义争夺亚洲、太平洋地区霸权的欲望。为迫使蒋介石屈服，尽早结束中国战事，日本帝国主义一边加紧推行其对蒋介石进行政治诱降的“桐工作”，一边进一步加强对中国的封锁和军事压力。日本趁法、英两国无暇东顾之机，迫使其关闭滇越、滇缅路，切断了中国的国际交通线。5月、6月间，日军还发动了大规模的枣（阳）宜（昌）战役。同时，日军的陆海军航空部队对重庆、成都等中国内地进行狂轰滥炸。日军还扬言要在8月份南进昆明，北攻西安。

另外，日军也把进攻的矛头主要指向共产党及其领导下的人民武装。特别是在华北，中国共产党领导的敌后抗日武装力量的发展壮大，令日本侵略者痛心疾首。日军华北方面军认为：在其占领区内，共军无论在质量上、数量上均已形成抗日游击战的主力，“如不及早采取对策，华北将成为中共的天下。为此，方面军的讨伐重点，必须全面指向共军”[①]。

为达到彻底摧毁华北各抗日根据地，巩固其占领区的目的，华北日军进一步加强了对交通线的控制，开始修复、整治、新建陇海、平汉、正太、同蒲、白晋、沧石等铁路或公路，同时整治运河，增设据点、碉堡、封锁沟、封锁墙。其目的很明确，就是要以铁路、公路、河流为纽带，将各种据点、碉堡连接起来，从而在华北织成一张坚韧无比的大网，把华北各抗日根据地罩进网里，分割开来。这就是日军“以铁路为柱，以公路为链，以碉堡为锁”的“囚笼”政策。到7月底，日军在华北修复和新建铁路2300多公里，公路1.5万多公里；新建据点、碉堡2700多个。加上原有的铁路、公路和据点，华北日军已开始形成对八路军各抗日根据地的分割之势。以当时的冀中平原为例，它外被津浦、平汉、北

① 日本防卫厅战史室编：《华北治安战》（上），载天津市政协编译组译，天津人民出版社1982年版，第223页。

宁、沧石四条交通干线包围，内有1万多公里蛛网交织的公路和1800多个星罗棋布的据点，将冀中抗日根据地分割成2700多个小块。每个小块的间隔一般只有二三公里，大的也不过七八公里，主要交通线上，每隔一公里甚至半公里就有一个碉堡。[①]当地老百姓常用这样一句话来描述当时的情形：出门是公路，抬头见岗楼。日寇依靠这些铁路、公路交通线及各种据点、碉堡，不断向各抗日根据地进行扫荡，并实行野蛮的“三光”政策。另外，日寇还采用政治诱降、经济封锁、文化欺骗等多种手段来配合其军事进攻。从1940年3月至7月，华北抗日根据地日益缩小，大片地变为游击区。百团大战之前，只剩下两座县城，即太行山的平顺和晋西北的偏关。

国际形势的变化、日本的全面施压，使国内一部分人发生了恐慌与绝望，对抗战前途更加悲观。特别是在国民党统治区，妥协投降的氛围日益严重，消极抗日、积极反共的暗流不断涌动。在这期间，蒋介石的代表与日方代表在香港、澳门进行了多次秘密接触和会谈。有的国民党军队甚至打着“曲线救国”的幌子投靠日军。此外，日伪顽还在华北地区到处散布八路军“是搞乱的军队”，八路军“专打友军、不打日军”，八路军“游而不击、只吃饭不打仗”等众多谣言来迷惑群众。

一直身处华北敌后的彭德怀和左权对全国抗战局势、尤其是华北抗战局势的发展深感不安。

面对日益严峻的华北形势，左权指出，由于日寇的疯狂进攻，华北战场上“扫荡”与反“扫荡”、修路与破路的拉锯式的战斗更加激烈、频繁。敌我相互包围、犬牙交错的战争形势更趋复杂。日军向华北的“扫荡”，不仅用军事“讨伐”，而且配合着“以华制华”的政治阴谋和“以战养战”的经济侵略，这就严重地增加了战争的复杂性。因此，左权强调，要粉碎敌之“扫荡”，保卫抗日根据地，坚持持久抗战，不能简单地只用枪炮，还要坚决为坚持抗战、坚持团结、坚持进步的政治路线而斗争。要以积极的军事行动，粉碎敌人的军事“讨伐”；要进行经济上的斗争与坚持自力更生的政策，粉碎敌人“以战养战”的经济侵略；同时，更要领导全华北的军民，从各方面进行反投降妥协的斗争，粉碎敌人“以华制华”的阴谋。这是现阶段华北抗战的基本任务。

左权认为，按各个区域具体条件的不同，抗战形势的发展将各不相同。依地形条件来说，山岳地带将成为敌我争夺的中心，平原可能成为敌人首先肃清的区域。目前敌人正加紧“扫荡”平原地区，扩张据点，加修通路，平原游击战的形势将更加严峻。依工作条件来说，工作好的区域，特别是有共产党的正确领导，有进步设施，有巧妙组织，有坚决抗战的军队及抗日政权的区域，是敌人“扫荡”的主要目标。在这样的区域，战争形势的发展会更加严重。工作差的区域，特别是没有正确的领导，又在摧残抗日组织，屠杀抗日人民，实施“防止异党办法”的区域，可能很快地将变为敌占区。在敌占区，日军正依靠堡垒、技术及交

① 王政柱：《百团大战始末》，广东人民出版社1989年版，第37页。

通之便，阻止我们游击战的发展，加大施行奴化、毒化政策，培养汉奸走狗，以图巩固其占领区。在其暂时不能分兵进驻的区域，则将给予严重的屠杀摧残。在我们的根据地内，因战争的频繁，敌伪之破坏，我之人力、物力及财力将面临很大的困难。

左权还指出，总观日寇在华北的作战过程，特别在以“治安”与“建设”为方针的作战阶段，交通线的争夺、交通线的修筑，已成其作战的重要内容。就是说，在战略上日寇企图建立普遍绵密的交通网，隔断我各个抗日根据地，限制我军的行动，以利其向我各个抗日根据地分区“扫荡”。同时，沿交通线普遍构筑据点，成立伪组织，封锁我军，搜刮资源，奴化民众，以达成军事、政治、经济、文化等各方面控制占领区的目的。在战术方面，则提高其技术兵器与部队的机动能力，密切各据点间联系，协同动作，对我实施分进合击或包围、迂回等。所以，左权认为：“我们必须在各个地域，猛烈地开展交通战，击破敌寇这一毒辣的‘囚笼政策’。”因为只有如此，才能扩大敌人弱点，争取我在战略战术上之一切优势，才能粉碎敌人由点扩张为面的占领企图，才能战胜敌寇军事、政治、经济、文化的进攻。“因此，交通战便成了目前华北战局中，敌我战略上重要的一部分。”

那么，如何开展交通战呢？左权认为，一是要动员全体民众，让其明白粉碎敌人“囚笼”政策的重要意义，配合军队进行作战；二是要把交通战作为一个长期的艰巨的斗争，要以最大的忍耐性不间断地进行下去；三是要把交通战当成整个反“扫荡”作战的一部分，既要积极打击敌寇扩张交通线及据点的企图，更要有计划地、自主地向敌人交通线作大规模的破击，给予彻底的毁坏；四是破路的方法可多种多样，但必须适合战术要求；五是破路必须与战斗有密切配合，准备随时打击敌寇的修路部队，拔除道路沿线可能拔除的据点，并掩护破路人员的安全；六是在开展交通战的同时，全面展开政治、经济、文化战线上的攻势，瓦解敌寇的护路组织，打击其一切麻痹欺骗的阴谋。

左权上述几个方面的思想，在其 8 月 15 日撰写的《论华北战局形势的特点和坚持华北抗战中作战指导与组织上几个基本问题》一文中得到了充分的体现。该文后来发表于 9 月 1 日《前线》第 3 期上。这是一篇全面分析百团大战前华北抗战局势特点并具体阐述如何坚持该阶段抗日斗争的文章，具有很强的针对性和指导意义。

实际上，开展交通破击战，粉碎日军的“囚笼”政策，是朱德、彭德怀和左权自 1940 年春就开始思考的问题。

当时，八路军总部不时收到华北各抗日根据地报来的反映日军修路挖沟情况的文电。根据这些文电，再加上从其他方面汇总的情报，朱德、彭德怀、左权敏锐地觉察到华北日军在耍新花样。日军近乎疯狂的修路挖沟行动令他们十分忧虑，三人经常在作战室看情报，研究对付敌人的方案。整整占满一壁的华北地形图上，新旧铁路线、公路线交织连贯，像一张巨网正向华北各抗日根据地合拢。

一次，彭德怀在看了地图后，不无气愤地说道：“一定要组织一个大的战役，给日本侵略者以狠狠的打击，扭转这个空前困难的局面。否则，我们还算啥子人民的抗日武装！”[1]站在旁边的朱德和左权听了彭德怀的话后，赞同地点了点头。左权认为，日军的这种挖沟筑路行动在战略上和战术上均有重大意义，丝毫不能忽视。朱德说，应通知各部队指挥员，要提醒大家从总体上来认识和对付敌人的这一阴谋。

经过认真分析和研究，他们很快找到了对方的致命弱点：日军深入八路军各抗日根据地后，到处修筑据点、碉堡，兵力分散，反而形成敌后的敌后，主要交通线空虚，守备薄弱，这对八路军是一个有利的战机。因此，朱德、彭德怀、左权商议后决定，对日军的交通线进行一次全面的破击战。

正在这时，国民党顽固派军队向太行山抗日根据地发起了进攻。左权奉命以八路军第二纵队司令员的身份，统一指挥太南、豫北的八路军进行反顽斗争。与此同时，朱德、彭德怀下令八路军各部对日军筑路的起止地点、修筑方法、沿路设施、守备兵力、组织情况等进行详细侦察，为下一步行动做准备。

反顽作战取得胜利后，朱德、彭德怀于4月1日发布命令，要求八路军各部配合，从10日开始，对日军在华北的交通线进行一次总破袭。第二天，朱德、彭德怀收到毛泽东的紧急电报：因目前形势相当严峻，调晋西北贺龙的第一二〇师主力开赴延安；除第一一五师第三四四旅外，八路军要再抽调三万到四万人南下打通与新四军的联系。毛泽东还希望朱德尽快回到延安，准备参加中共第七次代表大会。这一连串的变故，使朱德、彭德怀只得暂时搁置原定的对敌交通总破袭的计划。

朱德走后，筹划、组织、实施交通总破袭的重担，便责无旁贷地落在了彭德怀和左权的肩上。自从左权指挥八路军部队取得晋东南反顽斗争胜利后，各抗日根据地军民迫切要求集中力量来打破日军日益严重的封锁。4月25日，彭德怀向八路军各部队首长发出指示：“日寇现正在拼命修筑道路（据各地报告统计之多殊为惊人）。”“此种阴谋若不积极求得阻止与粉碎，待其完成，将会予我坚持敌后之抗战以极大困难和不利。”指示要求各部队首长应就当时实际情况，“确谋有效之对策，予以破坏”。[2]

4月末的一天，受彭德怀的委托，左权从八路军总部王家峪来到黎城县谭村第一二九师师部，商讨关于进行交通破击战的问题。除了师长刘伯承、政治委员邓小平、第三八五旅旅长陈锡联、第三八六旅旅长陈赓等人外，前来参加反摩擦作战的晋察冀军区司令员兼政治委员聂荣臻、八路军第三纵队兼冀中军区司令员吕正操也在第一二九师师部。当时，第一二九师师部的院里院外正盛开着桃花，一群群蜜蜂、蝴蝶绕着花朵飞来飞去，真可谓春意盎然。再加上八路军众多将领聚在一起，此处更是别有一番热闹。晚饭后，众人来到院子里，谈论起当前的形势，日军正在推行的“囚笼”政策，是大家关注的重点。

---

① 王政柱：《中国人民抗战史上光辉的一页——回忆百团大战》，《解放军报》1985年8月25日。

② 朱德、彭德怀给八路军各部队首长的指示电，1940年4月25日。

左权向大家通报了日军最近的修路情况，并简要说了一下总部准备进行交通破击战的打算，要大家出谋划策。

正在院子里来回踱步的陈赓忽然站住说：正太路我们破坏了它好多次，这次大家集中力量先把它搞掉，如何？

聂荣臻想了想说：若真能彻底摧毁正太路，那当然好。不过，从目前的情况看，恐怕还难以做到。日军为了巩固它的后方，正企图通过巩固交通线，把山东、河北、山西三个地区紧紧连在一起。目前，平绥路到同蒲路还不通车，石家庄到德州这段铁路，虽然日本人正抓紧修，但是由于屡遭我们的破袭，还远没修通。在这种情况下，敌人把正太路看成是连接山西、河北的重要交通命脉，若丧失对正太路的控制，那么山西日军的一切运输补给都难以保障，日本人是不会善罢甘休的。就是我们能够在短时间内炸断、摧毁正太路，暂时断绝了它的交通，从敌人具备的技术力量来看，也很快可以修复。不过，即便如此，打断它一个时期也是有利的。

左权站在树下，认真地听着大家的议论。这时他插口说：彭老总要我到这里来，正是为和大家商量这件事。他有个想法，由聂司令员和刘师长两部协同，从南北两面对正太路来个大破袭，打通晋察冀和太行区的联系。

左权的话使讨论热烈起来。有人提出，南北各打一面，不如东西各打一段。聂部和刘、邓部可以一个负责破袭东段，一个破袭西段。大家认为这个想法甚好，要左权把这个设想带回总部，供彭德怀考虑。

左权带着大家的意见从谭村回到了八路军总部，将众人讨论的有关情况向彭德怀作了汇报。两人经过分析后认为，大家将目光不约而同地放在正太路上，这说明总部与各部队指挥员想到一处了。随即，左权、彭德怀令作战科准备一份正太铁路的详细地图，注意搜集日伪军在正太铁路沿线及整个华北地区交通线兵力分布和守备的情况。

在挂满地图的作战室里，左权与彭德怀常常挑灯夜战。正太、同蒲、平汉、津浦、平绥等铁路干线，是日军企图困死八路军所构筑“囚笼”的纵横支架，而正太路正好处于中心位置。它东起河北石家庄[①]，西至山西太原，横贯太行山，是日军在华北的重要战略运输线之一。在这条全长 240 余公里的黑色线上，日军以独立混成第四、第八、第九三个旅团的部分兵力驻守着。沿线大小城镇、车站、桥梁、隧道附近，都筑有坚固据点，各以数十至数百人担任守备。铁路两侧 10 至 15 公里地区，设有外围据点。日军还经常派装甲车轧道巡逻，并将正太铁路吹嘘为“钢铁封锁线”。

看着地图上这些由新旧铁路线、公路线交织连接而成的日益严密的交通网，左权和彭德怀下决心要打断日军的“柱子”，捣碎日军的“链子”，毁掉日军的“锁子”，使其变成盲人瞎马，失去依托，从而将其“囚笼”彻底砸破、砸烂。为

---

① 正太铁路筹建时拟以正定县柳林堡为起点，后以石家庄为起点，正太铁路改称石太铁路。

1940年5月，左权在武乡县蟠龙镇召开的抗大“五四”青年节大会上讲话

此，两人边注意收集敌情资料，边对着这些地图进行研究，时不时还要讨论一番，交换一下意见。

5月上旬，刘伯承、邓小平趁日军置重兵于白晋铁路南段，进攻驻守高平、晋城、陵川一带的国民党军之际，指挥第一二九师发起了白晋战役，从而使日军苦心经营一年多的白晋铁路毁坏殆尽。在此之前，冀南军区部队则对平汉铁路进行了破袭。这两次破击战不仅打击了日军的“囚笼”政策，而且为即将举行的大规模的破击战积累了宝贵的经验。

5月中旬的一天，左权和彭德怀在八路军总部设宴，为即将北返的聂荣臻送行。说是设宴，其实就是大家聚在一起吃顿饭。为了活跃气氛，同时也是为趁此机会再征集一下大家对进行交通破击战的意见，左权把刘伯承、邓小平、李达、陈赓等人一同叫来了。饭菜准备好之后，众人边吃边聊。

在谈到当前的交通斗争形势时，刘、邓二人指出，日军虽不断遭到打击，但仍在不停地恢复、强化铁路、公路和据点，继续推行“囚笼”政策。近期日军又加强了平汉、正太两路的守备，对其沿线进行严密封锁，将我太行区与冀南平原、晋察冀区之间的联系基本上给割断了。

左权对华北形势的发展深感忧虑。他认为，在敌人的技术、兵器、军事质量等优于八路军的情况下，华北的战略枢纽，交通要线与重要城镇又掌握在敌人手里，这已给敌人以很大的便利，加之其目前正在增加据点与修筑交通路，以图更严格地封锁与隔绝我各个抗日根据地。在这种情形之下，应该而且必须估计到，在一定时期，我各个抗日根据地，有遭敌人更严重隔绝的可能，将面临着长时期的独立坚持作战的局面。

鉴于以上考虑，左权在讨论中提出，最好是由华北多个战略区共同采取行动，对日军在华北的主要交通线进行一次全面、彻底地破击，使其陷入战略上的被动。

彭德怀同意左权的意见，并特别强调，应在适当时机对正太路进行大规模的总破袭。

聂荣臻完全赞成对正太路进行破袭。他说，对敌人交通的破袭战，这是我们在游击战争中的拿手好戏，几乎天天都在破袭，完全可以。

彭德怀笑着对聂荣臻说道：晋察冀区若能与太行区联系起来，你来总部可就方便多了。

经过一番热烈的讨论，在华北前线的八路军主要领导人，就进行一场大规模交通破击战的问题基本达成一致意见。

聂荣臻走后，左权和彭德怀继续就有关问题进行进一步的深入研究。同时，左权也加紧了战役的调研准备工作。时任八路军总部特务团团长的欧致富后来回忆说：在百团大战发起之前，左权所做的战役准备工作，比一个作战参谋做的还具体详尽。“他亲自跑遍整个战区，把敌人重要交通线上的铁路、桥梁、隧道、车站，从位置到结构，从建筑物到工事外的障碍物，都调查得了如指掌。每到一个点，他都详细了解当地的群众条件；对于据点里敌兵的数量、军事素质、武器性能，他一一掌握，据点外围的我军部队军政素质提高到什么程度，部队新老成份有什么变化，他也都一一调查清楚。”①

7月上旬，中共中央接连发出《为抗战三周年纪念对时局宣言》和《关于目前形势与党的政策的决定》，分析了当时国际国内形势和抗战所面临的有利和不利条件，提出了一系列对策。最后，中共中央号召全党同志克服“空前的投降危险与空前的抗战困难”，打退一切敌人的进攻，反对一切妥协投降的阴谋，争取时局的好转。

为响应中共中央的号召，打击日军的“囚笼”政策，缓解日益严峻的抗战形势，争取华北战局有利的发展，影响全国的抗战局面，克服国民党妥协投降的危险，左权和彭德怀经过再三思考，反复磋商，决定趁青纱帐与雨季时节及日军对晋察冀、晋西北、晋东南“扫荡”较为缓和、正太路沿线较为空虚的有利时机，对正太铁路进行一次大规模的破击战。

为慎重起见，彭德怀让左权就近再去一趟第一二九师，把总部的意图告诉刘伯承、邓小平，再听听他们的意见。

7月中旬，左权再次来到第一二九师师部，传达了总部的初步设想。他说：这次破击战的主要目标，放在正太路上，而平汉、同蒲、白晋、平绥等各线都要配合行动。除第一二九师和晋察冀军区部队外，第一二〇师及河南、绥远②、热河③的八路军、决死队都将参加作战。

邓小平听后，态度非常明确：“这个设想我看行，可以这么干！”刘伯承也很赞同。他们一致认为，总部的这一设想很好，对于打击日军的“囚笼政策”是一着“妙棋”。刘、邓二人随即吩咐参谋长李达，在总部正式命令下达之前，一切战役准备工作可以提前进行。④

---

① 欧致富：《戎马生涯》，广西人民出版社1985年版，第212页。

② 绥远，旧省名，辖今内蒙古自治区中部地区，1954年撤销。

③ 热河，旧省名，辖今河北省东北部、辽宁省西南部和内蒙古自治区东南地区，1955年撤销。

④《李达军事文选》，解放军出版社1993年版，第36页。

左权回到八路军总部后，向彭德怀汇报了第一二九师领导人的意见。两人商量后一致认为，可以着手制定作战计划了。

那么这一仗究竟该如何打呢？经过几年的交通战，八路军固然积累了许多破坏日军道路、袭击日军据点的经验，可是日军也摸索出了不少突击修路、严密防范的花招。所以，这一仗只有出其不意，才能达到设想的战役目的。为此，左权和彭德怀一连多日对着地图谋划方案。经过缜密研究和精心运筹，一个出奇制胜的作战方案产生了。

7 月 22 日，由左权起草，经彭德怀批准的破击正太铁路的《战役预备命令》由八路军总部正式下发到晋察冀军区、第一二〇师及第一二九师。该命令首先简要分析了当时国内的抗战形势及对华北敌情的判断，阐述了破击正太铁路的理由，继而明确指出，此次战役“以彻底破坏正太线若干要隘，消灭部分敌人，收复若干重要名胜关隘据点，较长期截断该线交通，并乘胜扩大拔除该线南北地区若干据点，开展该路沿线两侧工作，基本是截断该线交通为目的”[①]。该命令还要求对其他各重要铁道线，特别是平汉、同蒲线，应同时组织有计划之总破袭，以配合正太铁道战役之成功。命令规定直接参加正太线作战的总兵力不应少于 22 个团，其中晋察冀军区为 10 个团，第一二九师为 8 个团，第一二〇师为 4 至 6 个团，并于 8 月 10 日前完成侦察、粮食、破路器材、部队调动等准备工作。

为加强各部队对敌情侦察的指导，左权和彭德怀于 7 月 23 日又下发了关于《进行正太战役中之侦察重点与注意事项》的指示，要求对正太沿线特别是井陉、寿阳段进行重点侦察，对石家庄南北之平汉线、阳曲南北之同蒲线、白晋线、平昔和辽线[②]亦应同时进行侦察。侦察的重点内容是：日伪军兵力及其分布，日伪据点分布位置及其构筑方法与坚固程度，车站、水塔、隧道、桥梁、铁道内的情形与隐蔽程度，火车每日行驶次数、时间及戒备程度，日军粮秣、资材的集结地等。指示还提出了侦察时应注意的各种事项。

《战役预备命令》发出后，左权一边注意收集各方面反馈回来的意见，一边和彭德怀研究解决各部队在进行准备工作中提出的各种问题。对于八路军来说，这将是一场史无前例的战役，作战、情报、通信、后勤等各方面都面临着一次很大的考验，任何一个环节都不能马虎。作为八路军前方总部的参谋长，有关此次作战行动的许多问题左权都必须考虑周详。

正当左权和彭德怀忙着战役的准备工作时，忽然收到了第一二〇师领导人贺龙、关向应的来电。他们在电报中陈述了第一二〇师在执行总部《战役预备命令》时遇到的困难。原来，自从该师主力部队之一第三五九旅调走后，晋西北抗日根据地主力部队的比例大大缩小，其总兵力也只有太行抗日根据地的一半，而其面积却比太行等抗日根据地要大。再加上晋西北刚刚结束为期一个月的夏季反

---

①《百团大战历史文献资料选编》，解放军出版社 1991 年版，第 15 页。

② 指连接山西平定、昔阳、和顺至辽县的公路线。

"扫荡"，部队尚未休整、补充。所以要在短时期内抽调出 4—6 个团的兵力参加正太线作战实在是有困难。经过认真地商讨，贺龙、关向应实事求是地向八路军总部汇报了第一二〇师的难处。

彭德怀、左权在收到贺龙、关向应的电报后很有些意外。不过，贺龙、关向应既然说有困难，就一定是所言非虚。对此，彭德怀、左权给予了充分的理解和信任。于是两人果断决定，调整对第一二〇师的战役部署，推迟战役的发起时间。

在经过一段时间的充分准备后，8 月 8 日，左权与彭德怀等人经过共同努力，终于拟好了破击正太铁路的《战役行动命令》。为了这份电报，左权与彭德怀不知熬了多少个通宵，倾注了多少心血。左权拿起这份电报，从头到尾又仔细读了一遍，随后将其交给彭德怀审阅签发。最后左权也郑重地在电报上签下了自己的名字。这份电报很快被发往参加此次战役的晋察冀军区、第一二〇师及第一二九师。

《战役行动命令》规定：晋察冀军区以主力约十个团破击平定（不含）东至石家庄段正太线，重点在娘子关平定段。对北宁线、德州以北之津浦线、德石路、沧石路，特别是对元氏以北至卢沟桥段之平汉线，应同时派部队进行破袭，阻击可能向正太线增援之敌，相机收复某些据点；第一二九师以主力八个团，附总部炮兵团一个营，破击平定（含）至榆次段正太线，重点在阳泉张净镇段。对元氏以南至安阳段平汉线、德石路、同蒲线平遥至壶关段、白晋线等，应同时派部队破袭，阻敌向正太线增援，相机收复某些据点；第一二〇师破袭平遥以北同蒲线及汾（阳）离（石）公路，以重兵置于阳曲南北，阻敌向正太线增援。对晋西北腹地内各个敌之据点与交通线，应分派部队积极破袭，相机收复若干据点。命令"限八月二十日开始战斗"。

为取得尽可能大的破袭效果，左权和彭德怀于 8 月 8 日还向晋察冀军区、第一二〇师及第一二九师发出了破坏战术之一般指示。电报指出，战役成果之大小主要取决于对正太铁路之破坏程度，而破坏工作能否成功，又取决于我人力物力之准备，敌情、时间之可能及破坏方法是否适合于战术的要求等。电报还对破坏的主要对象、破坏的方法、顺序、注意事项和组织指挥作了详细说明。

总部的一系列命令下达后，华北各抗日根据地军民很快被动员起来，参战部队迅速掀起练兵爆破热潮。从总部到各师、旅、团，都派出人员到铁路沿线侦察敌情和地形。侦察人员有的化装深入虎穴，到敌人交通线两侧村庄、大小据点去实地侦察，有的还乘上正太线的列车，把沿线情况掌握得清清楚楚。

左权在这段时间更是忙碌万分，几乎每天都要工作十几个小时以上，有时甚至彻夜不眠，夜以继日地工作。他与彭德怀在很短时间内便指导部队完成了敌情和地形的侦察、兵力的部署、开进道路的选择、爆破器材的准备、军队和民众的动员、对敌宣传品的印刷、兵站的建立、粮食的储存等各项工作。

8 月中旬，左权和彭德怀逐一检查了各部队战前的各项准备工作。一切工作基本上都是按照总部的部署进行的，敌情也没有大的变化。为了确保此次战役能够成功，左权和彭德怀又对已掌握的情况和收集的各方面的意见进行了最后一次综合分析。经过仔细研究，左权和彭德怀认为，为达成战役目的，应尽可能地争取延长破路的时间。各参战部队及各线配合作战的部队，在敌情无基本变化的情况下，应在指定的作战区域内进行连续、持久地破路，而不能是打一下就跑。当然，前提是各参战部队必须注意侦察敌情，以便在情况变化时能适时进行机动。8月18日，左权和彭德怀将这一决定电告晋察冀军区、第一二〇师及第一二九师。

一场将要改变华北抗战局势的大战就要开始了！

二、协助指挥百团大战

8月20日，八路军总部所在地砖壁村上空乌云密布，天气闷热异常，一场暴风雨就要来临。过了中午，天空淅淅沥沥地开始下起了小雨。

总部作战室里弥漫着紧张的气氛。作战科专门为这次战役准备的“战斗日记”本已经打开，所有的无线电台（包括情报台，对外称新闻台）、译电和有线电话，都按业务熟练程度和身体情况编组好轮流值班，以保障战斗指挥和联络的顺畅进行。左权和彭德怀从下午就在这里忙了起来。

“你看今晚这出戏会怎样？”正在看地图的彭德怀忽然抬起了头，眼睛望向坐在一旁的左权。

“从正太线上敌我兵力对比来说，我们占有绝对优势，况且是敌明我暗，再加上群众的参战，我觉得打好这一仗应该没有问题。”左权边说边站了起来。

尽管准备工作可以说相当充分，但毕竟这次战役与以往不同，仗打起来后究竟会怎样，只怕任何人都难以预料。

彭德怀叹了口气：“说实话，这心里总是放不下，即便经过了充分的准备，即便敌人是在完全麻痹的状态下被动挨打，我也不放心。我们肩上的担子很重啊！”

左权看着彭德怀，没有说话，只是轻轻地点了点头。

夜幕很快便降临了。外面四野寂静，一片漆黑，而八路军总部却是灯火通明。作战室里，左权、彭德怀神情凝重。谁都能感到此时比以往任何时候都要紧张，大家都在等待着那一重要时刻的到来。左权时而站起来，在屋内或到院中徘徊一阵，时而又坐下来，同彭德怀说上几句。两人都在不停地看着怀表，时间似乎在有意延长，即使是几分钟的时间，此时也显得格外漫长。

伴随着怀表“嘀嗒嘀嗒”的轻柔声，漫长的等待时间终于过去了。历史将永远记住这一时刻：1940年8月20日20时整。

一颗颗攻击的红色信号弹腾空而起，划破了夜空。八路军各路突击部队犹如猛虎下山，迅速扑向敌人控制的铁路沿线的据点、车站、桥梁、碉堡。雷鸣般的爆炸声、震耳欲聋的枪炮声、指战员的喊杀声及参战群众的欢呼声，一处接着一处，响彻在整个华北上空。正太路、同蒲路、白晋路、平汉路、津浦路等华北各主要铁路和公路干线先后燃起了战火，百团大战由此揭开了序幕。广袤苍茫的华

左权与彭德怀（右）在山西武乡县砖壁村八路军总部

北大地上，到处闪现着广大抗日军民活跃的身影。一根根电线杆倒下了，一段段铁轨被搬走了，一座座桥梁、隧道坍塌了，一个个据点、碉堡灰飞烟灭……这是一幅从来未曾有过的壮丽的画面！

左权有个习惯，越是在作战紧张或者思考问题的时候，越喜欢吸烟，而且是一支接一支，可以不熄火地打“连发”。左权每天工作十分劳累，就凭它来提神解乏。在司令部里，熟悉左权习惯的人都清楚，只要看看地上烟头的多少，就能知道左权的工作时间和所耗费的精力。由于烟吸得多，左权每月的津贴费大部分都用在买烟上了。有一次，警卫员见左权的袜子破得实在不成样子，脚后跟已补了三四层，提出要用津贴费去买两双袜子。左权不同意，因为买了袜子就不能买烟了。在左权看来，烟的作用显然要比袜子更重要。于是左权便让警卫员把袜子再补一补，将就到下个月再说。要是实在断了“粮”，左权就到警卫连去吸叶子烟。这是战士们自己种的烟，很辣，吸起来特别呛人。但左权丝毫不介意，“好歹比没有强”，他知足地说。凡是到总部来开会的在前方作战的指挥员，只要从日本人那里缴获了香烟，总会带些来分给左权。每当这时，左权便高兴地让总部的工作人员一起开个“洋荤”，不论吸烟与否，每人一支。这也算得上是“有福同享”。

此时，八路军总部作战室的地面上几乎到处都有烟头。左权手里正夹着一支烟，双眉紧锁，目不转睛地盯着墙上的地图。他仿佛看见了战场上八路军健儿敏捷的身手，看见了参战民众绽笑的脸庞，看见了华北日军交通线上到处都在燃烧着的熊熊大火……

整整一夜，左权、彭德怀没有离开过作战室，没有合过眼。大家都在焦急地等待着前线的消息。

难熬的夜晚终于过去了，随着初升的曙光，一份份捷报传到了八路军总部。

刘伯承首先报捷：陈赓旅攻击寿阳西南之芦家庄，连克碉堡四座，全歼守敌，完全占领车站，并将车站以西十里内的铁道、桥梁全部破坏。

“打得好，漂亮！”左权抑制不住心中的喜悦，赶紧将电报递给了彭德怀。

紧接着，值班参谋又送来一份电报。左权接过一看，是聂荣臻的来电：杨成武部向正太路井陉、娘子关段猛攻，破坏了乏驴岭桥梁、北峪、地都等据点，歼守敌200余名。据点段内铁路、桥梁、碉堡、电线悉被破坏。井陉煤矿已被我占领，歼敌百余，解放工人2300多人，矿井机器全部炸毁；郭天民部正猛攻娘子关。

“进展神速，”左权边用红笔在地图上标明各部队进军的路线和消灭敌人的箭标，边兴奋地对彭德怀说：“这场好戏开始了！”

作战室里一下子热闹起来，好消息纷纷而至。左权一会儿批阅电文，一会儿又在地图上忙着做标记。

晚上8点，贺龙发来战报：张宗逊旅全歼静乐东之康家会守敌，毙敌200余，俘日兵10余名，缴获甚多……

华北广大地区各铁路及公路干线上的捷报也纷纷发至八路军总部。

“你看这次正太战役能有多少部队参加？”彭德怀放下手中的电报，问左权。

“这可难说呀，特别是冀中军区，现在已被日军切割成大小十几块，较大的几块还被日军挖成弯月形、马蹄形、梅花形，能否都接到军区的命令也说不准，要同时出兵，恐怕难呀！”左权心里也不清楚。

身为此次战役直接“导演”的彭德怀和左权，此时居然连己方参战的部队有多少都不知道，这是不是有点奇怪？其实一点都不奇怪。在过去的战役部署中，他们只要求直接参加正太路破袭战的兵力不少于22个团，对其他交通线，如平汉路、同蒲路等，只要求各部队对它们进行总破袭，并没有对出动兵力的数量作出具体要求。所以，在战役打响后，连统筹全局的彭德怀、左权也不知道这次战役共出动了多少部队。

两人交谈过后，左权令作战科赶紧查明正太路全线和其他各路所有参战部队的兵力和战斗情况。彭德怀强调，一定要在22日中午前将有关情况查清楚，以便尽快向中央军委报告。

22日午饭过后，左权、彭德怀信步走进作战室，听取战况汇报。作战科长王政柱汇报这次战役的实际参战兵力：正太路30个团，平汉路卢沟桥至邯郸段15个团，同蒲路大同至洪洞段12个团，津浦路天津至德州段4个团，汾（离）军（渡）公路6个团，白晋路6个团，北宁路2个团，平绥路2个团，沧石路4个团，德石路4个团，邯郸至济南公路线3个团，代县至蔚县公路段4个团，北平至大同公路线6个团，辽县至平顺公路线3个团，宁武、岢岚、静乐公路线4个团，共计105个团。

从7月22日的《战役预备命令》起，直至此次战役发起之时，八路军总部在下发的各种文电中，多将这次战役称为正太战役。但这也只是一种临时的称谓，八路军总部并没有正式给这次战役命名。总部特务团团长欧致富后来回忆说：“记得，两位首长（指左权和彭德怀）对这战役命令曾煞费苦心：说大破击吧，又包括不了反‘扫荡’阶段；说反‘扫荡’吧，开始又明明是大破击。命名之事便搁下。战役开始第三天，我在前线接到总部给各部队的嘉奖电上，已赫然写上了‘百团大战’。”[①] 因此，当左权和彭德怀在听王政柱汇报八路军参战兵力时，“百团大战”一词还没有出现。

王政柱话音刚落，左权便脱口而出：“好！这是百团大战，作战科再仔细把数字查对一下。”

“百团大战！”这个响亮的名词立即吸引了坐在一旁的彭德怀，“不管是一百零几个团，干脆就把这次战役叫作百团大战好了。”

经彭德怀这么一说，左权觉得用“百团大战”四个字作这次战役的名称，更符合实际，也更有气势。他非常赞同彭德怀的这个提议。在场的《新华日报》（华北版）记者陈克寒听了彭德怀的提议后也说：叫百团大战好，反映了这次作战气魄，我的报道工作也好写了。[②] 于是，左权和彭德怀一起拟电，将此次战役正式定名为“百团大战”。电文如下：

> 聂（荣臻），贺（龙）、关（向应），刘（伯承）、邓（小平）并报军委：
>
> 正太战役我使用兵力约百个团，于20日晚开始战斗。序战胜利已经取得。这次战役定名为“百团大战”。这是华北抗战以来积极主动大规模向敌进攻之空前战役，应加紧扩大宣传。此间，除有专电发重庆转蒋（介石）何（参谋总长何应钦）陈（政治部部长陈诚）徐（军令部部长徐永昌），发西安转办公厅，并发延安外，每日还有战况及论文广播，希注意接收，以便统一扩大宣传。
>
> 彭左
>
> 养午

左权和彭德怀拟好电稿后，令工作人员立即将这份电报发出去。

为扩大对外宣传，左权和彭德怀等人商量后，于同日又下发了宣传工作指示。指示指出：“正太战役是抗战以来华北军队积极向敌进攻之空前大战，总合兵力共约百个团，故名‘百团大战’。”[③] 指示要求各部队注意收集作战中的英勇事迹及军政文件与胜利品，多拍些有意义的照片，对一切被我破坏之建筑，必须派人确实检查破坏程度，以防虚报。

8月23日，八路军总部根据左权、彭德怀的指示开始编辑《百团大战要报》，汇集各部队在各条交通线上大破击的战况和战果，每日编三五号不等，除分电延安中共中央军委和重庆国民政府军事委员会外，还电告第一、第二战区司令长官卫立煌、阎锡山。到12月上旬，共编发《百团大战要报》近400号，有

① 欧致富：《戎马生涯》，广西人民出版社1985年版，第163页。

② 王政柱：《烽火关山》，中共中央党校出版社2000年版，第182页。

③《百团大战历史文献资料选编》，解放军出版社1991年版，第28页。

10余万字。当时，《新华日报》（华北版）的记者陈克寒就驻在八路军总部，专门负责百团大战的新闻报道。该报于8月23日以专版首次刊登了八路军总部参谋处提供的“华北交通总攻击战”第一号《捷报》。8月30日，延安出版的中共中央机关报《新中华报》，在头版显著位置发表了《八路军展开百团精兵大战》的消息，公布了第一批《百团大战要报》，并以“八路军在华北反扫荡的百团大战”为题配发了社论。紧接着，延安和各抗日根据地，重庆和大后方国民党统治区域，各种报纸、刊物和广播电台，纷纷发表消息、评论。就这样，“百团大战”一词很快便由八路军总部传遍了中华大地。

为表彰广大参战指战员的出色行动，8月23日，八路军前方总部以总司令朱德，副总司令彭德怀，参谋长左权，野战政治部主任罗瑞卿、副主任陆定一的名义，给晋察冀军区、第一二〇师、第一二九师发去嘉奖电。电报指出：“根据你们几次简要战报，百团大战由于我参战全体指战员忠贞于中华民族与中国人民，英勇果敢进击在各交通线上，特别在正太线上已取得序战之伟大胜利，无比欣慰，特传令嘉奖，仰即转令周知。查此次百团大战，是抗战以来在华北战场上空前未有的自主积极的向敌寇进攻的大会战，对于全国抗战形势与华北整个战局均有伟大意义。百团大战亦将成为中外战史上最光辉的名词。”① 电报要求全体指战员再接再厉，在现有序战胜利之基础上，迅速扩大战果，完成战役任务。

前方的战斗在继续着。嘉奖令的传达，给参战部队指战员和参战民众以极大鼓舞。军民协同，在继续破坏敌人车站、据点、碉堡的同时，喊出了“不留一根铁轨，不留一根枕木，不留一个车站，不留一个碉堡，不留一座水塔，不留一座桥梁，不留一孔隧道，不留一根电线杆”“破一里铁路等于消灭一连敌人”等响亮的战斗口号，展开了声势浩大的破路斗争。广大指战员和民众冒着连绵不断的大雨和敌机的轰炸扫射，夜以继日地拆铁轨、烧枕木、炸桥梁、毁隧道、平路基、砍电杆……

自战役打响以来，左权越发忙得不可开交，几乎很少离开作战室。指挥部队作战、布置侦察通信、筹划弹药补给等，许多事情他都亲自过问。除了处理各战场发来的电报，起草下发的电文稿外，左权每天还要对着地图凝思，捕捉每一个战机。小到一个部队一次具体的战斗，大到上下左右一个战役的配合，他都反复地细细思考，做出周密部署。左权把他的全部精力都投入到这场伟大的战役中去了。对此，左权的妻子刘志兰做过这样的回忆：

> 给我印象最深的是百团大战之役，你全部精神漫沉于这一伟大战役的计划中，你部署队伍，研究敌情，和花很大的精力研究怎样更有效力地破击敌人重要交通线上的铁桥、隧道、车站，写电稿，看地图，8月20日午夜，你虽有着胜利的把握，也仍为行将发生的战役焦虑着，没有睡眠，在屋内和

---

①《百团大战历史文献资料选编》，解放军出版社1991年版，第29页。

院中徘徊，等到捷报像雪片一样传来，你更忙碌的研究战况，阻击敌人的增援，扩大战果。[①]

一天深夜，左权一个人还端着半截蜡烛，站在地图前思考问题。由于一直没有好好休息，左权实在困得不行，不知不觉眼睛就合上了。手中的蜡烛头烧着了地图的一角，烧痛了他的手。左权猛地惊醒，急忙脱下上衣把火焰扑灭了。警卫员郭树保赶紧又点了一支蜡烛，端来一盆冷水。左权用冷水浸了浸头，端着蜡烛，又聚精会神地看地图。第二天早晨，当郭树保端来洗脸水时，看见左权仍旧站在地图前面思考问题。

经过大约一周的破袭，正太路大部瘫痪，其他各交通线亦不同程度地受到破坏。日军华北方面军曾做过这样的记载："盘踞华北一带的共军，按照第十八集团军总司令朱德部署的所谓'百团大战'，于1940年8月20日夜，一齐向我交通线及生产地区（主要为矿山）进行奇袭。特别是在山西，其势更猛，在袭击石太路及同蒲路北段警备队的同时，并炸毁和破坏铁路、桥梁及通信设施，使井陉煤矿等的设备，遭到彻底破坏。此次袭击，完全出乎我军意料之外，损失甚大，需要长时期和巨款方能恢复。"[②]

被八路军这次突袭打得晕头转向的日军逐渐清醒过来，并不惜一切代价开始组织对正太路的增援。对此，左权、彭德怀早有预料。对日军不断增兵引起的局势变化及八路军下一步的行动，两人也已成竹在胸。

8月26日，左权和彭德怀根据敌情的变化，调整了作战部署，明确了下一步的行动方针。左权和彭德怀要求各参战部队在正太路不能继续坚持作战的情况下，应乘胜扩展正太线两侧的战果，去收复敌深入各抗日根据地内的某些据点，缩小敌占区，扩大战果，同时以一部兵力进行休整。具体部署是：聂荣臻部以不少于四个团的兵力，力求收复上社、下社以北各据点，并向太原、寿阳、盂县以北，定襄、忻县[③]以南开展工作；另以三个团兵力坚持寿阳、石家庄段正太线南北游击战。贺龙、关向应之第一二〇师以适当兵力乘胜拔除根据地内敌之若干据点；另以九个团兵力继续开展忻县、太原段同蒲线及太原交城地区工作，打通与晋察冀边区及晋东南之交通线。刘伯承、邓小平之第一二九师以不少于四个团兵力出击平（定）辽（县）公路，将其彻底毁坏，并力求收复辽县、和顺两县城；另以两个团兵力坚持阳泉以西及榆太地区之游击战，打通与晋西北的联系。

为达成上述目的，左权和彭德怀强调，在正太线作战部队今后的行动方针，主要的是打击敌增援部队，同时继续破路。左权和彭德怀认为，对正太铁路破坏

---

① 刘志兰：《为了永恒的记忆——写给左权》1942年7月。

② 日本防卫厅战史室编：《华北治安战》（上），天津市政协编译组译，天津人民出版社1982年版，第295—296页。

③ 忻县，旧县名，现为忻州市（县级市）。

的时间越长、破坏越彻底，就越有可能迫使敌人改变其部分兵力部署，从其他点线上抽调兵力增援正太线。这就会给各参战部队创造新的战机或迫使敌人放弃正太线南北某些据点，这对整个太行山抗日根据地的巩固是相当有利的。为此，左权和彭德怀还就打击敌人的增援部队及继续破路的方针提出了具体要求：对于增援兵力在一个大队以下之敌，务必集结优势兵力将其歼灭；对于可能继续破击之地段应继续破击，并以适当部队适时转移至援敌后方进行破袭。[①] 这样一来，就使敌人首尾不能相顾，疲于应付。这一高超的战役部署，充分体现了左权、彭德怀驾驭战局的能力。

在接下来的日子里，左权和彭德怀一面指挥八路军各部队继续作战，一面关注着日军的增援情况。在山西方面：日军从同蒲路南段及上党增援榆次、太谷、祁县等地，截至 8 月 30 日增援部队已达一个旅团以上。9 月初，该敌以 6000 余人推进到长凝镇、芦家庄、榆社、辽县一线，同时阳泉、平定、昔阳、和顺等据点之敌 8000 余人，在 10 余架飞机配合下，分七路向阳泉、沿尚、松塔、石拐当、榆次东南一带山地合击，企图威胁八路军后方，迫使八路军参战部队退出铁路沿线。在河北方面：日军从平汉路南段及沧石路增援，截至 9 月 2 日，井陉到石家庄段正太路共集结敌增援部队 6000 余人，石家庄并停有敌机 20 架，每天向正太线两侧实施狂轰滥炸。[②]

形势的发展很明确，八路军要在正太路上继续扩大战果已不大可能，除日军调集大批的兵力增援正太线，逐步形成对八路军东西夹击的不利态势外，八路军自身经过十多天连续的奔袭作战，消耗较大，也急需休整和补充，各部队很难组织更大规模的战斗了。

鉴于以上情况，左权、彭德怀决定结束第一阶段作战。除留少数兵力袭扰、牵制敌人和掩护主力转移外，其他部队脱离战斗，转到外线。这样，各参战部队主力于 9 月 10 日前后转入休整，总结经验教训，准备迎接新的作战任务。

左权根据已掌握的各方面的资料，在第一阶段作战即将结束之际，赶写了长达四五千字的《论百团大战的伟大胜利》一文。9 月 5 日，《新华日报》(华北版)将其刊出。左权在文章中指出，这次百团大战是华北空前未有的交通总攻击战，是华北战场上第一次主动的、大规模的战役进攻的大会战。此次战役进攻的主要目的，在于破坏、切断和控制敌寇的交通命脉，争取华北战局向我们所欲之方向发展。敌寇在交通战上所受的打击，将不仅仅是交通上的损失，而是其在华北整个战争中的重大损失。原因在于：

第一，敌寇在我国的全部军事活动，都依靠铁路、公路等交通。只有依靠这些交通命脉，敌寇才能发挥其军事上某些优点。例如，重兵器的使用，军队的机动，据点之间的联络及协同动作等，没有这些“生命线”，敌寇的占领就将陷于

---

① 见《百团大战历史文献资料选编》，解放军出版社 1991 年版，第 32、33 页。

②《参谋部通报》第 4 号，1940 年 8—9 月。

孤立，在我抗日区域的包围攻击之下而无由存在。因此，保持各个据点之间的交通联络，乃是敌寇军事部署上最重要的部分。没有这个交通联络，敌寇就无法保持据点的占领，或无法向我各抗日根据地内作战。

第二，敌寇在我国所进行的一切政治、经济、文化侵略，都是以交通沿线为“开辟工作”的主要对象。例如，在交通沿线设立维持会、爱护村、新民小学以及施行其“以战养战”政策等，这些地方就是敌寇在华北统治的主要区域。敌寇企图以这些地方为依靠，逐渐扩展它的占领面积，梦想达到最后占领华北的目的。因此，保持各个据点之间的交通联络，乃是敌寇企图统治华北的重要手段。没有这个交通联络、敌寇就将无法在占领区域内进行统治。

第三，敌寇目前对付我抗日根据地的“囚笼政策”，就是在华北各地广泛修筑交通线，把我们广大的土地分割成无数小块，以便于它的分区“扫荡”，使我军在狭小地区，无法大规模机动。这是敌寇历来“治安作战”以及“建设作战”的主要办法。因此，保持各个据点之间的交通联络，也是敌寇对我抗日根据地进行“扫荡”的重要手段。没有这个交通联络，敌寇对我“扫荡”就将受到极大的影响，就将在华北复杂的战场上，容易为我军所击溃歼灭。

因此，左权指出，交通战在华北抗战中占着极其重要的地位。三年以来战争的过程，已经逐渐证明交通战已经成为华北抗战中主要的斗争形式，所以敌我双方历来都集结主要力量在交通沿线进行战斗。过去的事实证明，将来的事实亦将继续证明，交通战上的胜败，可能影响到整个战局的胜败。

左权还在文中详尽地分析了这一阶段取得胜利的原因。一是八路军坚决地执行了中国共产党的政治方针，坚持抗日民族统一战线，坚持敌后抗日与坚持敌后抗日根据地；二是八路军坚持执行了以游击战为主，但不放松有利条件下的运动战的正确的战略战术；三是朱德与彭德怀总、副司令的认真准备、严格组织与正确领导；四是全体将士的艰苦奋斗、英勇用命；五是广大民众的积极参与和密切配合。左权还高兴地指出，百团大战的初步胜利，证明了这样几条真理：中国共产党和八路军真正忠诚于国家和民族的利益，为国家、为民族做出了不少成绩；中国共产党和八路军的抗战主张是完全正确的，只有坚持抗战、坚持团结、坚持进步，坚持以游击战为主、但不放松有利条件下的运动战的战略方针，才能得到这样的胜利；华北的八路军已经成长发展起来，成为不可战胜的力量，成为华北抗战的主要支柱。

百团大战第一阶段作战中，由于准备工作充分，战役部署周密，各部队行动迅速，充分发挥了战役的突然性，因而取得了重大胜利。除正太路遭到严重破坏外，日军在华北的交通动脉同蒲、平汉等铁路被截断，其他纵横于华北的白晋、沧石等主要铁路或公路干线也遭到八路军不同程度的破坏。百团大战的战况因此也为全国军民所欣喜、所关注。

中共中央、中央军委对百团大战所取得的胜利给予了充分肯定。毛泽东在看到八路军总部发往延安的第一批战报后，很快就致电彭德怀：百团大战真是令人兴奋，像这样的战斗是否还可以组织一两次？[1]9月10日，中共中央书记处分别发出《中央关于时局趋向的指示》和《中央关于“击敌和友”的军事行动总方针的指示》。中共中央指出：我党50万大军积极行动于敌后（尤其是此次华北百团战役），给了日寇以沉重的打击，给了全国人民无穷的希望。中共中央要求八路军、新四军仿照百团大战先例，在山东及华中，组织一次至几次有计划的大规模的对敌进攻行动，继续扩大我军之力量；在华北之八路军则应扩大百团战役行动，到那些尚未遭受打击的敌人方面去，用以缩小敌占区，扩大抗日根据地，打通封锁线，以“给予二百万友军及国民党大后方与敌占区内千百万人民以良好之影响”，延缓日军向重庆等地的进攻计划。

连日来，延安各界群情激奋，街上到处张贴着祝捷的标语。9月20日，延安各界举行万人大会，纪念“九一八”九周年和庆祝百团大战的胜利。大会一致通过《致朱彭总副司令电》，对百团大战的将士们表示亲切的慰问。

当百团大战胜利的消息传到重庆，蒋介石不由为之震惊。多年来，他最担心的就是共产党的力量会在抗战中不断发展。全国抗战初期，蒋介石只给了八路军三个师的编制。随着共产党领导的敌后抗战的不断深入，八路军迅速壮大，但蒋介石仍不同意八路军扩编。虽然他知道不可能限制住八路军的发展，但这次出乎他预料的是，八路军能够一次组织起105个团的兵力，向强大的日军发起主动的攻击，且还不包括第一一五师，也不包括山东纵队、陕甘宁留守部队和新四军，这不能不使蒋介石感到揪心的痛。

另外，令蒋介石没想到的是，百团大战为共产党、八路军赢得了极高的声誉。由于日军飞机轰炸陪都重庆，后方迁都之说、妥协之议，甚嚣尘上。悲观空气日益弥漫之中的大后方，突然听到八路军在华北前线胜利出击的消息，顿时反响强烈，气氛为之一变。连日来，重庆《大公报》《新蜀报》《新民报》《力报》《国民公论》等竞相刊载百团大战的消息，纷纷发表社论。《新蜀报》9月20日社论中说：我们每天看到如雪片飞来的条条捷报，真是兴奋感动得流泪。就连远在西北边陲的《新疆日报》也在社论中写道：在全国各战场相当沉寂的今天，华北出击胜利是有着重要意义的，它提高了抗日根据地与游击战的地位，粉碎了诬蔑八路军游而不击的种种滥调。[2]

与此同时，前往八路军驻渝办事处表示对百团大战将士钦佩和慰劳的人群络绎不绝，不少公务员、流亡青年、工人、店员、老师、学生，纷纷向八路军办事处寄去慰问信和捐款。整个大后方民情振奋，信心倍增。

迫于全国舆论压力，蒋介石于9月4日向朱德、彭德怀发来了嘉勉电。电报指出：“贵部窥此良机，断然出击，予敌甚大打击，特电嘉奖。除电饬其他各战区积极出击以策应贵部作战外，仍希速饬所部积极行动，勿予敌喘息机会，彻底

---

①《百团大战历史文献资料选编》，解放军出版社1991年版，第538页。

②《八路军军政杂志》第2卷第10期，1940年10月。

断绝其交通为要。”①

中共中央、中央军委对百团大战的充分肯定及全国人民对百团大战的热情拥护和赞扬，令左权、彭德怀和八路军总部上上下下的工作人员欣喜万分。高兴之余，左权和彭德怀又赶紧抓时间认真研究了中共中央发来的指示。扩大百团战役行动，继续打击敌人，缩小敌占区，扩大根据地，打通封锁线——中共中央的这一指示精神同左权、彭德怀的下一步打算不谋而合。

敌情方面，日军自 8 月下旬开始报复性“扫荡”后，虽然报复心切，但结果是一无所获。独立混成第四旅团旅团长片山省太郎说：“八路军的工作已深入到居民当中，村民正如‘空室清野’的标语那样，几乎逃避一空不见踪影。……八路军的行动变化无常，在一地仅住数日即行转移。在险峻的山岳地带，其游击行动非常灵便。与此相反，日军的行动由于用马驮运行李辎重，部队及个人的装备过重，比起轻如猿猴的八路军来显得十分笨拙。因此，任凭如何拼命追击也难以取得大的成果。”② 在敌人进行报复“扫荡”的半个月中，八路军的收获是休整，敌人满载而归的却是疲劳、沮丧。

根据上述情况，左权、彭德怀经过反复研究，认为第二阶段作战的时机已经到来，决定转入第二阶段作战。

9 月 16 日，左权与朱德、彭德怀联名发布百团大战第二阶段的作战命令。命令指出，第一阶段正太作战已于 9 月 10 日结束，初战的胜利已打乱了敌人部署，部分调动了敌人，特别是百团大战政治上收获更大，推动了抗战与团结进步。为扩大百团大战第一阶段之战果，贯彻百团大战之目的，第二阶段作战的基本方针是继续破坏敌人交通线，收复敌人深入根据地的某些据点。命令还对各参战部队的主要任务进行了部署，并要求第二阶段作战统于 20 日开始。③

八路军各参战部队经过短暂休整后，此时心里正憋着一股劲，要好好地再大干一场。于是，各部队在接到总部新的作战命令后，马上进行部署，并将有关的部署情况电告八路军总部。随后，各参战部队于 9 月 22 日、23 日两日先后发起了新的进攻。

左权、彭德怀仔细审阅了各部队报来的作战部署。为了使各部队首长明确各自的攻击重点，收到总部预期的作战目的，左权和彭德怀于 9 月 23 日午夜又发出了百团大战第二阶段作战主要攻击目标的指示，规定了各参战部队的主要攻击目标：第一二九师为辽县、榆社地区；晋察冀军区为涞源、灵丘地区及冀中、冀南的沧石线、德石线、邯济线；第一二〇师主攻溯县至原平之同蒲线。至此，百团大战第二阶段的作战部署最后完成。

左权以其冷静的头脑，出色的指挥才能，协助彭德怀继续指挥华北各参战部

---

①《百团大战历史文献资料选编》，解放军出版社 1991 年版，第 228 页。

② 日本防卫厅战史室编：《华北治安战》（上），天津市政协编译组译，天津人民出版社 1982 年版，第 371—372 页。

③《百团大战历史文献资料选编》，解放军出版社 1991 年版，第 42 页。

队的破袭行动。

一天，冀南、太岳、北岳等地各部纷纷向总部发来电报，报告日军向太行山区调动兵力的情况，并主动请求向敌人出击。左权看完电报后，顺手从桌上拿起一支笔，站到了地图跟前。他将有关的敌情一一标注在地图上。这时，警卫员郭树保把晚饭端了进来，放在桌子上，催他吃了饭再继续工作。

左权端起碗，刚吃了两口，值班参谋便匆匆送来一份电报。左权马上放下碗筷，接过电报一看，原来是八路军第二纵队兼冀鲁豫军区司令员杨得志、政治委员崔田民的来电。电报中说，冀鲁豫区敌人空虚，临清有个日军手榴弹工厂，请示出兵夺取。左权起身站到地图前，对着地图认真思考了一会儿，随即作出部署。他让参谋以总部的名义复电，同时给冀中、冀南的部队发电，要其注意配合行动。处理完这件事后，左权就出门检查工作去了。

郭树保等了半天，总不见左权回来。饭菜已经凉了，他只好又去热了一遍，继续耐心地等着。郭树保很清楚，在八路军总部，这种情况太平常了。在战斗频繁的险恶环境中，能够不被打扰地吃上一顿饭，安心地睡上一个囫囵觉，对于像左权这样的人来说，实在太难了。郭树保好不容易等到左权回来了，催他赶紧吃饭，谁知左权这时似乎又想起了什么事，挥了挥手就又走了。一直到深夜，左权才疲倦地赶了回来。一看到还放在桌上的饭菜和仍在一旁等候的郭树保，左权赶紧表示歉意，实际上他早已忘了吃饭这回事。饭菜又凉了，郭树保要去给他再热一次，左权摆了摆手说："算了，明天再吃吧。"

看着左权布满血丝的眼睛和一天一天消瘦下去的身体，郭树保心有不忍。作为警卫员，照顾好首长的日常生活和保护好首长的生命安全同样重要。郭树保是一个很有责任心的警卫员，他经常在思考着一个问题：怎样才能使首长既吃上饭又不耽误工作呢?

一次，郭树保到炊事班去打饭，正好看到了刚出笼的热气腾腾的馒头及炉灶里烧得正旺的火苗。他忽然灵机一动：何不把馒头切成片，烤成干，这样左参谋长不是随时都可以吃吗！从此，郭树保每天都烤些馒头干片，随时在左权的口袋里放一些，让他在工作的时候也可以吃。左权发现后，笑着拍了拍郭树保的脑袋问道："你怎么把馒头烤成干片了？"郭树保回答说："看到首长工作很忙，经常吃不上热饭，而总吃冷饭会生病的。伙房煮完饭后，炉子就不用了，我就利用这个时间，把馒头片烤干。这样首长啥时候饿了，啥时候就可以吃。"左权听了十分感动，连连说："会想办法，办了件好事，很好，谢谢你！"此后，大家就经常看到左权一手捏着干馒头片，一手拿着铅笔在地图上画来画去，有时还给彭德怀和其他人送上几片。

至10月初，百团大战第二阶段的作战又取得了相当的战绩。根据战场形势的变化，左权和彭德怀经过商量后，决定结束该阶段的作战，随即将这一决定电告八路军各参战部队。电报指出，百团大战第二阶段作战从上月20日开始，已历旬日。第一二〇师破击同蒲路北段、晋察冀军区进击涞源地区，第一二九师进击榆辽地区，基本上均已取得胜利。各部队在连续作战中，提高了收复敌之据点的信心，锻炼了收复敌之据点的艺术，并使敌人陷入被动地位。目前因敌军增援过众，我军力量相当疲劳，暂难继续扩大战果，因此决定基本结束第二阶段的作战。但在某些地区如能继续扩大战果，则应继续作战。电报还要求各部队在结束作战行动后适当集结主力进行休整，补充兵员，巩固部队，总结有关的经验教训，做好部队的教育工作，为下一阶段的作战做好准备。[①]

一个半月来，在八路军连续大规模破袭和攻击下，华北日军损失惨重。而心气正旺、一直想在华北有一番作为的日军华北方面军司令官多田骏接连“出丑”，不禁恼羞成怒，叫嚷着要给八路军加倍回击，要活捉彭德怀和左权，彻底摧毁和消灭八路军的抗日根据地。

自 10 月 6 日起，日军调动数万兵力向华北各抗日根据地进行疯狂的报复性“扫荡”。这实际上是日军作战的规律，即每次失败，必然出兵报复，失败得越惨，报复得越凶，而且常常是败兵刚刚收队，大队人马就立即扑来，妄图趁八路军“消化”胜利果实时，打八路军一个猝不及防。对此，左权和彭德怀都很清楚。于是，“扫荡”与反“扫荡”便成了百团大战的第三阶段。

日军此次报复性“扫荡”，比以前更为残酷。在“扫荡”过程中，日军找不到八路军部队作战，就对抗日根据地进行疯狂的破坏和烧杀。一些根据地由于事先没有充分的思想准备，反“扫荡”动员不够深入，致使民众受到了很大的损失，就连老百姓日常用的锅碗瓢盆和农具也未能幸免，成了日军泄愤的对象。许多村庄被日军放火烧成了灰烬。

10 月 19 日，左权和彭德怀向晋察冀军区、第一二〇师、第一二九师等部队下达了反“扫荡”作战的命令。命令要求在敌人对各抗日根据地采取空前毁灭政策的形势下，各根据地党政军民要密切配合，广泛开展游击战，粉碎敌人的“扫荡”。

由于此次日军来势凶猛，为了八路军总部的安全，左权和彭德怀两人率领总部指挥机关从砖壁村先后向地形隐蔽、险要的石瓮村、栓马村、宋家庄一带转移。同时，左权和彭德怀又急电在前线作战的总部特务团，要其火速赶往武乡县东北地区，向总部靠拢。

左权在与总部一起转移的过程中，目睹了日军的残忍与暴虐。一个月后，他在给妻子刘志兰的信中这样写道：百团大战“发展到第三阶段就有些老火了”，敌寇为加强其诱降阴谋，以军事行动配合其政治阴谋，向我各根据地开始了大规模的连续“扫荡”。这次“扫荡”首先是以晋东南及平西为目标，从上月 6 日开始向晋东南进攻，连续来了三次“扫荡”，每次均以七八天为期。敌人这几次连续的“扫荡”，“虽一般的在意料之中”，但没有估计到会这样严重，“扫荡”的间隙期会这样短。在反“扫荡”中，虽然给了敌人一些打击，但我根据地遭受敌寇之摧残是空前的。敌人的政策是企图变我根据地为一片焦土，见人便杀，见屋便

① 《百团大战历史文献资料选编》，解放军出版社 1991 年版，第 51 页。

烧，见粮食便毁，见牲畜便打，虽僻野山沟都遭受了损失。整个太北地区除冀西一角较好外，均被烧毁，上河、东田、韩壁等村被烧得片瓦无存，其状极惨。[①]

日军的残忍与暴虐更加激起了左权与彭德怀的愤怒与仇恨，他们准备寻找机会，坚决消灭一两路进犯敌人，打击其嚣张气焰。

10 月下旬，日军第三十六师团分三路合击黄崖洞兵工厂。随后，一部分日军由黄崖洞西犯。该部之冈崎大队五六百人很快就窜到了左会、刘家咀。不过，在我抗日根据地军民袭扰之下，冈崎大队于 28 日被迫撤到武乡县蟠龙镇关家垴附近，准备夺道武乡，退回沁县。恰巧刚打完榆辽战役的八路军第一二九师部队就在蟠龙镇附近休整。左权和彭德怀决心消灭这股日军。

29 日下午，彭德怀从黎城火速赶到武乡县蟠龙镇石门村。当晚，彭德怀召集第一二九师的师、旅干部开会，口头传达八路军总部命令：由刘伯承、邓小平指挥第一二九师第三八六旅、新编第十旅各一部，陈赓指挥第一二九师第三八五旅一部和决死第一纵队第二十五、第三十八团各一部，彭德怀亲自指挥总部炮兵团山炮连，于 30 日晨 4 时对日军冈崎大队发起攻击。具体攻击部署是：第三八六旅第七七二团和总部特务团为一路，从关家垴东北、东南侧攻击；第三八五旅第七六九团为一路，从关家垴的西北侧与前一路并肩攻击；决死第一纵队为一路，由南向北推进，在关家垴南侧对日军的左翼进行牵制；新编第十旅为一路，由西向东封锁日军西逃之路。会议结束后，各路参战部队迅速向指定的攻击位置进发。

在离关家垴两里地的一个山坳里，有一个临时搭起的草棚。这便是左权的临时指挥所。亲临前线指挥战斗，早已成了左权的习惯。一个高级指挥员老是亲临战斗第一线，难免遇到不测。对此，总部特务团团长欧致富曾数次建议左权，不必每战都亲临前沿指挥。可是左权总是微微一笑说，一个指挥员，出现紧急情况，只有在第一线才能学会应急处理的本领。由于草棚离前线很近，不仅能听到前方战斗的枪声，有时子弹就在草棚的上空呼啸飞过。敌机也不时盘旋飞越草棚上空，而且盲目地把炸弹扔在指挥所附近，震得草棚频频发抖，泥土飞溅。就是在这样的情况下，左权仍镇定自若地处理着华北各抗日根据地发来的电报和文件。

29 日晚上 11 时左右，正在对着画满红蓝箭头的地图研究敌情的左权忽然接到报告，日军冈崎大队已占领了关家垴，同时派兵抢占了关家垴西南的柳树垴。左权看了看表，离预定的总攻时间还有五个小时。敌情的这一变化，对八路军的攻击十分不利，左权很是担心。

关家垴位于太行抗日根据地的腹心地区，在武乡县蟠龙镇砖壁村正北 13 里处。这一带山岭起伏，沟壑纵横。关家垴是群岭环抱的一个高高的山冈，冈顶是一块方圆几百米的平地，很适合排兵布阵。其北面是断崖陡壁，下面是一条深沟；东西两侧坡度较陡；只有南坡比较平缓，上面住着五十余户姓关的人家，沿

① 左权给夫人刘志兰的信，1940 年 11 月 12 日。

山壁构筑了一孔连一孔的窑洞。此时村里的人早已转移出去了。南坡的对面是一个比关家垴更高的叫柳树垴的山冈，与关家垴互为犄角，从柳树垴上可以用火力控制通往关家垴的小路。冈崎大队占领关家垴后，连夜构筑工事，挖了坑道，拆下老乡们的门窗架在上面，筑成了隐蔽所。在山顶的小平地上，日军也架起了几挺机枪。这样一来，日军就在关家垴布成了一个严密的火力网。原本山路就很狭窄，大部队难以展开，从现在的情况来看，进攻关家垴就更加困难了。

左权心里清楚，眼下的这一场战斗，很可能是一场恶战。改变作战计划已不大可能，彭德怀已经下了作战命令，他必须在坚定不移的执行中去争取胜利。经过慎重考虑后，左权决定总部特务团提前发起攻击。他把特务团的团、营以上军事干部召集到指挥所，交代任务：第二营从侧后摸到关家垴山顶，凌晨3时发起攻击，除掉山顶上日军的机枪阵地；第三营从关家垴和柳树垴中间突击，斩断两股日军之间的联系，得手后向西突进，摸黑逐个消灭窑洞里的敌人；其他两个营从西北岭插上，防止敌人逃回武乡。特务团的总任务是掩护兄弟部队按时进入阵地，然后中间开花。

团长欧致富要各营长按照左权的部署立即行动。这时，左权又补充说，我们之所以要在3时发起攻击，是因为敌人在我们的围困下已经疲惫不堪，特别是他们又刚刚构筑完工事，肯定是累得不行，困得不行，我们就要趁敌人酣睡时进行偷袭。

凌晨3时前，特务团就已到达预定位置。第二营神不知鬼不觉地摸到了关家垴的山顶。随着寒光一闪，两个日军哨兵便悄无声息地倒下了。接着战士们把手中的手榴弹甩了出去，沉闷的黑夜顿时被隆隆的爆炸声打破了。

埋伏在山下的部队随着团长欧致富一声令下，迅速向各自的目标冲去。起初，战斗相当顺利，特务团很快占领了一排窑洞。正要继续攻击时，左侧的一间窑洞中突然响起猛烈的机枪声，把进攻部队压得无法展开，密集的火力犹如一道封锁线，攻击受阻。警卫连长唐万成端起一挺机枪，率领一个班从斜坡上猛压下去，拼死冲到窑洞前，随即甩出一批手榴弹。这时窑洞里的二十多个日军窜了出来。唐万成端起机枪一阵猛打，十几个日军立时毙命。可是，窑洞里的敌人机枪这时又响了起来，唐万成左臂被子弹击中。冲在前边的排长赶紧跑过去，将滚落到日军前的机枪抢了回来，随即打出一梭子弹，众人这才脱险。

原来，日军将这排窑洞都打通了，每个窑洞都筑有机枪阵地，既可独立构成一个火力点，又可与其他窑洞互相掩护，互相支援，形成交叉火力网。机枪阵地前还挖有防弹壕，如果手榴弹没有扔到位，掉到防弹壕里，就难以对日军构成威胁。窑洞外也挖了工事，构成了里外相连，窑窑相通的循环作战工事，易守难攻。

不知道此种情况，在同日军争夺窑洞时，特务团付出了不小的代价。欧致富一看情况不妙，就立即命令各营暂停攻击。

凌晨4时，总部指挥所发出了总攻击信号，片刻间枪声大作，杀声震天。攻击部队对关家垴和柳树垴同时发起了攻击。

决死第一纵队第三十八团在天亮时抢占了柳树垴。天亮后，各参战部队继续向日军发动全面攻击。由于地形过于复杂险要，日军武器又精良，每攻下一个阵地都要付出沉重代价。日军虽然伤亡不小，但没有撤离逃跑的意图。显然他们知道，一撤离就必然会遭到数倍于己的八路军的分割包抄而被歼灭，他们欲利用关家垴的有利地形，困守待援。

这时，天空正下着毛毛雨，左权从临时指挥所里出来，爬上山坡，拿起望远镜向柳树垴方向看去。只见柳树垴窑洞口敌人正在蠕动，决死队的战士们拿着手榴弹冲过去，可是手榴弹还没有掷出去，敌人的机枪已经开火了。烟雾迷蒙中的决死队战士无法前进，退了下来。

“冲击出发点太远了，差一股劲儿……”左权转身返回指挥所，抓起了电话机。

上午 9 时，随着一阵“嗡！嗡！嗡！”引擎声音的临近，关家垴上空飞来了几架日军飞机，并开始对关家垴进行狂轰滥炸。关家垴地方小，投入进攻的部队多，日军飞机的轰炸给八路军以很大的威胁，进攻不得不暂时停下来。

忽然，一颗炸弹落在指挥所旁边，草棚子被炸弹冲出的气浪掀掉了一个角。

“参谋长！”警卫员叫着扑向左权，把他按倒在地上。还好，他们都没有伤着。左权站起来后，拍了拍身上的尘土继续工作。

硝烟渐渐散去，牛毛细雨随着秋风从草棚的窟窿里飘了进来。警卫员担心左权的安全，另外这里也不适合继续工作下去了，于是就走过来，一边卷拢地图，一边向左权建议：“参谋长，再往后面退一退吧！”左权没有抬头，也没有说话，只是不停地在小本子上写着什么。

“参谋长。我们往后退一退吧！”警卫员重复了一句。

左权还是没有回答。他只是用毛巾把溅在电话机上的尘土和落在上面的雨水拭净，又俯身抓起一件衣服，把电话机包好。

当警卫员第三次建议转移时，左权抱起包好的电话机说：“对，指挥所转移。不过，不是往后，而是往前！”说完，他一头钻进了茫茫的雨雾中。

警卫员无可奈何，只得与参谋人员一起将临时指挥所往前移动。在紧挨山崖的地方，新的指挥所又搭起来了。时间不长，一个参谋匆匆跑进来报告道：“参谋长，刘志兰同志来信了，是不是看一下？”

要是在平时，左权怎么不想看呢！与妻子、孩子分别已经两个月了，因战斗频繁，他一直没时间给妻子写信。当刘志兰带着小太北离开八路军总部去延安时，左权心里是非常舍不得的。刘志兰母女走后，左权“确感寂寞”，同时也为其路上行程的安全而担心。[①] 本月 26 日，左权接到总部作战科参谋何廷一的电报，知道刘志兰母女已平安到达了延安，此事也就放下了。不过，对于其母女在行程中及到延安后的具体情况，特别是女儿小太北的情况，左权还是十分挂念的。但是此时此刻，正在指挥战斗的左权，对前来送信的参谋竟毫无反应，只顾着看地图。过了好一阵，当他又一次抬起头来看见这位参谋时，才动了动胡子拉碴的嘴

① 左权给夫人刘志兰的信，1940 年 11 月 12 日。

巴说："这个时候，你应该向我汇报的是战斗情况！"

日军飞机狂轰一番后掉头而去，左权继续指挥部队对关家垴进行攻击。决死第一纵队的第三十八团与第二十五团调整部署时，因战场经验不足，遭到日军的猛烈反击，一度被第三十八团攻占的柳树垴又被日军夺了回去。战场的这一变化是左权未曾想到的，也影响了其他部队对关家垴的攻击。接到报告的左权立即命令有关部队组织兵力进行反攻。

在关家垴，第一二九师各参战部队按照预定方案分别从东北、东南、西北等方向对日军发起了异常勇猛的攻击，并迅速突破其前沿防御阵地。随后，双方短兵相接。经过多次肉搏战，日军冈崎大队已近半数被歼，但八路军自身伤亡也不小。剩下的日军则据险固守，第一二九师部队几次冲击，都攻不上去。

指挥所里的左权举起望远镜，看到一个个战士奋不顾身地冲上去，然后栽倒、流血，不禁焦急万分。他为牺牲的战士感到痛心，更对目前战斗的胶着状态深感不安。左权对着地图沉思起来，他在考虑用什么办法来打开目前战斗的僵持局面。

正在这时，刘伯承打来电话，建议部队暂时撤围，另寻战机。在关家垴战斗开始时，陈赓也曾向彭德怀建议，可以把冈崎大队放下山，另选有利地形打伏击。但彭德怀没有接受他们的建议，要坚决拿下关家垴。后来，彭德怀在谈到为什么要打这一仗时说："在敌军'扫荡'时，日军一般的一个加强营[①]附以伪军为一路，我总想寻机歼灭敌军一路，使敌下次'扫荡'不敢以营为一路，以使其'扫荡'的时间间隔扩大，有利于我军民机动。我这一想法是不符合当时实际情况的。因部队太疲劳，使战斗力减弱了，使一二九师伤亡多了一些。"[②]后来，曾参加这次战斗的八路军总部特务团团长欧致富回忆说："彭老总坚持要打关家垴战斗，还有一个意图：八路军是坚持敌后抗战的主力军、正规军，不但要会打游击；必要时，也得猛攻坚守，顽强拼杀，敢于啃硬骨头。"[③]

时间不长，左权和彭德怀接到报告，从辽县、黎城出动的几千名日军正向关家垴赶来。如果敌人援兵一到，八路军处境将更加不利。于是彭德怀下令：必须在 16 时向敌人发起总攻，务必全歼冈崎大队。左权则向即将出征的警卫连作了战斗动员，要其以锐不可当的精神冲上去，尽快解决战斗。

16 时，随着彭德怀一声"开炮！"令下，总部炮兵阵地上的迫击炮连续向关家垴轰去。不一会儿，冲锋号响了，各部队再次向对面之敌发起了攻击。最后第七六九团终于攻上了关家垴的山顶，占领了制高点。日军则退到了半山腰村子里的窑洞中。随后，第七六九团与从其他方向攻上来的兄弟部队一起，对据守窑洞的日军继续进行攻击。残敌则依托工事，拼死抵抗，火力仍然很猛。由于地方狭小，八路军攻击部队施展不开来，加上又缺少重型武器，攻击难以奏效，部队

---

① 日军的一个大队即相当于一个营。

②《彭德怀自述》，人民出版社 1981 年版，第 239 页。

③《彭德怀传》，当代中国出版社 1993 年版，第 227 页。

伤亡较大。

激烈的战斗一直持续到31日，日军冈崎大队大部已被消灭。下午4时左右，日军1500多人的增援部队，在10余架飞机的掩护下已逼近关家垴。鉴于关家垴被围之敌已基本被歼灭，来援之敌又过多，不便同日军再战。为保持主动，另寻有利战机歼敌，左权与彭德怀决定令部队停止攻击，撤出战斗。残敌则在援敌接应下仓皇逃走。

几天后，左权与彭德怀、刘伯承、邓小平、陈赓等人一齐登上关家垴，仔细查看了日军的临时工事、暗堡掩体、火力配置。参谋人员也将敌人的阵地一一绘制成图。刘伯承看到日军挖的众多的“猫耳洞”，人躲藏在里面非常安全，很受启发。他说，别小看这小小的招式，非常实用，凭我们现有的武器还真难对付。日军善于利用地形、善于构筑工事、合理配置火力的实例，使身经百战的将军们受益匪浅。

关家垴之战，八路军以劣势装备对武器精良的日军实行攻坚战、阵地战，共歼灭冈崎大队四百多人，大队长冈崎歉受也被打死。这次战斗，沉重打击了日军的嚣张气焰，使其受到巨大震撼，从而基本上停止了日军一个大队可以在抗日根据地横冲直闯的局面，日军的小股部队再也不敢轻易出动。

左权对关家垴战斗给予了很高的评价。他在随后撰写的《百团大战第三阶段的新胜利——从正太路破击战直到关家垴歼灭战》一文中指出：“敌寇满以为我经过两个月的攻击战，势必疲劳，可乘机一逞其疯狂兽性”，因而“所到之处，焚烧屠杀，奸淫掳掠，无所不用其极”；“此次胜利的歼灭战，不但消灭了大量敌兵，益且在精神上给予敌人以重大打击”，“我军在经历两月余之连续激战以后，能坚持两次反扫荡大战，取得歼灭敌人的胜利，现又还能进行连续的第三次反扫荡战，这不仅说明朱彭总副司令英明领导之正确，战役组织的高度艺术化，益且说明我八路军之坚决顽强，具有高度的政治质量。只有共产党领导下，而且经过长期战争锻炼的军队，才会有如此优秀的品质与坚强的战斗力！”① 左权还指出，百团大战的辉煌战绩证明了日寇对华北“扫荡”所采取的“囚笼”政策与堡垒主义并不难打破，日寇虽以极野蛮残酷的手段来破坏我抗日根据地，但这只不过增加我之若干困难，而丝毫不能沮丧我全体军民之坚持抗战、巩固根据地之毅力与意志。日寇的所作所为只能暴露其狠毒野蛮与无耻，同时也只能使我抗日军民更加同仇敌忾，增强我战胜日寇的决心！

12月10日，八路军总部野战政治部公布了百团大战前三个半月的战绩，并对百团大战进行总结。12月21日，朱德、彭德怀又通过八路军驻重庆办事处的周恩来、叶剑英向国民政府最高当局呈报八路军百团大战的战果。实际上，百团大战一直持续到1941年1月下旬，当时公布的战果只统计到12月5日。在

---

① 左权：《百团大战第三阶段的新胜利——从正太路破击战直到关家垴歼灭战》，《新华日报》（华北版）1940年11月15日。

这100多天中，八路军共进行大小战斗1800多次，毙、伤、俘日伪军4万多人，攻克敌伪据点2900多个，破坏铁路470余公里，公路1500多公里，桥梁、车站、隧道、水塔等建筑物260余处，使华北日军的交通一度陷于瘫痪。当时，美国的著名记者艾格妮丝·史沫特莱以见证人的身份，对百团大战作了这样的描述：

> 整个华北地区，从晋北山区到东海岸，从南面的黄河到北面的长城，都成了战场，战斗日以继夜，一连厮杀了五个月。一百团人打击了敌人的整个经济、交通线和封锁网，战斗是炽烈而无情的。敌人占有的煤矿、电厂、铁路、桥梁、公路、车辆和电讯都遭受破坏。农村里横七竖八地满处都是电话机、电线杆和电话线。华北的大部分铁路被扒断，枕木被扛走，铁轨则运到山区游击根据地的小兵工厂。……几千名获得解放的铁路工人和矿工参加了八路军。[①]

百团大战，是抗日战争中八路军在华北敌后进行的一次规模最大、持续时间最长的带战略性的进攻战役。在这次战役中，我华北数十万军民齐心协力，同日本侵略者浴血奋战，充分表现了中华民族不屈不挠的战斗精神。左权协助彭德怀，自始至终参与了这次战役的筹划准备、组织指挥的全过程，对战役的胜利作出了重大贡献。

百团大战沉重地打击了日军的嚣张气焰和“囚笼”政策，日军把这次战役伤心地称为“挖心战”，并将每年的8月20日定为“挖心战”纪念日；百团大战有力地驳斥了国民党顽固派散布的反共谣言，提高了共产党和八路军的声望，鼓舞了全国军民抗战胜利的信心，对广大的参战军民也是一次很好的锻炼；百团大战在一定程度上克服了散布于抗日阵营中的悲观失望情绪，打击了一切诱降、劝降的阴谋活动，对抑制投降逆流，促进时局好转，起了积极的作用。

正是看到了百团大战巨大的政治意义，12月22日毛泽东、朱德、王稼祥联名致电彭德怀：“百团大战对外不要宣告结束，蒋介石正发动反共新高潮，我们尚须利用百团大战的声势去反对他。”[②]

彭德怀、左权看过毛、朱、王的来电后，认为中央军委的这一决定非常正确。就这样，遵照中央军委的指示，八路军总部始终没有宣告百团大战的结束日期。

三、对作战实践的理性思考

关家垴之战结束后，百团大战仍在继续。左权与彭德怀一边指挥八路军进行反“扫荡”作战，一边开始考虑八路军及抗日根据地的建设、整顿工作。

左权从百团大战的全过程中再次认识到，战争是一个大课堂，必须在战争中

---

①［美］艾格妮丝·史沫特莱：《伟大的道路》，梅念译，生活·读书·新知三联书店1979年版，第431页。

②《百团大战历史文献资料选编》，解放军出版社1991年版，第14页。

学习战争。八路军在这场交通破袭战中虽然取得了重大战果，但亦暴露出不少问题，有许多经验教训值得总结。左权和彭德怀在10月初分别下发至各参战部队的《决定第二阶段之作战基本结束》和《百团大战第二阶段结束后部队中应有的解释与准备》两份文电中都指出了部队在作战中存在的一些问题。如战术上战斗发起之突然性，运动与火力之配合，冲锋艺术等方面都存在很多缺点；部队战斗的顽强性不够，技术落后，部队的给养保障很差，组织与领导民众开展游击战争不够等。

上述问题引起了左权的高度重视。原定的本年度的整军计划马上就要结束了，但整军结果如何，除了个别地区外，仍无报告，左权心中不免有些着急。长期以来，由于八路军始终处于分散发展、战斗频繁的环境中，加之武器装备比较落后，从而在很大程度上影响了技术战术水平的提高。左权知道，八路军在这次百团大战过程中暴露出来的技术战术上的一些缺点，还不是问题的全部，但这已经影响了一些战斗的结果。因此这些问题必须马上纠正和克服，否则就无法真正达到打破日军"囚笼"政策、巩固敌后抗日根据地的目的。从长远来说，还将严重影响八路军战斗力的提高，影响八路军对日军作战的最终胜利。

左权同彭德怀谈了自己的想法，彭德怀亦有同感。两人商量后决定，利用百团大战即将结束之际，在全军进行一次冬季教育。11月28日，八路军总部以朱、彭、左的名义下发了关于目前时局危急应加强全军教育的指示电。电报指出，在目前投降危险空前严重，内战有爆发可能，敌后抗战将更加严重的情况下，为制止投降，制止内战，从政治上、思想上、组织上、军事上加强八路军，提高八路军的战斗力，这是目前全军的中心任务之一。因此，总部要求，自12月起至次年3月，在全军进行为期四个月的军事教育，以提高全军指战员的战术与技术水平。

为突出教育重点，加强教育的针对性和有效性，左权和彭德怀于12月24日又向八路军各部首长发出了关于冬季干部军事教育的指示。指示说，冬季干部军事教育的基本方针是为了提高干部的指挥与管理部队的能力。基本内容为，营以下干部学习班、排、连战术，团以上干部则研究步兵营的战斗勤务。指示要求各级必须利用一切可能的时间，利用敌人"扫荡"的间隙，建立干部军事教育制度，提高干部的军事能力。这是军队建设的首要任务，是提高部队战斗力的重要途径。左权和彭德怀在指示中还严肃指出，一切轻视与忽视军事学习的观点都是错误的。

左权不仅要求别人重视军事学习，自己也带头坚持学习。他不仅喜欢学习军事知识，而且还善于思考问题，并经常将自己思考的结果写成文章发表，以便和大家共同探讨。当时，八路军有个内部刊物《前线》，上面经常刊有左权写的文章。"左权同志酷爱学习，常善于百忙中挤出时间，钻研革命理论，翻译苏联红军战斗条令和其他军事科学论文，教育部队，正由于他孜孜不倦、联系实际地努力学习，因而能深刻体会毛泽东的军事学说，在军事建设和对敌作战中获得优异的成就。"[①] 这是聂荣臻对左权的回忆。

---

① 聂荣臻：《悼左权将军》，《人民日报》1950年10月20日。

为配合全军的军事教育，也是为了更好地研究和总结八路军在作战、建设等方面存在的缺点和不足，左权以百团大战为契机，先后撰写了《论战争指导、军队组织和战术问题》（1940 年冬）、《论我军的后勤建设》（1940 年 12 月）、《论晋察冀边区反“扫荡”战的伟大胜利》（1941 年 1 月）、《战术问题》（1941 年 2 月）、《各种情况下之后勤工作》（1941 年 3 月）、《敌寇在华北之现行军事政策》（1941 年 3 月）等论著。左权军事论著一个显著的特点是，理论联系实际，紧密结合当时军内外的思想实际，有的放矢地提出问题和解决问题。

结合八路军在百团大战中暴露出来的问题，左权主要对三个问题作了进一步深入的探讨和研究：一是关于作战指导问题；二是关于战术问题；三是关于后勤工作问题。左权从考察、分析、探讨敌我双方具体的军事斗争入手，力图从实践和经验中把战争规律概括成明确的要点，建立一种有用的、与战场军事实践相结合的作战理论，把客观理论变成八路军各级指挥员的主观的能力，变成部队行动的指南。

1. 关于作战指导问题

经过百团大战，左权认为，现阶段坚持华北抗战的基本任务，就是巩固华北抗日根据地。要完成这一任务，必须以军事斗争为主，同时配合其他各种形式的斗争。因为没有军事上的胜利，一切均无从谈起；同样，没有其他斗争的配合，军事斗争也难于推进，其获得的成就也难以巩固。为此就需要有正确的作战指导与组织原则。

1941 年，左权（右）与新华社华北分社社长何云合影

作战指导涉及敌我两个方面，知彼知己，方能百战不殆。左权认为，与敌人作武装斗争，必须了解敌人，必须研究敌人的军事政策，从中产生自己的对策，这是十分重要的。为了全面阐述日寇目前在华北所采取的军事政策，加强对敌斗争的指导，左权于 1941 年 3 月 31 日应中共中央北方局党校之邀，亲自去做了一次《敌寇在华北之现行军事政策》的报告。左权认为，敌人目前在华北军事政策的中心，是要改变华北现在的形势，变点线的占领为面的占领，以达到巩固地占领华北之目的。为此，日寇在华北采取了四条军事方针：一是以军事为主，辅以其他斗争形式；二是以中国共产党和八路军为作战对象；三是长期作战；四是在战略上一贯采取攻势。左权逐一分析了敌人的据点政

策、交通政策、伪军政策、“扫荡”作战、交通线与据点守备、特务工作等军事政策的产生、发展和特点，并指出，敌人的各个具体政策不是孤立的，而是密切关联、相互依存的。他还说，认识敌人在华北现行各种政策的目的，在于要以有效的方法，以更大的努力去战胜敌人。

左权不仅注意研究日寇的军事政策，还注意研究其战术。他曾多次指示各部队，要多向其提供关于日军“扫荡”战术和行动规律的材料。凡是缴获的日军文件、刊物及通过其他途径得来的日军材料，他都细心研究。左权认为，目前日军仍采用一般战术和所谓的“新战术”，但其“新战术”的内容不过是抄袭八路军的游击战术而已，因无群众基础，不免流于空洞，作用不大。其采用的战术总的来说包括：突然袭击，这是日寇对付八路军“新战术”的基本内容；迂回包围与中央突破并用，但惯用的仍是迂回包围；打埋伏；夜间袭击或夜间行动，拂晓急袭；对八路军坚守的阵地或村落实施强攻；畅通的通信联络和周密的侦察警戒等。①

左权指出，要对八路军实施正确的作战指导，除了要了解敌人外，还必须注意解决好己方存在的问题：既要反对只一味向敌进攻，不作反“扫荡”作战准备或进行反“扫荡”作战的冒险主义，又要反对只停留在根据地里等着敌人来“扫荡”，而不向敌人作各种进攻，或一味退缩让敌人“蚕食”的保守主义；要有团结的意志与全局观念，注意反围攻与围攻作战的统一与协同，避免孤军作战；掌握正确的内线、外线作战及主动的对敌作战的指导精神，达成作战的突然性和速决性；注重发挥地方军、民兵的作用，不断提高其政治觉悟、军事技能和纪律素养，使之日益向正规军发展，反对限制、削弱群众武装的错误做法；无论是进攻性的或防御性的战役与战斗，各个区域（分区）都要有独立作战、独立坚持的能力；一切军事行动，都必须与民众的抗日斗争有密切联系，既要有群众的广泛参与，又不浪费民力；既要有集中的指挥与组织，又不要违背群众意愿与民主精神；既要领导群众进行英勇斗争取得胜利，又要不给群众过多的损失与牺牲；军事行动要与政治、经济、文化等其他各种斗争形式密切结合，反对单纯的军事主义；注意积蓄力量，不能只顾打仗而不进行积蓄力量的工作，也不能借口积蓄力量而不打仗或少打仗，在使用力量上要善于保存力量等。②

2. 关于战术问题

要取得作战的胜利，除了正确的作战指导外，还必须有正确的战略战术。这也是左权长期关注的问题。结合此次百团大战，左权专门撰写了长达 7000 多字的《战术问题》一文，全面阐述了八路军坚持敌后抗战的战略战术的原则和战术的基本精神。这是一篇关于战术理论的重要文献，1941 年 2 月 15 日，《前线》将其全文刊出，以便在全军进行学习与教育。

百团大战后期，日军加强了对我华北各抗日根据地的“扫荡”。对此，左权

① 左权：《敌寇在华北之现行军事政策》。
② 左权：《论战争指导、军队组织和战术问题》。

明确地指出，现在，八路军首要的任务就是在大小战斗中不断地争取战斗的胜利，歼灭一切可能歼灭之敌，因为只有军事上的胜利才是巩固根据地最基本的因素。因此，进一步提高八路军的战术就成了当务之急。左权认为，目前八路军在战术上存在着许多缺点和不足。具体来说，表现在以下这些方面：

一是缺乏消灭敌人的信心与决心，战斗的顽强性、积极性不够。如我们个别部队，在敌人进攻面前一味向后退缩，不敢接近敌人，不敢到边区或敌占区活动；有的部队在严令破路或打击敌人的时候，敷衍了事，虚放一枪，回头便跑。甚至有个别部队，离敌人五里路的距离，打了几颗手榴弹，就算完成了战斗任务，回来了。又有个别新部队，见到敌人的装甲部队便惊恐起来。更有些看到穿黄军服戴钢盔的部队，就撒腿跑了。左权指出，这些严重现象，不光是一个简单的战术问题，更是一个严重的政治问题。不克服这些右倾现象，要取得战斗的胜利，是不可能的。二是有些部队对于我们战术的基本精神，把握得很差，对一些战斗没有任何准备，甚至一切情况都不了解，不加考虑，随便乱撞，以致遭受某些不必要的损失。三是技术知识和技术掌握能力薄弱，不善于发挥各兵种的作用与组织各兵种进行协同作战。战斗中消耗弹药多，损坏武器严重，对敌人的技术兵器还有畏惧心理。四是缺乏组织与指挥民众参战的艺术，某些部队总是忽视游击队、自卫队的作用，不注意去加强它，总想将其收编到自己的部队中来，以致使野战部队本身形成“裸体跳舞”。五是战术上的游击主义习气严重。不顾全局，缺乏配合，各自乱动，参差不齐，不遵守时间，不执行规定。六是警觉性不高，政治上、军事上麻木，存在轻敌观念，不注意侦察敌情，不注意保卫自己的部队。

上述问题虽然只是个别现象，并不普遍，但却在不同程度上影响了八路军的战斗能力，使其丧失了许多可能取得胜利和增加了许多本可避免之伤亡。左权指出，之所以存在这些问题，主要是由于部队忽视了对军事理论的学习和战术问题的研究，军事的学习落后于政治的学习，军事水平落后于政治水平，军事的进步落后于政治的进步。左权认为，政治学习固然重要，但军事理论也必须提高起来，特别是军事指挥干部，要好好去研究战术，研究我军长期战争的经验教训，研究抗日战争的经验，努力发扬我们战术上的特长，纠正缺点。左权还强调，我们不能、也不应把我们的军事理论、战术知识仅仅限于过去及现在亲自参加的战争范围内，这还不能提高我军的军事水平。我们要学习马列主义，学习马列主义关于战争的学说，研究古今中外战争历史和军事理论，以丰富的军事、政治知识，把自己的头脑武装起来，把我军的战术及一般军事理论推向前进，使我们的指挥员们，不仅能够打游击，也能指挥正规作战，还要准备指挥在新的军事技术下的作战，这就是我们军事学习的任务。①

左权认为，战术问题是依据具体环境来决定的。“我们战术理论的建设，必须依据我们所处的环境，敌我的具体条件，我军历史传统，我军的军事任务的性质

① 左权：《战术问题》。

与本质出发规定出来，而不能是资产阶级的，形而上学的东西。”中国半殖民地半封建的社会性质及八路军的本质、任务等诸多因素决定了坚持敌后抗战的战略方针，决定了战术的最基本组成部分是游击战，而不能是日本式或德国式的战术，也不能是苏联式的战术。同样，八路军也不能采用中国一般正规军的所谓正规战术。这是因为八路军与其他军队在本质上存在着根本差别，又完全处在敌后作战的环境，而且中国也没有适合中国国情的独立战术。另外，八路军也不能采用纯粹的游击战术。因为八路军已经有了大规模的正规军，我们的军事任务也不仅是打游击，还要进行运动战，因此游击战已经不能成为八路军战术的全部内容了。

对此，左权指出，根据马列主义的理论创立一条正确的马列主义的适合中国国情的战术，是件非常重大的事情。那么八路军应采用何种战术呢？左权结合八路军自身情况，提出了游击运动战的战术。

对于游击运动战，左权是这样认识的：它既不是纯粹的游击战术，也不是纯粹的正规战术，而是一种由游击战术脱胎和发展而成的特殊的新兴战术；是一种最灵活、最积极、最巧妙、最富机动内容、最能适合敌后开展大规模民众性游击战与运动战的战术；是以广大的工农阶级为基础，是共产党领导下的军队，从长期艰苦斗争中独创的战术。这种战术的基本精神，就是以最积极、最灵活、最神速、最坚决与最秘密的动作向敌人进攻，也就是“速决的进攻”。这种战术的基本战斗方式，是突然的袭击。对运动的敌人，主要采取伏击；对驻止的敌人，主要采用袭击。这种战斗方式与战术的基本精神，不仅是游击队应该采用，不仅是正规军进行游击战任务时应该采用，就是我们的正规军在有利条件下进行正规的运动战时，也应该采用。这种游击运动战，便是中国式之正规战。当然，使用这种新战术，并不是说要把正规军游击队化，在大规模的正规军进行运动战中，可以不遵守集中的统一指挥、协同动作、密切联络、后方设置或各自为战，而是说“应尽量采用那种突然袭击的战斗方式与那优良的战术的基本精神”。

左权认为，游击运动战所强调的“速决的进攻”乃是八路军“战术艺术之所在”。因为只有速决才能各个击破敌人，才能连续作战，才能使敌人优点不能发扬；只有进攻才能消灭敌人，才能创造与抓住敌之弱点，才能避免自己的弱点，发扬自己的优点。也就是说，只有速决地进攻，才能进行大规模的趋利避害的机动，取得作战的胜利。

左权指出，“速决的进攻”的战术内容，主要包含着主动性、突然性与顽强性，离开了这些，速决的进攻战是不会有成功的。所谓主动，不仅任凭我自由选择时间、地点与敌人进行作战，还要使敌人不能向我作积极的活动。主动行动是要有意识地去求得，从正确的情况估计与正确的处理情况中去求得，不是现成的东西，必须虚心研究与寻求。突然性是指部队行动要有计划、有准备及行动中的迅速与秘密。突然性愈大，战斗胜利就愈有保证。顽强性是指战员英勇杀敌，毫不犹豫，坚决与敌人白刃肉搏。[①]

那么，怎样才能实现“速决的进攻”呢？左权认为，必须具备一定的条件：如建立消灭敌人的信心与决心；加强政治工作，提高全体指战员的政治觉悟；以积极进攻精神与顽强毅力，主动向运动的或立足未稳的敌人作战，不进行单纯的防御；爱护与保护指战员的身体，使其善于使用武器，善于运用战术；严肃战斗纪律，坚决执行命令，反对游击主义的习惯和敷衍塞责的行为，发扬战斗中的自觉性、灵活性；密切与民众抗日斗争的联系，使之与军队的军事行动结合起来；战前要有充分的准备，对敌情、地形、居民和自己都必须清楚地了解，正确地判断，然后下定决心；根据决心，做出适当的兵力部署；应善于发现、创造和抓住敌之弱点，以己之长攻敌之短，反对平均地分配兵力与逐渐地使用兵力；在一切向敌进攻的行动中，应有切实的战斗队形和与各分队间战斗动作、火力与运动配合之规定，并利用一切可能利用之地形，力求以小的牺牲，取得大的胜利；保持部队神速与秘密，提高与发扬战斗发起之突然性，运动、火力与白刃战斗应有正确的配合，一般的应避免接敌运动中的火力准备，力求缩短火力战斗过程，最好是战斗一发起就向敌人投入顽强的白刃扑搏；在冲锋发起后，要勇往直前，对于可歼灭之敌，必须一举歼灭之，不给敌以喘息之机；加强侦察警戒，提高警觉性，保持经常的充分的战斗准备[②]；等等。

左权指出，以上这些便是八路军过去使用过的和今后仍应发扬的战术。但是，他又强调，我们决不能以此为满足，要取得抗日战争的胜利，八路军必须逐渐改善自己的装备，提高自己的技术，从而也就要求我们的战术逐渐地完善起来。那种战术不仅是步兵的游击式的，而且是更正规的、诸兵种联合的、更富科学内容及富有组织性的战术。简单地说，就是更要正规化起来。左权深知，仅仅是游击战争，是战胜不了日本帝国主义的，但他不幻想，不天天去空喊机械化，而是一步一个脚印地扎实工作着。同时，他对八路军的未来又有着美好的憧憬，他坚信，中国总有一天会有机械化和近代的军事技术。到了那一天，战争的面目将为之一新，战略战术、军队的组织训练和各种工作，将会有一个大的变化。遗憾的是，左权未能等到这一天的到来。

对于左权在研究战略战术方面所取得的卓越成就，1950 年 10 月 20 日，中共中央的机关报《人民日报》在刊登的《左权烈士略传》中这样写道：左权同志为我国有数之军事家，他在战略战术方面的成就，实融会 1925—1927 年大革命时代、内战时代及苏联红军最进步的战术，为中国著名的游击战术创始人之一。

3. 关于后勤工作问题

兵马未动，粮草先行，强有力的后勤保障也是部队作战胜利的必要条件。左权历来重视军队的后勤建设。在百团大战中，一些部队的给养保障工作暴露出不

① 左权：《论战争指导、军队组织和战术问题》。

② 左权：《战术问题》。

少问题，因此，左权此时对八路军的后勤建设也给予了特别的关注。1940 年 12 月 26 日，八路军总部和第一二九师首次召开后勤工作会议；1941 年 3 月 19 日，八路军又召开了后勤政治工作会议。左权亲自参加了这两次会议，并在会上分别作了题为“论我军的后勤建设”和“各种情况下之后勤工作”的长篇报告，详尽地阐述了后勤工作的重要性、八路军后勤工作建设的特点、后勤工作的具体任务、后勤部门与其他部门的关系及各种情况下八路军各后勤部门的任务、工作及完成方法等问题。这是两篇关于八路军后勤工作建设的重要文献，对推动八路军的后勤建设有着十分重要的意义。

左权对于后勤工作的重要性，有着十分深刻的认识。他认为：后勤部门是军队的一个组成部分，“军队组织越复杂，技术越发达，后勤工作的地位也越重要”。八路军处在敌后作战，进行所谓“无后方的作战”，这是指没有全国性政权的大后方，而不是说，没有根据地的小后方，更不是说，不要后勤工作。恰恰相反，这种无大后方作战，反映在八路军建设中，就更加重了后勤建设的重要性和它的困难与复杂性。因此，左权强调：“没有健全的后勤工作，就没有正规军，没有健全的后方工作，就不会有前方的胜利。”[①] 后勤工作不是与战略战术毫无关系的，不是没有地位的，不是没有政治意义的。

但在当时的情况下，好多人都不重视八路军的后勤工作。如对后勤工作的重要性了解不够，以为后勤工作与战争无关，是简单、无足轻重的事务工作；不尊重后勤工作人员，不注意后勤人员的选拔与教育，以为后勤工作人员不需要什么工作能力与政治认识，把无处安插的人送到后勤部门去；后勤工作部门中某些干部不安心工作，认为后勤工作麻烦且枯燥无味，总想换工作等。由此也就导致了八路军后勤工作中所存在的许多问题，如后勤部门中游击主义习气严重，制度不完善，纪律不严，违反制度及纪律的事时有发生，贪污腐化、官僚主义等不良现象也存在着；对人力财力的爱护不够，对工作的责任心不够，怕麻烦，怕困难；缺乏创造性，墨守成规，甚至还出现了严重的反进步反科学的现象。左权严肃地指出，所有这些都是错误的，严重阻碍了后勤工作的发展，必须努力纠正。

左权认为，八路军的后勤建设有其自身特点，必须与八路军“积蓄武力与使用武力并进”及其“工农阶级的军队”性质相符合，即后勤建设要随军队建设的发展而发展，要以“人”为本，这是其一；其二,八路军后勤建设必须依赖自力更生，它不是简单的消费，而是艰巨的生产工作；其三，后勤建设不仅在建军上有重要地位，对根据地的建设与巩固同样有着密切的关系；其四，后勤建设应适合敌后抗战的环境，根据不同环境采取不同的组织形式与工作方法；其五，后勤工作必须适合八路军的战略战术的要求。另外，左权还指出，有政治工作的保证，也是八路军后勤建设的特点之一。因此，左权认为，不能简单地将其他军队后勤工作的方法搬到八路军里来，把其他军队后勤工作的条文，照抄到八路军的

① 左权：《论我军的后勤建设》。

后勤工作中是不行的。我们必须发挥自身的创造性，创建我们独特的后勤工作。

为此，左权强调，首先必须制定巩固后勤工作的各种制度。在全军进行广泛深入的遵守与巩固各种制度的教育，使广大指战员深切了解后勤工作各种制度的重要性，克服游击主义习气；司令部、党政机关对后勤制度的巩固要给予确实的保证；同时，后勤工作人员要以身作则，严格遵守各种已规定的制度。其次，要有正确的工作方式方法。左权说，后勤工作是最具体、最实际的工作，更需特别的仔细，虽然是极微小的事，也必须非常慎重处理。一切粗枝大叶、马马虎虎、毫无头绪、手续不清、官僚主义等工作方法都是有害的。因此，后勤工作要有严格的计划性、组织性、经常性、实际具体。另外，从事后勤工作的人员要有高度的政治觉悟，适当的文化水平，一定的工作能力，不断进步的上进心，不能是庸俗的事务主义者。最后，要健全后勤部门的组织与工作。改变过去那种“打埋伏”、部队各设后勤的做法，各部队都要按照编制的规定组织起来。要充实后勤干部的数量，加强其培养与锻炼，提高其质量。要严肃纪律，克服一切不安心工作、做一天和尚撞一天钟的不良现象。

左权阐述了后勤部门与其他人员、部门之间的关系。他认为，在组织系统上，后勤部门是部队的一个组成部分，隶属于同级部队首长的指挥与监督。后勤部与司令部、政治部是平等关系。后勤各部门与司令部的工作关系应该很密切，司令部应经常了解后勤工作情形，提出意见，并指导其工作；后勤部门当经常将自己的工作情况通报司令部。后勤部门的首长，在政治上应受同级政治机关之领导，在工作上则应受同级政治机关政治上的监督与检查。

那么后勤工作的总任务是什么呢？左权指出：“后勤工作总的任务是：保证军队一切物质需要，以物质的保证，巩固军队，提高战斗力，战胜敌人。”① 左权还具体论述了后勤供给、卫生、兵站、军工等各部门的有关任务及其在各种不同情况下，特别是在作战中怎样指导后勤工作，处理好后勤工作中的问题。

在谈到如何完成后勤部门的各项任务时，左权指出：这要靠各级后勤部门同志任劳任怨、艰苦努力的工作，也要靠后勤政治工作的保证。“政治工作是我军的生命线，这在后勤部门因其工作任务之繁重与复杂，是更有其重大意义的。没有政治工作的保证，要完成这样重大任务是不可能的。”重视政治工作在部队建设中的作用，可以说是左权指导部队建设的一个显著特点。他遇事善于从政治分析入手，注重军事和政治、经济的联系；处理和解答军事问题时，能够敏锐周详地照顾到政治的一面。他的大量军事著作，不论是讲反“扫荡”，还是讲战略战术，讲教育训练，讲后勤工作，都考虑到了政治的因素，从不就军事谈军事。

左权还特别强调了各部队参谋长对后勤工作应负的责任。他说，各部队参谋长，是秉承首长意图来指导后勤工作的。不论平时一切后勤组织的建设，或战时

---

① 左权：《各种情况下之后勤工作》。

使后勤工作很好地适应作战的需要，都应根据首长的意图加以考虑计划，并监督其实施。但我们有不少参谋长对此漠不关心，打起仗来不知怎样组织后勤工作，在战斗过程中，不知如何把前后方很好地结合起来，不知如何使后勤活动符合战术要求等。这些缺点都必须迅速纠正。

不积小流无以成江河，不积跬步无以至千里。左权的这些军事理论著作，是他指导革命战争实践，注重总结我军建设、作战等方面经验教训的结果，更是其长期锲而不舍，紧密联系我军战争实际进行军事理论研究的智慧结晶。可以说，左权是一位在学习上永不止步的功勋卓著的军事家。正如朱德所指出的那样：左权在军事理论、战略战术、军事建设、参谋工作、后勤工作等方面，都有极其丰富与辉煌的建树，“是中国军事界不可多得的人材”。[①]

---

① 朱德：《悼左权同志》，《解放日报》1942年6月15日。

第十五章　智勇战黄崖

一、一保黄崖洞

百团大战后期，日军在对华北八路军各抗日根据地进行“扫荡”的同时，又对八路军在华北敌后最大的武器弹药生产基地——黄崖洞兵工厂发动了进攻，欲将这个被朱德总司令誉为八路军的“掌上明珠”的兵工厂破坏掉。对于日军的破坏企图，朱德、彭德怀、左权早有预料。因此，在黄崖洞兵工厂动工兴建的同时，朱德、彭德怀就指示左权，要注意兵工厂的安全问题，防止日军对兵工厂进行破坏。

黄崖洞具备着山地防御阵地十分有利的条件。黄崖洞有两个主要进出口：一是东南方的南口，通向黎城。这里地势险要，易守难攻，从东面的赤峪沟进入南口，两侧都是悬崖峭壁，敌人进攻时根本无法进行迂回；二是西北方的左会垭口，通向武乡的左会村。相对于南口来说，这里山坡较缓，易于进攻，但也有利于己方撤退部队，且因为地形复杂，敌人追击比较困难。另外，黄崖洞正面视野开阔，便于观察敌情，且有断桥，对敌人通行构成障碍；南口、新窑口、桃花寨、跑马站等地，则可以隐蔽地配置己方的部队。虽然地形有利，但这也只是客观的自然条件。要想保住这个兵工厂，使其免遭日军的侵犯和破坏，还必须对黄崖洞的地形进行充分改造，构筑必要的防御工事。为此，左权不知付出了多少心血。

1939 年夏，左权曾指示负责构筑防御工事的八路军总部特务团在兵工厂的周围及其他重要隘口修了一些工事，但无论从质量还是从数量上看，这些工事都无法满足保卫兵工厂安全的需要。

后来，左权设计了一个兵工厂防御工事的整体构筑方案。根据黄崖洞地形的特点，左权设想将防御的重点放在左会垭口，充分利用地形地物来构筑整个防御工事，其数目在 300 个左右。与此同时，左权还考虑了火力配置问题。在关键的地方，交叉火力的密度要达到每平方米 7—8 发子弹。朱德、彭德怀听了左权的汇报后，原则上同意这一设想。但他们要左权将黄崖洞的地形再仔细勘察一番，拿出一个更加详细可靠的方案。他们还提议，工事数目可适当减少些，但一定要修得坚固，让日军的炮火打不透，烧不坏。

根据朱德、彭德怀的指示，左权马上展开工事构筑前的地形勘察工作。此时正值 1939 年的隆冬，天气非常寒冷。可是左权的工作热情却一点不减。一有空，他就在黄崖洞周围的山顶上爬来爬去，逐个地段加以勘察，制图作业。饿了就啃几口干粮，渴了就喝几口冷水。警卫员担心这样下去左权的身体会承受不住，多次建议待下山吃顿热饭后再继续来勘察地形。左权总是说，下山上山来回太耽误时间，而且经过“实践”证明，自己的身体也没出什么毛病。对此，警卫员也只能摇头感叹。

爬山是比较费鞋的。尽管左权穿着一双布鞋，还带着一双备用的草鞋，但没过几天，两双鞋就都磨破了。警卫员劝左权买一双鞋，可是左权不同意。他将已磨烂的布鞋的鞋帮撕了下来，又让警卫员找来一根粗针、一条麻线，然后一个人在灯光下，将布鞋的鞋帮钉在补好的草鞋底上。次日，左权穿上自己亲手做成的“新鞋”继续爬山。

欧致富等总部特务团的人见左权这么辛苦，实在过意不去，便建议他多带上几个参谋，和守备部队一起分段勘察，分段制图标图，然后再由他来综合。可左权笑了笑说：“谁叫我当参谋长！当参谋长对一个战区心中没个立体总图，指挥起来会误事！再说，我不先拿出个草图，下一步修改你们能提出意见来？”[①] 左权还对他们说，作战中，地形好的阵地，能得到两方面的好处：一是可以妨碍敌军通行，使敌人不可能向这个阵地前进，或者迟缓其行军速度；二是能隐蔽我军的配置。这样的阵地就是敌人不可逾越的障碍，只要用最有效的火力加以控制，就可以打乱敌人的正面，小部队在这样的阵地上便具有强大的力量。左权就是根据这样的原则，把适合防守的工事标到地图上去，并编上序号。

经过一段时间的努力，左权把整个黄崖山上上下下、沟沟岭岭都实地勘察了一遍。凡是需要构筑防御工事的地方，左权都在图纸上标了出来。根据地形的特点和作战的需要，哪里应构筑暗堡，哪里应明堡、暗堡、交通壕相结合，哪里能利用天然洞加以改造，哪里构筑投弹所，各点的火力如何配置，就连各个射击视线前有什么障碍物，左权也都将其在图上标得一清二楚。除此之外，哪里应配以地雷组，哪里应设置地雷区，图上也都作了说明。

1940 年初，左权又带上总部的参谋人员和特务团的军事干部、作战参谋及施工负责人，到山上现场办公，倾听大家对其所设计的防御工事构筑方案的修改意见，以便使其进一步完善。每到一处，左权都拿出自己绘制的方案图，逐一说明自己的设想，反复征求大家的意见。对于左权亲自勘察、设计的整个防御工事体系和如此精细的制图，除了个别地方外，大家一时都提不出什么意见。左权便要大家回去后再仔细推敲推敲，并说，就是在施工中发现有不切合实际的地方，还可以随时提出修改意见。

为确保工事质量，左权决定，凡是重要工事都要由钢筋混凝土来构筑，具体施工由第一二九师的三个工兵连负责，其他工事可用石头来构筑，由特务团自己动手修建。

---

① 欧致富：《戎马生涯》，广西人民出版社 1985 年版，第 176 页。

朱德、彭德怀对左权设计的这个防御工事的构筑方案和拟定的施工方法比较满意。他们要左权抓紧时间进行动员和部署，以便在山上解冻后即能开始施工。

此后不久，第一二九师的第三八五、第三八六及新四旅的工兵连先后奉命赶到黎城桐峪地区；总部特务团第一营及总部炮兵团的三个连也做好了进山施工的准备。根据左权的建议，八路军总部决定由总部炮兵团团长武亭统一指挥施工队伍。左权还抽时间对施工队伍进行了动员教育，要其充分认识到修建防御工事的重要性。

在防御工事动工修建之前，左权还必须解决一个无法绕开的难题，这就是如何筹集修建重要工事所需的钢筋建材。由于抗日根据地的物资匮乏，加上日军封锁，短时间内很难筹到这么多钢材。对此，左权一时感到束手无策。经过反复思考，他终于找到了解决问题的方案。韩庄修械所刚成立时，曾用道轨代替钢材，制造出了几支步枪，因此，左权觉得修防御工事也完全可以用道轨来代替钢筋。而离黄崖洞百余里的地方，就有日军控制的正太路和白晋路。扒道轨不仅能解决建筑工事用料，而且还可以破坏敌人的交通，可谓一举两得。拿定主意后，左权便向朱德、彭德怀汇报了自己的想法。两位老总听后非常高兴，完全同意左权的意见。于是左权便组织当地军民进行破路夺轨。连续几次行动，夺回了大量的道轨，不但解决了修工事的急需，还为兵工厂制造武器提供了必需的原料。

3 月、4 月间，山上已开始解冻，施工部队陆续开工。战士们情绪高昂，工地上热火朝天。可是没过多久，施工部队的衣、食、住等方面就遇到了不小的难题。

在这里，得天独厚的地利条件，也包含着“地弊”：一是地瘠。加上连年大旱、日寇的“三光政策”，当地老百姓生活很苦，施工部队筹粮十分困难，常空手而归。有的施工连队一天只能吃上一顿饭，有的甚至出现断炊的情况，战士们只能喝点野菜汤。在这样的情况下进行重体力劳动如何受得了。战士们抬东西上山时，腿肚子都直打战；二是地潮。这里山高沟深，通风光照条件较差，洞里窑里湿度很大，人长时间住在里面很容易得病。另外，战士们的穿衣也成了一大难题。战士们刚上山时，穿的是棉衣。天气暖和了，战士们把棉衣里的棉絮抽出去，就成了单衣。由于每天和石头打交道，一身衣服穿不了几天就磨破了。而当时战士们一年才发一套衣服。没办法，大家只好补丁贴补丁。战士们穿的鞋子也破得不成样子，有的连补都没法补，战士们干脆光着脚干活。

开始，特务团的领导瞒着左权，自己想了一些解决口粮的办法。衣服、鞋子等穿的方面，团里无法解决，只好暂时先搁下。

当左权了解到施工部队所遇到的困难后，马上找来了特务团团长欧致富，详细询问了具体情况，赞扬了特务团领导主动解决问题的主人翁精神。接着以责备的口吻对欧致富说，不该这样对他封锁消息，战士光着脚丫抬东西，吃着野菜埋头施工，谁见了不心痛！再怎么说，现在总不是长征过草地的时候，那时谁倒下就很难扶起来了。现在绝不能出现这种情况，一定要做好保障工作，不能因为这点困难就让战士倒下。最后，左权提出了解决问题的三条措施：待夏粮下来了，特务团种的一百多亩地的粮食、蔬菜，给施工部队多分一些；战士住地条件要改善，办法是每孔窑洞，烧一盆炭，搁上几担石灰，驱走湿气；与后勤部门联系，给施工连队战士多拨一点旧衣服，每人多发一双鞋子、一条毛巾。

没过多久，左权就接到欧致富的报告，前面两条措施已经落实，没有问题，只是第三条，和后勤供给部门联系时，碰了钉子。左权决定亲自来解决这个问题，但他并没有直接给后勤供给部门下命令要这要那，而是策略地打了个“迂回战”。

这一天，左权邀上总部机关有关部门人员到黄崖洞参加劳动，了解兵工厂防御工事修建的进展情况。到了工地，左权没有指指点点，而是挽起袖子就干。他扛石头，挑土灰，抬钢轨，凿岩石，什么重活都干上一阵。同去的机关同志在劳动中很快就发现，施工战士们身上穿的衣服简直是五花八门，掉了袖的，开了肩的，绽了膝的，撕了襟的，有些几乎都不能穿了。

休息时，左权拉住特务团第一营营长问道：“魏传连，你这个营长不带个头，把自己的衣服补好一点，补牢一点？”魏营长拍着自己的开肩回答说，这还是今天一早才补的。补的布片，比穿的衣服还霉，一蹭就破了。营长一说话，战士们的话匣子也打开了。这个说他袖子老当“逃兵”，那个说他的膝盖爱“喘气”，还有淘气的战士，从脖子上抹下毛巾，轻轻一拧，就拧下一角，吆喝起来：“诸位请看，我这魔术叫‘毛巾变面疙瘩’！”左权看了，也忍不住笑起来。可是后勤机关来的同志却怎么也笑不出声，皱紧了眉头。左权趁机对大家说，后勤机关的负责同志也在这里，有什么特殊困难自己解决不了的，可以反映一下嘛。

魏营长明白了左权的意思，不能什么困难都提，只能抓重点。于是便说，肚子问题、居住条件的改善，施工队伍自己正在解决。只是前一段没有注意解决洞里潮湿的问题，衣服霉的太多，加上劳动强度大，特别费衣服、费鞋，这些东西自己没法做，解决不了。其他战士基本上也都是这个意见。

后勤机关的同志原以为施工部队的战士们会叫苦连天，一听就提了这么点要求，都很受感动。他们回去后没几天就打来电话，通知施工部队，每人每天的口粮供应从一斤半小米增加到二斤；把现在的棉衣作为工作服，冬天另发一套新的；同时拨一定数量的布给部队做补丁用；增发一双鞋子、一条毛巾。结果冬天还没到，施工部队就领到了冬装。但谁也没想到，这次发给大家的是一件皮袄。左权考虑到山上太冷，穿皮袄更合适，所以就专门让后勤部门为施工部队特制了皮袄。

施工部队的吃、穿、住问题基本解决后，大家劲头倍增，经常挑灯夜战。这样一来，施工用料一时又供应不上，有些窝工。左权知道后，就动员总部的辎重营、后勤的运输队，一起协作，调来几百匹骡马和部分大车，突击运料，保障供应。有一次，兵工厂在附近买了一批等着急用的原料，可厂里的几辆马车都出远门了，大伙急得团团转。后来有人提议到总部去看看，那里的车多，说不定能借到。事也凑巧，当天总部的马车除了留下一辆备急用外，全到涉县拉物资去了。工人们只好往回走。这时左权正好从屋里走出来，碰到了前来借车的工人。他问大家有什么事。马车队的人将事情的经过简要说了一下。左权听后马上指示，把备用马车和他的马一起借给工人用。工人们一听，吃了一惊，心想怎么好用参谋长的马呢？于是大家推辞说回去再另想办法。左权说工厂的事要紧，不能耽误，并让马车队赶紧把马拉出来用。

一次，彭德怀来兵工厂视察。在了解了工厂的生产情况后，他又询问了工厂的安全保障问题。他问左权，日军要是来个万人“扫荡”，我守备部队能顶多久？机器能否来得及转移？守备部队还有没有力量进行反击？

左权介绍说，工厂外围各个口，都构置了两层防线、三道雷区，我们不让路，敌人几天以内是很难攻到厂区的。厂区里，挖有秘密坑道，实在吃紧的时候，机器可以搬进洞里，再从上边通道转移到山上分散掩藏。真正到了那一步，工厂区又可以变成大雷区。黄崖洞主峰下面又部署了三层火力，可以控制整个厂区。彭德怀听了介绍后，不住地点头称赞。

视察了工厂区之后，彭德怀与众人沿着盘山小路前行，走上刚落得脚的新栈道，来到一面大断崖前。断崖下面是一个深沟。为了防御需要，左权指示施工队伍将沟底隆起的巨石一一炸掉了，深沟两壁也被加工削成与地面几乎成垂直状态。左权向彭德怀介绍说，这个口子，俗名叫瓮圪廊，军事上叫南口。南口左侧，经一条十米左右宽的高山山脊，可达制高点桃花寨。这是黄崖洞东南面唯一的出入口，赤峪村右边和兵工部驻地南北庄的后面，山势笔陡，根本无法上人。

彭德怀仔细观察了一会儿，见口子上只挖了一点野战工事，心里不太满意，就冲着随行的欧致富团长说：“欧致富，你准备在这里怎么布兵？你就不怕敌人重兵从这里突破？”

欧致富明白，彭德怀的意思是说南口的工事太简陋。他赶紧解释说，这里要第二期工程才能动手修建。彭德怀当即指示，要抓紧时间赶快修建。山口两边要修上地堡，要立足于敌人马上来攻，把这里造成他们的坟墓！①

彭德怀走后，左权要求施工队伍按照副总司令的指示，加快施工的进度。

在修建防御工事过程中，左权经常来黄崖洞检查和指导工作。当时，他正患有严重的痔疮病，实在不便过度地奔波劳累，但左权却全然不顾。总部卫生队几次提出要他卧床休息，可他怎么也不肯，照旧在黄崖洞的山上山下跑来跑去。白天爬山、和战士们一起劳动，晚上回来睡觉时觉得不舒服，左权就把带血的衬裤脱下来。警卫员要把他的衬裤拿去洗了，但左权一定坚持要自己洗，而且还让警卫员不要声张，否则总部卫生队的人又要来找他的“麻烦”了。

左权不仅抓施工的进度，而且还认真检查工事的质量。一次，特务团的战士们把从同蒲路上扒来的小铁轨用来做碉堡支架。左权看到后，赶紧制止。他告诉战士们说，阎锡山的土铁路与平汉路、正太路的铁路不一样，同蒲路上那些小铁轨是铁不是钢，铁脆易断，用来建工事是要误事的。战士们听了后恍然大悟：幸

---

① 欧致富：《虎踞黄崖》，载《黄崖风云》，解放军出版社 1991 年版，第 14 页。

亏参谋长发现得及时，否则，打起仗来就要吃亏了。左权让战士们把这些小铁轨送到工厂里，供工人们铸地雷壳用。还有一次，由于施工连队不懂地质，埋设秘密电话线路时，通过了一些风化石地段。左权检查后马上指出，电话线不能埋在风化石里，风吹、雨打、日晒，不出半年，石头风化了，电话线就会暴露出来。另外还要考虑到炮弹炸断，石头压断等因素。说完之后，他指导施工连队将这一地段的电话线重新进行埋设。大家对左权丰富的知识和一丝不苟的工作作风由衷地感到敬佩。

出于对坚守阵地的需要，左权要求在主要工事内囤积能坚持 7—10 天的干粮、水和足够的武器弹药。由于山上缺水，左权就和战士们一起到处寻找水源。左权的警卫员郭树保回忆道："为了保护这个兵工厂，加修些工事，左参谋长每天在这 2000 多米高，满布尖嶙嶙的青石的山顶上，冒着雨雪，爬来爬去地选择地形，配备火力，检查掩体，还把每个工事都编了号。他还要求每个工事都要准备能坚持 7—10 天的干粮和水。当时山上的水很缺，为准备足够的水，我们在山上山下跑来跑去。"

经过几个月的艰苦奋战，左权带领战士们在黄崖洞兵工厂各要点构筑了以地堡为主的坚固的明暗火力点、简易投弹所、断续堑壕等防御工事，形成前后、高低、明暗、直射、侧射、斜射、倒打、交叉、短兵火力等多层火网。在敌人可能进攻的地段和道路上，还预设了雷区。一旦敌人向这里进攻，就可利用拉雷、踏雷、滚雷、吊雷、绊雷等设置大量的地雷组、地雷群和地雷网。

到 1940 年 9 月，整个黄崖洞兵工厂防御工事全部竣工。

为了更加有效地保护兵工厂的安全，在指导修建防御工事的同时，左权又根据兵工厂里工人们的意见，指导他们组织起了工人自卫队。工人自卫队分地雷班、突击班、侦察班、留守班和收容班。地雷班专门负责在工厂周围要道埋设地雷，阻止和杀伤敌人；突击班是哪里有紧急任务就到那里，听到警报就埋藏机器，要是敌人突然冲来，就去顶一阵，掩护大队转移；侦察班接到民兵送来的情报后，出去侦察敌人的兵力，监视敌人的行动；留守班在大队转移后，隐蔽在工厂附近的山上，看守工厂；收容班是在大队转移时，跟在后面，帮助掉队同志，救护伤病员。左权还挤出时间来给工人自卫队上了几次军事课，专门讲解如何利用地形地物，怎样杀伤敌人，如何保存自己等问题。这样，组织起来的工人，既是生产队，又是战斗队。敌人若来了，工人就放下工具，埋藏好机器和材料，化工为兵，背起枪杆，扛起小炮，上山和敌人打游击，协助特务团保卫兵工厂；敌人走了，工人就赶快回厂挖出机器和材料，化兵为工，紧张投入生产，供应前方部队需要。

1940 年 10 月，百团大战进入了反"扫荡"阶段。特务团除留一两个连队警卫八路军总部外，其他连队都被调去配合兄弟部队作战去了，留下担任保卫兵工厂的兵力被分成三个班，分别部署在南口、左会垭口和工厂区，其人数加起来还不足一个排。10 月下旬，日军在探得黄崖洞兵工厂守备兵力薄弱这一情况后，从辽县、武乡、黎城分三路出击，欲从西北和东南两个方向夹攻黄崖洞兵工厂。左权、彭德怀立即命令第一二九师部队、总部特务团及当地民兵互相配合，分别对其进行阻击。然而，有一股日军还是直奔兵工厂西北的左会垭口而来。

担任黄崖洞兵工厂保卫任务的特务团小分队得知大批日军向兵工厂进犯，焦急万分，连忙向总部首长请求增援。左权接到报告后，指示兵工厂要转移、掩埋好机器、工具和材料，大部分工人撤到山顶，留下由部分工人组织起来的自卫队和特务团小分队同敌人周旋，守住山口。考虑到工人自卫队不善初战，左权随后又特地赶到兵工厂进行动员和检查。他对工人自卫队说，黄崖洞的每块石头都是武器，崩下去不砸破敌人的脑袋才怪！他还借用彭德怀常说的一句话来鼓励大家：敌人不拿路条来，休想进山！接着，左权又具体指导工人自卫队完成了战前的准备工作。工人自卫队按照左权的指示，在左会垭口两边的山头上、崖头上，架起了机枪；部队送来检修的迫击炮已经修好，此时也派上了用场。左权还指导地雷班的同志，沿山边埋了几组大拉雷，压上许多大大小小的石头，敌人一碰就会来个“天女散花”。

欧致富担心守卫兵工厂的特务团小分队和工人自卫队抵挡不住日军的进攻，电话请示左权，让特务团派部队支援黄崖洞。左权在电话里信心十足对他说：“让工人们练练胆，大山口没那么容易突破，突破了也找不到东西，那时你们再关门打狗！”

这天下午，几百名日军逼近了左会山垭口，在其大部队的前面有一支约四五十人的先头部队。此时黄崖洞兵工厂的工人们已埋好了机器、工具和材料，大部分工人都转移到了山顶上，留下地雷班、突击班和警卫班同特务团小分队一起对付敌人。当时特务团小分队和工人自卫队曾制定了统一的战斗信号，可是，没打过仗的工人自卫队紧张地忘了这一规定。拉雷小组一见敌人进了雷区，就急不可待地拉响了地雷。随着“轰隆”一声巨响，漫天石头从天而降，狠狠地向敌人的队伍砸去。日军先头部队一见这阵势，嗷嗷乱叫，掉头便往回跑。

地雷一响，满山都热闹起来。持枪的放枪，操炮的打炮，地雷“轰隆轰隆”不停地爆炸。就连已经撤到山顶上的工人们也都“热烈配合”，在山上放起枪来。石块、子弹、碎土到处飞扬，这声势就似山上伏有重兵，不可匹敌。打出去的几发炮弹，正好落在日军的人堆里爆炸；几挺机枪，也打倒了一些敌人。日军听得胆战心惊，一时摸不着头脑，也弄不清我方到底有多少部队。其指挥官以为这里有骁勇善战的八路军主力部队守卫，不敢造次，拿着指挥刀比划半天，这股敌人便夹着尾巴掉头逃跑了。

此次战斗，工人自卫队和特务团小分队无一伤亡。为此，总部军工部在报纸上特地表扬了工人自卫队的战斗精神。

左权听到日军撤退的消息后，并没有责怪工人自卫队初战的“失常”，反而热情地鼓励工人自卫队说：“行！试枪试炮试炸地雷，就吓退了鬼子，这就是不小的胜利！”高兴的同时，左权也为兵工厂的暴露深感忧虑。而且左权认为，日军此次从左会垭口进攻黄崖洞无功而返，绝不会就此罢休，“让工人练练胆”毕竟只是一种应急措施，要让工人完全守住这个兵工厂还是不行的。因此，左权向彭德怀建议，将特务团第一营调回黄崖洞，担负守卫兵工厂的任务。

彭德怀同意左权提出的意见，要左权亲自给第一营布置任务，并强调不管付出多大代价，都要保卫好这个兵工厂。左权将彭德怀的话向特务团第一营作了传达，并作了战前动员。随后，特务团第一营开进了黄崖洞。

不出左权所料，日军从左会垭口进攻黄崖洞受挫后，重新调整了进攻方向，没过多久，便从南口向黄崖洞发起了进攻。当时守卫南口阵地的是特务团第一营的第三连。由于日军攻势很猛，该连连长在没有接到命令的情况下，将部队撤离了阵地，致使敌人攻进了水窖工厂区。好在这里的机器已转移，工人也大部分都撤走了。留守的小部分工人自卫队在特务团第一营其他两个连的接应下撤到了山上。突入工厂区的日军放了一把火，将十几座厂房、厂部办公室等建筑全部烧毁了。由于日军此次进攻带有试探性，因此不敢久留，放完火后便撤走了。

左权接到报告后非常吃惊。一个经过无数次战火考验的连长，竟会擅自撤离阵地，他简直有些不敢相信这是事实。但事情已经发生了。左权下令，将该连连长、指导员就地关押，待总部研究后再作处置。

左权将情况向彭德怀作了汇报，并建议将特务团全部调进黄崖洞，担负保卫兵工厂的重任。彭德怀听到黄崖洞兵工厂遭日军破坏的消息后也非常生气。为确保兵工厂的安全，他同意左权的建议。这样，1940 年 11 月关家垴战斗结束后，特务团除第三营被调去保卫梁沟兵工厂外，其余则全部开进黄崖洞兵工厂。特务团所缺的第三营则以晋察冀边区地方党的基层干部组成，于 1941 年春补入该团。

二、“重搞起来”

黄崖洞兵工厂虽遭日军的破坏，但除厂房被烧毁外，机器尚无大的损失。工人们不久便陆续返回工厂复工。为了迅速恢复生产，稳定工人们的情绪，左权和彭德怀除了将特务团调来保卫兵工厂外，还明确地提出了“重搞起来”的响亮口号。

1941 年初，华北百团大战的硝烟未尽，左权便忙着起草文电、写材料，总结有关的经验教训，并与彭德怀一起研究部署新的一年各根据地、各部队的任务。左权在与彭德怀讨论本年度的军工生产计划时，曾制定了这样一个目标：步枪 3300 枝，五〇炮（即掷弹筒）3500 门，步枪子弹 100 万发，五〇炮弹 20 万发，手榴弹 70 万枚。随后，彭德怀将此计划向毛泽东作了报告，并说，只要各处兵工厂不遭到敌人的严重破坏，这个数字是完全可以实现的。经过本年的努力，就可增加 40 个团的装备。[①] 而要完成这样一个生产目标，最主要的就是靠黄崖洞兵工厂。为此，必须确保黄崖洞兵工厂的绝对安全。左权与彭德怀经过商量

① 彭德怀致毛泽东的电报，1941 年 1 月 14 日。

后，决定进一步完善黄崖洞兵工厂的防御设施，将其建成真正的打不垮、攻不破的“铜墙铁壁”，同时全面发展兵工厂的生产。具体工作由左权直接负责。

自从总部特务团开进黄崖洞兵工厂后，日军没有再向这里发动进攻。但第三连在保卫兵工厂战斗中的失利，却对全团上下产生了一定的消极影响。一些干部战士情绪低落，认为既然敌人已经把兵工厂烧了，就没有再守的必要了；有人则认为不该让特务团来守兵工厂。左权了解到这一情况后，为鼓舞士气，增强特务团保卫兵工厂的信心，专门来到特务团团部驻地左会村，召开全团排以上干部会议，进行思想动员。

左权首先向特务团的干部解释了“重搞起来”这一口号的来历。他给大家讲述了一段朱德、彭德怀在井冈山时的故事。他说，彭德怀 1928 年率部在平江起义后，将部队带到了井冈山与毛泽东、朱德会合。毛、朱二人代表红四军召开大会，欢迎彭德怀及起义部队的到来。当时讲台是用门板、麻绳连接搭起来的，不是很牢固。大会进行得正热闹，忽然讲台坍了。部队顿时一片哗然，有不少人说那是不祥之兆。朱德马上站起来说，不要紧，台坍了搭起来再干嘛！大家听了后一起鼓掌，又恢复了热烈的情绪，大会继续进行。

左权讲完故事后，接着说道：保卫黄崖洞兵工厂也是这样的，“敌人烧了兵工厂，我们重搞起来，这就是革命，这就是百折不挠的革命精神。只有高度发扬这种精神，中国革命才能取得胜利”[①]。特务团从现在起，正式接受保卫黄崖洞兵工厂的任务，这是彭德怀副总司令的命令，是执行中共中央加紧军工生产任务的需要，也是敌后抗日武装斗争形势的需要。只有使兵工厂安全正常地生产，华北我军才能有源源不断的武器和弹药的补给，才能巩固和发展抗日根据地，才能推动抗日战争胜利的进程。特务团担负保卫黄崖洞兵工厂的任务，不是一般的作战任务，而是一项具有深远意义的政治任务。

为使特务团进一步明确自身的职责所在，左权又代表总部提出了一些具体要求。一是要特务团以黄崖洞为中心构筑环形防御阵地，集中主要兵力重点设防，控制山区制高点、山垭口和要道，纵深、梯次地配置兵力，将来能够独立作战，顽强防御；二是要求特务团各级指挥员在未来的防御作战中能积极主动、冷静沉着地指挥，善于从实际出发分析判断情况，定下决心，正确使用部队，攻必猛，守必稳；三是要特务团发扬我军艰苦奋斗的优良作风和勇于克服困难的革命精神，敢于打恶仗、硬仗，敢于同日本侵略者拼杀，把敌人消灭在我阵地前或阵地内；四是要特务团充分利用有利地形，严密设防，积极防御，凭险据守，达到以少胜多，以劣势装备大量杀伤优势装备之敌，保存自己的目的。

在特务团上下普遍树立起重建兵工厂的信心后，左权又对特务团进行了纪律整顿，以严肃军令。特务团原第三连连长在没有接到命令的情况下，私自放弃南口阵地，从而使日军轻易闯进了兵工厂，这对全团造成了较坏的影响。为此，总

① 何镇浪：《黄崖洞保卫战中的政治工作》，载《黄崖风云》，解放军出版社 1991 年版，第 65 页。

部经过慎重研究，决定将其枪毙，以严肃战场纪律。同时，对负有连带责任的连指导员也要进行审判。为了起到更好的教育作用，总部决定在特务团召开公审大会，让特务团上下讨论一番，以便收集意见，集中起来进行教育。

1941 年 2 月，左权亲自到特务团宣布了总部的决定。特务团公审大会后，左权将大家在讨论中提出的问题作了归纳和整理，随后他和特务团主要领导深入各营、连进行座谈，并有针对性地回答了大家在讨论中反映比较集中的问题，强调了加强战场纪律、严肃军令的重要性。左权对特务团的此次教育整顿，对严肃该团纪律，培养其服从命令的坚定性，起了较好的作用。事后，特务团各连、排、班都写了决心书和保证书，表示坚决服从命令，不管在任何情况下，都坚决遵守战场纪律，坚守阵地。好多战士还在阵地上写下了“人在阵地在”“誓死保卫兵工厂”“把敌人消灭在阵地前”等标语。

左权在加强对特务团的思想教育、纪律整顿的同时，还着手黄崖洞兵工厂防御设施再建的组织准备工作。

为加强对施工的领导，1941 年春，在左权直接主持下，总部于左会成立了黄崖洞兵工厂守备区工事构筑委员会，左权为主任，总部作战科科长王政柱，总部管理科科长朱早观，总部军工部部长刘鼎，总部炮兵团团长武亭，特务团团长欧致富、政治委员郭林祥及黄崖洞兵工厂厂长徐长勋等人为委员，统一组织指挥守备区阵地工事与设施的构筑。经总部研究同意后，左权调集了 1000 人的施工力量，其中特务团 600 人，炮兵团 100 人，第一二九师 300 人，这些人绝大部分都是工兵。左权还指示总部后勤部门抽调出骡马 300 匹，担任运输任务。他要求有关单位加紧准备，以便早日施工。

随后，左权带领特务团连以上干部在黄崖洞及其附近地区勘察地形，划分兵工厂守备区。每到一处，左权便与大家分析研究敌我作战的可能情况，同时边对照地图，边研究防御方向、兵力部署、火力配系及工事布局等问题。守备区划分完成后，左权认真地将有关要素在地图上标绘出来，并在要害处一一作了说明。

当时，左权用的黄崖洞地形图既有比例为五万分之一的整图，也有其他各种比例的分解图。由于地图较多，比例又不统一，使用起来很不方便，也不能准确地反映出各处构筑的工事情况。于是，左权要特务团将五万分之一的地图放大，将所有地图按统一比例绘成一张整图。欧致富随即令人把地图放大成二万五千分之一。当左权看到放大的地图后，仍感到有些美中不足，一些小的工事还不能准确地在地图上体现出来。于是他征求欧致富的意见，能否把地图再扩大成五千分之一。这个比例几乎相当于将黄崖洞防区缩小后全部搬到地图上，原来有些忽略不计的地形、地物都得标出来。欧致富二话没说，马上组织人员再次重绘地图。到 7 月，两张五千分之一的地图绘制完毕，一份被送到总部，一份留在特务团使用。该地图不仅把守备区地形全貌反映了出来，而且将构筑的暗堡、地堡、交通壕、投弹所、障碍物、各级观察所及指挥员的位置、支援路线和防区的范围等，都按地图的规定和统一的标号，全部标了出来。在后来的黄崖洞保卫战中，左权没有亲临阵地，却能够通过电话和电报具体指挥战斗，与其在黄崖山上精心勘察地形和熟悉情况是分不开的，那份五千分之一的地图也起了很重要的作用。

4月中旬，黄崖洞兵工厂防御设施的再建工作全面动工。左权要求全部工事在8月以前完工，并明确规定，谁防守哪个防区谁负责修该防区的工事。在施工过程中，左权多次亲临现场，一边督促检查施工进展情况，一边对重点地段作进一步的深入勘察，并根据现场施工情况对工事构筑方案进行修正，使其更加符合地形的实际和作战的需要。另外，左权还特别交代欧致富，要其根据防区的划分，将预备队拉来演练，并说多练几次没有坏处，待工事全部完工后，全团再来个大演习；各级指挥员对于自己所处的位置，部队的支援路线，转移路线，防区范围都要记得清清楚楚；战士们对工事编号、战斗位置也要熟记。这样，不论什么时候打起来，都不会乱套。

6月20日，是欧致富结婚的大喜日子。当天，左权正组织全团干部在左会垭口进行防御作战演习。直到下午三四点钟，欧致富才将自己结婚的喜事向左权作了报告。左权一听，笑着埋怨说："你为什么不早点报告呢？早点说，我今天调整一下课目就好了。""没关系，"欧致富摸了摸脑袋，"主要是想请参谋长参加我们的婚礼。"左权愉快地接受了邀请。当晚，左权和特务团各营营长、教导员等都去了。大家以白开水代酒，为欧致富夫妇祝福。婚礼正在热闹中进行时，突然枪炮声大作，而且越打越猛。左权一听不对头，马上命令特务团进入战斗状态，并要欧致富派一个连去辽县方向查明情况。一个多小时后，左权接到报告，原来敌人出来抢粮，已被驻在松树坪的兄弟部队赶回辽县了。这样，欧致富的婚礼才得以继续进行下去。

在左权的亲自领导下，在全体施工人员的共同努力下，到6月底，黄崖洞兵工厂防御工事的再建工作基本完成。整个防御阵地成环形防御体系，分为七个守备区。后来，有人在看了当年由左权亲自设计的黄崖洞防御阵地的平面图后，认为左权懂得古代丁甲布阵之法，创造性地运用了《孙子兵法》，整个防御阵地的布局可分为休、生、死、伤等门。当然，这只是后人的一种推测。不过，左权的布阵确实是相当巧妙的。当时防御阵地的具体情况如下：

工事数目与类型：班工事1至2个，排3至4个，连8至10个，全团大小战斗工事合计150多个。工事类型有掩蔽部、轻重机枪和步枪工事、投弹所、观察所、指挥所等。各种工事都充分利用了地形，建有防跳弹泥土墙和射口护板，做到隐蔽与战斗两用，既能保存自己又能发扬火力。战斗工事能内外射击，都连接堑壕、交通壕。左权确定的核心工事称为中央碉堡，是用钢筋混凝土构筑的，建在水窖口。黄崖洞防御阵地，有3个关键部位：南口、桃花寨、左会垭口。无论敌人从其中的哪一个口子突破，都必须经过水窖口。因此左权让施工部队在此构筑了一个核心工事，即中央碉堡，并要求该工事要能藏、能打、能生活。里面建有水池、弹药库、食品库、伤员休息处、厕所等设施，可容纳20余人。在碉堡顶端，用石头砌成一个台阶，上开天洞，作为投掷手榴弹、手雷等的站位。在中央碉堡周围又建了 3 个子碉堡，碉堡前又设了三道鹿砦，其间密布地雷。这三道雷区是通向兵工厂的唯一通道。不管从哪个方向来的敌人，在此都将受到密集火力的杀伤。

兵力部署与阵地编成：左权要求特务团集中主要兵力兵器于左会垭口和南口两个方向，重点扼守山垭口、谷地、通道两侧各制高点。以水窖工厂区为核心，以各防区要点骨干工事为支撑点，形成纵深、多梯次的环形防御体系。特务团以营为单位分区防守，固定兵力，分工负责。组、班有工事，排设阵地，连为防区，营为守备区。连、营、团指挥所、观察所各一至两个。第一营所处位置为第一守备区，负责防守左会垭口（第一连和机枪连）、南山（第二连）、北山（第三连）地区；第二营所处位置为第三、五、六守备区，负责防守榆树坡、1529 高地（第六连）、桃花寨及 1568 高地（第四连）、1605 高地、1580 高地（第五连）；第三营（欠第九连）所处位置为第二、四守备区，负责防守老板山及前、后水窖（第八连）、南口（第七连）地区。团直警卫连配置在黄崖洞村及南沟、西窑峤地区，为直属守备区。团指挥所设在黄崖洞南沟，观察所设在 1588 高地和 2008.5 高地。团预备队除警卫连外，视战斗情况发展临时指定。

特务团各营、连防御地域以地堡、坚固工事、自然山洞为主，结合堑壕、交通壕、投弹所等野战工事，辅以各种障碍物，沿山势组成前哨警戒阵地和前沿第一线阵地、纵深第二线阵地。各阵地之间均以兵力、火力、工事及交通沟衔接联系，以便在战斗中互相支援。各营、连都拟订了作战方案，并根据装备的火器的性能、地形特点和敌人可能的行动，在前沿和纵深内，把班的步枪、手榴弹火力和埋的地雷，排的轻机枪，连的掷弹筒，营的重机枪，团的迫击炮，统一组成低、中、高，远、中、近相结合的严密的火力网，并有射击预案。

防御工事完工后，左权要求特务团各守备区部队根据自己守备区防卫任务，进行实兵演练和埋雷、投弹、射击、刺杀、防毒等技术训练。

当时，由于黄崖洞防区大，特务团兵力不足，武器比较落后，又要独立作战，一些人担心一个团守不住。有的认为，虽然此处地形险要，但比较孤立，且四周都是敌人，担心会被敌人包围在里边出不去；有的认为，凭手中现有武器，只能打游击战、运动战，不能打阵地战。针对特务团指战员思想上存在的上述顾虑，左权并没有板起面孔进行批评，也没有进行生硬的说教，而是以事实来教育大家。他说，特务团有些同志总想打出去，不愿守阵地，认为敌人的炮弹可以摧毁我们的碉堡。其实，我们的工事胸墙有两米厚，而日本山炮弹的侵彻力只有 30 厘米，这是经过科学计算的。敌人六发炮弹打在同一个弹着点上，才能穿 1.8 米的深度，但是要将六发炮弹打在同一个弹着点上，世界上是没有这样的炮手的。他又说，还有少数同志怕敌人四面包围出不去。而实际上黄崖洞除地形险要、工事坚固外，还有充足的准备，还有外围兄弟部队的积极配合，人民群众的大力支援，特务团绝不是孤立的。左权最后说："胜利信心的树立，关键在于转变思想认识，提高政治觉悟。否则，再有险要的地形，再有坚固的工事，也是无法挡住敌人进攻的。”[①]

7 月，特务团根据左权的要求，统一组织各营、连部队进行实地训练演习。首先进行的是单兵技术训练，然后进行了单兵、小组和班、排的战术演习，使大家熟悉战斗动作，明确个人职责，学会组织协同与支援，使班、排都能形成独立作战的集体。另外，特务团还进行了战时政治工作、战场防毒救护和供给保障的演练，使大家进一步熟悉整个作战方案。

8 月，左权又几次到黄崖洞兵工厂亲自组织并观看特务团的战术演习，向特务团解释有关的战术要领和阵地防御作战的指导思想。彭德怀等其他总部首长也在百忙之中抽空来看了特务团的战术演习。彭德怀还以其自身丰富的战斗经验言传身教，对部队进行了具体指导。彭德怀在观看演习时指出，特务团保卫黄崖洞兵工厂，任务既光荣又艰巨；保卫战与运动战、游击战不同，它是积极防御作战，依托工事坚守阵地，以大量杀伤敌人有生力量为目的；保卫兵工厂的有利条件很多，有险要的地形，坚固的防御工事，还有抗日根据地政府、人民群众、民兵的配合；要继续学习技术，熟练战术。最后彭德怀强调，总的原则是积极防御，独立作战，以守为攻，以静制动，敌变我变，克敌制胜。他还特别强调了战场纪律，没有命令任何人不准擅自脱离阵地。[②]

特务团指战员在总部首长的关怀与动员鼓舞下，情绪高昂，纷纷递交请战书、决心书，誓用鲜血和生命保卫兵工厂。特务团领导还根据左权、彭德怀等总部首长的有关指示，向部队进一步讲明了阵地保卫战的指导思想和具体要求，这就是：积极防御，独立作战；重点设防，坚守阵地；积极主动，沉着迎敌；勇敢战斗，互相协同；以守为攻，因地制宜，克敌制胜。

到 8 月底，特务团在完成所有实兵演习和战斗准备工作后下山，进一步进行军、政、文、体各方面的训练，继续巩固与提高部队的战斗力。

正在这时，日军新任华北方面军司令官冈村宁次调集数万之众对晋察冀边区开始了为期两个多月的持续“扫荡”，号称“百万大战”，以示对八路军百团大战的报复。随后日军又对太岳抗日根据地进行了“扫荡”。与此同时，冈村宁次还发动了第二次“治安强化运动”，以配合其“扫荡”。1941 年 3 月，其前任多田骏曾进行了一次“治安强化运动”。其主要内容是所谓的“七分政治、三分军事”，实行政治、经济、军事、文化一体化的“总力战”。在政治上强化反共欺骗宣传，挑拨国共摩擦，加强伪组织和伪政权，推行保甲制度等；在军事上则以“清乡”“蚕食”“扫荡”相配合。其目的是要强化对华北的占领，使华北变成其巩固的殖民地。

日军此次秋季“扫荡”的一个显著特点，就是特别注意寻找并破坏八路军的后方机关。这引起了左权的高度重视。10 月下旬，他在太岳抗日根据地反“扫

---

① 何镇浪：《黄崖洞保卫战中的政治工作》，载《黄崖风云》，解放军出版社 1991 年版，第 68 页。
② 许德厚：《黄崖洞保卫战始末》，载《黄崖风云》，解放军出版社 1991 年版，第 48—49 页。

荡”作战的经验中指出：“凡我供给、卫生及工厂等住过的地方，（日军）均派出大部队坐搜三五天之久，翻箱倒柜地反复搜挖。”[①] 左权将有关情况通报给各抗日根据地，要求各部队做好防范工作。

在组织指挥八路军有关部队进行反“扫荡”作战的同时，左权、彭德怀抽空视察了黄崖洞兵工厂，鼓励工人们努力生产，以实际行动支援部队进行反“扫荡”作战。左权、彭德怀还对特务团进行了战斗动员。他们要特务团做好战斗准备，储备充足的粮食、饮水等生活用品及武器弹药，敌人若敢来犯，要给予坚决打击；必须守住阵地，没有命令不能撤退；阵地失守后，要利用敌人疲劳和死伤等消耗，抓紧有利战机进行阵地前反突击，夺回阵地；广大指战员要机智勇敢，顽强作战，完成保卫兵工厂的光荣任务。

特务团根据左权、彭德怀的指示，立即进行了战前教育和相应的准备工作。当左权得知特务团在筹粮方面遇到了困难时，马上指示总部后勤机关专门拨给特务团一部分现金，购买粮食。特务团用这笔钱很快就购进了充足的粮食，完成了储粮任务。此外，左权还要求总部后勤机关给特务团发三天至五天的白面饼干，作为战备粮。在左权的亲切关怀下，特务团较好地完成了战前的各项准备工作。

在左权和彭德怀的关心与支持下，1941 年黄崖洞兵工厂的生产也得到了较快的发展。除了生产八一式步枪外，工厂还生产了自行研制的五〇炮及其炮弹。早在 1940 年 10 月，彭德怀、左权就指示该厂研制五〇炮及其炮弹。1941 年初，研制获得了成功。彭德怀、左权随即下令将其投入生产。五〇炮是一种适应山地作战的轻型简易火炮，全炮重仅 2.7 公斤，炮管口径 50 毫米，炮长 413 毫米，有效射程 500 米，最大射程 700 米。从 1 月到 11 月，黄崖洞兵工厂共生产五〇炮 800 多门，炮弹 2 万多发[②]。当年，黄崖洞兵工厂的最高月产量为步枪 400 多枝，五〇炮 50 门，炮弹 2000 多发[③]。这批武器运往前线后，有效地增强了八路军的战斗火力。

当时，黄崖洞地区流传着这样一些抗日民歌，充分体现了兵工厂那种火热的战斗生活：

> 工人军人山里人，现在都是一家人。为了打击小东洋，血肉相连亲又亲。
>
> 鬼子来了我出山岗，鬼子溜了我回工厂。挖出机器造枪炮，狠狠打击小东洋。
>
> 大地雷，小地雷，交通要道全布齐。不管鬼子从哪来，踏上都坐土飞机。
>
> 掷弹筒，威力大，鬼子躲，汉奸怕。轰隆一声就开花，炸得强盗回老家。咱们兵工要多造它。
>
> …………

---

① 左权：《敌“扫荡”太岳区及我反“扫荡”之经验》1941 年 10 月 22 日。

② 熊杰：《深山里的水腰兵工厂》，载《黄崖风云》，解放军出版社 1991 年版，第 200 页。

③ 吴东才：《黄崖洞兵工厂》，载《黄崖风云》，解放军出版社 1991 年版，第 192 页。

日军在与八路军的作战中曾夺得少量的由黄崖洞兵工厂生产的八一式步枪、五〇炮等武器。他们在研究后发现，这些武器的性能居然丝毫不比其手中的同种武器差。这就进一步引起了日本侵略者对黄崖洞兵工厂的注意和恐惧。日军通过各种手段加紧搜集有关的情报，并认为黄崖洞兵工厂拥有工人 3000 人，有留洋学生和先进设备，是一个现代化的兵工厂，从而把黄崖洞兵工厂视为眼中钉，肉中刺，叫嚷着一定要除掉这个心腹之患。为此，日寇加紧了对黄崖洞地区的“扫荡”，对其周围的上、下赤峪和槐树坪、南山、北山等村实行野蛮的“三光”政策。1941 年春夏，日军又两次对黄崖洞兵工厂进行试探性进攻，由于当地军民的袭扰和八路军总部特务团的严密防守，敌人只好草草收兵，其破坏兵工厂的计划未能得逞。

三、二保黄崖洞

1941 年 11 月 1 日清晨，初冬的一场雪为太行群峰披上淡淡的银装。左权与彭德怀骑着战马，沿着清漳河畔并辔而行。转过一道河湾，左权、彭德怀等人策马进入一个村庄——中共北方局所在地下南会村。中共中央北方局定于今日在这里举行扩大会议，研究对付日军“治安强化运动”的斗争策略。除彭德怀、左权与会外，罗瑞卿、刘伯承、邓小平等人也出席了会议。

同一天，日军华北方面军司令官冈村宁次宣布在华北开始第三次“治安强化运动”。而在此前的一天，日军第三十六师团及独立混成第四旅团已奉冈村宁次之令，在飞机的掩护之下，出动 7000 余人分南北两路对太行抗日根据地发动了“捕捉奇袭”的“扫荡”，妄图捕歼八路军总部和第一二九师机关，彻底捣毁黄崖洞兵工厂。

11 月 3 日傍晚，从黎城出动的 2000 余日军进至距下南会村 30 里处，彭德怀宣布会议暂告结束。根据得到的情报，彭德怀、左权判断，日军的意图在于合击总部机关，破坏黄崖洞兵工厂。于是彭德怀、左权下令，要总部特务团大部出山迎敌，利用有利地形节节抗击敌人，不让其进攻势头的高峰推到总部机关和兵工厂的门口。彭、左二人同时要第一二九师部队在外线配合，待机破敌。随后，众人离开下南会村。次日，日军即占领了该村，但其对这里发生的事却一无所知。

特务团团长欧致富受领任务后，立即率部出发。刚到黄崖洞以西 20 里左右的上温村，即与日军先头部队交上了火。随后，特务团又与第一二九师部队配合，在五十亩、源泉村一带的山口设伏，袭击日军。5 日，该敌窜向黄崖洞东南的西井镇。当天晚上下半夜，彭德怀直接通过电话向欧致富下达命令。他要特务团所有预备队立即撤进黄崖洞，黄崖洞的守备部队天亮前全部进入阵地，并强调有困难也不许讨价还价。由于近年来彭德怀很少与欧致富直接通电话，再加上这次他连敌情都没有通报，所以欧致富马上感到了情况的严重性。他赶紧叫醒了政治委员郭林祥、参谋长郭双江、政治处主任邹开盛，简单议了一下，便分头传达命令。

不一会儿，彭德怀又亲自来电话追问命令下达完了没有。

欧致富回答说刚下达完毕。

彭德怀这才缓了口气说："对手是日军第三十六师团的精锐，平型关吃了败仗后才改头换面的。人家老想进黄崖洞拣点破烂，就让他进去看看。你说实话，能顶多少天吧？"

欧致富一时猜不透首长的意图，只好表决心式地回答：首长让顶多久就能顶多久。

"你什么时候学会踢足球，又把球给踢回来了！"彭德怀笑着说，"好吧，具体部署由左参谋长告诉你！"

"欧致富同志，冤家对头又碰上了，第三十六师团找上门来啦，你们可要当心！"左权接过彭德怀的电话后说。

欧致富响亮地答道："请首长放心，如果这个冤家还没尝够滋味，就让它再来尝尝吧！"

随后，左权征求欧致富的意见：这一仗特务团先打上五天，怎么样？

欧致富回答说：只要战局需要，十天、半个月、一个月都能顶。

"那倒不必了，兄弟部队也要摊一点嘛，你们团就五天为限，五天后再另作部署。"

接着，左权又对欧致富说，在五天以内，特务团一定要把兵工厂的机器设备、产品和其他物资掩埋好，把工人安全转移走，并随时和总部保持联系。

最后，左权又解释了一下总部的作战意图：既然日军总想进攻黄崖洞，此次外围部队干脆让一条路放其进来，然后特务团在黄崖洞防区里吃上一顿"老虎食"，狠狠地教训它一顿，从中提高我部队的防御作战能力，检验一下我长期经营的防御工事和工程设施。由于此次战斗敌众我寡，敌明我暗，所以左权特别强调部队在作战中要拿捏一个"稳"字，要充分利用有利地形，把敌人咬住拖住以后，猛中求稳，不焦不躁，不惶不恐，不紧不慢，以守为攻，以静制动，以逸待劳。左权将这种战法形象地称为"咬牛筋"。[①] 在时间安排上，左权要特务团先在山口处顶上一两天，挫挫敌人的锐气，在二道防线再顶几天，然后再上高山，待我增援部队赶到后再来个反包围。

对于即将到来的这一战，左权心里还是有底的。武器弹药，特务团装备的和储备的就是打一两个月也足够；粮食、蔬菜、炒米、生面、熟饼，加上过去数次战斗中缴获舍不得吃的压缩饼干，还有干菜、腌菜、窖藏菜，也够特务团吃上十天半个月；特务团老兵成分多，战斗经验丰富，经过几次实地演练，熟悉了地形，也掌握了出击、撤退的路线。因此，只要在指挥上不出现大的失误，打退日军的进攻是完全有把握的。

天亮后，欧致富等特务团主要领导到各营去检查了阵地。各个连队都按时

① 欧致富：《虎踞黄崖》，载《黄崖风云》，解放军出版社 1991 年版，第 23 页。

进入阵地，并做好了战斗准备。下午，左权打电话通知特务团：窜犯西井之敌因在五十亩、南委泉遭我军民不断打击，已于早晨逃回了黎城，敌人的企图尚难判定，但绝不能麻痹大意，要防止敌人搞“奇袭”“逆袭”等新花招。

9 日，退集黎城的日军一下子又集中五千余人，气势汹汹，直奔北面的黄崖洞兵工厂而来。不过日军并没有急着进攻，而是在南口外的赤峪一带紧张地部署兵力。欧致富根据得到的情报判断，日军主攻的方向在南口，并且这次是要“驻剿”，不是过去抓一把就走的“飞行扫荡”。

欧致富将有关情况向左权作了报告，请求指示。左权幽默地说：欢迎日军来碰碰这颗“硬钉子”。同时，他也提醒欧致富，要警惕敌人声东击西，防守西北左会垭口的第一营不要轻易使用。左权还说，根据侦察，敌人配属有 11 门重炮，又调来了几架飞机。他要欧致富通知特务团，充分做好战斗准备，严密警戒，坚守阵地；在敌人进行炮火准备时，部队要注意隐蔽；暗火力点不要过早暴露，待敌人进到阵地跟前再狠狠地杀伤敌人。最后，左权又特别叮嘱欧致富，要其再检查一遍，把工厂没有转移、埋好的物资，没有撤退的人员，迅速转移到指定位置。

欧致富立即把左权的指示通报各营，同时，要求各营一线连队，密切注意敌人的新动向。

左权和彭德怀在部署特务团进行保卫黄崖洞兵工厂准备工作的同时，又急调第三八五旅第十四团赶到辽县桐峪镇武军寺的八路军总部。彭德怀向该团政治委员赵兰田介绍了一下当前的敌情，随后交代了该团的任务：目前是警卫总部，积极配合特务团保卫兵工厂作战，以后视情况参加消灭进入根据地内的敌人。左权则进一步作出了具体的部署：第十四团的主要任务是防守桐峪经方相村和下武南山到东崖底这两条交通要道的口子，防止敌人袭击总部机关驻地；同时以一部兵力堵住东崖底经白寺峤云头底通向麻田的口子，阻止敌人进到东崖底及其以西地区；此外，第十四团还要积极向西井方向活动，注意向辽县方向警戒。如遇前进之敌，则要利用有利地形消灭其有生力量；部队要在 11 日天亮前到达指定位置，部署就绪后要向总部作出文字报告，并随时与总部保持联系；部队进入阵地的同时，要先向东崖底派出侦察警戒部队，尽量接近敌人，牵制与监视其行动，并根据情况主动配合周围部队袭击敌人，支援特务团保卫黄崖洞战斗。赵兰田受领任务后，马上率部出发了。

10 日下午，日军兵力部署完毕，开始稀稀拉拉地试炮，企图用炮弹扫雷。特务团设雷组的战士则与敌人炮弹打起了“游击”，待敌人全面炮击后，又突击埋雷，专等其步兵的到来。

11 日拂晓前，日军几次偷袭南口，均未得逞。天亮后，便对南口发起了强攻。一阵猛烈的炮击后，日军步兵发起了冲锋。此时狂风大作，雨雪交加，山路一会儿便泥泞不堪。不过，日军并没有因此停止进攻，仍在慢慢往前挪动。在其进攻队形的前面，有百余只羊。日军本欲以羊来“蹚雷”开路，岂知特务团的战士们在这一路埋的是大踏雷，人踩马踏才会响。羊蹄小脚轻，除偶尔踩响几个雷外，雷区安然无事。日军似乎放了心，300 多名步兵紧跟着羊群后头，端着枪向山垭涌来，准备一举突进垭口。到了山口前，日军由一路变两路，两路变四路，企图分头夺取各个目标。

突然间，一颗颗滚雷从天而降，特务团第三营第七连前沿各机枪阵地也猛烈开火。山口前的羊群顿时四散逃命，日军也乱作一团：躲过头顶滚雷，脚底又踩上了踏雷；工兵要起地雷，又被垭口两侧地堡的机枪扫倒。进攻的敌人吓得只好趴在地上，窝在一堆挨打。其指挥官见状，慌忙下令撤退。趴在地上的敌人只能像乌龟那样，一步两挪，慢慢爬出了雷区。

当左权接到报告，日军第一次冲锋被打退，在阵地前横七竖八地丢下了 200 多具尸体，而特务团无一伤亡时，他非常高兴，随即向彭德怀报告了喜讯。

一小时后，吃够了滚雷苦头的日军又开始炮击，并将目标锁定在山口边第七连的阵地，妄图削弱我“天女散花”的威力。有两门山炮，竟斗胆在离垭口 2000 多米处抵近射击。炮火未停，日军的机枪又响起，压向第七连的阵地。日军步兵凭着强大的火力压制开始了第二次冲锋，并不顾一切地向山垭口奔来。此时，第七连垭口左侧的地堡已被日军的炮火削去一角，机枪手被碎石压在下面，昏了过去。第七连的阵地被日军的火力压得没有还击的机会。

欧致富在观察所里见日军的那两门山炮太欺负人，便通知炮兵排，准备将其干掉。当时，全团只有 2 门炮、12 发炮弹，打一发都得经总部批准。欧致富打电话请示左权。没想到，左权回答得非常干脆：12 发全打完，三四发打敌炮阵地，其余的打敌人集团目标。

随着欧致富的一声令下，两发炮弹准确地落在敌人山炮阵地，一下子连人带炮给掀翻了。炮排战士瞄了半天，这下才出了气。剩下的炮弹也准确地落到敌群里，炸倒了好几十人。第七连阵地一下子又活跃起来。连长冀如明带着通信员王世华和年仅 17 岁的司号员崔振芳，从掩体里钻出来，到阵地突出部陡崖上的投弹所里，猛往下扔手榴弹。小崔一口气将投弹所里两箱手榴弹全部打完，炸死日军四五十名。欧致富得知此事后，立即报请总部授予他战斗英雄称号。可惜当总部批下来时，他已牺牲了。

经过两次激烈反击，第七连前沿阵地上的火力点已基本暴露。日军步兵进攻失利后，就用强大的炮火进行报复。然而，由于左权组织构筑的防御工事结构非常巧妙，不用说平射炮不好打，就是曲射炮对它也基本不起作用。不过有几条电话线倒是被炸断了，特务团指挥所与第三营的电话联系中断了。欧致富于是带着警卫员，冒着敌人的炮火，到第三营去了解情况。

正当欧致富和营长涂玉山在前沿阵地观察敌情时，其周围突然落下七八发炮弹。一团黄烟顺风卷来，一股怪味直呛鼻子。

“毒气！”

欧致富马上命令涂营长通知前沿各连队，立即戴上防毒面具，没有的用湿毛巾捂住鼻子……话没说完，便昏了过去。

左权接到日军施放毒气的报告后，指示立即抢救中毒人员。左权深知敌人失败得越惨重，报复得越疯狂。在华北战场上，日军经常在战斗的紧要关头施放毒气，以此来削弱八路军的战斗力。左权看了看地图，第六连占据着榆树坡方向的有利地形，能以侧射火力支援第七连，第八连依然占领着断桥阵地，敌人一时还不至于突破防线。问题是指挥员要准确地把握部队的战斗情绪。攻击精神过于旺盛，是八路军战士的一个特点，尤其在敌人过于疯狂的时候，往往容易以勇猛代替理智，以致遭受一些不必要的牺牲。如果部队脱离阵地出击，很容易被敌人分割兵力，这样，阵地会遭到孤立，防线就容易被突破。经过分析后，左权果断命令特务团，要第六连以侧击火力支援南口第七连阵地，同时要第七连加紧补充前沿阵地的人员和武器弹药，抢修工事，准备迎接敌人新的进攻。

经过卫生员的紧急抢救，欧致富醒了过来。此时，前沿部队已打退了敌人的两次进攻。涂营长中毒较轻，一直戴着防毒面具指挥作战。他把战斗的情况简要地向欧致富作了汇报。

左权得知欧致富醒过来后，马上把电话打到第三营指挥所。涂营长拿起电话，一听是左权的声音，赶紧将电话交给欧致富。

“欧致富吗？我是左权，你现在能不能坚持？”左权关切地问道。

欧致富打起精神答道：“是我，首长，能坚持！”

“要是实在不行……”左权仍有些不放心。

没等左权说完，欧致富赶紧接上去说：“根本没有‘实在不行’的说法。”他知道，左权的意思是要送他到后方医院去。

“说实在的，冲锋不行，指挥行。我只感觉腿发软！”

欧致富的话把左权逗笑了。左权最后同意欧致富继续指挥战斗，但他强调说，越在紧急关头，越要沉住气，一定要坚持以静制动的战术原则，坚守勿出，待机歼敌！

左权对欧致富安慰了一番后，又提醒说，天快黑了，敌人会报复一阵子，好掩护他们的殡仪队收尸，要掌握好部队的情况。

左权的分析一点不错。日军施放毒气后，特务团有些干部战士沉不住气了，嚷着要主动出击，和敌人硬拼厮杀。若是这样，便正中敌人的下怀。欧致富按照左权的指示，耐心地说服了少数有急躁情绪的干部和战士，要其沉着应战。这样，第七连指战员又接连打退了日军的几次进攻。

17 时左右，日军的各种火炮、机枪一个劲地往特务团前沿阵地打来，大群的敌人趁着火力掩护向南口山垭冲来。每人手上拿着几条绳索，见着尸体就猛甩绳圈来套，套住腿拖腿，套住头拖头。没死的重伤兵，被拖得直扑腾。

前沿陡崖阵地上的特务团的战士们看清了日军的意图后，索性凑上一份热闹，冒着敌人炮火的袭击，将滚雷、手榴弹都扔下崖去，把前来拖尸体的敌人又炸倒了几十个。剩下的人连头也不敢回，不管拖的是死是活，拽起绳子就拼命往回跑。

深夜，左权给欧致富打来电话，表扬了前沿阵地的几个连队，说他们打得勇猛顽强，打出了八路军的威风，希望他们在战斗间隙不断总结经验，以利再战。接着，左权又通报了敌情：敌人从山外抓了一百多个民夫，一百多头骡子，估计一是抢运尸体，二是逼老百姓蹚雷。左权要欧致富通知前沿连队，不要在山口外埋地雷了。

次日凌晨三四点钟，日军果然用枪逼着民夫来收尸。几个胆大的民夫，一边走一边喊着："八路军，我们是老百姓，是被逼来收尸的，不要开枪，千万不要开枪！"在前沿阵地的冀连长请示欧致富如何处理。欧致富根据左权的指示，命令前沿连队加强崖边沟沿警戒，尸体由他们收，向他们喊话，谁想爬过我们这边的沟沿，统统不客气！其实，要爬上这两三丈高的沟壁谈何容易。前沿连队一枪未发，敌人也没收走多少尸体，天一亮，便全退走了。

12日早晨，日军既不打炮，也不放枪，战地沉寂了。上午9时，团观察所报告说，日军指挥官在上赤峪、赵姑村一带向桃花寨反复观察，其部队正在那里构筑新工事，可能是选择新的攻击方向。侦察员回来报告说，日军封锁很严，没有得到具体情报，只知道昨天进攻失利的部队已撤了下去，换上了所谓擅长山地战的部队。他们还捡到了几张写着"皇军是钢，八路军是铁，钢比铁硬"等不伦不类的标语。过了一会儿，前沿连队报告，日军指挥官从几个角度观察南口左侧的跑马站、桃花寨。这些迹象表明，日军要选最险的地方做突破口了。

欧致富马上将情况报告了左权。左权指示：充分准备，待机行动，以变应变。

13日拂晓，日军集中十余门火炮，向着桃花寨跑马站1461高地和高地后边大断崖上第四连的工事开始猛烈炮击。炮火刚停，第四连阵地前沿马上响起枪声。欧致富急忙打电话询问是怎么回事。原来几十个日军在夜间偷偷地爬上了大断崖，第四连第一排阵地被突破，副排长陈启富正率领两个班的战士进行反击。此时，陈启富身上已三处受伤。两个班18名战士，这一阵工夫，只剩下7人未负伤。控制着崖边的两座地堡、一个山洞，也先后被日军炮火轰垮，不能再用。陈启富见势不妙，忍着伤痛，带领7名战士，披挂满身手榴弹，避过敌人的炮火，猛往崖沿甩手榴弹，往崖下推滚雷，敌人进攻的气焰一下子被压住了。

此时，总部指挥所里的左权正伏在地图前，密切地关注着战斗的进展情况。从战斗一打响，左权就昼夜守在地图边，根据各方面来的电报、电话，分析、研究敌情，判断敌人的动向和阴谋，尔后通过电话、电报与特务团联系，指挥战斗。早在组织构筑工事时，左权就坚持亲自实地勘察，并逐个给工事编了序号，这会儿都用上了。敌人到了几号工事前，哪个地方来了多少敌人，他在指挥部的地图上标好，情况掌握得一清二楚。

随着一声"报告"，值班参谋送来了一份电报。左权接过一看，不禁吃了一惊，日军正向桃花寨组织力量进攻，已攻上了断崖。左权放下电报后，立刻从地图上找到特务团第四连前沿阵地，然后口头向值班参谋下达命令：特务团在南口右侧留少数守备队，每个重要工事留两个人，其余的人集中起来作预备队用；要以跑马站为重点防区，注意以变应变；通知徐厂长，组织的工人自卫队准备战斗，让工厂里会说日语的工人向鬼子喊话；最后，通知我第三八五、第三八六旅火速向黄崖洞靠拢，接近敌人后，可派小部队与其接触，将主力隐蔽起来，待机歼敌。

值班参谋迅速在本子上记下左权的命令，然后将记录本交给左权过目签字。左权签字后，要话务员接通特务团的电话。左权在电话里提醒欧致富，要沉着，要待机行动，以变应变，并说详细步骤已由电报下达。

欧致富接到电报后，马上调整部署，令参谋长郭双江带领第四连第二、第三排和第七连进行反击。经过英勇奋战，特务团的指战员又恢复了第四连的前沿阵地。但有少数敌人爬到跑马站高地石崖缝里躲了起来，当时未能发现。过了一段时间后，敌人又组织起新的进攻。

这时，欧致富来到了第二营的指挥所。经过观察，欧致富认为日军从最难最险的地方下手，主要是想争夺跑马站山下的沟，借路进攻兵工厂所在的水窖洞。于是他把情况向左权作了汇报，并建议给敌人让出一条路，守备部队都撤到山上，在“一线天”沟底布雷，然后两边火力夹击，把敌人消灭在沟底。左权对着地图思考了一会儿，最后同意欧致富的建议。

特务团的这一招果然奏效。日军打了一上午，零零星星被消灭好几十人，才推进 200 多米。即便如此，日军也颇为得意。他们一面催促后面的人迅速跟着攀崖，巩固刚占领的地段，一面从右侧攻下沟来，企图一举攻占水窖洞的洞口。开始，日军急于占领洞口，多路攻击前进，结果踩响了好多地雷。为减少伤亡，他们又改成一路进攻。这样一来，便陷入了特务团左侧高地和水窖洞口右侧崖上两翼火力的夹击之中。日军是躲不开又逃不掉。整整一个下午，突进到沟底的 200 多人，还未接近水窖口的核心工事，就悉数被歼。

日军吃了八路军侧射火力的亏，14 日便改攻特务团第二营桃花寨西山及 1568 高地，企图消除侧翼的火力威胁。但战斗一开始，敌人的进攻就被特务团第四连第二排的战士顶住了。战士们一会儿用手榴弹砸向敌人，一会儿又与敌人在雪地里展开白刃格斗。整个上午，战斗都处于胶着状态。欧致富担心部队伤亡过大，命令第二排撤到连主要阵地。日军占了特务团第四连第二排阵地后，稍加巩固，便向水窖洞口阵地猛攻。不过，此时敌人已是强弩之末，攻到傍晚便没了后劲，草草收兵。

15 日，日军加强了兵力和火力，分兵两路围攻特务团第八连防守的水窖工厂区。战斗出现了四天以来最激烈的场面：弹若飞蝗，炮似连珠，爆炸声不绝于耳，黄崖洞上硝烟迷漫，直搅得天昏地暗。第八连指战员以一当十，以十当百，打退了敌人的数次进攻，守住了南口到断桥的通道和水窖口的阵地。

欧致富一边指挥战斗，一边将情况向总部作了报告。彭德怀指示，敌人无非想“参观”一下兵工厂，机器搬完了，就让他们爬进去参观好了。左权在电话里问欧致富，五天时间已经到了，能否再坚持。欧致富很有信心地回答说还能坚持五天。

“我知道你这个欧致富，不但能守一个五天，两个五天，甚至三个五天，”左权高兴地说："可是，现在不必了。我们的外援部队即将赶到，你们把敌人再拴它个三四天就足够了。你们一定要以静制动，晚上把所有部队撤到第二线。既要诱敌深入，又要顽强防守。"接着他又鼓励说，特务团打得很顽强，要再接再厉，继续有效地阻击敌人，扩大战果。

天一黑，欧致富按照左权指示调整了部署。第七、第八连除坚守阵地的外，其他人员乘夜暗在通往水窖口的路上及敌人的退路上密集埋雷，随后撤到第二线。这样一来，战局又活了，特务团又可以居高临下作战了。

16日一整天，敌人还是被拦阻在水窖洞口，进不了工厂区。恼羞成怒的日军使用了火焰喷射器，水窖口阵地顿时烈焰腾腾。坚守在此的第八连王振喜等12名战士猝不及防，全部壮烈牺牲。晚上，欧致富向左权报告，兵工厂机器设备已转移完毕，只剩下一个大锅炉无法转移，请求指示。左权想了一会儿，然后要欧致富派人把工厂的所有厂房全部炸毁，特别是那座锅炉房，把石头炸塌后，在其周围埋上地雷，并做好标记。左权交代，这样做是为了给敌人以兵工厂已被其炮弹炸毁的假象，保护锅炉，防止敌人的破坏。特务团的战士们执行完此项任务后，主动撤离水窖口和断桥南口阵地，并将敌人占领的水窖口主阵地全部用地雷封锁起来。

至此，仗已打了6天，可是日军连兵工厂是什么样子都还不曾见到。一个小小的黄崖洞，让骄横不可一世的"皇军"吃尽了苦头，也丢尽了颜面。而一些喜欢猎奇、好提前"制造"新闻的日本记者，已经在东京的电台上开始鼓吹"皇军"的胜利了。这一下弄得进攻黄崖洞的日军十分被动，就连第三十六师团师团长舞传男也坐立不安，一个劲地骂手下蠢笨无能。他还给进攻部队的几个主要指挥官下了死令，两天内必须攻下黄崖洞，否则要其以死来谢罪。

17日，日军再次向水窖洞口发起了猛烈的攻击。在遭到特务团顽强火力阻击后，又有一部分日军改攻特务团第二营第五连防守的1650高地，企图迂回控制整个黄崖洞，但这一阴谋未能得逞。不过，最终有一小股日军闯进了工厂区。但是，他们所见到的却是这样一种场景：十几座厂房倒塌在一片碎石瓦砾之中，这里一个人都没有，不要说机器，就连带有兵工厂标志的一个螺丝钉都看不到。这就是东京新闻大吹大擂的现代化的、有三千工人的八路军的兵工厂吗？这就是能生产与日本"三八"大盖相媲美的中国式步枪、五〇炮及令其防不胜防的各种地雷的八路军的"掌上明珠"吗？日本人想不通，也弄不懂，中国人究竟是如何在这样一个地方生产出各种武器弹药来的。愣了一阵之后，敌人开始歇斯底里地乱翻乱炸，因为他们无法接受这样一个事实，他们要找出点证据，证明他们确实占领了八路军最大的兵工厂。几十个敌人在工厂区折腾了半天，一无所获，反而引爆了埋在里面的各种地雷。轰隆隆的爆炸声，是特务团战士欢迎"皇军"大驾光临的"礼炮"。敌人此时斗志全无，挨了子弹也不敢恋战，更顾不上找什么机器，一个个只好胆战心惊地贴崖站着或蹲着，等待援军的到来，就连咳嗽都不敢，生怕一出声就会从哪里莫名其妙地再掉下来一个地雷。

晚上，左权又打电话询问特务团的伤亡情况。在得知伤亡总数不足 200 人时，左权非常高兴。他告诉欧致富：特务团已经打垮了日军一个联队，使其丧失了战斗力。前天开始，敌人又换了一个联队进攻；日军电台现在正大吹大擂，说捣毁了八路军的黄崖洞兵工厂，歼灭我特务团近千人。根据这个动向，敌人可能要挖几台机器作证据，也可能攻一下左会垭口的阵地，以显示其“胜利”；目前，我第一二九师部队已经进入埋伏地区。最后，左权要特务团再咬咬“牛筋”，进一步扩大战果，让日军的这个联队也抽筋断骨。

欧致富根据左权的指示，命令第二营坚守 1580 高地及其以北地区，阻止敌人的进攻；第三营部署在老板山地区，继续对敌人零敲碎打，阻止其搜找机器，并视情况支援第一营作战；第一营仍坚守左会垭口，一经接敌，要以强大的火力压垮敌人。

18 日，日军在飞机的掩护下，分三路向特务团第一营防守的左会垭口、南山、北山阵地发起了攻击。第一营指战员几经恶战，打垮了日军数次疯狂的进攻。坚守在南山 2008.5 高地的第二连第一排的勇士们英勇顽强，与敌展开了激烈的白刃格斗。其中有三位勇士把敌人引到了山顶的绝路上，当敌人逼近时，他们投出最后一枚手榴弹，纵身跳下悬崖，壮烈牺牲。这是继“狼牙山五壮士”之后，出现的又一气吞山河的壮举。

当日深夜，左权打电话告诉欧致富，日军已发现山外有我重兵埋伏，可能要连夜逃走。他要特务团抓住战机，不断夜袭，逐步恢复阵地。

欧致富依令行事。但大部分残敌在此之前都偷偷从原路溜走了。只有在桃花寨上面担负掩护任务的敌人，由于被特务团第四连第一排给粘住了，还未来得及撤退。最后，这股敌人在特务团其他部队的反击下，一部被消灭，其余也趁机溜了。

至 19 日晨，特务团恢复了所有守备区。后又遵照左权命令，一部出山追击。可是追了十多里路，连敌人的影子也没见到。此时，沿途逃难的老乡们已纷纷下山回村，一位村干部主动找到欧致富报告喜讯，说前面第一二九师部队已干掉敌人五百多人，大家正在组织抬战利品呢！

原来，日军逃出黄崖洞后，在三十亩、曹庄一带陷入第一二九师部队的埋伏圈。惊慌失措的日军无心恋战，在伤亡 500 多人后，便抱头鼠窜。左权下令乘胜追击，日军被迫于 20 日夜退出黎城。其原定一个月的“扫荡”计划就此被粉碎。

在黄崖洞保卫战中，特务团的指战员历经艰险，浴血奋战八昼夜，终于取得了战斗的最后胜利。战斗结束后，战士们高兴得像过年过节一样，有的背上了三八大盖枪，有的扛上歪把子机枪，有的还穿上了日本兵皮靴，腰里挂着一个日本兵饭盒。大家尽情地蹦着跳着。

11 月 22 日，八路军总部公布了黄崖洞保卫战的战果。此次战斗，在左权的直接指挥下，八路军总部特务团以 1300 人的部队，抗击了 5000 多敌人的进攻，歼敌近千人，我方伤亡 166 人（其中牺牲 40 余人），敌我伤亡比例六比一，战绩辉煌。此次战斗，“开中日战况上敌我伤亡对比空前未有之记录”。[①] 但是，冈村宁次在此次战斗后给日本陆军省和参谋本部发的电报中却说：“黄烟（崖）洞是个被险峻山岳所围绕的谷底小村庄，早就是第十八集团军的武器补充据点。设有兵工厂、地下作业场、仓库等，从正太路方面运进钢材，制造补给武器弹药。第三十六师团早拟攻占黄烟洞，曾数次试行进攻，但都未能成功。1941 年 11 月 11 日，在步兵第二百二十二联队长葛目直幸大佐指挥下，以混成步兵三个大队为主力，采取攻坚战术进行猛攻，于 17 日将其攻陷（共军守备兵力约 1 个营）。我方虽付出相当大的牺牲，但摧毁了根据地设施，缴获了很多生产器材和武器。”[②] 东京的广播电台更是大肆宣扬说，日军扫荡黄崖洞，击毙八路军 2000 余人，破坏大小地窖 16 处、工厂 7 处，缴获无数。还说，八路军在晋冀豫之中心根据地为日军完全占领，给了共产党以极大打击。

对此，八路军总部发言人指出：造谣欺骗，邀功报捷，藉故虚张，系日寇惯伎，实不值一驳。黄崖洞保卫战铁的事实，足以粉碎其荒谬宣传。随即《解放日报》连续刊登了黄崖洞大捷经过，并公布了敌我伤亡数字和我方缴获，以正视听。

11 月 24 日，左权和彭德怀向中共中央军委报告了最近两三个月华北兵工机关的损失情形。在谈到黄崖洞兵工厂时，左权和彭德怀指出，该厂旬内即可部分复工，三个月内可完全恢复元气。他们还在报告中分析了黄崖洞兵工厂损失不大的原因：一是有预先反“扫荡”的充分准备；二是懂得埋藏技术，地雷布置巧妙；三是守备部队利用坚固工事与险峻地形奋力保护；四是民众工作深入，当敌人攻进兵工厂守备区时曾捉到民众数名，因不肯告密，有数人被杀。

11 月底，左权来到特务团驻地洪水镇苏峪沟，热烈祝贺和亲切慰问特务团的全体指战员，并代表总部为特务团召开了庆功总结大会。在会上，左权宣读了朱德、彭德怀给全团指战员的贺电，并宣读了八路军总部授予特务团“执行命令的模范”及“黄崖洞保卫战英雄团”光荣称号的命令，同时授予特务团“保卫水窖立战功”锦旗一面。

表彰仪式结束后，左权对这次战斗进行了总结。他高兴地说，这次黄崖洞保卫战打了八昼夜，打得很好，特务团最终以敌我伤亡六比一的战绩，创造了以少胜多、以弱胜强的范例，确保了兵工厂的人员和机器设备的安全，圆满完成了总部赋予的光荣任务，立了大功。特务团的干部战士有着高度的政治觉悟，有顽强的战斗作风，执行命令坚决，是全军执行命令的模范。左权还说，这次战斗的胜利，意义是多方面的：一是保住了兵工厂人员、机器、材料的安全；二是消灭了敌人的有生力量，狠狠打击了日军的嚣张气焰；三是锻炼了部队，提高了战斗力；四是粉碎了敌人的“扫荡”，振奋了根据地军民的抗日斗志，坚定了抗战胜

---

①《黄崖洞大捷经过》,《解放日报》1941 年 12 月 6 日。

② 日本防卫厅战史室编：《华北治安战》（下），天津市政协编译组译，天津人民出版社 1982 年版，第 20 页。

利的信心；五是积累了坚守阵地防御、大量歼灭敌人的作战经验。左权同时也指出了战斗中存在的失误，主要是对敌人进攻方向的判断不够准确，战斗中兵力、火力相互支援不够，夜间反击敌人不够有力。他要求特务团通过总结经验，汲取教训，再接再厉，保持和发扬黄崖洞保卫战的优良传统和战斗作风，加速提高部队的战斗力，和全国人民一道去夺取抗日战争的胜利。①

关于这次战斗，左权随后在给妻子刘志兰的信中这样写道："不久前敌人向本区的扫荡仅廿二天就结束了，且尽（仅）是本区的一角，水窖的保卫战打了八天八夜，距我住地尽（仅）一二十里远，我们始终未动。不少人替我们担心事，但也安然的过去了。在那八天八夜的战斗中，虽把我今年来费了一部（分）精力与时间搞起来的防御工作（事）打毁了一些，水腰（窖）被他打进去了，工厂又被他烧了，但确给了敌人以极大牺牲，总算是不是白费精力。"②

中央军委在《一九四一年战役综合研究》中指出，黄崖洞战斗为 1941 年以来在各地历次反"扫荡"中"最成功的一次"，"不仅我受到损失少，同时给了敌人数倍杀伤，应作为一九四一年以来反'扫荡'的模范战斗"。

1942 年，黎城县政府在黄崖洞建立了烈士纪念碑，其正面镌刻着黄崖洞保卫战的经过，背面则刻着在此次战斗中英勇牺牲的 40 余位烈士的英名。1971 年，黎城县政府又对纪念碑进行了整修，并在碑前立了一座两丈多高的纪念塔，上面写着："革命烈士永垂不朽！"1980 年，黄崖洞兵工厂及其防御工事开始小规模整修。1985 年，黄崖洞正式辟为旅游区，向游人开放。为了缅怀左权和当年曾在这里战斗过的英雄们，教育后人，当地人民又在这里修建了纪念牌楼，邓小平亲自为牌楼题写了三个大字："黄崖洞"。

---

① 许德厚：《黄崖洞保卫战始末》，载《黄崖风云》，解放军出版社 1991 年版，第 57 页。

② 左权给夫人刘志兰的信，1941 年 12 月 18 日。

第十六章　携手渡难关

一、“坚决执行精兵政策”

黄崖洞保卫战的胜利，为即将过去的1941年画上一个句号。时值年终岁尾，人们不由得稍稍松了口气，而对于左权来说，却似乎比平时更加忙碌。

这时候，国际形势发生了新的变化。

1941年12月8日凌晨，日本海军联合舰队偷袭美国在太平洋的主要海军基地珍珠港，对英、美等国的太平洋属地发动进攻。同日，英、美对日本宣战，太平洋战争爆发。美国与德国、意大利之间也相互宣战。第二天，中国国民政府在中日战争进行四年多以后正式对日本宣战，同时对德、意宣战。从此，已坚持多年的中国抗日战争同世界人民的反法西斯战争更加紧密地联系起来。

尽管身居太行山深处，左权却敏锐地预见到，国际形势的新变化将给予中国抗战以重大的影响，而华北敌后的严重局面并没有过去，任何盲目乐观和凭空幻想的人必然会犯错误，也必然会在日军获得某些胜利的时候而悲观失望。他这样写道：“日美战争爆发了，世界侵略与反侵略阵线更为明朗无疑。敌寇必葬身于这一大战之中。在华北在未把敌人打出去以前，我们并不作过多的乐观的估计，严重的局势、严重的困难仍然存在着。”①

的确，中国共产党和它领导的敌后抗日根据地军民依然面临着严峻局面，特别是华北抗日根据地正处于空前残酷的对敌斗争之中。从1941年开始，日军为巩固其占领区，推行所谓“总力战”，加紧对华北抗日根据地进行连续的“扫荡”“蚕食”“治安强化运动”，并采取灭绝人性的“三光”政策，制造无人区，使根据地人畜不留，庐舍为墟。其规模一次比一次扩大，手法一次比一次毒辣。与此同时，严重的自然灾害也无情地袭来。自秋季以来，华北各地旱灾肆虐，蝗灾蔓延，不少地区还流行霍乱、疟疾等疫病，生产力遭到严重破坏，根据地人口急剧减少，军民生活极端困难。

能不能渡过这个难关，怎样渡过难关？一个关系到能否坚持敌后抗战，取得最后胜利的关键性问题，摆在左权和全体抗日军民的面前。

---

① 左太北主编：《左权将军家书》，解放军出版社2002年版，第37页。

中共中央和中央军委早就预料到这一情况的出现，并在太平洋战争爆发前后，针对国内外局势的新变化和抗日根据地面临的严重困难局面，先后明确指出："敌寇对我抗日根据地的残酷'扫荡'，我军人力、物力、财力及地区之消耗，使敌后抗日根据地的敌我斗争，进入新的更激烈的阶段。""在这一新阶段中，我根据地的军事建设，必须适合新的客观环境。"敌后抗战的"总的方针应当仍旧是长期坚持游击战争，准备将来的反攻。"为此，要利用时机休整兵力，恢复元气，加强对日伪军的政治攻势，实行精兵简政，加强干部训练。全党全军要"咬紧牙关，渡过今后两年最困难的斗争"。1942 年敌后抗战的"中心任务在于积蓄力量，恢复元气，巩固内部，巩固党政军民"[①]。中共中央、中央军委的指示，对敌后抗日军民战胜严重困难，坚持持久抗战，起了重要的指导作用。

严重的困难并没有吓倒左权。他对形势有着清醒的认识，同时对抗战也充满着必胜的信心。

1942 年新年伊始，左权在《新华日报》（华北版）上撰文指出：太平洋战争爆发，对于中国抗战是有利的。但这不是说，抗日战争特别是敌后抗战，就可和缓下去，可以高枕无忧，坐待胜利。必须知道，就是日寇南侵，他的亡华既定方针也是不会变的。同时又必须了解，日寇为解决其南进冒险战争的困难，必定加强对敌后的人力、物力、财力的掠夺与榨取，以解决其资源之困难。日军为实现其"确实掌握占领区"的目的，必将采用更残酷更毒辣的阴谋，推行所谓"三分军事，七分政治"的"总力战"的新方针和"治安强化"等一套手段；对抗日根据地的军事"扫荡"、经济封锁和特务破坏活动必更加剧起来。因此，必须警惕盲目乐观和"悲观失望"两种错误情绪的存在，防止"一切苟安与懈怠心理之产生"。左权在文章最后号召"华北全体军民必须继续四年多来坚持华北英勇抗战的精神，继续地坚持华北抗战，战胜与克服一切艰难困苦，踏过这一艰难困苦的阶段，走上胜利的坦途"[②]。

新年期间，在八路军总部驻地辽县麻田镇武军寺一带，虽然不像延安那样演大戏、扭秧歌、敲锣打鼓、张灯结彩，但偏僻的太行山巅还是难得热闹了几天。1 月 5 日，在北风凛冽、黄沙飞扬的恶劣天气中，八路军总部机关及直属队于武军寺西面的桐峪镇召开盛况空前的运动大会。总司令部、野战政治部、供给部、卫生部、特务团、修械所 6 个单位的 500 余名男女健儿参加大会。尽管器材短缺、场地有限，组织者还是因陋就简，设置了田赛、径赛和球类比赛等许多项目。比赛中，干部、战士精神百倍，奋力角逐，其顽强斗志，丝毫不亚于攻城夺寨。一连六天，场上气氛始终有声有色、热火朝天。其间，左权、罗瑞卿、刘伯承、邓小平和抗日军政大学副校长滕代远、中共晋冀豫区党委书记李雪峰等也赶来助兴。诚如开幕式上主持人所言："严冬季节，本不宜于举行运动大会，

① 中央档案馆编：《中共中央文件选集》第 13 册，中共中央党校出版社 1991 年版，第 212 页。
② 左权：《向胜利之途迈进》，《新华日报》（华北版）1942 年 1 月 1 日。

但我们能在风寒中进行各项运动比赛，这正表现出八路军的顽强性和布尔什维克的伟大精神。”①

左权深入农舍调查研究

人们常说，精神的力量是无穷的。在那生活极端艰难困苦的年代，抗日根据地军民的精神世界却是那样多彩富有，精神状态是那样蓬勃向上，斗争意志是那样坚忍顽强。正是凭着共产党人所特有的这种精神，在1941年底至1942年春这段时间里，遵照中共中央和中央军委的指示，结合八路军和华北敌后抗日根据地的实际情况，左权尽心尽力地协助彭德怀副总司令，领导部队进行艰苦卓绝的斗争，坚决贯彻执行精兵政策，大力加强部队军事建设，咬紧牙关，迎接挑战。

精兵政策，是中共中央军委于1941年11月提出的，至12月中共中央提出精兵简政后，就成为这项“极其重要的政策”的组成部分。其中心点在于充分估量根据地对抗日军队的负担能力，在人力、物力的限制及运动战的可能绝对减少的情况下，提高全军广大指战员政治军事技术的质量，以支持长期战争，又有利于将来反攻。

全国抗战以来，八路军在开展抗日游击战争、创建抗日根据地和发展壮大部队等方面取得重大成果，但也逐渐出现了机关臃肿，部队庞大，行动困难，指挥不便的现象。这样，便产生了两个亟待解决的矛盾：一是由于物质条件恶劣，根据地的生产力状况与所能养活的军队之间，产生了水小鱼大、兵多难养的矛盾；二是庞大的军事机构行动困难，指挥不便，愈益不能适应敌后作战的复杂环境。尤其是百团大战后，战斗部队严重减员却得不到及时的补充，各级机关的臃肿重叠，显得格外突出。

就拿太行区来说，这里是华北敌后抗日根据地中领导机关最集中的地区，不仅有晋冀鲁豫边区党政军领导机关——中共晋冀豫区党委、晋冀鲁豫边区政府和边区参议会及其直属单位、八路军第一二九师师部及直属部队，而且有领导和指挥整个华北抗日战争的中共中央北方局、八路军前方总部及其直属机关。随着对敌斗争的深入发展，各种机构不断扩大，非生产人员也随之不断增加。当时，太行区共有人口180万人（包括根据地和游击区），而驻扎此区的部队就有4万人，再加上地方脱产干部2万余人，人民负担相当沉重。

针对这种状况，早在1941年1月，八路军总部和第一二九师的后勤各部门

---

①《新华日报》（华北版）1942年1月8日。

就在彻底清理经费、物资账目，总结工作的基础上，采取对口原则实施了合并。当中共中央军委提出精兵政策以后，八路军总部立即积极响应，并确定把实行精兵政策，作为 1942 年度的中心任务之一。

经过认真研究，左权和彭德怀共同制定了关于在华北新形势下驻晋冀鲁豫边区部队紧缩编制的意见，于 1941 年 12 月 19 日呈报中央军委批示，同时电示八路军各师、军区和纵队首长，以此作为各地进行精简整编的参考。该电指出："根据目前边区情况与我部的具体情形，甚感纵队和军区的组织有重整的必要。"并具体说明了此次部队整编的必要性、整编的原则和拟执行方案。其中，关于部队整编的原则，电文指出：（1）减少机关，充实连队，裁减非战斗人员，增强战斗力，淘汰老弱残疾；（2）干部不准浪费一个或降级任用，除加强地方武装外，集中训练，以待发展；（3）尽量做到战斗单位与机关单位的比例为 7∶3，战斗员与非战斗员的比例为 7∶3 或 8∶2；（4）公开机关与秘密机关严格分开（地方机关群众化），固定单位与临时单位（训练班等）不能混杂，机关单位有平时组织与战时组织，强调一切战斗化。这份电报说明，此时"彭左"已形成了关于八路军精兵政策的基本思路。

1942 年 1 月 8 日，彭德怀向华北敌后军、政、民发出"精兵、简政、增加生产"的号召。在此推动下，八路军的精兵政策开始正式进入实施阶段。

实行精兵政策，涉及部队编制建制的变化、工作岗位的变动和人员的去留问题，是一项政策性很强的工作。为此，八路军总部连续召开会议，分析部队状况，制定精简方案。凭着多年从事参谋长工作的经验，左权敏锐地感到，做好这次精兵工作的关键是实行部队机关及直属队的精简。因此，在讨论中，左权认为，根据中央军委关于每个根据地脱产人员不能超过人口总数 3%，主力军与地方军比例在山区为 2∶1，在平原为 1∶1 的原则，结合太行区的实际，只有师以上机关及直属队与战斗部队的人数比例达到 1∶7，团机关及直属队与战斗连的人数比例达到 1∶5，部队才能够真正具有足够的战斗力。与此相适应，学校中工作人员与学员之比应为 2∶5，医院中工作人员与休养人员之比应为 2∶3。而就目前整个太行区的情况来看，师以上机关及直属队占 40.6%，主力军占 21.2%，地方军占 38.2%。更严重者，工厂中的非生产人员占 51%，工人占 49%；医院中工作人员占 45%，伤病员占 54%；学校中更有工作人员超过学员数目很多的。左权认为，这种不合理现象的存在，不仅浪费着人力物力，而且容易形成工作上的官僚主义、形式主义和文牍主义，造成许多损失。

左权还认为，八路军总部及直属队自身更应做全军精简的表率。他主张，总部各机关及直属队必须大大地紧缩，缩减标准应根据第一二九师师部的比例而提出。依此规定，司令部、野战政治部和后方勤务部各部门均须减少人员 3/8 以上。

左权的意见，得到彭德怀与野战政治部主任罗瑞卿、后方勤务部部长杨立三的一致赞同。同时，彭德怀委托左权负责整个总部机关及直属队的精兵工作。

1942 年 1 月 13 日，八路军总部机关及直属队召开连以上干部参加的精兵简政动员大会，到会者有数百人。左权在会上作了重要报告。[①] 他首先根据中共中央的指示，分析了太平洋战争爆发后，国内外的形势发展对华北作战的影响，提出华北今后的中心任务是积蓄力量，恢复元气，实行精兵简政，巩固与提高军队，巩固党政民，对敌伪开展积极的政治攻势，辅以广泛的群众性游击战争，准备反攻，以待有利时机。接着，他对精兵简政的意义作了深刻而透彻的阐述，指出，为了度过今后最困难的两年，为了克服今天严重存在的财政经济困难，更是为着准备新的伟大时期的到来，就必须实行精兵简政。所谓精兵，就是提高部队军事的政治质量，提高战斗力，提高干部的质量与工作能力，紧缩机关，充实连队，提高工作效率，克服部队组织庞大，工作粗枝大叶的现象。所谓简政，就是紧缩行政机构，减轻人民负担，节省根据地的人力物力财力。然后，左权就总部机关及直属队的精兵工作做出具体部署，其要点为：必须使全体干部深刻认识紧缩机关的重要性与必要性，必须耐心细致地坚决地执行；领导干部必须认识到，这不是裁兵，而是合理地使用人才，绝不允许随便处理与轻视编余人员；保证这次缩编能按时完成任务，不发生任何偏向。左权的这个报告，对八路军总部机关及直属队顺利实施精简整编，起到很好的思想动员作用。

动员会后，总部机关及直属队精简整编的组织工作随之展开。为加强对精兵工作的领导，成立了统一的“总直整编委员会”。为了便于具体操作，根据左权的建议，整个八路军总部及直属队的精简整编又分两个集团进行，即司令部（包括野战政治部、特务团）和后方勤务部所属各部门。司令部和后勤部两大单位分别成立执行精简整编的整编委员会，以下各级成立整编分会，吸收各单位党、政负责人参加。各级整编委员会制定编制，造具名册，实行点验。然后，由总直整编委员会组织点验委员会，分赴各部进行点验工作，征求各部负责人意见，临时召集各部工作人员，进行个别谈话，帮助干部战士解开思想疙瘩。

在八路军总部机关及直属队开展精兵工作取得初步经验的基础上，1 月 26 日，八路军总部通过《新华日报》（华北版）公布了精兵具体实施办法，即：战斗部队，旅以上战斗人员与直属队人员的数目比例应为 7∶1；团以下战斗人员与团直属队人员的数目比例应为 5∶1。后方机关，如学校教职员、杂务人员与学员比例应为 2∶5；医院工作人员与休养员比例应为 2∶3；工厂职员、杂务人员与工人比例应为 1∶4。此外，牲口、马匹亦将大量裁减，或转入生产部门，以减少开支。至于编余人员，将大量发展军营商业，创办半工半读的军人实习工厂，妥为安插，或送入学校学习。

一项政策的正确理解和贯彻执行，往往不是一两次会议或报告就能解决问题的。当精兵政策具体实施时，也不可避免地会受到这样或那样的干扰和影响。左权在和部队官兵的交谈中了解到：有个别指战员在头脑里对精兵政策产生了错误认识，甚至加以曲解。于是，他放下手头繁杂的事务，抽出时间深入实际，进行

---

① 此报告撰写于 1942 年 1 月 12 日。

调查研究，在此基础上，专门撰写了一篇题为《坚决执行精兵政策》的文章，作为《新华日报》（华北版）的代社论于2月4日发表。

文章开头指出："在军队里面，在一部分人员中，特别在干部中，发生了不少问题，表现出对这一正确的政策不少误解曲解和极不正确的论调，甚至有个别人员，不惜作出违犯纪律破坏制度的行为，以对待这一正确政策的认真的彻底的执行。"一方面，有些同志把精兵政策简单地理解成就是"裁员裁兵"，减少吃饭穿衣的人员，认为被调动是"吃不开了""不要我了""埋没了我的长处"，降低了自己的"地位""资格"，不"体谅"干部等；另一方面，有的同志则在干部人员处理上，不顾政治影响，不顾政策，不顾全局，不顾具体情形，简单粗暴，认为精兵，就必须一切皆"精"，或认为精兵后索性放弃某些必要的工作。他认为，上述两种观点都是有害的，克服上列两种现象"是争取精兵政策彻底完成的重要关键"。

接着，左权在文章中深刻阐明了精兵政策的重大意义，指出这一政策不是简单地为克服财政经济的困难（固然这是重要因素之一），简单地为吃饭穿衣问题，而是具有更大的政治意义。今日的形势，一方面胜利日益接近，光明在望；而另一方面，环境更加艰苦，困难更加增多。这就需要我们以一切努力，准备与积蓄自己的力量（包括民力在内），适应长期斗争，迎接新的伟大时期的到来，同时也要咬紧牙关，克服接近胜利道途中之困难。

左权写道："精兵政策的基本精神，就在于提高部队政治、军事的力量，巩固内部，提高战斗力；就在于提高干部质量，培养与提高干部知识与能力，积蓄恢复元气；就在于紧缩机关，裁撤骈枝机关，克服叠床架屋、铺张门面、机关主义、文牍主义、形式主义的现象；就在于节约可能节约的人力，充实战斗部队，合理使用干部，使每个人都能得一合宜的工作岗位，而尽用其能力，发挥其能力，同时以此节约经费，克服人力、财力、物力的某些浪费，减轻人民负担，节省根据地人力、财力、物力，以克服接近胜利道途中之严重财政困难。"他强调："精兵简政是敌后抗日根据地一个必要的政策。精兵政策不仅是适合目前形势与任务，适合于坚持敌后抗战，渡过艰苦难关的必要途径，而且是为着战略反攻，为着迎接新的伟大时期，准备力量。"

对于编余人员特别是对于干部的处理，是一件大事，处理得当与否，将直接影响精兵政策的施行结果。左权在文章中明确指出："对于一切编余人员，必须依据精兵简政的基本精神，恰当的处理，使每个人都安置在恰当的位置上。"为此，左权提出下列原则：（1）抽调一部分可能抽调的人员，特别是干部送到学校中去学习；（2）凡非战斗部门、各直属机关，须尽可能地抽出大批身强力壮的人员，充实到战斗单位中去；（3）以一部分人员与干部投入生产营业部门；（4）部分已不适宜军队工作的老弱残废，其在根据地内者，可设法回家，其在根据地外者，按其自愿原则可在根据地内安家；（5）非战斗部门须容纳一定数量的妇女，酌情分配以工作，并注意关心她们的实际困难；（6）从编余干部中抽调一部分到其他根据地工作。

左权还特别指出："在进行这一工作中，各个领导机关与领导人员，必须进行深入的周到的动员与解释工作，耐心的细致的组织工作，区别各个人员的具体情形，作出不同的妥善的处理。""一切粗枝大叶、马虎了事，都会酿成过失，造成革命的损失。"同时，他也要求任何一个被调动的同志，都能以大局为重，"乐于接受新的工作分配，踊跃地投身到新的工作与生活场所上去"。

左权的《坚决执行精兵政策》一文，平实中蕴涵深刻，严肃中透着真情，不仅对八路军总部机关及直属队的精兵政策的初步实施具有很强的现实针对性，而且对八路军各部队和华北各抗日根据地军民进一步提高思想认识发挥了积极的作用。后来，这篇文章被中国共产党当时在国民党统治区出版的机关刊物《群众》杂志第 7 卷第 19 期加以转载，产生了很好的反响。

左权是一位善于做政治思想工作的领导干部。他走到哪里，就把自己的这些想法宣传到哪里，把思想工作做到哪里，使周围的干部战士对精兵政策有了正确认识，增强了政策观念，端正了思想态度。对总司令部编余的干部，他认真负责地帮助安排合适的工作，并把他们一一找来谈心，耐心做好说服教育工作，让他们心情舒畅地离开总部，高高兴兴地奔赴新的战斗岗位。

在精兵政策的执行中，左权以身作则，身体力行。他首先从自己做起，身边仅留下一名警卫员、一匹骡子，将另一名警卫人员和两匹骡子主动裁去。这在当时，不过是中下级指挥员的待遇。

正当八路军总部机关及直属队有条不紊地执行精兵计划之时，日军对太行抗日根据地相继进行春季和夏季大"扫荡"，致使原定 3 月底以前完成整编的计划被一再打断。尽管如此，在短暂的三个月时间里，此次精简还是取得初步成效，完成了既定目标，为全军普遍深入地开展精兵工作带了个好头，摸索和积累了经验。

左权虽然年轻，但身体并不算好。由于长期戎马倥偬的生活和多年忘我的辛勤工作，他的左侧身患有轻度麻痹症，一遇阴雨天或受了风寒，病情便会加重，但他却毫不在意，从未因此而放松过自己的工作。医生和周围的同志常劝他注意身体、保重身体，可他总是说："跑一跑，动一动，出身汗就好了，我的病好对付。"[①] 在研究如何贯彻执行精兵政策的时候，正值严冬时节，太行山上北风刺骨，寒气逼人。左权不顾病情的折磨，拖着时常半侧麻木的身体，为精兵工作忙碌着、奔波着。在落实精简编制的同时，他深深地认识到，精兵工作的重心是提高广大指战员政治军事技术的质量。因而，要真正达到精兵的目的，就必须同时抓紧整训部队，否则只能做到数量的减少而谈不到质量的提高。而要保证整训效果，应主要从两方面入手：一是狠抓部队军事教育，二是狠抓司令部建设。

首先，关于部队军事教育。左权向来十分重视部队的军事教育特别是干部教育。早在 1940 年 2 月，他和朱德、彭德怀就部队军事教育问题专门致电各兵团，

---

① 王政柱：《名将左权将军》，《解放军报》1986 年 3 月 15 日。

并将此作为1940年整军的补充指示。1941年10月15日，他和彭德怀、罗瑞卿就加强干部教育的问题电示各兵团首长，指出："坚持敌后抗战是长期的、艰苦的，战争局势仍在向前发展，我军大量发展与扩大的阶段早已过去。目前我各正规军团的基本任务不在（于）扩大组织，而是提高自己保全自己，打下将来发展的基础。为此目的，加强与提高干部教育，使全军干部能力一齐向前推进是其基本的一环。"①

1941年12月上旬，左权常常拿着各地报上来的年度工作总结材料仔细审阅，反复比较，不时陷入沉思。这一年是抗日根据地面临严重困难局面的一年，尽管如此，各地还是争取了时间，抓住作战的间隙，乘机进行部队整训，并取得了一定的进步。但是，从纷繁庞杂的材料中，他还是很快理清了另一种头绪，读出了隐藏在数字后面的些许不安：就整个部队的军事素质而言，依然存在着不足，有的方面甚至差距很大。下面是他自己归纳的其中两组统计数字：

其一，据冀南报告在1940年平均280余发子弹命中1个敌人，今年春季整训后平均200发命中1个敌人；据第一一五师本年第2期整军工作报告称，此次实弹射击命中率为32.7%，本年5月实战中平均42发子弹命中1个敌人；即使在黄崖洞保卫战中，单以子弹计算，也是平均57发命中1个敌人，而手榴弹等的消耗更是极大。

其二，据第一一五师第2期整军报告称，此次干部军事测验，部队干部105人仅38人及格，机关干部129人中34人及格，总平均分数为52.6分；据第一二九师报告，对干部的军事教育，各兵团均未能按计划完成，第一次两个月整训中各兵团完成最多者仅有1/3，有的营团级干部课仅进行3次，连排干部课进行6次，第二次两个月整训效果更差。

尽管有的统计数字可能不太准确，但其中反映的问题却是真实的，也是令人颇为忧虑的。左权再也坐不住了，拿起一摞材料送给彭德怀看，并谈了自己对这一问题的看法："一年来的教育工作虽更注意了与实战的联系，在一些地方也取得了可喜的效果，但教条主义的教育仍极为浓厚，如把一般战术原则与游击战术机械的分开起来，并把游击战术放在次要的地位；形式主义的教育也极为严重，如对每一课的选择，每一动作的规定，不善于从战术的、从实战需要的观点出发。"

彭德怀从心里赞赏身边这位爱将所具有的以小见大、见微知著的分析能力。他站起身来，一边踱步，一边说道："看来有必要好好研究一下，部队的军事教育如何适应目前敌后新的艰难复杂环境的问题。"

对此，左权已经深思熟虑。他提出："大力推广经实践证明是行之有效的教育组织和教育制度，对于解决教育问题有着很大的意义。如第一二九师开办短期专门科目训练班、建立的团以上军事研究会和定期检阅的办法，第一二〇师的点

① 彭德怀、左权、罗瑞卿就加强干部教育致各兵团首长并报中央军委致陈毅、刘少奇电，1941年10月15日。

验制度，第一一五师的运动大会等，都是值得发扬的。”①

12 月 10 日，左权和彭德怀向中央军委报告了关于部队军事教育的意见。报告指出：军事教育的方针，“应根据基本的游击战的战略指导及基本的游击战术精神进行干部战士的军事教育。在目前分散与被敌隔绝、各地具体环境不同的情况下，统一一切课目、动作、进度、计划等是不可能的。但这一战争的指导思想必须统一与贯彻，反对教条主义与主观主义，肃清军事思想领域中之混乱现象。”因而，报告建议军委，根据敌后战争的环境和敌我技术悬殊的特点，编拟出类似大纲的东西，把一般战术的战术原则渗透于游击战术之中，而成为适合敌后军民目前需要的独有战术，以解决战术教育上的迫切需要。

在此基础上，左权制定了关于 1942 年军事教育工作的方针，以通知的形式发向八路军各兵团首长，并报告了中央军委。通知指出，八路军 1942 年的军事教育工作，正规军以提高政治军事技术，真正健全军事制度，造成精兵为目的，在整军过程中必须抽出 1/2 或更多时间切实地进行训练，内容以战术和军事技术为主，并加强夜间军事教育；地方军以提高游击战术及适应游击战术需要的军事技术为目的，应有 1/4 的时间在备战环境下轮番进行训练，内容一般与正规军相同，但应有自己的特点；人民武装、民兵自卫队的教育，希望各兵团，特别是军区、军分区结合本区实际进行。通知特别强调，在职军事干部对军事学习必须严格起来，各级负责干部均应成为学习军事的模范。对学习成绩优良者，无论个人或团体，均应给予奖励表扬；对于落后者亦应予以批评责备。②后来，中央军委、军委总政治部下发了《关于军队干部教育的指示（第二号）——军事教育》。如果把上述两个文件同这一指示加以比较对照的话，就可以看出，左权在军事教育的指导思想上与中央军委是何等的一致。

其次，关于司令部建设。继续健全和加强各级司令部建设，提高参谋人员的素质，是部队整训的前提条件之一，也是精兵政策的必然要求。早在 1941 年 9 月下旬，针对战斗在冀鲁豫地区的八路军第二纵队所处艰难复杂的斗争环境及其自身存在的问题，左权致电正在该纵队检查指导工作的八路军总部巡视团副团长阎揆要，对该纵队即将召开的参谋工作会议提出五点意见。他指出：（1）目前我军之战术基本上是游击战术，在平原地犹然。游击战术的基本精神在于积极地向敌人进攻与灵活机动地作战。另外，军队必须提倡大力发扬战斗的顽强性，但这一顽强性不能当作是盲目的拼命主义，不能与作战的灵活与机动相对立，而必须表现在灵活机动作战中。（2）战斗顽强性的标准，就是白刃格斗与能连续的作战。在基本上采用游击战术的基本精神下，为发扬白刃格斗的顽强性，就必须加强游击战术的战斗方式及近战的教育，以及加强适应这一战斗方式的政治工作教育。（3）武装政策问题是争取武装斗争能否胜利的一个基本问题，参谋人员必须了解

① 彭德怀、左权致中央军委电，1941 年 12 月 10 日。

② 左权致各兵团首长电，1942 年 1 月 20 日。

并能掌握武装政策。（4）加强侦察工作极为重要，司令机关必须建立确切的侦察工作，有系统地侦取与研究各项有关材料，作为确定每一斗争的具体政策与下达作战决心的根据。必须充实各侦察部门的组织与工作，并给予必要的经费。（5）对二纵队特别是所属各旅团的机要部门的工作，希望再进行深入检查，要求机要工作有彻底的改善与进步。

随着华北敌后形势的发展和精兵政策的提出，12月24日，左权向各兵团参谋长发出关于1942年参谋工作应努力方向的指示，要求各级司令部工作必须适应"长期坚持游击战，准备将来反攻"的新形势下斗争的总方针，保证总方针的实施与完成。为此，他提出了四条重要的意见：（1）要求各级司令机关对所属兵团和本兵团的一切军事行动，特别是对战役与战斗的组织指挥，应更进一步的精密细致和确切，保证不因情报失实，使首长作出不合情况的判断、定下不合情况的决定，保证不因怠慢与疏忽造成部队不能确切执行任务，发生过失，以致遭受不必要的伤亡与消耗。（2）各级司令部应发挥更大能力，保证建军任务的执行与完成：在正规军建设上，基本方针是求精干，提高部队战斗力，特别是在编制上应给予保证；地方武装、人民武装的建设，是明年建军的重心。（3）努力提高司令部工作的知识与能力，是明年司令部工作中心任务之一。（4）继续健全司令部工作制度与改善工作方式方法，依据司令部工作条例确立各科股的工作内容、工作分工与一定的联系，并进行切实深入的检查工作、周到细致的组织工作，发扬

左权（左二）与刘伯承（左三）和文工团员们在一起

了解具体情况、切实研究情况的求实作风。

此外，左权还就侦察、通信等方面工作，专门向八路军各部队提出一系列具体要求。

其间，左权在中共中央北方局扩大会议上作了关于一年来作战建军情况及明年军事方针与任务的报告。报告在分析敌我斗争形势的基础上，肯定了一年来的工作成绩，指出，八路军在1941年的作战次数仍然很多，并争取了时间，整训了部队，游击战争比较好地开展起来，民众武装有了扩大。同时，报告也严肃地批评了实际中存在的一些缺点与错误。如指出，单纯的军事观点，以军事对军事的观点，显然是错误的，是违背游击战的总方针的。在建军问题上，对地方武装的忽视，对游击队的吞并主义与放任主义；在组织上的被动性；在军队教育上的教条主义与形式主义；军队制度建设上的某些机械与过分集中统一等现象，都是亟待纠正的。报告明确提出，1942年八路军的基本方针，“仍是巩固根据地，积蓄力量，拖延时间，但亦不放弃在某些有利条件下军事上的主动活动，扩大根据地。但在这个方针下，以政治为主的向敌伪开展全面的更为猛烈的进攻，仍是最主要的，他的比重比今年还要增大。”这个报告，对一年来八路军各部队作战建军的实践经验作了系统的总结，从理论与实践的结合上深刻阐述了军事战略方针和军队建设方针，对于新形势下统一华北党、政、军的思想和行动起了重要作用，为准备更加复杂激烈的斗争奠定了坚实的思想基础。

二、“人民是水，我们是鱼”

八路军深入敌后，创建抗日根据地，广泛开展敌后游击战争，是极端艰难的壮举，如果没有建立起军民之间的鱼水关系，是根本不可能在如此艰难复杂的环境中坚持下去并得到发展的。正是从巩固这种军民鱼水关系出发，在华北抗日根据地处于极端困难时期，左权协助彭德怀在执行精兵政策，加强部队军事建设的同时，还带领八路军指战员，与华北人民一起，积极开展生产节约运动，减轻人民负担，维护群众利益，以战胜严重的财政经济困难，表现出了领导经济工作的卓越能力。正如当时的晋冀鲁豫边区政府主席杨秀峰所评价的：左权“对问题考虑周详、深刻细致，发挥其卓越天才，除治军作战外，对华北财政经济建设的研究和贡献独多。这或者还是一般人所不知的罢！”①

太行山区十年九旱，历来是地瘠民贫之地。全国抗战开始后，有的地区不断出现自然灾害，由于范围较小，社会积蓄还未耗尽，日军的“扫荡”间隔时间又较长，军需民食还未感到十分紧张。1940年以后，日军对抗日根据地的“扫荡”越来越频繁，封锁越来越严密；国民党政府不仅完全停发了八路军的薪饷、弹药和被服等物资，而且调动重兵对抗日根据地实行军事包围和经济封锁；再加

---

① 杨秀峰：《追怀左权将军及各战友》，《解放日报》1942年6月27日。

上经过 4 年的战争消耗，原有的社会积蓄已经大部用尽。1941 年秋、冬两季雨雪稀少，1942 年春季发生干旱，致使根据地军民的粮食供应发生困难。沿着清漳河随便走到哪村哪户，揭开锅看看，很难见到几颗米粒，尽是野果野菜。人民生活如此，部队生活也是这样，有时一天只喝两顿菜糊糊，指战员体力受到严重削弱。

另外，抗日根据地的财政严重入不敷出。1941 年，太行、太岳和冀南三区，政府收入只占到整个财政支出的 16.9%，而 70% 以上依靠银行贷款补足。1942 年的财政预算，要比上年超过 1 倍以上，政府虽然在各方面设法增加收入，然而只能达到支出总数的 40%。在这种情况下，如果仍然大量从银行拨款，必然要超过币票发行额的一定限度，引发通货膨胀，物价飞涨，加重人民负担，甚至导致财政经济陷入混乱。

因此，战胜严重的自然灾害，克服面临的财政经济困难，创造赖以生存的物质条件，保障军需民食的起码要求，成为同对敌斗争一样重大的使命。当时，左权已充分认识到了这一问题的严重性，他说："目前财政困难，是抗日根据地中各种困难的中心问题，而同时也是根据地能否坚持的一个中心问题。"①

但是，如何才能克服抗日根据地所普遍面临的财政经济困难呢？这又是一个巨大而沉重的问号。

根据中共中央开展生产自救的指示精神，为具体贯彻落实彭德怀提出的增加生产的号召，左权在认真总结各地经验教训的基础上，于 1942 年 1 月 13 日在八路军总部机关及直属队连以上干部精兵简政大会上提出：要克服目前面临的财政经济困难局面，除了必须实行精兵简政之外，"正确的办法，就是生产节约与开源节流！"

那么，怎样进行生产与开源呢？左权认为，首先应加强农业生产，这是最主要的一环。为此，必须在去年生产基础之上，进一步增加部队的生产任务。同时，他向彭德怀提出建议：根据机关和部队的实际情况，在规定生产任务时，也应该分别规定生产指标和生产收益的分配使用原则，以有利于更好地调动部队生产的积极性。彭德怀采纳了左权的这个建议。1 月 13 日，八路军总部发出关于增加生产克服困难的指示，要求太行、太岳两军区所属部队 1942 年努力生产，克服困难，并规定生产计划：旅以上的直属部队，每人生产产值为 100 元，其中 2/5 归公作日常经费开支，2/5 用作部队改善生活，1/5 为部队教育经费；团以下战斗部队，每人生产产值 60 元，其中 2/3 改善部队生活，1/3 为学习经费。此外，各部队须于年底将全年生产成果呈报总部。至于其他各区，则根据各地具体情况，自行拟订生产计划。

其次，左权还提出以下几方面的措施：继续发展军人合作事业，在不破坏政府法令的范围内，设法投资运输事业，一方面使根据地内货品通畅交流；另一方

① 在八路军总部机关及直属队连以上干部精兵简政大会上的报告（提纲），1942 年 1 月 13 日。

面弥补军费，并以旅、分区和抗大为单位，组织 12 处比较大的经营机关；军工部门，设法生产农具，解决根据地内农具的不足，通讯部门设法装备自制电池等器材；强调与严格管理对敌经济斗争，掌握外汇，整理税收，加强缉私工作，肃清走私现象。

为推动生产运动的进一步开展，左权与彭德怀商量后决定，部队应继续开垦清漳河和浊漳河畔的沙滩，种植庄稼，为自身解决生活困难，也为人民减轻负担。为此，八路军总部发布指示，要求驻晋冀鲁豫边区部队加紧生产，坚持抗战，改善人民生活，并提出：在今年修筑河滩地 9262 亩，修整去年修成的滩地 5558 亩，并且把 10351 亩旱地变成水田。[①] 同时，左权则号召总部机关及直属队人员，“应该作模范，完成去年未完成的清漳河两岸‘开荒滩成水田’的工作，并积极动员群众，开辟滩地，修渠凿井，举办水利，防止旱灾”[②]。

实际上，早在 1939 年 3 月 5 日，八路军总部即发出了关于在部队中开展生产运动的训令，此后又多次发出指示，要求各部队自力更生，克服困难，配合当地政府，动员和组织人民共同开展生产运动。在潞城县北村附近，曾留有左权和总部其他首长开垦的不少小片荒地，村子周围还栽种了很多树木。在武乡县砖壁村，左权和总部其他首长曾带领总部机关及直属队人员登上村子东南的小松山，开垦荒坡、运土造田，同时帮助当地群众打水井 3 眼、旱井 6 眼、蓄水池 1 个、筑拦洪坝 3 条。有一年，遇到旱情无法播种时，他就同战士们一起担水上山，点种庄稼，并满怀信心地鼓励大家说：“天旱心不旱，人定能胜天！”在辽县麻田附近，1941 年，左权又于百忙中率领部队来到清漳河边，搭起一座座草棚，日夜奋战，开垦沙滩。没有运土的工具，左权就组织大家上山割荆条，自己编筐子。铁锹不够用，他就发动大家搜集废铁和炮弹皮做材料，生起炉子自己打制。为补救粮食困难，他亲自带领司务长、炊事员和医务卫生人员上山去鉴别那些无毒的野生果菜，拿回标本来让大家学会识别，再去大量采集。就这样，大家白天顶着太阳，晚上披着星星，吃在沙滩，睡在沙滩。一筐筐的砂石从滩上运走，一筐筐的泥土又从别处运来。左权除有重要公务外，几乎每天都来到部队中间参加劳动。他常与罗瑞卿主任合抬一个大筐，边走边说笑着，还向人们喊着鼓动口号。休息时，左权同大家坐在一块，讲毛泽东主席在瑞金沙洲坝帮助群众打井的故事，讲当年总部在武乡时领导军民开荒生产的情景。同时，左权还带领广大指战员从事其他的自给性生产。经过大规模的连续艰苦奋战，大片大片的河滩变成良田，地里种的谷物、蔬菜收获不断。当年，共开荒 1510 亩，修河滩地 311 亩，开渠 3 道，灌田 500 亩，种菜 50 亩，收谷类合洋 32606 元，还有大量的马铃薯、蔓菁、萝卜等。[③] 在欢庆垦荒生产胜利的联欢晚会上，左权兴致勃勃地从人群中站

① 罗工柳：《和人民在一起——纪念左副参谋长》，载晋冀鲁豫烈士陵园编：《怀念左权同志》，湖南人民出版社 1981 年版，第 49 页。

② 在八路军总部机关及直属队连以上干部精兵简政大会上的报告（提纲），1942 年 1 月 13 日。

③《新华日报》（华北版）1942 年 1 月 6 日。

起来，走上台去，声音洪亮地说："日本侵略者想把我们困死在太行山上，可是八路军神通广大，把荒滩荒山荒洼洼，都变成了宝地，群众也展开了生产运动。人民是水，我们是鱼，水多了，鱼也活跃了。抗战，抗它个十年八年，只要日本侵略者愿意，我们可以奉陪……"①

正当左权和抗日根据地军民为实施1942年的生产计划而准备大干一场的时候，2月初，日军向太行根据地发动了空前残酷的春季"扫荡"。至3月初春季反"扫荡"的战火熄灭，正值春耕春种时节。这时候，经过日军月余的肆意破坏，根据地人民的耕牛、农具、种子和食粮均遭到严重损失，以至于少数群众的生产热情受到一定影响。又适逢太行山区出现严重旱情，土地龟裂，难以耕耘，无法下种，少数出土的禾苗也因缺水而枯死。

俗话说，一年之计在于春。为了不误农时，八路军总部发出紧急训令，要求部队帮助群众抗旱救灾。《新华日报》（华北版）发表《开展春耕运动》的社论，呼吁各地党、政、军、民和群众团体，必须把开展春耕运动作为中心工作，积极投入到农业生产事业中去。

左权眼望灾情，心急如焚，他怀着高度的责任心和使命感，既狠抓部队生产，又积极组织助民生产。

为了保证农业用水，左权一边带人帮助群众打井，一边与彭德怀筹划着清漳河水利建设事宜。3月23日，春风送暖，绿上柳梢，八路军总部在辽县麻田镇举行清漳河中段筑堤兴工典礼，2000余军民参加。左权和彭德怀亲临大会并讲话，他们号召全军指战员及政工人员应时时刻刻关心人民的痛苦，解除人民的困难，并指出参加生产是军队目前的政治任务，应以一切努力，保证工程任务的完成。会后，左权和彭德怀同广大军民一起参加劳动。修筑的堤坝长达1800米，滩长1200米，共需4000工，修成后可增加肥田400余亩。左权和八路军总部机关及直属队人员的积极参与，保证了工程的及时完成，一时被当地群众传为美谈，成为中国共产党领导下的军民鱼水关系赞歌中的一个动人音符。

为了帮助辽县人民解决实际困难，3月27日，八路军总部决定，从后勤部抽出骡马50匹，在辽县桐峪镇和麻田镇分别建立两座烘炉，专门制造和修理农具，帮助群众春耕下种。此外，还将3000余斤食盐廉价售给辽县政府，再由政府转分给抗日根据地群众。

不仅如此，左权还带领指战员们为群众担水点种，担水保苗，天天早出晚归，忙得不亦乐乎。

在八路军总部的号召、组织和感召下，各抗日根据地军民一手拿枪，一手拿锹，大力开展生产运动。截至1942年，仅就晋冀豫边区军民而言，共开荒40多万亩，开渠、打井、修滩增开水田约6万亩。这项艰苦的工程，带来了伟大的力

① 唐万成：《太行浩气传千古》，载晋冀鲁豫烈士陵园编：《怀念左权同志》，湖南人民出版社1981年版，第66页。

量，它支持着残酷的敌后抗战，帮助军民渡过了难关，使抗日根据地变得愈加巩固。

为巩固抗日根据地，左权还积极参与领导了激烈的对敌经济斗争。针对日军的经济封锁，他一针见血地指出：日军“现在继续在敌占区所强调施行的治安强化与经济物资的配给制度，他本质上就是帝国主义极野蛮的经济统治，就是日寇以战养战方针具体发展下的民族掠夺，他的毒辣，在于他统治的严密性，而给我抗日根据地经济上更多的困难”[①]。作为中共中央北方局对敌经济斗争委员会（1941 年 8 月 4 日成立）成员之一，左权与彭德怀和其他成员一起反复研究，制定正确的斗争方针和政策。在对敌斗争的实践中，注意把经济斗争与军事斗争、政治斗争紧密结合起来，紧紧抓住发展生产、统制贸易和巩固币制三个环节。1942 年春，太行根据地实行粮食统制贸易，在一定区域内凭证购粮、凭证运输，取消了私人粮行，使本币（冀钞）和农村社会商品发生联系，既稳定了粮价，又稳定了本币的币值，扩大了本币的流通，挤掉了伪钞，冲破了日军的封锁。

除了发展生产、广开源路外，左权认为，节约也是抗日根据地军民克服财政经济困难的一项重要措施，必须进行普遍的节约，使之成为一种群众运动。为此，他特别强调要从以下八个方面开展节约运动：要在全体人员中进行爱护资财，爱护公物的教育；节省办公杂支费，取消不必要的开支；教育爱护人员，严格管理教育，巩固部队，减少病员；教育爱护牲口；爱护武器，节省子弹；生产机关要严格管理，严防各种浪费现象发生；必须彻底克服粗枝大叶、铺张、形式主义与文牍主义的现象，取缔多开会、滥印文件、随便宴会等现象，提倡切实、朴素、节俭的工作作风；必须广泛地开展反贪污浪费的斗争。

1942 年 3 月，在八路军总部召开的连以上干部会议上，左权曾专门作了《关于财政问题》的报告。他说：“财政问题是目前最严重的问题，因为有一年多了，我们领不到军饷和弹药，又因为敌人的封锁和破坏，以及几年来坚持残酷的战争，使根据地的人力、财力、物力都有很大的消耗，人民的负担很重了。”

接着，他详尽地分析了当前部队给养的庞大开支状况，他从衣服、鞋子，算到小米、萝卜、山药蛋，从枪支、弹药，算到电池、灯泡、铅笔、纸张……他心情沉重地说：“现在我们还有衣穿、有饭吃、有弹药去消灭敌人，这是老百姓给我们发的。但是，老百姓也很穷。一件衣服，一粒小米，一颗子弹的来历都是不容易的！为了减轻人民的负担，为了坚持抗战，就必须坚决地实行精兵简政，更大规模地开展节约运动、生产运动。”

针对如何节约的问题，左权提出许多具体的办法：首先，要节约粮食，厉行粮食日报制度，实行集体吃饭；减少不必要的招待，严格收取粮票饭票。其次，要节约被服，厉行被服登记，规定五年一床棉被、两年一套棉衣、一年一套单衣；把破旧的衣裳补好，将新的衣服还给公家。最后，要节约弹药，指挥员要更

① 在八路军总部机关及直属队连以上干部精兵简政大会上的报告（提纲），1942 年 1 月 13 日。

好地指挥，战斗员要个个做神枪手。再次，还要节约办公费用，便条不用白纸，一个麻纸信封要用四次，一张信笺用两次；旧笔换新笔，一年一个笔筒。他说："电务员应该用铁片做个小筒子，把铅笔套起来，这样就可以把整支铅笔用完。过去一支铅笔只用三分之二就不用了，这也是浪费。""总部常有客来，买点茶叶招待客人虽不算什么大事，但加起来这个数目也不小。以后不用了，这笔开支就可以省掉。我们穷，客人是知道的，他们会原谅我们买不起茶叶。以后就请客人喝白开水吧……"

在报告中，左权还特别提醒大家："根据老百姓的经验，太行山每隔 30 年，可能有一次大旱。今年离上次大旱恰好 30 年了。今年的根据地是没有什么贮积的。假如大旱真的来了，怎么办？我们八路军有两条腿，跑掉是容易的。但是，老百姓呢？老百姓跑不开啊！我们能丢掉老百姓不顾而跑掉吗？不成！一定要预先估计到，预先想好办法。"

最后，左权充满激情地说："摆在我们面前的，确实是极大的困难，但我们从来就没有向困难低过头，我们有冲破一切困难的力量。同志们！鼓一把劲，咬紧牙关，像在火线上一样，勇敢地冲过去，消灭了敌人，胜利就属于我们了！"

左权的报告，打动了每一位听众，人们的心里深深地刻着一句话："一切为了减轻人民的负担。"

为了同太行山的群众共同渡过难关，左权与广大指战员们一再节衣缩食。隆冬时节，左权与彭德怀商量，决定在部队服装的配发上，采取降低配发标准、延长使用年限和广泛开展修旧利废等措施。1942 年 1 月 18 日，左权与彭德怀颁布关于驻晋冀鲁豫边区部队发放服装的命令，对当年夏服、冬服和大衣的制做与发放作出具体规定：新战士发单军衣两套、衬衣一套，老战士发单军衣一套、衬衣一套，团级至旅、师级机关及直属队，无论干部战士杂务人员只发一套单军衣，可以维持过去者则动员其自动不领，单军帽只补充新战士；冬服发放照上一年规定的使用期限；当年不发新被子，不补充大衣、裹腿、挂包。命令要求晋冀鲁豫区各部队在制做与发放服装时，要多用旧的，少制新的，以切实节约物资、紧缩军费支出和减轻人民负担，并要求其他各战略区亦应按此原则执行。这样，单军衣由原来的规定一年发两套，而改为 1942 年只发一套；单军帽、棉帽和棉衣等，自 1941 年开始，从使用一年改为使用两年；至于棉大衣，除 1941 年补充一次外，以后再未发过。

八路军将士的津贴费向来微薄。1938 年 12 月 21 日，左权和朱德、彭德怀曾作出关于各级干部津贴费的规定。规定说，各部队津贴费开支不一，以致影响整个经济。为了统一各部队的津贴，特规定各部队各级干部之津贴数目：师、旅级 5 元，团、营级 4 元，连级 3 元，排级 2 元，上士 1.5 元，战士 1 元。从此，德高望重的朱德总司令、彭德怀副总司令，坚持和左权一起，只拿和师、旅长一样的 5 元津贴费。1941 年 8 月，冀南、太行、太岳行政联合办事处（简称冀太联办）主任戎伍胜向晋冀鲁豫边区临时参议会作财政建设工作报告时说，在涉县一带，农忙时一个短工的日工资为三元至六元，相当于朱德总司令一个月的津贴。与会各位代表听后，无不为之动容。1942 年 3 月，左权与彭德怀就驻晋冀鲁豫边区部队的待遇发布命令。该命令在物价上涨的情况下，除规定从战士到总司令的津贴费继续维持为一元至五元的标准外，还对鞋袜费、便衣服装等作了新的规定，如鞋袜费的规定为：四元津贴以下者均有鞋袜费，五元以上者则不发；徒步通讯员、营以上侦察员、辎重连及骡驴运输员每月津贴鞋子一双，政治部招待员每三月津贴鞋子一双。而按当时物价，战士一元的津贴费还不够买一把牙刷和一包牙粉的钱。

至于伙食供给标准，在抗战初期，每人每天五分钱菜金，战斗部队每人每天一斤八两（十六两制）粮食，后方机关人员一斤六两粮食。由于物价迅速上涨，1940 年 10 月，总部将供给标准作了修订，菜金由每人每天五分提到八分；1941 年 10 月又不得不提到一角二分。这一标准当时仅够买柴用，油盐蔬菜等则无着落。不仅如此，总部还作出规定，每人每日节省粮食二两，改食一餐干饭，两餐稀饭，加菜或野菜，以弥补粮食的不足。

这些看起来近乎无情的规定，却在实际上凝聚着八路军将士对人民生活的深深体贴之情，对于密切军民关系，共度敌后艰难岁月，起了极其重大的作用。

那时候，左权和朱德、彭德怀的生活相当艰苦，吃顿粉条就算是美餐，而吃一次周恩来从重庆托人捎来的豆瓣酱，往往还要趁有客人来的时候。尽管自己生活艰苦，但细心的左权却要求管理科的同志，尽力把国民党派到八路军总部的联络人员的生活搞得好一些，他说："这是抗日统一战线应做的工作。我们自己保持艰苦朴素的优良传统，也让他们亲眼看一看，两种军队，两种作风。"①

左权总是模范地执行着各项规定，处处严格要求自己。有一次住在老乡家里，他的警卫员郭树宝在晚上烧炕时，由于柴火潮湿，烧了半天，只冒烟不见火苗，急得抓耳挠腮。小郭猛然发现桌上有煤油灯，就偷偷地将灯里的煤油往柴火上倒了一点点。恰巧被左权看到了，他当即严肃地责备小郭："同志，你知道煤油是我们通过好几道封锁线才弄到的，为什么这么浪费？下次别用煤油引火了。"小郭羞愧地低下了头，从此以后在别的事上也很注意节约。②左权身上一直穿着 1938 年发的普通灰军装，破了的地方总是自己动手，细心缝补；里面的土布内衣实在不能再穿时，他就剪下来用于垫鞋底，仍舍不得丢掉，还解释说："穷人不是有一句'笑脏笑破不笑补'的话吗？"

但是，左权对人民、对战友又是那样的充满真挚感情，处处给予尽可能的关照。他曾给河南逃荒来的一家送口粮、送种子，帮助他们开荒度日，自己却常常吃野菜、树叶。他把分给他的缴获的乳制品送给伤病员或值夜班的同志，而他那 1 岁多的小女儿却正营养不良。总部管理科副科长谢汉初得了肺结核病，左权便

---

① 王政柱：《向左权同志学习》，载王政柱：《战地黄花——回忆与怀念》，中共中央党校出版社 2000 年版，第 64 页。

② 郭树宝：《左权将军在太行山上》，政协山西省委员会文史资料研究委员会编：《山西文史资料——左权将军在左权》1994 年第 3 期，第 86 页。

特别交代卫生部门好好地给他治病，用药困难可以托关系到外地去买，不能耽误病情，并经常带着自己舍不得吃的补品去看望他、安慰他。左权常用彭德怀副总司令所说“有盐同咸，无盐同淡”的话来勉励身边的干部战士，号召大家团结一致，齐心协力，共渡难关。

即使自身如此的窘困拮据，但左权与八路军总部其他领导却坚持困难面前不忘全局。鉴于陕甘宁边区财政紧张，1941 年 8 月，中共中央致电八路军总部，要求华北每年为中央和军委提供 600 万元经费。左权和彭德怀、罗瑞卿、杨立三等认为这是应尽的责任。自此之后，无论怎样困难，每年都按数上交，不仅上送了法币，还上送了银元和黄金。

三、真金不怕火炼

在抗日根据地最困难的日子里，无论对敌斗争多么残酷，无论物质生活多么艰苦，左权都始终没有叫过苦，相反，他常以之为乐，以之为荣。物质上的苦有时不算什么，而精神上的苦才是最令人难以忍受的。自 1932 年遭王明诬陷，后受到“留党察看”的处分以来，左权这位钢铁般硬汉的内心深处就重重地刻下难以抹去的痛楚。他默默地背负着沉重的政治包袱，承受着莫名的历史冤屈，总想着以实际行动来证明自己的清白和无辜，因而连对自己的爱人也不提及，更不要说向别人倾诉。数十年后，已是国务委员兼国防部长的耿飚在纪念左权的文章中这样写道：“作为他的下级，我们许多人都不知道这件事，也没有一点感觉左权是蒙受不白之冤，受过委曲的人。”①

直到 1941 年 11 月的一天，平时沉静寡言的左权终于决定向自己敬重的良师益友彭德怀副总司令袒露心迹。

那么，此时左权为什么向彭德怀主动诉说起自己心中那段不堪回首的往事呢？

这年 7 月 1 日，为纪念中国共产党成立 20 周年，中共中央政治局通过了《关于增强党性的决定》，号召全体党员和干部从思想上、政治上、组织上克服各种不良倾向和作风，“更加增强自己党性的锻炼，把个人利益服从于全党的利益，把个别党的组成部分的利益服从于全党的利益，使全党能够团结得像一个人一样”②。

也许是出于曾遭受政治诬陷的敏感心理，在这份党内重要的文件下发后，左权的内心掀起了不小的波澜。

左权仔细地阅读着文件，同时内心进行着深刻的反思。回顾自己加入中国共产党后的历史，他自信对党是坦白的、忠诚的，对党的事业是积极负责任的。他

---

① 耿飚：《光照日月，浩气长存纪念》，《人民日报》1982 年 5 月 25 日。

② 中央档案馆编：《中共中央文件选集》第 13 册，中共中央党校出版社 1991 年版，第 144 页。

是如此珍惜共产党员的光荣称号，以至于在他看来，为了祖国的解放，自己的生命可以抛弃，家庭幸福可以置之度外，然而一个共产党员的清白和声誉却是不容玷污的。

当黄崖洞保卫战胜利结束后，左权再次拿起《关于增强党性的决定》这份他不知已读过多少遍的文件，一股冲动在内心激起。他怀着难以平静的心情找到彭德怀，眼含泪花地讲述了自己历史上曾受处分的经过，还若有所思地说："有王明在中央，我就翻不了身……"

彭德怀不由得想起，在1938年中共六届六中全会期间，自己在延安见到王明时，王明责问他说："左权是托派，你们怎么还让他当八路军副参谋长？"当时，他没有回答，只是瞪了王明一眼，便拂袖而去。他又想起，1940年4月，朱德离开八路军总部回延安时，自己曾托朱老总向上反映：左权同志名为八路军副参谋长，但实际肩负的就是参谋长的职务。仅此一点，为工作着想，也应该拿掉左权头上的"紧箍咒"。在彭德怀的眼里，自己身边的这位战友和助手寡言沉静、机敏练达、文武兼备、忠于职守。经过四年余的并肩战斗，艰难与共，他对左权不仅深深了解，而且十分倚重，凡遇重大军事问题均与左权共同研究决策。事实上，自从朱德回延安以后，"彭左"就代替了"朱彭"，成为八路军前方最高指挥机关的代称。而今，彭德怀从左权抑郁而恳切的眼神里，分明流露出一种渴望——一种对被组织信任的无限渴望。是啊，中央的政治信任，对于一个出生入死的党的高级指挥员来说，是至关重要的。即便是对于一个普通战士而言，党的信任也是重要的政治生命问题。于是，性情刚烈、为人正直的彭德怀决定直接向中央反映此事，只是他没有让左权知道。11月25日，彭德怀以个人名义致电中共中央书记处，其中提出：

> 几年来，对于左权同志的处分，虽在事实上早已撤销了，但在党的党规上从未作出明确结论，致左权对此事苦闷不释……根据我对左权同志的了解，不论在中央苏区及长征时期，对党的路线是忠实的，对于工作是积极的，负责任的。年来在政治上已有较高的进步，过去的问题应该清理一下，建议中央撤销他的处分，使其安心。

不久，左权也决定向中央写信，申诉自己的问题。当然，这不是屈服于王明等人的权势，而是出于对党的无限忠诚。12月29日，该信由彭德怀电传给中共中央书记处。信中写道：

> 我在1932年曾受过党的留党察看的处罚一次，是因为当时在肃反当中被反革命托派的陷害及调离闽工作时遗落托陈取消派文件一件，那文件是希林铎在外面带来后，（他从施简箱中拿出）为不使反革命文件传播故而收藏。但不久我就和项英同志去江西了，该文件究不知落到哪里去了。直到现在虽不

断回忆，总没有证明出来。这是个错误，也是个疏忽，愿受应有的处分。惟被托派陷害一事，痛感为我党的生活中最大的耻辱，实不甘心。但当时中央书记处他们未发觉，虽是曾一再向党声明，亦无法为党相信。故不能不忍受党对我的处罚决定，在工作中斗争中去表白自己。迄今已将十年了，不白之冤仍未洗去，我实无时不处于极端的痛苦过程之中。回溯一九二五年二月在广州入党，那年冬天即赴莫斯科。一九三〇年六月回国，同年九月入苏区，直到现在将近十七年了，在这过程中，我未离党一步，一贯受党的教育和培养，在党内生活，做党内工作……回国后到现在十余年了，除在闽西工作时有遗失托陈取消派的文件的疏忽的错误外，我没有犯过任何错误，我是真实的执行党的路线的，与反党错误进行过斗争，其中没有犯过有损于党的过失，也没有在任何斗争情况下动摇过，也没有在艰难困苦面前低过头。我没有苟安，也没有消极，我一切为党工作，为党的路线斗争。虽由于我之能力低微，无所建树，在工作中还有不少的弱点。但自问对党是真实的，对工作是负责的积极的……我没有灰心与馁气……总以真金不怕火炼，党有工作给我做，在斗争中在工作中去表白不白之冤，自有水落石出一日来安慰自己。现在我觉得不应再忍受下去了，故向党提出要求，请将我的问题作结论，洗涤这一不白之冤，取消对我的留党察看的处分。我再以坦白的布尔什维克的真诚坦白向党声明：我没有参加过小组织活动，我与反革命托派无论在政治上、组织上均无任何相同之点与任何组织关系。我并且可以以我的全部政治生活向党担保，我是一个好的中国共产党员，希中央讨论答复。

中共中央接到彭德怀的电报和左权的申诉信后十分重视，决定由中央组织部部长陈云负责对此事展开调查。陈云遂向当时参与处理此事的原中央保卫局局长邓发了解情况。1942年2月19日，邓发回信说明大致经过：当闽西的红十二军打下汀州时，上海的托派利用邮局寄刊物给红十二军政委施简。有一天军部开会议，第一团政委刘梦槐无意中在施简的衣袋里发现了托派的文件，刘当时即将此文件交给代理军长左权。左权看后说："没有什么。"便将文件放到自己衣袋里。这一情况左权没有向中央报告。施简后来被逮捕，便将托派文件的事情向苏区中央局作了报告。中央局即调左权回后方谈话。左权亦认为有此事，并承认错误，写了声明书。因考虑左权到苏区后一贯工作不错，故始终未作反革命论。

同时，第一二九师师长刘伯承也为左权的所谓托派问题向中央作了说明。

邓发的说明与左权的申诉，在具体细节上虽然有所出入，但有一点当是清楚的，即所谓"文件"一事，应该说只是一个误会，充其量也不过是左权有所失误而已。然而，它为左权带来的竟是至死不能释怀的"苦闷"。

左权牺牲后，即1942年5月下旬的某天，有一次毛泽东和时任第三五九旅副旅长的苏进谈话时曾说道：左权同志牺牲了，前两天他还给我来过一封信提到他的问题。我正要着手给他解决问题，他就牺牲了，很遗憾。据苏进在后来回忆当时的情景说，看起来，主席的心情是很沉重的，眼睛里含着眼泪，很动感情。[①]

正如左权所言：真金不怕火炼。当身处逆境时，左权受得住委屈，经得起考验，光明磊落，顾全大局。他以崇高的党性，表现了自己对党和人民事业的无比忠贞；他以无愧的人生，证明了他是中国共产党最忠诚、最优秀的党员。

又过了数十年，1979 年 8 月 30 日，刘志兰给中共中央组织部写信，要求为左权被王明路线打成托派一案平冤昭雪。12 月 10 日，中国人民解放军总政治部干部部复信如下：

> 刘志兰同志：
>
> 你一九七九年八月三十日给中央组织部的信，中央组织部九月二十七日转给总政治部。对为左权同志在中央苏区被王明路线打成托派平反昭雪问题，经我们与中央组织部研究认为：左权同志在历史上曾受王明路线的打击迫害，但以后纠正了错误路线，当时虽然没有做出书面结论，而并未影响党对他的信任和使用，左权同志牺牲后，中央对他有很高的评价，这就实际上为他平反昭雪了，所以现在就不需要再平反昭雪了……

历史的尘埃不会埋没一个真正共产党人的崇高与伟大。

左权有知，当会含笑九泉。

四、粉碎日军春季大“扫荡”

1942 年华北的春天，曾被人称为“前所未有的春天”，除了由于当年春天整个华北开始出现数十年不遇的大旱，更是因为在这年春天华北敌后遭受了日军十分残酷的大“扫荡”。天灾人祸甚于以往，抗日根据地军民经受了前所未有的考验。

还在太平洋战争刚刚爆发，即 1941 年 12 月 8 日黎明，日军华北方面军接到大本营发动太平洋战争作战命令的电报后，立即召集各兵团长举行会议，其司令官冈村宁次即席作了训示。参谋长安达对这一训示作解释，在谈到华北地位时说：“华北担负着建设和确保大东亚战争兵站基地的任务，它在形成东亚解放战争重要一环的使命中，其比重逐渐增大。”[②]12 月 22 日，日军中国派遣军总司令官畑俊六视察华北，又特嘱冈村宁次：要努力“确保重要资源，为充实我国防力量作出贡献”。

为使华北担负起“建设和确保大东亚战争兵站基地的任务”，日军华北方面军根据 1941 年度计划（后期）的作战指导纲要，同时为了防止在日军发动太平洋战争，部分兵力调走的新情况下，中国军队趁势反击局面的出现，决定先发制

---

①《苏进同志谈往事》，陈江一同志口述录音，1992 年 5 月 15 日。

② 日本防卫厅战史室编、天津市政协编译组译:《华北治安战》（下），天津人民出版社 1982 年版，第 3 页。

人。于是，自 1942 年 1 月以后，发动对整个华北地区的“扫荡”。其中，第一军几乎倾其所有主力，又从邻区抽调方面军直辖的部分兵力，发动了对太行、太岳及晋西北等抗日根据地的“冬季山西肃正作战（一号作战）”，号称“第一期驻晋日军总进攻”。日军之所以这样重视山西，是因为山西居于华北战略要地，自古称为天然堡垒，且煤铁资源丰富，特别是境内驻扎的领导整个华北抗战的中共中央北方局和八路军总部等机关，更成为日军企图灭亡中国的心腹之患，此即日军所谓“山西明朗化”是“华北特殊化”的关键。①

为了实施既定作战计划，自 1942 年 1 月底开始，日军陆续向各据点大量增兵。至 2 月 2 日，第三十六师团 9000 余人在潞城、襄垣、辽县，独立混成第四旅团及伪军一部共 2000 余人在太谷、寿阳，独立混成第一旅团及伪军一部约 1000 人在武安，第一一〇师团一部在高邑等地集结完毕，对太行区构成合围态势。同时，第四十一师团及第三十六师团各一部共 7000 余人，从安泽、霍县、灵石、介休等地完成对太岳区北部的合围。

2 月 3 日，各路日军按既定目标分头向抗日根据地腹地进犯。因日军此次“扫荡”处于农历春节前后，根据地军民习惯地称之为“年关‘扫荡’”。

当天拂晓，日军采取奔袭手段，分三路进攻太行军区第二、第三、第四军分区，一路由辽县北犯石拐，一路由襄垣、武乡东犯王家峪，另一路由潞城东北犯黎城，企图一举摧毁各分区领导机关或若干地方武装。但是，根据地军民早有准备，事前即已分散潜伏，日军沿途遭到正规部队和游击集团的不断伏击、袭击，行动受阻。各分区机关和若干部队及时转移，日军的奔袭作战全部扑空。

此后，潞城日军 5000 余人，附骑兵 500 余、炮兵一部，由黎城经涉县西北窜至东西辽城一带，乃兵分两路，向八路军总部驻地的桐峪和麻田地区奔袭。

当时，八路军总部同各根据地的领率机关一样，往往成为日军合围的主要目标。因此，它除了要通过电报对华北各根据地的斗争进行指导和协调外，还要同战斗部队一样直接处理自身周围的对敌斗争问题，包括对敌作战、反“扫荡”和大量的对敌工作。2 月 3 日晚，左权和彭德怀根据大量情报，已察觉到日军的企图。于是，总部和北方局机关按预定应急方案，在紧急动员之后，向麻田以东的郭家峪方向转移。左权一面指挥机关转移，一面命令总部特务团，将主要兵力分别部署在桐峪和麻田方向，以迎战日军，掩护总部撤退。

2 月 4 日拂晓，潞城日军的主力经东崖底长途奔袭桐峪，与八路军总部特务团一部发生激战。另一路日军，沿清漳河猛犯麻田，并有两架飞机赶来助战。按照左权的事先部署，早已扼守在麻田以东山地的总部特务团警戒部队，以少数兵力沉着应战。他们凭借熟悉的地形，同日军兜圈子，捉迷藏，走走停停，停停打打，牵着日军鼻子从一个山头转到另一个山头，顽强地阻挡日军陆空的轮番攻击，奋战至午，毙敌 100 余人。后该股日军经麻田、武军寺与桐峪日军会合。

---

① 转引自刘伯承：《总结太行军区二月反“扫荡”军事经验教训》，1942 年 3 月。

与此同时，辽县日军2000余人经栗城、苇则，于2月4日晨也猛击桐峪。在八路军一部与地方游击队的节节攻袭下，日军死伤颇多。

会合于桐峪的日军，因两步奔袭计划均告失败，便于2月5日晨急转向西。左权判断敌人因连续扑空必定气急败坏，且疲惫不堪，正是进行伏击的好时机，遂命总部特务团设伏于武乡县洪水镇的白草坪一带。日军果然运动至此，正中特务团埋伏。随着一声令下，特务团指战员们奋力扼险阻击，将日军挤压于峭壁深沟之中，步枪、手枪一齐开火，颗颗手榴弹在敌群中开花。双方搏杀竟日，特务团歼灭日军100余人，并以绵密的步枪火力网，击伤日军轰炸机1架。该敌机负伤之后，犹挣扎着向西南逃逸，后坠落于蟠龙西北，机毁人亡。

此后，日军主力8000余人集结于武乡的蟠龙、洪水一带，一面开始“清剿”贾豁、大有、石门等地区，一面日夜赶筑武乡、蟠龙至辽县的公路，作为进攻黄崖洞兵工厂的补给线和掠夺抗日根据地资源的运输线。

就在太行区狼烟四起的同时，“扫荡”太岳区的日军于2月3日由安泽、霍县、灵石、介休等地出动，奔袭驻唐城、郭道地区的太岳军区领导机关。扑空后，则在沁源地区进行“辗转抉剔”。

针对目前敌情，左权与彭德怀商量后认为，此次“扫荡”应看作是日军在太平洋战争爆发后战略上的垂死挣扎，其主要目标，一是摧毁抗战首脑机关；二是摧毁抗战军民的生存条件，因而不会是在较短时间内结束。仅就日军赶筑武乡、蟠龙至辽县公路的意图而言，如果听之任之，一旦修通，将不仅使太行区遭到严重分割，更会使抗日根据地的粮、煤、铁等重要资源被日军控制和掠夺，八路军的兵工事业就会受到极大打击。基于此，左权和彭德怀果断地决定，必须在“强化游击兵团内地坚持，主力兵团打击外线，组织轻便支队深入敌占区打击敌人要害”的作战指导方针下展开此次反“扫荡”战役。

2月7日上午，左权与彭德怀致电第一二九师首长刘伯承、邓小平，指出：“（一）估计此次反扫荡须坚持相当时日，谢富治所率之五个营以隐蔽集结于东崖底小塞地区休整，保持机动，同时以五分之二之兵力派得力干部指挥轮番向蟠龙、洪水、温城之线阻击交通，袭扰与伏击敌之小部为宜；（二）七七二团即向襄垣，蟠龙之线以西沁县，蟠龙以南出动，此间已直接令知矣；（三）一旅之一个营及石志本部应即向长治、潞城地区活动，乘虚积极打击其后方联络，袭击据点；（四）希即令太岳区组织精干小支队分向白晋路活动，阻击敌交通；（五）三分区应以有力部队分向沁县、武乡、蟠龙大道及白晋线积极活动。上述所出动之小部队均应派得力干部指挥之。”

中午时分，左权与彭德怀又致电晋察冀军区司令员聂荣臻、参谋长唐延杰，并报告中央军委。该电指出，日伪军正向太行和太岳抗日根据地进行“扫荡”，晋察冀军区应立即组织数支小部队，以营或连为单位，加强指挥，配属工兵，积极向正太铁路沿线特别是西段破击，袭击敌伪据点，配合太行和太岳地区，进行反“扫荡”作战。

当天，八路军发言人亦发表谈话，号召华北敌后军民认清敌寇不断袭扰的毒计，积极备战，克服太平洋战争爆发后存在的盲目乐观、疏忽轻敌的观念，给日军的“扫荡”以沉重打击。

2 月 9 日早晨，日军开始猛攻黄崖洞兵工厂所在的水窑山地，并以重炮掩护步兵分路进击，数十里可闻隆隆炮声。同时，日军一部千余人再陷桐峪，进至东崖底之线，迂回至水腰山地之侧背，企图围歼守备于此的八路军。不料黄崖洞兵工厂已于事前迁移与埋藏妥当，守备该厂的八路军总部特务团一部乃于 8 日夜撤出守备区域，唯一所能找到的只有去年日军在此被歼的遗迹。无奈之下，该路日军共 4000 余人便分成若干小股兵力，沿赤峪、东崖底、桐峪、苇则等地开始“清剿”，达六日之久。其间，600 余名日军在两门山炮的掩护下进击武军寺和下武村。此后，其他各路日军也都在所到之处实行反复“清剿”。

在分区“清剿”中，无论是集镇乡村，还是深山僻谷，日军疯狂实行“三光”政策，男女老幼横遭枪杀凌辱，房屋庙宇一概破坏焚烧，并到处捕捉壮丁，抢劫牲畜，掠夺粮食，连破铜烂铁亦悉数运走，企图摧毁抗日根据地的一切生存条件。更加惨无人道的是，日军将糜烂性毒气、毒剂，大量撒布于八路军总部和地方政权机关驻地的残存房屋甚至于群众家里，喷涂于故意遗弃的食品、衣服及日常用具上，致使当地众多百姓因中毒或遍体溃烂而死，或心肺衰竭而亡。当地曾有一女县长严重中毒，全身发烂，皮肤脱掉三分之二，虽因医治较早，幸免一死，然其痛苦至极可想而知。

日军板津大队长亲率部队星夜奔袭桐峪镇，因不见人影，不见粮食，被迫于下午离村。当晚群众返村后，狡猾的日军夜间突杀“回马枪”，再次将村子包围。日军用这种办法四进桐峪镇，杀死村民 120 余人，并将商店字号的商品抢劫一空，又将镇中心房屋焚毁殆尽。

针对日军的暴行，2 月 11 日，左权与彭德怀、罗瑞卿联名向各兵团首长发出著名的“真申”指示电，明确指出，日军在政治上大肆进行欺骗麻醉民众的活动，企图达到捕捉我军的目的。这是敌人在太平洋战争爆发后，企图从人力、物力、财力等方面消灭我军生存的条件，是对各抗日根据地“扫荡”的重要的军事、政治新方针与新方法。这个方针与方法，将在全华北、华南、华中实施。对此，应引起特别警惕。为粉碎日军这一新的“扫荡”方针与办法，该电指出：1. 各抗日根据地党政军民都必须有充分的准备，首先应有广泛深刻的政治动员，把敌寇“扫荡”太行、太岳的险恶事实在民众中进行广泛宣传，揭露敌寇新的阴谋，打破把在目前新形势下敌之“扫荡”，当作以往的“扫荡”看待的观点，指出自太平洋战争爆发后对敌后严重战局估计不足的盲目乐观主义，反对麻木现象。2. 对于反“扫荡”之战争动员，必须进一步的具体与深入。对于空舍清野，保全人力物力，必须有重新检查，纠正过去对于这些工作的粗枝大叶的现象。对于所有资材必须搬走分散隐蔽。对于自卫队民兵等的作战工作存在的形式主义，必须切实取消，使之更适应于战争。把群众性游击战争开展起来，这对粉碎敌人的“清剿”，是有极大作用的。3. 对反“扫荡”的作战指导，应从破坏敌人之长期“扫荡”与分路“清剿”为目的：（1）当敌主力进攻我们时，我主力部队应大大地向敌之重要交通线，特别是进攻我根据地之后方，乘机积极活动，破路翻车，袭击据点，消灭伪组织，破坏敌伪金融，截击敌之移动、运动部队，断绝交通。同时广泛散发我之宣传品，召开群众大会，发动敌占区民众破坏敌伪已组织起来之社会秩序，开展敌占区工作站等。（2）应以有力部队在宽正面向敌之临时补给线活动，打击敌运输队，中断其后方供给。（3）以一部行动配合各地方部队及人民武装向敌人腹地开展大规模游击战争，给予敌不断消耗与损失，使敌坐卧不安，不能分路，不敢“清剿”。（4）在有利条件下亦不放弃集结较大兵力消灭敌这一股或一路，但一般的反“扫荡”以长期为宜。（5）党政军民各个组织均应抽派大批干部，协同武委会领导民兵自卫队等坚持各个村镇、各个地区的游击战争，打击敌之“清剿”部队，直接保卫民众，以密切军民关系和锻炼民众游击战争。

为严惩日军的暴行，左权亲率总部特务团及第一二九师新编第一旅第二团第三营，转战清漳河两岸地区，灵活机动地阻击、截击到处乱窜的日军，使在这一地区“清剿”的日军天天心惊胆战。第一二九师则以主力一部，结合地方武装及民兵，连续广泛地袭击、伏击“清剿”之敌，予敌以重大杀伤。第三八五旅一部主动出击，与日军在赤峪附近终日激战，歼其100余人。另一部组成夜袭组，携带手榴弹分向南委泉一带袭击日军，特别是趁黎城岩头岭日军正在屋内烤火时，当即投入手榴弹炸死敌40余人。该旅部队在源庄、南委泉地区乘日军集合时，以突然的火力袭击，日军当场伤亡120余人。第二天日军向黎城方向撤退，八路军又跟踪追击，沿途再毙敌数十人。一时间，愤怒的杀声伴随着激烈的枪炮声响彻太行山区。

2月17日，由平汉线邯郸、武安、磁县出动配合“扫荡”的日军2000余人，奔袭东西达城，企图扑向转移途中的八路军总部队伍，但在太行军区第五、第六军分区武装坚决打击下，于19日撤回原防。

在转移途中，望着远处许多村庄冒出的滚滚浓烟，左权的心头犹如剪剜刀割，他仿佛看见面目狰狞的日军在肆无忌惮地发泄兽行，听到无家可归的群众那凄惨哀怨的哭声。他不时地思考着这样一个问题：从“皖南事变”到太平洋战争爆发后，由于国际国内局势的变动，八路军在敌后的处境更加困难。根据中共中央的指示，一个时期里，八路军曾停止过对日军主要交通线的过大威胁，以期暂时和缓敌人对抗日根据地的过多压迫。这无疑是正确的。但随着日军变本加厉，对我根据地实行分区持久的“扫荡”“清剿”，而我们自己方面甚至在某些领导干部中却滋长了麻痹退缩情绪，群众悲观消极。因此，当务之急，必须唤起人们的警觉，增强人们的自信。越是在这种局势下，越要提起全军的高度战斗意志。休息时，他向彭德怀谈了自己的想法，彭德怀也深有同感。

2月18日，左权与彭德怀再次电示各兵团首长并报告中央军委，对此前的真申电加以补充。该电指出，日寇为了破坏八路军持久作战的能力，除不放弃不断进行的军事压迫外，还企图彻底摧毁抗日根据地的一切设施和一切社会财富，包括人力、物力、财力，使八路军失去生存的条件，以达到消灭八路军的目的。对于这一点，要特别引起警惕。敌人在作战指导上，除一般的分进合击、突然奔袭、步步为营、铁壁合围外，还可能在“清剿”到一定阶段时，采用分组多支队，用梳篦队形，紧缩漏洞地带，横冲直闯，寻找八路军主力作战。该电特别强调：“太平洋战争爆发后，敌寇对我根据地军事进攻是不会松懈的，与敌人和平相处基本上是不可能的，全华北各个根据地均必须经常有着精神上之准备，坚决反对敌人之进攻。”为此，全华北各个抗日根据地就必须有更密切的协同与配合，各区域必须根据自己的实况来对某一被“扫荡”区所能起的直接或间接配合作用，应采用多种方法，从谣言攻势、政治攻势、游击队之积极活动、小部队继向敌袭击扰乱、破路翻车、乘虚乱击据点城镇、摧毁伪组织、扰乱敌商店机关、破坏敌统治秩序，一直到正面的直接配合作战等，以造成全华北“风声鹤唳”之势，使敌顾此失彼，到处感受八路军威胁，而不敢过多集中兵力对付一隅。为使敌人遭到不断的伤亡和消耗，各区域应经常组织数个精干的游击队，配合工兵，破袭敌之交通线。

遵照八路军总部的指示，太行、太岳军区基干武装积极转向日军所占的白晋、平汉两路进击，破路炸桥，袭击据点，曾先后两次攻占沁县车站，使白晋路五天未能通车。在八路军腹背夹击之下，“扫荡”太行区腹地的日军于 2 月 20 日撤退至黎城地区，“扫荡”太岳北部的日军撤退至临屯公路沿线。

这时候，日军在疯狂摧残太行、太岳等抗日根据地的同时，又施以怀柔欺骗等政治阴谋手段，如一面大烧大杀大抢，一面又宣扬其所谓“王道乐土”；一面大肆抓捕壮丁，一面又放回几个体质较弱者，给予路费，作为钓饵。日军还利用反动会道门及特务分子制造谣言，宣传“八路军见皇军来了就上山，皇军走了又下山”，散布失败情绪，离间八路军与人民群众的关系。日军的这些阴谋有一定的欺骗作用，一部分群众在敌人威胁利诱下悲观动摇，情绪消沉，埋怨八路军没在家门口打仗；部队中也有少数人在敌人残酷持续“扫荡”下埋怨地方帮助不够，对胜利前途发生怀疑。同时，在地方游击队及民众中，看见自己家乡被毁，父母妻子被杀，一部分人产生报复主义、拼命主义。

面对此种艰难复杂的情况，作为华北军分会委员[①]，左权与中共中央北方局代理书记、华北军分会副主任彭德怀在一个名为阳鄣的小村庄共同拟定了《关于粉碎敌人“扫荡”给太行、太岳的指示》。该指示以中共中央北方局、华北军分会联署的名义，于 2 月 25 日发向太行、太岳的党和军队，同时报华北各分局各党

① 左权于 1941 年 4 月任华北军分会委员。华北军分会，即中共中央革命军事委员会华北分委员会的简称。中共中央组织部、中共中央党史研究室、中央档案馆编：《中国共产党组织史资料》第 3 卷（上），中共党史出版社 2000 年版，第 73 页。

委各战略区，并报中央军委告新四军。指示指出：“太平洋战争爆发后，中央虽曾一再指示，敌人对我敌后根据地绝不会放松，斗争将更加残酷，‘扫荡’仍是可能的，但各个地区对这一指示的实际意义了解得极不深刻。有不少同志，甚至是重要领导同志，某种程度的轻敌心理是存在着的。在敌人开始‘扫荡’时，我们的准备工作是十分不够的。在战争过程中，我们的高级领导机关，对敌人此次‘扫荡’的特点及其残酷性，虽已逐渐地有了足够的认识，但在一般干部中仍然缺乏正确的了解与认识，认识上的混乱与模糊现象，直到今天还是严重的。除了军事指导外，直到今天，不论太行区和太岳区，还缺乏一套新的指导方针来有效地粉碎敌人的‘清剿’‘扫荡’，还缺乏一套新的适应长期‘扫荡’的战争环境下的更紧张的工作方式，许多侥幸与等待战争很快结束的心理也仍然很严重地存在着。”为此，指示强调：要防止和克服因敌人残酷烧杀、亲人遇害而产生的拼命蛮干现象，因敌人长期反复“扫荡”我党政军民各方面可能发生互相埋怨的现象，以及因敌情严重而产生的消极悲观、惊慌失措情绪和对坚持华北敌后斗争的伟大意义认识不足的思想；各级领导机关必须精干，主要负责人适当分散，到部队、基层对敌斗争，“反对拖着机关跑‘扫荡’的现象，反对等待‘扫荡’过后再进行善后工作的现象。必须使一切党及政府群众团体的机构在战争环境中仍能坚持工作，仍能更紧张地进行工作”；切实进行空室清野，加强民兵自卫队组织指挥，群众转移时，“反对依据狭隘的经验钻固定的沟渠和窑洞”；必须立即根据北方局1月会议的决定，派遣武装工作队，携带大量宣传品，到敌占区及各联络公路沿线去工作；用一切方法去团结群众，维护群众利益，进一步加强军民合作。指示最后号召华北“全党全军必须紧张起来，为粉碎敌人的‘扫荡’而斗争！”这个指示，对于进一步增强党的凝聚力，加强军民团结，稳定军心民心，坚定战胜日本侵略者的信心，巩固抗日根据地，起到了极为重要的作用。

至3月初，日军由于处处挨打，日夜受袭，士气低落，疲惫不堪，便逐渐开始撤退。太行、太岳两军区部队乘势追击，再歼敌一部。与此同时，在八路军内、外线部队打击下，“扫荡”晋西北抗日根据地的日军也被迫撤退。日军原定两个月的“扫荡”计划，仅一个月就被粉碎。

据后来八路军总部公布的太行年关反“扫荡”战果统计：大小战斗319次，毙伤日伪3917名（内有联队长、大队长各1人），俘虏日伪52名，击落敌机1架，毁汽车42辆，炸火车2列，破公路135里、铁路25里，收回电线6000余斤。

当“扫荡”太行、太岳的日军被赶出根据地之时，八路军总部机关及直属队尚在返回的路上。其间，由于队伍一直处于高度紧张的频繁转战状态，有时不免出现个别军容不整甚至违犯群众纪律的现象。对这种“军纪风纪不无松懈的情形”，左权认为“不仅予群众以最坏影响，实则于本军光荣传统之三大纪律、八项注意于不顾”，因而是断难容许的。为整顿军容，整肃军纪，维护人民军队的光荣传统，左权以八路军前方总部参谋长名义向所属各单位发出训令，对行军纪律加以严肃强调：（1）行军队伍以及大小行李务须遵照以前规定分别整齐，无论情况缓急不得凌乱失序，庶免遇事张皇；（2）各部无论大队或单独行动，对于警戒务须周密，切忌疏忽战斗准备；（3）进入宿营地点，务须先事侦察清楚，通知地方政权，取得群众乐意，不能纵容部属肆行无忌，形成骚乱现象，如离开宿营地，更应普遍深入检查，是否有违犯纪律事情发生；（4）情况缓和的行军，应顾及本队人员体力之保持，最低限度，十里距程，务须规定休息时间，以免过度疲劳，妨碍整个行动。[①]有道是：见微知著。无论在战时还是平时，心细如发的左权往往在问题刚露某种苗头的时候便认真对待，决不姑息，并且一经发现，及时纠正，这不仅是一个优秀的参谋长所必备的素质，更是他一向所坚持的从严治军思想的具体体现。

在一个多月的时间里，左权和彭德怀率总部机关及直属队先后经过辽县、黎城、偏城、涉县、邢台、武安等地，不仅在日军的合击中多次化险为夷，而且指挥抗日根据地军民取得了春季反“扫荡”的胜利。

由于武军寺、桐峪等村子的许多房屋不是被日军焚毁，就是被投放了大量糜烂性、窒息性毒剂，八路军总部已无法继续驻扎。3月8日，还在返回的路上，左权就变更总部各机关驻地的事宜发出通报，指定总部司、政、后各机关和北方局分驻上下南会、前后柴城、上下麻田、军寨、云头底、上下口及苏公村等地，并要求各部翌日即按以上指定位置派人前往设营。[②]这样，左权和彭德怀不得不离开曾居住了一年多的武军寺村，开始移驻与武军寺一河之隔的小村庄——上南会。

此前，总部管理科一位工作人员，在日军刚刚退出武军寺时，就带领一些战士回去收拾总部驻过的房子和清理埋藏的物资，不料有数人发生中毒，但他们仍然坚持工作。总部回去以后，左权马上前往亲切地慰问他们，表扬他们积极负责、爱护财物的勇敢精神，并利用这件事，号召机关所有干部加强对军事科学知识的学习，教育大家要同狡猾凶恶的法西斯作战，单靠勇敢和已有的经验是不够的，还必须具备各方面的知识。

持续经月的鏖战结束了，但它留给人们的思考却远没有结束。在随后的一段时间里，左权心头总是萦绕着根据地人民所遭受的巨大破坏和损失，脑海中不断闪现出刀光剑影下八路军将士英勇牺牲时的悲壮情形。在这次“扫荡”中，日军仅在太行区即杀害根据地人民4025人，抢走牲畜6090头，烧毁民房9392间，毁掉粮食37357石。在反“扫荡”作战中，八路军第一二九师新编第十旅旅长兼太行军区第六军分区司令员范子侠、太行军区第三军分区司令员郭国言等优秀指挥员壮烈牺牲。3月14日，左权和彭德怀以沉痛的心情向中共中央军委汇报了这一情况。

左权和彭德怀及时地总结了太行区春季反“扫荡”的经验，于3月18日通报八路军晋察冀军区首长，并报告中共中央军委。该电在指出日军“以迅速突然

---

① 见左权于1942年2月23日发布的《训令》。

② 见左权于1942年3月8日发出的《通报》。

行动先袭我高级指挥机关"、分区反复"清剿"、避我主力、掠夺资材、施布毒质、残酷烧杀的同时，在自己方面则特别强调："自太平洋战争爆发后，对敌后战争严重性估计不足，缺乏备战工作，而遭某些可以避免的损失。这种现象不仅在群众中、一般干部中，甚至在某些领导机关干部中特须注意"；要彻底进行空舍清野，应以群众力量及政府公布法令严惩小偷；要多教育干部加强民兵工作，增强地区游击队活动能力；要以主力部队转到敌人后方联络线上活动，扰击敌人重要据点；要彻底隐藏资材，并保守秘密；要对敌人宿营驻地进行不断袭击，杀伤其人马，增加其恐慌；要对敌人适时提出新的口号，印发宣传品；要在军民中进行广泛的防毒教育，免遭敌害。①

这个用鲜血换来的宝贵经验，对晋察冀抗日根据地和其他抗日根据地以后的反"扫荡"作战，无论在思想上还是战术上，均提供了极为有益的指导。

① 彭德怀、左权致聂荣臻、唐延杰电，1942 年 3 月 18 日。

第十七章　热血铸太行

一、“黎明前的黑暗”

“黎明前的黑暗”[①]——这是左权对1942年华北敌后军民所处的最艰苦、最困难阶段的形象比喻。坚信黎明终将来临，表明了他对抗战必胜的坚定信念。然而，战争胜利的曙光和黎明，从某种意义上说，是无数先烈用自己的鲜血染红的。

日军自对太行区的春季“扫荡”失败后，即利用边沿地区群众躲避“扫荡”尚未返回以及群众中存在的不安心理，加紧推行“蚕食”政策，沿平汉铁路西侧，在北起元氏西北的仙翁寨，南至武安的任家岭一线修筑起第三道对抗日根据地的封锁线[②]，跳跃前进达15公里。在白晋铁路两侧，日军则以特务活动与小股武装的频繁“清剿”相配合，极力组织“维持”政权，并于4月底修筑起武乡经榆社至辽县的公路，将太行军区第三军分区分割为两块，第二军分区纵横只剩25公里左右。至5月，整个太行抗日根据地的面积减少了五分之一以上，人口由240万减为150万。

与此同时，华北地区其他抗日根据地也都处于严重退缩的局面，八路军各部队的战略机动更加困难，回旋余地越来越窄。至4月底，冀中区基本区的面积和人口均减少了约三分之二。冀南区仅剩下枣（强）南、武（城）北、威县以南之香城固附近及馆陶周围这三小块地区。山东抗日根据地小清河以南、胶济线以北、寿光以西、邹平以东地区变成敌占区或游击区；鲁南根据地则成为“南北几十里，东西一枪穿”的狭长地带。晋西北抗日根据地由300万人口减少到70万—100万人口，雁北地区基本变为敌占区；地处忻县、岚县、离石、汾阳间的第八军分区仅剩17个行政村；第三军分区的忻（县）静（乐）公路以南、汾河两岸地区的大部分村庄被日军占领。

形势清楚地表明，日军虽然暂时停止了大规模的军事“扫荡”，但正以一

---

① 左权：《开展反对敌人蚕食政策的斗争》，《党的生活》第53期，1942年5月15日。

② 百团大战后，日军沿平汉铁路设有两道重叠遮断壕，全长约250公里。1941年夏，日军在北起获鹿，经南佐、赞皇、柳林、三王村、赵店、营井、和村、彭城、观台至水冶，修筑起对太行抗日根据地的第二道封锁线，向西跳跃15—20公里。

种“较和缓的、隐蔽的、波浪式的同时是逐渐的方式”[①]加紧向各抗日根据地“蚕食”，而其所造成的危害，“较之严重的‘扫荡’与‘清剿’，实有过之无不及”[②]。因此，打退日军的“蚕食”，扭转敌进我退的局面，已是刻不容缓的事情。

实际上，自1941年日军推行“治安强化运动”以来，敌后抗日根据地即开始出现较为严重的退缩局面。针对日军在冀南实行“蚕食”政策，中共中央军委曾于当年6月指示：“击破这种政策的中心环节，在于有正确的政策，主要应从政治上着手，而不能只是军事进攻，或以军事进攻为主。”[③]中共中央北方局也于1942年1月正式决定建立“武工队”，贯彻“敌进我进”的方针，深入敌占区展开工作。但由于种种原因，仍未能扼制住日军“蚕食”的势头，敌进我退的局面尚未扭转。

为了揭开笼罩在日军“蚕食”政策上面的神秘面纱，在春季反“扫荡”作战中，左权和彭德怀就特别注意考察行军所过辽县、黎城、武安、涉县等县的接敌区的状况，思考着打破“蚕食”政策的对策。

春季反“扫荡”结束后，左权和彭德怀征尘未洗，立即把主要精力投入到研究对付日军“蚕食”政策的办法上。

面对一个个抗日根据地急剧缩小的版图，读着一份份各地上报的材料，左权仿佛看到日军正在张开血盆大口，贪婪地吞噬着自己的心。

有一次，左权向彭德怀谈了自己对“蚕食”政策的看法：“‘蚕食’政策是目前敌人向我华北各抗日根据地进攻的一个主要手段，这是在敌人困难日益增加，兵力更感不足，摧残我根据地的一切方法遭受失败的条件下，由‘治安肃正’与‘治安强化’发展而来的一个最毒辣的阴谋。自敌人的‘蚕食’政策实施以来，由于我各方面给敌以有效的打击不够，就造成了目前全华北敌寇‘蚕食’我根据地的严重局面，造成了某些根据地敌进我退的异常严重形势。”对于很多问题，左权往往能入木三分地从理论上加以分析。

对此，彭德怀完全同意，并且不无忧虑地说：“许多地区对敌人这一恶毒的阴谋，过去以及现在都表现了不容许的忽视与麻痹，表现了消极退缩与单纯应付，至今除少数地区外，还没有一套有效的具体办法来停止与粉碎敌人的‘蚕食’进攻。”[④]少顷，他又慢慢地补充道：“要取得反‘蚕食’斗争的胜利，正如中央去年所指出的，关键在于正确的政策。”

左权十分理解彭德怀此时的心情。自彭德怀实际上全面担当领导华北敌后党军政民抗战的重任以来，敌后战场取得的每一项重大胜利，无不凝聚着他的心

① 左权：《开展反对敌人蚕食政策的斗争》。

② 中共中央北方局、华北军分会：《关于反对敌人“蚕食”政策的指示》，载山西省档案馆编：《太行党史资料汇编》第5卷，山西人民出版社2000年版，第302页。

③ 中央档案馆编：《中共中央文件选集》第13册，中共中央党校出版社1991年版，第124页。

④ 中共中央北方局、华北军分会：《关于反对敌人“蚕食”政策的指示》，载山西省档案馆编：《太行党史资料汇编》第5卷，山西人民出版社2000年版，第301—302页。

1942 年的左权

血；而暂时遭受的每一个挫折，又总是牵涉到他极大的精力。左权知道，作为彭德怀的主要助手，自己必须竭尽所能，替他分忧解难。因而，在那段时间里，左权经常忘我地伏案奋笔，有时甚至彻夜不眠。

经过月余的艰辛，在总结各地对敌斗争经验的基础上，一套完整制敌之策的清晰思路在左权和彭德怀的头脑中最终形成。1942 年 5 月 4 日，由左权执笔、以中共中央北方局和华北军分会名义作出的《关于反对敌人蚕食政策的指示》（以下简称《指示》）迅速发向华北地区的共产党、八路军，并被习惯地称作“五四指示”。

《指示》指出，几年来，抗日根据地的严重退缩，由敌人的“蚕食”造成者占十之七八。接着，《指示》分析揭露了日军“蚕食”根据地的三个步骤：发展暗“维持”，配合以残酷“扫荡”；依托其据点迂回 30—40 公里建立新据点，形成一个个封锁地带，称为格子网；公开建立伪组织，实现完全占领。《指示》指出，尽管敌人的“蚕食”在政治上、军事上有极其严密的配合，但空隙还是很多。要看到敌人的根本弱点——兵力不足，前进则后方空虚，不得不更多利用伪军伪组织。这就给八路军以更多机会，采取广泛的游击活动与政治进攻的办法。在深入分析日军“蚕食”政策的实质、特点、危害性及实施步骤之后，《指示》高屋建瓴地指明了反对“蚕食”政策的方针和策略，明确提出：反“蚕食”的基本方针应是以武装斗争为中心，发挥党、政、军、民的整体力量，把政治斗争与军事斗争、隐蔽斗争与公开斗争有机地结合起来，展开全面的对敌斗争；正规军应以三分之一或二分之一的力量，以连、营为单位，分散到边沿区，与党政机关密切配合，灵活地开展游击活动，并充分发挥武工队的作用，针对日军“蚕食”的每一步骤，予以及时、有效的打击，以保卫根据地。《指示》最后强调：“坚决地展开反‘蚕食’斗争，是目前华北全党全军的一个最紧急的任务。只有争取这一斗争的胜利，才能使我们渡过这一段黎明前黑暗的艰苦的路程。”

为了对“五四指示”的精神从理论上作进一步的阐释和补充，以提高人们对日军“蚕食”政策的险恶实质的认识，增强华北地区共产党和八路军贯彻“五四指示”的自觉性，5 月 10 日，左权撰写出《开展反对敌人蚕食政策的斗争》文章，发表于 5 月 15 日出版的中共中央北方局机关刊物《党的生活》第 53 期。在这篇长达一万余字的文章中，左权从分析日本侵华战争的本质以及中日战争双方的特点入手，深刻揭露了“蚕食”政策是日军企图“变点线占领为面的占领的基本手段”和进行“以政治为中心，一元化总力战的具体表现”。该文指出，反对敌人“蚕食”政策的基本环节，就是充分的群众运动与武装斗争的有机联系与配合问题，也就是正确地掌握政策与深入工作的问题。为此，必须实现各种斗争形式的配合，展开全面对敌斗争；必须坚持“攻势防御”的指导方针，开展积极的游击战争；必须深入贯彻党的政策，切实提高干部的自身素质。文章强调，要克服反“蚕食”斗争中的右的和“左”的两种倾向，并明确指出：右的倾向是退却逃跑，在敌人“蚕食”时表现惊慌失措，不坚持斗争；“左”的倾向就是错误地认为坚持斗争就是不失一寸土地，就是与土地共存亡。两种偏向的产生，皆因对整个战争局势、敌我力量缺乏正确的估计，对抗日战争的持久性与复杂性缺乏正确的认识。

值得注意的是，无论是《关于反对敌人蚕食政策的指示》，还是《开展反对敌人蚕食政策的斗争》，都在其中提到关于“合法斗争”问题，并强调指出：在敌占区，合法斗争是主要的斗争方式；在游击区，则必须把武装斗争与合法斗争结合起来，而以武装斗争为主。所谓合法斗争，是与革命的“两面政策”巧妙地联系在一起的斗争策略，是指在被“蚕食”的地区，一方面加强对伪军、伪政权组织的工作，引导其在适当范围内为我服务；另一方面，抗日团体及政权组织应采取隐蔽的方式，注意保存自己。对此，时任彭德怀秘书的李琦，于半个多世纪后这样写道：“据我记忆，在边沿地区和游击区，把合法斗争和非法斗争结合起来，表面上应付敌人，实际上为我服务，用‘两面政权’（两面派政策）粉碎敌人的‘强化治安’，这种名叫反蚕食斗争的斗争方法，最早就是由左权提出来的。在敌后斗争最艰苦的阶段，是很有力量的一种办法，一种策略。后经北方局同意，在整个华北敌后普遍推广，发挥了巨大威力。”①

“五四指示”发出后，很快在八路军华北各战略区得到贯彻执行，对于粉碎日军“蚕食”政策，扭转敌后抗日根据地严重退缩局面起到了重大的指导作用。至同年秋，除部分地区外，华北的形势开始好转。1943 年 1 月 26 日，邓小平在中共中央太行分局高干会议上的报告中，曾针对本区的情况说：“1942 年成立武装工作队……特别是北方局、军分会提出反‘蚕食’斗争之后，收效很大。所以 1942 年 5 月以前，根据地还始终是退缩的，5 月以后则完全改观。”②

“五四指示”是“彭左”联手、将帅协谋，共同指导敌后抗战的生动体现。它同《开展反对敌人蚕食政策的斗争》一起，体现着左权对抗日战争中对敌斗争策略问题所作的深入研究和思考，是左权生前为保卫抗日根据地在理论上做出的最后一个重大贡献。

人们常说“春华秋实”，可令人痛心的是，左权再也没能看到自己辛勤劳动

---

① 李琦：《深情地怀念彭总》，载彭钢编：《彭德怀纪念文集——人民的怀念》，解放军出版社 2000 年版，第 94 页。

②《邓小平文选》第 1 卷，人民出版社 1994 年版，第 37 页。

后的丰硕收获！

当“彭左”以主要精力指导华北敌后军民反“蚕食”斗争之际，驻山西的日军第一军司令官岩松义雄中将正在精密策划着对太行区的更大规模的“扫荡”。其实，把对抗日根据地腹地“扫荡”与边地“蚕食”结合起来，以“蚕食”占领的点线作为“扫荡”的依托，以反复“扫荡”加速向根据地腹心的“蚕食”，这是日军近来常常采用的更阴险的手法。

还在对太行区的春季“扫荡”进行之际，日军华北方面军即于 2 月 25 日、26 日召开所属各兵团参谋长会议，下达本年度《治安肃正建设计划大纲》，规定“治安肃正的重点，应放在以剿共为主的作战讨伐上，首先对冀东、冀中地区，然后对太行山北部地区开展治安肃正工作”，[①] 以求巩固占领区，使华北切实担负起“建设和确保大东亚战争兵站基地的任务”。

根据日军华北方面军年度作战计划，经过一段时间处心积虑的筹划，岩松义雄和幕僚们制订出一个所谓“晋冀豫边区肃正作战（C 号作战）”计划，并于 4 月 16 日向所属部队秘密下达作战计划大纲。其设想是：预定 5 月 15 日作战开始，共分三期进行，第一期（8 天）消灭太岳南部沁河河畔的八路军；第二期（20 天）“扫荡”太行区涉县北部；第三期（20 天）对太行区涉县南部八路军作战。其中，第二期是重点。

所谓太行区涉县北部地区，亦即清漳河流贯其间的辽县、涉县、黎城这一三角地带。该区位处晋、冀、豫三省的交界，是太行山的主脉所在和整个太行抗日根据地的腹心。这一带山峦重叠，沟壑纵横，居高临下，自成一大块天然屏障。从军事战略上说，它是向四周展开的中心；从政治和经济的意义上说，它是积聚太行地区各种主要抗日力量的后方和基地。中共中央北方局、八路军总部和第一二九师师部等领率机关，都长时期驻扎在这里，更使它成为华北游击战争的心脏和神经中枢。另外，位居辽、黎之间的黄崖洞兵工厂，则是八路军最大的前方军工生产基地，为当时华北各抗日根据地军民武器装备供应的重要来源之一。而日军惊呼这里是“繁殖游击战争的基地”“心腹之患”，因而，这一地区就成为日军反复合击和必欲摧毁的主要目标。

自 1942 年 4 月初开始，日军华北方面军精心导演的系列“扫荡”相继展开，先是对冀东、北岳和冀南地区进行“扫荡”，继而又出动五万余兵力，由华北方面军司令官冈村宁次亲自指挥，“十面出击”，于 5 月 1 日开始了对冀中抗日根据地的“铁壁合围”和“拉网”式大“扫荡”。

冀中居于华北心腹地区，号称华北的“粮仓”，在战略上和经济上均具有重要地位。早在 1941 年 12 月 12 日，左权和彭德怀就针对太平洋战争爆发后的新形势，发布《坚持冀中的战略指示》，指出：为支持太平洋战争，日军有大规模

---

① 日本防卫厅战史室编：《华北治安战》（下），天津市政协编译组译，天津人民出版社 1982 年版，第 101 页。

"扫荡"晋察冀，特别是"扫荡"冀中区之极大可能；并要求根据地军民提高警惕，做好准备。日军对冀中抗日根据地的大"扫荡"开始后，彭德怀和左权便以极大的精力，始终密切关注着冀中斗争进程。

这时候，各地有关日军动向的错综消息不时涌向八路军总部。

有来自日军许多前锋据点的故意"透露"，如第三十六师团要南下渡黄河，第四十一师团要调平汉线；某时某刻将进攻彼处，不"扫荡"此处。北平的伪广播亦云：山西派遣军已有一部调到河南作战，冀中、晋西北均发现第四十一师团番号。同时，日军还于据点频频征调民夫和毛驴，征来又放回，放回又征来；又以小股兵力"扫荡"正太铁路和平汉铁路以东地区。

当然，更有来自八路军驻各地情报系统的报告：

1942 年 4 月 30 日，日军由正太线经阳泉向西运送 600 只狼犬；阳泉已经增调 1200 多日军，在城郊到处要牲口。其他方向也有增兵的迹象。

5 月 3 日，辽县日军从和顺大量运集席篷材料。

5 月 9 日，由内线情报和侦察报告得知：长治、潞城、襄垣日军正频频调动，同时在紧急征集粮草、骡马等，且老爷岭等地的公路也在紧急抢修。

5 月 11 日，豫北办事处通报：平汉路近日运输繁忙，大批日军南下安阳、新乡，正集结于这一带补充粮弹。

随后，又接到第一二九师的敌情通报：据太行军区第二军分区报告，榆（次）太（谷）寿（阳）敌征集民夫、牲口，日军并进行通过障碍物的演习，阳泉有集敌千余说。另榆次马坊敌传出消息，日军准备对我施行夏季新"扫荡"，称之为"第二次日军总进攻"，时间为三个月。

…………

真是疑云丛生，扑朔迷离。此时，敌人的真实意图到底是什么呢？是以谎言佯动迷惑我军？还是声援冀中，牵制我军？抑或很快就要"扫荡"太行山呢？左权和彭德怀冷静地思索着，一时难以作出准确的判断。

客观地说，对于日军可能再次"扫荡"太行山，甚至将会造成的更加残酷、更加严重的后果，左权和彭德怀不是没有充分的估计和清醒的认识。从太平洋战争爆发后，他们就反复向敌后广大军民强调，要警惕和消除一切"轻敌"和"麻痹"思想，打破把在目前新形势下敌之"扫荡"，当作以往"扫荡"看待的观点。在太行、太岳区的春季反"扫荡"开始后，贯穿他们指挥策略始终的，依然是对新形势下反"扫荡"艰苦性、复杂性和严重性的充分估计和认识。以至于在不久前的 3 月 18 日，他们在总结太行区春季反"扫荡"的经验时，还特别把自太平洋战争爆发后，在干部和群众中一定程度上存在的对敌后战争严重性估计不足，缺乏备战的教训，放在首位。但是，在他们看来，有一点是不太可能的，那就是日军"扫荡"太行山的时间应不会是现在，至少不会是在日军于冀中大"扫荡"展开之际，因为依据经验判断，由于日军兵力严重不足，使其不可能在同一时间进行两个地区的"扫荡"，尤其是集中大的兵力进行大的"扫荡"，这在过去未曾有过。因而，即使这时日军对太行区有所蠢动，也不过是声援冀中而起些牵制八路军的作用。[①]

尽管如此，为了预防万一，本月中旬，左权和彭德怀依然向全区发出了紧急备战命令，要求有关部门认真研究春季反“扫荡”的经验教训，切实加强对敌动向的侦察工作，认真做好应对“扫荡”的战斗准备。

冀中战局的每一变化，无不牵动着左权和彭德怀的心。5月14日，针对日军增兵冀中，“彭左”电示八路军第一一五师代师长陈光、政治委员罗荣桓，第一二九师师长兼太行军区司令员刘伯承、政治委员邓小平、太行军区副司令员王树声并晋察冀军区司令员兼政治委员聂荣臻、第三纵队兼冀中军区司令员吕正操和政治委员程子华并报中央军委，命令各区各部在反“扫荡”作战中相互予以有力的配合：冀南应组织一、二挺进队向德石线破袭；石家庄至北平段平汉线各部之应战由聂荣臻直接命令执行之；第一一五师教导第六旅应向津浦路德（州）沧（州）段破袭；太行军区第一军分区应向石家庄以南及以西之平汉、正太段进行破击；以上各部不仅要尽一切手段进行破路、翻车，给敌以消耗打击，以达到牵制与妨碍敌人之目的，还要经常注意查报有关情势。

5月16日，日军转入第三期作战，在冀中抗日根据地中心区留下机动部队，隐蔽集结于主要点线，故意留出较大空隙，引诱八路军返回。当此关键时刻，密切关注冀中斗争进程的左权和彭德怀于18日电示聂荣臻等，指出：在日军“确保华北，必须首先确保晋察冀区，尤其首先确保冀中区”的战略企图下，我必须改变某些斗争方式以求减轻损失，才能长期坚持冀中，坚持华北。为此建议：（1）抽出正规军三个团及部分地区军转移到山地，扩大山区根据地。（2）某些地方斗争准备采取两面政策，不能立足的地方干部应随军转移；公开的游击斗争应与秘密的小型的除奸等斗争相结合。（3）避免过大过早的疲劳与牺牲，以便在最后阶段的反“清乡”斗争中打击敌伪的分散“清剿”。实践证明，这是非常及时和正确的。20日，“彭左”又以中共中央北方局、中央军委华北分会的名义致电八路军第三纵队兼冀中军区司令员吕正操等，号召冀中全体军民，团结在冀中党及冀中八路军的周围，发挥最大的顽强性与坚韧性，争取粉碎敌人此次大“扫荡”的全部胜利。

就在“彭左”正全神贯注于冀中战局发展的时候，岩松义雄乘机向太行山不动声色地打出阴险的“连环拳”。

5月14日，日军第三十六师团主力及第六十九师团一部共7000余人在飞机侦察轰炸配合下，突然“扫荡”太岳区南部地区，开始了其所谓“第二期驻晋日军总进攻”和“空军轰炸季节”。日军两度奔袭合围东、西峪为中心的地区，企图以“反转电击”的战法捕歼太岳军区领导机关和部队。八路军第一二九师第三八六旅主力和军区机关及时转出外线，和坚持在内线腹地的第十六、第七七二

---

① 王政柱:《向叶（剑英）参谋长之报告材料》1943年6月17日。

团一部配合作战。

然而，日军对太岳区的“扫荡”，只是属于声西击东的迷惑性质，重点是对太行区北部尤其是对八路军总部所在地区的“扫荡”。就在日军于太岳区扑空以后，岩松义雄正暗暗从各地抽调兵力包围太行：其第三十六师团主力于 18 日撤回白晋线长治至沁州一带集结，其中一部于 19 日夜秘密开至辽县，另一部开至潞城、襄垣、虒亭三处据点，并将潞城四门关闭，不准行人进出，大肆散布谣言，说中央军来进攻潞城，借以封锁消息，迷惑视听；独立混成第三旅团则以一晚的时间，用汽车由晋西北经太原运至和顺、辽县一带；其他各部日军也都秘密迅速地集结于太北区周围。

5 月 19 日，日军独立混成第四、第八旅团 5000 余人分别由正太铁路和平汉铁路的平定、昔阳、井陉、元氏、赞皇等据点出动，连续合击测鱼镇、黄北坪，展开对太行第一军分区的攻击。21 日，东线日军独立第三旅团主力及独立第一旅团一部由武安一带出动，沿武（安）涉县公路西进，占据鸡窝铺、偏店；冀西邢（台）沙（河）地区伪军及据点少数日军分股向太行区第六军分区进击。同日，西线日军第三十六师团一部也由潞城、襄垣等白晋铁路据点分路出动，向太行区第三军分区进犯。参加此次“扫荡”太北区的日军，除第一军所辖的第三十六师团主力和独立混成第三、第四旅团主力外，还有从邻区调来的直辖于华北方面军的独立混成第一、第八旅团各一部，再加上配属部队及空军第二十九独立飞行队，共 20 个大队，2.5 万余人。

一时间，太行山上狼烟迭起，黑云压城……

日军于此时发动对太行区的大规模“扫荡”，看来多少有些出乎“彭左”的预料！

二、踏上转移之路

自太行抗日根据地建立以来，日军即视为眼中钉、肉中刺，每逢年关、夏收和秋收时节都要进行一番“扫荡”，似乎成了“惯例”，有时还专门捕捉八路军领率机关。因之，“扫荡”和反“扫荡”成为日军与八路军斗争的主要内容。驻于这一地区的中共中央北方局和八路军总部，作为领导整个华北敌后军民抗日斗争的两大领率机关，由于自身警卫力量不足，在斗争实践中也就形成了对付日军的有效办法：敌人逼近时我们就走，敌人走了我们再回来。就这样，在不断的转移中寻机歼敌，粉碎了日军一次次的“扫荡”，取得了一个又一个的胜利。

然而，狡猾的日军汲取了以往失败的教训，第一军在这次“扫荡”前做了精心的准备。

还在春季“扫荡”时，日军即总结出：围歼八路军的方法，应采取“以大部队从正面广阔展开包抄，然后逐步缩小包围圈”。为此，就必须：善于侦察和隐匿自己意图，奇袭包围、反转攻击，“在构成包围圈时，从四面包围不是完善办法，应从八面、十二面，从各种高低不同的地势分进合围，这点十分重要”[①]。

根据这一认识，这次日军决定采用“铁壁合围，捕捉奇袭”等战法，每路日军多以大队为单位，其主力由前锋据点出动，先在前进路上各自进行局部合击，然后齐向腹地预定目标远距离奔袭，作向心的大合击；当构成合击圈后，空中以飞机侦察轰炸，四周以梳篦队形向心压缩，并在合击圈要点设“残置封锁部队”予以堵截，企图聚歼八路军。

尤其是，鉴于过去屡次使用大部队捕捉八路军统率机关不能奏效，且异常分散与疲惫兵力的教训，这次日军特别挑选受过专门特务训练，具有丰富特务活动经验的士兵，组成“特别挺进杀入队”，对外称“挺身队”。其任务是：刺杀朱德、彭德怀、左权、罗瑞卿、刘伯承、邓小平，捣毁八路军领率机关。“如不得手时也应搅乱敌指挥中枢、报告敌主力退却方向以及在敌人隐藏军需品之前发现其所在。”[②] 其中，最凶恶的即是由第三十六师团的两个步兵联队各约一百名士兵分别编成的“挺身队”：第二二三联队以益子重雄中尉为队长，专门对付八路军总部；第二二四联队以大川桃吉中尉为队长，专门对付八路军第一二九师师部。为此，他们精心印制了八路军主要干部的相片、履历，甚至对邓小平当时正在太岳区检查工作的情况也一清二楚，并在其照片下加上了“在太岳”几个字。随后，便身穿便衣，或化装成八路军模样，夜行昼伏，先于主力潜入抗日根据地内。

日军此次“扫荡”在战术上的“革新”[③]，的确曾一度给多谋善断、能征惯战的“彭左”出了不小的难题。

由于参加东西南北四面合击的各路日军在由边沿地区向腹心地区的进击行动是相继开始的，起初形势并不明朗，所以，左权和彭德怀不断地修正着自己对敌情的判断。

日军首先于 5 月 19 日从北线石家庄西南地区展开对八路军太行军区第一军分区的合击，这很容易给人以此次行动不过是声援冀中的错觉。当日军接着于 21 日由东线武安、西线潞城等地发动进攻后，左权和彭德怀判断这是日军的一次例行“扫荡”，其目的是为打通邯（郸）长（治）公路，推动周围各据点向抗日根据地“蚕食”。同时，“彭左”认为，由于日军的兵力严重不足，不得不到邻区抽兵，这种剜肉补疮的办法，恰恰暴露了其色厉内荏、外强中干的本质。因而，八路军一方面要积极进行反“扫荡”，另一方面则可以利用日军抽兵的情况，把反“蚕食”和反“扫荡”斗争密切协同起来，把内线作战和外线出击有机结合起来。据此，“彭左”电示第一二九师师长刘伯承、参谋长李达：令第三八五旅积极开展武（乡）襄（垣）间及白晋线破袭战，另以有力一部进至襄垣以南作战，以一个团挺进至涉县响堂铺大道以北地区，与路南部队配合，打击武安向西出袭

---

① 日本防卫厅战史室编：《华北治安战》（下），天津市政协编译组译，天津人民出版社 1982 年版，第 20—21 页。

② 日本防卫厅战史室编：《华北治安战》（下），天津政协编译组译，天津人民出版社 1982 年版，第 181 页。

③ 日本防卫厅战史室编：《华北治安战》（下），天津政协编译组译，天津人民出版社 1982 年版，第 176 页。

扰敌人，另一个团控制西辽城附近要地；令太行第三军分区部队积极打击向我内地深入之敌，并配合敌占区武装工作队广泛开展反“蚕食”斗争。

同时，左权和彭德怀再次要求总部及北方局各单位行动起来，加强警戒，做好反“扫荡”的战斗准备。

22 日早晨，总部得报：即日拂晓，当地民兵在桐峪西北部山林地区老林圪洞附近，发现一支来路不明的武装队伍，身着便衣，携带小型电台，有一百多人，后去向不明。联系到最近一段时间关于日军“挺身队”活动的情况[①]和近两天来总部电台发现的奇怪信号，左权分析，这股便衣武装很可能是由辽县出发的日军“挺身队”，为袭击我领率机关而来。于是，他一面指示参谋通知各部，凡有关军事机密和我军行动与驻地的消息，不准在电话上明述，以免被敌探截取，一面将此情况向彭德怀汇报。彭德怀也意识到问题的严重性。

为防止辽县日军的突然进犯，左权打电话给总部特务团团长欧致富，令其抽调部分兵力部署于桐峪、上下交漳等几个方向，如发现日军行动，应尽可能长时间地将其拖住。

随后，总部又接到来自各方面的情报：北线日军会同和顺东犯日军继续南下，在合击将军墓、浆水镇后，企图进占太行区制高点峻极关。长治日军 3000 余人经潞城、黎城向涉县之索堡急进。沁县、襄垣日军数千人在深入太行军区第三军分区以后，于 22 日拂晓企图合击东田镇，幸好驻扎此地的第三八五旅主力从王家裕、韩壁村跳出合击圈。

根据日军的战术特点，综合日军近几天来的动向，左权和彭德怀作出分析、判断，日军此次“扫荡”的重点是太北区，主要作战企图是合击八路军总部、中共中央北方局及第一二九师师部；较之春季“扫荡”，此次规模更大，时间持续将更长，手法也将更加残酷。但同时，日军的致命弱点也会进一步暴露出来：战端既开，势必出现腹地兵多，边地兵少，敌占区空虚和补给线延长的局面。太行地区地形复杂，群众条件较好，我们又有春季反“扫荡”的经验，敌人作为轴线的邯（郸）长（治）公路临时补给线易遭我破坏袭击等。

此时，八路军总部和中共中央北方局驻辽县境内上下南会、麻田一带，第一二九师师部驻涉县境内赤岸、王堡一带，两处相距约 25 公里。针对日军作战企图，根据敌我双方情况，“彭左”首先与第一二九师首长取得联系，经过商讨，确定了“分散游击，加强分区，同时不放弃有利机会，集中有力部队打击敌人，广泛开展群众性游击战争，保卫夏收，保卫群众利益”的反“扫荡”作战原则。据此，作以下部署：以第三八五旅主力分布清漳河两岸，以该旅第十四团扼制浊漳河以东高地阻击东犯之敌，其他部队分散于各分区。刘（伯承）蔡（树藩）李（达）率第一二九师师部移至邯长公路以南，指挥新一旅及太行军区第四、第五

---

① 早在 1942 年 3 月 25 日，八路军总部参谋处即整理出供部队教育参考用的《怎样对付敌人的挺身队》的材料。

军分区部队活动；“彭左”率总部、北方局机关及其直属队留太北区回旋。

军情紧急。左权和彭德怀遂又召集总部和北方局各方面负责人开会，研究对策，制定下一步行动方案。鉴于当时西线、北线敌情较为严重的现实，考虑到八路军总部、中共中央北方局各机关均驻此附近，且机关庞大、非武装人员多、战斗部队少、后勤部门物资多等特点，左权和彭德怀在与各方面负责人慎重研究后，果断决定：跳出日军合击圈，向东转移，必要时可转入“敌后之敌后”的冀西一带。并确定机关转移时间为第二天早晨，但总部后勤部部分单位和北方局下属各单位可从即日起先行出发。

在会上，左权着重强调了几点注意事项：各单位在出发前要认真布置，准备好随身携带的生粮熟粮，整理好骡马所驮的重要物资，埋藏好不便携带的文件书报，切实做到空室清野，但注意物资埋藏的地点要分散，存放东西的地方要可靠，并要留下密记；务必做到轻装简从，尤其是后勤部之军工部、卫生部下属各工厂医院及华北日报馆等单位，职工应及时疏散隐蔽，设备应就地掩埋隐藏，以使部队转移灵活、轻便。左权还特别指出，各单位要尽可能地配合地方各级政权做好群众工作，掩护群众转移，保护群众财产。

当天下午，一些非战斗机关和单位紧急行动，从各自驻地陆续踏上向东转移的路途。

夜幕降临了，下南会村八路军总部所在的几所普通民房里透出的缕缕灯光，除照射着进进出出、忙忙碌碌的战士们的身影，更映衬出左权那特有的临危不惧、临阵不乱的气度。

子夜时分，左权召集总部作战科科长王政柱、作战参谋和总司令部警卫连连排干部来到自己住处，向他们交代战斗任务。作为八路军前方总部的参谋长和彭德怀的得力助手，他必须要精心地组织随总部行动的战斗部队，保证总部转移计划的顺利实施。据当时的警卫连连长唐万成后来回忆：在暗淡的烛光下，左权手拿一根小白棍儿指着作战地图向大家介绍兵力部署：平（定）昔（阳）方向和榆（社）辽（县）方向之敌，由第一二九师负责顶着；涉（县）黎（城）方向之敌，则由总部直属警卫部队对付。接着，左权告诉大家：这次华北的敌人拼了老本，妄想把八路军总部消灭在太行山上。为了吸引敌人，配合总部跳到外线去的行动，警卫部队目前的处境是相当艰苦的。北方局、总部、党校和整个后方机关都在周围，几千同志的生命都担在警卫部队的肩上。一定要掩护总部等机关安全转移，跳出敌人的合围。太行山压顶也决不要动摇！左权说到这里，声震屋宇，大家的心里腾地燃起了火。[①]

处理完一天的军务，沉静下来的左权毫无睡意，他一眼瞥见挂在书桌上方的那张“全家福”照片，不由得想起远在延安的爱妻娇女，似乎心里有很多话要对

---

① 唐万成：《太行浩气传千古》，载晋冀鲁豫烈士陵园编：《怀念左权同志》，湖南人民出版社 1981 年版，第 67 页。

她们母女俩说。自从百团大战发起前送她们娘俩离开太行山，此后就一直远隔千里，相望东西，屈指一数，已整整 21 个月。再过五天，小太北就两岁了。想着想着，左权轻轻坐在桌前，就着摇曳的烛光，思念之情跃然笔端：

志兰：

就江明同志回延安之便，再带给你几个字。

乔迁同志那批过路的人，在几天前已安全通过敌人之封锁线了，很快可以到达延安，想不久你可看到我的信。

希特勒“春季攻势”作战已爆发，这将影响日寇行动及我国国内局势。国内局势将如何变迁，不久或可明朗化了。

我担心着你及北北，你入学后望能好好的恢复身体。有暇时多去看看太北，小孩子极须人照顾的。

此间一切正常，惟生活则较前艰难多了。部队如不生产，则简直不能维持。我也种了四五十棵洋疆［姜］，还有廿棵西红柿，长得还不坏。今年没有种花，也很少打球。每日除照常工作外，休息时玩玩扑克与斗牛。志林很爱玩排［牌］，晚饭后经常找我去打扑克。他的身体很好，工作也不坏。

想来太北长得更高了，懂得很多事了。她在保育院情形如何，你是否能经常去看她，来信时希多报导太北的一切。在闲游与独坐中，有时总仿佛有你及北北与我在一块玩着、谈着。特别是北北非常调皮，一时在地下，一时爬到妈妈怀里，又由妈妈怀里转到爸爸怀里来，闹个不休，真是快乐。可惜三个人分在三起，假如在一块的话，真痛快极了。

重复说，我虽如此爱太北，但如时局有变，你可大胆的按情处理太北的问题，不必顾及我，一切以不再多给你受累、不再多妨碍你的学习及妨碍必要时之行动为原则。

志兰！亲爱的，别时容易见时难。分离廿一个月了，何日相聚，念念、念念。愿在党的整顿三风下各自努力力求进步吧！以进步来安慰自己，以进步来酬报别后衷情。

不多谈了，祝你

好！

叔仁

五月廿二日晚

有便多写信给我。

敌人又自本区开始扫荡，明日准备搬家了。拟托孙仪之同志带之信未交出，一同付你。

此处所言“未交出”的信，是指 5 月 5 日写给刘志兰的那封，其中除了表达对她们母女俩的牵挂和思念之情，也同样特别提到：“如逆流万一不幸而来到，你尽可不必顾及我，大胆地按情处理太北的问题，如能寄养给适当的同志则为最好。”左权是很重感情的人，他十分疼爱着自己的女儿，但是他觉得，对亲人的爱再深，也不能与他对国家、对民族的大爱相比。

当左权写完最后一个字，深情地端详了一会儿，便仔细地折好信笺，又随手在信封上写下：“烦江明同志带延安交中央学院——刘志兰同志亲收。另外，包裹一个，手巾两条。左权。”他将前后两封信一起装进信封，再放进军衣的贴胸口袋里，然后准备好捎带的物品。这时，他才仿佛觉得完成了一项重大使命……

翌日天刚亮，左权就被一阵急促的电话铃声叫起，特务团团长欧致富报告：日军第三十六师团所属的“益子挺身队”已穿过桐峪、苇则之间大道，进据武军寺东北高地人家岩，亦即总部驻地之后山。现特务团正在阻击。

原来，22 日下午，按照左权的指示，警卫团一部进入预定战斗位置。当晚 10 点钟左右，预伏的警卫团战士发现一队身着便衣的武装队伍直奔总部驻地附近，通过电台联络，对方没有反应。欧致富得报后心想，这一带除了警卫团外，没有任何友邻队伍，很可能是日军的侦察小分队，遂命特务团沿途不断阻击。后半夜，欧致富派人抓来一名反动伪村长，通过审问了解到，这支队伍就是 22 日拂晓当地民兵在老林圪洞附近发现的便衣武装，即专门负责捕捉八路军总部的“益子挺身队”。同时还获悉，辽县日军已经倾巢出动，正分路向东南进犯。

日军的“特别挺进杀人队”竟然来到八路军总部的眼皮底下，局势已是迫在眉睫！左权当即命令欧致富务必提高警惕，保证总部的安全，同时也不由地为彭德怀捏了一把汗。

待彭德怀起床后，左权将此事告之，并劝彭德怀早点转移。不料，彭德怀把眼一瞪，说道：那老子就等着他们！左权当然了解彭德怀的犟脾气：不到最后关头，他是决不会转移的。

早晨，各科人员在紧张有序地整理文件，捆扎行李，忙着归还老乡的东西。左权连早饭也顾不上吃一口，先给北方局秘书长张友清通话，询问那儿的准备情况，以便及时随同总司令部队伍转移；然后又找到专门负责联系驻地村干部的参谋，指示要同驻地干部一起做好当地群众的思想工作，尽力帮助他们坚壁清野、转入山里。接着，左权开始挨着检查总部各部门出发前的准备工作。他特别叮嘱机要人员，要把密码本看得比自己的生命都重要，随时带在身上。

下午，总部接到第一二九师来电：第三八五旅第十四团在奉命转移过程中，由于不明情况，在王家裕一带停留两小时左右，进至武乡砖壁时，其中一部遭到日军伏击，损失较重。该电同时催促总部抓紧时间动身出发。黄昏以后，左权又接到欧致富电话：由于益子挺身队居高临下，据险抵抗，特务团没能将其拿下。现该股敌人正借夜色向麻田方向流窜。

左权感到，日军正向总部所在地步步进逼，总司令部行动已事不宜迟。左权再次请示彭德怀转移，彭同意。在此之前，野战政治部、后勤部已分别由驻地上下麻田、上口村、苏公村等地转移。

1942年，左权（右二）在阵地前沿

临出发之前，为了更准确地掌握西线日军的动向，左权让情报处第二科科长魏国运带人去西井、桐峪一带，侦察敌情，随时向总部报告；又让作战参谋王振清带一部电台去左会村方向了解来自太行军区第三军分区方面的情况，并嘱咐他们：要注意自身安全，完成任务后迅速追赶总部。

当晚，彭德怀和左权率领总司令部和北方局机关开始撤离驻地。此际，一轮弯弯的上弦月悬在半空中，依稀洒照着山川大地；道路旁边的田野里，快成熟了的麦穗在朦胧里随风摇荡，摇着一种夜色里的诗意。可是，左权心里却异常复杂。他回头向着下南会这个普通小山村充满眷恋地凝视片刻，又无限深情地向河对面望了望——那是自己曾经住过长达一年多时间的武军寺村，然后纵马驰向茫茫的夜色。

总司令部和北方局的转移队伍包括机关及其直属队共三百余人（未含此前已出发的参谋处通信科）、骡马三四十头。队伍从下南会向东南行七八里地，过清漳河来到上麻田，在此稍事休息，于午夜后继续东移。

从麻田镇向东的柴城沟里，道路狭窄蜿蜒。夜幕中，全副武装的人员和身负重驮的骡马沿着这条崎岖的山路艰难地前行。几名十六七岁的女译电员心里在紧张之余，不免还有些新鲜的感觉。

24日晨，一个不幸的消息传来：一直跟踪监测八路军总部电台的益子挺身队，发现了一路正在转移的队伍，当日拂晓便越过清漳河，并于9时许突然袭击了移至尖庙一带的八路军总部之通信部队——参谋处第三科，即通信科，科长海凤阁当场牺牲；一同被袭的还有后勤部军工部及新华日报社等机关。海凤阁，自宁都暴动参加革命以来，特别是抗战以来，他在华北建立了无数条通讯网，培养了大批优秀的青年通讯战士，联系了华北各个根据地，这是八路军通讯战线上的一大损失。在他中弹之后，还坚定地说："同志们！革命是要牺牲和流血的，是光荣的，你们赶快突围，我虽完了，你们应坚决去完成党所给之革命事业——通讯任务。"[1] 对海凤阁的英勇牺牲，左权深感痛惜。

而后，派出的侦察参谋来报：沁县、襄垣日军继续东犯，一部已于当日拂晓越过左会山，逼近桐峪；另一部也经南、北委泉向麻田方向推进。

显然，日军已尾追而来。好在当天早晨，唐万成带领警卫连二百多名战士，已

①《新华日报》（华北版）1942年7月8日。

按左权部署提前进入阵地，扼守虎头山、前阳坡两处险要山头，以阻击来犯日军。

在这种形势下，队伍如果继续向东经熟峪一带转向南艾铺方向，一方面很难甩开尾追的日军；另一方面还很可能与先前出发的其他单位的队伍挤在一块，欲速则不达。在郭家峪西面一片开阔的山坡上，队伍停了下来。左权和彭德怀商量后决定，不通过熟峪，而经大林口直插偏城，然后再相机行动。随后，左权让彭德怀带队伍先走，自己和作战科部分人员留下来断后，并进一步了解详情。

不久，虎头山方向传来密集的枪炮声。左权派警卫员给唐万成送去巴掌大的一块麻纸，上面写着："总部正在转移，誓死保证安全。"唐万成忙问："'14 号'[①]在哪？"警卫员指了指后面的山头。唐万成急忙命令一名排长代他指挥，然后撒腿往左权那里跑去。

在一个独立民居前的核桃树下，左权正举着望远镜，向远近山峰移动着，面对漫山炮火硝烟异常镇静，身后站着几个参谋。唐万成正想说什么，左权却指着一个山头说："看见没有？那边山上还有老乡哩，快派人去牵制一下敌人，让老乡跑出去。"并鼓励唐万成：我在这里看得很清楚，你们打得不错，回去好好给战士们讲讲，打仗嘛，就要能过得硬！现在是和鬼子比拼的时候了。[②]

稍后，左权遇到后勤部留下掩埋文件的两名战士，经询问，得知后勤部部分人马正由此向东转移。鉴于敌情严重，左权一行遂追至熟峪，令队伍兵分两路，以加快转移速度：一路顺七里沟翻越山岭往偏城走，另一路即后勤部辎重营，因牲口较多，行动不便，则顺大路前往南艾铺方向。

下午 4 时许，彭德怀带队伍行至偏城西北十余里的小全村，于当地宿营。由于人员多，目标大，被日军飞机发现，连续受空袭两次，所幸伤亡很小。

傍晚，左权带着警卫连与队伍会合，将沿途了解到的情况向彭德怀作了汇报，并告诉他，就在附近地区，即偏城西南的宇庄、东西鹿头一带，由黎城进到附近的日军与第三八五旅第十三团已激战终日。为了察明南线日军的情况，彭德怀当即命令电台与第一二九师联系。但此时发现与第一二九师的通讯联络已经中断。

当时的情势：西线日军步步进逼，我已无退路；南边敌情不明，不宜贸然南移；东面大山横卧，队伍难以行动；而唯有北面，尚未发现日军活动的迹象。

犹如处在一个十字路口，何去何从？面对十万分之一的作战地图，左权和彭德怀陷入苦苦思考之中。

谙熟日军战术特点的左权和彭德怀，凭直觉感到，日军正在附近地区构筑对八路军总部的合击圈，而目前总部在太行抗日根据地内的回旋余地已非常有限。因此，必须当机立断，趁日军的合击圈尚未完全合拢之际，乘隙向"敌后之敌后"的冀西方向转移；然后利用敌重兵于我腹地，边缘地带兵少，后方空虚的机

---

① 14 号，系左权的代号。

② 唐万成：《太行浩气传千古》，载晋冀鲁豫烈士陵园编：《怀念左权同志》，湖南人民出版社 1981 年版，第 68 页。

会，令已转入外线的八路军主力分遣有力部队进入合击圈，配合地方武装积极打击分散活动的日军，粉碎敌人的“扫荡”。正所谓：跳圈必须靠圈，敌人碉堡下往往是最安全的地方。

左权和彭德怀毅然决定，仍按原计划向冀西方向东移。

应该说，尽管此时对敌情尚未完全判明，但左权和彭德怀作出的这个决定仍不失为一种正确的选择。从当天各路日军的位置来看：北线日军一部占领太行北部地区制高点峻极关，另一部会同由和顺出动之日军在合击松烟、拐儿镇后进至上庄、下庄地区。由西线长治、沁县、襄垣等地东犯日军已越过清漳河推进到偏城、桐峪、麻田一带，辽县日军则抵至后庄及石灰窑之线。而东路武安日军在合击了阳邑后到达窑门口地区。也就是说，至24日夜，各路日军已形成对窑门口、青塔、偏城、南艾铺地区的大合击圈。这时，在日军合围圈东面，即拐儿镇至偏城之间，尚有35公里左右的间隙。按照彭德怀总结的掌握好“利害转换线”的成功经验，总部这次突围时机、路线的选择，应该是没有问题的。问题的关键是，要行动迅速，不能贻误战机。

由于偏城以东地势较高、地形复杂，青塔、黑龙洞以东的长条山难以通过满载重驮的骡马，因而必须向北经南艾铺再绕到姚门口，东北始有大路至百草坪之管陶川，然后通往冀西。可是，对这条道路没有人熟悉，派出的侦察参谋又都未回来。情急之下，是夜，左权便亲率参谋人员赴南艾铺布置行动事宜，部队随后行动。尽管队伍已再次轻装，但因山路崎岖狭窄，临时找来带路的向导也借机溜掉，半路上又遇到翻山而来的其他单位队伍，由各单位汇成的庞大队伍行动迟缓，故而一夜只走了二十余里，到南艾铺时天已黎明。

南艾铺村，是一个仅有三四十户人家散居的小村庄，在此之前，八路军总部在指挥反“扫荡”中曾多次驻过。其中，1941年总部来到这里时，彭德怀见当地群众饮水困难，于繁忙的军务中抽出一个晚上，与左权专门研究解决群众的吃水问题，并在财政十分紧张的情况下，拨出一部分小米，支持该村修建蓄水池。八路军总部之所以多次驻扎该村，是因为它的地理位置比较重要，村边一条10余里的大山沟，能直通太行山系的十字岭脚下。所谓十字岭，乃两山交会而成，正岭呈东西走向，连绵起伏数十里，与大小不等南北走向的山岭交错，状似“十”字，故而得名，海拔1300多米，地处晋、冀两省的交界。南艾铺村位于岭东南，沿山顶一线有路通往岭西北脚下的北艾铺村。

最先到达南艾铺地区的是第七六九团一部。原来，由第三军分区突围出来的第三八五旅直属队与第七六九团，于24日进至大林口、熟峪一带集结，奉总部命令在清漳河以东山地机动作战。黄昏时估计日军有可能对这一地区合击，于是决定第七六九团第一营经安窑底向小全方向转移，掩护总部，旅直属队及第七六九团第二营于当晚转至苏家庄。25日拂晓前，由第七六九团团长郑国仲、政委漆远渥带领的第一营、团警卫排及旅直山炮连转移到南艾铺、十字岭一带，当地民兵即报阳邑、黑龙洞方向有日军活动。郑国仲遂令第一营营长李德生带两个连守卫在西南大山上警戒麻田、偏城方向，第三连到北面十字岭上警戒尖庙、后庄方向，并向西北方向的黄漳和东北方向的羊角分派部队去侦察。还未部署好，即遇到先行赶来的左权一行。在听了郑国仲关于周围敌情和自己兵力部署的情况后，左权严肃地指出：敌情发生了重大变化，总部向外转移的道路被敌人堵住了。根据判断，这一带可能是日军合围的重点。第七六九团要先布置警戒，如果敌人合击南艾铺、十字岭，一定要坚决阻击，掩护总部安全转移。①

至 25 日拂晓，总司令部、北方局与野战政治部、后勤部的各路转移队伍，不期同时进入南艾铺地区。

作为八路军领率机关的八路军总部，虽然于硝烟弥漫中指挥着千军万马，可是自身并没有重兵保护，而一直自立于残酷战争前线，辗转周旋于敌军重兵之间。这种战争史上的特殊情形，固然是由于八路军没有巩固的后方，敌我态势犬牙交错所致，但更重要的，恐怕是中国革命战争的特殊实践所造就的一大批像朱德、彭德怀、左权这样的具有特殊智慧、特殊品格、特殊胆略的杰出将领使然。不过，在异常残酷而又复杂多变的游击战环境中，如何保证领率机关的安全，并使领率机关自身战斗化，却是一个新的不容回避的问题，这将留给人们以极其深刻的教训。

就人员而言，由于此时总部第一期精兵简政工作正要结束，未及送出的编余人员只好随各部行动，而已送出的编余人员中途被打散后也只好回来，不少人在情绪上又受到影响。机关人员中大部分又手无寸铁，没有战斗经验。同时，因精简而暂时造成的机关组织上、工作上的某些混乱现象，特别是一些人思想上存在侥幸和麻痹心理，又导致一些单位没有认真执行转移前确定的工厂职工及工厂设备就地疏散隐蔽的方案。因此，到达南艾铺地区的整个转移队伍（包括北方局及其下属单位）共 2000 余人，约 800 匹骡马，近 200 副担子。

与此相反，自卫武装却少得可怜。总部开始转移时，确定总部特务团的任务是，除以小部队沿白晋路破袭日军后方交通外，团的主力担负保卫黎城黄崖洞兵工厂任务。除此之外，并没有仔细考虑部队掩护问题，以为像过去一样，机关避一避就可以。② 这样，总部身边的战斗部队除第七六九团一个营多的兵力之外，仅有的就是总司令部的警卫连、野战政治部的政卫连和后勤部的警卫连三个连的武装，而且后勤部警卫连的战斗力较差，其中不少人还被派到各资财所看守资财去了。在日军大军压境的情况下，仅以极其有限的兵力，掩护如此庞大的人马辎重队伍转移，又是谈何容易！

另外，对于分散转移的方案，总部在转移前和转移后曾几次议及，结果总是由于留恋各单位工作不能分开（由总司令部、北方局、野战政治部及后勤部之间工作分不开，影响到所属下层机关同样不能分开）以及顾虑掩护部队的困难等因素，而终未执行。这就更加助长了其他机关对总部的单纯依赖，认为总部消息

---

①《李德生回忆录》，解放军出版社 1997 年版，第 112 页。

② 王政柱：《烽火关山》，中共中央党校出版社 2000 年版，第 245 页。

灵通，安全有保障，因而有些机关、工厂尽管已被告知另外的行动方向却依然不走，以致造成目前的局面。[①]

对此，左权看在眼里，急在心上。他甚至对目前的形势有某种担心！

三、血洒十字岭

正如左权所担心的，5月25日，最危急的局面终于发生了。

这天，已得知八路军领率机关转移情况的日军第一军司令官岩松义雄，将其战斗司令部从太原进驻长治，并由军参谋搭乘直接协助作战的飞机进行现地指导。在飞机的引导下，第三十六师团及独立混成第一旅团一部沿着清漳河、武涉公路构成的大弧形，以南艾铺为中心展开合击。与此同时，由辽县进至后庄、石灰窑的日军为防止八路军向东北突围，乃转兵至石灰窑东南的红岭子，与百草坪以西高地自武安出动负责堵截的日军连成一线。

当天太阳还未出来，八路军总部和北方局各路转移队伍就被日军飞机发现，队伍不得不顶着飞机的轰炸、扫射继续前进。到达南艾铺地区以后，考虑到主要由骡马组成的后续队伍因日军飞机抑制而行动更为不便，且东西情况不明，“彭左”只好命令各部隐蔽地疏散在南艾铺、高家坡一线的山沟里休息，待黄昏后分路转移。

休息号声一响，顿时山沟里、山坡上、地坎上、树丛中到处都挤满了疲惫的人们，有的坐着交谈，有的躺下睡觉，炊事员们则忙着烧火煮饭。

彭德怀来到第七六九团指挥所，命令架起电台，继续与第一二九师联系。

左权不顾疲倦，奔波于各单位之间了解行军情况，沿途不断叮嘱大家注意整理行装、检查文件。他来到北方局休息位置，特别叮嘱部队学员要多多关照北方局秘书长张友清和北方局党校校长杨献珍，他俩一个有病，一个年长。回来后，左权又指派两名参谋前去侦察附近敌情。

近午时分，已连续两天两夜未曾合眼的左权实在熬不住了，就嘱咐警卫员郭树宝，如有情况随时向他报告，然后枕着一个小包袱睡下。刚躺下不久，左权就被一阵飞机的轰鸣声和炸弹的爆炸声惊起，只见一架红头飞机在南艾铺上空不断地低空盘旋，在投下两颗炸弹后飞离。他马上意识到这一定是前来侦察的日军飞机，转移队伍已暴露目标无疑。

这时，派出的侦察参谋和郑国仲团长几乎同时来报：尖庙之敌已进至山庄，羊角之敌到达红土垴，麻田、偏城之敌也尾随总部转移路线追至近前。显然，总部已陷入日军重兵的“铁桶封锁阵”之中。

紧接着，数架日军飞机“嗡嗡”而至，疯狂地俯冲下来投弹和扫射。同时，羊角方向的日军集中炮火向南艾铺附近的几个山头铺天盖地猛烈轰击。不一会

---

① 王政柱:《向叶（剑英）参谋长之报告材料》1943年6月17日。

儿，总部派出的侦察警卫分队和当地民兵开始同日军先头部队接触，枪声很快由疏而密，由远而近。

形势急转直下。两千余人马挤在一起，如不紧急处置，后果将不堪设想，左权遂向彭德怀建议立即召集各单位负责人商讨对策。

在一片树丛中，彭德怀、左权、罗瑞卿、杨立三及北方局负责人等紧急碰头。大家认为，总部机关已处在日军的合击圈内，由于山区道路少，掩护条件差，机关人员多，目标太大，集中行动很困难，必须分路突围，各自为战。具体行动方案：总司令部、北方局由左权率领沿清漳河东侧向北突围，野战政治部由罗瑞卿率领向东南突围转武安方向，后勤部由杨立三率领向东北黄泽关、羊角方向突围。各路均由有作战经验的参谋带上电台和译电员跟随，以便随时联络。

之后，左权命令郑国仲回阵地坚决阻击敌人，并叮嘱他：把几门山炮埋掉，当守则守，太行山压顶不动摇，当走则走，决不死打硬拼，一定要完成掩护总部突围的艰巨任务；等总部队伍翻过山去，他们再分散活动。考虑到担任掩护各路转移队伍任务的战斗部队太少，很难争取突围战斗的主动权，左权又让机要科科长段连绍马上与特务团发报联络，要其在外围向围攻总部的日军发起进攻，接应总部人员突围。但不知何故，始终未能与特务团取得联系。[①]

突围命令下达后，各路队伍迅速行动。日军觉察到八路军分路突围的意图，便急速地收缩包围圈，用更加猛烈的炮火向突围阵地轰击，数架飞机也轮番向突围队伍投弹、俯冲、扫射。一时间，缺少实战经验的非战斗人员和后方人员在炮火中跑来跑去，被炸伤的骡马肠子吊拖在地上还在乱蹦乱跳，各种物资丢得满地皆是。面对这漫山遍野的混乱场面，左权不顾日军的狂轰滥炸，登上一个高坡，镇定自若地指挥大家突围，并不停地喊着："同志们，不要怕，加快速度，冲出山口就是胜利！""同志们，快冲啊！"听到左权的声音，人们慌乱的情绪很快稳定下来，队伍突围的速度大大加快了。

下午2时许，越清漳河东犯的日军"挺身队"改着八路军服装，悄悄进至十字岭，并由此横插过来，企图将八路军突围队伍拦腰截断。这大大出乎担任警戒任务的总部警卫连连长唐万成的意料。如果日军得逞，后果将会十分严重。幸好左权及时发现，即命唐万成速带警卫连战士抢占了前面的山头。对此，数十年后唐万成仍难以忘怀，他回忆道：

> 我一边带领部队反击上去，一边又记起左副参谋长经常教导我们的话："指挥员在战场上，要像一个高明的象棋师，走一步，要看下三步……"这时，从十字岭右面一道坑梁的背后，也突然响起了激烈的枪声，炮弹也吭吭打了过去。一直在我们头顶盘旋的四五架飞机也一齐飞向那边助战了。原来敌人还有一个更大的阴谋哩，他们刚才在停止进攻摆出撤退模样的同时，又

---

① 徐敬一、贾文艺、温志达、张晋儒、申抒：《左权参谋长与前总机要科》。

悄悄地来了个分兵：一支从左侧偷袭，另一支精锐部队抄到我们的背后去了，企图切断我们整个转移队伍的道路。可是敌人的一切阴谋诡计全在左权副参谋长的洞察掌握之中，他早把政治部的警卫连摆在山垭口前的一条高耸的圪梁上，一直按兵不动，专候敌人的光临了。[①]

战斗愈益激烈，局势异常危险。这时，左权首先想到彭德怀的安全，他是八路军副总司令，他的安全就是总部的安全，就是八路军的荣誉。左权遂令作战科科长王政柱和两个参谋一起陪同彭德怀先行突围，由警卫连连长唐万成带一个排掩护。彭德怀则坚持要同机关一块突围，双方争执不下。左权严肃地说："事关重大，时间不允许争了。你是副总司令，你安全突围出去就是胜利，我直接指挥机关突围就行了。"随即命令警卫人员硬把彭德怀扶上马。此时彭德怀不忍心再坚持自己的意见，沉默刹那，翻身上马。他勒马回头深情地望了一眼这位年轻战友，便骤马下坡，在向东看过生病的北方局秘书长张友清后，直冲十字岭，冒着密集的炮火驰往西北方向。

十字岭为总司令部、北方局机关队伍向北突围的必经之处。这时，大部分人马还在十字岭南山坡上。左权冷静观察，果断处置，即命驮着辎重的骡马队伍走通向山顶的道路，徒手人员则分头经岭东绕道翻山通过。

悬崖险路，光山秃岭。突围队伍沿着山坡，像数条长龙向十字岭北部蜿蜒伸去……

日军发现突围的队伍，便集中了几乎所有火力对准十字岭猛烈轰击。一架架在阳光照射下闪着刺眼亮光的红头飞机露出狰狞的面目，不断地怪叫着、俯冲着。十字岭上硝烟弥漫，山摇地动，人声、马声、枪炮声响成一片，队伍顿时失去控制，分散为无数小股。

左权一面沉着地指挥警卫连进行掩护，一面催促机关人员迅速突围。他看到几个年轻的译电员为躲避飞机扫射而跳到半山腰下的沟岔里，便大声招呼道："小鬼快走，不要怕飞机！不要光看到天上的敌人，还要注意地面上的敌人。"17 岁的女译电员罗健因贫血无力，实在走不动了，左权忙跑过去顺手拉着她走。罗健再三请求："14 号，你还要照顾机关其他同志，我不能拖累你！"左权要照顾全局，确实不能走得太慢。但走了一段他不放心，又专门派一名有战斗经验的老同志回来收容掉队的人员。正是由于左权的悉心照顾，总部机要科的译电员们最终都一个不少地安全归队。

在一个日军炮火打不到的山腰，左权检查了一下队伍，发现挑夫没有跟上来，那文件箱里有机密文件和密码，绝不能落在日军手里。他叫警卫员郭树宝回去找。小郭犹豫着，觉得这种时候无论如何不能离开首长，便请求让另一名新派

---

① 唐万成：《太行浩气传千古》，载晋冀鲁豫烈士陵园编：《怀念左权同志》，湖南人民出版社 1981 年版，第 69 页。

的警卫战士去找。左权不容分辩地说道："党的机密比什么都重要！你熟悉情况，他还是新战士。不要为我担心，相信你能完成任务！"他向小郭要过左轮手枪别在自己腰间，并拍着小郭的肩膀补充道："回来后向北艾铺方向去找，我在那儿等着你。"

护送彭德怀突围后的唐万成又急匆匆地返回来接应左权，拉起他的手恳求他尽快离开这里。左权知道，此时此刻，自己的一言一行都意味着给同志们以战斗的力量和胜利的希望，十字岭这个时候不能没有他，便毅然说道："我有我的职责，我不能离开战斗岗位！"并督促唐万成快去追赶彭德怀。

太阳西斜了，仍有一些人被困在山坳里。左权非常着急，只要还有一个人突围不出去，他就决不离开指挥岗位，他要带领大家共同到达安全地带。他对率部坚守十字岭正岭的第七六九团第一营教导员王亚朴说："告诉全体指战员，坚持这个山岭很重要。现在，还有很多人在山下，丢了这个山岭不堪设想。你们一定要坚持到底，只要还有一个人没有出来，你们就不能撤退！只有所有人员全部转移出去，才是完全的胜利。"①

飞机轰鸣，炮弹横飞。很多人在枪弹横飞中趴下起来，起来趴下，不停地向前跃进。有的人趴下后就再也没有起来。

"不要害怕，快冲呀！翻过山梁就安全了！"左权声嘶力竭地喊着，率队来到十字岭西北的山垭口。这是最后一道山梁，翻过去就是通往北艾铺的山沟；这也是日军组织的最后一个火力封锁口，冲出去就是胜利。

"冲啊，冲啊……"人们终于看到了希望，跟在左权身后组成长长的队伍，有总部机要科的年轻译电员，也有北方局党校的干部、学员。

突然，左权似乎意识到什么，于是回头大声命令道："你们都卧倒，我过去没有事，你们再走！"说完，他独自一人依然继续前进，一步，两步，……再有数十步，仅需几分钟，就可以翻过山冈，进入安全地带了。

可谁也不曾想到，突如其来的却是一幅让人刻骨铭心的历史场面，以致留给亲历者终生不堪的回忆。对此，当时在北方局党校学习的总部后勤部干部李锡周数十年后仍记忆犹新：

> 轰、轰、轰几发炮弹呼啸着飞来，在山梁上爆炸，一股股黑烟像恶魔一样升起。随着硝烟散去，左权将军的身影在我们眼前消逝……我和党校同班学员山西新军决死队四纵队团参谋长李克林被惊呆了，在我周围的几名同志也呆呆地望着山梁停止了前进。我们意识到将会发生不幸，便不顾一切地奔向山岗……②

---

① 王亚朴：《十字岭头见将军》，载中共左权县委县政府编：《八路军总部在麻田》，山西人民出版社 1990 年版，第 131 页。

② 李锡周：《忆左权将军》，载《湖南党史通讯》1984 年第 9 期，第 37 页。

弹片击中左权的头部，左权静静地躺在小路旁，右手抚在腰间他最喜爱的左轮手枪上——这是1935年11月直罗镇战役中缴获的国民党军第一〇九师师长牛元峰的战利品，身边的山土和小草已被他的鲜血浸红。

“14号——”

“参谋长——”

人们撕心裂肺地哭喊着，谁也不愿意相信这个现实。

时间仿佛蓦然停止，殷红的热血映衬着夏日西斜的太阳，构成一个永恒的瞬间——1942年5月25日下午5时左右。如巨梁般横卧的十字岭，竟成为左权永生的地方！

一代抗日名将，满怀抱国之志壮烈死去，时年仅37岁。

在场的突围人员冒着炮火，含着眼泪，折来树枝覆盖住左权的遗体。稍后，总部警卫连政治指导员辛嘉功又来到左权牺牲的现场，令随员把左权的挂包、左轮枪、怀表、钢笔等遗物交给总部作战科负责人，并将遗体转移到十字岭东坡一个隐蔽处，用树枝、树叶加以掩盖，然后无比悲愤地离去[①]……

彭德怀与左权在十字岭分手后，几经周折突出重围，于当日（5月25日）晚来到距十字岭约15公里处的一个小山村。此时，陆续聚集在彭德怀身边的突围人员约100人。他们焦急地等待着与左权和其他突围人员的会合，可万万没有料到，等来的却是左权牺牲的消息和他的左轮手枪，所有在场的人无不为这一噩耗而震惊。彭德怀悲极无语，潸然泪下，只见他慢慢地背过身去，仰望夜空，久久站立着，宛如一尊月光中的雕塑……

以后的一段日子，彭德怀的心里总是萦绕着左权牺牲时那悲壮的一幕，甚至于若干年之后，彭德怀回忆起来还仿佛就发生在昨天，他深情地对左权的遗女说：“你爸爸一定知道，那次敌人打的第一颗炮弹是试探性的，第二颗炮弹准会跟着来，躲避一下还是来得及的。可你爸爸为什么没有躲避呢？要知道，当时的十字岭上正集合着无数的同志和马匹，你爸爸不可能丢下部下，自己先冲出去。他是死于自己的职守，死于自己的岗位，死于对革命队伍的无限忠诚啊！”[②]

彭德怀的这一番话，是对左权慷慨赴死的最好诠释。

---

① 辛嘉功：《关于左权将军牺牲地址的回忆》，载政协山西省委员会文史资料研究委员会：《山西文史资料——左权将军在左权》，1994年第3期，第119页。

② 左太北主编：《左权将军家书》，解放军出版社2002年版，第3页。

第十八章　浩气传千古

1942 年 5 月 27 日，即左权牺牲后的第三天，毛泽东、朱德得到确切消息。几天来，延安与八路军前方总部的联络完全中断。自 25 日夜，毛泽东、朱德收到第一二九师关于总部遭敌袭击，人员分路突围，左权下落不明的电报后，便牵挂万分，彻夜不眠，焦急地等待着太行前线的音讯。27 日拂晓前，终于等来第一二九师报告：彭德怀率部由石灰窑西北方向突围，左权突围中阵亡，罗瑞卿、杨立三向黑龙洞方向突围后，再次与敌遭遇。毛泽东、朱德手持电稿，默然良久，他们既为彭德怀的突围而庆幸，同时又难抑对左权牺牲的悲痛。毛泽东当即提笔复电刘伯承、邓小平转彭德怀："感日五时电悉。总部被袭，左权阵亡，殊深哀悼……"

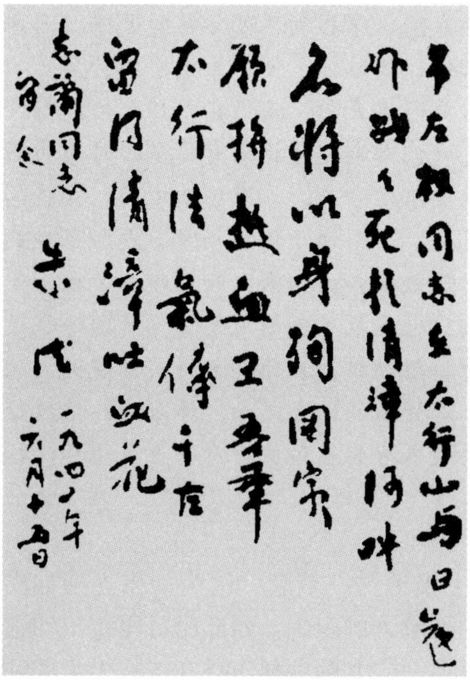

1942 年 6 月 15 日，朱德为左权牺牲题悼诗

朱德对左权的牺牲极感痛惜，"回忆起十余年战友的一生，不禁黯然"，[1] 随即挥笔而作"挽诗"一首："名将以身殉国家，愿拼热血卫吾华，太行浩气传千古，留得清漳吐血花。"同时他又反复琢磨着，该怎样把这个不幸告诉给左权的夫人刘志兰呢？毕竟她今年才 25 岁啊！最后，朱德与康克清商量后，决定一起去中共中央党校三部，看望在那里学习的刘志兰。不料刚一见面，刘志兰便抱住康克清哭作一团，这时，她已经知道了一切。[2]

刘志兰最先是从同学那里听到有关左权在前线失踪的传说，接着便一口气跑到王家坪朱德的住处。当她看到朱德

① 朱德：《悼左权同志》，《解放日报》1942 年 6 月 15 日。

②《康克清回忆录》，解放军出版社 1993 年版，第 315—316 页。

桌上放着的关于左权失踪的电报后，又去问林彪，林彪也不敢肯定。但此时，刘志兰已感到噩耗已成事实。她怎么也不敢相信这是真的，觉得自己是在做梦，可走到屋外，发现“天空是澄清的，太阳辉耀着，这是绝对的不可挽回的事实”。[①]遭受强烈打击的刘志兰恍惚地回到党校三部，一个人黑夜里在山坡下失声痛哭。她的很多同学来劝她回去，却又不知该说些什么。

朱德将自己写好的悼诗赠送给刘志兰，并与康克清亲切地劝慰了她一番。刘志兰感谢朱总司令的慰勉，并当即表示，丈夫为民族为国家与日本侵略者血战沙场，英勇牺牲，是光荣的，她将“教育遗女，继承父志，为民族解放而斗争”[②]。后来，刘志兰强抑悲愤，饱蘸血泪，为延安《解放日报》写了《为了永恒的记忆——写给左权》这篇文章，其中写道：

> 虽几次传来你遇难的消息，但我不愿去相信。自然也怀着这不安和悲痛的心情而焦虑着，切望着你仍然驰骋于太行山际。我曾写道：愿以廿年的生命换得你的生存；或许是重伤的归来，不管带着怎样残缺的肢体，我将尽全力看护你，以你的残缺为光荣，这虔诚的期望终于成为绝望！当得到你的牺牲的通知时，陷我于绝望的悲痛中，痛哭、悲泣，释不去郁结的悲哀，吞噬着我的心，滴下血来。……想到你十余年的战斗生活备尝艰辛，没有一天的休息。而今，没有一句话就永远离开我们，深感到不可弥补的遗憾。三年来我没有更多的为你设想，更多的关切你，体贴你，使你为党为国劳瘁的心得到应有的安慰，而常以工作学习的需要而离开你，使你在工作之余没有适当的调剂和安慰，以为这只是一时的，我们都期望着将来有更多的时间共同生活，谁知这终身的伴侣，只有三年就要永远分离，如有预知之明，我将尽全力来使你幸福，谁能逆料生离竟成死别！……由于你的牺牲，更加深我民族的仇恨和斗争的决心，日本法西斯不仅奴役我的国家，而且残杀了我亲爱的人。对于革命，我贡献了自己的一切，也贡献了我的丈夫。你所留给我最深切的是你对革命的无限忠诚，崇高的牺牲精神，和你全部的不可泯灭的深爱。为了永恒地纪念你，我将努力将二者紧密的结合起来，学习你，继续你的遗志奋斗。在任何困难之下，我都要咬着牙齿渡过去。有一点失望和动摇都不配做你的妻子。……[③]

左权殉国后，当时八路军方面没有马上报道这一消息，因为如果立即如实报道，就会暴露总部被包围的不利情况，助长敌人的凶焰。而此时日军也不知道在十字岭合击的是八路军总部，以为合击了第一二九师师部，并在战报上大肆吹

① 刘志兰：《为了永恒的纪忆》，载《解放日报》1942 年 7 月 3 日。
②《新华日报》（华北版）1942 年 7 月 7 日。
③《解放日报》1942 年 7 月 10 日。

嘘了一番。为了迷惑日军，经彭德怀批准，有关人员在6月2日战报中增添了一则消息：左权副参谋长在太行军区第六军分区某地指挥伏击敌人的胜利作战中不幸牺牲。此后一段时间，延安和其他地方的中共报纸，均据此报道左权的牺牲日期。[①]

6月15日，延安《解放日报》在显要位置以《麻田血战英勇杀敌，左权同志壮烈殉国，华北军民同声哀悼誓复此仇》为标题，公开发表了左权牺牲的消息。同时，还发表了朱德的悼诗《吊左权同志在太行山与日寇作战战死于清漳河畔》和悼文《悼左权同志》。朱德在这篇文章里对左权的一生作了高度的评价，其中指出：

> 十余年来，左权同志为了中华民族的解放，为了中国人民的解放，在枪林弹雨间，出生入死，奋不顾身，从事武装战斗，成为我八路军最优秀的将领之一。然而今天，他与我们永别了！这自然是我们民族很大的损失，是中国人民很大的损失，是我们的很大的悲痛。
>
> …………
>
> 左权同志一生辛勤劳苦，为民族与人民的解放事业，贡献了他的毕生精力，直至他的生命，对于中华民族，对于中国人民，是有很高的功绩的。他曾长期担任高级兵团参谋长的工作，参预了我军许多重要战役建军工作的规划与领导，特别是抗战以来，他在极残酷艰难的敌后环境下，忠心赤胆，为国为民，劳瘁的工作着。在他的策划之下，八路军发展成为数十万劲旅，全华北成为日寇所不能摧毁的堡垒，成为大后方安全的屏障。在军事理论、战略战术、军事建设、参谋工作、后勤工作等方面，他有极其丰富与辉煌的建树，是中国军事界不可多得的人材。左权同志的这些功绩，是永远不会磨灭的。中华民族、中国人民、中国军事界，千秋万代，将永远崇仰这个模范军人。

对左权的不幸阵亡，中共中央负责人均沉痛异常。[②]周恩来闻讯从重庆特地发来专电，询问详情后，于6月21日在重庆《新华日报》上发表悼念文章《左权同志精神不死》。文中说：

> 左权同志死在壮年，以他的志行才力，经验学识，所能贡献于国家民族，尽力于革命军队者正大，今一旦壮烈牺牲，对于抗战事业，尤其是对于十八集团军和敌后人民，真是一个无可补偿的损失……他之牺牲，证明他无愧于他所信仰者，而且足以为党之模范。左权同志又是一个有理论修养同时有实践经验的军事家。他在军中，居常喜欢研究，喜欢译著，同时，他又勤

---

① 夏纳：《左权同志殉国日期的更正》，载政协山西省委员会文史资料研究委员会：《山西文史资料——左权将军在左权》1994年第3期，第118页。

②《解放日报》1942年6月16日。

于工作，忠于职守。他习于游击战争，但他也不忘正规战术，所以他在军队正规化的口号下，尽了他最大的责任……左权同志已作先躯了，万千个左权同志的化身将继续起来，千百万的人民和军队将踏着他的血迹前进。

中共中央军委参谋长兼八路军参谋长叶剑英、中央军委秘书长陶铸等留延安的高级将领接连发表悼文、悼诗、悼词和挽联，以寄托自己的哀思。

叶剑英在《满江红》中写道：

…………
会雄师踏上
长白山雪。
风起云飞怀战友，
屋梁月落疑颜色。
最伤心河畔依清漳，
埋忠骨。

陶铸在《悼左权将军》中写道：

闻道将军血战死，
倾眶热泪湿衣裳。
成仁有志花应碧，
杀敌流红土亦香。
外患仍殷怀砥柱，
内忧未艾叹萧墙。
招魂五月三湘雨，
举国同仇挽太行。
…………

6月20日，中共中央作出决定，将在延安举行纪念抗战五周年、追悼阵亡将士大会。6月24日，中共中央北方局和八路军野战政治部向华北党政军民公布了《关于追悼左权同志的决定》。决定说："左权同志为我党优秀军事家之一，为中国革命事业尽瘁一生，对坚持华北敌后抗战，有其不朽功绩。为表彰忠烈，以慰英灵，太行区党政军民已进行筹备，并定于7月7日举行追悼大会。""全华北各战略地区之地方党部，及部队之政治机构，亦应会同地方政府及群众团体于'七七'举行追悼大会……"并号召八路军全体将士"应学习左权同志革命精神，继承他的遗志，为中华民族与中国人民解放事业奋斗到底。"

7月7日下午，延安党、政、军、民各界代表一万余人齐集南郊广场，隆重举行纪念并追悼抗日阵亡将士大会。会场上，各机关、团体、学校、工厂、军队的旗帜凌空飞舞，追悼左权和阵亡将士的数百件挽联、花圈布置在主席台两旁。主席台中央高悬青天白日满地红国旗及孙中山遗像，会场两边分挂左权、周建屏、范子侠、郭国言[①]四位烈士的彩色遗像，使得气氛更加肃穆悲壮。鸣炮开会后，陕甘宁边区政府主席林伯渠率全体与会人员向孙中山遗像暨阵亡将士鞠躬致礼，接着在哀乐声中为殉国烈士默哀三分钟。大会公祭抗战阵亡将士词中说："你们冒着敌寇的枪林弹雨，为挽救国家民族的危亡，洒热血，拼头颅，前赴后继，这种伟大的精神，是中华民族优秀儿女的模范，是中国不被灭亡的重要原因，你们的功绩将永垂不朽，你们的英名将为子孙万世所记忆。"朱德等发表了激昂有力的讲话，号召全国人民争取抗战的最后胜利，为建设独立、统一、和平、民主的新中国而奋斗。最后，大会在"左参谋长精神不死！"等震天动地的口号声中结束。

当时，正在延安的晋西北士绅延安参观团为悼念左权敬献了挽联：

革命伟人，民族英雄，谁能当之而无愧；
运筹三军，指挥八路，继其后者可以师。

国民政府军事委员会驻十八集团军联络参谋周励武称左权的殉国"乃国家民族的一大损失"，并撰写了挽联：

为国家民族而牺牲，伟绩鸿功应垂千古；
视富贵功名如草芥，清风亮节亦犹千秋。

在当天的晚会上，还公演了由延安鲁迅艺术文学院戏剧部创作的《追悼左权同志》的歌曲。同时，为纪念这位"典型的模范革命将领"，延安文艺界决定创作歌颂左权的剧本。

"此日三军同痛哭，河山誓死逐强梁。"[②]左权在华北敌后坚持抗战已近五年之久，自东渡黄河以来，一天也没有离开过抗日前线，并最终以热血和生命实践了自己"与华北人民共甘苦、共生死"[③]的诺言。左权牺牲的噩耗传出，华北各地军民无不悲愤填膺，同声哀悼，他们高呼着"坚决抗战到底，为左权将军报仇雪

---

① 周建屏，曾任晋察冀军区第四分区司令员，1938 年 6 月 13 日病逝于河北平山小觉镇。范子侠，曾任第一二九师新编第十旅旅长（平汉纵队司令员）兼太行军区第六分区司令员，1942 年 2 月在河北省沙河县柴关一带反"扫荡"作战时牺牲。郭国言，曾任山西青年抗敌决死第三纵队兼太行军区第三分区司令员，1942 年 2 月 9 日在山西武乡县以东大有镇指挥作战时牺牲。

② 陶铸：《悼左权将军》，《解放日报》1942 年 7 月 2 日。

③ 左权给母亲的信，1937 年 12 月 3 日，左太北主编：《左权将军家书》，解放军出版社 2002 年版，第 58 页。

1942年7月7日，朱德在延安各界举行追悼左权等阵亡将士大会上讲话

恨”的口号，仇恨化作刀枪，泪滴化作弹雨，复仇的火焰越烧越旺。

当日军的夏季“扫荡”被成功粉碎后，彭德怀率领八路军总部重返辽县麻田镇。在延安各界举行纪念、追悼大会的同时，7月7日下午，八路军总部在驻地麻田镇召开“纪念抗战五周年、追悼左权将军及诸死难烈士，庆祝反‘扫荡’胜利大会”。会场设在背靠万丈绝壁的绿树林中，场内满布各单位送来的挽联和花圈，显得一片缟白，庄严肃穆。彭德怀给左权的挽联最引人注目，上面写着：“并肩奋斗，携手抗日，鞍马十年方依畀；谋国忠尽，事党血忱，壮烈一朝期平生。”会场东边几张桌子上摆放着左权的遗著，有铅印的、油印的，也有尚来不及出版的十多万字军事论著的手稿。八路军总部和驻太行山的机关、部队以及当地群众，还有朝鲜义勇军、日本觉醒联盟等，共八千余人参加了大会。大会由罗瑞卿主持，他早早地来到会场，拿起左权一张倚着松树的半身照片，一言不发地久久凝视着。彭德怀在讲话中指出：“左权同志不仅是一个坚决、勇敢、精明的指挥员，而且是埋头苦干、实事求是、急公好义、品质优良的共产党员。”“我们今天追悼他们，不是要痛哭流涕，向天祈祷，而是要学习他们，步其血迹，勇往直前，完成其遗志——打倒日本法西斯！”[①] 夜幕降临了，雄壮的口号声仍此起彼伏，在山谷中荡起阵阵回音。

随后，太行山、晋察冀边区、晋西北等抗日根据地的党、政、军、民各界接连召开了隆重的追悼大会，第一一五师、第一二〇师、冀鲁豫军区等将士也纷纷驰电八路军总部沉痛哀悼，誓将抗战到底。

刘伯承、邓小平联名发表了《纪念我们的战友左权同志》一文，指出：

> 中国共产党的优秀党员，八路军的杰出领导——左权同志，不幸于五月二十五日在指挥太行山反“扫荡”作战中，以三十六岁[②]的壮年牺牲了。这

① 彭德怀：《在抗战五周年纪念及追悼阵亡先烈大会讲演》1942年7月7日。

② 应为37岁。

不仅是中华民族、中国人民和我党我军的重大损失，就在同志的感情上，即个人的友谊上，也使我们失去了一位最亲切的战友，我们的悲伤，是不可以言语形容的。

…………

最好的纪念，不是在死者血泊的周围踟蹰，而是踏着他的血迹前进，向死者与我们所共同坚信的真理前进！

聂荣臻在晋察冀边区举行的追悼会上，痛声宣读了《祭左权同志》的祭文：

我素以铁石心肠自诩，然而今天，竟好似无数针尖深深刺入我的心头！这就是我们的老战友，八路军的名将——左权同志战死在太行山上！

…………

左权同志！你度过了十多年的战场生活，只在今天你才离开前线！你对民族对革命已经尽忠尽职，至仁至义。留给我们的是革命长途的艰巨与同僚的寂寞！

我毕竟是铁石心肠，只知道有你的血迹，不知道我有泪痕！我们当踏着你的光荣血迹前进，直到最后的胜利！

仇恨永远在我们的心头，血债没有丝毫折扣！

太行山、五台山上千千万万的战友一致高呼：左权同志精神不死！

太行山、五台山上千千万万的战友齐举拳头，向你宣誓：我们一定要报仇！

同时，中共晋冀豫区党委书记李雪峰、晋冀鲁豫边区政府主席杨秀峰、中共中央北方局组织部部长刘锡五、第一二九师政治部主任蔡树藩等也发表文章，表达哀悼之情。

辽县是八路军总部曾长期驻扎的地方，辽县人民对左权怀有深厚的感情。当左权牺牲的消息传来，全县人民沉浸在万分悲痛之中，自发地进行了各种形式的悼念活动。7 月 17 日，全县民兵在西黄漳举行武装检阅大会，全体民兵发出“誓为左权将军报仇”的呼声，要求在西黄漳修建左权将军纪念塔。辽县独立营全体指战员提出将辽县独立营易名为左权独立营。辽县县委、县政府顺应民心，接受全县民兵和独立营的请求，决定在县政府所在地西黄漳村建立左权将军纪念碑。消息传开后，群众踊跃捐款，仅十余日就集资一千余元。连许多白发苍苍的老石匠也主动参加义务劳动。同时，全县还掀起了空前的参军热潮，在一个月的时间，有三百余名青年参加了八路军。

7 月下旬，辽县小学教师集训会和士绅座谈会均发出倡议，为永久纪念为国捐躯的左权将军，要求上级批准将辽县易名为左权县，并立即开展签名运动，仅 20 天即有万余人在请愿书上签名。在各界民众的请求下，8 月 26 日，晋冀鲁豫边区政府主席杨秀峰、副主席薄一波、戎伍胜联名发出第 90 号通令：“查八路军

雕塑家罗工柳1942年为左权雕刻的木刻版画像

副参谋长左权将军在本年5月反‘扫荡’中壮烈牺牲于辽县麻田之役，左权将军对抗战事业及根据地建立有特殊功劳，今为表彰忠烈并激励抗日群众，特决定改辽县为左权县，以资纪念……特通令全区知照。”

9月18日，中共辽县县委、县政府在西黄漳村举行纪念“九一八”11周年暨辽县易名典礼大会。会场在村外清漳河畔的沙滩上，绿林垂荫成为天然幕帐，主席台上高悬左权的巨幅遗像，台前有松柏枝叶扎成的三个大彩楼。清晨6时，大会在礼炮三响，军乐悠扬中开幕。全体与会人员向左权遗像肃穆致哀。晋冀鲁豫边区政府特派民政厅厅长李一清亲临大会授印致辞。他说：边区政府接受一万个签名的辽县民众、全县士绅会议、小学教员会议的要求，经边区政府委员会通过，决定把辽县改名为左权县，这是具有伟大历史意义的。望全县民众要踏着左权将军的血迹前进，完成他的遗志。辽县县长巩丕基接印后宣誓：“我代表全县人民，接受左权县印，誓必奋起领导全县的民众为左权将军复仇！”[①] 从此刻起，一个以左权英名命名的左权县就在中国的版图上诞生了！大会还现场教唱了由当地宣传工作者创作的《左权将军》之歌。一时间，会场上群情激奋，歌声飞扬，人们发自肺腑地唱道：

左权将军家住湖南醴陵县，
他是中国共产党的优秀党员。
参加中国革命整整十七年，
他为国家他为民族费尽心血。
狼吃日本五月“扫荡”咱路东，
左权将军麻田附近光荣牺牲。
左权将军牺牲为的是老百姓，
咱们辽县老百姓为他报仇恨。[②]
…………

左权牺牲后，在当时敌情严重、战况激烈之时，八路军总部派出专门人员并

① 中国共产党左权县委党史研究室编：《中国共产党左权县简史》，山西人民出版社1995年版，第135—137页。

② 1946年，收入晋冀鲁豫边区政府教育厅编写的边区通用初级新课本时，将“狼吃日本”改为“日本鬼子”，“辽县老百姓”改为“边区老百姓”。

由当地民兵协助，将左权的遗体收殓入棺，暂厝于十字岭上。10月10日，晋冀鲁豫边区政府将左权灵柩由十字石岭移至涉县[①]石门村太行山麓举行公葬，并在石门村北边修建了左权陵墓和纪念塔。

左权陵墓和纪念塔背倚莲花山，面对清漳河，山顶上有一棵巨松，由下仰视，犹如凌云欲飞。陵墓以青石筑成，呈长方形，墓碑上刻有"左权将军墓"几个字，底座雕有镰刀、斧头、齿轮、步枪等饰图，显得格外肃穆庄重。青石砌成的长方柱形纪念塔正面上方刻有"左权将军纪念塔"七个大字，下方镌有朱德所题的挽诗；背面刻着刘伯承的题词"浩气长存"，左右两侧刻有彭德怀书写的《左权同志碑志》和罗瑞卿撰写的《纪念左权》文章。《左权同志碑志》[②]如下：

> 左权同志，湖南醴陵人，幼聪明，性沉静。稍长读书，即务实用，向往真理尤切。一九二四年[③]参加中国共产党，献身革命，生死以之。始学于黄埔军校，继攻于苏联陆大。业成归国，戮力军事，埋头苦干，虚怀若谷，虽临百险，乐然不疲。以孱弱领军长征，倍见积极果决之精神。中国红军之艰难缔造，实与有力焉。迨乎七七事变，倭寇侵凌，我军奋起抗敌，作战几遍中原。同志膺我军副参谋长之重责，五年一日，建树实多。不幸一九四二年五月二十五日清漳河战役，率偏师与十倍之倭贼斗，遽以英勇殉国，闻得年仅三十有六。壮志未成，遗恨太行。露冷风凄，恸失全民优秀之指挥；隆冢丰碑，永昭坚贞不拔之毅魄。德怀相与也深，相知更切。用书梗概，勒石以铭。是为志。
>
> 彭德怀敬撰并书
>
> 中华民国三十一年双十节

公葬这天，阴云低迷，群山含悲。来自晋冀鲁豫的各界代表及群众五千余人怀着沉痛的心情参加了仪式。葬仪由时任八路军副参谋长的滕代远主持。八路军的祭文说："无论在艰苦危难的战斗中，或者在谈笑游戏的场所，只要有八路军生活的地方，就会有他的影子。二十年来他总是生活在我们之中，直到敌人抢走了他的生命的时候，他的身影还是生活在每个同志的心头。而眼前的画像，不是依然那样年轻，那样勇敢，那样坚忍不拔，那样纯朴可亲吗？然而染了血色的太行山石，却做了这笔血债的证人了——一堆黄土埋葬了烈士的遗骸，一盘素肴捧献出公祭者满腔的仇恨和决心。"晋冀鲁豫边区政府主席杨秀峰为左权陵墓盖上最后一块墓石，第一二九师师长刘伯承、中共太行分局副书记李大章、晋冀鲁豫

---

① 涉县，民国初年隶属河南省；1941年8月隶属晋冀鲁豫边区政府；1948年5月隶属华北行政区；1949年8月隶属河北省。涉县地方志编纂委员会编：《涉县志》，中国对外翻译出版公司1998年版，第46—47页。

② 原碑文没有标点，此处标点系编者所加。

③ 左权入党时间应为1925年。

八路军总部、第一二九师和晋冀鲁豫边区政府等单位在麻田镇召开追悼左权及牺牲烈士大会。图为举行公葬的指战员们在左权像前合影

边区临时参议会正副议长申伯纯、邢肇棠、边区民政厅厅长李一清、各民众团体代表齐华、朝鲜友人崔昌义等为墓地掩盖黄土。刘伯承沉痛地讲道：今年的双十节，仅是建立民主共和国的开始，大家要完成左权将军毕生所奋斗的这个革命事业。野战政治部主任罗瑞卿在墓前有力地号召："给烈士们行礼并没有完事，今后还要做三件事，第一件是报仇，第二件是报仇，第三件还是报仇！"[①]

左权牺牲三年后，他和无数国人戮力奋斗的抗日战争终于取得了胜利。1946年3月，尽管此时内战的阴霾正笼罩着中国大地，晋冀鲁豫边区参议会第一届第二次大会仍郑重通过决议，在边区机关驻地邯郸市区中心建立晋冀鲁豫烈士陵园，以纪念左权和其他牺牲的晋冀鲁豫烈士。1950年10月21日，亦即中华人民共和国成立一年之后，左权等烈士的移灵典礼在刚刚落成的河北省邯郸[②]晋冀鲁豫烈士陵园隆重举行。

这天，中央人民政府、中央人民政府人民革命军事委员会、华北军区、河北省、平原省[③]等党、政、军各方代表及烈士家属等五千余人参加公祭。当左权等烈士的灵柩由河北省涉县石门村太行山麓专车运抵邯郸时，中央人民政府政务院代表谢觉哉、中央人民政府人民革命军事委员会总政治部代表魏传统、中国人

① 《新华日报》（华北版）1942年10月12日；《解放日报》1942年10月17日。

② 邯郸，1940年8月隶属晋冀鲁豫边区，1949年改隶河北省。

③ 平原省，1949年以原冀鲁豫解放区为基础设置，包括鲁西南、豫北冀南毗连地区。1952年撤销，辖地分别划归山东、河南两省。

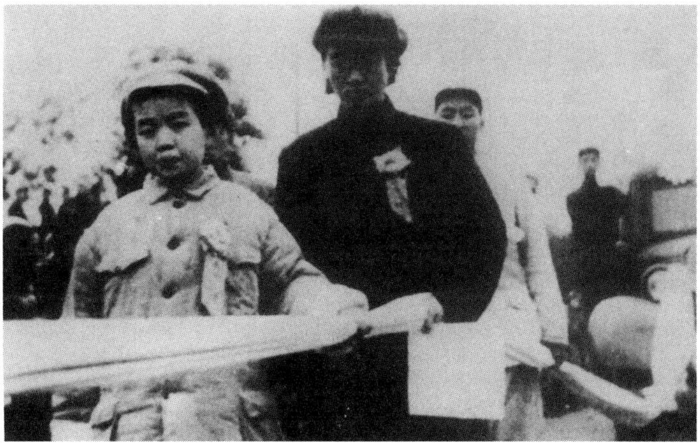

1950 年 10 月，刘志兰偕女儿左太北参加在河北省邯郸市晋冀鲁豫烈士陵园举行的左权将军移灵典礼

民解放军华北军区代表张南生、中国人民解放军西南军区暨第二野战军代表姚继鸣、河北省人民政府代表杨秀峰、平原省[①] 人民政府代表贾心斋、邯郸各界人民代表石惠轩以及烈士家属等亲往车站迎灵执绋。沿途万余市民闻讯后自动赶来，肃立街道两旁，向缓缓行进的烈士灵柩默哀致敬。

谢觉哉代表中央人民政府向烈士献香、献爵，并宣读祭文。祭文说：

…………

左权同志：你为国牺牲，于今已整整的九年！你是中国共产党一位忠诚的同志，你是八路军一位优秀的将领，你是中国人民最好的勤务员。这九年来，中国人民思念你，痛悼你！尊敬你！学习你！你是时刻活在每一位革命同志的心上。

…………

年轻的你，便坚决的作了党的、革命的战士。自东江战争之后去莫斯科学习，又获得了更丰富的斗争知识。回到中国，便是你参加武装斗争的开始，在和反动派残酷的内战中锻炼了你；在抗战号角声中，在辽阔的华北平原，在崎岖的太行太岳山间，你始终坚持着八路军光辉灿烂的旗帜。由于你忘我的精神，由于你钢铁般的意志，由于你精密、沉着、朴实、机智，与军事学术的深湛，在革命部队中建立了不朽的功绩。不论如何困难复杂的任务，你总是英勇地完成；不论如何艰苦险恶的环境，你总是顽强斗争——一直到死。

啊！有多少战斗英雄的热血，流入了太行山下的清漳河，他们的悲歌变成了它的怒吼；他们的英风，涌起了它的狂波。亲爱的左权同志，在九年以前，你成了他们中间的一个，这是党的损失，军队的损失，人民的损失，民族的损失。然而，你的英勇壮烈却永远是革命者的楷模。

你安息吧！现在人民革命的队伍，终于胜利了，杀死你的日寇，已经无

① 今河南省。

条件投降，反动的恶魔，彻底干净，永远地消灭了，革命的旗帜已经在中国大陆上飘扬。人民纪念着牺牲者，纪念着你，愿你安息，愿你的功绩在史页上放出不朽的光芒。

魏传统代表中国人民革命军事委员会总政治部讲了话。

在低沉的哀乐声中，左权的灵柩入葬。

中央新闻电影制片厂还拍摄了《左权将军移灵》的纪录片。

此前，中央人民政府政务院曾为左权移灵专门致电河北省人民政府转邯郸专署转移灵委员会，电文如下：

际此左权同志移灵安葬，谨电表示深切的敬意与哀思。左权将军的精神永垂不朽。

中央人民政府最高人民法院撰送了挽联：

烈士们永垂不朽

丰功伟绩，可歌可泣。死于太行山麓，活在人民心里，为祖国永树典范。

钢铁意志，保卫和平。敌人犹在猖狂，追随先烈血迹，将革命进行到底。

中共中央华北局撰送了挽词：

左权将军千古

河北省邯郸市晋冀鲁豫烈士陵园中的左权将军墓

艰苦勇毅，奋战太行。万千英豪敬效模，英雄事业播神州。为革命牺牲，精神与日月长存。

左权陵墓居于晋冀鲁豫烈士陵园的中部，以青石建造，雄伟壮观，正面是左权的半身浮雕像。墓前有高大的碑亭，树立汉白玉墓碑一座，镌刻着周恩来亲笔书写的“左权将军之墓”。石碑东西两面分别刻有朱德《吊左权同志在太行山与日寇作战战死于清漳河畔》的悼诗和彭德怀撰写的《左权同志碑志》。碑亭门柱上有谢觉哉手书的对联：“大节忠贞彪史册，正气磅礴壮山河”，横批为“人民共仰”。碑亭上还有贺龙、聂荣臻、徐向前、罗荣桓等的题词。陵墓的对面是颇具民族风格的“左权将军纪念馆”，由徐特立亲笔题写馆名。晋冀鲁豫烈士陵园的园名由朱德题写，毛泽东为陵园题词：“英勇牺牲的烈士们千古无上光荣”。

同一时期，朱德、刘伯承、聂荣臻、罗瑞卿、谢觉哉、李维汉等先后在《人民日报》上发表题词和文章，纪念这位为国捐躯的革命先烈和民族英雄。

江山已复将军死，肸蚃千秋土亦香。① 从此，左权就安息于他为之献身的华北大地上。

1951 年 11 月 1 日，毛泽东由南方视察回北京途中，专程在邯郸市下车，来到晋冀鲁豫烈士陵园，在左权墓前脱帽致哀。

1959 年 6 月 4 日，周恩来到邯郸视察时，也亲莅陵园，瞻仰了左权陵墓、碑亭和纪念馆。

1949 年 9 月，第二野战军部队途经湖南醴陵时慰问左权的母亲

左权的亲属得到了党和政府的亲切关怀。还在左权牺牲后不久，由于左权的大哥也已病故，家里尚有年逾七旬的老母，以及嫂嫂与年幼的侄儿、侄女，生活十分困难，在重庆的周恩来知情后，曾几次托人给左权老家写信慰问并汇款接济。此后，叶剑英设法让人由香港转道寄来一枚金戒指和一两黄金。1949 年夏天，人民解放军挥师南下，朱德指示所有路过左权家乡的部队都要派人看望左权的母亲。第四野战军第十二兵团第四十军军长罗舜初曾带着朱总司令的重托第一个来到左权老家，慰问了白发苍苍的左权母亲。这时，老人家才知道自己 26 年没有见着面的儿子早已捐躯抗日的疆场。后来，她在左纪棠为其代笔的文章中说：“吾儿抗日成仁，死得其所，不愧有志男

① 谢觉哉：《为邯郸烈士陵园题》1950 年。

儿。现已得着民主解放成功，牺牲一身，有何足惜，吾儿有知，地下亦瞑目矣。”翌年1月，左权母亲仙逝，享年80岁。中共湖南省委专门拨出300元丧葬费，萧劲光、黄克诚、程潜、王首道等党政军领导人都送了挽幛、挽联。醴陵县党政军负责人亲临吊唁，当地农会和解放军部队200余人参加送葬。生育了革命将领，受苦劳累了一辈子的老人家受到了人们的爱戴和尊敬。

左权的女儿左太北在延安保育院长大。全国解放后，左太北很长时间住在彭德怀家里。政府发给每月20元抚养费，彭德怀都替她存起来，直到1962年亲手交给她。左太北被国家送进北京八一小学、北京师大女附中读书，后来被保送入哈尔滨军事工程学院学习。1952年6月1日，左太北代表少先队员到中南海向毛泽东主席敬献鲜花，并和毛主席一起照了相。周恩来在北京初次见到左太北时曾勉励说：“你是左权将军的女儿北北吗？长得挺像你爸爸，一定要向你爸爸学习！”

太行山区的人民一代代传唱着《左权将军》之歌，左权的英名深深刻在老区人民的心中。新中国成立初期，中共中央为避免突出个人，作出不以领导人的名字为地名的决定。1958年9月，中共山西省委召开一届十二中全会扩大会议，决定左权县并归和顺县。当《山西日报》公布这个消息后，左权县一时群情激动，街谈巷议无不流露出不满情绪。尤其是幸福院里45名老红军寝食难安，有人竟流下眼泪。他们推举代表自带粮票、路费，先后上访晋中地委和山西省委。山西省委书记陶鲁笳热情地接待了他们，给他们耐心地做思想工作，并说明合并两县是经过中央批准，省委无权更改。于是，几名老红军又赶赴北京，提出要见毛泽东主席。当得到毛泽东这时不在北京的答复时，他们情急之下找到彭德怀。在彭德怀耐心劝导下，他们才不情愿地回去。后来，朱德知道此事后遂向毛泽东作了反映，毛泽东听后高兴地说道，既然群众不愿意改县名，愿意叫左权县，那就还叫左权县吧。1959年6月，和顺、左权两县分治，左权县名得以恢复。[①] 左权县人民欢欣无比，更加珍惜自己县这个光荣的名字。1987年5月25日，值左权牺牲45周年之际，当地政府在十字岭上修建了“左权将军殉难处纪念亭”。亭正中竖有四米多高的汉白玉石纪念碑，正面刻着“左权同志永垂不朽”，左右两面分别刻有朱德、邓小平的题词，后面刻着彭德怀撰写的碑志。当地人民感念将军的恩泽，在十字岭周围播种纪念林，当年光秃秃的山岭，如今已是山花烂漫，松涛万顷。

在左权的家乡湖南省醴陵县，当地人民更把左权看作是自己的骄傲和自豪，并以各种方式表达家乡人对英烈的缅怀和敬仰之情。当抗美援朝战争爆发后，为了以实际行动纪念左权，弘扬他的爱国主义精神，醴陵人民积极筹资，捐献了一架“左权”号飞机，投入了伟大的保家卫国运动，给予在朝鲜战场上作战的中国人民志愿军以巨大的精神鼓舞。1987年，醴陵市在渌水河畔的西山山麓上修建了左权将军纪念亭和纪念碑。碑座上塑立着左权的半身雕像。基座正面镌刻着

---

① 政协山西省委员会文史资料研究委员会：《山西文史资料——左权将军在左权》，1994年第3期，第130—133页。

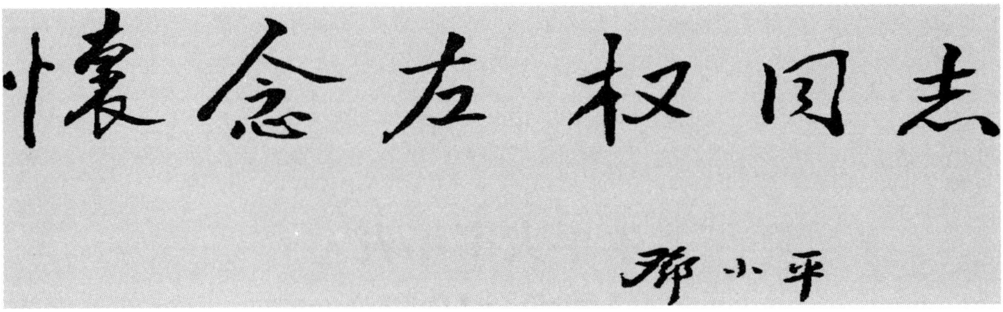

1980 年，邓小平为左权将军题词

中央军委主席邓小平亲笔题写的“左权将军纪念碑”碑名，背边嵌刻着彭德怀原来撰写的碑志。纪念碑像后建有一道碑墙，上面刻着周恩来、朱德、贺龙、叶剑英、董必武、陆定一等领导人的题词。同年，新阳乡中学更名为“左权中学”。

1982 年 5 月 25 日，为纪念左权壮烈殉国四十周年，时任国务委员兼国防部长的耿飚在《人民日报》上发表了《光照日月浩气长存——纪念左权同志殉国四十周年》的文章，对左权的一生作了高度评价。其中指出：

> 左权同志是中国共产党的优秀党员，是中华民族的英雄，是无产阶级的军事家，是人民军队的杰出将领。他热爱祖国，对党忠诚，为人朴实，沉静谨厚。他精粹军事，运筹帷幄，作战勇猛，功勋卓著。

1988 年 10 月，中央军委确定毛泽东、周恩来、朱德、彭德怀等 33 人为“军事家”，左权名列其中。

…………

六十多年过去了，斗转星移，沧海巨变，中国人民对左权将军的缅怀之情却没有改变。在那国难当头、民族危亡之际，左权所表现出的忠于祖国、忠于人民、忠于党的高尚品格，和无私奉献、不屈不挠、舍生取义的革命精神，将不断激励着后人为实现国家强盛、民族复兴的伟大目标而奋斗；他的丰富而有特色的军事理论，像一颗璀璨明珠，将永远闪耀在中国无产阶级军事思想的宝库中。

为民族而献身的英雄，人民是不会忘记的。

左权的精神不死！

左权永远活在人民的心中！

生平大事年表
（1905—1942）

1905 年　诞生

■ 3 月 15 日　生于湖南省醴陵县平桥乡黄猫岭村一个贫苦农民家中。原名左纪权，乳名自林，号叔仁，字孳麟，属左家“纪”字辈。在家中排行老五，是最小的，上有三个哥哥和一个姐姐。其父左兆新，是位朴实的农民，靠租种地主的土地维持一家生活。母亲张氏没有大名，是位勤劳俭朴和正直善良的农村妇女。

1906 年　1 岁

■ 当年醴陵出现了灾荒，左权家常以野菜野草充饥。不得已时，母亲就怀抱着左权四乡乞讨。

1907 年　2 岁

■ 年仅 34 岁的父亲在贫困中因积劳成疾而病逝。母亲张氏挑起了家庭生活的重担。

1911 年　6 岁

■ 开始上山拾柴，打猪草，放牛，下地劳动，为家里做些力所能及的事。他还跟着乡间的兄弟们学会了捉鱼的窍门。

1912 年　7 岁

■ 向母亲提出上学读书的要求，但因家里穷，交不起学费，未能如愿。

1913 年　8 岁

■ 开始在本地一个私塾里读书。靠打柴、捉鱼换来的钱作为学杂费和纸笔钱，读了一年多的私塾，读完了《三字经》《孟子》《论语》等。

1914 年　9 岁

■ 在叔叔左铭三的指导下，考取了离家不远的设在陈家冲的私立成城小学（1915 年改称醴陵县第八国民小学），开始学习国文、算术、新修身等新学。

1915 年　10 岁

■ 5 月　袁世凯为了实现称帝的野心，不惜出卖国家和民族的利益，接受了日本帝国主义灭亡中国的“二十一条”。一个月后，当左权从老师的口中得知这一消息时，用毛笔写了“毋忘五九国耻”等标语，和同学们在村里进行反对日本帝国主义、反对卖国贼袁世凯的宣传。

1919 年　14 岁

■ 夏天　读完初等小学。

■ 秋天　考入醴陵县“北联高小”，与宋时轮同在第八班学习。他学习勤奋，肯动脑筋，学习成绩在班里名列前茅。爱好体育活动，尤其喜欢军事体操课。

1922 年　17 岁

■ 夏天　从“北联高小”毕业。

■ 秋天　在叔叔左铭三和亲戚的资助下，考入醴陵县立中学。为节省费用，左权寄居在离学校四里左右的姨父家中。在同窗好友、共产党员宋时轮的介绍下，左权在学校参加了由中国共产党建立的进步组织——社会问题研究社，阅读了《马克思主义浅说》《社会发展史》《向导》《新青年》等一大批进步书籍报刊，开始接触马克思主义，并积极参加党组织发起的反对教会的斗争和禁止日、英货等运动。

1923 年　18 岁

■ 冬天　孙中山广州大元帅府大本营军政部长程潜派人来醴陵招收大本营陆军讲武学校的学生。左权与张际春、李人干、蔡升熙、宋时轮等人报名投考，并被录取。

1924 年　19 岁

■ 2 月中旬　与张际春、蔡升熙、李人干等从长沙小西门外坐轮船，由水路经岳阳到武汉，又从武汉乘船至上海，然后经厦门、香港至广州。

■ 3 月中旬　左权等人到达广州后，陆军讲武学校尚未开学。应招学员先在陆军讲武学校的前身教导堂集中，过军事生活。

■ 本月底　陆军讲武学校正式开学。校长由军政部长程潜兼任，教育长是日本士官学校毕业的李明灏，学校监督是周贯虹。后来，学校又设了党代表，由廖仲恺兼任。

■ 夏天　孙中山和廖仲恺亲临学校视察，左权和同学们一起接受了检阅，并聆听了孙中山的即席讲话。

■ 7月　与蔡升熙、陈启科等20余人，组织了一个革命团体——莲社。该社的宗旨是实行“三民主义”和“兵工政策”。左权等每个成员都照了一张单人戎装照片，写了简历，刊登在“莲社”杂志上。

■ 10月　广州商团武装发动叛乱，孙中山率部分军队、黄埔军校和陆军讲武学校的学生进行平叛作战。左权参加了这次平叛斗争，第一次受到了实战的锻炼，并因严守纪律和执行任务坚决而受到表扬。

■ 11月　大本营陆军讲武学校第一、第二队并入黄埔军校，左权、陈启科等学员随之转入该校，并被编入黄埔军校第一期第六队。

1925年　20岁

■ 1月初　在同学陈赓的安排下，受到黄埔军校政治部主任周恩来的亲切接见。

■ 本月　左权光荣地加入了中国共产党，介绍人是陈赓和周逸群，时任黄埔军校政治部主任的周恩来亲自为其主持了入党宣誓仪式。

■ 2月　中共黄埔特别支部决定，以火星社为基础，成立青年军人联合会。左权为发起人和负责人之一，积极参加青年军人联合会的各项活动，并为之做了大量的工作。

■ 本月　被分到黄埔军校教导第一团第二营第六连当排长，随军参加了第一次东征，讨伐军阀陈炯明。

■ 3月　左权等黄埔军校第一期第六队学员正式毕业。

■ 本月　第一次东征胜利结束。左权因在战斗中身先士卒、作战勇敢，由排长提升为副连长、连长，并受到周恩来的赞扬。

■ 5月下旬　随黄埔军校教导团兼程回师广州，参加平定滇桂军阀杨希闵、刘震寰叛乱的作战。

■ 6月　在平定杨希闵、刘震寰叛乱的作战中，身为前卫部队连长的左权率队英勇冲杀，战后受到苏联军事顾问的传令嘉奖。

■ 同年秋　奉命调到以程潜为司令、林伯渠为党代表的攻鄂军，在司令部卫队营任队长。攻鄂军改编成国民革命军第六军后，左权任司令部卫队营的连长。

■ 10月　随程潜率领的东征军第三纵队参加第二次东征。14日，东征军攻克陈炯明的老巢惠州城后，程潜所部进驻城内，左权率部负责纵队司令部的警卫工作。

■ 11月　第二次东征胜利结束，左权随军凯旋。国民革命军第六军军长程潜、党代表林伯渠决定保送左权等人到莫斯科中山大学学习。

■ 12月　与陈启科等人乘船离开广州，前往苏联，踏上了异国求学之路。

1926年　21岁

■ 1月　左权等人到达莫斯科中山大学，被编入第一期第七班，与俞秀松、邓小平、傅钟等同班。

■ 秋天　向伏龙芝军事学院提出入校学习的申请，但由于名额已被他人占去，遂继续在莫斯科中山大学学习。

1927年　22岁

■ 3月　上海工人第三次武装起义胜利的消息传到莫斯科中山大学后，与全校同学一起参加了莫斯科盛大的游行仪式。

■ 5月　斯大林到中山大学作有关中国革命问题的专题报告，与全校同学一起聆听了斯大林的报告。

■ 7月　在莫斯科中山大学毕业。

■ 8月　在莫斯科郊外的一座兵营参加军事训练。

■ 9月　进入伏龙芝军事学院学习，与陈启科、屈武、黄涤洪等同班。

1928年　23岁

■ 秋天　刘伯承转入伏龙芝军事学院，与左权等人编在同一个班学习。左权与刘伯承在此结下了深厚的同窗情谊。

1930年　25岁

■ 6月　左权与刘伯承、陈启科、刘云等人从苏联回国。经哈尔滨到大连，再由大连乘船到达中共中央所在地——上海。中共中央决定派左权到闽西革命根据地工作。后来，左权在中央特科交通局的安排下，秘密进入闽西革命根据地，担任中国工农红军军官学校第一分校教育长。

■ 10月　被中共中央派往闽西各地了解情况，并主持对闽西地方部队的整编工作。

■ 12月14日　闽西工农革命委员会成立，左权、张鼎丞等被选为常委。

■ 12月20日　到达龙岩，就任中国工农红军新十二军军长一职。

■ 12月29日　和新十二军政治委员施简，向中共南方局及中共中央报告闽西苏维埃区域工作及红军的情况。

1931年　26岁

■ 2月　红一方面军第一次反“围剿”胜利后，左权调离中国工农红军新十二军，到红一方面军总司令部任作战参谋。

■ 4月17日　中共苏区中央革命军事委员会发布第九号通令，决定在军委参谋部成立红军战史编辑委员会，并指定叶剑英、朱云卿、郭化若、左权、杨立三等 13 人为委员，以叶剑英为总编辑，朱云卿为战史部主任，左权为编译部主任，郭化若为杂志部主任。

■ 5 月　红一方面军参谋长朱云卿病故，总前委决定由郭化若代理参谋长，左权代理红一方面军总司令部参谋处长，并被增补为总司令部机关直属党委成员。

■ 6 月 2 日　红一方面军总前委第六次会议决定，左权任红一方面军总司令部参谋处长，并以总部特派员的名义到后方工作。

■ 7 月　参加红一方面军的第三次反“围剿”作战。

■ 11 月　中华苏维埃中央革命军事委员会（简称中革军委）成立后，任总参谋部作战科科长。

■ 12 月　奉命与王稼祥、刘伯坚等负责联络和指导国民党第二十六路军举行宁都起义事宜。部队起义成功后被改编为中国工农红军第五军团，辖第十三、第十四、第十五军。左权任第十五军政治委员兼政治部主任。他根据古田会议决议的精神，对起义部队做了大量的改造工作。

1932 年　27 岁

■ 2 月　奉命率部参加赣州战役。

■ 3 月 12 日　中革军委决定，调整中央红军（原红一方面军）一些部队的序列，第十五军改属红一军团建制。左权仍任第十五军政治委员兼政治部主任。

■ 4 月　率部参加漳州战役。

■ 5 月　任第十五军军长兼政治委员，率领部队在闽南南靖县广泛开展群众工作，进行打土豪、分粮食、分财物、分田地活动，并教育部队严格遵守城市政策和群众纪律。

■ 本月底　被撤销第十五军军长兼政治委员的职务，到后方接受审查。

■ 6 月　因王明“左”倾机会主义路线的迫害，受到留党察看的处分，被调到红军学校任教官。在红军学校任教期间，先后翻译或撰写了《苏联国内战争中之红军》《苏联红军中党的工作原则》等文章，以配合教学工作。

1933 年　28 岁

■ 1 月　被中革军委调到总参谋部第一局（作战局）任作战参谋。

■ 2 月　参加红一方面军的第四次反“围剿”作战。

■ 本月　撰写《苏联红军斗争的经验与教训》一文，后发表在《革命与战争》第 5 期上。

■ 4 月 28 日　撰写《清流战斗的教训》一文，总结红一方面军在此次战斗中的教训。该文发表在5月出版的《革命与战争》第7期上。

- 5月　被任命为中革军委总司令部第一局副局长，在后方工作。
- 9月3日　调任粤赣军区司令员。
- 10月28日　中革军委任命左权为红军总司令部兼红一方面司令部第一局局长。
- 11月2日　中国工农红军粤赣军区司令员左权和政治委员刘晓向上级报告军区人员、武器弹药情况。
- 11月30日　红一军团军团长林彪、政治委员聂荣臻致电中革军委，请求派干部到红一军团主持参谋工作。中革军委决定调左权任红一军团参谋长。
- 12月　奉命到红一军团就任参谋长，随即参加了红一方面军的第五次反“围剿”作战。

1934年　29岁

- 2月　在红一军团政治委员聂荣臻的倡议下，参与研究和起草了《关于用运动战消灭敌人的建议》，以聂荣臻和林彪的名义上报中革军委。但当时的中革军委并没接受他们的建议，只复电承认这个建议在原则上是对的，不承认自己在战术指导及战略方针上的错误，同时警告红一军团，要坚决服从命令。
- 5月　具体负责组建红一军团侦察科。
- 7月1日　向林彪、聂荣臻报告红一军团准备在江西广昌头陂阻击敌军的情况。
- 7月6日　向朱德报告派人侦察广昌白水、韩前、山松一带地形的侦察情况，并请示下一步行动方案。
- 7月10日　《红星报》刊载了左权撰写的《怎样使新战士很快成为熟练的战士》一文。
- 9月初　参与指挥了福建省连城温坊战斗，并取得了胜利。
- 10月17日　和红一军团指战员一起，渡过雩都河，离开江西瑞金，开始长征。
- 11月　参与指挥了在长征中担任前卫的红一军团的行军与作战行动。
- 12月下旬　根据中革军委的指示，率红一军团先头部队攻占了施秉城，保证了红军大部队顺利通过此地。

1935年　30岁

- 1月14日　中革军委决定，因红一军团军团长林彪和政治委员聂荣臻离开部队参加遵义会议，部队在林、聂未回前由军团参谋长左权和政治部主任朱瑞统一指挥。左权与朱瑞密切合作，在近十天的时间里，完成了红一军团的作战、整编、教育训练和扩红等任务。

■ 1月15日　和朱瑞向朱德、林彪、聂荣臻报告第二师占领新站及第一师、军团直属队、第十五师宿营等情况。

■ 1月16日　和朱瑞向朱德、林彪、聂荣臻报告第一师部队占领松坎的情况。

■ 同日　和朱瑞联名致电第二师师长陈光、政治委员刘亚楼，要其向川黔边的綦江、江津、赤水等方向派出警戒部队，并详细侦察綦江及赤水方面的道路和敌情。

■ 1月19日　和朱瑞向朱德、林彪、聂荣臻报告第十五师分编的情况。

■ 同日　和朱瑞向总参谋长刘伯承报告四川省和贵州省敌人的情况。

■ 1月20日　和朱瑞向朱德报告松坎地区房少无粮等情况。

■ 1月22日　和朱瑞向朱德报告消灭温水之敌的部署情况。

■ 同日　和朱瑞向朱德、彭德怀、杨尚昆等报告红军在双龙场击溃敌人两个营的情况。

■ 2月　和军团首长指挥红一军团与红三军团配合，再占遵义，歼敌2个师又8个团。

■ 3月20日　向中央纵队司令员刘伯承、副司令员叶剑英、政治委员陈云等报告红一军团各部队的代号。

■ 本月　在毛泽东等指挥下，中央红军四渡赤水，巧渡金沙江，胜利地跳出了几十万国民党军围追堵截的圈子。左权参加了四渡赤水之役。

■ 5月下旬　中央红军到达四川泸沽后，中革军委决定由左权和第二师政治委员刘亚楼率领该师第五团及师侦察连、便衣队组成“第二先遣团”，佯攻富林，以迷惑和钳制敌人，掩护红军主力在安顺场过大渡河。完成任务后，左权和刘亚楼又根据中革军委命令，率部向安顺场转移，并于6月1日由泸定桥渡过大渡河。

■ 6月上旬　奉中革军委命令，指挥第二师第五团和军团教导任营担佯动任务，掩护中央红军主力北上，向天全、芦山方向前进。

■ 6月10日　在芦山灵关庙与军团主力会合。

■ 6月14日　拖着病体随部队一起开始翻越夹金山。

■ 6月16日　和军团首长率军团直属队到达懋功，与前来接应的红四方面军第三十军政治委员李先念等亲切会面。

■ 6月24日　和军团首长率红一军团从懋功继续北进，并先后翻越了梦笔山、长板山、打鼓山、拖罗冈等雪山。

■ 7月9日　和军团首长率红一军团到达松潘以西的毛儿盖附近地区。

■ 7月14日　和李先念率红一军团第二师及红四方面军第三十军第二六五、第二六七、第二六八团在哈龙、拉子梁、小羊角塘等地阻击国民党军胡宗南部5个团向毛儿盖被围之敌增援，至16日打退了国民党军的增援。

- 同日　和李先念向朱德报告敌情、红军作战情况及行动部署。
- 7月中旬　红一军团召开干部工作会议。左权在会上就如何筹粮、准备过草地的问题讲了话。筹粮工作开始后，左权具体领导军团的筹粮和粮食分配工作。
- 7月21日　中央红军和红四方面军会师后，为加强统一指挥，中革军委决定组织红军前敌总指挥部，红一方面军原各军团改称为军。左权任红一军参谋长。
- 8月19日　和红一军政治部主任朱瑞在毛儿盖的一个喇嘛寺里，主持召开了军直属队干部会议，向与会人员传达了中央政治局两河口、沙窝会议精神。
- 8月23日　和聂荣臻率红一军主力从毛儿盖向班佑开进。左权在出发前的动员会上讲了话。
- 8月27日　随部队胜利走出草地，到达班佑。
- 9月11日　在俄界与毛泽东、周恩来等中央领导同志及红三军指战员会合。
- 9月16日　和红一军首长亲临前线指挥所，指挥部队攻占天险腊子口，为红军最终完成北上战略任务创造了重要条件。
- 9月18日　随军翻过大剌山雪山，到达岷县哈达铺、占扎路一带地区。部队得到暂时的休整机会。根据俄界会议决定，红一方面军正式改编为中国工农红军陕甘支队，彭德怀任司令员，毛泽东任政治委员，下辖3个纵队。红一军改称陕甘支队第一纵队，林彪任司令员，聂荣臻任政治委员，左权任参谋长，朱瑞任政治部主任。
- 9月23日　和纵队首长率部由哈达铺继续北上。
- 9月29日　和纵队首长遵照中央确定的新方针，率部向陕北前进。
- 10月上旬　在青石嘴与第一纵队首长指挥3个大队的兵力，将国民党西北“剿总”骑兵军第七师的2个骑兵连全部消灭，缴获100多匹战马和大批枪支弹药及物资。第一纵队以缴获的马匹组建了骑兵连。
- 10月19日　随部队到达陕北吴起镇，结束了长征。
- 10月30日　和纵队首长奉命率部离开吴起镇。
- 11月3日　恢复中国工农红军第一方面军和红一军团番号，红一军团重新进行整编，林彪、聂荣臻仍分别任军团长和政治委员。不久，左权被任命为红一军团参谋长，朱瑞为政治部主任。
- 11月下旬　参与指挥直罗镇战役，并取得重大胜利。
- 11月30日　在东村出席了由毛泽东主持召开的红一方面军营以上干部大会，聆听了毛泽东所作的《直罗战役同目前的形势与任务》的报告。左权也在会上发了言。

1936年　31岁

■ 1月初　红一军团军团长林彪奉命到瓦窑堡向中共中央汇报工作，左权与聂荣臻一起领导红一军团进行东征作战的准备工作。

■ 1月4日　和聂荣臻向彭德怀、毛泽东报告所属部队的行动情况。

■ 1月13日　和聂荣臻向红十五军团军团长徐海东、政治委员程子华通报红一军团的行动情况。

■ 同日　和聂荣臻向彭德怀、毛泽东请示红一军团下一步行动方案。

■ 1月14日　和聂荣臻向彭德怀、毛泽东、周恩来报告红一军团的行动情况。

■ 1月15日　和聂荣臻联名致电第四师师长陈光、政治委员彭雪枫，要其准确查明行军路线，以免误入荒山。

■ 同日　和聂荣臻向彭德怀、毛泽东报告红一军团直属队及第二师下一步的行动方案。

■ 1月16日　和聂荣臻向徐海东、程子华通报红一军团的行动情况。

■ 1月17日　和聂荣臻联名致电陈光、彭雪枫，通报军团直属队及第二师下一步行动方案，并对第四师的行动方案作了说明。

■ 1月20日　和聂荣臻向彭德怀、毛泽东报告红一军团集中临真镇训练及病愈伤员归队的情况。

■ 1月21日　和聂荣臻向方面军报告枪支的使用与保管情况。

■ 1月26日　和聂荣臻致电彭德怀，请求解决部队缺少衣服和被单的问题。

■ 1月28日　和聂荣臻向周恩来报告部队缺少棉衣、鞋子的情况，请求上级帮助解决。

■ 2月3日　向彭德怀、毛泽东报告杨得志、黄永胜等人归队工作等情况。

■ 本月　和军团首长率红一军团参加东征作战。

■ 3月12日　参加红一方面军在大麦效召开的团以上干部会议，并聆听了毛泽东在会上所作的报告。

■ 3月15日　和聂荣臻联名致电第四师领导人，要其查明行军路线，并就部队集中临真镇问题作出指示。

■ 4月1日　西北革命军事委员会正式发布关于红一方面军改编为中国人民红军抗日先锋军及其方针和任务的命令。命令指出，为执行中共中央争取迅速对日作战的决定，将红一方面军全部改为中国人民抗日先锋军，第一军团改为第一路军，第十五军团改为第二路军。左权任第一路军参谋长。

■ 4月5日　和聂荣臻向彭德怀、毛泽东报告红一军团的行动情况。

■ 5月上旬　和军团首长率部西渡黄河，东征结束。在延川以西文安驿、马家坪、史家河一带整训部队，总结东征作战并进行政治、军事教育和整顿。

■ 5月13日至15日　红一方面军在延川大相寺召开团以上干部会议。毛泽东在会上作了《目前政治形势及任务的报告》，总结了红军东征作战的经验教训，并为即将开始的西征作了动员。左权参加了此次会议，并在会上发言。

■ 5月18日　西北革命军事委员会下达西征战役命令，以红一方面军主力组成西方野战军，由彭德怀任司令员兼政治委员，进行西征作战。西方野战军下辖红一军团、红十五军团、第二十八军等部。红一军团军团长林彪因调去红军大学任校长，遗缺由左权代理。

■ 5月19日　和聂荣臻奉命率领作为西征左路军的红一军团由延川地区出发，向甘肃元城镇、曲子镇方向挺进。

■ 6月至7月　和聂荣臻率红一军团辗转作战，并随时就部队的行军、作战、供给及地方工作等问题向彭德怀、毛泽东、周恩来等人作了报告。

■ 7月底　西征战役胜利结束，左权和聂荣臻奉命率部在豫旺堡及其附近地区对红一军团进行整训。

■ 8月1日　为纪念南昌起义九周年，参加了第一师在黎花咀举行的军事、政治教育训练誓师动员大会，并在会上作了动员报告，对加强党支部建设及各方面的工作提出了明确要求。

■ 8月2日　红一军团在豫旺堡召开团以上干部大会，总结西征以来的工作。左权在会上作了总结报告，并对开展军事、政治教育训练提出了具体要求。

■ 8月18日　和聂荣臻向彭德怀报告无线电工作人员存在的问题及处理办法。

■ 8月21日　和宋任穷、韩先楚等向彭德怀、毛泽东、周恩来等人报告第二十八军、第七十八师占领盐池县城消灭国民党军马鸿逵部的情况。

■ 8月31日　和聂荣臻向彭德怀报告第二十八军第二五二团进行地方工作的布置情况。

■ 同日　和聂荣臻就第一、第二师的行动问题向彭德怀作了报告。

■ 9月2日　和聂荣臻向毛泽东、周恩来、彭德怀报告与国民党军骑兵第六师及马鸿宾部一个步兵团的作战情况。

■ 9月23日　和聂荣臻联名致电毛泽东、林彪，请红军大学第三科派人到河边湾接收骡驴。

■ 10月3日　向聂荣臻、叶剑英、毛泽东报告第二师的行动情况。

■ 10月7日　和聂荣臻向彭德怀、毛泽东报告为迎接红二、四方面军所部的行动情况。

■ 10月8日　和聂荣臻在会宁与红四方面军第四军政治委员王宏坤亲切会面。

■ 同日　和聂荣臻向彭德怀、毛泽东报告与红四方面军交接防务的情况。

- 10月9日　向彭德怀报告第一师、第二师、骑兵团的下一步行动方案。
- 10月11日　和聂荣臻向彭德怀、毛泽东报告庄浪敌情及第二师的行动情况。
- 10月12日　和聂荣臻联名致电第一师师长陈赓、政治委员杨勇，询问其与红四方面军开联欢会的情况，并通报了军团的行动情况。
- 10月13日　和聂荣臻联名致电彭德怀、毛泽东，建议军团直属队不向洛镇前进，折回宜川南部进行训练。
- 同日　和聂荣臻向彭德怀、毛泽东报告军团直属队及第二师到达袁平村宿营及这一带的地形情况。
- 10月14日　和聂荣臻向彭德怀、毛泽东报告军团直属队及第二师返回宜川、第四师移至仙姑镇的情况。
- 10月15日　和聂荣臻向彭德怀、毛泽东报告军团直属队、第二师及宜川独立营的行动情况及对静宁敌情的侦察情况。
- 10月16日　和聂荣臻就国民党军胡宗南部之步兵团、骑兵团进入静宁城一事向彭德怀、毛泽东作了报告。
- 10月17日　和聂荣臻向彭德怀、毛泽东报告红一军团（缺第一师）向临真镇集中及对敌情侦察的情况。
- 10月18日　和聂荣臻向彭德怀等报告红二方面军第六军已到青江驿、红一军团已派部队前往慰劳的情况。
- 10月19日　和聂荣臻就贺龙、任弼时要萧华到界石铺传达统一战线问题向彭德怀等作了报告。
- 10月20日　和聂荣臻就红一军团集中临真镇训练及病愈伤员归队等问题向彭德怀、毛泽东、周恩来作了报告。
- 10月21日　和聂荣臻在西吉县平峰镇与红二方面军领导人贺龙、关向应、任弼时等人亲切会面。
- 10月22日　和聂荣臻联名致电彭德怀、陈赓、杨勇：红二方面军一部及贺龙、任弼时、关向应等本日到达将台铺和硝河镇，其余部队明日可到。
- 10月23日　和聂荣臻、邓小平向彭德怀等报告红一军团已与红二方面军所部第三十二军等领导人会面与慰劳的情况。
- 10月25日　和聂荣臻联名致电彭德怀、毛泽东，建议野战军迅速渡过黄河以配合红四方面军的行动。
- 10月27日　和聂荣臻向彭德怀、毛泽东报告郑旗堡敌情及军团的行动情况。
- 同日　和聂荣臻向毛泽东报告张国焘的军阀主义及其反党行为的事实。
- 10月28日　和聂荣臻向彭德怀、毛泽东报告派部队掩护红二方面通过海原、固原大道的情况，并对红二方面军的行动提出意见。
- 同日　和聂荣臻向彭德怀报告军团及红二方面军的行动情况。

■ 10 月 29 日　和聂荣臻就集结红一军团第二师配合红二方面军第四师消灭放羊坪之敌一事向彭德怀、贺龙、任弼时等提出具体意见。

■ 10 月 30 日　和聂荣臻联名致电贺龙、任弼时、关向应等红二方面军领导人，向其通报了 29 日与敌作战的情况。

■ 10 月 31 日　参与指挥了何家堡战斗，取得了三大主力会师以来第一个胜仗。

■ 同日　和聂荣臻向毛泽东报告红一军团及红二方面军的行动情况。

■ 11 月 8 日　向聂荣臻和彭德怀报告敌情，同时请求野战军或第十五军团借钱给第一、第四师买粮。

■ 11 月 21 日　参与部署、指挥山城堡战斗。战斗胜利后，部队在山城堡召开了庆祝大会，左权和三个方面军的领导人参加了大会。朱德、彭德怀、贺龙、左权等人先后在会上发言。左权在讲话中阐述了此次作战胜利的重大意义，并从战略战术的角度分析了作战取得胜利的原因。

■ 11 月 30 日　和聂荣臻向红军前敌总指挥彭德怀、总政治委员任弼时报告红一军团的分布情况。

■ 12 月　西安事变发生后，左权和聂荣臻根据中共中央的指示，率领红一军团由宁县、栒邑地区南下，和其他红军部队一起，挺进到西安附近集中，协助东北军和西北军准备迎击国民党亲日派军队的进攻。

1937 年　32 岁

■ 1 月 3 日　和聂荣臻向彭德怀、任弼时等报告红一军团的情况。

■ 1 月 29 日　延安《新中华》报副刊第 5 期发表了丁玲撰写的《记左权同志话山城堡之战》一文。左权在谈话中指出，此战是红军迫不得已、出于自卫而进行的。

■ 2 月 15 日　中革军委主席团任命左权为红军前敌总指挥部参谋长，第一军团军团长由陈光代理。

■ 2 月 19 日　和聂荣臻、陈光等联名向部队发出红军在新阶段中的问题和新工作的意见书，对新阶段党的政策进行了解释，对部队工作提出了新的要求。

■ 2 月 20 日　离开红一军团，到达红军前敌总指挥部驻地淳化县城。

■ 3 月 1 日　和彭德怀、任弼时等联名致电中共中央、中革军委，建议援助西路军最好用政治交涉方法解决。

■ 4 月 2 日　和彭德怀、任弼时等向部队发出筹备全野战军运动大会的训令。

■ 4 月 3 日　致电陈光、聂荣臻等人：为转变前总直属队的工作，准备由前敌总指挥部直属队及特务团组织一个参观团，去红一军团第四师参观其军政教育、日常生活及政治工作等。

■ 4 月下旬　和任弼时来到镇原，参加援西军党的活动分子会议。会议传达了中共中央在 3 月下旬召开的政治局扩大会议精神及《关于张国焘同志错误的决定》。

- 7月9日　和彭德怀、贺龙、刘伯承、林彪、徐向前、叶剑英、萧克、徐海东等红军将领联名致电国民政府，请求立即将红军改名为国民革命军，并授命为抗日前驱，与红军全体指战员上前线抗日杀敌。
- 7月12日　向各军通报卢沟桥事变的最新动态。
- 7月下旬　参加了前敌总指挥部组织召开的红军兵团以上干部会议，讨论红军改编及开赴抗日前线等问题。
- 8月25日　中共中央革命军事委员会发布红军主力改编为国民革命军第八路军的命令，任命朱德为总指挥，彭德怀为副总指挥，叶剑英为参谋长，任弼时为政治部主任，左权为副参谋长，邓小平为政治部副主任。
- 8月30日　向朱德、彭德怀、任弼时报告八路军第一一五师两个旅的行动情况。
- 8月31日　向毛泽东报告八路军第一一五师直属队及两个旅的行动情况。
- 9月4日　和彭德怀联名致电八路军驻晋办事处主任彭雪枫：第一一五师第三四三旅已派出一个营由山西侯马乘火车经太原等地北上，侦察沿途铁路情况。
- 9月6日　八路军总部在云阳召开誓师大会。左权参加完誓师大会后，便奉命率总部直属队先行出发，经蒲城、澄城、郃阳，向韩城县芝川镇行进，为总部和直属部队东渡黄河作接应与准备工作。
- 9月11日　国民政府军事委员会命令第八路军改为国民革命军第十八集团军，并任命朱德为第十八集团军总司令，彭德怀为副总司令，归第二战区司令长官阎锡山指挥。左权仍为副参谋长。
- 9月13日　向各师通报日军在华北的兵力部署情况。
- 9月15日　朱德率八路军总部到达芝川镇，与左权会合。
- 9月16日　和朱德、任弼时、邓小平同坐一艘木船，从韩城县芝川镇东渡黄河，进入山西省境内，继而到达山西省万荣县荣河镇。
- 同日　签署八路军第一一五、第一二〇、第一二九师3个师团以上干部的任命名单。
- 9月18日　和朱德等率八路军总部到达山西省稷山县。当夜，给叔父左铭三写信。信中表达了对祖国和人民前途的深切关注，抒发了他为伟大的抗日战争和人民解放事业而奋斗的壮志豪情。
- 9月21日　和朱德等率八路军总部到达太原，与先期抵达太原的彭德怀会合。随后，与彭德怀、任弼时、邓小平等乘汽车向五台县进发。
- 9月23日　和彭德怀等率八路军总部到达五台县南茹村。
- 10月25日　向朱德、彭德怀、任弼时等报告八路军第一一五师第三四三旅的行动情况。
- 10月26日　随八路军总部到达寿阳县的景尚。

- 10 月 28 日　和朱德、彭德怀率八路军总部及第一一五师师部、第三四三旅离开南茹村南移。
- 本月　协助朱德、彭德怀指挥八路军各部配合友军进行忻口战役。
- 11 月 7 日　随八路军总部到达山西省和顺县石拐镇。
- 11 月 11 日　八路军总部召开干部会议，确定八路军下一步行动方针与部署。朱德、彭德怀、左权、刘伯承等人参加了会议。左权在会上就如何集中优势兵力打歼灭战，逐步击败日本侵略军的问题，作了重要发言。
- 11 月中、下旬　随八路军总部转战于晋东南的榆社、武乡、沁县、沁源、安泽、洪洞等地。
- 12 月初　在洪洞县高公村给在湖南老家的母亲写了一封信。信中痛斥了日本侵略者的种种暴行，并表达了坚持抗战到底的决心。
- 12 月 30 日　随八路军总部移驻洪洞县马牧村，暂时安定下来。

1938 年　33 岁

- 1 月 22 日　撰写《论目前山西敌人的动态与我军应采用的战术》一文。此文被刊载在八路军总部编印的《战术研究材料》第 1—3 期上。
- 1 月 23 日　为搞好军队建设，提高部队的军政素质，左权撰写了《新战士的军事教育》一文，从理论和实践的结合上，比较系统地论述了对新战士进行军事教育的任务、基本原则、方法以及对教育人员的要求。此文发表于 1938 年 8 月出版的《群众》第 2 卷第 8、9 期合刊上。
- 2 月 6 日　向毛泽东及中央军委参谋长滕代远等报告朔县、保定、满城等地的日军动态。
- 2 月 19 日　向朱德、彭德怀、任弼时报告晋中地区敌、友、我三方部队的动向。
- 2 月 20 日　和朱德率八路军总部离开洪洞县马牧村，继续向晋东南转移。
- 2 月 21 日　和朱德率八路军总部到达府城。
- 2 月 22 日　向毛泽东、滕代远等报告报告八路军第一一五师第三四三旅 21 日在隰县川口与日军的作战情况。
- 2 月 23 日　向朱德、彭德怀、任弼时报告晋南日军的配置情况。
- 2 月 28 日　和朱德联名致电毛泽东、滕代远、任弼时，请求派一位得力参谋处长来八路军总部工作。
- 同日　向毛泽东、滕代远等报告：八路军总部今日在原地（山西省安泽县）未动，本人于昨日晚上回到总部。
- 本月下旬　和朱德率八路军总部由山西洪洞县向晋东南转移途中，在山西省安泽县府城以东同西犯之日军一部遭遇。为迟滞敌人西进，掩护临汾地区军民撤退，朱德、左权当即指挥总部特务团一部进行阻击，战斗四昼夜，为临汾军民的安全转移赢得了时间，也打破了日军将中国军队逼到黄河边上加以歼灭的企图。

■ 本月　和朱德、彭德怀、康克清、丁玲等在山西省临汾刘村八路军办事处，接待美国进步作家史沫特莱等外国记者。

■ 3月1日　和朱德联名致电毛泽东、滕代远及八路军留守兵团司令员萧劲光，就日军若侵入陕北应如何应对提出了八条具体意见。

■ 3月6日　向毛泽东、滕代远等报告晋南、晋北、雁南地区敌、友、我三方部队的动向。

■ 3月15日　与朱德、彭德怀率八路军总部进驻沁县小东岭村。

■ 3月20日　和朱德、彭德怀联名致电周恩来、叶剑英、毛泽东等人，建议在和蒋介石交涉时，应提出补充华北地区部队的武器弹药。

■ 3月21日　向八路军各部队通报华北地区日军的动态。

■ 同日　和朱德、彭德怀联名致电周恩来、叶剑英，请其向国民政府提出，犒赏费应随伤员人数增加而增加；电报同时指出，前方极缺药品，请给予迅速补充。

■ 3月24日　为鼓励和帮助友军坚持山西抗战，开展游击战争，朱德、彭德怀在小东岭召开东路军将领会议，左权、刘伯承、徐海东等八路军将领及一些国民党将领参加了会议，共商御敌大计。左权在会上就战术问题和军事工作做了重要发言。

■ 同日　和朱德、彭德怀联名向八路军各师首长通报山西境内日军最近的动态，并转报第二战区司令长官阎锡山。

■ 3月25日　向滕代远、叶剑英报告近日来八路军部分部队在山西、河北对日军作战的情况。

■ 3月26日　向滕代远、叶剑英报告晋察冀军区第一军分区部队歼灭进犯河北涞源县王安镇日军的情况。

■ 3月30日　和朱德、彭德怀就前线各军物资供应线之规定问题联名致电周恩来、叶剑英并毛泽东、滕代远等人，报告了由后方向前方输送物资的路线情形。

■ 3月31日　向毛泽东、滕代远、周恩来等报告晋察冀军区邓华支队作战的情况。报告指出，邓华支队在北平门头沟、卢沟桥等地袭击日军，当地民众抗日情绪高涨。

■ 4月24日　向八路军各部队通报晋察冀军区第一军分区部队连续四次打退进犯涞源日军的战斗经过。

■ 4月30日　左权请了几位同志，把第一二九师在广阳战斗中缴获的日军编写的《华北战术之参考》一书译出，登在《战术研究材料》第3期上，并写了前言，以供八路军各部队参考。

■ 本月　参与指挥粉碎日军对晋东南抗日根据地的九路围攻作战。

■ 5月4日　和朱德、彭德怀联名致电滕代远，请求尽快布置好八路军第一一五师的兵站线，以便保证对该部的后勤供应。

■ 5月14日　致电八路军第一二九师首长：根据第一战区司令长官程潜的电令，河南省林县及其以北至河北省涉县之太行山地区的地方武装暂归孙殿英（豫东游击司令）统一指挥，林县以南太行山地区的地方武装暂归张荫梧（河北民军总指挥）统一指挥。

■ 5月17日　向上级报告第十八集团军少校以上抗战有功者名单。

■ 6月2日　向上级报告八路军各部队在作战中坚决勇敢的指挥员名单。

■ 6月13日　向滕代远报告八路军总部直属部队5月份人员武器数量。

■ 6月28日　和朱德、彭德怀等向滕代远、谭政（总政治部副主任）、叶剑英等报告八路军抗战以来的战绩。自1937年9月20日至1938年6月20日，八路军共进行大小战斗638次，毙伤敌军34734人，俘虏日军254人，俘虏伪军1988人。

■ 6月29日　和朱德、彭德怀向滕代远、谭政、叶剑英等报告抗战一年来八路军的伤亡情况。八路军在抗战第一年伤亡总数为25986人，其中伤17366人，阵亡8620人。

■ 本月　八路军总部在晋东南沁县西林村举办干部训练班，决死第一纵队排以上干部和大批政工人员轮流参加集训，学习游击战术、步兵战斗条令等军事课，同时进行抗日民族统一战线与抗日根据地政策等方面的政治教育。朱德、彭德怀、左权等八路军总部首长前往授课。

■ 7月7日　八路军总部在山西省沁县召开“七七”抗战一周年纪念大会。左权和朱德在会上讲了话。

■ 8月4日　向朱德、彭德怀报告：八路军第一一五师第三四四旅第六八八团和八路军总部特务团已取得联络。

■ 8月5日　向八路军各师及晋察冀军区通报了最近河北、陕西、山东部分地方国民党顽固派军队制造摩擦事件的情况。

■ 8月8日　随八路军总部由沁县南底水移驻屯留县故县镇。

■ 本月　彭德怀副总司令离开八路军总部，此前，朱德总司令已于7月离开总部，他们回延安参加党的六届六中全会。受朱、彭委托，八路军总部的全盘工作由左权主持。

■ 9月9日　致电晋冀豫军区司令员倪志亮，要其调查辽县、武乡、榆社三角地区内产煤且便于建立兵工厂的地点。

■ 9月11日　向朱德、彭德怀报告：为配合武汉作战，阎锡山命令我八路军破击平汉、同蒲、正太等铁路交通线。

■ 9月13日　向朱德、彭德怀报告八路军第一二〇、第一二九师部分部队活动情况。

■ 9月15日　向朱德、彭德怀、王稼祥（总政治部主任）、滕代远等提出八路军目前在华北作战的六条意见。

■ 同日　毛泽东、朱德、彭德怀联名致电左权、陈光（八路军第一一五师代师长），就第一一五师先派一个主力团去山东事宜作出初步安排。

■ 9月16日　致电陈光，就派八路军第一一五师部队去山东一事进一步作出具体指示。

■ 9月24日　致电朱德、彭德怀并报告中央军委：八路军第一一五师第三四四旅第六八八团发现霍乱，已有多人染病，并有人死亡。前方卫生人员无法识别日军所放之毒，请调得力军医及送些药品来前方。

■ 9月26日　向朱德、彭德怀报告了河北省政府主席兼河北省保安总司令鹿钟麟重新划分河北省战区的情形。

■ 同日　致电朱德、彭德怀并报毛泽东、滕代远，提出应对日军使用毒气的具体办法。

■ 9月30日　致电晋察冀军区司令员兼政治委员聂荣臻，通报八路军第一二〇师第三五八旅和第一二九师策应晋察冀边区进行反日军围攻作战的部署，同时还就如何摆脱晋察冀边区目前的严重局面提出了具体建议。

■ 10月1日　向朱德、彭德怀报告了八路军第一一五师第三四四旅已转移到平汉路以西，第一二九师第三八六旅旅长陈赓已率该旅第七七二团回涉县休整的情况。

■ 10月3日　致电聂荣臻并报朱德、彭德怀、毛泽东等人，就如何粉碎日军对晋察冀边区的围攻提出作战意见。

■ 10月10日　致电聂荣臻，对日军侵占阜平、五台后的企图作出分析，并提出相应的对策。

■ 10月19日　在潞城县故漳村主持召开由八路军总部、第一二九师和中共晋冀豫区委负责人参加的主要干部会议。左权致开幕词并在会上发言，就华北日军的情况、晋察冀边区反围攻的经验及目前工作等问题谈了自己的看法。会议于20日结束。

■ 10月25日　撰写《论敌人大举围攻晋察冀边区及晋察冀边区反对敌人大举围攻斗争之经验教训》一文。该文刊载在八路军总部编的《战术研究材料》第12期上。

■ 10月26日　和八路军野战政治部主任傅钟联名向八路军各师及晋察冀军区通报日军进攻晋察冀边区的特点及当前八路军的任务。

■ 11月4日　致电陈光、罗荣桓（八路军第一一五师政治委员）、贺龙（八路军第一二〇师师长）等人，就防范日军使用毒气事宜作出指示。

■ 11月上旬　在八路军总部接待新加坡《星洲日报》华侨女记者黄薇，并接受采访，向其介绍了华北敌后抗战的意义、目前的战局以及八路军的军事、政治等各方面情况。

■ 11月13日　撰写《埋伏战术》一文。该文刊载在八路军总部编印的《战术研究材料》第14期上。该文对埋伏战术的特点和作用作了说明，并就伏击准备、伏击实施和战斗发起时各种战术的运用等问题作了阐述。

- 11月19日　向贺龙、萧克（八路军第一二〇师副师长）、刘伯承（八路军第一二九师师长）、聂荣臻、陈光等通报了卫立煌转来的蒋介石嘉奖第一二〇师张家湾战斗的电令。
- 12月2日　和朱德、彭德怀联名复电毛泽东、王稼祥（中共中央军委副主席兼总政治部主任）、滕代远等，同意抗日军政大学分一部分来晋东南成立分校。
- 12月6日　向八路军各部队发出通报：八路军总部委任朱光为总部秘书长，罗舜初为第一科科长，王政柱为副科长；李寿轩为第三科科长；孙开楚为机要科长。
- 12月7日　和朱德、彭德怀联名致电八路军驻陕办事处负责人林伯渠、伍云甫并报王稼祥、滕代远：八路军总部决定在晋东南设立抗大分校，请求在月底前从延安送三四千学生来前方。
- 同日　和朱德来到长治县，看望在此休整的八路军第一一五师第三四三旅第六八五团，宣布中共中央决定派第一一五师主力去山东的命令，并作了东进动员。
- 12月中旬　在山西省潞城县北村，主持召开八路军晋东南部队参谋长会议。左权就八路军参谋工作作了重要讲话。
- 12月17日　和朱德、彭德怀联名致电毛泽东、王稼祥、滕代远，请求派一些得力的干部来八路军总部工作。
- 12月21日　和朱德、彭德怀联名向八路军各部队发出关于各级干部和战士津贴费标准的规定：师、旅级（军区、军分区、纵队与师、旅级同）5元，团、营级4元，连级3元，排级2元，上士1.5元，战士1元。
- 同日　和朱德向毛泽东等人报告冀、鲁、豫各地国民党军队向八路军制造反共摩擦、破坏抗日根据地的情况。
- 本月　八路军在抗日前线指挥部队作战的统率机关——八路军前方总部于晋东南成立，朱德任总指挥，彭德怀任副总指挥，左权任参谋长。

1939年　34岁

- 1月4日　在八路军总部接待作家刘白羽，并与之谈了八路军的游击战术。
- 1月9日　和朱德联名致电彭德怀并中央军委，报告华北国民党军鹿钟麟（冀察战区总司令）部与我八路军部队摩擦的情况。
- 1月12日　和朱德、彭德怀联名致电八路军山东纵队指挥张经武、政治委员黎玉并报中央军委：目前各方摩擦增加，蒋介石又不允许我向山东、河南发展，故目前不能派兵去山东。
- 1月17日　《新华日报》（华北版）刊载了左权撰写的《半月来华北战况》

（1月1日至15日）一文。这样定期分析战局的文章左权每隔半个月发表一篇，先后一直坚持了半年多时间，使抗日根据地军民及时了解斗争的全局，提高对敌斗争的艺术水平。

■ 1月19日　和朱德、杨尚昆（中共中央北方局书记）、傅钟等向中共中央书记处报告华北摩擦增加与我之反摩擦布置情况。

■ 1月24日　和朱德联名向八路军各部队首长转发蒋介石颁布的国民党军第三期作战指导方案。该方案对全国各战区的作战任务及作战方针作了说明。

■ 1月28日　向八路军各部队首长通报蒋介石电令撤销各部队指挥上不必要的名义与旧兼职务的情况，其中包括撤销朱德、彭德怀八路军总、副指挥的名义。

■ 2月2日　和朱德、彭德怀联名向八路军各部队发布八路军关于杂支费的支出规定。

■ 2月7日　和朱德、彭德怀、傅钟等联名发出关于整军计划的训令。训令指出，为提高部队的战斗力和执行纪律的自觉性，特别是提高各级干部的军事、政治、文化水平，八路军各部队要分期整训部队，每期3个月。第一期自3月1日起，整训30个团。

■ 2月10日　和朱德、彭德怀、傅钟联名向八路军各部队首长发出为迎接相持阶段到来提高部队战斗力的指示电。电报指出，为战胜进入相持阶段即将到来的严重困难，坚持与巩固根据地，以争取持久抗战的胜利，必须保持和增强部队的战斗力，加强政治工作，确保党对部队的领导，提高部队遵守纪律的自觉性，建立军队中的各种制度，逐步使之正规化。

■ 2月12日　向八路军各部队及新四军首长通报了华北日军番号、驻地及其动态，同时向中央军委作了报告。

■ 2月23日　和朱德联名致电彭德怀并报中央军委，就如何应对日军即将对晋东南进行“扫荡”一事提出具体对策。

■ 2月26日　向毛泽东、王稼祥、滕代远、彭德怀报告八路军各部队整军计划与部署。

■ 同日　向彭德怀报告总部兵工厂的生产情况。

■ 同日　向八路军各部队首长通报对日军放毒的救治经验。

■ 3月1日　和朱德、杨尚昆等联名致电彭德怀并报中共中央书记处：彭德怀要暂留冀中主持一切，帮助各方整军，坚持冀中局面，今后行动看形势再定。

■ 同日　《前线》复刊第3期刊载了左权撰写的《论坚持华北抗战》一文。文中阐述了坚持华北抗战的意义、成绩、有利条件、对今后战局的估计和克服困难争取胜利五个问题。

■ 3月2日　和朱德联名致电彭德怀并报毛泽东、王稼祥、滕代远，就晋东南部队的作战部署情况作了说明。

- 3 月 5 日　《新华日报》（华北版）第 4 版上刊登了左权为该报的题词：坚持华北抗战。
- 3 月 18 日　向八路军各部队首长通报：蒋介石令朱德任第二战区副司令长官。
- 3 月 27 日　和朱德等联名致电八路军第一二九师第三八五旅旅长陈锡联，就如何做好冀西的统战工作提出具体意见。
- 本月　八路军总部在山西襄垣县南丰沟召开会议，着重讨论开展调查研究，制定根据地建设的具体措施、规定。朱德、彭德怀、左权、杨尚昆、傅钟等人参加了会议。
- 4 月 1 日　《前线》复刊第 5 期刊登了左权翻译的《苏联新的步兵战斗条令》一书的一部分。
- 4 月 16 日　在八路军总部驻地接受《新华日报》记者陈克寒和张克的采访，就冀鲁豫战局等问题发表了看法。后来记者整理成《左权参谋长纵谈晋冀豫战局》一文，发表在 4 月 23 日的《新华日报》（华北版）上。
- 同日　和刘志兰在山西省潞城县北村八路军总部结婚。
- 4 月 17 日　和朱德、彭德怀联名致电王稼祥、滕代远。电报指出，前方部队参谋人员十分缺乏，以致许多工作制度未能建立起来，请求后方送大批参谋人员来前方工作。
- 4 月 21 日　向毛泽东、滕代远等人报告了第二战区司令长官阎锡山调整部署晋绥陕边各部队的情况。
- 5 月 7 日　和朱德、彭德怀、杨尚昆、傅钟等就自力更生、克服物质困难问题向八路军各部队首长联名发出指示电，并提出了一些具体意见。如努力发展生产运动；整理一切必要地方税收及田赋制度；有计划地建设军事工业；严格建立预算制度等。
- 5 月 15 日　向八路军各部队首长通报了华中日军在占领区进行治安肃正的要领及我之对付办法。
- 6 月 4 日　和朱德、彭德怀、傅钟联名发出关于纪念中国共产党成立 18 周年及抗战二周年的训令，要求各部队军政机关准备举行盛大纪念活动，宣传共产党、八路军在华北抗战两年来的成绩及党的教育、政治工作和整军等工作。
- 同日　向滕代远报告准备在晋东南召开参谋工作一事，并请求指示。
- 同日　向滕代远报告第一战区所属部队的番号。
- 6 月 6 日　向八路军各部队通报对付日军使用毒气的办法。
- 6 月 12 日　毛泽东、王稼祥、滕代远联名致电左权，就如何开好晋东南参谋工作会议及今后如何加强司令机关建设问题提出了许多指导性意见。
- 6 月 17 日　向八路军各部队通报了日军加强对交通线占领的三条措施：

一是将铁路两侧三公里的村庄改为爱护村，对当地民众进行奴化教育；二是各车站组织铁道爱护队，并将当地驻敌分别组成巡查队，各班每日巡查一次；三是各车站组织情报汇集班，每班 20 人至 30 人不等，由各该车站站长指挥侦察我军行动。

■ 本月末　主持召开了晋东南八路军参谋工作会议。

■ 7 月 2 日　向毛泽东、王稼祥等报告冀鲁边日伪军动态。

■ 7 月 6 日　和朱德、彭德怀指挥八路军总部从潞城县北村转移，至 15 日来到武乡县砖壁村。

■ 7 月 21 日　向中央军委报告了两年来八路军抗战的各种统计情况。其中，八路军两年来共进行大小战斗 2689 次，毙伤日军 65090 人、伪军 15430 人；俘日军 385 人、伪军 9615 人。

■ 7 月 29 日　向八路军各部队首长通报了第一战区司令长官卫立煌准备围歼晋东南日军的作战计划。

■ 本月下旬　八路军总部黄崖洞兵工厂工程开工，左权率领干部、战士、工人一起劳动。

■ 8 月 10 日　向八路军各部队首长通报日军有部分调回国内或开进东北的迹象及我应采取的对策。

■ 8 月 11 日　向聂荣臻、罗荣桓、刘伯承、吕正操（八路军第三纵队司令员）、徐向前（八路军第一纵队司令员）等人通报了蒋介石颁布的第二期军队整训纲要及实施办法，同时上报中央军委。

■ 8 月 21 日　向八路军各部队首长通报国民党顽固派军队向华北敌后抗日根据地进行破坏活动的情况及我之对策。电报指出，应公开揭露国民党顽固派军队进行反共摩擦的罪恶活动，向友军和群众进行广泛的宣传。

■ 8 月 27 日　致电八路军各军区：蒋介石电令我苏鲁边区部队向冀晋察边区活动。

■ 本月　八路军总部在武乡县砖壁村开办参谋人员训练班，来自第一二九师、第一一五师第三四四旅、晋豫边游击支队、总部、抗大的六十余名学员参加学习。左权等八路军主要领导人为学员授课。

■ 9 月 5 日　向八路军各部队首长通报并向中央军委报告了一周来晋、察、冀、鲁等地日军的驻防情况。

■ 9 月 8 日　致电八路军各部队首长，通报国际消息摘要及国内情况。

■ 9 月 15 日　向滕代远报告了八路军自本年 5 月到 8 月的战斗、俘虏、缴获情况。

■ 10 月 2 日　和朱德、彭德怀联名向滕代远报告八路军在第一战区之部队番号及主官姓名。

■ 10 月 12 日　向中央军委报告一周来八路军各部与日伪顽斗争的综合情况。

■ 10 月 15 日　向八路军各部队首长通报了阎锡山对第二战区主要作战部

队辖区的划分情况。

- 10 月 17 日　向八路军第一二〇师、第一二九师、晋察冀军区等通报了山东国民党顽固派军队制造摩擦事件的情况。
- 本月　随八路军总部由山西省武乡县砖壁村转移到西南十公里处的王家峪。
- 11 月 2 日　向贺龙、聂荣臻、杨得志（八路军第一一五师第三四四旅代旅长）等人通报了第一二九师补充团遭日军袭击的教训。
- 11 月 4 日　向滕代远报告八路军本年 10 月战斗及俘虏、缴获情况。
- 11 月 6 日　和朱德、杨尚昆联名致电彭德怀，向其通报了应对山西顽固派与国民党中央军进行反共摩擦的对策及开展豫北工作的方针。
- 11 月 11 日　向八路军各部队首长通报：据有关消息，国民党中央不久前召开特别会议，专门讨论应对共产党与八路军问题。
- 11 月 14 日　和朱德、杨尚昆联名致电彭德怀并报告中央军委，就收编范子侠（国民党冀察游击第二路第二师师长）部一事提出具体意见。
- 11 月 20 日　向八路军各部队首长通报并报告中央军委关于冀南地区的国民党顽固派分子加剧进行反共摩擦的情况。
- 11 月 23 日　和朱德、彭德怀等联名致电慰问白求恩的亲属，并通令全军为因救治八路军伤员而英勇献身的加拿大共产党员、胸外科专家白求恩大夫举行哀悼。左权还专门写了《悼白大夫同志》一文，以寄托哀思。
- 11 月 25 日　和朱德联名致电毛泽东、王稼祥，报告鹿钟麟、石友三（冀察战区副总司令兼第六十九军军长）在冀南地区调动兵力，制造反共摩擦的情况。
- 同日　《八路军军政杂志》第 1 卷第 11 期刊载了左权撰写的《坚持华北抗战两年中之八路军》一文。该文阐明了八路军在华北两年抗战的作战情况、取得的成绩和收获及取得成绩的原因。
- 11 月 26 日　向八路军各部队首长通报并报告中央军委：据有关消息，国民党顽固派军队准备向山东、山西、河北抗日根据地发动反共摩擦。
- 同日　和朱德联名向滕代远、彭德怀等通报山西抗日民族统一战线工作中的情况。
- 11 月 27 日　和朱德联名向八路军各师、各军区首长通报河北省国民党顽固派分子制造反共摩擦的情况。
- 12 月 7 日　向八路军各部队首长通报国民党政府欲解决八路军部分部队密电的内容。
- 12 月上旬　和朱德在八路军总部王家峪同国民党第九十七军军长朱怀冰进行谈判。在谈判中，左权理直气壮地揭露了朱怀冰不断制造摩擦、进行反共活动的阴谋。
- 12 月 9 日　和朱德联名致电彭德怀并中央军委及中央书记处，将朱怀冰来八路军总部进行谈判的情况作了报告。

- 12 月 11 日、13 日 《新华日报》(华北版)刊载了左权撰写的《从打死阿部中将说到敌寇这一次围攻晋察冀边区》一文。该文详细说明了黄土岭战斗击毙日军中将阿部规秀的经过及我军获得胜利的基本原因。
- 12 月 15 日 向陈光、罗荣桓、贺龙、关向应(八路军第一二〇师政治委员)等通报了阎锡山为保宜川吉县、乡宁地区拟定的对日军作战计划。
- 12 月 16 日 八路军总部为朱德总司令 54 岁寿诞举行了隆重的庆祝大会。左权和妻子刘志兰专门为朱德创作了一首《献给我们的朱总司令》的祝寿诗。
- 同日 向彭德怀报告:山西的国民党投降分子与日军勾结,在黑龙关地区替日军抽壮丁。
- 12 月 19 日 向八路军各部队首长通报:对日军的冬季攻势已开始,蒋介石规定了在作战中的赏罚办法。
- 12 月 20 日 和朱德联名致电聂荣臻、吕正操、贺龙、刘伯承等并报告中央军委:国民党顽固派日益加紧进行反共摩擦,为确保太行山抗日根据地,拟调冀中部队一部去正太铁路以南,元氏、赞皇、临城以西地区,以便换取第一二九师部队向南集结,保持冀中区与太行区之联系。
- 同日 和朱德向八路军各师、各军区首长通报国民党军孙楚(第八集团军总司令)部在晋南地区进行反共摩擦的情况。
- 12 月 23 日 向八路军各师及晋察冀军区通报了晋西及晋东南日顽动态。
- 12 月 27 日 和朱德、杨尚昆联名致电八路军第一一五师晋西独立支队领导人陈士榘、林枫并报告中共中央书记处,就如何坚持晋西抗日根据地,积极主动打击日军问题,提出了若干作战指导原则。
- 本月 和朱德在八路军总部接受了作家代表团成员杨朔的采访,左权还应邀为杨朔题词:坚持团结,坚持进步,为争取抗战胜利而奋斗。
- 本月 阎锡山集中 6 个军的兵力分三路进攻晋西北的决死第二纵队和八路军第一一五师晋西独立支队。同时令在晋西北的两个军向决死第四纵队进攻,令第八集团军所部配合蒋介石嫡系部队向晋东南的决死第一、第三纵队和八路军进攻。左权协助朱德指挥八路军和决死队反击国民党军队的进犯,取得了胜利。
- 本年 撰写《论军事思想的原理》《八路军的战斗教练工作》两篇文章。这两篇文章在左权生前未及发表,1942 年 6 月 30 日、8 月 9 日,延安《解放日报》分别将其作为左权遗著发表。

1940 年 35 岁

- 1 月 1 日 《新华日报》(华北版)刊载了左权撰写的《论目前华北战局》一文。文章深刻分析了敌我形势,充分估计了日寇继续“扫荡”华北作战的发展情况和克服投降妥协的危险，争取反“扫荡”作战胜利的条件，论述了坚持华北抗战的重要意义。

- 同日　向八路军各师、军区通报国民党特务组织的情况。
- 1月3日　向八路军各部队首长发出通报：阎锡山正在加强军事力量，准备向晋西北推进。
- 同日　和朱德联名致电彭德怀等人：赵承绶（国民党第七集团军总司令）以谈判作缓兵之计，目的在于争取时间调动和集中其兵力。
- 1月5日　和朱德等人联名致电八路军第一一五师第三四四旅政治委员黄克诚，同意八路军冀鲁豫支队司令员杨得志率领一个大队回到太行山南部地区，平汉铁路以东的工作由刘震和崔田民两同志负责。
- 1月6日　向八路军各部队和军区首长通报关于国民党顽固派分子在冀西元氏、长治等地及太行山根据地的晋城、阳城、沁水等处逮捕、杀害我地方干部和八路军人员，破坏抗日斗争的情况。
- 1月7日　向八路军各师、各军区首长通报全国各地的伪军和国民党顽固派军队的活动情况。
- 1月10日　《群众》杂志第4卷第1期刊载了左权撰写的《“扫荡”和反“扫荡”的一年》一文。文章较为详细地阐述了一年来华北地区日军“扫荡”与我反“扫荡”作战的情况，深刻地分析了日军“扫荡”华北的方针与方法，总结了一年来我对敌斗争的结果和经验教训。
- 同日　向八路军各部队首长通报国民党军石友三部近期的反动活动。
- 1月14日　向八路军各部队和军区首长通报了山西、河北的国民党顽固派军队制造摩擦事件的情况。
- 1月17日　向八路军各师、各军区首长通报了国民党电令各地检查限制异党活动办法的执行情况。
- 1月18日　和朱德、彭德怀联名致电八路军第一纵队司令员徐向前、政治委员朱瑞和参谋处长罗舜初，对山东参谋会议提出了六个方面的指导性意见。
- 1月22日　向山东抗日根据地供给会议提出意见并通报晋冀豫军区供给工作经验。电报指出：供给会议必须具体讨论建立供给制度，统一收支，着重开展工业生产，设立各种小型工厂，解决本身所需，收集资材。供给机关必须注意改善连队生活，应成为反贪污、腐化及节约的模范。
- 1月26日　向八路军各师通报晋西、鲁西北地区抗日友军和国民党顽固派军队的情况。
- 本月　通报八路军各部队首长并报中央军委：原八路军总部秘书长朱光另有工作安排，任命申伯纯为总部秘书长。
- 2月2日　朱德、彭德怀联名致电毛泽东、王稼祥，就准备在太南组织八路军纵队一事作了报告。电报指出，拟以左权为纵队司令员，黄克诚为纵队政治委员。

- 2月4日　毛泽东、王稼祥联名致电朱德、彭德怀，同意左权任拟组建的八路军纵队司令员，黄克诚任政治委员。
- 2月15日　朱德、彭德怀签发电令，由左权兼任八路军第二纵队司令员，黄克诚任政治委员，杨得志任副司令员，韩振纪为参谋长。第二纵队直属八路军总部指挥。
- 2月19日　和彭德怀联名致电朱瑞、陈光、罗荣桓：应趁日军向豫西“扫荡”的时机积极发展壮大队伍。
- 2月21日　和朱德、彭德怀、傅钟等联名发布八路军1940年整军训令。训令对整军提出了八项具体要求和三个方面的注意事项。
- 同日　和朱德、彭德怀、杨尚昆联名致电八路军冀鲁豫支队司令员杨得志、政治委员崔田民等，就如何解决太南部队经济上的困难提出五条措施。
- 2月29日　和朱德、彭德怀就军事教育问题联名向八路军各部队发出关于1940年整军的补充指示电。电报指出，军事教育的总方针是提高部队战术基础、技术技能，发扬我军优良的战斗方法，学习对抗敌寇特种兵的战斗方法，特别是提高干部的指挥与管理教育能力。指示还详细地规定了部队教育和各级干部教育的内容、方法和要求。
- 3月5日　八路军反击国民党顽固派军队朱怀冰、鹿钟麟、石友三等部向太行山和冀南抗日根据地进犯的磁（县）武（安）涉（县）林（县）战役正式打响。左权参与指挥了此次战役，并取得反顽斗争的重大胜利，巩固了太行山抗日根据地，扭转了日、伪、顽三面夹击的严重局面。
- 3月17日　指挥八路军第一二九师第三八五旅及第二纵队一部，在苏店镇伏击由长治出犯的日军，毙敌40人，毁车10余辆。
- 4月7日　中央军委致电八路军总部，要左权、黄克诚率八路军第二纵队由太行出发，在冀鲁豫边界会合冀豫部队，争取消灭顽军石友三部，然后准备随时调往陇海路南，配合新四军第六支队彭雪枫部行动。
- 4月8日　朱德、彭德怀联名致电左权、黄克诚、刘伯承、邓小平（八路军第一二九师政治委员）并毛泽东、王稼祥：因总部工作需要，左权不能随第二纵队一道离开太行山，也不再兼任第二纵队司令员，司令员一职由杨得志接任，左权回八路军总部工作。
- 4月末　受彭德怀委托，从八路军总部王家峪来到黎城县谭村第一二九师师部，和刘伯承、邓小平、陈赓及前来参加反摩擦作战的聂荣臻、吕正操等人，商量破击日军交通线一事。
- 5月4日　晋东南地区万余青年在武乡县蟠龙镇召开“五四”纪念大会，并举行篝火晚会，左权主持会议并讲了话，召开广大青年在抗日斗争中作出更大的贡献。
- 5月16日　和朱德、彭德怀就战斗要报一事联名向八路军各师各军区发出指示电。电报指出，为全面了解各地区的战争形势，各师及各军区在每个月底或每一战役后，都要作出战斗要报。指示还规定了战斗要报的要点，并要求简明扼要。

- 5月中旬　在八路军总部与彭德怀、聂荣臻、刘伯承、邓小平、陈赓等人再次商讨破击日军交通线的问题，并基本达成一致意见。
- 5月20日　和彭德怀、杨尚昆联名向杨得志、黄克诚、陈光、罗荣桓等发出指示电，就巩固豫东、皖北、苏北根据地及打击叛变投敌的国民党军石友三部作了部署。
- 5月21日　和朱德、彭德怀等联名向八路军各师、各军区催报执行整军训令的情况。
- 5月27日　女儿左太北出生于武乡县八路军总部和平卫生医院。
- 本月　在晋东南参加八路军总部举行的庆祝八路军反顽斗争胜利阅兵大会，与彭德怀、聂荣臻、刘伯承、杨尚昆等人在主席台上检阅部队。
- 6月5日　和彭德怀、杨尚昆等就刘忠、苏振华等人调动一事联名致电毛泽东、王稼祥、朱德。电报指出，为加强华北和山东抗大分校工作起见，决定将刘忠抗大第三团调回总校，并任刘忠为抗大五分校校长；调苏振华为杨勇独立旅政治委员，萧华任第一一五师政治部主任。
- 6月10日　和彭德怀联名致电黄克诚、刘少奇（中共中央中原局书记）、彭雪枫等，通报坚持河北南部、开辟新黄河以北根据地的有关部署，并报告中央军委。
- 同日　和彭德怀联名致电杨得志、黄克诚，通报第一二九师配合其作战的有关部署。
- 6月12日　向八路军各部队通报并向中央军委报告了八路军抗战3年来的战绩。电报指出，从1937年9月至1940年5月30日，八路军共进行大小战斗9625次，毙伤日伪军168350人，俘虏日伪军26027人。
- 6月19日　同朱德、彭德怀等联名致电朱瑞、陈光、罗荣桓：陈漫远、黄永胜支队配合杨勇、萧华部肃清鲁西伪军后开至鲁南、胶东，作为山东纵队主力，归陈光、罗荣桓指挥，并建议以萧华为一一五师政治部主任，以鲁西为一军区，杨勇为司令员，苏振华为政治委员。
- 6月22日　和彭德怀联名致电八路军驻洛阳办事处处长袁晓轩、八路军后勤部供给部副部长周文龙：西安顽固派近日在宜君附近组织阴谋事件，企图作为进攻边区、截断边区交通之借口。在此情形下，向前方送款须灵活行动。
- 6月27日　和彭德怀联名致电刘伯承、邓小平，就晋东南反“扫荡”一事作出指示。
- 7月2日　和朱德、彭德怀、罗瑞卿（八路军野战政治部主任）、陆定一（八路军野战政治部副主任）联名致电八路军各部队首长，就打退国民党军石友三、孙良诚（冀察游击总指挥）等部向我进犯一事作出指示。指示要求在集中力量打退顽军进犯的同时，进行抗日宣传，争取其爱国官兵。

- 7月5日　向八路军各部队、新四军、八路军驻重庆和西安办事处通报最近华北各地日伪军和国民党顽固派军队的活动情况，同时将此情况报告了中央军委。
- 7月9日　和彭德怀联名致电周恩来、叶剑英并报中央军委：华中新四军迭遭国民党军李品仙（第二十一集团军总司令）部无理进攻和压迫，八路军不能坐视不管，故派黄克诚等部南进援助新四军。如果李部停止向新四军的挑衅行为，八路军决不进犯友军，并希望与之恢复过去的友好关系。
- 7月15日　八路军野战政治部出版的《前线》月刊（1941年2月15日改为半月刊）创刊，左权在创刊号上发表《袭击战术》一文。文章对袭击前的准备、袭击的实施、战斗的发起、袭击后的处置及在几种特殊情况下进行袭击等战术问题进行了详细阐述。
- 同日　和彭德怀、杨尚昆、罗瑞卿联名致电中央军委，报告抗大总校拟开办高级班（以培养团级以上干部为目的）、上级班（以培养营级以上干部为目的）的计划，并就招生人数、教育计划、学习时间等问题作了说明。
- 7月20日　中央军委复电彭德怀、杨尚昆、左权、罗瑞卿，同意抗大办高级班、上级班的计划，但认为在教材、教员素质及环境安定上，延安均比前方为好，故建议高级班以设在延安军政学院为好，上级班设在抗大总校。
- 7月中旬　受彭德怀的委托，左权再次来到第一二九师师部，和刘伯承、邓小平商量破击正太铁路一事。左权传达了总部关于此次战役的总设想。刘、邓听后表示赞同。
- 7月22日　和朱德、彭德怀联名签发破击正太铁路的《战役预备命令》，下达晋察冀军区、第一二〇师、第一二九师并报中央军委。命令就战役目的、参战兵力及完成战役准备时限作了说明。
- 同日　和彭德怀等就弹药困难、应注意保存一事联名致电中央军委。电报指出，日寇对我严密封锁，物资供给非常困难，国民党政府不发我们一颗子弹，今后弹药将可能遭受到不可想象的困难。所以要注意妥当储藏弹药，不要浪费，尤应慎重保管，勿使潮湿和损失。
- 同日　和彭德怀、杨尚昆、罗瑞卿等联名致电中央军委，同意抗大高级班设在军政学院，上级班设在抗大总校，并建议调新四军三四十人入军政学院高级班学习。
- 7月23日　和朱德、彭德怀联名向八路军晋察冀军区、第一二〇师及第一二九师首长发出关于进行正太铁路战役中之侦察重点与注意事项的指示电。

■ 8月5日　和彭德怀联名致电贺龙、刘伯承、薄一波（决死第一纵队纵队长兼政治委员）等人，通报决死队各部应调延安学习的人数。

■ 8月8日　和朱德、彭德怀联名签发破击正太铁路的《战役行动命令》，下达晋察冀军区、第一二〇师、第一二九师并报中央军委。命令对参战部队的任务及作战地域作了部署，并明确了战役发起时间。

■ 同日　和朱德、彭德怀联名致电聂荣臻、贺龙、关向应、刘伯承、邓小平，就正太战役中的破坏战术作出指示。

■ 8月12日　和彭德怀等联名致电黄克诚：冀鲁豫边区虽小，但地位极重要，该地区部队不能南调华中。第二纵队已进入华中的部队应趁目前有利时机努力扩大，特别是要努力进行创立根据地的工作，打下牢固的基础，准备应付可能到来之严重局面，并坚定坚持平原游击战的信心。

■ 8月15日　撰写《论华北战局形势的特点和坚持华北抗战中作战指导与组织上几个基本问题》一文，后发表于9月1日《前线》第3期。文章详尽阐述了目前华北局势的八个特点及我在坚持华北抗战中在作战指导与组织上应注意的八个问题。

■ 8月17日　致电刘伯承、邓小平，转告晋察冀军区关于破击平汉、正太铁路的战役部署情况。

■ 8月18日　和彭德怀联名致电聂荣臻、贺龙、关向应、刘伯承、邓小平：为达成正太战役预定目的，各参战部队在敌情无基本变化的情况下，应争取延长破路时间，在指定的作战区域内持久地连续地遂行任务。但是应注意侦察敌情，以便在情况基本变化时，进行新的机动。

■ 8月中旬　和彭德怀逐一检查了准备参加百团大战的八路军各参战部队战前的各项准备工作。

■ 8月20日　晚上8时，百团大战按照既定部署正式打响。左权和彭德怀从下午起就在八路军总部作战室里紧张地忙碌着。战役开始后，左权与彭德怀整整工作了一夜，等待着前线的消息。

■ 8月22日　和彭德怀在八路军总部作战室听取作战情况的汇报。

■ 同日　和朱德联名发出关于百团大战的宣传工作指示。指示要求注意收集作战中的英勇事迹及军政文件与胜利品，多拍些有意义的照片。

■ 8月23日　八路军前方总部以总司令朱德，副总司令彭德怀，参谋长左权，野战政治部主任罗瑞卿、副主任陆定一的名义，给参加百团大战的全体部队发去嘉奖电。

■ 8月24日　和彭德怀联名致电聂荣臻、贺龙、关向应、刘伯承、邓小平等人：百团大战应尽量争取延长时间，各线配合作战的兵团也应延长时间，以保证正太线作战的胜利发展。

■ 8月25日　和彭德怀、罗瑞卿、陆定一联名向八路军各部通报了总部野战政治部组织战地工作巡视团的情况。电报指出，为巡视部队工作，帮助新部队研究与整理抗战中军事政治工作的经验，总部组织了70余人的巡视团，将于9月5日出发，先到冀南，后到鲁西北，再入山东，暂定工作时间为1年。电报还对巡视团到各部队后如何开展工作作了具体规定。

■ 8月26日　和朱德、彭德怀就开展正太线两侧作战部署问题联名作出指示，下发第一二〇师、第一二九师及晋察冀军区。

■ 8月27日　和彭德怀联名致电聂荣臻、贺龙、关向应、刘伯承、邓小平：百团大战对整个战局和改变敌我形势均有极大意义；我们在正太沿线坚持愈久，破坏愈彻底愈有利。

■ 8月29日　和彭德怀就正太线各作战部队的行动方针联名致电聂荣臻、刘伯承、邓小平并报贺龙、关向应及中央军委。电报指出，为扩大此次战役战果，争取收复某些县城，创造第二次战役的有利条件，正太线作战部队今后行动方针主要是打击敌增援部队和继续破路。

■ 8月30日　和朱德、彭德怀联名致电中央军委，就八路军山东纵队编旅的问题提出建议。电报指出，整编八路军山东纵队很好，但旅的编成，必须按正规军的编制，每旅编3个团，每团编2500人，武器应适当配备，不应先编架子后扩充。

■ 9月2日　和朱德、彭德怀联名致电聂荣臻、贺龙、关向应、刘伯承、邓小平并报告中央军委：在日军调集大批兵力增援正太线，逐步形成对八路军东西夹击不利态势的情况下，决心从3日开始，执行第二步行动方针，转移兵力，继续作战。

■ 同日　撰写《论百团大战的伟大胜利》一文，9月5日《新华日报》（华北版）将其刊出。左权在文中阐明了此次战役的目的，分析了日寇所受到的打击及八路军取得初步胜利的原因。

■ 9月7日　和朱德、彭德怀就第一二〇师破击同蒲路北段一事联名致电贺龙、关向应，要其注意以下各点：做好充分准备；严格保密；战斗发起时要加强序战突击兵力，减少预备队的兵力；兵力部署应有重点；应坚持持久的破击；破坏要彻底与宽广；肃清沿线奸伪，开展沿线民众工作。

■ 同日　和朱德、彭德怀联名致电吕正操、程子华（八路军第三纵队政治委员）、宋任穷（八路军冀南军区政治委员）并告聂荣臻、刘伯承、邓小平并报中央军委，要求冀中、冀南八路军部队在华北平原积极进行交通战。电报就进行交通战的重大意义及作战对象作了详细说明。

■ 9月16日　和朱德、彭德怀联名发布百团大战第二阶段作战命令。

■ 9月23日　和彭德怀联名向八路军各部队首长发出关于百团大战第二阶段作战主要攻击目标的指示电，并报告了中央军委。

■ 10月1日　和朱德、彭德怀联名向八路军各部队首长发出关于决定百团大战第二阶段作战基本结束的指示电，并报告了中央军委。

■ 10月2日　和彭德怀、罗瑞卿等联名向八路军各部队首长发出关于百团大战第二阶段结束后，部队应有的解释与准备的指示电。电报指出，对百团大战胜利任何估计上的悲观失望都是极端错误的，同时，百团大战也证明了我们还存在着许多错误与弱点，必须立即改正。

■ 10月11日　和彭德怀、杨尚昆联名致电毛泽东、朱德、王稼祥、刘少奇：巩固与发展华中仍然是目前情况下的基本方针，准备在12月解决叛逆石友三部后，派杨得志部到华中与黄克诚部会合，归刘少奇指挥。

■ 10月15日　和彭德怀向毛泽东、朱德等报告：蒋介石要求新四军撤出苏北。

■ 10月19日　和彭德怀联名向八路军晋察冀军区、第一二〇师、第一二九师首长下达了反"扫荡"作战的命令，并报告了中央军委。

■ 10月下旬　日军进犯八路军总部黄崖洞兵工厂，左权亲自指导工人自卫队做好了各项迎敌准备，并打退了由左会垭口进攻的日军。后另一部日军从南口攻进了工厂区，放火烧毁了厂房等建筑。

■ 10月30日　关家垴战斗打响。本月下旬，日军第三十六师团冈崎大队五六百人，进犯山西省左会，在八路军阻击下窜到武乡县关家垴和柳树垴地区。左权与彭德怀指挥八路军部队分四路将该敌包围，并于30日凌晨3时展开猛烈的攻击。激战到31日，将敌大部歼灭。后因援敌兵力过大，八路军主动撤出战斗。此战对日军打击极大，此后其小股兵力再也不敢轻易出动。

■ 11月2日　撰写《百团大战第三阶段的新胜利——从正太破击战直到关家垴歼灭战》一文。11月15日《新华日报》（华北版）将其刊出。文章总结了百团大战第三阶段作战的特点和经验。

■ 11月7日　毛泽东、朱德、王稼祥联名致电彭德怀、杨尚昆、左权等人，向其通报了中央军委所制定的军政委员会条例，要其讨论并提出修改意见，以便最后公布。

■ 11月27日　向八路军晋察冀军区、第一二〇师、第一二九师及新四军首长通报华北、西北和华中地区国民党友军的情况，其中包括这3个地区的国民党军的师以上部队的主官姓名、驻地、兵员数量及战斗力等。同时将此情况报告了中央军委。

■ 11月28日　和朱德、彭德怀联名向八路军各部队首长发出关于目前时局危急应加强部队教育的指示电。电报就军事教育的基本方针、教育的对象区分及教育的主要内容作了说明。

■ 本月　为保卫黄崖洞兵工厂，左权向彭德怀建议，将总部特务团调进黄崖洞。11月下旬，特务团正式奉命进入黄崖洞，担负兵工厂的守备任务。

■ 12月1日　和彭德怀联名致电陈光、罗荣桓、彭雪枫等人并报中央军委，要求八路军第一一五师的两个团迅速南调。

■ 12月3日　向八路军各师、各纵队、新四军通报石友三已被高树勋（国民党第六十九军新编第六师师长）扣留、高树勋派人前来与我联系的情况，同时将这一情况向中央军委及八路军驻重庆办事处作了报告。

■ 同日　和彭德怀、罗瑞卿等联名致电毛泽东、朱德、王稼祥，完全同意建立高级军政委员会及军委所起草的条例，并建议高级军政委员会的人数以五至七人为宜。

■ 12 月 4 日　和彭德怀联名致电八路军第二纵队兼冀鲁豫军区领导人：在反对国民党顽固派军队进攻的斗争中，凡是属于善意的中立者，不应该以敌意相待，凡是属于自动投降者，应给以优待。

■ 12 月 8 日　和朱德、彭德怀、罗瑞卿等联名向八路军各部队首长及各级司令部、政治机关发出关于加强与健全司令部的组织与工作的指示电。

■ 同日　和彭德怀联名向八路军各师及晋察冀军区通报了卫立煌通电处决石友三的情况，同时将这一情况向中央军委及八路军驻重庆办事处作了报告。

■ 12 月 23 日　向八路军各师、各军区及各纵队首长通报：从缴获的日军作战日记中发现，日军很注意研究八路军的战术并提出了针对八路军战术的对策。

■ 12 月 24 日　和朱德、彭德怀联名向八路军各部队首长发出关于冬季干部军事教育的指示，并报告了中央军委。指示指出，冬季干部军事教育的基本方针是为了提高干部的指挥与管理部队的能力。其基本内容为：营以下干部学习班、排、连的战术；团以上干部研究步兵营的战斗勤务。

■ 12 月26日　在八路军总部和第一二九师召开的后勤工作会议上作了《论我军的后勤建设》的报告。报告详细地论述了后勤工作的重要性、我军后勤工作建设的特点、后勤工作的具体任务、后勤部门与其他部门的关系等问题，是八路军后勤工作历史上一篇重要的文献。

■ 12 月 27 日　《新华日报》(重庆版）刊载了左权撰写的《华北战局——论华北破击战第二阶段》一文。文章论述了百团大战第二阶段作战的伟大成果和取得胜利的原因及八路军进行反“扫荡”作战的情况。

■ 本年冬　撰写《论战争指导、军队组织和战术问题》一文，阐明了华北抗战的基本任务、战略方针和指导战争的方法，论述了正规军、地方军、民兵三种武装力量的斗争情况，存在的问题，纠正办法及游击战术的基本精神和在华北的运用情况。

1941 年　36 岁

■ 1 月 3 日　和彭德怀联名向八路军各部队首长通报了八路军第三纵队第十七团于去年 12 月 26 日晚在定县塔宣村伏击战的经验。此次战斗共烧毁日军各种车辆 30 余辆，八路军仅伤 1 人。电报要求对该团传令嘉奖，并希望各部队发扬伏击战的战术。

■ 1月6日　和彭德怀、罗瑞卿联名向八路军各部队首长发出关于目前斗争的具体策略指示电。电报分析了日寇的南进、西进及正面僵持、增兵华北的三种作战方案，要求各部队做好作战准备，特别是在日寇增兵华北的情况下，要准备足够的兵员，随时应付突发事变。

■ 1月13日　和彭德怀联名致电毛泽东、朱德：新四军北渡要有最高的决心，坚决打击任何阻拦的部队。

■ 1月15日　和彭德怀联名致电中央军委，就如何反击苏鲁地区国民党反共顽固派军队的部署问题提出意见。

■ 1月17日　《新华日报》（华北版）刊载左权撰写的《论晋察冀边区反"扫荡"战的伟大胜利》一文。文章精辟地分析了晋察冀边区取得反"扫荡"作战胜利的原因和意义，并且深刻阐明了正规军和民众武装的关系。

■ 1月21日　和彭德怀联名向八路军各部队首长通报日军"扫荡"晋西北抗日根据地采用的六种手段，要求各部队注意研究。

■ 1月27日　和彭德怀就如何巩固华中根据地一事联名致电刘少奇、毛泽东、朱德等，建议巩固津浦路以东、长江以北之抗日根据地，使之与鲁南连成一片；津浦路以西应准备长期的坚持游击战争，并尽量坚持大别山为对象的前进阵地；要有最大的决心，整理20个团的主力，作为战略机动部队。

■ 1月30日　和彭德怀联名向八路军各部队首长发出指示电，要求准备南下援助新四军的部队做好各项准备工作，待命南下。电报还详细规定了各项准备工作的具体内容。

■ 2月2日　和罗瑞卿、刘伯承等联名给陈毅发出贺电，祝贺他就任新四军代军长一职。

■ 同日　中央书记处致电彭德怀、左权、周恩来、叶剑英：在皖南事变问题没有得到满意解决以前，八路军停止给蒋介石任何呈报。

■ 2月5日　向周恩来、叶剑英报告解决国民党军张国怀部的原因。电报指出，山东的张国怀部队与日军勾结，接受日军点验和领取日军粮饷、枪支和子弹，配合日军逮捕八路军工作人员，与日寇签订共同防共协定，成为可耻的汉奸。在八路军破击津浦路时，张国怀部配合日军向我开枪，我被迫自卫，将其消灭。

■ 2月7日　毛泽东、朱德、王稼祥联名致电彭德怀、左权，要求将八路军总部的炮兵团、晋察冀军区的炮兵集中到延安附近训练，并设立炮兵司令部直属军委。否则将来日寇加强封锁，前方炮兵团有不能通过之可能。

■ 2月10日　和彭德怀联名向八路军第三纵队首长发出指示电，要其以第三纵队的南进支队、新编第四旅配合第二纵队，消灭陇海铁路以北的国民党顽固派军队，确保与华中抗日根据地的交通。

■ 2月11日　和彭德怀就八路军总部炮兵团大部准备移延安集中训练一事

联名致电毛泽东、朱德、王稼祥。电报指出，总部炮兵团有山炮 14 门，平射炮 1 门，除留一个连（4 门）外，主力返回陕甘宁边区。已派人侦察路线，进行准备。此外，晋察冀边区有山炮 6 门，平射炮 4 门，步兵炮等 3 门，准备抽 2/3 调回陕北。

■ 同日　和彭德怀联名致电聂荣臻，要求晋察冀边区将炮兵大部（2/3）送到延安集中训练。

■ 2 月 13 日　和彭德怀就培养炮兵干部一事联名致电毛泽东、朱德、王稼祥。电报指出，八路军前方现有的炮兵基础还很弱，造就一批炮兵干部非常重要。八路军总部炮兵团除留 4 门炮在前方使用外，其余的调回延安。晋察冀边区留一部分炮用于前方，其余的也调回延安，合组炮兵司令部，以创造 300 个炮兵连排干部为目的。

■ 2 月 15 日　《前线》第 8 期刊载了左权撰写的《战术问题》一文。文中阐述了坚持敌后抗战的战略战术的原则和战术的基本精神，并提出和论述了游击运动战战术，是一篇关于战术理论的重要文献。

■ 同日　和彭德怀联名致电彭雪枫并报告中央军委：蒋介石令庞炳勋（冀察战区副总司令兼第二十四集团军总司令）部东进，欲隔断我华北与华中之联系，我必须坚决制止。

■ 2 月 16 日　和朱德、彭德怀联名向八路军各部队首长发出关于发扬电台人员积极性的训令。训令要求各级首长要善于发现模范事例，多鼓励教育，以期提高电台技术人员的工作热情、积极性与责任心；同时，也要同一切不良倾向作斗争，以更好地完成战斗任务。

■ 2 月 17 日　和彭德怀联名致电彭雪枫并报告中央军委：国民党军范汉杰（第二十七军军长）部于 13 日进犯抗日根据地山西省壶关以东地区，占领盘石池、晋庄等地，并捕杀抗日群众。

■ 同日　和彭德怀联名致电杨得志、崔田民、苏振华等，就如何推迟国民党军庞炳勋部东进一事作出具体指示。

■ 2 月 19 日　和彭德怀联名致电朱瑞、陈光、罗荣桓。电报指出：我方从皖南事变后，在政治上采取猛烈攻势，军事上采取防御，这是正确的利用日、蒋矛盾，但对军事上的准备不应有任何忽视；发展地方军、游击队，健全军区是非常重要的工作；山东要加紧扩大游击队，坚决执行由少而多、由弱而强的发展方针。

■ 同日　和彭德怀联名致电刘伯承、邓小平等人，就如何应对国民党军庞炳勋部东进一事作出具体部署。

■ 2 月 24 日　向八路军各部队和新四军首长通报日军“扫荡”平原地区的特点及八路军反“扫荡”的经验教训。

■ 本月　和彭德怀向中央军委报告八路军现有各种火炮的数量。

■ 3 月 4 日　向八路军各部队首长通报了日军近来向我根据地“扫荡”的

特点。

- 同日　和彭德怀向中央军委报告：刘少奇、陈毅等决定调彭雄任黄克诚（新四军第三师师长）师的参谋处长。
- 3 月 5 日　朱德、王稼祥、叶剑英联名致电彭德怀、左权、杨尚昆，向其通报了后方扩大兵工生产的情况及计划。
- 3 月 12 日　向中央军委总政治部报告拟成立的八路军第二纵队军政委员会的名单：拟以杨得志、崔田民、唐亮、卢绍武、谭辅仁五人组成，崔田民为书记。
- 3 月 13 日　向八路军各师、各军区通报日军“扫荡”冀南抗日根据地时所采用的手段。
- 3 月 15 日　和彭德怀向中央军委报告打击陇海铁路以北国民党顽固派军队进犯的作战计划，并通报了八路军第一二九师和新四军首长。
- 3 月 19 日　在八路军后勤政治工作会议上作《各种情况下之后勤工作》的重要讲话。他在讲话中详细说明了在各种情况下，特别是在作战中怎样指导后勤工作，处理好后勤工作中的问题，并说明了后勤工作及各部门的任务。
- 3 月 31 日　在中共中央北方局党校作《敌寇在华北之现行军事政策》的报告。他在报告中对日军在华北的军事方针和军事政策作了详尽而精辟的分析，并深刻地说明了研究敌人、了解敌人，对于指导战争的重要性。
- 本月　向八路军各部队首长通报了日伪军修筑守备交通线的方法，并报告了中央军委。
- 4 月 5 日　向八路军各部队首长通报日寇组织国共策略委员会，专门挑拨离间增加国共摩擦的情况。
- 4 月 7 日　和朱德、彭德怀联名向八路军各部队首长发出关于战术问题的指示，要求八路军各部队应特别注意加强对敌人的侦察、警戒，并随时随地做好战斗准备。
- 4 月 10 日　和朱德、彭德怀联名向八路军各部队首长、各级司令部发出关于实力统计报告制度的规定，并报告了中央军委。规定指出，为保守军队机密起见，各部队对人员、马匹、武器和弹药的统计由过去每月报告一次改作季报，时间为 3 月、6 月、9 月、12 月底，仍以旅或相当于旅的单位统计。
- 4 月 11 日　和彭德怀、罗瑞卿向中央军委报告组织华北军分会的人选名单。
- 4 月 16 日　中央军委决定由朱德、彭德怀、左权、罗瑞卿、滕代远、陆定一六人组成华北军分会，以朱德为书记，彭德怀为副书记。
- 4 月中旬　黄崖洞兵工厂防御设施的再建工作全面动工。左权此后多次到黄崖洞检查指导工作。
- 4 月 27 日　和彭德怀、罗瑞卿联名致电杨得志、崔田民、苏振华等，就如何加强宣传、团结国民党军高树勋部继续抗战提出了具体意见。

■ 5月2日　向八路军各师、各军区和各纵队首长发出关于搜集日军军事、政治、文化等建设材料的指示电。电报指出，为了全面系统地了解抗战以来日军在华北各个地区的军事、政治、经济、文化等各种建设情况，特别是交通方面的详细情况，请各部队收集有关材料，以书面形式于6月底之前送到八路军总部。

■ 5月12日　和彭德怀就配合国民党军卫立煌部作战一事向中央军委作了报告。

■ 5月14日　和彭德怀就冀中反“扫荡”一事联名致电刘伯承、邓小平、聂荣臻等人并报告中央军委。电报就如何进行反“扫荡”作战提出了一些具体措施。

■ 5月17日　和彭德怀联名向八路军第一二〇师、晋察冀军区、第一二九师、冀热察挺进军等发出破击华北各主要交通线、配合友军作战的指示，并报告了中央军委。

■ 5月19日　和彭德怀联名致电刘伯承、贺龙等人：总部炮兵团团部率820余人及学员干部等200余人，带山炮10门，骡马160余匹，将于本月22日由华北地区开往延安，请第一二九师和第一二〇师沿途派部队护送和供给粮食、马料。

■ 同日　和彭德怀联名向八路军各部队首长发出关于蒋介石与八路军恢复通电关系的通报。通报指出，八路军与蒋介石已恢复通电关系，蒋要求八路军配合作战，极为迫切。为扩大八路军的政治影响，八路军应该向外发表战绩。

■ 5月20日　和朱德、彭德怀等联名向八路军各部队首长通报第二纵队的组成及主要干部任命名单。电报指出，根据地理条件、斗争环境及开展工作等各方面需要，八路军总部决定将冀鲁豫军区与鲁西军区合并，仍名为冀鲁豫军区，第二纵队全部、教导第三旅、新编第四旅、冀中赵承金、谭冠三支队与军区之地方武装合编为第二纵队，以杨得志为纵队司令员，苏振华为政治委员，卢绍武任参谋长，崔田民任政治部主任。

■ 同日　和彭德怀联名致电贺龙、聂荣臻、刘伯承、萧克（冀热察挺进军司令员）、吕正操等，就破击华北各主要交通线，以配合国民党军在中条山与日军作战问题作出具体指示。

■ 5月22日　和彭德怀联名向八路军各部队发出关于配合友军作战以扩大影响的指示电，并报告中央军委。电报指出，日军进攻国民党军，八路军必须配合作战，扩大影响，使国民党安心抗战，并拔除根据地内的一些据点，争取伪军反正。

■ 同日　和彭德怀联名向八路军各部队首长通报日军4月攻势情况及我军下一步的作战任务。

■ 5月23日　向八路军各部队首长通报冀南日军“扫荡”特点与我反“扫荡”的经验教训。

■ 同日　向八路军各师、各军区、各纵队发出关于报送从1940年7月至1941年6月中旬抗战战绩的通知。通知指出，“七七”抗战纪念日将近，请各部队于6月25日前将战绩报来，以便统一向外公布。

■ 5月25日　和彭德怀就晋察冀银行、陕甘宁边区银行、山东北海银行、晋西北农民银行、冀南银行5个银行之间进行的金融交往一事联名向华北各根据地发出指示电。电报要求过去号召的“五行通汇”工作，应该立即开始，并要各地报告金融组织机构、负责人、汇款样式等情况及对“五行通汇”的具体意见。

■ 5月30日　和彭德怀联名致电中央军委并通报晋察冀军区和晋西北军区首长：晋西北地区的粮食仍然极为困难，晋察冀边区准备经过晋西北地区的部队，请暂时在五台山地区等待时机。

■ 5月31日　和朱德、彭德怀联名致电聂荣臻、吕正操、程子华并贺龙、关向应：晋南战事暂告段落，我对平汉、同蒲、北宁等各主要交通线的袭扰暂拟停止。

■ 6月1日　《新华日报》（华北版）刊载了左权撰写的《庆祝抗大五周年》一文。该文热情地赞扬了抗日军政大学在中国共产党的领导下所创造的光辉业绩。

■ 6月5日　和彭德怀联名致电中央军委，报告关于沧州地区回民支队的情况。电报指出，河北沧州地区回民支队，是原来冀中军区回民支队派干部去该地组成的。现在该支队活动于冀鲁边地区，该地区回民较多，但环境颇为艰苦。

■ 6月6日　和彭德怀、罗瑞卿就准备扩大太岳军区一事联名致电中央军委。电报指出，八路军总部拟以白（圭）晋（城）路以西、汾河以东（包括太岳山、中条山）重组太岳军区，并派兵南下。

■ 6月8日　中央军委复电彭德怀、左权：扩大太岳军区与派兵南下的计划在目前时机是不适当的，暂不执行；着眼于将来发展的需要，在中条山及其三角地区加强党与群众的工作，发展地方游击队是目前即可做的。

■ 6月11日　和彭德怀、罗瑞卿联名致电中央军委，报告关于准备组织太岳纵队的情况。电报指出，为统一太岳抗日根据地的军队指挥，拟以八路军第一二九师第三八六旅、决死第一纵队和第二一二旅组成太岳纵队，以陈赓为司令员，薄一波为政治委员，王新亭为政治部主任，毕占云为参谋长。

■ 6月20日　在黄崖洞参加了总部特务团团长欧致富的婚礼。

■ 6月21日　和彭德怀联名向八路军各部队首长发出关于加强战斗准备，反对敌人“扫荡”的指示电，并报告了中央军委。电报指出，日军在中条山作战之后，准备集中优势兵力，进攻敌后抗日根据地。八路军各部队应经常注意侦察敌人的动态，防止麻木现象，防止被敌人各个击破。

■ 6月23日 中央军委复电彭德怀、左权、罗瑞卿：同意组织太岳纵队及所提纵队主要领导干部的配备名单。

■ 6月24日 和彭德怀、罗瑞卿联名致电薄一波等，就如何争取国民党军武士敏（第九十八军军长）部继续抗战作出具体指示。

■ 本月底 黄崖洞兵工厂防御工事的再建工作在左权的指导下基本完成。

■ 7月1日 和朱德、彭德怀联名向八路军各部队首长发出关于准备破击日军交通线、钳制其北进的指示电，并报告了中央军委。电报指出，苏德战争爆发后，日本的国际地位降低，处境日益困难。八路军应乘此有利战机，大举破坏华北地区日伪军的主要交通线，钳制华北地区的日伪军北进。

■ 7月1日 毛泽东、朱德、王稼祥、叶剑英联名致电彭德怀、左权，向其征求将抗大总校移到延安、将现总校改为分校及有关干部安排问题的意见。

■ 7月5日 和彭德怀、罗瑞卿联名致电毛泽东、朱德、王稼祥、叶剑英：经华北军分会讨论，同意抗大总校移延安，但建议滕代远任第一一五师师长或代理师长，抗大总校校长一职军委可指定其他同志担任。

■ 7月7日 毛泽东、朱德、王稼祥、叶剑英复电彭德怀、左权：滕代远仍率抗大总校回延安，关于加强第一一五师领导问题另行决定。

■ 同日 和彭德怀联名致电毛泽东、朱德，建议与友军共同发展中条山，联合建立抗日根据地，直接保卫潼关、洛阳。

■ 同日 《新华日报》（重庆版）发表了左权的署名文章——《第十八集团军五月份战斗总结》。

■ 7月11日 和朱德、彭德怀联名向聂荣臻、吕正操、萧克等发出关于坚持冀中的指示电。电报指出，根据近半月来的情况判断，日军有大规模“扫荡”晋察冀边区，特别是首先“扫荡”冀中区的极大可能。冀中区的党政军民应迅速进行广泛的反“扫荡”的动员准备。

■ 7月15日 和彭德怀、罗瑞卿联名致电八路军第一二九师和决死第一纵队首长：八路军要积极争取友军合作抗战，在坚持团结、坚持抗战、坚持进步的原则下，我们可以给予友军以帮助。

■ 同日 和彭德怀、罗瑞卿联名致电薄一波等，就争取国民党军武士敏部继续抗战问题作出具体指示。

■ 7月16日 和朱德、彭德怀联名向八路军各部队首长发出指示，要求各部队加强对防范日军袭击的教育，并注意研究敌人的惯用伎俩，吸取经验教训，采取有效对策。

■ 7月18日 和彭德怀、罗瑞卿联名致电陈赓、薄一波等人，就同国民党军武士敏部谈判等问题提出了几点注意事项。

- 7月19日　和彭德怀联名致电冀鲁豫军区司令员杨得志、政治委员苏振华：冀南地区部队少，准备在8月下旬将第一二九师新编第四旅调回冀南。
- 7月28日　和彭德怀联名致电杨得志、苏振华：第一二九师新编第四旅应立即开回冀南，并乘“青纱帐”季节，破坏日军在根据地内设置的交通据点。
- 7月29日　向彭德怀等汇报军工生产情况，并针对当时兵工厂非生产人员多，组织不合理，运输浪费等问题，提议对兵工厂进行一次整顿。
- 本月　到八路军各兵工厂检查指导工作。
- 8月7日　和朱德、彭德怀联名向八路军各部队首长发出对日伪侦察的指示电。电报指出，为进一步了解敌情，除要侦察敌人番号、主官姓名、驻地等情况外，以后还应注意侦察敌人的装备编制、兵员补充、军官简历、战斗力及特长、士气等，这对今后战略反攻，决定作战任务和根据敌人不同特点采取对策，是非常必要的。
- 8月8日　和彭德怀、罗瑞卿向陈赓、薄一波、刘伯承、邓小平通报了中央军委已批准组织太岳纵队一事。太岳纵队由八路军第一二九师第三八六旅、决死第一纵队（后改称决死队第一旅）及第二一二旅编成，以陈赓任司令员，薄一波任政治委员，毕占云任参谋长，王新亭任政治部主任。
- 同日　和彭德怀联名向晋察冀军区发出关于准备打击日军秋季“扫荡”的指示。
- 8月10日　和彭德怀、罗瑞卿就管理机要人员、重视机要工作联名给八路军各部队首长、各司令部、政治机关发出指示电。电报分析了八路军机要工作的现状及其存在的问题，并就如何管理机要人员、做好机要工作提出了具体的意见。
- 8月12日　和彭德怀、罗瑞卿就武装建设问题联名给八路军第二纵队领导人发出指示，要其注意以下几点：在党内与军队中，应开展武装政策的教育，既要懂得武装政策的重要性，又要能正确的掌握武装政策；应根据五分之二为正规军，五分之三为地方军的比例进行武装建设；加强军区工作，每个军分区应有一至二个小团的地方军，不包括县区游击队及乡村之游击小组；开始准备秋季的扩军工作；加强现有部队的军政教育，提高战斗力，提高纪律，密切与群众的关系。
- 8月17日　听取八路军后勤部军工部部长刘鼎的工作汇报，并作出指示，要求军工部抓好精简节约、增加生产、提高技术的工作。
- 8月18日　向毛泽东、朱德、叶剑英报告6月份八路军总部直属队人员、马匹及武器弹药的统计数字。
- 8月19日　在八路军总部直属队及后勤部各部准备应对日军秋季“扫荡”会议上作报告。报告分析了敌人在秋季“扫荡”华北的可能性，可能采取的办法，并指出对付敌人秋季“扫荡”应做的各项准备工作。报告还明确提出了后勤工作在反“扫荡”中的基本任务。

■ 8月25日　和彭德怀联名向八路军各部队首长通报六万余日军即将对晋察冀边区进行大“扫荡”的情况，同时向晋察冀军区下达反“扫荡”作战的命令，并要贺龙、刘伯承等部配合晋察冀边区粉碎敌之“扫荡”。

■ 同日　中央军委致电彭德怀、左权并转滕代远：因延安给养及经费困难，决定抗大总校仍留在华北，取消迁移计划。

■ 8月28日　和彭德怀联名给晋察冀军区发出指示电，就此次日军“扫荡”晋察冀边区山地情况作了分析，并对反“扫荡”作战作出部署。

■ 8月29日　和彭德怀、罗瑞卿联名给八路军太岳纵队首长发出指示电，要求对于进入太岳南之晋绥军，采用人不犯我，我不犯人，人若犯我，即彻底消灭的办法。

■ 8月30日　和彭德怀联名向八路军第一二〇师、第一二九师及第三纵队首长发出关于彻底粉碎日军对晋察冀边区“扫荡”的指示电，并报告了中央军委。电报还就参战部队各自的作战任务作了说明。

■ 本月　到黄崖洞兵工厂，亲自组织并观看特务团的战术演习，向特务团解释有关的战术要领和阵地防御作战的指导思想。

■ 9月4日　和彭德怀、罗瑞卿联名致电中共中央，对中央8月拟定的对日伪工作的决定提出了几条修改意见。

■ 9月9日　和彭德怀联名向中央军委报告了鲁西军区与冀鲁豫军区合并为新的冀鲁豫军区后，部队的指挥系统、活动位置及军区划分情形。

■ 9月19日　出席八路军第一二九师在河北省涉县索堡召开的运动大会，在会上讲话并题了词。题词是：“锻炼体力，就是提高战斗力”。

■ 9月30日　和罗瑞卿向八路军各部队发出通报，要求加强对反“扫荡”中的地方游击战争的指导。

■ 9月下旬　致电八路军总部战地工作巡视团副团长阎揆要，对八路军第二纵队参谋工作会议提出几点意见。

■ 10月2日　八路军第二纵队司令员杨得志、政治委员苏振华联名致电中央军委并彭德怀、左权、陈光、罗荣桓：冀察战区副总司令兼第三十九集团军副总司令孙良诚部向鲁西南抗日根据地大举进犯，企图隔断我华北与华中之联系。为此冀鲁豫边区决定由杨得志率领第二纵队之一部组织讨逆战役。

■ 10月4日　和彭德怀、罗瑞卿联名给杨得志、苏振华复电并报告中央军委，就如何对付国民党军孙良诚部提出了一些具体策略。

■ 同日　延安黄埔同学分会在延安召开成立大会，左权和徐向前、萧克等15人被选为理事。会议通过了会章和15位理事致蒋介石校长的电文。文中指出，成立延安黄埔同学分会的目的是为了团结抗战，发扬黄埔军校的革命传统与作风，并相互切磋研究军事学术。

■ 10月14日　和彭德怀联名致电中央军委：国民党第十五、第十七军等部，在中条山战役中被日军俘虏的军官逃回一批，路经抗日根据地，八路军给以欢迎和优待，并将其送归原部队。国民党军将领卫立煌、刘茂恩（第十四集团军总司令）、高桂滋（第三十六集团军副总司令兼第十七军军长）等均来电道谢。

■ 10月15日　和彭德怀、罗瑞卿联名向八路军各部队首长发出关于提高干部文化教育问题的指示电，并报告中央军委。电报列举了八路军自抗战以来在文化教育方面存在的缺点和不足，要求加强工农干部的文化与自然科学知识的教育，并对如何加强各级干部的文化教育作了明确的规定。

■ 同日　和彭德怀、罗瑞卿联名向八路军各师、各纵队首长发出指示，要求八路军各部以游击姿态配合华中友军作战，并对各部应负责破坏日军交通线的任务作了具体部署。

■ 10月17日　和彭德怀联名致电中共中央社会部兼情报部部长康生、军委参谋长叶剑英、中共中央社会部副部长兼情报部副部长李克农，报告八路军总司令部正在组织情报处的情况。情报处下设三个科：第一科管理部队侦察，科长魏国运；第二科管理谍报侦察，科长林一；第三科管理技术侦察，科长钱江。情报处暂时以左权兼代处长。根据所处环境及战争需要，决定以对日伪之军政侦察为工作中心，对友军放在次要地位。

■ 10月19日　和彭德怀联名致电八路军各师、各纵队首长：蒋介石已令停止进攻信阳的日军，15日关于配合友军作战的电令即停止执行，并注意友军的调动情形。

■ 10月22日　向八路军各部队首长通报日军“扫荡”太岳区的情况和我反“扫荡”的经验。

■ 10月25日《八路军军政杂志》第3卷第10期刊载了左权撰写的《一月来国内军事动态述评》一文。这样定期分析国内军事动态的文章，左权从本月起每个月写一篇，一直坚持了半年。

■ 本月　和彭德怀、罗瑞卿联名致电中央军委，报告对此次晋察冀边区秋季反“扫荡”的初步总结情况。其内容包括日军此次“扫荡”的目的、战术特点及我晋察冀边区部队反“扫荡”的方针、经过和经验教训。

■ 11月1日　中共中央北方局在下南会村举行扩大会议，研究对付日军“治安强化运动”的斗争策略。彭德怀、左权外，罗瑞卿、刘伯承、邓小平等人出席会议。

■ 11月5日　和彭德怀部署八路军总部特务团在黄崖洞兵工厂做好迎敌准备。

■ 同日　和彭德怀联名致电中央军委，报告决死第一纵队和第二一二旅的情况。

■ 11月9日　和彭德怀联名给八路军第一二九师首长发出指示电，要其对进犯太行区之日军加强侦察与警戒，打击其抢掠、烧杀与分散搜剿的部队，集中相当兵力歼灭深入根据地内的小股敌人。

■ 同日　退集黎城的日军5000余人，进犯黎城北黄崖洞地区，企图破坏八路军的兵工厂。左权指示特务团充分做好战斗准备，严密警戒，坚守阵地。

■ 11月11日　黄崖洞保卫战开始，左权在八路军总部指挥所通过电话和电报指挥这次战斗。

■ 11月13日　和彭德怀联名发出指示电，就如何应对国民党军高树勋（第三十九集团军副总司令兼新编第八军军长）部提出具体意见。

■ 11月19日　黄崖洞保卫战胜利结束。在左权的直接指挥下，八路军总部特务团以1300人的部队，抗击了5000多敌人的进攻，歼敌近千人，我方伤亡166人，敌我伤亡比例六比一，战绩辉煌。此次战斗，“开中日战况上敌我伤亡对比空前未有之记录”。

■ 11月24日　和彭德怀向中央军委报告最近二三月来华北兵工机关损失情形。

■ 11月25日　彭德怀致电中共中央书记处，为左权申诉冤情。

■ 同日　《八路军军政杂志》第3卷第11期刊载了左权撰写的《一月军事动态述评》一文。

■ 11月30日　和彭德怀联名向聂荣臻、贺龙、彭雪枫（新四军第四师师长）、杨得志等人发出关于冀南地区法币跌落及我之对策的指示电，并报告了中央军委。电报分析了冀南地区法币充斥市面的原因，提出了抵制法币流通的应对措施。

■ 本月底　来到八路军总部特务团驻地洪水镇苏峪沟，热烈祝贺和亲切慰问参加黄崖洞保卫战的特务团的全体指战员，并代表总部为特务团召开了庆功总结大会。

■ 12月10日　和彭德怀向中央军委报告关于对部队进行军事教育的意见。电报就八路军的作战与军事教育的情况及存在的问题作了说明，并提出了改进的意见。

■ 12月12日　和彭德怀针对太平洋战争爆发后的新形势，发布坚持冀中的战略指示电。电报指出，为支持太平洋战争，日军有大规模“扫荡”晋察冀，特别是“扫荡”冀中区之极大可能，因此要求冀中抗日根据地军民提高警惕，做好准备。

■ 12月18日　和彭德怀联名致电聂荣臻、贺龙、关向应，要求趁华北日军外调的有利时机，拔除其在五台及晋西北抗日根据地内的一些据点，并就如何进行准备工作提出了具体的意见。

■ 12月19日　向八路军各师、各军区、各纵队首长发出在华北新形势下部队紧缩编制的意见，并报告了中央军委。左权指出，根据目前边区情况和我军的具体情形，深感纵队和军区的组织有极端的重要性，必须进行整编。左权还就整编的原则作了说明。

- 12 月 24 日　向八路军各部队发出关于 1942 年参谋工作的指示，并报告中央军委。
- 12 月 25 日　《八路军军政杂志》第 3 卷第 12 期刊载了左权撰写的《一月军事动态述评》一文。
- 12 月 29 日　给中共中央写申诉信，请求党中央对其“托派”问题早日作出明确的结论，洗刷其所受的不白之冤，取消对其留党察看的处分。彭德怀于同日将这封信转呈中共中央书记处。
- 本月　在中共中央北方局扩大会议上作《关于一年来作战、建军情况及明年军事方针与任务》的报告。报告共分三部分：第一部分简述了 1941 年八路军的作战情况；第二部分简述了 1941 年八路军的建设情况；第三部分简述了 1942 年的军事方针与任务。
- 本年　撰写《建军问题》一文。文章阐述了八路军建军的特点、方向及正规军和游击队建设等问题。
- 本年冬　在八路军总部部务会议上作了关于健全司令部工作与组织的讲话。他在讲话中就如何做好司令部的工作及如何健全司令部工作制度与改进工作的方式方法等问题进行了阐述。

1942 年　37 岁

- 1 月 1 日　《新华日报》（华北版）刊载了左权撰写的《向胜利之途迈进》的文章。文中号召全军将士响应党中央的号召，在新的一年中更勇敢地战斗，战胜困难，创造新的战绩，坚持抗战胜利。
- 同日　《新华日报》（华北版）刊载了左权与彭德怀、罗瑞卿联名发给中共中央的致敬电。
- 1 月 7 日　和彭德怀联名致电聂荣臻、唐延杰（晋察冀军区参谋长），要晋察冀军区立即组织数支小部队，积极向正太铁路沿线特别是西段破击，配合太行区进行反“扫荡”作战。
- 同日　和彭德怀联名致电刘伯承、邓小平，对第一二九师第三八五旅、新编第一旅和太行、太岳军区部队的反“扫荡”作战作出具体部署。
- 1 月 10 日　和朱德、彭德怀等联名致电八路军第一二九师和太岳纵队等领导人，并报告中央军委：为作战指挥便利起见，决定将太岳纵队（包括第三八六旅、决死第一纵队和太岳军区）改归第一二九师建制，该师直接指挥以后该区部队所有党政军工作，并负责解决其供给补充等事项。
- 1 月 11 日　同彭德怀、罗瑞卿联名致电八路军各部队，就如何应对日军对抗日根据地“扫荡”所采用的新方针与新方法提出一些具体的指导性意见。

■ 1月13日　在八路军总部机关及直属队连以上干部精兵简政大会上作报告，阐述了实行精兵简政的原因、精兵简政的内涵，分析了华北各地财政的困难情况，提出了解决困难的具体办法，并就总部机关及直属队的精兵简政工作做出具体部署。

■ 1月18日　和彭德怀颁布关于驻晋冀鲁豫边区部队发放服装的命令，对当年夏服、冬服和大衣的制做与发放作出具体规定。

■ 1月20日　向八路军各部队首长发出关于1942年军事教育工作方针的通知，并报告了中央军委。通知对正规军、地方军、民兵、自卫队等各自的教育内容作了说明，并特别强调要严格在职军事干部的军事学习。

■ 1月25日　《八路军军政杂志》第4卷第1期刊载了左权撰写的《一月军事动态》一文。

■ 2月3日　和彭德怀、罗瑞卿联名致电八路军山东纵队并山东分局、第一一五师：在目前形势下，对国民党军队应以团结为主；在山东方面应以各种方法扩展对东北军及其他部队之统战工作；在敌“扫荡”东北军及其他抗日部队时，应以有力一部采取灵活与分散的游击活动，配合友军作战。

■ 2月4日　《新华日报》(华北版)刊载了左权撰写的《坚决执行精兵政策》一文，作为该报的代社论。文章针对实际工作中曲解精兵政策的现象，阐明了实行这一政策的重大意义。

■ 2月7日　和彭德怀联名向八路军第一二九师首长发出关于太行、太岳区反“扫荡”的指示，同时向晋察冀军区首长发出关于配合太行、太岳区反“扫荡”的指示，并报告了中央军委。

■ 2月11日　和彭德怀、罗瑞卿联名向八路军各部队首长通报了日军在“扫荡”太岳军区时在政治上所采用的欺骗麻痹群众的手段，并要求各部队引起警惕，在各抗日根据地进行广泛的政治动员，揭破日军的欺骗宣传。

■ 2月18日　和彭德怀联名向八路军各部队首长通报并向中央军委报告了太平洋战争爆发后日军“扫荡”的特点，同时就如何对付日军的“扫荡”提出了具体的对策。

■ 2月23日　为整顿军容、严肃军纪，左权以八路军前方总部参谋长名义向八路军总部所属各单位发出训令，对部队行军时的纪律作了明确规定。

■ 2月24日　和彭德怀联名致电八路军第一二九师、第一二〇师及晋察冀军区等首长并报告中央军委：若日军向国民党军阎锡山部继续压迫，则八路军欢迎阎部转移到晋西北、太岳或太行抗日根据地。

■ 2月25日　《八路军军政杂志》第4卷第2期刊载了左权撰写的《一月军事动态》一文。

■ 本月　日军一万余人对八路军总部驻地辽县麻田地区进行铁壁合围，左权亲自指挥八路军总部警卫连抗击日军，掩护总部和群众转移。

■ 3月13日　和彭德怀联名致电八路军各部队首长，通报了日军在“扫荡”滹沱河等地时采取远距离突然袭击，使用骑兵合围，配合步兵“清剿”的战术特点。

■ 3月14日　和彭德怀联名致电中央军委、八路军驻各地办事处、新四军及八路军各部队首长：日军此次对太行、太岳、晋西北及冀东之大“扫荡”已结束，第一二九师第十旅旅长兼太行军区第六军分区司令员范子侠等4名旅级干部牺牲，太行区拟举行追悼大会。为扩大宣传，请求军委电赐吊唁，并转发大后方各报纸登载。

■ 3月18日　和彭德怀联名向晋察冀军区首长通报太行区反“扫荡”的经验，并报告了中央军委。

■ 3月20日　致电刘伯承、邓小平、滕代远等人并报告中央军委：八路军总部决定将抗大总校与第六分校合并，仍设晋东南。其基本任务是为第一二九师培养干部，由八路军野战政治部直接指挥与领导。

■ 同日　向中央军委报告日寇在华北开始所谓第五期“治安强化”运动的情况。

■ 3月23日　和彭德怀等一同出席八路军总部在麻田镇举行的有军民两千余人参加的清漳河中段筑堤开工典礼。左权在典礼仪式上讲了话，随后与大家一起劳动。

■ 3月25日　《八路军军政杂志》第4卷第3期刊载了左权撰写的《一月军事动态述评》一文。

■ 本月　在八路军总部召开的连以上干部会议上，作了关于财政问题的报告，就如何克服财政困难提出了一些具体意见。

■ 本月　和彭德怀就驻晋冀鲁豫边区部队的待遇发布命令。该命令在物价上涨的情况下，除规定从战士到总司令的津贴费继续维持一元至五元的标准外，还对鞋袜费、便衣服装等作了新的规定。

■ 4月7日　和彭德怀向中央军委报告华北各地部队的情况。电报指出，目前华北处境已开始进入严重困难时期，日寇的“蚕食”使抗日根据地迅速缩小，各抗日根据地被割裂，八路军部队战略机动处于困难时期。

■ 4月19日　和彭德怀、罗瑞卿联名致电八路军第一二九师并报告中央军委：在当前国际形势下，增大了日军北进的可能性，晋东南地区要迅速开展抗日统一战线工作，和国民党军和平划界。

■ 4月20日　和彭德怀、罗瑞卿联名致电邓小平、薄一波、聂荣臻等人，就如何应对国民党第六十一军提出了具体对策，同时上报中央军委。

■ 本月　和彭德怀等向中央军委报告华北地区工业部门在2月份反“扫荡”作战中的损失情况。

■ 5月1日　主持制定了《情报站的组织与工作条例》，对情报站的性质、任务、组织和工作作了明确的规定。

■ 5月3日　和彭德怀向中央军委报告陇海路南睢太地区暂归杨得志、苏振华领导的情况。

■ 5月10日　撰写《开展反对敌人蚕食政策的斗争》一文，后发表在5月15日出版的中共中央北方局机关刊物《党的生活》第53期上。文章详细分析了日寇对敌后抗日根据地进行“蚕食”的特点，并深刻地阐明了敌后军民在反对日寇“蚕食”时应掌握的一些基本问题。

■ 5月14日　和彭德怀联名致电陈光、罗荣桓、刘伯承、邓小平并聂荣臻、吕正操、程子华等，要求各区各部队在反“扫荡”作战中相互配合。

■ 5月18日　和彭德怀、罗瑞卿联名致电聂荣臻、程子华等人并报告中央军委，对晋察冀边区反“扫荡”部署提出了几条具体意见。

■ 同日　《新华日报》（华北版）上刊载了左权和罗瑞卿共同署名的《悼龚竹村同志》一文。文章号召华北军民学习龚竹村（八路军野战政治部干部科科长）同志的革命精神，并希望广大军民咬紧牙关，渡过接近胜利的最困难的两年，迎接胜利的到来。

■ 5月20日　和彭德怀以中共中央北方局、中央军委华北分会的名义致电冀中区领导人吕正操等，号召冀中全体军民，团结在冀中党及冀中八路军的周围，发挥最大的顽强性与坚韧性，粉碎敌人的大“扫荡”。

■ 5月22日　和彭德怀与八路军第一二九师领导人共同商讨应对日军旨在合击八路军总部、中共中央北方局及第一二九师师部的大“扫荡”的具体对策，并明确了反“扫荡”作战原则和相关的作战部署。

■ 同日　和彭德怀召集八路军总部和中共中央北方局各方面负责人开会，研究对策，制定转移行动方案。

■ 5月23日　检查部署中共中央北方局及八路军总部各单位的转移准备工作。当晚，和彭德怀率八路军总部部分人员及中共中央北方局机关开始转移。

■ 5月24日　一面指挥警卫连阻击向总部合围的日军，一面和彭德怀率所部人员向偏城方向转移。

■ 5月25日　在辽县（今左权县）十字岭指挥部队突围时，不幸被日军的炮弹击中头部，壮烈殉国。牺牲时年仅37岁。

后　记

左权是无产阶级革命家、军事家，他为中国革命的胜利和中华民族的解放献出了宝贵的生命，立下了不朽的功勋。2001年2月，中央军委指示由军事科学院负责编写《左权传》。

根据中央军委的指示精神，军事科学院将《左权传》列入科研工作计划，并于2001年7月成立课题组，刘国语任课题组长，成员有周继强、张从田、潘泽庆、张婉英；陈宇、朱根生为特邀撰稿人。之后，又成立《左权传》编审委员会，军事科学院副院长葛东升任主任，战争理论和战略研究部部长姚有志、副部长齐德学任副主任，委员有科研指导部综合计划部部长王江琦、军事历史研究所所长赵一平、副所长温瑞茂、研究员刘国语，以领导和督促检查《左权传》的编写工作。

立传必须占有翔实的材料，才能全面真实地反映传主的一生。课题组成立后，首要的工作是广泛地搜集资料。我们先后到中央档案馆、解放军档案馆、国家图书馆、军事科学院军事图书馆以及湖南、山西省档案馆，邯郸晋冀鲁豫烈士陵园等地搜集资料；到湖南醴陵县左权的家乡，广州黄埔军校旧址，赣南、闽西左权战斗过的地方，山西八路军总部所在地和左权牺牲地十字岭等地进行调研；对居住在北京、长沙、太原、哈尔滨等地，曾与左权一起战斗过或对左权有所了解的30多位老同志和对左权有所研究的10多位党史工作者，进行采访；还多次同左权的女儿左太北座谈。通过上述艰苦细致的工作，我们搜集到许多一手的档案材料和鲜活的口碑材料，近百万字；研究左权的专著8部，还有大量的相关文电、书籍、报刊和其他有关资料，约500万字。这为写好《左权传》奠定了坚实的基础。

对搜集到的大量资料，我们按照时间和章节进行分类整理、分析研究，并按照分工开始撰写工作，到2003年底基本完成初稿。课题组对初稿进行讨论修改后，形成征求意见稿，分发给院内外的有关专家征求意见。2004年上半年，我们先后召开多次座谈会，听取专家的意见，同时也征求了左太北对书稿的意见。根据专家和左太北的意见，课题组又进行认真的讨论修改，并对全书进行统稿，然后形成了送审稿。2004年11月5日召开评审会，对《左权传》进行评审鉴定。国防大学教授廖国良担任评审鉴定组组长，成员有：《中共党史研究》副主编任贵祥、中央文献研究室研究员庹平、军事科学院毛泽东军事思想研究所研究员袁德金、军事科学院军事历史研究所研究员岳思平。评审鉴定组一致认为，《左权传》多角度、多侧面、有血有肉地反映了左权光辉的一生和不朽的业绩，是一部高质量的正传，是一部信史，同意出版。

《左权传》是集体劳动的成果。课题组的具体分工是：刘国语任主编，主持《左权传》的撰写工作，确定编写的指导思想、体例规范、章节目录，组织讨论修改和对全书统稿。张从田任副主编，撰写第十二、第十三、第十六、第十七、第十八章和第十一章第七目，并协助主编对全书统稿。周继强撰写第九、第十章，同时搜集选择图片七十余幅，并撰写说明。潘泽庆撰写第四、第十四、第十五章和附录左权年谱。张婉英撰写第十一章第一至第六目。陈宇撰写第一、第二、第三章。朱根生撰写第五、第六、第七、第八章。

战争理论和战略研究部副部长齐德学，军事历史研究所所长赵一平、副所长温瑞茂，具体领导了《左权传》的撰写工作；同时作为专家，他们还审阅了书稿，提出很多中肯而有见地的意见，对提高《左权传》的质量大有裨益。

在《左权传》的撰写过程中，得到了中央档案馆，解放军档案馆，国家图书馆，军事科学院图书馆，湖南省档案馆，山西省档案馆，广州军区司令部编研室，邯郸晋冀鲁豫烈士陵园，湖南醴陵县党史办，江西省赣州市委党史办和兴国县、于都县、宁都县、瑞金市党史办，福建省龙岩市委党史办，山西左权县、武乡县、潞城北村八路军总部纪念馆，以及山西省军区、黑龙江省军区和长治军分区、左权县人武部、武乡县人武部等单位的大力支持；得到了柴成文、魏国运、何廷一、潘开文、高志忠、郝汀、王振清、张晋儒、徐敬一、陈思诚、贾文艺、郭树宝、罗健、温志达、李永悌、任浩若、尹梦龄等老同志及有关党史军史工作者、人民出版社《左权传》作者王孝柏和左太北同志的热情帮助，在此一并谨致谢意。

尽管我们历经三年多的艰苦努力，一心想把《左权传》写成一部精品，但由于自身水平及掌握资料的限制，书中一定还有这样或那样的不足，敬请广大读者批评指正。

《左权传》编写组

2004年11月